倉方フランス語講座

II

語形成
Formation des mots

倉方秀憲

はじめに

　「倉方フランス語講座」（全3巻）は，フランス語をより広くより深く学びたい人を対象にした新機軸のフランス語学習書です．この講座には，多くの参考書で取り上げられている会話や作文，読解などに特化した巻はありません．この講座を構成しているのは，語学学習に必須の知識をまとめた「文法」と，フランス語の諸事象を独自の視点から考察した「語形成」および「語彙と表現」です．各巻の概要は以下のとおりです．

第1巻　文法

　フランス語文法の最初歩から中・上級にいたる文法事項のほぼすべてを，段階を踏んで着実に学習します．文法は決まりごとの集まりですが，規則をただ覚えるのではなく，その規則がどのような働きをしているのか，どうしてそういう規則になっているのかを考えながら学びます．初学者にもわかりやすい丁寧な解説に加えて，備考やコラムによる補足説明があり，新たな見方や考え方が随所に示されています．

第2巻　語形成

　既存の語を利用して新たな語を作りだすことを「語形成」と言います．フランス語の語形成で最も重要な方法は，接尾辞を用いる「接尾辞派生」です．この巻では接尾辞派生を集中的に扱い，接尾辞の種類と特徴，派生語の作り方，派生の過程における諸現象を詳しく解説します．接尾辞派生のしくみがわかれば，語を構成要素に分析し，それを統合して意味を推察できるようになるので，語を読み解く力が飛躍的に増進します．

第3巻　語彙と表現

　ある程度の学習歴のある人を対象に，フランス語の語彙と表現をさまざまな面から考察していきます．フランス語の由来と変遷，語形と語義の関係（多義・同形異義・類義・対義など），接頭辞の種類と意味，複合語の構成，「名付け」の発想と表現形態，時間・論理関係の表し方，慣用句とことわざなど，おそらくこれまでまとまって学ぶことのなかった事柄に明かりを当て，幅広い多角的な知識を身につけます．

　この講座の大きな特徴は豊富で充実した練習問題です．理解度を確かめ，知識を確実なものにするために，実践的な練習はきわめて大切です．多彩な練習問題を解き進めながらフランス語の実力を養ってください．

　皆さんがこの講座で学ぶことによって，フランス語の総合的な学力が向上することはもとより，フランス語への関心や興味が増して今後の学習がさらに進展すれば，著者にとってこの上ない喜びです．

倉方　秀憲

本書の構成

　本書は，語形成および接尾辞派生に関する基本的な事柄を説明する序章と，具体的に接尾辞派生を扱う第1章から第7章までで構成されています．7つの章は，接尾辞を付加して作り出される語(=派生語)がどの品詞になるかによって，名詞を作る接尾辞，形容詞を作る接尾辞のように大別され，名詞を作る接尾辞は種類が多いので，派生語の意味によって，「人・物を表す名詞」，「行為を表す名詞」，「性質・状態を表す名詞」に分かれています．

　　第1章　「人・物」を表す名詞を作る (1)
　　第2章　「人・物」を表す名詞を作る (2)
　　第3章　「行為」を表す名詞を作る
　　第4章　形容詞を作る
　　第5章　「性質・状態」を表す名詞を作る
　　第6章　動詞を作る
　　第7章　副詞を作る

　第7章以外の6つの章は，接尾辞が付加されるもとの語(=基語)の品詞と派生語の意味に基づいて，節(セクション)に下位区分されています．各セクションは，同様の性質をもちながら形の異なる接尾辞ごと分類されており，それぞれの接尾辞についての簡潔な**解説**の後に，**練習**が段階的に配置されています．練習には膨大ともいえる数の語が出てきて，特殊な語も入っていると思われるかもしれませんが，そうした場合でも，基語か派生語のいずれかはフランス語学習の中級段階までにぜひ知っておくべき語です．練習の後に示される**解答**には，補足説明や関連する参照箇所なども付記されています．

　基語から派生語への派生の仕方は多種多様ですが，いくつかの派生に共通した現象が見られます．そこで，**派生のしくみ**という欄を設けて，接尾辞派生の際に生じる形態や音韻の変化を整理し，そうした変化が生じる理由を探ります．接尾辞派生の重要ポイントをまとめた，本書独自の企てです．

　さらに，練習に出てくる語彙や説明を補充する**備考**や，練習に出てくる語と意味的に関連のある語および接尾辞派生にまつわる事柄を紹介する**コラム**があります．これらは知識をより広げるための付加情報なので，とりあえずは読み飛ばしておき，全体の学習をひと通り終えてからじっくり見直してもよいでしょう．

　また，巻末の**補遺**に，綴り字の読み方および音節区分とアクサンに関する説明を掲載しました．接尾辞派生にかかわる現象を理解し納得するための大切な事項です．

　巻末にはアルファベ順に並べた**接尾辞索引**も載っています．必要な場合に接尾辞の検索に利用してください．

目 次

はじめに --- 3

本書の構成 -- 4

序章

1. 語の種類 -- 11

2. 語形成 ― 派生と複合 -- 11

3. 接尾辞派生 -- 12

4. 基語, 派生語, 語幹 -- 12

5. 現用語彙の習得 -- 13

6. 接尾辞派生に関する留意点 -- 13

7. 構成と表記 -- 14

8. 『新綴り』について -- 15

第1章 「人・物」を表す名詞を作る (1)

§1 名詞から「人」を表す名詞を作る接尾辞 --- 16

1. -iste *(m = f)* -- 16

2. -ier *(m)* [-ière *(f)*] {異形 -er [-ère]} -- 24

3. -ien *(m)* [-ienne *(f)*] {異形 -yen [-yenne]}, -éen *(m)* [-éenne *(f)*] ----------------- 31

4. -aire *(m = f)* {異形 -iaire} -- 34

5. -ard *(m)* [-arde *(f)*] -- 37

6. -ain *(m)* [-aine *(f)*], -aste *(m = f)*, -eron *(m)* [-eronne *(f)*],
   -isan *(m)* [-isane *(f)*], -on *(m)* [-onne *(f)*] -------------------------------------- 38

§2 名詞から「物」を表す名詞を作る接尾辞 --- 41

1. 「木」を表す ― -ier *(m)* {異形 -er} -- 41

2. 「入れ物」を表す ― -ier *(m)*, -ière *(f)* {異形 -er, -ère} -------------------- 44

3. 「店」などを表す ― -erie *(f)*, -ie *(f)* -- 48

4. 「植物の生育場所」を表す ― -aie *(f)*, -eraie *(f)* ------------------------------ 52

§3 名詞から「人・物」を表す名詞を作る接尾辞 ------------------------------------- 54

1. 「小さな…」を表す (1) ― -et *(m)*, -ette *(f)* ------------------------------------ 54

2. 「小さな…」を表す (2) ―
   -asse *(f)*, -eau *(m)*, -elet *(m)*, -elette *(f)*, -elle *(f)*, -eron *(m)*, -iche *(f)*,
   -ichon *(m)*, -ille *(f)*, -illon *(m)*, -in *(m)*, -ine *(f)*, -iole *(f)*, -oche *(f)*,
   -on *(m)* {異形 -ion}, -ot *(m)*, -otte *(f)*, -ule *(m/f)* {異形 -cule, -icule} ------------- 57

3. 「集合・全体」を表す ―
   -ade *(f)*, -age *(m)*, -ail *(m)*, -aille *(f)*, -at *(m)* {異形 -iat}, -ée *(f)*, -erie *(f)*,
   -ure *(f)* {異形 -ature} --- 62

4. 「関連物」を表す ― -aire *(m)* {異形 -iaire}, -ard *(m)* -------------------------- 67

5. 「女・雌」を表す ― -esse *(f)* -- 69

第1章の総合練習 --- 71

第2章 「人・物」を表す名詞を作る (2)

§4 動詞から「人」を表す名詞を作る接尾辞 ------------------------------------- 83

1. -eur *(m)* [-euse *(f)*, -eure *(f)*, -eresse *(f)*] ------------------------------------ 83

2. -teur *(m)* [-trice *(f)*] {異形 -ateur [-atrice], -iteur [-itrice], -sseur} --------------- 87

3. -ant *(m)* [-ante *(f)*]; -ent *(m)* [-ente *(f)*] --------------------------------------- 91

§5 動詞から「物」を表す名詞を作る接尾辞 ------------------------------------- 96

1. -eur *(m)*, -euse *(f)*; -teur *(m)*, -trice *(f)* {異形 -ateur, -atrice} --------------------- 96

2. -ant *(m)*, -ante *(f)*; -ent *(m)* -- 98

3. -oir *(m)*, -oire *(f)*; -atoire *(m)* --- 100

4. -et *(m)*, -ette *(f)* -- 102

5. -ail *(m)*, -aille *(f)*, -ard *(m)*, -eau *(m)*, -elet *(m)*, -erelle *(f)*, -eret *(m)*,
   -erette *(f)*, -ier *(m)*, -ière *(f)*, -ot *(m)*, -otte *(f)*, -ule *(m / f)* ------------------- 103

第2章の総合練習 --- 106

第3章 「行為」を表す名詞を作る

§6 動詞から「行為」を表す名詞を作る接尾辞 --------------------------------- 112

1. -age *(m)* -- 112

2. -ement *(m)* {異形 -ment, -ament, -iment} -- 118

3. -tion *(f)* {異形 -ation, -ition, -ion, -otion, -ution, -sion, -ssion, -xion} -------- 124

4. -ance *(f)*, -ence *(f)* -- 145

5. -é *(m)*, -ée *(f)* --- 150

6. -ade *(f)* --- 152

7. -aison *(f)* {異形 -ison, -ion, -sson} --- 153

8. -erie *(f)* --- 154

9. -ure *(f)* {異形 -ature, -eture, -ûre} -- 155

10. -on *(m / f)* --- 159

11. -aille *(f)*, -ange *(f)*, -at *(m)*, -ette *(f)*, -ice *(m)*, -ière *(f)*, -is *(m)*, -ise *(f)* -------- 160

§7 接尾辞を用いない派生 (＝逆派生) --- 162

1. -er で終わる動詞からの逆派生 --- 162

2. -ir で終わる動詞からの逆派生 -- 174

3. -re で終わる動詞からの逆派生 --- 177

4. -oir で終わる動詞からの逆派生 -- 181

5. 変則的なもの --- 182

第3章の総合練習 --- 184

第4章 形容詞を作る

§8 名詞から「関係・性質」を表す形容詞を作る接尾辞 ----- 210

1. -al(e) {異形 -ial(e)}; -el(le) {異形 -iel(le), -uel(le)} ----- 210
2. -ique {異形 -tique, -atique, -étique, -istique, -iaque, -ifique} ----- 224
3. -aire {異形 -iaire, -uaire, -itaire, -taire} ----- 232
4. -ier [-ière] {異形 -er [-ère]} ----- 238
5. -if [-ive] {異形 -atif [-ative], -tif [-tive]} ----- 241
6. -oire {異形 -atoire, -toire} ----- 246

§9 ある種のニュアンスを伴う形容詞を作る接尾辞 ----- 248

1. -eux [-euse] {異形 -ieux [-ieuse], -ueux [-ueuse]} ----- 248
2. -é(e), -u(e) ----- 257
3. -in(e) ----- 261
4. -esque ----- 263

§10 「国・都市・地域」などを表す形容詞を作る接尾辞 ----- 265

1. -ais(e) ----- 266
2. -ois(e) ----- 269
3. -ien(ne), -éen(ne) {異形 -en(ne)} ----- 271
4. -ain(e) ----- 275
5. -an(e) ----- 278
6. -in(e) ----- 278
7. その他の，地名に関する形容詞 ----- 279

§11 動詞から形容詞を作る接尾辞 ----- 282

1. -ant(e), -ent(e) ----- 282
2. -eur [-euse]; -teur [-trice] {異形 -ateur [-atrice]} ----- 288
3. -able {異形 -ible, -uble} ----- 290

§12 形容詞から形容詞を作る接尾辞 ----- 299

1. -ième ----- 299
2. -âtre ----- 301
3. -et(te), -elet(te), -ichon(ne), -ot((t)e) {異形 -iot(te)} ----- 302
4. -ard(e), -aud(e) ----- 303
5. -asse ----- 305
6. -issime ----- 305

第4章の総合練習 ----- 306

第5章 「性質・状態」を表す名詞を作る

§13 形容詞から「性質・状態」を表す名詞を作る接尾辞 ----- 322

1. -eur *(f)* ----- 322
2. -esse *(f)* {異形 -eresse} ----- 325

3. -ité *(f)*, -té *(f)* {異形 -éité, -iété} ----------------------------- 328

4. -isme *(m)* -- 343

5. -ance *(f)*, -ence *(f)* --------------------------------------- 348

6. -erie *(f)* -- 350

7. -ie *(f)* --- 352

8. -itude *(f)* {異形 -ude} ------------------------------------ 353

9. -ice *(f)*, -ion *(f)*, -ise *(f)*, -ure *(f)* ------------------ 355

　　第5章の総合練習 --- 358

第6章　動詞を作る

§14　名詞・形容詞から動詞を作る接尾辞 ----------------------- 368

1. -er --- 368

2. -ir --- 383

3. -iser {異形 -atiser} -- 385

4. -ifier {異形 -éfier, -fier} ---------------------------------- 393

5. -oyer --- 396

6. -ailler, -asser, -eter, -iller, -iner, -onner, -ot(t)er, -ouiller ------ 397

　　第6章の総合練習 --- 400

第7章　副詞を作る

§15　形容詞から副詞を作る接尾辞 --------------------------------- 405

　　第7章の総合練習 --- 412

・・・・・・・・・・・・・・・・・・・・・・・・・・・・・・・・・・・・

派生のしくみ

しくみ1　基語の末尾の e の消去 ----------------------------- 17

しくみ2　派生語の発音 --- 18

しくみ3　el と ell, et と ett の交替 ------------------------- 19

しくみ4　è と é の交替 --- 20

しくみ5　ès と ess の交替 ------------------------------------- 20

しくみ6　n の重子音字化 (1) --------------------------------- 20

しくみ7　e と a の交替 --- 21

しくみ8　母音連続における先行母音の消去 ----------------- 22

しくみ9　接尾辞の交替 (1) ------------------------------------ 22

しくみ10　n の重子音字化 (2) -------------------------------- 26

しくみ11　el, et における /ɛ/ と /ə/ の交替 ----------------- 27

しくみ12　ier の i の脱落 -------------------------------------- 28

しくみ13　il と ill の交替 (1) --------------------------------- 28

しくみ14　s の重子音字化 -------------------------------------- 28

しくみ15　母音間への子音の挿入 ------------------------------- 29

しくみ 16	eau と el の交替	30
しくみ 17	語末の c と ch の交替	30
しくみ 18	強勢母音から無強勢母音 e /ə/ への変化	31
しくみ 19	qu /k/ と c /s/ の交替	34
しくみ 20	接尾辞の交替 (2)	36
しくみ 21	e /ɛ/ と é /e/ の交替	37
しくみ 22	ii から y への変化	43
しくみ 23	el /əl/ と ell /ɛl/, et /ət/ と ett /ɛt/ の交替	50
しくみ 24	c と ç の交替	65
しくみ 25	動詞からの派生 (1)	86
しくみ 26	行為名詞からの派生	88
しくみ 27	g /ʒ/ と ge /ʒ/, g /g/ と gu /g/ の交替	93
しくみ 28	qu /k/ と c /k/ の交替	117
しくみ 29	動詞からの派生 (2)	123
しくみ 30	g /ʒ/ と g /g/ の交替	127
しくみ 31	動詞語幹末の重子音字と名詞末尾の単子音字の交替	170
しくみ 32	語末の c /k/ と語中の qu /k/ の交替	171
しくみ 33	動詞語幹末の y と i の交替	173
しくみ 34	ou と eu の交替	173
しくみ 35	gn と n の交替	174
しくみ 36	c /s/ と t /s/ の交替	215
しくみ 37	eu, œu と o の交替	217
しくみ 38	語幹末への in, n の付加あるいは削除	218
しくみ 39	ai と a の交替	220
しくみ 40	en, em と in, im の交替	220
しくみ 41	oi と o の交替	222
しくみ 42	子音と l の間への u の挿入	236
しくみ 43	語頭の ch と c の交替	237
しくみ 44	ê, ô と es, os の交替	240
しくみ 45	eu と ou と o の交替	253
しくみ 46	il と ill の交替 (2)	255
しくみ 47	母音間への /j/ の挿入	255
しくみ 48	語頭の é, es, s の交替	256
しくみ 49	ai と ac, oi と oc, ui と uc の交替	260
しくみ 50	oi と i, é, u の交替	296
しくみ 51	形容詞からの派生	324
しくみ 52	ie /je/ と a /a/ の交替	335
しくみ 53	ain と an の交替	336

しくみ54　子音とlの間へのiの挿入 ------------------------------------- 337

しくみ55　al, el と au の交替 --- 341

しくみ56　同音連続の回避 -- 341

しくみ57　語幹末へのd, c, ss などの付加 ------------------------------ 378

しくみ58　e /ə/ から é /e/ への変化 ------------------------------------ 382

・・・・・・・・・・・・・・・・・・・・・・・・・・・・・・・・・・・・

コラム

コラム 1 ― 職業・身分を表す語 --------------------------------------- 40

コラム 2 ― 木を表す語 --- 44

コラム 3 ―「大きな…」を意味する -on --------------------------------- 62

コラム 4 ― 接尾辞 -um --- 70

コラム 5 ― 基語と派生語の意味のずれ ------------------------------ 82

コラム 6 ― 人を表す過去分詞 --------------------------------------- 95

コラム 7 ― 動詞から名詞への品詞転換 ------------------------------ 183

コラム 8 ― 過去分詞の形容詞用法 ----------------------------------- 288

コラム 9 ― 地名を表す形容詞の名詞化 ------------------------------ 321

コラム 10 ― トレマ (従来の綴りと新綴り) ------------------------------ 338

コラム 11 ― t を /s/ と読む場合 -- 353

コラム 12 ― 名詞化した形容詞と形容詞派生の名詞 --------------------- 357

・・・・・・・・・・・・・・・・・・・・・・・・・・・・・・・・・・・・

[補遺]

I　綴り字の読み方 -- 417

　1.　口母音を表す綴り字 -- 417

　2.　鼻母音を表す綴り字 -- 418

　3.　半母音を表す綴り字 -- 420

　4.　子音を表す綴り字 -- 422

　5.　類似した音色の母音 -- 427

II　音節区分とアクサン --- 429

　1.　音節の区切り方 -- 429

　2.　e の読み方 -- 430

　3.　e とアクサン -- 430

　4.　é か è か -- 431

　5.　アクサン・シルコンフレクス ----------------------------------- 432

　6.　アクサンの特殊ケース --- 432

接尾辞索引 -- 433

主要参考書目 -- 436

序 章

既存の語を利用して新たな語を作りだすことを語形成と言います. フランス語の最も重要な語形成法は, 語の後に接尾辞を付加する接尾辞派生です. 接尾辞派生はひとつの語からいくつもの関連語を作りだすことができ, ひとつの接尾辞によっていくつもの語の関連性をとらえることができます. 本書では, フランス語における接尾辞派生の体系としくみを幅広く考察し, 多くの練習問題を段階的にこなしながら知識を確実に身につけていきます.

第1章から第7章で接尾辞派生の詳細を見ますが, まずは, 語形成に関する基本的な事柄や留意点をあげておきましょう.

1. 語の種類

語は, その構造の違いによって, 次のように分けることができます.

$$\left\{ \begin{array}{l} \text{単純語} \\ \text{合成語} \left\{ \begin{array}{l} \text{派生語} \\ \text{複合語} \end{array} \right. \end{array} \right.$$

単純語は, fleur「花」や pomme「リンゴ」や grand「大きい」などのように, ひとつの要素だけで構成されている語です.

合成語は, 複数の要素で構成されている語で, それらの要素が語のこともあれば, 語より小さいこともあります. fleuriste「花屋」, pommier「リンゴの木」, grandeur「大きさ」を例にとれば, これらの語はそれぞれ, fleur+iste, pomme+ier, grand+eur というふたつの要素を含んでいます. 後半の iste, ier, eur は**接辞**です. 接辞とは, 語の一部として現れ, それだけでは独立した語を構成しない要素のことです. 接辞は2種類あります. iste, ier, eur のような, 語の後に添える接辞を**接尾辞**と言い, 語の前に添える要素, たとえば copilote「副操縦士」(co+pilote)や inutile「役に立たない」(in+utile)の co や in を**接頭辞**と言います. 接辞を含む語は**派生語**と呼ばれます.

合成語のもう一方である**複合語**は, ふたつ以上の語がひとつの語のようなまとまりをなしているものを指します. たとえば, chou-fleur「カリフラワー」, pomme de terre「ジャガイモ」, grand magasin「デパート」などです.

※接頭辞および複合語については, 第3巻『語彙と表現』の第3章と第4章で詳しく見ます.

2. 語形成 — 派生と複合

語形成とは, 既存の語を利用して新たな語を作りだすことです. 語形成のための方法には, 大きく分けて, **派生**と**複合**のふたつがあります.

派生とは, 語に接辞(=接尾辞あるいは接頭辞)を付加する方法で, 接尾辞を用いる派生法を**接尾辞派生**と呼び, 接頭辞を用いる派生法を**接頭辞派生**と呼びます(今後, 接頭辞や接尾辞のような非自立要素は, 独立した語と区別するために, ハイフンを付けて表記します).

複合とは, 既存の語(あるいは語に準じる語形成要素)を組み合わせる方法です.

派生

接尾辞派生 ＝ 語 ＋ 接尾辞

　例：fleuriste「花屋」← fleur「花」+ -iste (「(携わる)人」を意味する接尾辞)

接頭辞派生 ＝ 接頭辞 ＋ 語

　例：prédire「予言する」← pré- (「前」を意味する接頭辞) + dire「言う」

複合

語 ＋ 語

　例：chou-fleur「カリフラワー」← chou「キャベツ」+ fleur「花」

3. 接尾辞派生

　フランス語の語形成法として最も利用されているのは接尾辞派生です．名詞の jardin を例にとれば，接尾辞派生によって次のような語を作ることができます(接尾辞部分に下線を付してあります)．

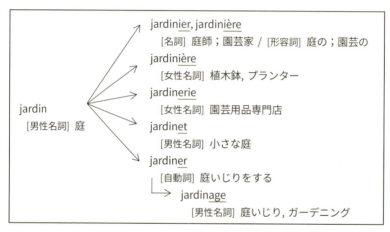

4. 基語，派生語，語幹

　上記の例の jardin のように，接辞が付加されるもとの語を**基語**と言います．接辞が付加されてできた語は**派生語**と言います．語形を指す場合は**派生形**と呼ぶことがあります．

　基語と派生語の品詞はさまざまです．品詞に応じて，基語名詞，基語形容詞，基語動詞，および派生名詞，派生形容詞，派生動詞，派生副詞などに分かれます．

　語形成と逆の方向から語を分析すると，たとえば，égalité「平等」は égal- と -ité に分けることができます．この égal- のように，語の意味と形の基幹をなす要素を**語幹**と言います．égalité に関しては，語幹 égal- が独立した語の égal「平等な」に対応していますが，語幹が常に独立語として用いられるとは限りません．たとえば nécessaire「必要な」，nécessité「必要性」の語幹は néces- ですが，この語幹だけで構成される語は現代フランス語には存在しません．

5. 現用語彙の習得

　本書では，現在用いられている語(=現用語)に基づいて接尾辞派生を考察します．語形成の歴史を調べるわけではありません．実を言うと，派生語の多くはフランス語の先祖であるラテン語のときにすでに作られていましたし，イタリア語や英語などで作られたものもあります．現在では基語の意味や形がかなり変質していたり，基語が消滅していることもあります．たとえば，前記の nécessaire の基語は現存していません．したがって，本書では nécessaire を同じく派生語である nécessité と対比して派生現象をとらえます．また，直接の派生関係はなくても，意味と形の共通性があり，関係が強いと感じられる語を結びつけて学習することもあります．目的はあくまでも，現用フランス語における語の関連を理解し，語彙力を高めることなのです．「基語から派生語を作る」という練習形式にしたのも，接尾辞派生に能動的にかかわることによって，基語と接尾辞と派生語の関係や派生のしくみを確実に習得できると考えたからです．

　なお，語の歴史的由来や変遷については詳述しませんが，現用フランス語の理解に役立つような興味深い事柄については，適宜，簡略な説明を加えます．

6. 接尾辞派生に関する留意点

　これからさまざまな接尾辞とそれを用いた派生形を見ていきますが，前もって，接尾辞派生に関する一般的現象や留意点を指摘しておきましょう．例として示す語は接尾辞部分に下線を引いてあります．

(1) それぞれの接尾辞は，基語と派生語の品詞がほぼ決まっています．たとえば，-ité は形容詞に付いて(=基語は形容詞)，派生語は女性名詞になり，-ais は名詞に付いて(=基語は名詞)，派生語は形容詞になります．

　　égal(e) [形容詞] 平等な → égalité [女性名詞] 平等

　　Japon [男性名詞] 日本 → japonais(e) [形容詞] 日本の

(2) 接尾辞の多くは品詞を変える働きをしますが，品詞の変化よりも意味の変化に重点が置かれているものもあります．

　　jardin [男性名詞] 庭 → jardinet [男性名詞] 小さな庭

　　bleu(e) [形容詞] 青い → bleuâtre [形容詞] 青みがかった

(3) ひとつの接尾辞がいくつもの働きや意味を持つことがあります．たとえば，-erie は名詞・動詞・形容詞を基語にして，店・行為・性質などを表します．

　　pâtissier ケーキ屋，ケーキ職人 → pâtisserie ケーキ店

　　plaisanter 冗談を言う → plaisanterie 冗談

　　coquet(te) おしゃれな → coquetterie おしゃれ

(4) 上記(3)の例でわかるように，基語に直接接尾辞を付ければ派生語ができるとは限りません．接尾辞を付けるのは基語のどの部分あるいはどのような変化形かを意識することが大事です．第1章から始まる派生の練習箇所では，正しい派生形を導き出すための手がかりや注意点が随所に示されています．

また, 派生における基語の変化の仕方には, いくつもの派生に共通する現象が見られ, ある種の規則性を発見することができます. 派生の過程で見られるさまざまな規則性については, 順次, [派生のしくみ]の欄で説明します.

(5) ひとつの接尾辞がふたつ(以上)の形をとることがあります. これらを**異形**と呼びます. たとえば, 動詞から名詞を作る接尾辞の -tion には -ation, -ition, -ion などの異形があります.

expédier 発送する → expédi<u>tion</u> 発送

inviter 招待する → invi<u>tation</u> 招待

répéter 繰り返す → répé<u>tition</u> 繰り返し

inventer 発明する → inven<u>tion</u> 発明

(6) 同じ基語に同種の接尾辞を付けた派生語がふたつ(以上)あることがあります. たとえば, -iste も -ier も人を表す名詞を作りますが, pompe「ポンプ」から派生した次の語は意味が異なります.

pomp<u>iste</u> (ガソリンスタンドなどの)給油係 / pomp<u>ier</u> 消防士

(7) 歴史的変遷によって, 基語と派生語とで意味がかなりずれることがあります.

drogue 麻薬 → drogu<u>iste</u> 薬品雑貨商

épice 香辛料, スパイス → épic<u>ier</u> 食料品屋

上記の(6)や(7)のような事例については, 適宜, 説明を加えたり, 各章の最後の[総合練習]で取り上げます.

7. 構成と表記

全体の構成につては冒頭の「本書の構成」で述べたので, ここでは章の下位区分である節(セクション)の構成と表記の仕方について補足します.

(1) 各セクション(§1 ..., §2, ..., *etc.* と表示)の最初に, そのセクションで扱う接尾辞を一覧で示し, そこに載っている接尾辞を, 1. ..., 2. ..., *etc.* の項に分けて順番に見ていきます.

(2) 接尾辞ごとに分かれたそれぞれの項は, 解説から始まり, 基語から派生語を作り出す練習が続きます. 練習は規則的派生から特殊な派生へ段階的に配置され, 練習における問題の配列は原則として基語のアルファベ順になっています.

(3) 派生語と基語の主要な意味を日本語で示してあります. ただし, 派生語の意味から基語の意味が容易に推察できる場合は基語の意味を表記しません.

(4) 男性と女性とで形が変わる形容詞(および名詞)については, 原則的に次のように表示します. 特に必要がなければ, 男性単数形のみを示します.

① 女性形に付く -e や -le, -ne などは( )に入れて示します.

égal(e) 平等な = [男性形] égal 〜 [女性形] égale

réel(le) 現実の = [男性形] réel 〜 [女性形] réelle

bon(ne) よい = [男性形] bon 〜 [女性形] bonne

② 語の末尾部分が上記①以外の変化するものは，男性形の後に女性形の末尾をイタリック体で示します．

régulier, *-ère* 規則的な ＝ [男性形] régulier 〜 [女性形] régulière

dangereux, *-se* 危険な ＝ [男性形] dangereux 〜 [女性形] dangereuse

actif, *-ve* 活動的な ＝ [男性形] actif 〜 [女性形] active

inquiet, *-ète* 不安な ＝ [男性形] inquiet 〜 [女性形] inquiète

③ 特殊な形の女性形は，男性形の後に女性形をイタリック体で示します．

beau, *belle* 美しい

sec, *sèche* 乾いた

なお，現用フランス語以外の語(古フランス語や英語など)もイタリック体で示します．

(5) 必要な場合には，品詞を次のような略号で表示します．

(m) — 男性名詞(または男性形)

(f) — 女性名詞(または女性形)

また，語の使用域(＝スピーチレベル)についての注記を次のような略号で表示します．

《話》— 話語．くだけた言い方(特に必要な場合にのみ表示します)．

《俗》— 俗語．使用を避けるべき卑俗な言葉(本書にはほとんど出てきません)．

《文》— 文章語．文書や改まった言い方で用いられる．

《古》— かつて用いられていた語や語義．

《古風》— 現在ではあまり使われなくなった語や語義．

その他，必要に応じて，《主に複数形で》，《集合的に》，《軽蔑的に》，《稀に》など，用法や意味についての説明を加えます．

(6) 綴りの読み方に注意が必要な場合は，発音記号を / / に入れて示します．省略可能な語句は ( ) に入れ，先行箇所と置き換え可能な語句は [ ] に入れて示します．

(7) それぞれの練習の後に解答欄があり，解答だけでなく，派生や綴りに関する注意点や意味についての簡単な説明などが添えられています．さらに，章のすべてのセクションを終えた後に，要点の復習と応用のための[総合練習]が設けられています．

8. 『新綴り』について

フランスでは，2016年度の新学年度から初等教育課程の教科書に「新しい綴り」(la nouvelle orthographe, 本書では『新綴り』と表記)が正式に採用されました．これは，発音と綴りをできるだけ一致させ，表記を簡便化することを目的とした改変で，多くは，綴り字記号であるアクサンやハイフン(＝トレ・デュニオン)に関することです．今後は新しい綴りを優先して使用することが奨励されていますが，長年用いられてきた綴りがすぐさま全面的に変わることはないでしょう．しかし，新綴りについての知識があれば，すでに一部で使用され，やがて広く採用される新綴りを用いた文に触れても，戸惑ったり誤読することはありません．そうした理由から，本書では，本文の解説や練習では従来の綴りを用い，備考や解答欄で新綴りに関する注記を添えてあります．

第 1 章 「人・物」を表す名詞を作る (1)

　「人・物」を表す派生語には，大きく分けると，名詞が基語になるものと動詞が基語になるものがあります(名詞や動詞以外の品詞から作られるものも少数あります).名詞が基語の場合のほうが作り方が比較的簡単なので，それから始めます.なお，以下に取り上げる派生名詞も含め，名詞はしばしば形容詞としても用いられます.

§1　名詞から「人」を表す名詞を作る接尾辞

　「人」を表す語を作る接尾辞には次のようなものがあります([　]内は女性形です).接尾辞に付けた星印は重要度の目安で，その接尾辞を含む語の数の多さや使用頻度にほぼ比例しています.

☆☆☆ -iste （§1-1.)
☆☆☆ -ier [-ière] （§1-2.)
　☆☆ -ien [-iene], -éen [-éenne] （§1-3.)
　☆☆ -aire （§1-4.)
　　☆ -ard [-arde] （§1-5.)
　　☆ -ain [-aine], -aste, -eron [-eronne], -isan [-isane], -on [-onne] （§1-6.)

※ 接尾辞の「異形」は，各項の見出しや巻末の接尾辞一覧には載っていますが，セクションの冒頭の上記のような一覧表では省いてあります.
※ 接尾辞の男性形と女性形が異なる場合は，解説の箇所では原則として男性形を用います.

1. -iste *(m = f)*

　接尾辞の-iste は，おおむね，次のような人を表す語を作ります.英語の *-ist* とほぼ同じ形(末尾の e の有無に注意)と意味であり，派生語はしばしば英語と類似しています.

(1) なんらかの活動に携わる人で，多くは職業人や専門家ですが，そうでないこともあります.

　　art 芸術 → artiste 芸術家
　　automobile 自動車 → automobiliste (自家用車の)ドライバー

(2) 主義・教義などを信奉する人，行動や思想・性格などに特徴のある人を指します.

　　social 社会の → socialiste 社会主義者
　　race 人種 → raciste 人種差別主義者

　-iste を付加する基語は大半が名詞ですが，形容詞が基語になることもあります.また，-iste の付いた派生語は形容詞としても用いられることがあります.とりわけ上記(2)のタイプはほとんどが形容詞になります.

　　◆ 主として「…主義者」を意味する語については，接尾辞の-iste を -isme に変えることによって対応する男性名詞を作ることができます(接尾辞-isme を用いる派生は第 5 章で扱います).

【練習1】

　練習の手始めとして，基語に -iste を加えて規則的に作ることのできる語を見てみます．
〈　〉で示した語(=基語)を参照しながら，次の意味の「人」を表す名詞(=派生語)を書いて
ください(解説の例としてあげた語も含まれています)．また，接尾辞 -iste を加えることに
よって，基語にどのような綴り字の変化が生じるかを確かめてください．

　1. (自家用車の)ドライバー 　　　　　〈automobile 自動車〉　　　＿＿＿＿＿＿＿
　2. (ホテル・空港・駅などの)ポーター 　〈bagage 荷物〉　　　　　　＿＿＿＿＿＿＿
　3. 自転車乗り 　　　　　　　　　　　〈cycle 2輪車〉　　　　　　＿＿＿＿＿＿＿
　4. 決勝戦進出者[チーム] 　　　　　　〈finale 決勝戦〉　　　　　　＿＿＿＿＿＿＿
　5. 自動車修理工場の経営者 　　　　　〈garage 自動車修理工場〉　　＿＿＿＿＿＿＿
　6. オートバイ乗り 　　　　　　　　　〈motocycle オートバイ〉　　＿＿＿＿＿＿＿
　7. 落下傘兵；スカイダイバー 　　　　〈parachute 落下傘〉　　　　＿＿＿＿＿＿＿
　8. (ガソリンスタンドなどの)給油係 　〈pompe ポンプ〉　　　　　　＿＿＿＿＿＿＿
　9. 人種差別主義者 　　　　　　　　　〈race 人種〉　　　　　　　　＿＿＿＿＿＿＿
　10. 服飾デザイナー 　　　　　　　　〈style 様式，スタイル〉　　　＿＿＿＿＿＿＿

〚解答〛
1. automobiliste　2. bagagiste　3. cycliste　4. finaliste　5. garagiste
6. motocycliste　7. parachutiste　8. pompiste　9. raciste　10. styliste

───
◗ 派生のしくみ1 ── 基語の末尾の e の消去 ◖
　母音字で始まる接尾辞を付けるときは，基語の末尾の e の綴り字を取り除きます．ほ
とんどすべての接尾辞が -iste のように母音字で始まるので，この現象は頻繁に起こりま
す．「基語の語末の e の消去」は接尾辞派生の大原則です．
───

【練習2】

　[練習1]と同様の練習です．次の意味の「人」を表す名詞を書き，接尾辞 -iste を加えるこ
とによって基語にどのような発音の変化が生じるかを確かめましょう．

　1. 芸術家 　　　　　　　　　　　　〈art 芸術〉　　　　　　　　　＿＿＿＿＿＿＿
　2. 古本屋 　　　　　　　　　　　　〈bouquin 古本〉　　　　　　　＿＿＿＿＿＿＿
　3. 資本家 　　　　　　　　　　　　〈capital 資本〉　　　　　　　　＿＿＿＿＿＿＿
　4. 歯科医 　　　　　　　　　　　　〈dent 歯〉　　　　　　　　　　＿＿＿＿＿＿＿
　5. 花屋，花売り 　　　　　　　　　〈fleur 花〉　　　　　　　　　　＿＿＿＿＿＿＿
　6. ジャーナリスト 　　　　　　　　〈journal 新聞〉　　　　　　　　＿＿＿＿＿＿＿
　7. 観光客 　　　　　　　　　　　　〈tour ひと回り；周遊旅行〉　　＿＿＿＿＿＿＿

【解答】

1. artiste 2. bouquiniste 3. capitaliste 4. dentiste 5. fleuriste 6. journaliste
7. touriste

~~ 〖備考〗 ~~~~~~

　[練習2]の7番目のtouristeはtourの派生語ですが，間接的な派生語といえるかもしれません．というのは，フランス語のtourが英語に入って「旅行」の意味で用いられ，その派生語の *tourist* がフランス語に入ってtouriste「旅行者」となったからです．また，[練習1]の3.の基語のcycleは英語からの借用語です．稀にこうした英語から取り入れた語が派生語や基語になっていることがありますが，フランス語として一般化しているものであれば特に区別する必要はないでしょう．

~~~~~~

◐ 派生のしくみ2 ― 派生語の発音 ◐

　bouquinの発音は/bu-kɛ̃/で接尾辞-isteの発音は/ist/ですが，派生語のbouquiniste は×/bu-kɛ̃-ist/ではなく/bu-ki-nist/と発音します(/-/は音節の切れ目を示します)．つまり，語幹と接尾辞は別々にではなく，連続して読み，「派生語全体を1つのまとまった語として発音する」のです．

　また，dent /dɑ̃/ → dentiste /dɑ̃-tist/のように，基語の末尾の発音しない子音字が，派生語では母音が後続することによって発音するようになるのも一般的な現象です．

【練習3】

　基語が形容詞の場合もあります．接尾辞-isteを用いて，次の意味の「人」を表す名詞を作りましょう(基語として形容詞の男性単数形を載せています)．

1. 登山家　　　　　　　〈alpin 登山の〉　　　　　　　＿＿＿＿＿＿＿

2. 共産主義者　　　　　〈commun 共有の〉　　　　　　＿＿＿＿＿＿＿

3. 理想主義者　　　　　〈idéal 理想的な〉　　　　　　＿＿＿＿＿＿＿

4. 帝国主義者　　　　　〈impérial 皇帝の，帝国の〉　　＿＿＿＿＿＿＿

5. 民族[国家]主義者　　〈national 国の〉　　　　　　　＿＿＿＿＿＿＿

6. 日和見主義者　　　　〈opportun 好都合な〉　　　　 ＿＿＿＿＿＿＿

7. 社会主義者　　　　　〈social 社会の〉　　　　　　　＿＿＿＿＿＿＿

8. 専門家　　　　　　　〈spécial 専門の〉　　　　　　 ＿＿＿＿＿＿＿

【解答】

1. alpiniste 2. communiste 3. idéaliste 4. impérialiste 5. nationaliste
6. opportuniste 7. socialiste 8. spécialiste

【練習4】

基語に e や è (発音はいずれも /ɛ/) が含まれる場合は，しばしば綴り字が変化します．《派生のパターン》を参照して -iste で終わる語を作りましょう．

(A) 基語が el で終わる．

《派生のパターン：-el → -elliste》

1. 決闘者　　　　　　　　　〈duel 決闘〉　　　　　　＿＿＿＿＿＿

2. パステル画家　　　　　　〈pastel パステル〉　　　　＿＿＿＿＿＿

(B) 基語が et で終わる．

《派生のパターン：-et → -ettiste》

1. 発券係；コラムニスト　　〈billet 切符；(新聞の)コラム〉　＿＿＿＿＿＿

2. 7月に休暇をとる人　　　〈juillet 7月〉　　　　　　＿＿＿＿＿＿

(C) 基語に è が含まれる．

《派生のパターン：-è□e → -é□iste》　(*□は任意の子音字(群))

1. 代数学者　　　　　　　　〈algèbre 代数〉　　　　　　＿＿＿＿＿＿

2. 周遊旅行者　　　　　　　〈croisière (船・飛行機による)周遊〉　＿＿＿＿＿＿

3. 高級家具職人　　　　　　〈ébène 黒檀材〉　　　　　　＿＿＿＿＿＿

4. ストライキ参加者　　　　〈grève ストライキ〉　　　　＿＿＿＿＿＿

(D) 基語が -ès で終わる．

《派生のパターン：-ès → -essiste》

1. 会議参加者　　　　　　　〈congrès 会議〉　　　　　　＿＿＿＿＿＿

2. 進歩主義者　　　　　　　〈progrès 進歩〉　　　　　　＿＿＿＿＿＿

〚解答〛 ※これ以後の説明では[派生のしくみ]を[しくみ]と略記します．

(A) 1. duelliste　2. pastelliste　(⇨ 下記の[しくみ3]を参照)

(B) 1. billettiste　2. juillettiste　(⇨ 下記の[しくみ3]を参照)

(C) 1. algébriste　2. croisiériste　3. ébéniste〔黒檀は代表的な高級木材〕

　　4. gréviste　(⇨ 次ページの[しくみ4]を参照)

(D) 1. congressiste　2. progressiste　(⇨ 次ページの[しくみ5]を参照)

◖ **派生のしくみ3 ― el と ell, et と ett の交替** ◗

　派生語を作るときに，実際の発音どおりに読めるように派生語の綴りを手直しすることがよくあります．[練習4](A)と(B)の基語の発音は派生語になっても変わりませんが，基語に -iste を付けて ×dueliste，×pasteliste，×billetist，×juilletiste と綴ると，基語の部分の duel-，pastel-，billet-，juillet- の読み方が実際の発音に対応しなくなります．語末の el，et の e は /ɛ/ と読みますが，el，et に母音字が続く場合は /ə/ と読むのが規則だからです．そこで，実際の発音に合わせるために，派生語では el，et の後の子音字をもう

1つ加えて ell, ett にします．ll や tt のように同じ子音字が2つ続くものを「重子音字」
と言いますが，重子音字の前の e は /ɛ/ と読むのが規則だからです．派生語におけるこう
した重子音字化は，l と t 以外に er が err になるものもいくつかあります．e の読み方お
よびこれから観察する現象の多くは，フランス語の綴り字の読み方の原則によって説明
がつくので，巻末補遺の「I 綴り字の読み方」と「II 音節区分とアクサン」を一読し，適
宜参照してください．

◐ 派生のしくみ4 ─ è と é の交替 ◐

[練習4](C) では，基語に含まれる è が派生語で é に変わっています．語末の〈子音字
+e〉の前では è と書き，それ以外の位置にある〈子音字+母音字〉の前では é と書くのが
原則なのです．

◐ 派生のしくみ5 ─ ès と ess の交替 ◐

[練習4](D) では，基語の末尾の ès /ɛ/ が派生語で ess /ɛs/ になります．語末で ès と綴
るのは例外的ですが，そうした場合でも，語中では[しくみ3]の例と同じく〈e+重子音
字〉になります．なお，歴史的には，派生語の ess がもとの綴りで，基語の ès はそれが
変化したものです．フランス語の先祖であるラテン語(の綴り)を取り入れた英語の
congress, *progress* では ss の綴りが保たれています．

【練習5】

基語が -ion で終わる場合は，n を2つ綴り，次のような派生のパターンになります．

《派生のパターン：-ion → -ionniste》

1. 遠足に出かける人	〈excursion 遠足〉	＿＿＿＿＿＿＿
2. 奇術師	〈illusion 奇術〉	＿＿＿＿＿＿＿
3. 完璧主義者	〈perfection 完璧〉	＿＿＿＿＿＿＿
4. (ホテル・会社などの)受付係	〈réception 受付, フロント〉	＿＿＿＿＿＿＿

〖解答〗(⇨下記の[しくみ6]を参照)

1. excursionniste　2. illusionniste　3. perfectionniste　4. réceptionniste

◐ 派生のしくみ6 ─ n の重子音字化 (1) ◐

基語の末尾が ion のときは，派生語で n が重子音字になり，ionn と綴ります．読み方
は /jɔn/ で，鼻母音にはなりません．「〈母音字+nn〉は鼻母音にならない」という綴り字の
読み方の規則どおりです．n が重子音になる現象はフランス語特有で，英語では
excursionist, illusionist, perfectionist, receptionist のように，n は1つのままです．

【練習6】

基語の末尾の -el は，-elliste になる場合（⇨[しくみ3]）のほかに，e が a に変わって
-aliste になることもあります。

《派生のパターン：-el → -aliste》

1. 実存主義者	〈existentiel 実存の〉	＿＿＿＿＿＿
2. 個人主義者	〈individuel 個人の〉	＿＿＿＿＿＿
3. 物質[実利]主義者	〈matériel 物質の；金銭的な〉	＿＿＿＿＿＿
4. 現実的な人，現実主義者	〈réel 現実の〉	＿＿＿＿＿＿

〔解答〕（⇨下記の[しくみ7]を参照）
1. existentialiste　2. individualiste　3. matérialiste　4. réaliste

---

◗ 派生のしくみ7 ― e と a の交替 ◗

　[練習6]では，基語の末尾の el が派生語で al に変わります．歴史的には，派生語の al
がもとの綴りで，基語の el はそれが変化したものです．英語では，*existential, individual,
material, real* のように al と綴られます（なおフランス語には，-el で終わる形容詞も -al
で終わる形容詞もあり，そうした派生は第4章の§8-1.で見ます）．

　e と a の交替は el～al に限りません．他の例が今後出てきます．

【練習7】

基語が母音の発音（綴り字は ie, a, é, o など）で終わる場合は，原則として，それらを消
去して -iste を付けます．なお，接尾辞を付けるときは基語の末尾の複数語尾の s を省きま
す（下記(C)の mots(-)croisés）。

(A) 《派生のパターン：-ie → -(ゼロ)iste》

1. 生物学者	〈biologie 生物学〉	＿＿＿＿＿＿
2. 化学者	〈chimie 化学〉	＿＿＿＿＿＿
3. 生態学者；環境保護論者	〈écologie 生態学；環境保護論〉	＿＿＿＿＿＿
4. 経済学者	〈économie 経済〉	＿＿＿＿＿＿
5. 気まぐれ者	〈fantaisie 気まぐれ〉	＿＿＿＿＿＿
6. 切手収集家	〈philatélie 切手収集〉	＿＿＿＿＿＿

(B) 《派生のパターン：-a → -(ゼロ)iste》

仏教徒	〈Bouddha 仏陀〉(*派生語は小文字)	＿＿＿＿＿＿

(C) 《派生のパターン：-é → -(ゼロ)iste》

クロスワードパズル愛好者	〈mots(-)croisés クロスワードパズル〉	＿＿＿＿＿＿

　　　(*基語のハイフンは任意だが，派生語ではハイフンを入れる)

(D) 《派生のパターン：-io → -(ゼロ)iste》

シナリオライター	〈scénario シナリオ，脚本〉	＿＿＿＿＿＿

〖解答〗(⇨下記の[しくみ8]を参照)

(A) 1. biologiste   2. chimiste   3. écologiste   4. économiste   5. fantaisiste
6. philatéliste

(B) bouddhiste   (C) mots-croisiste   (D) scénariste

♦比較的最近に作られた語の派生では，基語の末尾の母音が保たれることがあります．
bédé 漫画 (=BD) → bédéiste 漫画作家
canoé カヌー (canoë とも綴る) → canoéiste カヌー競技者

◐ 派生のしくみ8 ― 母音連続における先行母音の消去 ◑

　フランス語は母音の発音が連続するのを好みません．ご存知のリエゾンやエリジヨン
は，母音を連続させないための方策が規則化したものです．派生においても，通常の派
生の仕方をすると母音が連続してしまう場合に，母音の一方を消して母音連続を避ける
現象がしばしば見られます．なくなるのは，一般に，先行する母音すなわち基語の末尾
の母音です．この過程を biologie と Bouddha からの派生を例として示します．

biologie /bjɔ-lɔ-ʒi/ + -iste /ist/   →   ×biologiiste /bjɔ-lɔ-ʒi-ist/
　　　　　　　　　　　　　　　　　→   ○biologiste /bjɔ-lɔ-ʒist/
Bouddha /bu-da/ + -iste /ist/   →   ×bouddhaiste /bu-da-ist/
　　　　　　　　　　　　　　　→   ○bouddhiste /bu-dist/

【練習8】

　基語は -ique で終わる形容詞です(名詞としても用いられる語もあります)．こうした語で
は，-ique を消去して -iste を付けます．

《派生のパターン：-ique → -(ゼロ)iste》

1. 植物学者　　　　　　　〈botanique 植物学の；植物学〉　　＿＿＿＿＿＿＿

2. 陶芸家　　　　　　　　〈céramique 陶器の；陶芸, 陶器〉　＿＿＿＿＿＿＿

3. 平和主義者　　　　　　〈pacifique 平和を好む〉　　　　　＿＿＿＿＿＿＿

〖解答〗(⇨下記の[しくみ9]を参照)

1. botaniste   2. céramiste   3. pacifiste

◐ 派生のしくみ9 ― 接尾辞の交替 (1) ◑

　上記[練習8]の派生で，接尾辞を付けるときに消去する -ique は接尾辞の1つで，そ
れらを含む基語はすでに派生語です．したがって，こうした派生では -ique と -iste の2
種類の接尾辞が交替するとみなすことができます(なお，-ique を用いる派生は第4章の
§8-2. で扱います)．

【練習９】

　最後に, これまで見た変化パターンに属さない特殊な変化をする語を見てみましょう. 基語の後に ( ) で示してあるのは派生語の語幹です.

1.　たばこ屋の店主　　　　〈bureau de tabac たばこ屋〉 (bural...)　　＿＿＿＿＿＿＿

2.　随筆家, エッセイスト　〈essai 随筆〉 (essay...)　　　　　　　　　＿＿＿＿＿＿＿

3.　フェミニスト　　　　　〈femme 女性〉 (fémin...)　　　　　　　　＿＿＿＿＿＿＿

4.　卸売商, 問屋　　　　　〈gros 卸〉 (gross...)　　　　　　　　　　　＿＿＿＿＿＿＿

5.　ユーモアのある人　　　〈humour ユーモア〉 (humor...)　　　　　＿＿＿＿＿＿＿

6.　言語学者　　　　　　　〈langue 言語〉 (lingu...)　　　　　　　　　＿＿＿＿＿＿＿

7.　眼科医　　　　　　　　〈œil 目〉 (ocul...)　　　　　　　　　　　　＿＿＿＿＿＿＿

8.　スクーター運転者　　　〈scooter スクーター〉 (scootér...)　　　　＿＿＿＿＿＿＿

9.　テロリスト　　　　　　〈terreur 恐怖〉 (terror...)　　　　　　　　　＿＿＿＿＿＿＿

〚解答〛

1. buraliste (基語の末尾の eau が派生語で al に変化する. 後出の[しくみ 55]で解説)
2. essayiste (英語からの借用語)　3. féministe　4. grossiste (基語末尾の s が派生語でss に変化. 後出の[しくみ 14]で解説)　5. humoriste　6. linguiste (gui は例外的に /gɥi/ と発音する)　7. oculiste　8. scootériste (英語からの借用語である scooter /sku-tœːr/ の末尾の er /œːr/ が派生語で ér /er/ に変わる特殊変化. なお, 『新綴り』では /œːr/ の発音に合わせて scooteur と綴る)　9. terroriste (接尾辞 -eur と -iste が交替する)

~~ 〚備考〛 ~~~~~~

(1)　[練習９] の femme と langue と œil は基語と派生語の形がずいぶん違っています. これらの語のもとの形は, フランス語の先祖であるラテン語 (= 古代ローマの言語) の *femina* と *lingua* と *oculus* です. 基語である名詞は古くから用いられていて中世の頃までにかなり形が変わりましたが, 派生語である形容詞 féminin, linguistique, oculaire は中世以後にフランス語に取り入れたので語幹はラテン語の形とあまり変わっていません. 序章で述べたように, この巻では語の史的変遷にはあまり立ち入りませんが, こうした概略を知っておくと, 基語と派生語の形がかなり異なる場合の理由が納得できるでしょう.

　　　※フランス語の由来と変遷については, 第３巻『語彙と表現』の第１章に解説があります.

(2)　-logie「…学」に関連する人を表す語は, -logiste「…学者」になるものもありますが ([練習７] の bio<u>logie</u> → bio<u>logiste</u> など), 多くは -logue「…学者」が対応します.

　　archéo<u>logie</u> 考古学　→　archéo<u>logue</u> 考古学者

　　ethno<u>logie</u> 民族学　→　ethno<u>logue</u> 民族学者

　　psycho<u>logie</u> 心理学　→　psycho<u>logue</u> 心理学者

　　socio<u>logie</u> 社会学　→　socio<u>logue</u> 社会学者

~~~~~~

2. -ier *(m)* [-ière *(f)*] ｛異形 -er [-ère]｝

接尾辞の -ier を含む語もさまざまな人を表します. 大部分は次の (1) に当てはまりますが, (2) のような人を指す場合もあります.

(1) 職業または半ば職業として活動をする人.

(2) 特定の身分・立場にある人.

男性を指すときの接尾辞は -ier (またはその異形の -er), 女性を指すときは -ière (またはその異形の -ère) です. 派生語は名詞だけでなく形容詞としても用いられるものがあります.

なお, -iste は「人」だけを表しましたが, -ier は, 次節で見るように, 「物」を表すこともあります.

【練習 1】

-ier を用いて規則的に作れる語から練習しましょう. かなりの数があります. 派生語は男性形だけを書き, 女性形は省いてかまいません (以下の練習でも同様です).

1.	冒険家	〈aventure 冒険〉	_____
2.	銀行家	〈banque 銀行〉	_____
3.	破産者	〈banqueroute 破産〉	_____
4.	奨学生	〈bourse 奨学金〉	_____
5.	小売店主	〈boutique 店, 小売店〉	_____
6.	出納係；レジ係	〈caisse 会計窓口；レジ〉	_____
7.	大工	〈charpente (建造物の)骨組〉	_____
8.	(中世の)騎士	〈cheval 馬〉	_____
9.	チョコレート屋	〈chocolat チョコレート〉	_____
10.	講演者	〈conférence 講演〉	_____
11.	密輸入者	〈contrebande 密輸入〉	_____
12.	(貸し)衣装屋；衣装係	〈costume 衣装〉	_____
13.	債権者	〈créance 債権〉	_____
14.	クレープ屋	〈crêpe クレープ〉	_____
15.	料理人, コック	〈cuisine 料理〉	_____
16.	小学生	〈école (小)学校〉	_____
17.	(チームの)メンバー	〈équipe チーム〉	_____
18.	農夫	〈ferme 農場〉	_____
19.	手袋屋	〈gant 手袋〉	_____
20.	アイスクリーム屋, 氷菓子屋	〈glace アイスクリーム〉	_____
21.	庭師；園芸家	〈jardin 庭〉	_____
22.	牛乳屋	〈lait 牛乳〉	_____
23.	将校, 士官	〈office 《古風》職務〉	_____
24.	作詞家	〈parole(s) 言葉；歌詞〉	_____

25. 配管工 〈plomb 鉛〉 _____

26. 消防士 〈pompe ポンプ〉 _____

27. ドアマン；門衛 〈porte ドア；出入り口，門〉 _____

28. 郵便局員 〈poste 郵便局〉 _____

29. 火薬製造職人 〈poudre 粉；火薬〉 _____

30. 金利[年金]生活者 〈rente 金利収入；年金〉 _____

31. 錠前屋，鍵屋 〈serrure 錠〉 _____

32. (染物もする)クリーニング屋 〈teinture 染色〉 _____

33. バカンス客 〈vacance(s) バカンス，休暇〉 _____

34. ガラス職人 〈verre ガラス〉 _____

35. ガラス屋 〈vitre 板ガラス，窓ガラス〉 _____

〖解答〗

1. aventurier 2. banquier 3. banqueroutier 4. boursier 5. boutiquier
6. caissier 7. charpentier 8. chevalier 9. chocolatier 10. conférencier
11. contrebandier 12. costumier 13. créancier 14. crêpier 15. cuisinier
16. écolier 17. équipier 18. fermier 19. gantier 20. glacier〔シャーベットなども売っている〕 21. jardinier 22. laitier 23. officier 24. parolier 25. plombier
〔鉛は代表的な配管材料〕 26. pompier 27. portier 28. postier 29. poudrier
30. rentier 31. serrurier 32. teinturier 33. vacancier 34. verrier 35. vitrier

~~ 〖備考〗 ~~~~~~

　verre と vitre は両方ともラテン語の *vitrum* に由来します．verre は早くにフランス語化し，vitre は中世の時代にフランス語に取り入れられました(そのため vitre のほうがラテン語の形に近い)．このような，語源が同じ2つの語を「二重語」と言います．次の[練習2]に出てくる charbon「炭」は carbone「炭素；カーボン紙」との二重語です．

~~~~~~

【練習2】

　前項の -iste の派生で見たのと同じ変化が起こるものがあります．

(A) 基語に è が含まれる．

《派生のパターン：-è□e → -é□ier》

　　乳製品販売商 〈crème クリーム，乳脂〉 _____

(B) 基語が on で終わる．

《派生のパターン：-on → -onnier》

1. 砲手，砲兵 〈canon 大砲〉 _____

2. シャンソニエ〔自作の風刺歌を歌う歌手〕

　　 〈chanson 歌〉 _____

3. 炭屋 〈charbon 炭〉 ＿＿＿＿＿＿＿＿＿＿

4. くず屋 〈chiffon ぼろ切れ〉 ＿＿＿＿＿＿＿＿＿＿

5. 魚屋 〈poisson 魚〉 ＿＿＿＿＿＿＿＿＿＿

6. 囚人 〈prison 刑務所, 監獄〉 ＿＿＿＿＿＿＿＿＿＿

〔解答〕

(A) crémier （è と é の交替⇨[しくみ4]）.

(B) 1. canonnier　2. chansonnier　3. charbonnier　4. chiffonnier
　　 5. poissonnier　6. prisonnier　（⇨下記の[しくみ10]）

┌──┐

◐ 派生のしくみ10 ── n の重子音字化 (2) ◑

　§1-1. [練習5]の excursion → excursionniste などは基語の語末が -ion でしたが，上記 [練習2](B) で見たように，より一般的に，-on で終わる語は派生語で n を2つ書くのが原則です．ただし稀に，on の n が1つのままの場合や，on 以外の綴り(たとえば an)の n を2つ書く場合があります(今後そうした例外的事例が出てきたときは注記をします).

└──┘

【練習3】

　基語が -el, -et, -ette で終わる場合は，しばしば発音(=綴り字の読み方)が変わります．綴り字も変わることがあります．

(A) 基語が -el で終わる.

《派生のパターン：-el /ɛl/ → -elier /(ə-)lje/》

　　ホテルの経営者 〈hôtel ホテル〉 ＿＿＿＿＿＿＿＿＿＿

(B) 基語が -et で終わる.

《派生のパターン：-et /ɛ/ → -etier /(ə-)tje/》

1. メリヤス業者；メリヤス工 〈bonnet (メリヤス素材の)縁なし帽〉 ＿＿＿＿＿＿＿＿＿＿

2. 花売り娘[女] 〈bouquet 花束〉(*派生語は女性名詞) ＿＿＿＿＿＿＿＿＿＿

3. コルセット製造[販売]業者 〈corset コルセット〉 ＿＿＿＿＿＿＿＿＿＿

4. 窓口係；出札係 〈guichet 窓口〉 ＿＿＿＿＿＿＿＿＿＿

5. ラバ引き 〈mulet 雄ラバ〉 ＿＿＿＿＿＿＿＿＿＿

6. 水道金具業者 〈robinet (水道の)蛇口〉 ＿＿＿＿＿＿＿＿＿＿

(C) 基語が -ette で終わる.

《派生のパターン：-ette /ɛt/ → -etier /(ə-)tje/》

1. 荷車[荷馬車]引き 〈charrette (2輪の)荷車, 荷馬車〉 ＿＿＿＿＿＿＿＿＿＿

2. めがね商 〈lunette(s) めがね〉 ＿＿＿＿＿＿＿＿＿＿

〔解答〕(⇨ 下記の [しくみ11] を参照)

(A) hôtelier

(B) 1. bonnetier　2. bouquetière　3. corsetier　4. guichetier　5. muletier

　　6. robinetier

(C) 1. charretier　2. lunetier

◐ 派生のしくみ 11 ── el, et における /ɛ/ と /ə/ の交替 ◐

　el(l) および et(t) は基語と派生語で綴り字や発音が変わることがあります．§1-1. [練習4] では基語の /ɛ/ の発音を保って派生語の綴りを変えましたが (duel → duelliste，billet → billettiste)，上記の (A) と (B) の語は派生語でも綴りを変えません．そのため e の読み方が /ɛ/ から /ə/ に変わります．この /ə/ は，話すスピードなどによって発音することもしないこともあるので，「脱落性の /ə/」と呼ばれます (発音記号を用いると煩雑になるので「脱落性の e」と表記しますが，綴り字ではなく発音に関する現象なので誤解しないでください)．なお，(B) 6. の robinetier については，後半部の-etier の読み方が /(ə)-tje/ よりも /e-tje/ が一般的になってきたので，『新綴り』は robinétier /rɔ-bi-ne-tje/ の綴りと発音を認めています．

　(C) の派生では，基語の末尾の tt が派生語で t になり，それに伴って発音も変わります．lunette に関しては，基語の綴りと発音を保った lunettier が用いられていましたが，現在では lunetier /lyn-tje/ が一般的で，『新綴り』は lunetier を採用しています．

【練習 4】

　-ier の異形として -er があります．-er を用いるのは次の 3 つの場合です．

(A) 基語が -che で終わる．

《派生のパターン：-che → -cher》

　1. (馬車の) 御者　　　　　　　　〈coche 乗合馬車〉　　　　＿＿＿＿＿＿＿＿＿

　2. 牛飼い　　　　　　　　　　　〈vache 雌牛〉　　　　　　＿＿＿＿＿＿＿＿＿

(B) 基語が -ge で終わる．

《派生のパターン：-ge → -ger》

　1. チーズ製造業者, チーズ屋　　〈fromage チーズ〉　　　　＿＿＿＿＿＿＿＿＿

　2. 時計屋　　　　　　　　　　　〈horloge 時計〉　　　　　＿＿＿＿＿＿＿＿＿

　3. 使者, メッセンジャー　　　　〈message 伝言, メッセージ〉　＿＿＿＿＿＿＿＿＿

　4. (船・飛行機の) 乗客；立ち寄る人　〈passage 通過；立ち寄ること〉　＿＿＿＿＿＿＿＿＿

　5. 使用者, 利用者　　　　　　　〈usage 使用, 利用〉　　　＿＿＿＿＿＿＿＿＿

(C) 基語が -eil, -aille で終わる．

《派生のパターン：-il(le) → -iller》

　1. 助言者　　　　　　　　　　　〈conseil 助言〉　　　　　＿＿＿＿＿＿＿＿＿

　2. 家禽商　　　　　　　　　　　〈volaille 家禽〉　　　　　＿＿＿＿＿＿＿＿＿

〖解答〗(⇨ 下記の[しくみ12], [しくみ13]を参照)

(A) 1. cocher　2. vacher

(B) 1. fromager　2. horloger　3. messager　4. passager　5. usager

(C) 1. conseiller　2. volailler

◖ 派生のしくみ 12 ― ier の i の脱落 ◗

　上記 [練習4] で見たように，基語が -che, -ge, -il(le) で終わる場合は，-ier の異形の -er (女性形は -ère) を用います．

　(A) と (B) については，かつては -ier の付いた -chier /ʃje/, -gier /ʒje/ だったのですが，発音が /ʃje/ → /ʃe/, /ʒje/ → /ʒe/ と変化するのに伴って，綴り字の i も消えました (ただし, imagier「版画師」(← image「絵；版画」) のように, i が保たれている例外がごく少数あります).

　(C) の派生語についてもほぼ同様に，-eillier /ɛj-je/, -aillier /a[ɑ]j-je/ の2つの /j/ の一方が消えて /ɛ-je/, /a[ɑ]-je/ になり，綴りも -eiller, -ailler となったのでしょう. この発音と綴りは，動詞の réveiller「目を覚まさせる」や travailler「仕事をする」などで馴染みがあるので，ごく自然に受け入れられたと思われます．

◖ 派生のしくみ 13 ― il と ill の交替 (1) ◗

　語の末尾の -eil は /ɛj/ と読みますが，その後に母音字 (発音上は無音になる e も含む) が続く場合は必ず l を2つにして eill と綴らなければなりません. (C) 1. の conseil ～ conseiller のほかに，réveil「目覚め」～ réveiller「目を覚まさせる」や，形容詞 pareil「同じような」の女性形が pareille になるのもそのためです. また，-ail /aj/ にも同様の現象が起こります. たとえば travail「仕事」～ travailler「仕事をする」などです．

【練習5】

　基語が s の綴り字 (発音上は無音) で終わる場合は，派生語で ss となります.

《派生のパターン：-s → -ssier》

1. マットレス業者　　　　　〈matelas マットレス〉　　　＿＿＿＿＿＿＿

2. じゅうたん業者　　　　　〈tapis じゅうたん〉　　　　＿＿＿＿＿＿＿

〖解答〗(⇨ 下記の[しくみ14]を参照)

1. matelassier　2. tapissier

◖ 派生のしくみ 14 ― s の重子音字化 ◗

　上記 [練習5] のように，基語の語末の s が派生語で ss になることがあります. ss は /s/ と発音します. §1-1. [練習9] の gros → grossiste でも同じ現象が起こっています．

【練習6】

基語が母音の発音で終わる場合はしばしば特殊な現象が起こります．無音の e で終わる語にも同様の現象が起こることがあります．下記 [1] の派生では，基語と接尾辞の間に t が入ります．[2] の派生では，基語と接尾辞の間に ss が入ります．

[1] 《派生のパターン：-… → -…tier》

(A) 基語が母音の発音で終わる場合．

1. 装身具商　　　　　　　　〈bijou 装身具〉　　　　　＿＿＿＿＿＿＿

2. 釘製造工；釘販売業者　　〈clou 釘〉　　　　　　　　＿＿＿＿＿＿＿

3. ブリキ屋　　　　　　　　〈fer-blanc ブリキ〉(ferblan…)　＿＿＿＿＿＿＿

　　　(*基語のハイフンと末尾の c は派生語では削除される)

(B) 基語が無音の e で終わる場合．

1. れんが業者；れんが製造工　〈brique れんが〉　　　　＿＿＿＿＿＿＿

2. 穀物商, 種子商人　　　　　〈graine (植物の)種, 種子〉　＿＿＿＿＿＿＿

[2] 《派生のパターン：-… → -…ssier》

　　皮なめし職人　　　　　　〈peau 皮膚；(動物の)皮〉　＿＿＿＿＿＿＿

〖解答〗 (⇨ 下記の [しくみ15] を参照)

[1] (A) 1. bijoutier　2. cloutier　3. ferblantier　　(B) 1. briquetier　2. grainetier

[2] peaussier

◗ 派生のしくみ15 ― 母音間への子音の挿入 ◖

フランス語では母音の連続を避ける傾向があり，§1-1. [練習7] では，biologie → biologiste, Bouddha → bouddhiste のように，連続するはずの母音の一方を削除する現象を見ました (⇨ [しくみ8])．それ以外に，連続するはずの母音の間に子音を入れることによって母音の連続を避ける場合もあります．avoir や -er 動詞の3人称単数の倒置形を思い出しましょう (il a ~ a-**t**-il, il donne ~ donne-**t**-il)．

挿入する子音で最も多いのは，上記 [練習6] の [1] の例のように t /t/ ですが，[2] のような ss /s/ や他の子音のこともあります．なお，[1] (A) 3. の ferblantier は，/fɛr-blɑ̃-tje/ の発音に合わせて，基語の最後の c の綴り字が削除されています．

【練習7】

eau で終わる基語は語幹が変化します．

《派生のパターン：-eau → -elier /ə-lje/》

1. (川船の)船頭　　　　　　〈bateau 船〉　　　　　　　＿＿＿＿＿＿＿

2. ラクダ引き　　　　　　　〈chameau ラクダ〉　　　　＿＿＿＿＿＿＿

3. 帽子屋　　　　　　　　　〈chapeau 帽子〉　　　　　　＿＿＿＿＿＿＿

4. 刃物屋　　　　　　　　　〈couteau ナイフ〉　　　　　＿＿＿＿＿＿＿

5. 小鳥屋　　　　　　　　〈oiseau 鳥〉　　　　　　　＿＿＿＿＿＿＿

6. 樽(たる)職人　　　　　　〈tonneau 樽〉　　　　　　＿＿＿＿＿＿＿

〔解答〕（⇨下記の[しくみ16]を参照）
1. batelier　2. chamelier　3. chapelier　4. coutelier　5. oiselier　6. tonnelier

┌───┐
│ ◑ 派生のしくみ 16 ― eau と el の交替 ◑
│　　基語と派生語とで eau と el が交替することがあります．歴史的には el のほうが古い
│ 形であり，語末や子音の前で eau /o/ に変わりました．よく知られている例としては，形
│ 容詞 beau「美しい」のもとの形は bel で（今でも男性単数第2形として残っています），
│ 女性形の belle は bel から作られました．上記の[練習7]の派生でも同様の現象が起き
│ ています．たとえば bateau の古形は *batel* /ba-tɛl/ で，それに -ier が付いて batelier /ba-
│ tə-lje/ができたのです（el の発音は，語末や子音字の前で /ɛl/，母音字の前では /əl/）．
└───┘

【練習8】
　c で終わる基語にも変化が起こります．
《派生のパターン：-c → -cher》
1. 弓を射る人，射手　　　　〈arc 弓〉　　　　　　　＿＿＿＿＿＿＿

2. 豚飼い；養豚業者　　　　〈porc 豚〉　　　　　　　＿＿＿＿＿＿＿

〔解答〕（⇨下記の[しくみ17]を参照）
1. archer　2. porcher

┌───┐
│ ◑ 派生のしくみ 17 ― 語末の c と ch の交替 ◑
│　　上記の2つの派生では綴り字の c が ch に変わります（c は arc では /k/ と発音し，porc
│ では無音です）．blanc ～ blanche「白い」，franc ～ franche「率直な」，sec ～ sèche「乾
│ いた」など，形容詞の男性形と女性形でも同様の現象が起こっています．なお，ch の後
│ では -ier ではなく -er となっていることにも注意しましょう（⇨[しくみ12]）．
└───┘

【練習9】
　特殊なものを見てみましょう．派生語の語幹をかっこに入れて載せてあります．
1. カフェの店主　　　　　〈café カフェ〉 (cafet...)　　＿＿＿＿＿＿＿

2. 馬に乗る人　　　　　　〈cheval 馬〉 (caval...)　　　＿＿＿＿＿＿＿

3. 宝飾商　　　　　　　　〈joyau 宝飾品〉 (joaill...)　＿＿＿＿＿＿＿

4. 文房具商；製紙業者　　〈papier 紙〉 (papet...)　　　＿＿＿＿＿＿＿

5. 小説家　　　　　　　　〈roman 小説〉 (romanc...)　＿＿＿＿＿＿＿

〔解答〕

1. cafetier (é → e /ə/ の変化⇨下記の [しくみ 18]) ; t の挿入⇨[しくみ 15])

2. cavalier (ch → c の変化⇨後出の [しくみ 43])

3. joaillier /ʒɔ-ɑ-je/（『新綴り』では -illier を -iller と書くので joailler）

4. papetier (ie → e /ə/ の変化⇨下記の [しくみ 18]) ; t の挿入⇨[しくみ 15])

5. romancier〔roman と同語源の romance「恋の歌」はスペイン語からの借用語〕

~~ 〖備考〗 ~~~~~~

(1) 基語となる名詞が現存しない語もあります.

mercier 手芸材料商, 小間物屋〔ラテン語の *merx*「商品」に由来する語で, marchand 「商人」や英語の *merchant* と同じ語源〕

bachelier バカロレア合格者〔英語の *bachelor*「独身の男子」と同語源で, かつては 「(中世の)騎士志願者」を指した〕

(2) 動詞から作られた(とみなせる)語もあります.

devancier 先人, 先駆者 ← devancer 先を行く〔前置詞 devant「…の前に」の関連語〕

héritier 相続人 ← hériter 相続する

menuisier 指物師 ← menuiser 指物細工をする〔形容詞 menu「細かい」の関連語〕

ouvrier 労働者, 工具 ← ouvrer《古》働く

pâtissier ケーキ屋, ケーキ職人 ← pâtisser《稀に》生地をこねる〔pâte「(小麦粉を 練った)生地」も関連語〕

~~~~~~

● 派生のしくみ 18 ― 強勢母音から無強勢母音 e /ə/ への変化 ●

上記 [練習 9] の 1. の café → cafetier と 4. の papier → papetier に共通する発音上の現象は, 基語の末尾部分にあった強勢母音(=アクセントを持ち強く発音される母音)が, 派生語では無強勢の /ə/(=脱落性の e)に変わることです. フランス語では, 英語と異なり, 母音の音色が強勢の有無によって変わることはあまりないのですが, 接尾辞派生では時にこうした現象が起こります. [しくみ 11] の例としてあげた派生(hôtel → hôtelier, bonnet → bonnetier, charrette → charretier など)でも強勢母音から無強勢母音 e /ə/ への変化が起こっています.

3. -ien *(m)* [-ienne *(f)*] {異形 -yen [-yenne]}, -éen *(m)* [-éenne *(f)*]}

-ien, -éen を用いた派生語は -iste や -ier ほど多くありません. 次のような人を指します.

(1) 同じ集団や組織に属する人.

(2) ある分野の専門家で, 多くは技術者や研究者.

(3) ある地域の住民.

ほとんどの場合に -ien を用い, -éen は少数の語に限られます. なお, 対応する英語の接尾辞は *-ian* と綴るので混同しないようにしましょう.

接尾辞の -ien, -éen が多く用いられるのは, Paris「パリ」→ parisien「パリの」のように, 地域に関する形容詞で, 最初の文字を大文字にすれば, Parisien「パリの人」のような名詞になりますが, こうした語は第4章の§10で扱います.

【練習1】

-ien を用いて規則的に作れるものは少数です. 次の意味の派生語を書きましょう.

1. 8月に休暇をとる人　　〈août /u(t)/ 8月〉（*派生語の発音に注意）　＿＿＿＿＿＿＿
2. 文法家　　　　　　　〈grammaire 文法〉　　　　　　　　　　　　＿＿＿＿＿＿＿
3. 小教区の信者　　　　〈paroisse 小教区〉　　　　　　　　　　　　＿＿＿＿＿＿＿

〚解答〛

1. aoûtien (発音は /a-u-sjɛ̃/. aoûtien は「8月の人」という意味であり,「8月にパリ(などの都市)に残る人」も指す.『新綴り』では u に付くアクサン・シルコンフレクスを省略して aout, aoutien と書く. 巻末の補遺の「II 音節区分とアクサン - 5. アクサン・シルコンフレクス」を参照)
2. grammairien
3. paroissien

【練習2】

-iste や -ier を用いる派生で見た現象が -ien および -éen の派生にも現れます.

[1] 基語に è が含まれる (è と é の交替 ⇨[しくみ4]).

《派生のパターン：-è□e → -é□ien》

　　中学生　　　　　　　〈collège 中学校〉　　　　　　　　　　　　＿＿＿＿＿＿＿

[2] 基語が母音で終わる (先行母音の消去 ⇨[しくみ8]).

(A)《派生のパターン：-ie → -(ゼロ)ien》

1. トランプ[カード]占い師　〈cartomancie トランプ[カード]占い〉　＿＿＿＿＿＿＿
2. 手相占い師, 手相見　　〈chiromancie 手相占い〉　　　　　　　　＿＿＿＿＿＿＿
3. 外科医　　　　　　　　〈chirurgie 外科〉　　　　　　　　　　　　＿＿＿＿＿＿＿
4. 役者, 俳優；喜劇役者　〈comédie 喜劇；《古》劇, 芝居〉　　　　　＿＿＿＿＿＿＿
5. 薬剤師　　　　　　　　〈pharmacie 薬局；薬学〉　　　　　　　　＿＿＿＿＿＿＿
6. 神学者　　　　　　　　〈théologie 神学〉　　　　　　　　　　　　＿＿＿＿＿＿＿
7. 悲劇役者　　　　　　　〈tragédie 悲劇〉　　　　　　　　　　　　＿＿＿＿＿＿＿

(B)《派生のパターン：-ée, -a → -(ゼロ)éen》

1. 高校生　　　　　　　　〈lycée 高校〉　　　　　　　　　　　　　　＿＿＿＿＿＿＿
2. エイズ患者　　　　　　〈sida エイズ〉　　　　　　　　　　　　　　＿＿＿＿＿＿＿

〔解答〕

[1] collégien

[2] (A) 1. cartomancien　2. chiromancien　3. chirurgien　4. comédien〔派生語
　　 の comédien の主要な意味は「役者, 俳優」だが, 基語 comédie の現用の意味は「喜
　　 劇」〕5. pharmacien　6. théologien　7. tragédien

　(B) 1. lycéen　2. sidéen〔「エイズにかかった」を意味する形容詞としても用いられる.
　　　§8-2.で見るように, 接尾辞 -tique を用いて sidatique とも言う〕

【練習3】

　人を表す名詞を作るときに接尾辞 -ien を用いる場合の大半は, 基語が -ique で終わり,
派生語で qu が c に変わります. -ique で終わる基語は, 名詞としても形容詞としても用い
られるものが多いのですが, 名詞だけあるいは形容詞のものもあります.

《派生のパターン：-que → -cien》

　 1. アカデミー会員　　〈académique　アカデミーの〉　　　_____
　 2. 電気工　　　　　　〈électrique　電気の〉　　　　　　 _____
　 3. 美学者；美容師　　〈esthétique　美学, 美容術；美的な, 美容の〉　_____
　 4. 情報科学者　　　　〈informatique　情報科学；情報科学の〉　_____
　 5. 論理学者；論理家　〈logique　論理；論理的な〉　　　　_____
　 6. 奇術師　　　　　　〈magique　魔法の(ような)〉　　　 _____
　 7. 数学者　　　　　　〈mathématique(s)　数学；数学の〉　_____
　 8. 整備士；機関士　　〈mécanique　機械仕掛け；機械の〉　_____
　 9. 音楽家　　　　　　〈musique　音楽〉　　　　　　　　_____
　10. めがね商　　　　　〈optique　光学；視覚の, 光学の〉　_____
　11. 物理学者　　　　　〈physique　物理学；物理的な〉　　_____
　12. 政治家　　　　　　〈politique　政治；政治の〉　　　　_____
　13. 統計学者　　　　　〈statistique　統計, 統計学；統計(学)の〉　_____
　14. 策士, 策略家　　　〈tactique　戦術；策略〉　　　　　 _____
　15. 技術者　　　　　　〈technique　技術；技術の〉　　　 _____
　16. 理論家　　　　　　〈théorique　理論の〉　　　　　　 _____

〔解答〕 (⇨次ページの[しくみ19]を参照)

1. académicien (名詞は académie)　2. électricien (名詞は électricité)
3. esthéticien　4. informaticien　5. logicien　6. magicien (名詞は magie)
7. mathématicien　8. mécanicien　9. musicien (形容詞は musical)
10. opticien　11. physicien　12. politicien　13. statisticien　14. tacticien
15. technicien　16. théoricien (名詞は théorie)

● 派生のしくみ 19 ― qu /k/ と c /s/ の交替 ●

　qu と c が交替する現象もかなり頻繁に見られます．一般に，語末の e の前では qu と綴り，-ien のように i で始まる接尾辞の前では c と綴ります．その場合の c は /s/ と読みます．なお英語では *academic, electric* などのように語末でも c ですから，その違いにも注意しましょう．

【練習 4】

　作り方が特殊なものです．接尾辞は -ien ですが，下記 2. の派生語の末尾は -yen になります．

1. キリスト教徒　　　　〈Christ キリスト〉(chrét...)　　　＿＿＿＿＿＿＿
2. 市民　　　　　　　　〈cité 都市〉(cito...)　　　　　　　＿＿＿＿＿＿＿
3. 都市周辺地域の住人　〈faubourg 都市の周辺地域〉(faubour...)　＿＿＿＿＿＿＿
4. 歴史家　　　　　　　〈histoire 歴史〉(histor...)　　　　＿＿＿＿＿＿＿
5. オアシスの住民　　　〈oasis /ɔ-a-zis/ オアシス〉(oas...)　＿＿＿＿＿＿＿

〔解答〕

1. chrétien　2. citoyen (-ien の異形の -yen を用いる特殊な派生．発音は /si-twa-jɛ̃/)
3. faubourien (発音を優先して派生語を作ったので，基語の最後の g の綴り字が脱落している．前項の fer-blanc → ferblantier と同様の現象)
4. historien (oi → o の変化⇨後出の[しくみ 41])
5. oasien (原則どおりの ×oisisien にはならない⇨後出の[しくみ 56])

~~ 〚備考〛 ~~~~~~

(1) 複合語の一部が基語になったものもあります．
　　normalien (高等)師範学校の学生 ← École normale (supérieure) (高等)師範学校
(2) 動詞から作られた語もあります．
　　gardien 管理人，警備員 ← garder 監視[警備]する
(3) 英語から借用し，綴り字をフランス語風にした語もあります．
　　végétarien 菜食主義者 ← [英語] *vegetarian* 〔なお，フランス語の végétal「植物(の)」から végétalien「完全菜食者，ビーガン」という語が作られている〕

~~~~~~

4. -aire *(m = f)* {異形 -iaire}

　-aire は主として形容詞を作る接尾辞ですが，人を表す名詞を作るのにも用いられ，物を扱う人，任務を担当する人，立場・地位にある人などを指します．なお，個々に指摘はしませんが，以下の練習には形容詞としても用いられる派生名詞が含まれています．

【練習１】

-aire を用いて規則的に作れる語から見ていきましょう (下記 1. の基語は例外的に形容詞です).

1. (試合の)相手, 敵対者　　　〈adverse 敵対する, 相手の〉　　＿＿＿＿＿＿

2. レコード屋　　　　　　　　〈disque レコード〉　　　　　　＿＿＿＿＿＿

3. 億万長者　　　　　　　　　〈milliard 10億〉　　　　　　　＿＿＿＿＿＿

4. 国会議員　　　　　　　　　〈parlement 国会〉　　　　　　＿＿＿＿＿＿

〚解答〛

1. adversaire　2. disquaire　3. milliardaire　4. parlementaire

【練習２】

基語が -on で終わる場合は n の重子音字化が起こります (⇨ [しくみ10]).

《派生のパターン : -on → -onnaire》

1. 株主　　　　　　　　　　　〈action 株, 株式〉　　　　　　　＿＿＿＿＿＿

2. 代理業者　　　　　　　　　〈commission (業務の)委託, 代行〉　＿＿＿＿＿＿

3. 辞職(申請)者　　　　　　　〈démission 辞職〉　　　　　　　＿＿＿＿＿＿

4. 公務員　　　　　　　　　　〈fonction 職, 職務〉　　　　　　＿＿＿＿＿＿

5. 管理人　　　　　　　　　　〈gestion 管理〉　　　　　　　　＿＿＿＿＿＿

6. 宣教師, 伝道師　　　　　　〈mission 任務 ; 布教, 宣教〉　　＿＿＿＿＿＿

7. 寄宿生　　　　　　　　　　〈pension 寄宿(舎)〉　　　　　　＿＿＿＿＿＿

8. (ホテルの)フロント係長　　〈réception 受付, フロント〉　　＿＿＿＿＿＿

〚解答〛

1. actionnaire　2. commissionnaire　3. démissionnaire　4. fonctionnaire

5. gestionnaire　6. missionnaire　7. pensionnaire　8. réceptionnaire

【練習３】

-ce, -ge で終わる語には -aire の異形の -iaire が付きます.

《派生のパターン : -ce → -ciaire ; -ge → -giaire》

1. 受益者　　　　　　　　　　〈bénéfice 利益〉　　　　　　　＿＿＿＿＿＿

2. 研修生　　　　　　　　　　〈stage 研修〉　　　　　　　　　＿＿＿＿＿＿

〚解答〛

1. bénéficiaire　2. stagiaire

【練習 4 】

基語の後半部を -aire に変えるタイプのものがあります. 名詞を基語にしましたが, 動詞や形容詞とも関連があります.

(A) 基語が -ion で終わる.

《派生のパターン : -ion → -aire》

1. (郵便物の) 名宛人　　　　〈destination 行き先, 宛て先〉　　＿＿＿＿＿＿

2. 贈与を受ける人, 受贈者　　〈donation 贈与〉　　＿＿＿＿＿＿

3. 借家人　　　　　　　　　　〈location 賃貸借〉　　＿＿＿＿＿＿

(B) 基語が -ure で終わる.

《派生のパターン : -ure → -aire》

　　署名者　　　　　　　　　　〈signature 署名〉　　＿＿＿＿＿＿

(C) 基語が -é で終わる.

《派生のパターン : -ité → -aire (下記の 1.) ; -é → -aire (下記の 2.)》

1. 骨董屋, 古美術商　　　　　〈antiquité(s) 《主に複数形で》古美術品〉　　＿＿＿＿＿＿

2. 所有者 ; 家主　　　　　　　〈propriété 所有物 ; 所有権〉　　＿＿＿＿＿＿

〖解答〗 (⇨ 下記の [しくみ 20] を参照)

(A) 1. destinataire (destiner「…に向ける」の関連語)

　　 2. donataire (donner「与える」の関連語)

　　 3. locataire (louer「賃貸借する」の関連語)

(B) signataire (signer「署名する」の関連語)

(C) 1. antiquaire (antique「古代の ; 古代美術(品)」の関連語だが意味が少しずれる)

　　 2. propriétaire (propre「固有の」の関連語)

◑ 派生のしくみ 20 ― 接尾辞の交替 (2) ◑

接尾辞が交替する例 (-ique ～ -iste) は §1-1. [練習 8] で見ました (⇨ [しくみ 9]). 上記の [練習 4] でも, 基語の末尾の接尾辞が -aire に置き換わります. 接尾辞の交替の例はこれからもしばしば出てきます.

【練習 5 】

語幹が変わる特殊なものは少数です. 派生語の語幹をかっこに入れて載せてあります.

1. 司書　　　　　　　　　〈bibliothèque 図書館[室]〉 (bibliothéc...)　　＿＿＿＿＿＿

2. 偽造者, 贋作者　　　　〈faux 偽物〉 (fauss...)　　＿＿＿＿＿＿

3. 本屋の主人, 書店主　　〈livre 本〉 (libr...)　　＿＿＿＿＿＿

4. マスケット銃兵　　　　〈mousquet マスケット銃〉 (mousquet...)　　＿＿＿＿＿＿

5. 秘書　　　　　　　　　〈secret 秘密〉 (secrét...)　　＿＿＿＿＿＿

〔解答〕

1. bibliothécaire (è → é の変化 ⇨ [しくみ 4] ; qu → c の変化 ⇨ 後出の [しくみ 28])

2. faussaire (基語は形容詞 faux の女性形と同形)　3. libraire (v → b の特殊変化)

4. mousquetaire (語幹末の et の発音の変化 ⇨ [しくみ 11]) 〔Alexandre Dumas père の小説 « Les Trois Mousquetaires »『三銃士』は有名〕

5. secrétaire (et → ét の変化 ⇨ 下記の [しくみ 21])

◗　派生のしくみ 21 ― e/ɛ/ と é/e/ の交替　◗

　上記 [練習 5] の 4. の mousquet → mousquetaire は，綴り字上は規則的な派生で，発音上は mousquet の et の読み方が /ɛ/ から /ə/ に変わります．§1-2. [練習 3](B) の guichet → guichetier などと同じ現象です (⇨ [しくみ 11])．

　一方，5. の secret → secrétaire では，派生語の発音 /sə-kre-tɛːr/ に合わせて綴り字が e から é に変わります．§1-2. [練習 3] に出てきた robinet の派生語が『新綴り』で robinétier となるのも同様です．なお，e の読み方やアクセントの有無などについては，巻末の補遺の「II 音節区分とアクセント」に詳しい説明があります．

~~ 〚備考〛 ~~~~~~

動詞から作られた語もあります．

　légataire 受遺者 ← léguer 遺贈する ; notaire 公証人 ← noter 書き留める

~~~~~~

5. -ard *(m)* [-arde *(f)*]

　接尾辞 -ard を用いた派生語は，主に地域の住人や，特徴のある行為をする人を表します．多くはくだけた言い方で，しばしば軽蔑的ニュアンスを伴います．派生語が主に形容詞として用いられるものは後の第 4 章で見ます．

【練習 1】

　-ard を用いる規則的な派生です．

1.　田舎の人　　　　　　　　　　〈campagne 田舎〉　　　　_____

2.　山地の住人　　　　　　　　　〈montagne 山, 山地〉　　_____

3.　夜勤をする [夜遊びをする] 人　〈nuit 夜〉　　　　　　　_____

4.　安上がりの旅をする人　　　　〈route 道路〉　　　　　　_____

5.　出不精の人　　　　　　　　　〈pantoufle 室内履き〉　　_____

〔解答〕

1. campagnard　2. montagnard　3. nuitard　4. routard

5. pantouflard 〔いつも家にいて室内履きを履いているので〕

【練習2】

変則的な派生です.

1. 郊外の住人 　　　　〈banlieue 郊外〉(banlieus...)　　　_____
2. 無謀な運転手 　　　〈chauffeur 運転手〉(chauff...)　　_____
3. オートバイ乗り 　　〈moto オートバイ〉(mot...)　　　　_____
4. 政治屋, 策謀家 　　〈politique 政治〉(politic...)　　　_____
5. のんべえ, (大)酒飲み 〈soif 喉の渇き〉(soiff...)　　　_____

〚解答〛

1. banlieusard (連続する母音の間に挿入される子音は t が多いが (⇨[しくみ 15]), s/z/ が入ることもある. この派生語では基語末尾の e が消去されている)
2. chauffard (接尾辞 -eur と -ard の交替)
3. motard (先行母音の消去 ⇨[しくみ 8])
4. politicard〔politicien よりさらに軽蔑的な言い方〕(que → c の変化 ⇨ 後出の[しくみ 28])
5. soiffard〔喉の渇きをいやすかのように酒をごくごく飲む〕(f → ff の変化は特殊)

~~ 〚備考〛 ~~~~~~

基語が形容詞や動詞のものもあります.

richard 大金持ち ← riche 金持ちの

vieillard 老人 ← vieux (女性形は vieille) 年とった, 老いた

clochard 浮浪者 ← clocher 具合が悪い;《古》片足を引きずる

fuyard 逃走者, 逃亡者 ← fuir 逃げる

pillard 略奪者 ← piller 略奪する

~~~~~~

6. -ain *(m)* [-aine *(f)*], -aste *(m = f)*, -eron *(m)* [-eronne *(f)*], -isan *(m)* [-isane *(f)*], -on *(m)* [-onne *(f)*]

上記の接尾辞も, 派生語は少数ですが, 人を表します.

【練習】

指示された接尾辞を用いて派生語を作りましょう ((A)2.以外は男性形を書いてください). 変則的な派生をするものは, 派生語の語幹をかっこに入れて載せてあります.

(A) -ain(e)

1. 城主 　　　　〈château 城〉(châtel...)　　　　　　　_____
2. 代母 　　　　〈mère 母〉(marr...) (*派生語は女性形)　_____
3. 代父 　　　　〈père 父〉(parr...)　　　　　　　　　_____

(B) -aste

1. 映画関係者, 映画人　〈cinéma 映画〉(ciné...)　＿＿＿＿＿＿＿

2. 体操選手　〈gymnase 体育館〉(gymn...)　＿＿＿＿＿＿＿

3. ビデオ製作者　〈vidéo ビデオ〉(vidé...)　＿＿＿＿＿＿＿

(C) -eron(ne)

1. きこり　〈bûche 薪(まき), たきぎ〉　＿＿＿＿＿＿＿

2. 鍛冶屋　〈forge 鍛冶場〉　＿＿＿＿＿＿＿

3. ブドウ栽培者　〈vigne ブドウの木〉　＿＿＿＿＿＿＿

(D) -isan(e)

1. 職人　〈art 技術, 技芸〉　＿＿＿＿＿＿＿

2. 宮廷人　〈cour 宮廷〉(court...)　＿＿＿＿＿＿＿

3. 支持者, 信奉者　〈part 分担；協力〉　＿＿＿＿＿＿＿

(E) -on(ne)

1. 車大工　〈char 《古風》4 輪荷車〉(charr...)　＿＿＿＿＿＿＿

2. 歩行者　〈pied 足〉(piét...)　＿＿＿＿＿＿＿

〔解答〕

(A) 1. châtelain (eau → el の変化⇨[しくみ 16])　2. marraine (è → a と r → rr の特殊
変化)　3. parrain (è → a と r → rr の特殊変化)

(B) 1. cinéaste (cinéma の短縮形の ciné から作られた)　2. gymnaste (もとは古代ギ
リシャの体育場の教師を指した. gymnastique「体操, 体育」も gymnase から派生)
3. vidéaste (cinéaste にならった派生. 基語の末尾の o は消去される⇨[しくみ 8])

(C) 1. bûcheron (『新綴り』はアクサン無しの buche, bucheron)　2. forgeron
3. vigneron

(D) 1. artisan　2. courtisan　3. partisan　(これら 3 語はイタリア語からの借用語をフ
ランス語風にした語)

(E) 1. charron (r → rr の特殊変化. char は charre とも綴られるのでその影響か. 関連
語の charrette「(2 輪の)馬車」, charrier「荷車で運ぶ」も r が 2 つ)
2. piéton (e → é の変化⇨[しくみ 21], 基語の末尾が t に変わるのは動詞 piéter「(鳥
が)地を走る」と同様)

~~ 〖備考〗 ~~~~~~

基語が動詞のものもあります.

écrivain 作家 ← écrire 書く

espion スパイ ← épier (古形は *espier*) 動静を探る

nourrisson 乳飲み子 ← (se) nourrir 授乳する；哺乳する

~~~~~~

コラム 1 ― 職業・身分を表す語

職業・身分を表す語で接尾辞の付かないものもあります．代表的なものをあげます．

architecte 建築家	juge 裁判官
athlète 陸上競技選手	maçon(ne) 石工
avocat(e) 弁護士	médecin 医者 (*男性形のみ)
diplomate 外交官	peintre 画家
géomètre 幾何学者	photographe カメラマン
guide 案内人，ガイド	poète 詩人
interprète 通訳	soldat 兵士 (*《話》では女性形 soldate)

また，固有の呼称を持たない商人については〈marchand(e) de ......〉，従業員や職員については〈employé(e) de ......〉 の表現を用います．

marchand(e) de vin ワイン商，酒屋	employé(e) de bureau 会社員，事務職員
marchand(e) de légumes 八百屋	employé(e) de banque 銀行員
marchand(e) des couleurs 雑貨屋	employé(e) de mairie 市役所職員

§2 名詞から「物」を表す名詞を作る接尾辞

「物」を表す語を作る接尾辞には次のようなものがあります.

> ☆☆☆ -ier, -ière （§2-1., §2-2.）
> ☆☆☆ -erie, -ie （§2-3.）
> ☆☆ -aie, -eraie （§2-4.）

1.「木」を表す — -ier (m) {異形 -er}

前節で見たように, -ier, -ière は人を表しますが, この接尾辞は「木」を表すこともあります. その場合は-ier を用い, 派生語は男性名詞になります.

【練習1】

規則的な派生をするものから見ていきます. 下記の基語に -ier を付けて派生語を作りましょう. 基語は主として果実を表す語ですが, 稀に花・葉などを表す語のこともあります.

1. アンズの木	〈abricot アンズ(の実)〉	_____
2. アーモンドの木	〈amande アーモンド〉	_____
3. アボカドの木	〈avocat アボカド〉	_____
4. バナナの木	〈banane バナナ〉	_____
5. コーヒーの木	〈café コーヒー〉	_____
6. オウトウの木	〈cerise サクランボ, 桜桃〉	_____
7. クリの木	〈châtaigne クリ〉	_____
8. ナツメヤシ	〈datte ナツメヤシの実, デーツ〉	_____
9. イチジクの木	〈figue イチジク〉	_____
10. イチゴ	〈fraise イチゴ(の実)〉	_____
11. キイチゴ	〈framboise キイチゴ(の実)〉	_____
12. ゴムの木	〈gomme ゴム〉	_____
13. ザクロの木	〈grenade ザクロ〉	_____
14. マンダリンオレンジの木	〈mandarine マンダリンオレンジ〉	_____
15. クロイチゴの木	〈mûre クロイチゴ, クワの実〉	_____
16. オリーブの木	〈olive オリーブ〉	_____
17. ヤシ, シュロ	〈palme ヤシの葉, シュロの枝葉〉	_____
18. グレープフルーツの木	〈pamplemousse グレープフルーツ〉	_____
19. ナシの木	〈poire ナシ〉	_____
20. リンゴの木	〈pomme リンゴ〉	_____
21. プラムの木	〈prune プラム〉	_____
22. バラの木	〈rose バラ(の花)〉	_____
23. 茶の木	〈thé 茶〉	_____

〔解答〕

1. abricotier　2. amandier　3. avocatier　4. bananier　5. caféier　6. cerisier

7. châtaignier　8. dattier　9. figuier (発音は/fi-gje/)　10. fraisier　11. framboisier

12. gommier　13. grenadier　14. mandarinier　15. mûrier (『新綴り』では murier.

基語の mûre もアクセントなしの mure)　16. olivier　17. palmier

18. pamplemoussier　19. poirier　20. pommier　21. prunier　22. rosier

23. théier

【練習2】

すでに見た現象が起こる派生です.

(A)　基語が -on で終わる (n の重子音字化 ⇨ [しくみ 10]).

《派生のパターン：-on → -onnier》

1.　レモンの木　　　　　　　〈citron　レモン〉　　　　　　　＿＿＿＿＿＿＿

2.　ワタの木　　　　　　　　〈coton　ワタ〉　　　　　　　　＿＿＿＿＿＿＿

3.　マロニエ　　　　　　　　〈marron (d'Inde)　マロニエの実〉　＿＿＿＿＿＿＿

(B)　基語が -che で終わる (-ier の i の脱落 ⇨ [しくみ 12]).

《派生のパターン：-che → -cher》

　　　モモの木　　　　　　　〈pêche　モモ〉　　　　　　　　＿＿＿＿＿＿＿

(C)　基語が -ge で終わる (-ier の i の脱落 ⇨ [しくみ 12]).

《派生のパターン：-ge → -ger》

　　　オレンジの木　　　　　〈orange　オレンジ〉　　　　　　＿＿＿＿＿＿＿

〔解答〕

(A)　1. citronnier　2. cotonnier　3. marronnier〔marron は「(栽培された食用の) 栗」
　　で marronnier はその木も指すが，一般には marronnier d'Inde「マロニエ」(「イン
　　ド栗」の意) を略して marronnier と呼ぶ〕

(B)　pêcher

(C)　oranger

~~ 〚備考〛 ~~~~~~

　比較的最近に作られた語のなかには, pistachier「ピスタチオの木」(← pistache) のよう
に, -ier の i が保たれているものがあります.

~~~~~~

【練習3】

　特殊な派生をする語です. 派生語の変則的な部分 (語幹あるいは接尾辞) を基語の後に載せ
てあります.

(A) -ette で終わる.

ハシバミの木　　　　　　　　〈noisette　ハシバミの実〉（noiset...）　＿＿＿＿＿＿＿

(B) 母音で終わる（下記 1. には派生形が 2 つあります）.

1. カカオの木　　　　　　　　〈cacao　カカオ〉（...yer）　　　＿＿＿＿＿＿＿

〈cacao〉（cacaot...）　　　＿＿＿＿＿＿＿

2. ココヤシの木　　　　　　　〈coco　ココヤシ〉（cocot...）　＿＿＿＿＿＿＿

3. クルミの木　　　　　　　　〈noix　クルミ〉（...yer）　　　＿＿＿＿＿＿＿

（＊基語末尾の x は派生語では削除される）

〔解答〕

(A) noisetier（強勢母音から無強勢母音 e /ə/ への変化 ⇨ ［しくみ 18]）

(B) 1. cacaoyer（⇨ 下記の［しくみ 22]）/ cacaotier（§1-2.［練習 6］の bijou → bijoutier
などと同じく，t が挿入されている ⇨ ［しくみ 15]）

2. cocotier（t の挿入 ⇨ ［しくみ 15]）

3. noyer（⇨ 下記の［しくみ 22]）

◗ 派生のしくみ 22 ― ii から y への変化 ◗

綴り字の読み方の規則のひとつに「母音字間の y は ii と同様にみなす」というものがあ
ります. たとえば voyage「旅行」の読み方は voiiage の綴りを読むように /vwa-jaːʒ/ とな
ります. これを語形成の観点から見ると，「接尾辞を付加することによって ii の綴りが生
じる場合は y と綴る」という現象としてとらえることができます. 上記 (B)3. の noix →
noyer がその例で，noi(x) + -ier は ×noiier ではなく，noyer と綴ります（§1-2.［練習 6］
の fer-blanc → ferblantier や §1-3.［練習 4］の faubourg → faubourien の場合と同じく
noix の末尾の子音字がなくなります）.

ただし，派生の場合とは異なり，動詞の活用形では ii → y の現象は起こりません. た
とえば étudier「勉強する」の nous の半過去形は nous étudiions です.

(B)1. の cacao → cacaoyer については，フランス語では単母音字を 3 つ以上連続して
書くことはないので，綴りは ×cacaoier でなく cacaoyer になりますが，発音は /ka-ka-
ɔ-je/ です. 外国の産物や事物を指す語では，例外的に oy を /waj/ ではなく /ɔj/ と読みま
す. coyote /kɔ-jɔt/「コヨーテ」や goyave /gɔ-jaːv/「グアバの実」なども同様です.

~~ 〔備考〕 ~~~~~~

基語が現存しないものもあります.

laurier ゲッケイジュ（月桂樹）

peuplier ポプラ 〔peuple「民族；国民」とは語源が異なる〕

~~~~~~

コラム 2 ― 木を表す語

接尾辞の付かない木の名前もあります (同じ名詞で「木」も「花」も指すことがあります. 下記のうちでは camélia, hortensia, lilas, mimosa など). なお, 木の名前は一般に男性名詞です (下記のうち bruyère と vigne は女性名詞).

acacia アカシア	hêtre ブナ
acajou マホガニー	hortensia /ɔr-tã-sja/ アジサイ
bambou タケ	lierre キヅタ
bouleau カバノキ	lilas リラ, ライラック
bruyère ヒース	magnolia モクレン
camélia ツバキ	mimosa ミモザ
cèdre ヒマラヤスギ	orme ニレ
chêne コナラ	pin マツ
cyprès /si-prɛ/ イトスギ	platane プラタナス
érable カエデ	sapin モミ
eucalyptus /ø-ka-lip-tys/ ユーカリ	saule ヤナギ
ginkgo, ginko /ʒɛ̃-ko/ イチョウ	tilleul ボダイジュ
gui ヤドリギ	vigne ブドウの木

2. 「入れ物」を表す ― -ier *(m)*, -ière *(f)* {異形 -er, -ère}

-ier, -ière は「入れ物」も表します. 「入れ物」とは広く「何かを一定の空間に収めるもの」で, 容器だけでなく, 台・道具・建造物・場所などを指すことがあります. 稀に, 関連する物や似た物を表すこともあります. -ier が付くと男性名詞になり, -ière が付くと女性名詞になりますが, どちらになるかを決める一般的規則はありません.

【練習1】

規則的な派生です. -ier が付くものと -ière が付くものに分けてあります.

(A) **-ier** が付く (=派生語は男性名詞).

1. バター皿　　　　　　　　　　〈beurre バター〉　　　　＿＿＿＿＿＿＿
2. 仕切り棚　　　　　　　　　　〈case 仕切り〉　　　　　＿＿＿＿＿＿＿
3. 灰皿　　　　　　　　　　　　〈cendre 灰〉　　　　　　＿＿＿＿＿＿＿
4. 指サック；指抜き　　　　　　〈doigt 指〉　　　　　　　＿＿＿＿＿＿＿
5. インク壺　　　　　　　　　　〈encre インク〉　　　　　＿＿＿＿＿＿＿
6. 氷河　　　　　　　　　　　　〈glace 氷〉　　　　　　　＿＿＿＿＿＿＿
7. からし壺　　　　　　　　　　〈moutarde からし〉　　　＿＿＿＿＿＿＿
8. (化粧用)コンパクト　　　　　〈poudre 粉；おしろい〉　＿＿＿＿＿＿＿

9. サラダボール 〈salade サラダ〉 _____

10. 砂糖入れ 〈sucre 砂糖〉 _____

11. ヨット, 帆船 〈voile 帆〉 _____

(B) -ière が付く (=派生語は女性名詞).

1. 柵 〈barre 棒〉 _____

2. コーヒー園 〈café コーヒー〉 _____

3. わらぶきの家 〈chaume わらぶき屋根〉 _____

4. (オーブン付きの)レンジ 〈cuisine 料理〉 _____

5. アイスボックス 〈glace 氷〉 _____

6. 樋(とい) 〈goutte しずく〉 _____

7. 植木鉢, プランター 〈jardin 庭〉 _____

8. (自動車・列車などの)ドア 〈porte ドア；出入口〉 _____

9. 火薬庫 〈poudre 粉；火薬〉 _____

10. 稲作地, 田んぼ 〈riz 稲, 米〉 _____

11. モミ林 〈sapin モミ〉 _____

12. ソース入れ 〈sauce ソース〉 _____

13. スープ鉢 〈soupe スープ〉 _____

14. ティーポット, 急須 〈thé 茶〉 _____

〖解答〗

(A) 1. beurrier　2. casier　3. cendrier　4. doigtier　5. encrier　6. glacier

　　7. moutardier　8. poudrier　9. saladier　10. sucrier　11. voilier

(B) 1. barrière　2. caféière　3. chaumière　4. cuisinière　5. glacière

　　6. gouttière　7. jardinière　8. portière　9. poudrière　10. rizière

　　11. sapinière　12. saucière　13. soupière　14. théière

~~ 〖備考〗 ~~~~~~

(1) 接尾辞 -ier の付いた同じ語が「人」も「物」も表すことがあります. たとえば, 上記の[練習1]に出てきた moutardier には「からし製造[販売]業者」, sucrier には「製糖業者；製糖工」の意味もあります. こうした語については章の最後の[総合練習]でまた取り上げます.

(2) 派生語が男性名詞と女性名詞の両方があるものもあります.

　　poivrier コショウ入れ / poivrière コショウひき, ペッパーミル

　　なお, poivrier は「コショウの木」も指します.

(3) -ière で終わる語は, -ière が接尾辞でない場合も含めてほとんどすべてが女性名詞ですが, cimetière「墓地」は男性名詞です.

~~~~~~

【練習2】

　すでに見た現象が起こる派生です. 派生語が男性名詞のものは *(m)*, 女性名詞のものは *(f)* で示してあるので，接尾辞を使い分けてください.

(A) è を含む (è と é の交替⇨[しくみ4]).

　《派生のパターン：-è□e → -é□ier》

　　　小切手帳 *(m)*　　　　　　〈chèque 小切手〉　　　　＿＿＿＿＿＿

(B) -on で終わる (n の重子音字化⇨[しくみ10]).

　《派生のパターン：-on → -onnier, -onnière》

　　1. ボンボン入れ *(f)*　　　　〈bonbon ボンボン, キャンディー〉　　＿＿＿＿＿＿

　　2. ボタンホール *(f)*　　　　〈bouton ボタン〉　　　＿＿＿＿＿＿

　　3. キノコ栽培場 *(f)*　　　　〈champignon キノコ〉　　　＿＿＿＿＿＿

　　4. クレソン畑 *(f)*　　　　　〈cresson クレソン〉　　　＿＿＿＿＿＿

　　5. 鳩小屋 *(m)*　　　　　　　〈pigeon 鳩〉　　　＿＿＿＿＿＿

(C) -che で終わる (-ier の i の脱落⇨[しくみ12]).

　《派生のパターン：-che → -cher》

　　1. 薪(まき)置場 *(m)*　　　　〈bûche 薪〉　　　＿＿＿＿＿＿

　　2. (教会の)鐘楼 *(m)*　　　　〈cloche 鐘〉　　　＿＿＿＿＿＿

　　3. (板張りの)床(ゆか) *(m)*　　〈planche 板〉　　　＿＿＿＿＿＿

　　4. 岩山, 岸壁 *(m)*　　　　　〈roche 岩〉　　　＿＿＿＿＿＿

　　5. 養蜂場 *(m)*　　　　　　　〈ruche (ミツバチの)巣箱〉　　　＿＿＿＿＿＿

(D) -ge で終わる (-ier の i の脱落⇨[しくみ12]).

　《派生のパターン：-ge → -gère》

　　　棚, 飾り棚 *(f)*　　　　　　〈étage 棚(板)〉　　　＿＿＿＿＿＿

(E) -il, -ille で終わる (-ier の i の脱落⇨[しくみ12]).

　《派生のパターン：-il(le) → -iller, -illère》

　　1. 家畜運搬車 *(f)*　　　　　〈bétail 家畜〉 (bétaill…)　　　＿＿＿＿＿＿

　　2. 枕 *(m)*　　　　　　　　　〈oreille 耳〉　　　＿＿＿＿＿＿

〔解答〕

(A) chéquier

(B) 1. bonbonnière　2. boutonnière　3. champignonnière　4. cressonnière
　　5. pigeonnier

(C) 1. bûcher (『新綴り』は buche, bucher)　2. clocher　3. plancher　4. rocher
　　5. rucher

(D) étagère

(E) 1. bétaillère (il と ill の交替⇨[しくみ13])　2. oreiller

~~ 〖備考〗 ~~~~~~

(1) -ier, -ière の i が保たれている語もあります.

fichier カードボックス ← fiche カード （おそらく動詞の ficher と区別するため）

médaillier メダル陳列箱 ← médaille メダル （ただし『新綴り』では -illier を -iller
と綴るので médailler）

(2) [練習1] の「氷河」,「柵」や [練習2] の「小切手帳」,「(板張りの)床」,「岩山」のように,
同種のものが多数集まって全体をなしているものについては,「集合・全体」とみなすこ
ともできます.「集合・全体」を表す接尾辞は§3-3.で扱います.

~~~~~~

【練習3】

特殊な派生です. 派生語の変則的な部分を基語の後に載せてあります.

1. (燃え盛る)炎, 猛火 *(m)* 〈braise 炭火, 燠(おき)〉(bras...) ＿＿＿＿＿＿＿
2. コーヒーポット *(f)* 〈café コーヒー〉(cafet...) ＿＿＿＿＿＿＿
3. 燭台(しょくだい) *(m)* 〈chandelle ろうそく〉(chandel...) ＿＿＿＿＿＿＿
4. 鍵盤；キーボード *(m)* 〈clef (管楽器の)鍵(けん), キー〉(clav...) ＿＿＿＿＿＿＿
5. ネックレス *(m)* 〈cou 首〉(coll...) ＿＿＿＿＿＿＿
6. チェス盤 *(m)* 〈échec チェス〉(échiqu...) ＿＿＿＿＿＿＿
7. 屋根裏部屋 *(m)* 〈grain (穀物の)粒；穀物〉(gren...) ＿＿＿＿＿＿＿
8. (動物にはめる)口輪 *(f)* 〈museau (動物の)鼻面〉(musel...) ＿＿＿＿＿＿＿
9. かご, バスケット *(m)* 〈pain パン〉(pan...) ＿＿＿＿＿＿＿
10. 鶏小屋 *(m)* 〈poule 雌鶏〉(poulaill...) ＿＿＿＿＿＿＿
11. 塩入れ *(f)* 〈sel 塩〉(sal...) ＿＿＿＿＿＿＿
12. ネズミとり *(f)* 〈souris ハツカネズミ〉(souric...) ＿＿＿＿＿＿＿

〖解答〗

1. brasier (ai → a の変化 ⇨ 後出の [しくみ39])
2. cafetière (t の挿入 ⇨ [しくみ15]. 無強勢母音 e /ə/ への変化 ⇨ [しくみ18])
3. chandelier (無強勢母音 e /ə/ への変化 ⇨ [しくみ18])
4. clavier (e → a の変化 ⇨ [しくみ7]. f → v の変化は actif, active「活動的な」などの
形容詞の男性形と女性形にも見られる. なお, clef の『新綴り』は clé)
5. collier (古い時代には cou も col も「首」を意味した. 現用フランス語では col は「襟,
カラー」を指す)
6. échiquier (c → qu の変化 ⇨ 後出の [しくみ28]. éche̲c → échiquie̲r の e から i への
変化はおそらく後続する -ier の発音の影響)
7. grenier (無強勢母音 e /ə/ への変化 ⇨ [しくみ18]. grenier のもとの意味は「屋根裏
の穀物置き場」)
8. muselière (eau → el の変化 ⇨ [しくみ16])

9. panier (ain → an の変化 ⇨ 後出の [しくみ 53]. panier のもとの意味は「パンを入れるかご」)

10. poulailler (-ier の i の脱落 ⇨ [しくみ 12]. 鶏の集合を表す poulaille が実際の基語だが, この語は一部の方言にしか残っていない)

11. salière (e→a の変化 ⇨ [しくみ 7]. salière や saler「塩味をつける」や salade「サラダ」(もとは「塩味をつけたもの」の意)などの語幹の sal- は sel の古形)

12. souricière (基語の末尾の s → c は, 母音字間の s/z/ を避けるための特殊変化)

3. 「店」などを表す ― -erie *(f)*, -ie *(f)*

-erie, -ie の付く語は主として「店, 製造所, 施設」などを指します.「装置, 機械」や,「…業」という職業・職種を指すこともあります. 派生語のほとんどは, 関係する「人」(多くは店主や経営者あるいは従事者)を表す語から作ることができます.

【練習 1】

基語は人を表す名詞(載せてあるのは男性形)で, 接尾辞の -ier または -er が付いています (*cf.* §1-2.). その接尾辞を -erie に変えれば派生語ができます.

《派生のパターン：-(i)er → -erie》

1.	羊小屋	〈berger 羊飼い〉	_____
2.	装身具店	〈bijoutier 装身具商〉	_____
3.	肉屋の店	〈boucher 肉屋〉	_____
4.	パン屋の店	〈boulanger パン屋〉	_____
5.	豚肉屋の店	〈charcutier 豚肉屋〉	_____
6.	製釘(せいてい)工場	〈cloutier 釘製造工；釘販売業者〉	_____
7.	乳製品販売店	〈crémier 乳製品販売商〉	_____
8.	食料品店	〈épicier 食料品店主〉	_____
9.	チーズ製造所[販売店]	〈fromager チーズ屋〉	_____
10.	時計店	〈horloger 時計屋〉	_____
11.	医務室, 看護室	〈infirmier 看護師〉	_____
12.	園芸用品専門店	〈jardinier 庭師；園芸家〉	_____
13.	乳製品工場, 酪農工場	〈laitier 牛乳屋；酪農家〉	_____
14.	ケーキ屋の店	〈pâtissier ケーキ屋〉	_____
15.	魚屋の店	〈poissonnier 魚屋〉	_____
16.	豚小屋	〈porcher 豚飼い；養豚業者〉	_____
17.	火薬製造所	〈poudrier 火薬製造職人〉	_____
18.	金物店	〈quincaillier 金物店主〉	_____
19.	牛小屋	〈vacher 牛飼い〉	_____

〔解答〕

1. bergerie (berger の基語は現存しない)

2. bijouterie (bijoutier は§1-2.[練習6]で既出)　3. boucherie　4. boulangerie

5. charcuterie　6. clouterie (cloutier は§1-2.[練習6]で既出)

7. crémerie (『新綴り』は crèmerie. 巻末の「II 音節区分とアクサン-4. é か è か」を参照. crémier は§1-2.[練習2]で既出)　8. épicerie　9. fromagerie (fromager は§1-2.[練習4]で既出)　10. horlogerie (horloger は§1-2.[練習4]で既出)

11. infirmerie　12. jardinerie (jardinier は§1-2.[練習1]で既出)

13. laiterie (laitier は§1-2.[練習1]で既出)　14. pâtisserie

15. poissonnerie (poissonnier は§1-2.[練習2]で既出)

16. porcherie (porcher は§1-2.[練習8]で既出)

17. poudrerie (poudrier は§1-2.[練習1]で既出)

18. quincaillerie (古語の *quincaille*「金物」に由来. なお quincaillier の『新綴り』は quincailler)　19. vacherie (vacher は§1-2.[練習4]で既出)

※boucher, charcutier, épicier, infirmier についての解説がこの章の最後の[コラム5]にあります.

~~ 〚備考〛 ~~~~~~

　上記のなかには「物」を指す語から直接作れるものもありますが (horloge「時計」→ horlogerie など),「人」を指す語を基語にして派生形を作るほうが合理的です.「物」を指す語が現存しない場合もあり (boulanger はピカデリー方言の古語に由来), bijoutier, bijouterie；poissonnier, poissonnerie のような共通語幹を利用できるからです.

~~~~~~

【練習2】

　人を表す名詞が -eur で終わることがあります. こうした場合は -eur を -erie に変えれば派生語ができます.

《派生のパターン：-eur → -erie》

1. クリーニング店	〈blanchisseur　クリーニング屋〉	＿＿＿＿＿＿
2. ビール工場；ブラスリー	〈brasseur　ビール醸造業者〉	＿＿＿＿＿＿
3. ボイラー室	〈chauffeur (ボイラーの)火夫；運転手〉	＿＿＿＿＿＿
4. 砂糖菓子店	〈confiseur　砂糖菓子屋〉	＿＿＿＿＿＿
5. 鋳造工場	〈fondeur　鋳造工場の経営者, 鋳造工〉	＿＿＿＿＿＿
6. 印刷所	〈imprimeur　印刷業者〉	＿＿＿＿＿＿
7. コインランドリー	〈laveur　洗う人〉	＿＿＿＿＿＿
8. 香水店	〈parfumeur　香水商〉	＿＿＿＿＿＿
9. 製油所；精製工場	〈raffineur　精製業者, 精製工〉	＿＿＿＿＿＿
10. ロースト肉専門店	〈rôtisseur　ロースト肉専門店の店主〉	＿＿＿＿＿＿

〔解答〕

1. blanchisserie　2. brasserie　3. chaufferie　4. confiserie　5. fonderie
6. imprimerie　7. laverie　8. parfumerie　9. raffinerie　10. rôtisserie

【練習3】

　基語が -elier, -etier で終わる語は概して el, et の部分が変化します．ここで基語として
あげた語の派生については§1-2.の[練習3], [練習7], [練習9]で見ました．

(A)　基語が -elier で終わる．

《派生のパターン：-elier → -ellerie》

1. 帽子店　　　　　　　　　〈chapelier　帽子屋〉　　　　_____
2. 刃物店　　　　　　　　　〈coutelier　刃物屋〉　　　　_____
3. ホテル業　　　　　　　　〈hôtelier　ホテル経営者〉　_____
4. 樽(たる)製造工場　　　　　〈tonnelier　樽職人〉　　　　_____

(B)　基語が -etier で終わる (1).

《派生のパターン：-etier → -etterie》

1. めがね製造[販売]業　　　〈lunetier　めがね屋〉　　　_____
2. 水道金具製造工場　　　　〈robinetier　水道金具業者〉_____

(C)　基語が -etier で終わる (2).

《派生のパターン：-etier → -eterie》

　　文房具店；製紙工場　　　〈papetier　文房具商；製紙業者〉_____

〔解答〕 (⇨下記の[しくみ23])

(A) 1. chapellerie　2. coutellerie　3. hôtellerie　4. tonnellerie

(B) 1. lunetterie　2. robinetterie　　(C) papeterie

◖● 派生のしくみ 23 ── el /əl/ と ell /ɛl/, et /ət/ と ett /ɛt/ の交替 ●◗

　上記[練習3]の基語は，最後から2番目の音節(-elier, -etier)に母音の /ə/ (=脱落性の
e)を含んでいます．派生語では -ier /je/ が -erie /ə-ri/ に変わるので，/ə/ を含む音節が連
続することになります．しかし，/ə/ を含む音節が連続するのは発音しにくいので，多く
の場合は，先行する音節の母音を /ɛ/ に変えます．そして，l や t を重子音字の ll や tt に
して綴り字の読み方と発音を合致させます(⇨[しくみ3])．動詞 appeler「呼ぶ」や jeter
「投げる」など，不定詞が -eler, -eter で終わる動詞の単純未来形が j'appellerai, je jetterai
のようになるのも同じ理由です．

　(C)の papetier → papeterie の派生は例外的で，派生語でも t を1つしか綴らず /pa-pə-
tri/ と読みますが，(B)の派生語と同じように /pa-pɛ-tri/ と発音する人が増えており，『新綴
り』では papeterie に加えて papèterie /pa-pɛ-tri/ も認めています．

【練習４】

この練習の基語は人や物を表す名詞で，-ier, -eur などの接尾辞が付いていません．原則として，基語に -erie を付ければ派生語ができます．語幹が変化するものもあります．

(A) 規則的な派生．

1. 動物飼育場；ペットショップ 〈animal 動物〉 _____

2. ビスケット工場 〈biscuit ビスケット〉 _____

3. 管理人室 〈concierge 管理人〉 _____

4. 缶詰製造工場 〈conserve 缶詰〉 _____

5. 妖精の国 〈fée 妖精〉 _____

6. 自動消灯スイッチ 〈minute 分〉 _____

7. オレンジ温室 〈orange オレンジ〉 _____

8. 金銀細工店 〈orfèvre 金銀細工師[商]〉 _____

9. 精米所 〈riz 稲, 米〉 _____

(B) 語幹が変化する．

1. 現金自動支払い機；自動券売機 〈billet 切符；紙幣〉 (billett...) _____

2. 廃棄物処理場 〈déchet 廃棄物〉 (déchett...) _____

3. 石鹸工場 〈savon 石鹸〉 (savonn...) _____

〔解答〕

(A) 1. animalerie　2. biscuiterie　3. conciergerie　4. conserverie
　　5. féerie (発音は /fe-ri/ または /fe-e-ri/.『新綴り』は féérie /fe-e-ri/)
　　6. minuterie〔点灯後数分で自動的に消える〕7. orangerie　8. orfèvrerie　9. rizerie

(B) 1. billetterie (et → ett の変化⇨[しくみ３])　2. déchetterie (et → ett の変化⇨[し
　　くみ３])　3. savonnerie (n の重子音字化⇨[しくみ10])

【練習５】

接尾辞の -ie を用いる派生がいくつかあります．基語は人や物を表す名詞で，原則として基語に -ie を添えれば派生語ができます．語幹が変化するものもあります．

(A) 規則的な派生．

1. 本屋, 書店 〈libraire 本屋の主人, 書店主〉 _____

2. 市役所 〈maire 市長〉 _____

(B) 語幹が変化する．

　　製鋼所 〈acier 鋼鉄〉 (aciér...) _____

〔解答〕

(A) 1. librairie (libraire は§1-4.[練習５]で既出)　2. mairie

(B) aciérie (e → é の変化⇨[しくみ21])

~~ 〚備考〛 ~~~~~~

動詞から直接作られた語もあります.

brûlerie コーヒー焙煎所 ← brûler 燃やす；焦がす, 焙煎する

garderie 託児施設 ← garder 世話をする, 子守りをする

pêcherie 漁場, 釣場 ← pêcher 釣りをする

penderie (衣服を吊るして保管する)衣装戸棚[小部屋]← pendre 吊るす, ぶら下げる

~~~~~~

4. 「植物の生育場所」を表す — -aie *(f)*, -eraie *(f)*

-aie と -eraie は「植物の生育場所や栽培場」を表します. 基語は一般に「木」を指す名詞です.

【練習1】

木の名前に接尾辞の -(i)er が含まれていないときは, -aie を付けます.

1. コナラの林	〈chêne コナラ〉	＿＿＿＿＿
2. ブナの林	〈hêtre ブナ〉	＿＿＿＿＿
3. ニレ林	〈orme ニレ〉	＿＿＿＿＿
4. ヤナギの林	〈saule ヤナギ〉	＿＿＿＿＿

〚解答〛

1. chênaie 2. hêtraie 3. ormaie 4. saulaie

【練習2】

木の名前に接尾辞の -ier または -er が含まれているときは, -(i)er を -eraie に変えます. 前節の「店」の場合の -(i)er → -erie と似た操作です. 木の名前は§2-1.に出てきました.

《派生のパターン：-(i)er → -eraie》

1. バナナ園	〈bananier バナナ〉	＿＿＿＿＿
2. クリ林	〈châtaignier クリ〉	＿＿＿＿＿
3. オレンジ畑[園]	〈oranger オレンジ〉	＿＿＿＿＿
4. ヤシ園, シュロ林	〈palmier ヤシ, シュロ〉	＿＿＿＿＿
5. ポプラの林[並木]	〈peuplier ポプラ〉	＿＿＿＿＿
6. バラ園	〈rosier バラ〉	＿＿＿＿＿

〚解答〛

1. bananeraie 2. châtaigneraie 3. orangeraie 4. palmeraie 5. peupleraie
6. roseraie

~~ 〚備考〛 ~~~~~~

次のような特殊な派生もあります.

(1) -(i)er が含まれていない木の名前に -eraie が付く.

ronce イバラ → ronceraie イバラの茂った荒地

(2) 木ではなく実の名前に -aie が付く.

cerise サクランボの実 → cerisaie サクランボ畑

(3) 2つの派生語が用いられている.

olivier オリーブの木 → oliveraie オリーブ畑

olive オリーブの実 → olivaie オリーブ畑

(4) -ier が -eraie ではなく -elaie になる.

prunier プラムの木 → prunelaie プラム園

なお,「ブドウ畑, ブドウ園」は vignoble (← vigne「ブドウの木」)と言います.

~~~~~~

§3 名詞から「人・物」を表す名詞を作る接尾辞

次にあげる接尾辞は,「小さな…」や「集合・全体」や「女・雌」などを表します.

> ☆☆☆ -et, -ette（§3-1.）
> ☆ -asse, -eau, -elet, -elette, -elle, -eron, -iche, -ichon,
> -ille, -illon, -in, -ine, -iole, -oche, -on, -ot, -otte, -ule（§3-2.）
> ☆☆ -ade, -age, -ail, -aille, -at, -ée, -erie, -ure（§3-3.）
> ☆☆ -aire, -ard（§3-4.）
> ☆ -esse（§3-5.）

1. 「小さな…」を表す (1) ― -et *(m)*, -ette *(f)*

「小さな…」を意味する接尾辞は「指小接尾辞」と呼ばれ,指小接尾辞の付いた語は「指小語」と呼ばれます. -et, -ette は指小接尾辞の代表格で,造語力が強く数多くの派生語が作り出されています.「小型の…」を指すだけでなく,「…の一部」や「…に似たもの」や「…と関連のあるもの」を指すこともあり,親愛や軽蔑のニュアンスを含む場合もあります.

【練習１】

基語が男性名詞のときは-et を付けて男性名詞を作り,基語が女性名詞のときは-ette を付けて女性名詞を作るのが原則ですが,基語と派生語の性が一致しない場合もかなりあります.

[１] 接尾辞 -et ― 派生語が男性名詞

(A) 基語が男性名詞

1. 小箱 　　　　　　　　　〈coffre 大箱〉　　　　　　＿＿＿＿＿＿＿

2. 小さな庭 　　　　　　　〈jardin 庭〉　　　　　　　＿＿＿＿＿＿＿

3. 手帳 　　　　　　　　　〈livre 本〉　　　　　　　　＿＿＿＿＿＿＿

(B) 基語が女性名詞

1. 小部屋 　　　　　　　　〈cabine 船室；(電話などの)ボックス〉　　＿＿＿＿＿＿＿

2. 小さな角笛 　　　　　　〈corne (動物の)角(つの)；角笛〉　　＿＿＿＿＿＿＿

[２] 接尾辞 -ette ― 派生語が女性名詞

(A) 基語が男性名詞

1. 一時の恋, 浮気 　　　　〈amour 恋〉　　　　　　　＿＿＿＿＿＿＿

2. (紙巻)たばこ 　　　　　〈cigare 葉巻〉　　　　　　＿＿＿＿＿＿＿

3. フロッピーディスク 　　〈disque レコード, ディスク〉　　＿＿＿＿＿＿＿

(B) 基語が女性名詞

1. 半袖シャツ；半袖ブラウス 〈chemise シャツ〉　　　　＿＿＿＿＿＿＿

2. 鈴 　　　　　　　　　　〈cloche 鐘〉　　　　　　　＿＿＿＿＿＿＿

3. ズッキーニ 　　　　　　〈courge カボチャ〉　　　　＿＿＿＿＿＿＿

4. 小さな台所, 簡易台所 　〈cuisine 台所〉　　　　　　＿＿＿＿＿＿＿

5. 洗面器	〈cuve 桶〉	＿＿＿＿＿＿＿
6. 若い娘, 少女	〈fille 娘, 女子〉	＿＿＿＿＿＿＿
7. フォーク	〈fourche 農業用フォーク〉	＿＿＿＿＿＿＿
8. 小さな斧(おの)	〈hache 斧〉	＿＿＿＿＿＿＿
9. ショートスカート	〈jupe スカート〉	＿＿＿＿＿＿＿
10. 小型スーツケース	〈malle トランク〉	＿＿＿＿＿＿＿
11. (芸術的な価値のない)小曲	〈musique 曲〉	＿＿＿＿＿＿＿
12. 小型置時計	〈pendule 置時計〉	＿＿＿＿＿＿＿
13. ピンセット	〈pince 挟む道具, ペンチ〉	＿＿＿＿＿＿＿
14. 妹	〈sœur 姉, 妹〉	＿＿＿＿＿＿＿
15. 小像	〈statue 像〉	＿＿＿＿＿＿＿
16. 棚板；板状のもの	〈table テーブル *原義は「(厚い)板」〉	＿＿＿＿＿＿＿
17. 小さな車	〈voiture 車〉	＿＿＿＿＿＿＿

〔解答〕

[1] (A) 1. coffret　2. jardinet　3. livret

　　　(B) 1. cabinet　2. cornet

[2] (A) 1. amourette　2. cigarette　3. disquette

　　　(B) 1. chemisette　2. clochette　3. courgette　4. cuisinette　5. cuvette

　　　　　6. fillette　7. fourchette　8. hachette　9. jupette　10. mallette

　　　　　11. musiquette　12. pendulette　13. pincette　14. sœurette

　　　　　15. statuette　16. tablette　17. voiturette

【練習 2 】

　変則的な派生をする語ですが, 派生に関する現象のほとんどはすでに見ました. 基語と派生語の性が異なるものもあるので注意しましょう.

(A) 基語が è を含む (è と é の交替 ⇨ [しくみ 4]).

《派生のパターン：-è□e → -é□ette》 (基語も派生語も女性名詞)

　　小さな矢, (ダーツの)投げ矢　　　〈flèche 矢〉　　　　　＿＿＿＿＿＿＿

(B) 基語が -on で終わる (n の重子音字化 ⇨ [しくみ 10]).

《派生のパターン：-on → -onnet》 (基語も派生語も男性名詞)

1. 小さな棒	〈bâton 棒〉	＿＿＿＿＿＿＿
2. 小さな男の子	〈garçon 男の子〉	＿＿＿＿＿＿＿
3. トロッコ	〈wagon 車両；貨車〉	＿＿＿＿＿＿＿

《派生のパターン：-on → -onnette》 (基語も派生語も女性名詞)

4. 小さな家	〈maison 家〉	＿＿＿＿＿＿＿

《派生のパターン：-on → -onnettte》 (基語は男性名詞で派生語は女性名詞)

5. 小型トラック 〈camion トラック〉 _____

6. 小型有蓋トラック, ライトバン 〈fourgon 有蓋トラック〉 _____

(C) 基語が -c で終わる (語末の c と ch の交替 ⇨ [しくみ 17]).

《派生のパターン：-c → -chet》 (基語も派生語も男性名詞)

1. (バイオリンなどの)弓 〈arc /ark/ 弓〉 _____

2. 小型の鉤(かぎ), フック 〈croc /kro/ 鉤〉 _____

3. 小さな袋 〈sac /sak/ 袋〉 _____

(D) 基語が -eau で終わる (eau と el の交替 ⇨ [しくみ 16]).

《派生のパターン：-eau → -elet》 (基語も派生語も男性名詞)

1. 小脳 〈cerveau 脳；大脳〉 (cervel...) _____

2. 小鑿(のみ), たがね 〈ciseau 鑿〉 (cisel...) _____

3. 小さな流れ, せせらぎ 〈ruisseau 小川〉 (ruissel...) _____

(E) 特殊なもの (基語は男性または女性名詞で, 派生語は -ette で終わる女性名詞).

1. 小型の箒(ほうき) 〈balai *(m)* 箒〉 (balay...) _____

2. (2輪の)荷車 〈char *(m)* 山車(だし)〉 (charr...) _____

3. ままごと 〈dîner *(m)* 夕食, 晩餐〉 (dîn...) _____

4. 軽機関銃 〈mitrailleuse *(f)* 機関銃〉 (mitraill...) _____

5. オペレッタ 〈opéra *(m)* オペラ〉 (opér...) _____

6. ヒナギク, デージー 〈Pâques *(f)* 復活祭〉 (pâquer...) _____

7. 小型スーパー, コンビニ 〈supermarché *(m)* スーパー〉 (supér...) _____

〔解答〕

(A) fléchette

(B) 1. bâtonnet 2. garçonnet 3. wagonnet 4. maisonnette 5. camionnette
   6. fourgonnette

(C) 1. archet 2. crochet 3. sachet

(D) 1. cervelet 2. ciselet 3. ruisselet

(E) 1. balayette (i → y の変化 ⇨ 後出の [しくみ 33])

   2. charrette (r → rr の変化. *cf.* charron (§1-6.〔練習〕))

   3. dînette (-er → -ette の接尾辞の交替.『新綴り』はアクサン無しの diner, dinette)

   4. mitraillette (-euse → -ette の接尾辞の交替. mitrailleuse は mitrailler「機銃掃射
   する」からの派生語)

   5. opérette (先行母音の消去 ⇨ [しくみ 8])

   6. pâquerette (Pâques の複数形のしるしの s は派生語で削除. -erette を接尾辞と見
   なすこともできる. 命名の由来は復活祭の頃にこの花が咲くことから)

   7. supérette (supermarché の短縮形の super が基語. e → é の変化 ⇨ [しくみ 21])

~~ 〖備考〗 ~~~~~~

(1) 上記の supérette は英語からの借用語(英語では *superette*)ですが, 他にも英語から取り入れた語があります.

kitchenette 簡易台所 (英語では *kitchenet* とも綴る)

starlette 若手女優, スターのたまご (英語では *starlet*)

(2) -ette は女性の名(の愛称)にも用いられます(*cf.* で示した基語は男性名または女性名).

Annette (*cf.* Anne), Antoinette (*cf.* Antoine), Georgette (*cf.* Georges), Henriette (*cf.* Henri), Jeannette (*cf.* Jeanne), Juliette (*cf.* Julie), Nicolette (*cf.* Nicole), Paulette (*cf.* Paul), Pierrette (*cf.* Pierre), Yvette (*cf.* Yves), など.

~~~~~~

2. 「小さな…」を表す (2)

-asse *(f)*, -eau *(m)*, -elet *(m)*, -elette *(f)*, -elle *(f)*, -eron *(m)*, -iche *(f)*, -ichon *(m)*, -ille *(f)*, -illon *(m)*, -in *(m)*, -ine *(f)*, -iole *(f)*, -oche *(f)*, -on *(m)* {異形 -ion}, -ot *(m)*, -otte *(f)*, -ule *(m/f)* {異形 -cule, -icule}

上記の接尾辞も一般に「小さな…」を意味します.「価値の低い, 質の悪い」というニュアンスを伴うこともあり(ことに -asse の付いた派生語), ほとんどが学術用語として用いられるものもあります(-ule や -(i)cule の付いた派生語). また,「…に似たもの, …の一種, …の一部」などを指すこともあります.

◆ -eau の古形は -el で女性形が -elle でした (*cf.* beau, bel, belle「美しい」). 古形の -el は現用の接尾辞としては残っていませんが, -el と -et, -ette が組み合わさった -elet, -elette は用いられています. 同様に, -ichon は -iche + -on, -illon は -ille + -on に由来します.「小さな…」を意味する接尾辞の組み合わせは他にもあります.

◆ -eron は「人」を表す名詞も作ります(⇨ §1-6.).

【練習】

指示された接尾辞を用いて派生語を作りましょう. 変則的な派生をする場合は, 派生語の注意部分をかっこ内に示してあります.

(A) -asse *(f)*

1. 《軽蔑的に》娘, 女の子 〈fille 娘, 女の子〉 ＿＿＿＿＿＿

2. 藁(わら)布団；粗末な布団 〈paille 藁〉 ＿＿＿＿＿＿

3. 無用な書類, 反故(ほご) 〈papier 紙；書類〉 (paper...) ＿＿＿＿＿＿

4. 安ワイン 〈vin ワイン〉 ＿＿＿＿＿＿

(B) -eau *(m)*

1. 低木, 灌木 〈arbre 木〉 (arbriss...) ＿＿＿＿＿＿

2. 格子(の棒) 〈barre 棒〉 ＿＿＿＿＿＿

3. 小さい地下室 〈cave 地下室〉 ＿＿＿＿＿＿

4. 小さなハム 〈jambon ハム〉 (jambonn...) ＿＿＿＿＿＿

5. 樽(たる) 〈tonne 大樽〉 ＿＿＿＿＿＿

6. 小専制君主, 小暴君 〈tyran 専制君主〉 (tyrann...) ＿＿＿＿＿＿

7. 小虫, うじ虫 〈ver (ミミズなどの)虫〉 (vermiss...) ＿＿＿＿＿＿

(C) -elet *(m)*

1. 小骨 〈os 骨〉 (oss...) ＿＿＿＿＿＿

2. 小樽 〈tonne 大樽〉 ＿＿＿＿＿＿

(D) -elette *(f)*

1. ひ弱な女, 気の弱い女 〈femme 女〉 ＿＿＿＿＿＿

2. 小さなしずく 〈goutte しずく〉 ＿＿＿＿＿＿

3. 小型のタルト 〈tarte タルト〉 ＿＿＿＿＿＿

4. さざ波 〈vague 波〉 ＿＿＿＿＿＿

(E) -elle *(f)*

1. 小薄片 〈lame 薄片, 薄板〉 ＿＿＿＿＿＿

2. 小片；少量 〈part 分け前；部分〉 (parc...) ＿＿＿＿＿＿

3. リンボク[スロー]の実；瞳 〈prune プラム, セイヨウスモモ〉 ＿＿＿＿＿＿

4. (野菜・ソーセージなどの)輪切り 〈rond 円, 輪；輪切り〉 ＿＿＿＿＿＿

5. 路地 〈rue 通り〉 ＿＿＿＿＿＿

6. 小塔 〈tour 塔〉 ＿＿＿＿＿＿

(F) -eron *(m)*

1. 小蠅 〈mouche 蠅〉 ＿＿＿＿＿＿

2. 卓上マット 〈nappe テーブルクロス〉 ＿＿＿＿＿＿

(G) -iche *(f)*

1. あごひげ, やぎひげ 〈barbe ひげ〉 ＿＿＿＿＿＿

2. (中国や日本製の)置物の壺 〈pot 壺〉 ＿＿＿＿＿＿

(H) -ille *(f)*

1. (片手で持てる)半月形の鎌 〈faux 長柄の鎌, 大鎌〉 (fauc...) ＿＿＿＿＿＿

2. 小型船団；小型艦隊 〈flotte 船団；艦隊〉 ＿＿＿＿＿＿

3. ヘアネット 〈réseau 網〉 (rés...) ＿＿＿＿＿＿

(I) -illon *(m)*

1. 小物弁護士 〈avocat 弁護士〉 (avoca...) ＿＿＿＿＿＿

2. 若い修道士 〈moine 修道士〉 ＿＿＿＿＿＿

3. (丈の低い)小扉, 小門 〈porte 扉, 門〉 ＿＿＿＿＿＿

(J) -in *(m)*

1. 小悪魔 〈diable 悪魔〉 (diablot...) ＿＿＿＿＿＿

2. 小さな絵 〈tableau 絵〉 (tableaut...) ＿＿＿＿＿＿

3. タンバリン 〈tambour 太鼓〉 ＿＿＿＿＿＿

(K) -ine *(f)*

1. ハーフブーツ 〈botte ブーツ〉 _____

2. 小像, 人形 〈figure 像, 人物像〉 _____

3. ソナチネ, 小奏鳴曲 〈sonate ソナタ, 奏鳴曲〉 _____

(L) -iole *(f)*

1. 小さな動物；虫 〈bête 動物〉 (best...) _____

2. (田舎の) 2輪馬車, 荷馬車 〈char 山車(だし)〉 (carr...) _____

(M) -oche *(f)*

1. つるはし 〈pic (小型の) つるはし〉 (pi...) _____

2. ショルダーバッグ 〈sac かばん, バッグ〉 _____

(N) -on *(m)*

1 (鎖の)輪, リンク 〈chaîne 鎖〉 _____

2. ぼろ切れ；雑巾 〈chiffe 粗末な布, ぼろ〉 _____

3. 紐 〈corde 綱, ロープ〉 _____

4. クルトン〔サラダやスープに入れるサイコロ状に切ったクルート〕

〈croûte クルート〔揚げた食パン〕〉 _____

5. 雹(ひょう)[あられ]の粒 〈grêle 雹, あられ〉 _____

6. 乳頭, 乳首 〈mamelle 乳房〉 (mamel...) _____

7. (糸・紐などの)小さな玉 〈pelote (糸などの)玉〉 _____

8. ポワロン〔小型の片手鍋〕 〈poêle フライパン〉 _____

9. 光線 〈rai 《古》光線〉 (ray...) _____

(O) -ot *(m)*

1. (4輪の)荷車；カート *(m)* 〈char 山車(だし)〉 (chari...) _____

2. (野菜・鶏などを運ぶ)籠 *(m)* 〈cage 鳥籠〉 (cage...) _____

3. 弟 *(m)* 〈frère 兄, 弟〉 (frér...) _____

4. 小島 *(m)* 〈île 島〉 _____

(P) -otte *(f)*

(幼児の)小さな手 *(f)* 〈main 手〉 (men...) _____

(Q) -ule *(m, f)* (＊派生語の性は基語の性と同じ)

1. 決まり文句；記入用紙 *(f)* 〈forme 形式, 書式〉 _____

2. 細粒, 顆粒 *(m)* 〈grain 粒〉 (gran...) _____

3. 爪の半月 *(f)* 〈lune 月〉 _____

4. 小静脈, 細静脈 *(f)* 〈veine 静脈〉 _____

(R) -(i)cule *(m, f)* (＊派生語の性は基語の性と同じ)

1. 微小動物 *(m)* 〈animal 動物〉 (...cule) _____

2. 小高い山 *(m)* 〈mont 山〉 (...icule) _____

3. 微粒子 *(f)* 〈part 部分〉 (...icule) _____

〔解答〕

(A) 1. fillasse 2. paillasse 3. paperasse (無強勢母音 e /ə/ への変化 ⇨ [しくみ 18])
4. vinasse

(B) 1. arbrisseau (語幹末への iss の付加 ⇨ 後出の [しくみ 57]) 2. barreau
3. caveau 4. jambonneau (n の重子音字化 ⇨ [しくみ 10]) 5. tonneau
6. tyranneau (基語の末尾の an の n が重子音字化するのは例外的) 7. vermisseau
(ver の古形の *verm* から. 語幹末への iss の付加 ⇨ 後出の [しくみ 57]. なお, イタリ
ア語からの借用語の vermicelle「非常に細い麺, バーミセリ」も同語源)

(C) 1. osselet (s の重子音字化 ⇨ [しくみ 14]) 2. tonnelet〔tonneau「樽」より小さい〕

(D) 1. femmelette 2. gouttelette 3. tartelette 4. vaguelette

(E) 1. lamelle 2. parcelle (t → c の特殊変化) 3. prunelle〔リンボクの実は青くてプ
ラムより小粒. その色や形から「瞳」の意味に〕 4. rondelle 5. ruelle 6. tourelle

(F) 1. moucheron 2. napperon

(G) 1. barbiche 2. potiche

(H) 1. faucille (x → c の特殊変化) 2. flottille 3. résille (接尾辞 -eau と -ille の交替.
語幹に対応する基語は現用語には存在しない)

(I) 1. avocaillon (基語末尾の t の消去) 2. moinillon 3. portillon

(J) 1. diablotin (-otin は -ot と -in の合成) 2. tableautin (母音間への t の挿入 ⇨ [し
くみ 15]) 3. tambourin

(K) 1. bottine 2. figurine 3. sonatine

(L) 1. bestiole (ê → es の変化 ⇨ 後出の [しくみ 44])
2. carriole (ch → c の変化 ⇨ 後出の [しくみ 43])

(M) 1. pioche 2. sacoche

(N) 1. chaînon (『新綴り』はアクサン無しの chaine, chainon) 2. chiffon 3. cordon
4. croûton (『新綴り』はアクサン無しの croute, crouton) 5. grêlon 6. mamelon
(無強勢母音 e /ə/ への変化 ⇨ [しくみ 18]) 7. peloton 8. poêlon 9. rayon

(O) 1. chariot (基語の末尾に i が入る.『新綴り』では charron (§ 1-6. [練習]) や charrette
(§ 3-1. [練習 2]) に合わせ, r を 2 つにして charriot と書く)
2. cageot (接尾辞 -ot の前で ge と綴って /ʒ/ の発音と合わせている ⇨ 後出の [しくみ 27])
3. frérot (è → é の変化 ⇨ [しくみ 4])
4. îlot (『新綴り』はアクサン無しの ile, ilot)

(P) menotte (基語の母音 ain /ɛ̃/ が派生語で無強勢母音 en /ən/ に変わる ⇨ [しくみ 18])
〔複数形で「手錠」も意味する〕

(Q) 1. formule〔「方式」や「(数学などの)式」の意味もある〕
2. granule (基語の母音 ai が派生語で a に変わる ⇨ 後出の [しくみ 39])
3. lunule 4. veinule

(R) 1. animalcule 2. monticule 3. particule

~~ 〖備考〗 ~~~~~~

(1) -ot, -otte は男性・女性の名(の愛称)にも用いられます.

Charlot, Charlotte (*cf.* Charles), Jeannot (*cf.* Jean), Pierrot (*cf.* Pierre) など.

(2) 指小接尾辞の -et, -ette, -eau, -ille, -illon, -on, -ot が付く派生語で, 語源的に興味深い語をいくつかあげてみましょう.

bouquet「花束；束, 房」の原義は「小さな森, 小立」であり, ノルマンディー・ピカルディー方言で bois「森」を意味する *bosc* に由来します.

coquet(t)「おしゃれな」は雄鶏(coq)の気取った様子から発想された形容詞です.

baguette「細い棒；(パンの)バゲット」は bague「指輪」からの派生語ではなく, 「棒」を意味するイタリア語の *bacchio* の指小語の *bacchetta* がフランス語化したものです.

crevette「小エビ」は chevrette「子ヤギ」を指すノルマンディー方言に由来します. 小エビが子ヤギのように跳ねるので, 意味が転化しました.

marionnette「マリオネット, 操り人形」は, 聖母被昇天の祝日(8月15日)に聖母マリア(Marie)の人形を中心とする人形劇が上演されたことが起源のようです.

oiseau「鳥」と avion「飛行機」はラテン語で「鳥」を意味する *avis* に由来します.

aiguille「針」は形容詞 aigu「鋭い」の関連語です.

anguille「ウナギ」の語源は「小さなヘビ」を意味するラテン語の *anguilla* です.

Charles Perrault 作の童話の主人公の Cendrillon「サンドリヨン」(英語名は *Cinderella*)は cendre「灰」からの造語で, 「灰かぶり娘」の意.

cheminot「鉄道員」は chemin de fer「鉄道」から作られました.

(3) -ule の語で, 基語が現存しないものや, 基語と派生語の関係がわかりにくくなったものがかなりあります. 基本的な語彙からいくつか選んでみました.

canicule 真夏；猛暑 〔chien「犬」の関連語. 真夏に, おおいぬ座のシリウス(Sirius, 別名 Canicule)が明け方に昇ることから〕

capsule (瓶の)口金；(薬の)カプセル 〔châsse「聖遺物箱」(原義は「箱」)の関連語〕

cellule 独房；細胞 〔ラテン語で「部屋」を意味する語に由来〕

clavicule 鎖骨 〔clé, clef「鍵」の関連語〕

crépuscule 夕暮れ 〔ラテン語で「明け方, あけぼの」を意味する語に由来〕

majuscule 大文字(の) 〔majeur(e)「より大きい」の関連語〕

minuscule 小文字(の) 〔mineur(e)「より小さい」の関連語〕

module 組み立てユニット 〔mode「方式」の関連語〕

pellicule フィルム；皮膜；(頭の)ふけ 〔peau「皮膚」の関連語〕

pilule 丸薬；ピル 〔ラテン語で「球」を意味する語に由来〕

scrupule 良心のとがめ；細心, 綿密 〔ラテン語で「とがった石」を意味する語に由来〕

véhicule 乗り物；車, 車両 〔voiture「車」の関連語〕

virgule コンマ, 読点 〔ラテン語で「短い線」を意味する語に由来〕

~~~~~~

コラム 3 ― 「大きな…」を意味する -on

接尾辞の -on の付いた語のなかには，イタリア語の接尾辞 -one の付いた語に由来するものがあります．-one は「大きな…」を意味するので，イタリア語からの借用語はそのニュアンスを受け継いでいます．次のような例があります（下記の -on の付いた語はすべて男性名詞です）．

- balle ボール，球；(銃の)弾，弾丸
- ballon (大型の)ボール；風船；気球
- carte カード
- carton ボール紙，厚紙
- ceinture ベルト
- ceinturon 軍用ベルト；幅広ベルト
- médaille メダル
- médaillon 大型メダル
- mille 1000
- million 100万
- salle (住宅内の共用の)部屋；(公共施設などの)…室，ホール
- salon 応接間，客間；(美容・喫茶などの)店，サロン
- saucisse (主に加熱して食べる)ソーセージ
- saucisson (サラミ風)ソーセージ

なお，フランス語の violon「バイオリン」はイタリア語の *violone* から来ています．*violone* は「大きなビオラ」の意ですが，弓奏楽器一般を指していました．バイオリンはイタリア語では「小さなビオラ」を意味する *violino* と言い，英語では *violin* です．

3. 「集合・全体」を表す

-ade *(f)*, **-age** *(m)*, **-ail** *(m)*, **-aille** *(f)*, **-at** *(m)* {異形 **-iat**}, **-ée** *(f)*, **-erie** *(f)*, **-ure** *(f)* {異形 **-ature**}

これらの接尾辞は総じて「集合・全体」を意味しますが，いくつかについて若干の注意点を指摘しておきましょう．

-ade は構成要素や成分を含んだ全体を指し，とりわけ清涼飲料の名前に用いられます．

-age と -erie はある原料や素材から作られた製品を指すことがあります．

-aille は軽蔑的ニュアンスを加えることがあります．

-at はある階級や身分に属する人々全体を指します．

-at と -erie は人を収容する建物を指すことがあります．

-ée はある期間，たとえば日中とか午前中などを指すことがあります．また分量を示すこともありますが，そうした語は[総合練習]で扱います．

◆ -erie は「店」などを表す名詞も作ります（⇨ §2-3.）．

【練習】

指示された接尾辞を用いて派生語を作りましょう．変則的な派生をする場合は派生語の語幹を示してあります．

[1] -ade *(f)*

1. アーケード 〈arc 弓；アーチ〉 ＿＿＿＿＿＿
2. レモネード 〈citron レモン〉 (citronn...) ＿＿＿＿＿＿
3. 列柱 〈colonne 円柱〉 ＿＿＿＿＿＿
4. 綿布，綿織物 〈coton 綿〉 (cotonn...) ＿＿＿＿＿＿
5. (建物の)正面 〈face 顔；面〉 (faç...) ＿＿＿＿＿＿
6. ザクロの実 〈grain (果実の)粒〉 (gren...) ＿＿＿＿＿＿
7. (レモン風味の)ソーダ水 〈limon《古》レモン〉 ＿＿＿＿＿＿
8. オレンジエード 〈orange オレンジ〉 (orange...) ＿＿＿＿＿＿

[2] -age *(m)*

1. (1本の木全体の)枝 〈branche 枝〉 ＿＿＿＿＿＿
2. 貝 〈coquille 貝殻〉 ＿＿＿＿＿＿
3. 《集合的に》乗組員，乗務員 〈équipe (作業)チーム，班〉 ＿＿＿＿＿＿
4. (1本の木全体の)葉 〈feuille 葉〉 ＿＿＿＿＿＿
5. 牧草地 〈herbe 草〉 ＿＿＿＿＿＿
6. 毛織物；ウールニットの服 〈laine 羊毛，ウール〉 ＿＿＿＿＿＿
7. 乳製品 〈lait ミルク〉 ＿＿＿＿＿＿
8. 道具一式 〈outil 道具〉 (outill...) ＿＿＿＿＿＿
9. 《集合的に》(鳥の)羽毛 〈plume (鳥の)羽根〉 ＿＿＿＿＿＿
10. 《集合的に》(動物の)毛，毛並み 〈poil 毛，体毛〉 (pel...) ＿＿＿＿＿＿
11. 《集合的に》棚，整理[陳列]棚 〈rayon 棚，棚板〉 (rayonn...) ＿＿＿＿＿＿
12. 《集合的に》(建物の)ガラス 〈vitre (窓などの)ガラス〉 ＿＿＿＿＿＿
13. 近所の人々 〈voisin 隣人〉 ＿＿＿＿＿＿
14. 電圧；ボルト数 〈volt /vɔlt/ ボルト〉 ＿＿＿＿＿＿

[3] -ail *(m)*

1. 《集合的に》家畜 〈bête 家畜〉 (bét...) ＿＿＿＿＿＿
2. 正面入り口；正門 〈porte 出入り口，門〉 ＿＿＿＿＿＿
3. ステンドグラス 〈vitre 板ガラス，窓ガラス〉 ＿＿＿＿＿＿

[4] -aille *(f)*

1. 安物の古道具 〈antiquité(s) 古美術品〉 (antiqu...) ＿＿＿＿＿＿
2. 屑鉄 〈fer 鉄〉 (ferr...) ＿＿＿＿＿＿
3. やすり屑 〈lime やすり〉 ＿＿＿＿＿＿
4. 城壁 〈mur 壁〉 ＿＿＿＿＿＿
5. 《集合的に》小石；砂利道 〈pierre 石〉 ＿＿＿＿＿＿

[5] -at *(m)*

1. 《集合的に》株主　　　　　　　〈actionnaire 株主〉 (actionnari...)　　_____

2. 《集合的に》孤児；孤児院　　　〈orphelin 孤児〉　　_____

3. 《集合的に》経営者, 雇用者　　〈patron 経営者, 雇用者〉　　_____

4. 《集合的に》農民　　　　　　　〈paysan 農民〉 (paysann...)　　_____

5. 《集合的に》サラリーマン　　　〈salarié サラリーマン〉 (salari...)　　_____

[6] -ée *(f)*

1. 同室の人々　　　　　　　　　〈chambre 部屋〉　　_____

2. (同居の)家族全員　　　　　　〈maison 家〉 (maisonn...)　　_____

3. (1つのテーブルを囲む)同席者　〈table テーブル〉　　_____

4. 年間　　　　　　　　　　　　〈an 年〉 (ann...)　　_____

5. 日中　　　　　　　　　　　　〈jour 日〉 (journ...)　　_____

6. 午前中　　　　　　　　　　　〈matin 朝〉　　_____

7. (活動の時間帯としての)晩　　〈soir 晩〉　　_____

[7] -erie *(f)*

1. 銀製品　　　　　　　　　　　〈argent 銀〉　　_____

2. 騎兵隊　　　　　　　　　　　〈cavalier 騎兵〉 (caval...)　　_____

3. 憲兵隊；憲兵隊の兵舎[本部]　〈gendarme 憲兵〉　　_____

4. 寝具(一式)　　　　　　　　　〈lit ベッド〉　　_____

5. 機械類, 機械装置[設備]　　　〈machine 機械〉　　_____

6. 《集合的に》農民　　　　　　　〈paysan 農民〉 (paysann...)　　_____

7. 絹織物, 絹製品　　　　　　　〈soie 絹〉　　_____

8. (ガス・水道などの)配管　　　〈tuyau 管, パイプ〉 (tuyaut...)　　_____

[8] -ure *(f)*, -ature *(f)*

(A) 接尾辞は -ure

1. 縁取り, 縁飾り　　　　　　　〈bord 縁, へり〉　　_____

2. 髪　　　　　　　　　　　　　〈cheveu 髪の毛〉 (chevel...)　　_____

3. 《集合的に》歯, 歯並び　　　　〈dent 歯〉　　_____

4. 店頭　　　　　　　　　　　　〈devant 前, (建物の)表〉　　_____

5. 《集合的に》鉄具, 金具　　　　〈fer 鉄〉 (ferr...)　　_____

6. (1隻の船の)マスト, 帆柱　　〈mât 帆〉　　_____

7. (建物全体の)屋根, 屋根組み　〈toit 屋根〉　　_____

8. (1隻の船の)帆　　　　　　　〈voile 帆〉　　_____

(B) 接尾辞は -ature

1. 文学　　　　　　　　　　　　〈lettre 文字〉 (littér...)　　_____

2. 《集合的に》筋肉, 筋(肉)組織　〈muscle 筋肉〉 (muscul...)　　_____

3. 《集合的に》骨, 骨格　　　　　〈os 骨〉 (oss...)　　_____

〔解答〕

[1] 1. arcade 2. citronnade (n の重子音化⇨[しくみ 10]) 3. colonnade
4. cotonnade (n の重子音化) 5. façade (c → ç の変化 ⇨ 下記の[しくみ 24])〔教会
や劇場などの歴史的建造物の正面はそれぞれに装飾が施されたいくつかの部分から構
成されている. そのため「集合・全体」の意味合いが生じたものと思われる〕6. grenade
(無強勢母音 e /ə/ への変化⇨[しくみ 18]) 7. limonade (例外的に -on の n が重子音
字化しない)〔かつては limonade は「レモネード」を指した (現用は citronnade)〕
8. orangeade (g の後への e の挿入⇨後出の[しくみ 27])

[2] 1. branchage 2. coquillage 3. équipage 4. feuillage 5. herbage
6. lainage 7. laitage 8. outillage (il → ill の変化⇨後出の[しくみ 46])
9. plumage 10. pelage (無強勢母音 e /ə/ への変化⇨[しくみ 18])
11. rayonnage (n の重子音化) 12. vitrage 13. voisinage 14. voltage

[3] 1. bétail (ê → é の特殊変化) 2. portail 3. vitrail

[4] 1. antiquaille 2. ferraille (派生語で err と綴って /ɛ/ の発音に合わせている. [し
くみ 3]と同様の現象) 3. limaille 4. muraille 5. pierraille

[5] 1. actionnariat (ai → a の変化 ⇨ 後出の[しくみ 39]) 2. orphelinat 3. patronat
(例外的に -on の n が重子音字化しない) 4. paysannat (-an の重子音化は paysan の
女性形の paysanne と同様) 5. salariat (先行母音の消去⇨[しくみ 8])

[6] 1. chambrée 2. maisonnée (n の重子音化) 3. tablée
4. année (例外的に an の n が重子音字化) 5. journée (基語末尾への n の付加⇨後
出の[しくみ 38]) 6. matinée 7. soirée

[7] 1. argenterie 2. cavalerie (-ier → -erie の変化. §2-3.[練習 1]と同様)
3. gendarmerie 4. literie 5. machinerie 6. paysannerie〔[5]4. の paysannat
と同義〕7. soierie 8. tuyauterie (t の挿入⇨[しくみ 15])

[8] (A) 1. bordure 2. chevelure (無強勢母音 e /ə/ への変化⇨[しくみ 18])
3. denture 4. devanture 5. ferrure (r の重子音化. [4]2. の fer → ferraille と同
じ現象) 6. mâture 7. toiture 8. voilure
(B) 1. littérature〔基語の lettre の語源はラテン語の *littera*〕2. musculature (cl →
cul の変化⇨後出の[しくみ 42]) 3. ossature (s → ss の変化⇨[しくみ 14])

● 派生のしくみ 24 — c と ç の交替 ●

c は a, o, u の前で /k/ と読みます. a, o, u の前で /s/ と読ませたいときは ç と綴ります.
よく知られている例としては, -cer で終わる動詞の nous の活用形が -çons となります
(たとえば, commencer「始める」の nous commençons). 発音と綴り字を合致させて
いるわけです. 同じ理由で, 上記[1]5. の face → façade の派生では, 語幹末の /s/ の発
音に合わせて接尾辞の -ade の前で ç と綴ります.

~~ 〖備考〗 ~~~~~~

(1) -age の付いた語と基語名詞の間の意味の違いや関連性がとらえにくいものもあります. いくつかの基本的な語を取り上げてみましょう.

échafaudage (建築の)足場 ← échafaud 死刑台 〔かつては échafaudage と同じく 「(建築の)足場」の意味で用いられた〕

langage 言語活動；言葉づかい ← langue 舌；(個々の)言語, …語

nuage 雲 ← nue《文》雲

ombrage (木陰を作る)木の茂み；木陰 ← ombre 陰, 日陰

paysage 風景〔原義は「ある広がりを持った地域」〕← pays 国；地方, 地域

personnage (社会的に重要な)人物；(物語などの)登場人物 ← personne 人

potage ポタージュ〔もとは壺で煮込んだ野菜〕← pot 壺

rivage 海岸 ← rive (川の)岸

village 村 ← ville 町, 都市〔原義は「農場」. villa「別荘」も同語源で, イタリア語経由〕

visage 顔 ← vis〔古語で「顔」を意味したが, 現用では複合語の vis-à-vis「差し向かい」でのみ用いられる〕

(2) -at は, 「集合」だけでなく, 「ある地位や職に就いている人に関する物事」も表します.

championnat 選手権(試合) ← champion チャンピオン

commissariat 警察署 ← commissaire 警視；警察署長

consulat 領事館 ← consul 領事

doctorat 博士号 ← docteur 博士

professorat 教授職 ← professeur 教授

secrétariat 秘書の職；秘書課, 事務局 ← secrétaire 秘書

基語が形容詞のものや基語が現存しないものもあります(基語が動詞のものは第3章§6で扱います).

anonymat 匿名 ← anonyme 匿名の

bénévolat 無料奉仕, 篤志行為 ← bénévole 無報酬の, 篤志の

magistrat 司法官〔基語は現存しない. maître「主人」と同語源〕

volontariat 志願制；自発的行為 ← volontaire 自分の意志による, 自発的な

(3) -ée で終わる語は, -ée が接尾辞でない場合も含めて多くは女性名詞ですが, 男性名詞のこともあります.

[女性名詞]		[男性名詞]
araignée クモ(蜘蛛)	fée 妖精	apogée 絶頂, 極み
chaussée 車道	fusée ロケット	lycée リセ, 高校
cheminée 暖炉；煙突	idée 思いつき；考え	musée 美術館, 博物館
diarrhée 下痢	nausée 吐き気	rez-de-chaussée (建物の)1階
épée 剣	poupée 人形	trophée トロフィー, 賞杯

(4) -erie の付く語で，基語が現存しなかったり，基語との関連性が希薄になったものがあります．

artillerie《集合的に》砲〔基語は現存しない．古フランス語の「兵器を備える」を意味する動詞に由来する〕

carrosserie（自動車の）車体 ← carrosse（昔の有蓋の）4 輪馬車

infanterie 歩兵隊〔enfant「子供」の関連語で，イタリア語経由〕

~~~~~~

4.「関連物」を表す ─ -aire *(m)* {異形 -iaire}, -ard *(m)*

-aire と -ard は「…に関連する物」を意味します．対象物は多岐に渡りますが，-aire は資料・情報などを掲載した本や書類を指すことが多いです．

　◆ -aire は「人」を表す名詞も作ります (⇨ §1-4.).
　◆ -ard は「人」を表す名詞も作ります (⇨ §1-5.).

【練習】

指示された接尾辞を用いて，派生語を作りましょう．変則的な派生をする場合は派生語の語幹を示してあります．

(A) -aire *(m)*

1.（文字を学ぶための）初歩読本　〈abc 初歩〉(abécéd...)　＿＿＿＿＿＿＿
2.（毎年発行の）電話帳；年報　〈an 年〉(annu...)　＿＿＿＿＿＿＿
3. 動物画集；動物寓話集　〈bête 動物〉(besti...)　＿＿＿＿＿＿＿
4.（書籍・新聞・コピーなどの）部　〈exemple 例；手本〉　＿＿＿＿＿＿＿
5. 申込書，申請書　〈formule 決まり文句；記入用紙〉　＿＿＿＿＿＿＿
6.（乗り物の）時刻表；時間割　〈heure 時間〉(hor...)　＿＿＿＿＿＿＿
7. フロアスタンド　〈lampe 電灯〉(lampad...)　＿＿＿＿＿＿＿
8. 蚊帳(かや)；網戸　〈moustique 蚊〉　＿＿＿＿＿＿＿
9. 納骨堂　〈os 骨〉(ossu...)　＿＿＿＿＿＿＿
10.（アンケートなどの）質問事項　〈question 質問〉(questionn...)　＿＿＿＿＿＿＿
11. クローク；更衣室　〈veste 上着〉(vesti...)　＿＿＿＿＿＿＿
12. 語彙；基本語辞典　〈vocable《古風》語〉(vocabul...)　＿＿＿＿＿＿＿

(B) -ard *(m)*

1. 腕章　〈bras 腕〉(brass...)　＿＿＿＿＿＿＿
2. アヒル，カモ　〈cane 雌のアヒル[カモ]〉　＿＿＿＿＿＿＿
3. ゼッケン，背番号　〈dos 背〉(doss...)　＿＿＿＿＿＿＿
4. 短刀　〈poing 握りこぶし〉(poign...)　＿＿＿＿＿＿＿
5. オタマジャクシ　〈tête 頭〉　＿＿＿＿＿＿＿

〔解答〕

(A) 1. abécédaire〔abc は abécé や abécédé とも書く〕 2. annuaire (例外的に an の n が重子音字化する. tyran → tyranneau, an → année, paysan → paysannat などが既出) 3. bestiaire (ê → es の変化⇨後出の[しくみ 44])

4. exemplaire〔「模範的な」を意味する同じ綴りの形容詞も exemple からの派生語〕

5. formulaire 6. horaire (eu → o の変化⇨後出の[しくみ 37]) 7. lampadaire (基語の末尾の ad は古形のなごり) 8. moustiquaire 9. ossuaire (s の重子音字化⇨[しくみ 14]) 10. questionnaire (n の重子音化⇨[しくみ 10]) 11. vestiaire

12. vocabulaire (bl → bul の変化⇨後出の[しくみ 42])

(B) 1. brassard (s の重子音字化⇨[しくみ 14]) 2. canard 3. dossard (s の重子音字化⇨[しくみ 14]) 4. poignard (oing → oign の変化⇨後出の[しくみ 35])

5. têtard〔tête はオタマジャクシの特徴的な部分〕

~~ 〚備考〛 ~~~~~~

(1) -aire の付く語で, 基語が現用語でないものや基語が動詞のものがあります. なお, 物を表す -aire の付く語は一般に男性名詞ですが, 下記の grammaire のように, 稀に女性名詞のことがあります.

annulaire 薬指〔anneau「輪；指輪」の古形に由来. 薬指に指輪をはめる習慣から〕

commentaire 解説, 論評〔動詞 commenter「解説する, 論評する」に由来〕

dictionnaire 辞書〔「言葉, 発言」を意味するラテン語に由来. dicter「口述する」の関連語〕

funiculaire ケーブルカー〔「綱」を意味するラテン語に由来〕

grammaire *(f)* 文法〔「文字」を意味するギリシャ語に由来〕

itinéraire 道順, 道筋〔「道」を意味するラテン語に由来〕

sanctuaire (教会・神殿の)聖域；(動物などの)保護地域〔saint「聖なる；聖人」の関連語〕

séminaire 神学校；セミナー〔「苗床」を意味するラテン語に由来〕

(2) -ard の付く語で, 基語との関連が薄れたり, 基語が現存していないものがあります. なお, 動詞派生の -ard の語は第 2 章 §5 で見ます.

billard ビリヤード〔球戯に用いられた bille[2]「丸太」に由来. bille[1]「ビー玉」からの意味的影響もあるらしい〕

brancard 担架〔branche「枝」のノルマンディー方言形に由来〕

corbillard 霊柩車〔パリ近郊の水運都市 Corbeil-Essonnes の川船に由来するらしい〕

étendard 軍旗〔起源は中世のフランク語〕

稀に女性形の -arde の付いた女性名詞があります.

moutarde からし, マスタード〔基語は moût (『新綴り』は mout)「ブドウ搾汁」で, カラシの種(の粉末)にブドウ液を混ぜて作られたことから〕

~~~~~~

5. 「女・雌」を表す — -esse (f)

「女・雌」を指す語は，原則として，「男・雄」を指す語の末尾に e を添えて作りますが，接尾辞の -esse を添えることもあります．-esse の付いた語は，当然，女性名詞です．

【練習】

基語に対応する女性名詞の派生語を作りましょう．変則的な派生をする語には派生語の語幹を示してあります．

1. 王女　　　　　　　　　　〈prince 王子〉　　　　　　　　_____
2. 公爵夫人　　　　　　　　〈duc 公爵〉(duch...)　　　　　_____
3. 伯爵夫人　　　　　　　　〈comte 伯爵〉　　　　　　　　_____
4. (客を迎える側の)女主人　〈hôte (客を迎える側の)主人〉_____
5. 女主人；女性の先生　　　〈maître 主人；先生〉　　　　 _____
6. 女預言者　　　　　　　　〈prophète 預言者〉(prophét...)_____
7. 裏切り者の女　　　　　　〈traître 裏切り者〉　　　　　 _____
8. 女悪魔　　　　　　　　　〈diable 悪魔〉　　　　　　　 _____
9. 雌のロバ　　　　　　　　〈âne ロバ〉　　　　　　　　　_____
10. 雌のトラ　　　　　　　　〈tigre トラ〉　　　　　　　　_____

〖解答〗

1. princesse　2. duchesse (c → ch の変化 ⇨[しくみ 17])　3. comtesse　4. hôtesse
5. maîtresse (『新綴り』は maitre, maitresse)　6. prophétesse (è → é の変化 ⇨[しくみ 4])　7. traîtresse (『新綴り』は traitre, traitresse)　8. diablesse　9. ânesse
10. tigresse

~~ 〖備考〗 ~~~~~~

(1) docteur「医師」の女性形は doctoresse ですが，この言い方は古風で，一般には，女性にも男性形の docteur を用い，女性であることを明らかにする必要がある場合は femme docteur「女性医師」と表現します．

(2) -ine, -ïne が女性を表すことがあります．
　héroïne 女性の英雄；女主人公 ← héros 英雄；主人公
　speakerine /spi-krin/ 女性アナウンサー ← speaker /spi-kœːr/ 男性アナウンサー
　〔英語からの借用語の speaker を基語にして作られた語で，古風な言い方．現在は présentateur, présentatrice「ニュースキャスター」と呼ぶことが多い．なお『新綴り』では，speaker を speakeur と綴る〕

~~~~~~

コラム 4 ― 接尾辞 -um

　-um (異形は -ium) は男性名詞接尾辞で，ラテン語からの借用語に現れます．意味は多岐に渡っています．ほとんどの語が英語でも用いられていますが，フランス語の発音は /ɔm/ なので注意しましょう．なお，ラテン語由来の語の e はアクサンなしでも /e/ と読みますが，多くはフランス語風に é と綴ります (linoleum, linoléum や referendum, référendum のようにアクサンを付けるかどうか一定していないものもあります．『新綴り』ではアクサン付きの綴りを推奨しています)．

- 品物，施設などの具体物

  album /al-bɔm/ アルバム

  aquarium /a-kwa-rjɔm/ 水槽，水族館

  linoleum, linoléum /li-nɔ-le-ɔm/ リノリウム

  magnum /mag-nɔm/ (飲料の)大瓶

  muséum /my-ze-ɔm/ (自然科学)博物館

  opium /ɔ-pjɔm/ アヘン

  podium /pɔ-djɔm/ 表彰台

- 行為や事態

  critérium /kri-te-rjɔm/ 選抜競技

  maximum /mak-si-mɔm/ 最大限

  minimum /mi-ni-mɔm/ 最小限

  post-scriptum /pɔst-skrip-tɔm/ (手紙の)追伸

  referendum, référendum /re-fe-rɛ̃-dɔm/ 国民投票

  symposium /sɛ̃-pɔ-zjɔm/ シンポジウム

  ultimatum /yl-ti-ma-tɔm/ 最後通牒

- 化学や医学などの専門用語

  aluminium /a-ly-mi-njɔm/ アルミニウム

  calcium /kal-sjɔm/ カルシウム

  sérum /se-rɔm/ 血清

  uranium /y-ra-njɔm/ ウラン

第1章の総合練習

【練習1】

　芸術や文学にかかわる人を指す語の多くは，接尾辞の -iste が付きます．これまでの復習を兼ねて派生語を作ってみましょう．変則的な派生をする語には注意する部分を ( ) で示してあります．

(A) 音楽関係 － 演奏者や歌手 (基語は楽器や演奏形態など)

1. アコーディオン奏者 〈accordéon〉 _____
2. クラリネット奏者 〈clarinette〉 _____
3. コントラバス奏者 〈contrebasse〉 _____
4. ホルン奏者 〈cor〉 (corn...) _____
5. コルネット奏者 〈cornet〉 (cornett...) _____
6. フルート奏者 〈flûte〉 _____
7. ギター奏者 〈guitare〉 _____
8. ハープ奏者 〈harpe〉 _____
9. オーボエ奏者 〈hautbois〉 (...boïste) _____
10. パーカッション奏者 〈percussion〉 (percussionn...) _____
11. ピアニスト 〈piano〉 (pian...) _____
12. トロンボーン奏者 〈trombone〉 _____
13. トランペッター 〈trompette〉 _____
14. バイオリニスト 〈violon〉 _____
15. チェリスト 〈violoncelle〉 _____
16. 木琴[シロホン]奏者 〈xylophone /gzi[ksi].../〉 _____
17. 独奏[独唱]者 〈solo〉 (sol...) _____
18. 2重奏[唱]者 〈duo〉 (duett...) _____
19. 合唱団員 〈chœur〉 (chor...) _____

(B) 芸術・文学・報道関係 － 画家や作家など (基語は作品や関連事物など)

1. 水彩画家 〈aquarelle /a-kwa.../〉 _____
2. 戯画家, 風刺画家 〈caricature〉 _____
3. 色彩画家 〈coloris〉 (color...) _____
4. 細密画家 〈miniature〉 _____
5. パステル画家 〈pastel〉 (pastell...) _____
6. 風景画家 〈paysage〉 _____
7. 肖像画家 〈portrait〉 _____
8. 印象派の画家[作曲家] 〈impression〉 (impressionn...) _____
9. 象徴主義の作家[芸術家] 〈symbole〉 _____
10. 中編[短編]小説家 〈nouvelle〉 _____

11.	パロディー作者	〈parodie〉 (parod...)	_____
12.	寓話作家	〈fable〉 (fabul...)	_____
13.	シナリオライター	〈scénario〉 (scénar...)	_____
14.	論説記者[委員]	〈éditorial〉	_____
15.	新聞小説作家	〈feuilleton〉	_____

〖解答〗

(A) 1. accordéoniste (n の重子音字化の例外．accordéon はドイツ語からの借用語)

2. clarinettiste　3. contrebassiste　4. corniste (基語の末尾に n が付加される⇨後出の[しくみ 38])　5. cornettiste (et → ett の変化⇨[しくみ 3])

6. flûtiste (『新綴り』は flute, flutiste)　7. guitariste　8. harpiste

9. hautboïste (発音は /o-bɔ-ist/，基語の末尾の /wɑ/ が /ɔ/ に変化)

10. percussionniste (n の重子音字化⇨[しくみ 6])

11. pianiste (先行母音の消去⇨[しくみ 8])　12. tromboniste　13. trompettiste

14. violoniste (n の重子音字化の例外．violon はイタリア語からの借用語)

15. violoncelliste　16. xylophoniste (xylophone の発音は /gzi-lɔ-fɔn/ また /ksi-lɔ-fɔn/)　17. soliste (先行母音の消去⇨[しくみ 8])　18. duettiste (直接の基語は duo から派生した duetto. duo も duetto もイタリア語からの借用語で同じ意味を表すが，一般には duo が用いられる)　19. choriste (œ → o の変化⇨後出の[しくみ 37]. choral 「合唱の」や chorale 「合唱団[隊]」も同じ語幹)

(B) 1. aquarelliste　2. caricaturiste　3. coloriste (˟colorisiste ではない⇨後出の[しくみ 56])　4. miniaturiste　5. pastelliste (el → ell の変化⇨[しくみ 3])

6. paysagiste　7. portraitiste　8. impressionniste (n の重子音字化⇨[しくみ 6])

9. symboliste　10. nouvelliste　11. parodiste (先行母音の消去⇨[しくみ 8])

12. fabuliste (bl → bul の変化⇨後出の[しくみ 42])

13. scénariste (先行母音の消去⇨[しくみ 8])　14. éditorialiste

15. feuilletoniste (n の重子音字化の例外)

【練習 2】

　動物の子を指す語には，「小さな…」を意味するさまざまな接尾辞が用いられています．それらの語のもとになっている語(＝動物名)を探しましょう．これまでの練習とは逆に，派生語で用いられている接尾辞を見つけ，基語を推測します(この後の[練習 3]と[練習 4]も同じ形式です)．基語の男性名詞と女性名詞を書いてください．ただし，雄・雌の区別をせずに同一形(男性名詞または女性名詞)を用いることがあります．

		[男性名詞]	[女性名詞]
1.	ワシ	〈aiglon, aiglonne〉	_____	
2.	ロバ	〈ânon〉	_____ / _____

3. クジラ	〈baleineau〉		_____
4. アヒル	〈caneton, canette〉	_____ /	_____
5. コイ	〈carpillon〉		_____
6. 猫	〈chaton, chatonne〉	_____ /	_____
7. ヤギ	〈chevreau, chevrette〉		_____
8. 犬	〈chiot〉	_____ /	_____
9. 豚	〈cochonnet〉	_____ /	_____
10. ニワトリ	〈coquelet, poulet〉	_____ /	_____
11. シチメンチョウ	〈dindonneau〉	_____ /	_____
12. ゾウ	〈éléphanteau〉		_____
13. キジ	〈faisandeau〉	_____ /	_____
14. ハヤブサ	〈fauconneau〉		_____
15. キリン	〈girafeau, girafon〉		_____
16. ウサギ	〈lapereau〉	_____ /	_____
17. ノウサギ	〈levreau〉	_____ /	_____
18. ライオン	〈lionceau〉	_____ /	_____
19. オオカミ	〈louveteau〉	_____ /	_____
20. 鳥	〈oisillon, oiselet〉		_____
21. クマ	〈ourson〉	_____ /	_____
22. ハト	〈pigeonneau〉	_____ /	_____
23. ホロホロ鳥	〈pintadeau〉		_____
24. 豚	〈porcelet〉		_____
25. ネズミ	〈raton〉	_____ /	_____
26. キツネ	〈renardeau〉	_____ /	_____
27. ヘビ	〈serpenteau〉		_____
28. ハツカネズミ	〈souriceau〉		_____

〔解答〕

1. aigle *(m)*   2. âne *(m)* / ânesse *(f)* (雌の名称は接尾辞 -esse を用いている)

3. baleine *(f)*   4. canard *(m)* / cane *(f)* (雄の名称も子の名称も雌の cane が基語)

5. carpe *(f)*   6. chat *(m)* / chatte *(f)* (-at が女性形で -atte になるのは chat のみ)

7. chèvre *(f)* (無強勢母音 e /ə/ への変化 ⇨ [しくみ 18])

8. chien *(m)* / chienne *(f)* (chiot の語幹は chien の短縮形)

9. cochon *(m)* / cochonne *(f)*   10. coq *(m)* / poule *(f)* (q は語末以外では qu になるので coq 〜 coquelet. なお poussin「ひよこ」は poule の関連語)

11. dindon *(m)* / dinde *(f)* (雄の名称は雌の dinde から作られた)   12. éléphant *(m)*

13. faisan *(m)* / faisane *(f)* (派生語である子の名称には d が入る ⇨ 後出の [しくみ 57])

14. faucon *(m)*　15. girafe *(f)*　16. lapin *(m)* / lapine *(f)* (lapin と lapereau に共通する語幹は lap-. lapereau の -ereau は -eau の異形)

17. lièvre *(m)* / hase *(f)* (「子ウサギ」は levraut とも綴られるが,『新綴り』では接尾辞 -eau で統一し levreau)

18. lion *(m)* / lionne *(f)* (派生語である子の名称には c が入る ⇨ 後出の [しくみ 57])

19. loup *(m)* / louve *(f)* (派生語の louveteau は雌の louve から作られた. -eteau は 2 種類の接尾辞 -et と -eau が結びついたもの)

20. oiseau *(m)* (oiseau 自体が接尾辞 -eau を含んでいる. 基語は現存しないが「ガチョウ」の oie と同語源)　21. ours *(m)* / ourse *(f)*　22. pigeon *(m)* / pigeonne *(f)*

23. pintade *(f)*　24. porc *(m)*　25. rat *(m)* / rate *(f)*　26. renard *(m)* / renarde *(f)*

27. serpent *(m)*　28. souris *(f)* (s → c の特殊変化. souris → souricière (§2-2. [練習 3]) と同様)

~~ 〚備考〛 ~~~~~~

　動物の子を指すのに, 親である動物の名前と関連のない語を用いるものもあります.

　veau 子牛 ― bœuf, taureau 雄牛 / vache 雌牛

　agneau, agnelle 子羊 ― mouton, bélier 雄羊 / brebis 雌羊

　poulain 子馬 ― cheval 雄馬 / jument 雌馬

　faon /fɑ̃/ 子鹿 ― cerf 雄鹿 / biche 雌鹿

~~~~~~

【練習 3】

　指小辞の付いた語がすべて「小さな…」を意味するとは限りません. 単に大きさの違いではないと思われる例はこれまでの練習にも出てきました. 小さいものを指すというよりも, 別の種類のものを指している例をさらに見ていきましょう. それらは形や機能・特性などが似ていることもあり, 形は似ていてもジャンルがまったく異なることもあります. 指小辞の付いた下記の語のもとになっている語を探しましょう (指小辞の部分を下線で示してあります). 基語と派生語(の語幹)がやや異なる場合は * を付けてあります.

(A) 形態・機能・特性などが似ている.

1. 舞踏会　　　　　　　　〈ball<u>et</u>* バレエ〉　　　　　　　＿＿＿＿＿＿

2. 印(しるし)　　　　　　　〈sign<u>et</u> (本の)しおり〉　　　　＿＿＿＿＿＿

3. ヘルメット；鉄かぶと　　〈casqu<u>ette</u> (庇付きの)帽子, ハンチング〉　＿＿＿＿＿＿

4. 手　　　　　　　　　　〈man<u>ette</u>* (小さな)レバー, 取っ手〉　＿＿＿＿＿＿

5. クルミ　　　　　　　　〈nois<u>ette</u>* ハシバミの実, ヘーゼルナッツ〉　＿＿＿＿＿＿

6. ポケット　　　　　　　〈poch<u>ette</u> 小さな袋；小型ハンドバッグ〉　＿＿＿＿＿＿

7. 石鹸　　　　　　　　　〈savonn<u>ette</u>* 化粧石鹸〉　　　　＿＿＿＿＿＿

8. らっぱ　　　　　　　　〈tromp<u>ette</u> トランペット〉　　　＿＿＿＿＿＿

9. 酢　　　　　　　　　　〈vinaigrette　フレンチドレッシング〉　＿＿＿＿＿＿＿

10. テープ, 帯；包帯　　　　〈bandeau　ヘアバンド；目隠し布〉　＿＿＿＿＿＿＿

11. シーツ　　　　　　　　　〈drapeau　旗〉　＿＿＿＿＿＿＿

12. オーブン　　　　　　　　〈fourneau*　レンジ；炉〉　＿＿＿＿＿＿＿

13. 皿　　　　　　　　　　　〈plateau　盆, トレー〉　＿＿＿＿＿＿＿

14. ノミ　　　　　　　　　　〈puceron　アブラムシ〉　＿＿＿＿＿＿＿

15. イセエビ　　　　　　　　〈langoustine　アカザエビ〉　＿＿＿＿＿＿＿

16. 窓ガラス　　　　　　　　〈vitrine　ショーウィンドー〉　＿＿＿＿＿＿＿

17. 上っ張り；ブラウス　　　〈blouson　ブルゾン, ジャンパー〉　＿＿＿＿＿＿＿

18. チョーク, 白墨　　　　　〈crayon*　鉛筆〉　＿＿＿＿＿＿＿

19. スカート　　　　　　　　〈jupon　ペチコート, アンダースカート〉　＿＿＿＿＿＿＿

20. 電灯；ランプ　　　　　　〈lampion　紙ちょうちん〉　＿＿＿＿＿＿＿

21. 胡椒(こしょう)　　　　　〈poivron　ピーマン〉　＿＿＿＿＿＿＿

22. 上着, ジャケット　　　　〈veston　(背広・タキシードなどの)上着〉　＿＿＿＿＿＿＿

(B) 形・外見は似ているがまったくの別物.

1. 煉瓦(れんが)　　　　　　〈briquet　ライター；《古》火打ち金〉　＿＿＿＿＿＿＿

2. 馬　　　　　　　　　　　〈chevalet　画架, イーゼル〉　＿＿＿＿＿＿＿

3. 目　　　　　　　　　　　〈œillet*　紐通し穴；カーネーション〉　＿＿＿＿＿＿＿

4. (地面に掘った)穴　　　　〈fossette　えくぼ〉　＿＿＿＿＿＿＿

5. 月　　　　　　　　　　　〈lunette　めがね；望遠鏡〉　＿＿＿＿＿＿＿

6. リンゴ　　　　　　　　　〈pommette　頬骨〉　＿＿＿＿＿＿＿

7. ブドウの木　　　　　　　〈vignette　(商標を示す)レッテル〉　＿＿＿＿＿＿＿

8. 修道士　　　　　　　　　〈moineau　スズメ〉　＿＿＿＿＿＿＿

9. 山　　　　　　　　　　　〈monceau*　山積み, 堆積〉　＿＿＿＿＿＿＿

10. 歯　　　　　　　　　　　〈dentelle　(編み物の)レース〉　＿＿＿＿＿＿＿

11. 大樽(おおだる)　　　　　〈tonnelle　トンネル状のあずまや〉　＿＿＿＿＿＿＿

12. 角(つの)　　　　　　　　〈cornichon　ピクルス〉　＿＿＿＿＿＿＿

13. クマ　　　　　　　　　　〈oursin　ウニ〉　＿＿＿＿＿＿＿

14. (動物の)脚　　　　　　　〈patin*　スケート靴〉　＿＿＿＿＿＿＿

〔解答〕

(A) 1. bal *(m)* (al → all の特殊変化)　2. signe *(m)*　3. casque *(m)*　4. main *(f)* (ain と an の交替.　pain → panier(§2.2.[練習3])と同様 ⇨ 後出の[しくみ53])

5. noix *(f)* (x → s の特殊変化)　6. poche *(f)*　7. savon *(m)* (n の重子音字化 ⇨ [しくみ10])　8. trompe *(f)*　9. vinaigre *(m)*　10. bande *(f)*　11. drap *(m)*　12. four *(m)* (基語の末尾に n が付加されている.　jour → journée (§3-3.[練習])と同様 ⇨ 後出の[しくみ38])　13. plat *(m)*　14. puce *(f)*　15. langouste *(f)*　16. vitre *(f)*

17. blouse *(f)*　18. craie *(f)* (ii → y の変化 ⇨ [しくみ 22])　19. jupe *(f)*
20. lampe *(f)*　21. poivre *(m)*　22. veste *(f)*

(B) 1. brique *(f)*　2. cheval *(m)*〔荷物を積んだ馬とカンバスを支えるイゼールとの類似〕
3. œil *(m)* (il → ill の変化 ⇨ 後出の [しくみ 46]. outil → outillage (§ 3-3. [練習]) と同
様)　4. fosse *(f)*　5. lune *(f)*〔満月とレンズの形の類似〕　6. pomme *(f)*
7. vigne *(f)*〔vignette はもとはブドウの枝葉を模した装飾模様を指し，次いでその装
飾模様のあるレッテルやラベルを指すようになった〕　8. moine *(m)*〔スズメと茶色の
修道服を着た修道士との類似〕　9. mont *(m)* (t と c の交替. part → parcelle (§ 3-2.
[練習]) と同様)　10. dent *(f)*〔レース模様が歯のように見えるため〕　11. tonne *(f)*
〔tonnelle は屋根に蔓(つる)草などをはわせたトンネル状の建造物．横向きになった樽に
形が似ている〕　12. corne *(f)*〔ピクルス用の小きゅうりの形が角に似ている〕　13. ours
(m)〔oursin はかつて南仏語で子グマを指し，ウニを oursin de mer「海の子グマ」と
呼んだことに由来する〕　14. patte *(f)* (att → at の特殊変化)

【練習 4】

　基語と派生語の指すものが，形や機能は似ていないが，なんらかの関係で結びついている
場合があります．多くは，「すぐそばにある，付属している」というような「隣接関係」です．
次の派生語の基語を見つけてください(指小辞の部分を下線で示してあります)．基語と派生
語(の語幹)がやや異なる場合は * を付けてあります．

1. 糸　　　　　　　　〈fil<u>et</u> フィレ[ヒレ]肉〉　　　　　　_____

2. 握りこぶし　　　　〈poign<u>et</u> 手首〉　　　　　　　　　_____

3. よだれ　　　　　　〈bav<u>ette</u> よだれかけ；胸当て〉　　_____

4. 肩　　　　　　　　〈épaul<u>ette</u> 肩飾, 肩章〉　　　　　_____

5. 袖　　　　　　　　〈manch<u>ette</u> カフス, 袖飾り〉　　　_____

6. 地面　　　　　　　〈terr<u>asse</u> (カフェやレストランの)テラス〉　_____

7. 羽根　　　　　　　〈plum<u>eau</u> 羽箒(はねぼうき)〉　　　_____

8. 皺(しわ)　　　　　　〈rid<u>eau</u> カーテン〉　　　　　　　　_____

9. 墓, 墓穴　　　　　〈tomb<u>eau</u> 墓石〉　　　　　　　　　_____

10. 腕　　　　　　　　〈brac<u>elet</u>* ブレスレット, 腕輪〉　 _____

11. 肋骨　　　　　　　〈côt<u>elette</u> (骨付き)背肉〉　　　　_____

12. 陰, 日陰　　　　　〈ombr<u>elle</u> パラソル, 日傘〉　　　_____

13. 腿(もも)　　　　　　〈couss<u>in</u>* クッション〉　　　　　_____

14. 梯子(はしご)　　　　〈éch<u>elon</u>* 梯子の横木〉　　　　　_____

15. 耳　　　　　　　　〈oreill<u>on</u> おたふく風邪, 流行性耳下腺炎〉　_____

16. 網目　　　　　　　〈maill<u>ot</u> 肌着, ジャージ〉　　　　_____

17. 尻　　　　　　　　〈cul<u>otte</u> 半ズボン〉　　　　　　　_____

〔解答〕

1. fil *(m)*〔細長い形あるいは糸で巻くことに由来するらしい〕 2. poing *(m)* (gn と鼻母音の交替⇨後出の [しくみ35]) 3. bave *(f)* 4. épaule *(f)* 5. manche *(f)* 6. terre *(f)* 7. plume *(f)* 8. ride *(f)* 9. tombe *(f)* 10. bras *(m)* (s → c の特殊変化. souris → souricière (§2-2. [練習3]), souris → souriceau (第1章の総合練習の [練習3]) と同様) 11. côte *(f)* 12. ombre *(f)* 13. cuisse *(f)* (語幹の母音が ou/ui と異なる)〔クッションは太腿や尻の下に敷いて用いられた〕 14. échelle *(f)* (el/(ə)l/ と ell/ɛl/ の交替⇨ [しくみ11]) 15. oreille *(f)* 16. maille *(f)* 17. cul (発音は /ky/) *(m)*

【練習5】

「集合・全体」を意味する接尾辞 -ée は,「容器(に見立てることのできる物)」を表す名詞を基語にして,「容器に入るだけの分量」を意味する名詞を作ります. 次の語に対応する -ée の付いた派生語を空欄に書き入れましょう. 綴りが変化する語には派生語の語幹を示してあります.

une assiette / une bouche / un bras (brass...) / une brouette / une casserole / une cuiller / un four (fourn...) / une gorge / une pelle (pellet...) / une pince / un poing (poign...)

1. une ＿＿＿＿＿＿＿ de baguettes （一度に焼き上がる）1かまど分のバゲット
2. une ＿＿＿＿＿＿＿ de briquets 手押し車1台分のレンガ
3. une ＿＿＿＿＿＿＿ de charbon シャベル1杯分の石炭
4. une ＿＿＿＿＿＿＿ d'eau 1口分の水
5. une ＿＿＿＿＿＿＿ de fleurs 1抱えの花束
6. une ＿＿＿＿＿＿＿ de légumes 1皿分の野菜
7. une ＿＿＿＿＿＿＿ de miel スプーン1杯分の蜂蜜
8. une ＿＿＿＿＿＿＿ de moules シチュー鍋1杯分のムール貝
9. une ＿＿＿＿＿＿＿ de pain 1口分のパン
10. une ＿＿＿＿＿＿＿ de poivre 1つまみの胡椒(こしょう)
11. une ＿＿＿＿＿＿＿ de sable 1握りの砂

〔解答〕

1. fournée (基語末尾への n の付加. journée (§3-3. [練習]) や corniste (総合練習の [練習1]) などと同様⇨後出の [しくみ38]) 2. brouettée 3. pelletée (cf. pelleter「シャベルでかき混ぜる」) 4. gorgée 5. brassée (s の重子音化⇨ [しくみ14]) 6. assiettée 7. cuillerée (綴り字上は規則的な派生だが, 発音は /ɛ/ と /(ə)/ が交替⇨ [しくみ18]. なお『新綴り』では, 基語の cuiller を cuillère と綴り, 派生語は cuillerée と共に cuillérée /kɥi-je-re/ も認めている) 8. casserolée 9. bouchée 10. pincée 11. poignée (語幹 poing /pwɛ̃/ が poign /pwaɲ/ に変化⇨後出の [しくみ35])

【練習6】

同一基語から派生した語を比較しながら，この節で見た接尾辞の復習をしましょう．

以下に，1つの基語に関係する複数の派生語と派生語の意味が書いてあります．それぞれ
の派生語の意味を選んでその記号(a, b, …)を空欄に書き入れてください．半数ほどはすで
に出てきたもので，この練習で初めて出てくる派生語には⁺を付けてあります．「人」を表
す名詞については，対象が女性に限定されている語以外は，男性形または男女同形を載せて
あります．

(A) 「人」を表す派生語 (それぞれ2語)

1. cheval 馬

  (1) cavalier ( ) / (2) chevalier ( )

   { (a) 馬に乗る人 ～ (b) (中世の)騎士 }

2. couture 裁縫；婦人服仕立業

  (1) couturier⁺ ( ) / (2) couturière⁺ ( )

   { (a) (女性の)婦人服仕立て屋；お針子 ～ (b) 婦人服デザイナー }

3. pompe ポンプ

  (1) pompier ( ) / (2) pompiste ( )

   { (a) (ガソリンスタンドなどの)給油係 ～ (b) 消防士 }

4. réception 受付，フロント

  (1) réceptionniste ( ) / (2) réceptionnaire ( )

   { (a) (ホテル・会社などの)受付係 ～ (b) (ホテルの)フロント係長 }

(B) 「物」を表す派生語 (それぞれ2語)

1. banc ベンチ，長椅子

  (1) banquet⁺ ( ) / (2) banquette⁺ ( )

   { (a) (バス・列車・車の)座席，ベンチシート ～ (b) 宴会 }

2. botte 長靴，ブーツ

  (1) bottillon⁺ ( ) / (2) bottine ( )

   { (a) ハーフブーツ ～ (b) ショートブーツ，アンクルブーツ〔ハーフブーツより短い〕}

3. broche (料理用の)焼き串；ブローチ

  (1) brochet⁺ ( ) / (2) brochette⁺ ( )

   { (a) ブロシェット，串焼き ～ (b) カワカマス〔細長い円筒形の魚〕}

4. cerveau 脳；大脳

  (1) cervelet ( ) / (2) cervelle⁺ ( )

   { (a) 小脳 ～ (b) 脳みそ }

5. chaîne 鎖

  (1) chaînette⁺ ( ) / (2) chaînon ( )

   { (a) 小さな鎖 ～ (b) (鎖の)輪，リンク }

6. chausses 《複数形で》(昔の男子用) ズボン, タイツ

  (1) chaussette⁺ ( ) / (2) chausson⁺ ( )

   { (a) ソックス　～　(b) 室内履き, 上靴 }

7. coque (卵・木の実などの)殻

  (1) coquetier⁺ ( ) / (2) coquetière⁺ ( )

   { (a) 卵立て, エッグカップ　～　(b) 卵ゆで器 }

8. cul 尻

  (1) culot⁺ ( ) / (2) culotte ( )

   { (a) 半ズボン　～　(b) (物体の)下部, 底；厚かましさ }

9. jupe スカート

  (1) jupette⁺ ( ) / (2) jupon ( )

   { (a) ショートスカート　～　(b) ペチコート }

10. feuille 紙片, (1枚の)紙

  (1) feuillet⁺ ( ) / (2) feuilleton ( )

   { (a) (本・ノートなどの)1枚〔裏表2ページ分〕　～　(b) (新聞・雑誌の)連載小説 }

11. prune プラム, セイヨウスモモ

  (1) pruneau⁺ ( ) / (2) prunelle ( )

   { (a) リンボク[スロー]の実；瞳　～　(b) プルーン, 干しスモモ }

12. riz 稲, 米

  (1) rizière ( ) / (2) rizerie ( )

   { (a) 稲作地, 田んぼ　～　(b) 精米所 }

13. sable 砂

  (1) sablier⁺ ( ) / (2) sablière⁺ ( )

   { (a) 砂採取場　～　(b) 砂時計 }

14. tambour 太鼓

  (1) tabouret⁺ ( ) / (2) tambourin ( )

   { (a) タンバリン　～　(b) (背・肘(ひじ)掛けのない)腰掛け, スツール }

15. tarte タルト

  (1) tartelette ( ) / (2) tartine⁺ ( )

   { (a) 小型のタルト　～　(b) (バターやジャムを塗って食べる)薄切りパン }

16. thé 茶(の葉)

  (1) théier ( ) / (2) théière ( )

   { (a) 茶の木　～　(b) ティーポット, 急須 }

17. vase 花瓶；壺〔原義は「器(うつわ), 入れ物」〕

  (1) vaisseau⁺ ( ) / (2) vaisselle⁺ ( )

   { (a) 食器　～　(b) (大型の)船, 艦 }

(C) 3語以上の派生語

1. boule 玉, 球

 (1) boulet⁺ ( ) / (2) boulette⁺ ( ) / (3) boulon⁺ ( )

  {(a) 小さな玉；ミートボール ～ (b) (球形の)砲弾；(昔，囚人の足に付けた)鉄の玉
  ～ (c) ボルト〔頭部から先端部まで全体的に丸みのあるネジ〕}

2. café コーヒー；カフェ

 (1) cafetier ( ) / (2) cafetière ( ) / (3) caféier ( ) / (4) caféière ( )

  {(a) コーヒーの木 ～ (b) コーヒー園 ～ (c) コーヒーポット ～ (d) カフェの店主 }

3. chape 長袍(ちょうほう)祭服，コープ〔高位聖職者の儀式用マント〕

 (1) chapeau ( ) / (2) chapelle⁺ ( ) / (3) chaperon⁺ ( )

  {(a) (中世の)頭巾(ずきん) ～ (b) 帽子 ～ (c) 礼拝堂 }

4. char 山車(だし)；《古風》4輪荷車

 (1) carriole ( ) / (2) charrette ( ) / (3) chariot ( )

  {(a) (4輪の)荷車；カート ～ (b) (2輪の)荷車 ～ (c) (田舎の)2輪馬車 }

5. cuisine 料理；台所

 (1) cuisinier ( ) / (2) cuisinière ( ) / (3) cuisinette ( )

  {(a) 料理人，コック ～ (b) 簡易台所 ～ (c) (オーブン付きの)レンジ }

6. glace 氷；アイスクリーム

 (1) glacier ( ), ( ) / (2) glacière ( ) / (3) glaçon ( )

  {(a) 氷片 ～ (b) 氷河 ～ (c) アイスボックス ～ (d) アイスクリーム屋 }

7. jardin 庭

 (1) jardinier ( ) / (2) jardinière ( ) / (3) jardinerie ( ) / (4) jardinet ( )

  {(a) 庭師；園芸家 ～ (b) 小さな庭 ～ (c) 植木箱 ～ (d) 園芸用品専門店 }

8. oreille 耳

 (1) oreiller ( ) / (2) oreillette⁺ ( ) / (3) oreillon ( )

  {(a) (帽子の)耳覆い ～ (b) おたふく風邪，流行性耳下腺炎 ～ (c) 枕 }

9. porte ドア，扉；出入り口，門

 (1) portier⁺ ( ) / (2) portière ( ) / (3) portillon ( ) / (4) portail ( )

  {(a) (自動車・列車などの)ドア ～ (b) ドアマン，門衛 ～ (c) 正面入り口；正門
  ～ (d) (丈の低い)小扉，小門 }

10. poudre 粉；火薬；おしろい

 (1) poudrier ( ), ( ) / (2) poudrière⁺ ( ) / (3) poudrerie ( )

  {(a) 火薬製造職人 ～ (b) 火薬製造所 ～ (c) 火薬庫 ～ (d) (化粧用)コンパクト }

11. table テーブル〔原義は「(厚い)板」〕

 (1) tablier⁺ ( ) / (2) tablette ( ) / (3) tableau ( ) / (4) tablée ( )

  {(a) 棚板；(食品などの)板状のもの ～ (b) (カンバスなどに描かれた)絵；黒板
  ～ (c) (1つのテーブルを囲む)同席者；会食者 ～ (d) エプロン，前掛け }

12. tonne 大樽(おおだる)

(1) tonnelier ( ) / (2) tonnellerie ( ) / (3) tonnelet ( ) / (4) tonneau ( ) /
(5) tonnelle ( )

{ (a) 樽 ～ (b) 小樽 ～ (c) 樽職人 ～ (d) 樽製造工場
～ (e) トンネル状のあずまや }

〔解答〕

(A) 1. (1)‐(a) / (2)‐(b)　2. (1)‐(b) / (2)‐(a)　3. (1)‐(b) / (2)‐(a)　4. (1)‐(a) / (2)‐(b)

(B) 1. (1)‐(b) / (2)‐(a)　2. (1)‐(b) / (2)‐(a)　3. (1)‐(b) / (2)‐(a)　4. (1)‐(a) / (2)‐(b)

5. (1)‐(a) / (2)‐(b)（『新綴り』はアクサン無しの chaine, chainette, chainon）

6. (1)‐(a) / (2)‐(b)　7. (1)‐(a) / (2)‐(b)　8. (1)‐(b) / (2)‐(a)

9. (1)‐(a) / (2)‐(b)　10. (1)‐(a) / (2)‐(b)　11. (1)‐(b) / (2)‐(a)

12. (1)‐(a) / (2)‐(b)　13. (1)‐(b) / (2)‐(a)　14. (1)‐(b) / (2)‐(a)

15. (1)‐(a) / (2)‐(b)　16. (1)‐(a) / (2)‐(b)　17. (1)‐(b) / (2)‐(a)

(C) 1. (1)‐(b) / (2)‐(a) / (3)‐(c)　2. (1)‐(d) / (2)‐(c) / (3)‐(a) / (4)‐(b)

3. (1)‐(b) / (2)‐(c) / (3)‐(a)　4. (1)‐(c)) / (2)‐(b) / (3)‐(a)（『新綴り』は charriot）

5. (1)‐(a) / (2)‐(c) / (3)‐(b)　6. (1)‐(b), (d) / (2)‐(c) / (3)‐(a)

7. (1)‐(a) / (2)‐(c) / (3)‐(d) / (4)‐(b)　8. (1)‐(c) / (2)‐(a) / (3)‐(b)

9. (1)‐(b) / (2)‐(a) / (3)‐(d) / (4)‐(c)　10. (1)‐(a), (d) / (2)‐(c) / (3)‐(b)

11. (1)‐(d) / (2)‐(a) / (3)‐(b) / (4)‐(c)　12. (1)‐(c) / (2)‐(d) / (3)‐(b) / (4)‐(a) / (5)‐(e)

＊解答の語についてのコメント

(A) 1. (1) cavalier「馬に乗る人」, chevalier「(中世の)騎士」について ― どちらもラテン語で馬を意味する *caballus* に由来するが, cavalier はイタリア語および古プロヴァンス語経由でフランス語に入った. §1‐1. [練習 9] の備考を参照.

(B) 1. (1) banquet「宴会」について ― 西欧の宴会はもともと(今でもたいていは)テーブルの周りに長椅子を並べて座る.

(B) 9. (1) culot「厚かましさ」について ― 物体の下部は安定しているので, 態度・性格などが動じないことにたとえられ, それが「厚かましさ」という悪い意味で使われるようになったようだ.

(B) 15. (1) tabouret「腰掛け, スツール」について ― tambour の古形の *tabour* に由来する. もともとの tabouret は太鼓に似た円筒形だったと思われる.

(C) 3. (2) chapelle「礼拝堂」について ― もとは 4 世紀の Tours の司教 Saint Martin の chape が納められた場所を指した. なお, (C) 3. の語に共通する *chap‐* は「頭」を意味するラテン語に由来し, 現代フランス語では chef「(集団・組織の)長」になった.

(C) 11. (1) tablier「エプロン, 前掛け」について ― 次ページの [コラム 5] に説明があります.

コラム 5 ― 基語と派生語の意味のずれ

(1) 基語の意味と派生語の意味には時に多少のずれがありますが，両者がかなり異なっていて関連性がわかりにくい場合もあります．その理由の多くは，派生語が作られた時代と現代とでは基語の(主要な)意味が変わっているためです．たとえば次のような例をあげることができます(人を表す名詞は男性形を載せてあります)．

droguiste 薬品雑貨商 / drogue 麻薬，ドラッグ

〔基語 drogue の古義は「薬の材料，薬種」でした〕

écailler 牡蠣売り / écaille 鱗(うろこ)

〔基語 écaille の古義は「牡蠣などの貝殻」でした〕

infirmier 看護師 / infirme 身体障害者

〔基語 infirme の古義は「虚弱な(人)，病気の(人)」でした〕

jambon ハム / jambe 脚

〔jambe は現用では人間の脚を指すのがふつうですが，かつては動物の脚，特に大腿部を指す語でした．ハムは本来は豚の腿肉で作られたものです〕

tablier エプロン，前掛け / table テーブル

〔table の原義は「(厚い)板」．板は保護や仕切りのためにも用いられ，「保護するための板」から「保護するための布」に意味が転じたのでしょう〕

toilette 洗面，化粧；装い；トイレ / toile (平織りの)布

〔もとは「化粧台に敷いた布切れ」の toilette が，「化粧台」全体を，さらには「化粧，洗面」という行為を意味するようになりました．また，複数形の「洗面所」が婉曲的に「トイレ」を指すようになりました〕

(2) 社会的変化によって派生語が指す対象が変わったり，由来が忘れられたものもあります．

boucher 肉屋 / bouc 雄ヤギ

〔もとはヤギの肉を売っていました〕

charcutier 豚肉(製品)屋 / chair cuite 加熱調理した肉

〔豚肉を用いた加工食品は一般に加熱調理してあります〕

épicier 食料品屋 / épice 香辛料，スパイス

〔もとは香辛料を商っていました〕

cordonnier 靴の修理屋 / cordouan(e) コルドバの

〔スペインの都市コルドバ Cordoue は，靴に使うなめし革の生産で有名です．英語にも *cordovan*「コルドバ革，コードバン」という語があります．cordonnier は「(なめし革を使う)靴の製造人」を指していましたが，現在では靴の修理をする人を指し，靴を作る人は chausseur と呼ばれます〕

第2章 「人・物」を表す名詞を作る (2)

　「人・物」を表す語が動詞から作られることもあります. 動詞は何らかの行為を表すので, 動詞からの派生名詞は行為をする人や物を指すことになります. まず, 人を表す名詞の派生を, 次いで物を表す名詞の派生を見ていきましょう.

　性・数の変化しかしない名詞や形容詞とは違って, 動詞は時制や人称・数によってさまざまに変化します. そうした活用形は語幹と活用語尾から構成されています. 動詞の原形ともいえる不定詞も, 語幹に不定詞語尾(= -er, -ir, -re, -oir)が付いています. 動詞から名詞を作るときは, 原則として, 動詞の語幹に接尾辞を付けます. 派生名詞を作るときに用いる語幹を見つけ出すことがこの章の学習の重要なポイントになります.

§4　動詞から「人」を表す名詞を作る接尾辞

　動詞から「人」を表す語を作る接尾辞には次のようなものがあります. これらの接尾辞を付けて作られる語は, 人だけでなく物も表しますが, それについては§5で見ます.

> ☆☆☆ -eur [-euse, -eure, -eresse]（§4-1.)
> ☆☆☆ -teur [-trice]（§4-2.)
> 　☆☆ -ant [-ante], -ent [-ente]（§4-3.)

1. -eur *(m)* [-euse *(f)*, -eure *(f)*, -eresse *(f)*]

　接尾辞の -eur は, 動詞が示す行為をする人, すなわち「行為者」を表します. 女性を指すときは一般に -euse になりますが, 稀に, 特殊な女性形の -eure, -eresse になる語や, 男性形でしか用いられない語もあります.

【練習1】

　まず, 不定詞が -er で終わる -er 動詞(= 第1群規則動詞)からの派生を見てみましょう. -er 動詞の語幹は変化しないので, 不定詞の語幹(不定詞から -er を除いた部分)に接尾辞を付けるのが一番簡単な方法です. 不定詞の -er を -eur に変えると考えてもいいでしょう. それでは, 基語の動詞を参考にして, 次の意味の名詞を書いてください(男性形だけでかまいません). なお, 基語動詞が代名動詞の場合は再帰代名詞 se をかっこに入れて示します.

《派生のパターン：-er → -eur》

1. 襲撃者, 暴漢　　　　　　　〈agresser　襲撃する〉　　　＿＿＿＿＿＿＿
2. けんか好きな人　　　　　　〈(se) bagarrer　けんかする〉　＿＿＿＿＿＿＿
3. 日曜大工をする人　　　　　〈bricoler　日曜大工をする〉　＿＿＿＿＿＿＿
4. 押し込み強盗　　　　　　　〈cambrioler　強盗に入る〉　　＿＿＿＿＿＿＿
5. キャンプをする人　　　　　〈camper　キャンプをする〉　＿＿＿＿＿＿＿
6. 猟師, ハンター　　　　　　〈chasser　狩りをする〉　　　＿＿＿＿＿＿＿

7. 研究者, 研究員	〈chercher 探す；知ろうと努める〉	＿＿＿＿＿＿
8. 失業者	〈chômer 失業する〉	＿＿＿＿＿＿
9. 理髪師, 美容師	〈coiffer 髪を整える〉	＿＿＿＿＿＿
10. 検札係	〈contrôler 点検する, 検査する〉	＿＿＿＿＿＿
11. ダンサー	〈danser 踊る〉	＿＿＿＿＿＿
12. トレーナー, コーチ	〈entraîner 訓練する〉	＿＿＿＿＿＿
13. おべっか使い, 追従者	〈flatter お世辞を言う, 追従する〉	＿＿＿＿＿＿
14. 喫煙者	〈fumer たばこを吸う, 喫煙する〉	＿＿＿＿＿＿
15. 版画家, 彫版師	〈graver 彫る〉	＿＿＿＿＿＿
16. プレーヤー, 競技者, 演奏者	〈jouer プレーする〉	＿＿＿＿＿＿
17. 歩く人	〈marcher 歩く〉	＿＿＿＿＿＿
18. 泳ぐ人	〈nager 泳ぐ〉	＿＿＿＿＿＿
19. 釣り人；漁師	〈pêcher 釣りをする〉	＿＿＿＿＿＿
20. スキーヤー	〈skier スキーをする〉	＿＿＿＿＿＿
21. (仕事の)監督者	〈superviser (仕事を)監督する〉	＿＿＿＿＿＿
22. 仕立て屋	〈tailler 布地を裁つ, 裁断する〉	＿＿＿＿＿＿
23. 働き者；労働者	〈travailler 働く〉	＿＿＿＿＿＿
24. 殺人者	〈tuer 殺す〉	＿＿＿＿＿＿
25. 泥棒	〈voler 盗む〉	＿＿＿＿＿＿
26. 旅行者；乗客	〈voyager 旅行をする〉	＿＿＿＿＿＿

〔解答〕
1. agresseur 2. bagarreur 3. bricoleur 4. cambrioleur 5. campeur
6. chasseur 7. chercheur 8. chômeur 9. coiffeur 10. contrôleur 11. danseur
12. entraîneur (『新綴り』はアクサン無しの entrainer, entraineur) 13. flatteur
14. fumeur 15. graveur 16. joueur 17. marcheur 18. nageur 19. pêcheur
20. skieur 21. superviseur 22. tailleur 23. travailleur 24. tueur 25. voleur
26. voyageur

【練習2】

 -er 動詞でも語幹が変化するものがあります. たとえば, balayer「掃く」の je, nous の活用形は, je balaie, nous balayons になり, élever「飼育する」は, j'élève, nous élevons になりになります(動詞の活用形は, 特に断りのない限り直説法現在です). こうした動詞も不定詞の -er を -eur に変えれば派生形が作れます.

1. 道路清掃人	〈balayer 掃く〉	＿＿＿＿＿
2. 家畜飼育者	〈élever 飼育する〉	＿＿＿＿＿
3. 雇用者	〈employer 雇う〉	＿＿＿＿＿

4. 掃除する人 〈nettoyer 掃除する〉 _____

5. 散歩する人 〈(se) promener 散歩する〉 _____

6. 種をまく人 〈semer 種をまく〉 _____

〚解答〛

1. balayeur 2. éleveur 3. employeur 4. nettoyeur 5. promeneur 6. semeur

【練習3】

　-er 動詞以外の動詞のほとんどは語幹が変化します. 不定詞が -ir で終わる finir 型の動詞 (= 第2群規則動詞)は単数人称と複数人称とで語幹が異なります. 複数人称の語幹は単数人称の語幹の末尾に ss が加わります(たとえば, je finis, nous finissons). 接尾辞派生で用いるのは複数人称の語幹です. 複数人称の活用形の代表を nous の活用形とすると, 語尾の -ons を -eur に変えれば派生名詞になります.

《派生のパターン： (nous) -ssons → -sseur》

1. 建築者, 建造者 〈bâtir 建てる〉 _____

2. クリーニング店主 〈blanchir 洗濯する〉 _____

3. 解体業者 〈démolir 取り壊す〉 _____

4. 侵略者 〈envahir 侵入する, 侵略する〉 _____

5. 出入りの商人, 納入業者 〈fournir 納入する〉 _____

6. 投資家 〈investir 投資する〉 _____

7. 享楽主義者 〈jouir 楽しむ〉 _____

8. 誘拐者 〈ravir《文》奪う, さらう〉 _____

9. ロースト肉専門店の店主 〈rôtir 肉を焼く, ローストする〉 _____

10. ニス塗り職人 〈vernir ニスを塗る〉 _____

〚解答〛

1. bâtisseur 2. blanchisseur 3. démolisseur 4. envahisseur 5. fournisseur

6. investisseur 7. jouisseur 8. ravisseur 9. rôtisseur 10. vernisseur

【練習4】

　-er 動詞と -ir 動詞以外の動詞の活用の仕方はさまざまですが, どの動詞も複数1人称の nous の活用形の語幹を用いて派生形を作ることができます. 参考のために, 基語動詞の不定詞の後に nous の活用形も載せてあります.

《派生のパターン： (nous) -ons → -eur》

1. 飲む人；酒飲み 〈boire (酒を)飲む〉(n. buvons) _____

2. 玄人(くろうと), 通(つう) 〈connaître 知っている〉(n. connaissons) _____

3. 言う人　　　　〈dire 言う〉 (n. disons)　　　　　　　_____

4. 眠っている人　〈dormir 眠る〉 (n. dormons)　　　　_____

5. 作る人　　　　〈faire 作る〉 (n. faisons /fə-zɔ̃/)　　　_____

6. 読書家　　　　〈lire 読書する〉 (n. lisons)　　　　　_____

7. 嘘(うそ)つき　　〈mentir 嘘をつく〉 (n. mentons)　　　_____

8. 演出家　　　　〈mettre en scène 演出する〉 (n. mettons)　_____ en scène

9. 勝利者　　　　〈vaincre 打ち勝つ〉 (n. vainquons)　　_____

10. 店員, 売り子　〈vendre 売る〉 (n. vendons)　　　　　_____

【解答】(⇨ 下記の [しくみ25])

1. buveur　2. connaisseur (『新綴り』では connaître はアクサン無しの connaitre)

3. diseur　4. dormeur　5. faiseur (発音は /fə-zœːr/)　6. liseur　7. menteur

8. metteur　9. vainqueur　10. vendeur

◖ 派生のしくみ 25 ― 動詞からの派生 (1) ◗

　これまで見てきて明らかなように，-er 動詞と -ir 動詞と不規則動詞からの派生のすべてに共通するのは，複数 1 人称 (nous) の活用形の語幹です. nous の語幹が不定詞の語幹と同じ場合もあり (-er 動詞)，異なる場合もあります (-ir 動詞および多くの不規則動詞). 両方の語幹が同じ場合は不定詞の語幹を用いても構いませんが，動詞を基語とする派生の場合は「nous の活用形の語幹に接尾辞を付ける」という原則を心得ておいてください. この原則の例外や特殊なケースがいくつかあり，その一つを次の節で見ます.

~~ 〚備考〛 ~~~~~~

(1) ごく少数，変則的な派生をするものがあります.

　　sauveteur, -se 救助員 ← sauver 救う

　　　(cf. sauveur〔男性形のみ〕救い主；救世主)

　　serviteur〔男性形のみ〕仕える者, 奉仕者 ← servir 仕える, 奉仕する

　　　(cf. serveur, -se ウエーター, ウエートレス)

(2) 女性形が -euse ではなく -eresse になる語があります.

　　enchanteur / enchanteresse 魔法使い ← enchanter 魔法をかける

　　pécheur / pécheresse (宗教上の)罪人 ← pécher 罪を犯す

　　vengeur / vengeresse 復讐者 ← venger 復讐する

(3) かつては男性のみが従事していた職業については, 女性を指す場合にも一般に男性形の -eur を用いますが, 近年は女性形の -eure も用いられています (語末を -euse にして女性を示すこともあり, 慣用は一定していません).

　　procureur(e) 検事；代理人 ← procurer 手に入れさせる

　　professeur(e) 教師 ← professer《古風》(教師として)教える

(4) 基語が名詞のものもあります.

basketteur, -se バスケットボールの選手 ← basket バスケットボール

camionneur, -se トラック運転手 ← camion トラック

démarcheur, -se 訪問販売員, 外交員 ← démarche 奔走, 働きかけ

farceur, -se いたずら者, 冗談好き ← farce いたずら, 冗談

(5) 基語と派生語の意味がかなりずれてしまったものもあります.

chauffeur, -se 運転手〔原義は「ボイラーなどの火を焚く人」〕← chauffer 熱する

traiteur〔男性形のみ〕仕出し屋 ← traiter 扱う；《文》ご馳走する, 饗応する

2. -teur *(m)* [-trice *(f)*] {異形 -ateur [-atrice], -iteur [-itrice], -sseur}

接尾辞 -teur も行為者を表す接尾辞です. 男性形は -eur と似ていますが, 女性形は -trice になります. -teur にはいくつかの異形があり, 基語の語幹が変化がすることがあるので注意が必要です.

【練習1】

まず, -teur を用いる派生語の作り方の原則を探ってみましょう. 下記の派生名詞の男性形の末尾部分は -teur ですが（かっこ内に示してあります）, 女性形については(1)-trice になるものと, (2)-teuse になるものがあります. 次の「人」を表す名詞の女性形を書き, (1)と(2)に整理して, 両者をどのように識別するのか考えてください.

1. 買い手 (acheteur) 〈acheter 買う〉 ＿＿＿＿＿＿＿
2. 歌手 (chanteur) 〈chanter 歌う〉 ＿＿＿＿＿＿＿
3. 猛獣使い (dompteur) 〈dompter (猛獣を)調教する〉 ＿＿＿＿＿＿＿
4. 出版者 (éditeur) 〈éditer 出版する〉 ＿＿＿＿＿＿＿
5. 視察官；刑事 (inspecteur) 〈inspecter 視察する〉 ＿＿＿＿＿＿＿
6. 発明者 (inventeur) 〈inventer 発明する〉 ＿＿＿＿＿＿＿
7. 迫害者 (persécuteur) 〈persécuter 迫害する〉 ＿＿＿＿＿＿＿
8. ポーター (porteur) 〈porter 運ぶ〉 ＿＿＿＿＿＿＿
9. ジャンプ競技の選手 (sauteur) 〈sauter 跳ぶ〉 ＿＿＿＿＿＿＿
10. 訪問者 (visiteur) 〈visiter 訪れる〉 ＿＿＿＿＿＿＿

(1) 派生名詞の女性形の末尾が -trice になるもの (上記の番号を記入する)：

＿＿＿＿＿＿＿＿＿＿＿＿＿＿＿

(2) 派生名詞の女性形の末尾が -teuse になるもの (上記の番号を記入する)：

＿＿＿＿＿＿＿＿＿＿＿＿＿＿＿

〔解答〕

(1) -trice：4. 5. 6. 7.　　(2) -teuse：1. 2. 3. 8. 9. 10.

◗ 派生のしくみ 26 ― 行為名詞からの派生 ◗

[練習 1] の (1) と (2) の違いの理由を探るためのヒントは動詞に対応する「行為名詞」，すなわち「…すること」を意味する名詞です (下記の右側が行為名詞).

(1) éditer ― édition
inspecter ― inspection
inventer ― invention
persécuter ― persécution

(2) acheter ― achat
chanter ― chant
dompter ― domptage
porter ― port
sauter ― saut
visiter ― visite

(1) の行為名詞は -tion で終わりますが，(2) の行為名詞はそうではありません. 行為者を表す名詞を作るにはそれぞれ次の方法をとります. (1) については，行為名詞の末尾の -tion を -teur, -trice に変え，(2) については，動詞語幹に -eur を付け，女性形が -euse になります. [練習 1] の語は，動詞の語幹と行為名詞の語幹が同じ形をしているので，派生名詞の男性形の末尾は (1) と (2) のどちらも teur になります.

(1) éditer → édition → éditeur, éditrice
inspecter → inspection → inspecteur, inspectrice
inventer → invention → inventeur, inventrice
persécuter → persécution → persécuteur, persécutrice

(2) acheter → acheteur, acheteuse
chanter → chanteur, chanteuse
dompter → dompteur, dompteuse
porter → porteur, porteuse
sauter → sauteur, sauteuse
visiter → visiteur, visiteuse

このように，-teur, -trice は -tion で終わる名詞から作るのが原則ですが (もちろん例外はあります)，この節では，動詞から直接導くことにしましょう. 行為名詞の派生については第 3 章で詳しく見ます.

【練習 2】

接尾辞の -teur およびその異形を用いる派生を見ていきましょう. まず，-er 動詞からの原則的な派生では，不定詞語尾の -er を -ateur に変えれば男性形を作ることができます (女性形は -atrice です). このセクションのこれ以降の練習では男性形を書いてください.

《派生のパターン：-er → -ateur》

1. 付添い人；伴奏者　　　　　　〈accompagner 付き添う；伴奏する〉　＿＿＿＿＿＿
2. 管理者　　　　　　　　　　　〈administrer 管理する〉　　　　　　＿＿＿＿＿＿
3. ファン　　　　　　　　　　　〈admirer 感嘆する〉　　　　　　　　＿＿＿＿＿＿
4. (グループ活動などの)推進者　〈animer (活動などを)推進する〉　　＿＿＿＿＿＿
5. 協力者　　　　　　　　　　　〈collaborer 協力する〉　　　　　　　＿＿＿＿＿＿
6. (ニュースなどの)解説者　　　〈commenter 解説する〉　　　　　　　＿＿＿＿＿＿
7. 消費者　　　　　　　　　　　〈consommer 消費する〉　　　　　　　＿＿＿＿＿＿
8. 創始者；創作家　　　　　　　〈créer 作り出す；創作する〉　　　　＿＿＿＿＿＿
9. 耕作者　　　　　　　　　　　〈cultiver 耕作する〉　　　　　　　　＿＿＿＿＿＿
10. 室内装飾家；舞台装置家　　　〈décorer 装飾する〉　　　　　　　　＿＿＿＿＿＿
11. デッサン画家　　　　　　　　〈dessiner デッサンする〉　　　　　　＿＿＿＿＿＿
12. 独裁者　　　　　　　　　　　〈dicter 指図する, 命じる〉　　　　　＿＿＿＿＿＿
13. 試験官　　　　　　　　　　　〈examiner《古風》試験する〉　　　　＿＿＿＿＿＿
14. 探検家　　　　　　　　　　　〈explorer 探検する〉　　　　　　　　＿＿＿＿＿＿
15. 創設者　　　　　　　　　　　〈fonder 創設する〉　　　　　　　　　＿＿＿＿＿＿
16. 情報提供者　　　　　　　　　〈informer 情報を与える〉　　　　　　＿＿＿＿＿＿
17. 観察者, 観測者　　　　　　　〈observer 観察する, 観測する〉　　　＿＿＿＿＿＿
18. (機械の)操作者, オペレーター　〈opérer 操作する〉　　　　　　　　＿＿＿＿＿＿
19. (行事などの)主催者　　　　　〈organiser 組織する〉　　　　　　　＿＿＿＿＿＿
20. (バラエティー番組などの)司会者　〈présenter 司会する〉　　　　　＿＿＿＿＿＿
21. 監督, ディレクター　　　　　〈réaliser 監督する〉　　　　　　　　＿＿＿＿＿＿
22. (絵画・建築などの)修復家　　〈restaurer 修復する〉　　　　　　　＿＿＿＿＿＿
23. 利用者, 使用者　　　　　　　〈utiliser 使う〉　　　　　　　　　　＿＿＿＿＿＿

〔解答〕 ＊男性形のみ記します. 女性形は -atrice になります.

1. accompagnateur　2. administrateur　3. admirateur　4. animateur
5. collaborateur　6. commentateur　7. consommateur　8. créateur
9. cultivateur　10. décorateur　11. dessinateur　12. dictateur　13. examinateur
14. explorateur　15. fondateur　16. informateur　17. observateur　18. opérateur
19. organisateur　20. présentateur　21. réalisateur　22. restaurateur
23. utilisateur

【練習3】

　動詞の語幹と派生名詞の語幹が異なる場合があります. 派生名詞の語幹をかっこに入れて示してあります.

[1] -er 動詞で，派生名詞の最後が -ateur になる.

1. 愛好家　　　　〈aimer 愛する, 好む〉(am...)　　　＿＿＿＿＿＿
2. 賛同者　　　　〈approuver 賛同する〉(approb...)　　＿＿＿＿＿＿
3. 告発者；密告者〈dénoncer 告発する；密告する〉(dénonci...)　＿＿＿＿＿＿
4. 寄付者, 寄贈者〈donner 与える, 寄付[寄贈]する〉(don-...)　＿＿＿＿＿＿
5. 航海士；航空士〈naviguer 航行する〉(navig...)　　＿＿＿＿＿＿
6. 挑発者, 扇動者〈provoquer 挑発する；そそのかす〉(provoc...)　＿＿＿＿＿＿

[2] 派生名詞の最後が (-ateur 以外の) -teur になる.

(A) -er 動詞.

1. 作曲家　　　　〈composer 作曲する〉(composi...)　　＿＿＿＿＿＿
2. (組織の)長　　〈diriger 指導する〉(direc...)　　　＿＿＿＿＿＿
3. 差出人, 発送人〈expédier 発送する〉(expédi...)　　＿＿＿＿＿＿
4. 保護者　　　　〈protéger 保護する〉(protec...)　　＿＿＿＿＿＿
5. 彫刻家　　　　〈sculpter /skyl-te/ 彫刻する〉(sculp...)　＿＿＿＿＿＿

(B) -er 動詞以外.

1. 俳優　　　　　〈agir 行動する, 振る舞う〉(ac...)　　＿＿＿＿＿＿
2. 立案者　　　　〈concevoir 着想する〉(concep...)　　＿＿＿＿＿＿
3. 運転手　　　　〈conduire 運転する〉(conduc...)　　＿＿＿＿＿＿
4. 製造業者　　　〈construire 建設する, 製造する〉(construc...)　＿＿＿＿＿＿
5. 選挙人　　　　〈élire 選挙する〉(élec...)　　　　　＿＿＿＿＿＿
6. 読者　　　　　〈lire 読む〉(lec...)　　　　　　　　＿＿＿＿＿＿
7. 生産者　　　　〈produire 生産する〉(produc...)　　＿＿＿＿＿＿
8. (文書の)作成者〈rédiger (文書を)作成する〉(rédac...)　＿＿＿＿＿＿
9. 翻訳者　　　　〈traduire 翻訳する〉(traduc...)　　＿＿＿＿＿＿

[3] -er 動詞で，派生名詞の最後が -sseur になる.

1. 所有者　　　　〈posséder 所有している〉(posse...)　＿＿＿＿＿＿
2. 後継者　　　　〈succéder 跡を継ぐ〉(succe...)　　　＿＿＿＿＿＿

〖解答〗 ＊男性形のみ記します. 女性形は -atrice, -itrice, -trice になります.

[1] 1. amateur　2. approbateur　3. dénonciateur
　　4. donateur (cf. donataire「受贈者」(§1-4.[練習 4]))
　　5. navigateur (gu と g の交替⇨後出の[しくみ 27])
　　6. provocateur (qu と c の交替⇨後出の[しくみ 28])

[2] (A) 1. compositeur　2. directeur　3. expéditeur　4. protecteur　5. sculpteur
　(B) 1. acteur　2. concepteur　3. conducteur　4. constructeur　5. électeur
　　　6. lecteur　7. producteur　8. rédacteur　9. traducteur

[3] 1. possesseur〔男性形のみ〕　2. successeur〔男性形のみ〕

~~ 〚備考〛 ~~~~~~

対応する動詞がないものや動詞とは意味の関連が薄れているものもあります.

ambassadeur, -*drice* 大使 (*cf.* ambassade 大使館)

auditeur, -*trice* 聴衆 (*cf.* audition 聴覚；聞くこと；(歌手や俳優の)オーディション)

aviateur, -*trice* 飛行士 (*cf.* aviation 航空)

bienfaiteur, -*trice* 恩人 (*cf.* bienfait 恩恵)

cantatrice 〔女性形のみ. イタリア語から〕 (オペラなどの)歌手

docteur 〔一般には男性形のみ用いられる〕 医師；博士

empereur 皇帝 / impératrice 皇后；女帝 (*cf.* empire 帝国)

facteur, -*trice* 郵便配達人

instituteur, -*trice* 教諭, 教員 (*cf.* instituer 制定する, institution 制度)

locuteur, -*trice* 話し手 (*cf.* locution 句；《古》話し方)

moniteur, -*trice* 指導員, インストラクター

orateur, -*trice* 演説者

pasteur 〔男性形のみ〕 牧師

prestidigitateur, -*trice* 手品師 (*cf.* prestidigitation 手品)

sénateur, -*trice* 元老院議員 (*cf.* Sénat 元老院)

spectateur, -*trice* 観客 (*cf.* spectacle 光景；見世物)

tuteur, -*trice* 後見人

~~~~~~

3. -ant *(m)* [-ante *(f)*]；-ent *(m)* [-ente *(f)*]

-ant, -ent は動詞の現在分詞語尾に由来します(-ant は現用の語尾ですが, -ent は今は現在分詞語尾としては使われていません). どちらも,「…する人」を表す接尾辞として用いられます. 派生語が物を表すこともあり(§5-2.で例を見ます), しばしば形容詞としても使われます(§11-1.で例を見ます).

【練習 1】

基語が -er 動詞で, -ant を用いるものを見てみましょう. 不定詞の語幹(nous の活用形の語幹と同じ)に -ant を付けるので, 派生名詞の男性形は現在分詞と同じ形になります.

《派生のパターン：-er → -ant》

1. 到着する[した]人 〈arriver 到着する〉 ＿＿＿＿＿＿＿

2. 助手 〈assister 補佐する〉 ＿＿＿＿＿＿＿

3. 攻撃者；アタッカー 〈attaquer 攻撃する〉 ＿＿＿＿＿＿＿

4. 指揮官；艦長 〈commander 指揮する, 統率する〉 ＿＿＿＿＿＿＿

5. 初心者 〈débuter デビューする〉 ＿＿＿＿＿＿＿

6. (他国への)移住者 〈émigrer (他国へ)移住する, 亡命する〉 ＿＿＿＿＿＿＿

7. 教員	〈enseigner 教える〉	_____
8. 夏期リゾート客, 避暑客	〈estiver 夏を過ごす〉	_____
9. 学生	〈étudier 学ぶ〉	_____
10. (映画・演劇などの)端役	〈figurer 端役を演じる〉	_____
11. 当選者；勝者	〈gagner 稼ぐ；勝つ〉	_____
12. 管理者, 支配人	〈gérer 管理する, 運営する〉	_____
13. 住民	〈habiter 住む〉	_____
14. 冬期リゾート客, 避寒客	〈hiverner 冬を越す〉	_____
15. (他国からの)移住者	〈immigrer (他国から)移住する〉	_____
16. デモの参加者	〈manifester デモをする〉	_____
17. 乞食, 物乞い	〈mendier 物乞いする〉	_____
18. (政党・組合などの)活動家	〈militer (政治・社会的な)活動をする〉	_____
19. 反対者	〈opposer 反対する〉	_____
20. 参加者	〈participer 参加する〉	_____
21. 通行人	〈passer 通る, 通行する〉	_____
22. 保証人	〈répondre 保証する〉	_____
23. 代表者；セールスマン	〈représenter 代表する；代理をする〉	_____
24. 監視人；生徒監督	〈surveiller 監視する〉	_____

〔解答〕

1. arrivant　2. assistant　3. attaquant　4. commandant〔男性形のみ〕　5. débutant
6. émigrant　7. enseignant　8. estivant　9. étudiant　10. figurant　11. gagnant
12. gérant　13. habitant　14. hivernant　15. immigrant　16. manifestant
17. mendiant　18. militant　19. opposant　20. participant　21. passant
22. répondant　23. représentant　24. surveillant

【練習2】

　-cer や -ger や -guer で終わる動詞からの派生は綴り字に注意が必要です.

(A) -cer で終わる.

《派生のパターン：-cer → -çant》

1. 商人	〈commercer 商取引をする〉	_____
2. 代わりの人, 代理人	〈remplacer 代わりをする〉	_____

(B) -ger で終わる.

《派生のパターン：-ger → -geant》

1. 指導者	〈diriger 指導する〉	_____
2. 遺産の分配にあずかる人	〈partager 分ける, 分配する〉	_____

(C) -guer で終わる.

《派生のパターン：-guer → -gant》

1. 陰謀家　　　　　　　　　　　　〈intriguer 陰謀をたくらむ〉　　＿＿＿＿＿＿＿

2. (船・飛行機の) 乗務員, 搭乗員　〈naviguer 航海する, 航行する〉　＿＿＿＿＿＿＿

〔解答〕

(A) 1. commerçant　2. remplaçant　(c と ç の交替⇨[しくみ 24])

(B) 1. dirigeant　2. partageant　(⇨ 下記の [しくみ 27])

(C) 1. intrigant　2. navigant　(⇨ 下記の [しくみ 27])

◗ 派生のしくみ 27 ― g /ʒ/ と ge /ʒ/, g /g/ と gu /g/ の交替 ◗

g と ge と gu の読み方は次のようにまとめることができます.

綴り	読み方	
	e, i, y の前で	a, o, u および子音字の前で
g	/ʒ/	/g/
ge	(ge は現れない)	/ʒ/
gu	/g/	(gu は現れない [動詞活用形を除く])

すなわち，g は母音字 e, i, y の前では /ʒ/，母音字 a, o, u (および子音字) の前では /g/ と読みます. a, o, u の前で /ʒ/ と読ませたいときは ge と綴り (§3-2. [練習] に cage → cageot が出てきました), e, i, y の前で /g/ と読ませたいときは gu と綴ります (たとえば, 形容詞 long「長い」の女性形の longue).

上記 (B) の派生では，語幹末の /ʒ/ の発音に合わせて接尾辞の -ant の前で ge と綴ります. 上記 (C) の基語の語幹末は gu /g/ ですが, -ant の前では u が不要になり -gant の綴りになります. §4-2. [練習 3] の naviguer → navigateur も同様の現象です.

【練習 3】

基語が -er 動詞以外で, -ant を用いるものを見てみましょう. §4-1. の -eur, -euse の場合と同じく, 複数 1 人称 (nous) の活用形の語幹を用います (nous の活用形の語幹が不定詞の語幹と異なるものは, nous の活用形を載せてあります).

《派生のパターン：(nous) -ons → -ant》

1. 戦闘員　　　　　　　〈combattre 戦う〉　　　　　　　　　　＿＿＿＿＿＿＿

2. 征服者　　　　　　　〈conquérir 征服する〉　　　　　　　　＿＿＿＿＿＿＿

3. 文通の相手；特派員　〈correspondre 文通する；連絡を取る〉　＿＿＿＿＿＿＿

4. 信者　　　　　　　　〈croire 信じる〉 (n. croyons)　　　　　＿＿＿＿＿＿＿

5. 子孫　　　　　　　　〈descendre 降りる；…の血を引く〉　　＿＿＿＿＿＿＿

6. 敗者；損をした人　　〈perdre 負ける；失う〉　　　　　　　＿＿＿＿＿＿＿

7. 追跡者	〈poursuivre 追跡する〉	＿＿＿＿＿＿
8. 幽霊	〈revenir 戻って来る〉	＿＿＿＿＿＿
9. 学者	〈savoir 知っている〉	＿＿＿＿＿＿
10. (事故・災害などの)生存者	〈survivre 生き長らえる〉	＿＿＿＿＿＿

〔解答〕

1. combattant 2. conquérant 3. correspondant 4. croyant 5. descendant
6. perdant 7. poursuivant 8. revenant〔男性形のみ〕 9. savant〔男性形のみ〕
10. survivant

【練習4】

-ent を用いるものは少数です. -er 動詞の不定詞の語幹は nous の活用形の語幹と同じなので, 不定詞から直接作ることができます.

《派生のパターン：-er → -ent》

1. 会員	〈adhérer 加入する〉	＿＿＿＿＿＿
2. 大統領, 会長, 議長	〈présider 主宰する〉	＿＿＿＿＿＿
3. 居住者	〈résider 居住する〉	＿＿＿＿＿＿

〔解答〕

1. adhérent 2. président 3. résident

【練習5】

-ant, -ent の変則的派生です. 派生名詞の語幹をかっこに入れて示してあります.

(A) -ant が付く.

| 1. 愛人 | 〈aimer 愛する〉 (am...) | ＿＿＿＿＿＿ |
| 2. 製造業者 | 〈fabriquer 製造する〉 (fabric...) | ＿＿＿＿＿＿ |

(B) -ent が付く.

1. 係官, 係員；警官	〈agir 行動する〉 (ag...)	＿＿＿＿＿＿
2. 競争相手	〈concourir 競い合う〉 (concurr...)	＿＿＿＿＿＿
3. 打ち明け話のできる相手	〈confier 打ち明ける〉 (confid...)	＿＿＿＿＿＿

〔解答〕

(A) 1. amant〔男性形のみ〕(ai → a の変化 ⇨ 後出の[しくみ39])
　　 2. fabricant (qu → c の変化 ⇨ 後出の[しくみ28])

(B) 1. agent〔男性形のみ〕(語幹は nous の語幹ではなく, 不定詞の語幹と同じ)
　　 2. concurrent (特殊な変化. ラテン語の動詞 *concurre* から作られた)
　　 3. confident (特殊な変化. *confid-* は confier の古形の語幹)

~~ 〖備考〗 ~~~~~~

対応する動詞が現存しないものもあります.

adolescent(e) 青春期の人, 青(少)年 ―「成長する」を意味する動詞の現在分詞に由来
する. 過去分詞に由来する語は adulte「成人」.

convalescent(e) 回復期にある病人 ―「完全に力を取り戻す, 回復する」を意味する動
詞の現在分詞に由来する.

délinquant(e) 軽犯罪者 ―「過ちを犯す」を意味する動詞の現在分詞に由来する. délit
「軽罪」も関連語.

~~~~~~

コラム 6 ― 人を表す過去分詞

　これまで見たように, 動詞の現在分詞(と同形の語)はしばしば「人」を表しますが, 過去分詞が「人」を表すこともあります. 自動詞と代名動詞の過去分詞は行為を完了した人を, 他動詞の過去分詞は行為を受ける[受けた]人を指します.

(1) 自動詞, 代名動詞

blessé(e) けが人, 負傷者 ← (se) blesser けがをする, 負傷する

disparu(e) 行方不明者 ← disparaître 行方不明になる

évadé(e) 脱走者 ← (s')évader 脱走する

fiancé(e) 婚約者 ← (se) fiancer 婚約する

noyé(e) 溺死者 ← (se) noyer 溺死する

marié(e) 新郎, 新婦 ; 既婚者 ← (se) marier 結婚する

mort(e) 死者 ← mourir 死ぬ

(2) 他動詞

accusé(e) 被告(人) ← accuser 告発する
　(cf. accusateur, -trice 告発者)

délégué(e) 代表者 ← déléguer (権限を)委任する

détenu(e) 拘留された人 ← détenir 拘留する

élu(e) (選挙の)当選者 ← élire 選出する
　(cf. électeur, -trice 選挙人)

employé(e) 従業員 ; 被雇用者 ← employer 雇う
　(cf. employeur, -se 雇用者)

envoyé(e) 派遣員 ← envoyer 派遣する

invité(e) 招待客 ← inviter 招待する

reçu(e) 合格者 ← recevoir 合格とする

　なお, -er 動詞の過去分詞語尾である -é, -ée は, 行為や事物を表す名詞を作る接尾辞
として用いられますが, これについては第3章の§6で扱います.

§5 動詞から「物」を表す名詞を作る接尾辞

動詞を基語にして「物」を表す語を作る接尾辞には次のようなものがあります.

☆☆☆ -eur, -euse, -teur, -trice （§5-1.）

 ☆☆ -ant, -ante, -ent （§5-2.）

 ☆☆ -oir, -oire, -toire （§5-3.）

 ☆☆ -et, -ette （§5-4.）

  ☆ -ail, -aille, -ard, -eau, -elet, -erelle,

   -eret, -erette, -ier, -ière, -ot, -otte, -ule （§5-5.）

---

1. -eur (m), -euse (f); -teur (m), -trice (f) {異形 -ateur, -atrice}

これらの接尾辞は, 前節で見たように「…する人」すなわち行為者を表しますが,「…する物」すなわち道具や機器なども表します. 派生語が男性名詞の -eur になるか女性名詞の -euse になるかは,「入れ物」を表す -ier, -ière の場合と同様に, 規則で決まっているわけではありません. ただし, -trice や -atrice になるものはほとんどなく, 以下の練習には含まれていません.

【練習1】

-eur, -euse を用いるものです. 派生語の作り方は§4-1.の「人」の場合と同じです.

[1] -eur を用いる (=男性名詞).

(A) -er 動詞.

　1. スプレー, アトマイザー 　　　〈atomiser 霧状にする〉 　　　＿＿＿＿＿＿

　2. ファイル 　　　　　　　　　〈classer 分類する〉 　　　　　＿＿＿＿＿＿

　3. エアコン 　　　　　　　　　〈climatiser 空調を入れる〉 　＿＿＿＿＿＿

　4. (タクシー・水道などの) メーター 〈compter /kɔ̃-te/ 数える〉 ＿＿＿＿＿＿

　5. 自動改札機 　　　　　　　　〈composter 自動改札機にかける〉 ＿＿＿＿＿＿

　6. (エンジンの) 始動装置 　　　〈démarrer (エンジンが)始動する〉 ＿＿＿＿＿＿

　7. インターチェンジ；立体交差 〈échanger 交換する〉 　　　　＿＿＿＿＿＿

　8. イヤホン 　　　　　　　　　〈écouter 聞く〉 　　　　　　＿＿＿＿＿＿

　9. (冷温水の) 混合栓 　　　　　〈mélanger 混ぜる〉 　　　　　＿＿＿＿＿＿

10. 引き船, タグボート 　　　　〈remorquer 曳航する〉 　　　＿＿＿＿＿＿

11. ファインダー；照準器 　　　〈viser ねらう, ねらいをつける〉 ＿＿＿＿＿＿

(B) -er 動詞以外 (nous の活用形の語幹を用いる).

　1. 警報機；クラクション 〈avertir 警告する〉 (n. avertissons) ＿＿＿＿＿＿

　2. (輸送用) コンテナー 〈contenir 中に収める〉 (n. contenons) ＿＿＿＿＿＿

[2] -euse を用いる (=女性名詞).

(A) -er 動詞.

1. ホッチキス, ステープラー 〈agrafer ホッチキスで綴じる〉 _____

2. 子守唄；ロッキングチェア 〈bercer 揺すってあやす〉 _____

3. 機関銃 〈mitrailler 機銃掃射する〉 _____

4. 刈り入れ機 〈moissonner 刈り入れをする〉 _____

5. 穿孔(せんこう)機, ドリル 〈percer 穴をあける, 突き通す〉 _____

6. チェーンソー 〈tronçonner 輪切りにする〉 _____

(B) -er 動詞以外 (nous の活用形の語幹を用いる).

芝刈り機 〈tondre 短く刈る〉 (n. tondons) _____

[3] -eur も -euse も用いる.

コピー機 〈photocopier コピーを取る〉 _____

_____

〔解答〕

[1] (A) 1. atomiseur 2. classeur 3. climatiseur 4. compteur 5. composteur

6. démarreur 7. échangeur (*cf.* nous échangeons ⇨[しくみ27]) 8. écouteur

9. mélangeur (*cf.* nous mélangeons ⇨[しくみ27]) 10. remorqueur 11. viseur

(B) 1. avertisseur 2. conteneur

[2] (A) 1. agrafeuse 2. berceuse (*cf.* nous berçons)

3. mitrailleuse (§3-1.[練習2]で基語として既出) 4. moissonneuse

5. perceuse 6. tronçonneuse

(B) tondeuse

[3] photocopieur または photocopieuse

【練習2】

-ateur, -teur を用いる派生です. 派生語はすべて男性名詞です.

(A) -er 動詞の語幹に -ateur を付ける.

1. アクセル 〈accélérer 加速する〉 _____

2. 掃除機 〈aspirer 吸い込む〉 _____

3. 冷蔵庫 〈réfrigérer 冷却する〉 _____

4. 噴霧器, スプレー 〈vaporiser 噴霧する〉 _____

5. 扇風機；換気装置 〈ventiler 換気する〉 _____

(B) 特殊な語幹に -ateur を付ける.

1. アンプ, 増幅器 〈amplifier 増幅する〉 (amplific...) _____

2. フリーザー, 冷凍庫[器] 〈congeler 冷凍する〉 (congél...) _____

3. 加湿器 〈humidifier 加湿する〉 (humidific...) _____

4. 案内書；(鉄道の)時刻表 〈indiquer 指し示す；教える〉 (indic...) _____

5. コンピュータ 〈ordonner 整理する〉 (ordin...) _____

(C) 特殊な語幹に -teur を付ける.

1. 消火器　　　　〈éteindre 火を消す〉(extinc...)　　　_____

2. スイッチ　　　〈interrompre 中断させる, 遮る〉(interrup...)　_____

3. 投光器；映写機　〈projeter 映し出す〉(projec...)　　_____

4. 受信機, 受像機　〈recevoir 受信する〉(récep...)　　_____

〖解答〗

(A) 1. accélérateur　2. aspirateur　3. réfrigérateur　4. vaporisateur　5. ventilateur

(B) 1. amplificateur　2. congélateur　3. humidificateur　4. indicateur
　　5. ordinateur

(C) 1. extincteur　2. interrupteur　3. projecteur　4. récepteur

~~ 〖備考〗 ~~~~~~

(1) 機器を表す -eur, -teur の付く名詞のなかには対応する動詞がないものもあります.

　　ascenseur エレベーター (*cf.* ascension「上昇」)

　　〔élever「上げる」から作られた élévateur は「(貨物用の)昇降機, リフト」を指す〕

　　radiateur 暖房器 (*cf.* radiation「放射, 輻射」)

(2) 稀に, 同じ動詞から -teur と -trice の 2 つの派生語が作られている場合があります.

　　calculateur 計算機 / calculatrice 小型計算機 ← calculer 計算する

　　perforateur パンチ, 穴あけ器 / perforatrice 削岩機 ← perforer 穴をあける

~~~~~~

2. -ant *(m)*, -ante *(f)*；-ent *(m)*

　これらの接尾辞も, 人だけでなく物も表します. 道具や機器を指すことはあまりなく, 多くは用途や特性を持つ事物(特に薬剤)を指し, 稀に事態や様態を表すこともあります. なお, 女性形の -ente で「物」を指すものはありません.

【練習】

　-ant, -ante を用いて示され意味の名詞を作りましょう. 下記 [1] の基語は -er 動詞もそれ以外の動詞もありますが, [2] と [3] の基語はすべて -er 動詞です.

[1] -ant になる (= 男性名詞).

(A) -er 動詞.

1. 鎮痛剤　　　　　　　　　〈calmer 鎮める〉　　　　_____

2. エンジン用燃料　　　　　〈carburer 気化する〉　　_____

3. ウィンカー　　　　　　　〈clignoter 点滅する〉　　_____

4. パンティーストッキング；タイツ　〈coller (体などに)密着する〉　_____

5. 即金, 一括払い　　　　　〈compter 勘定する；支払う〉　_____

6. (刃物の)刃 〈couper 切る〉 _____

7. (折り畳みの)パンフレット 〈déplier (折り畳んだものを)広げる〉 _____

8. 消毒剤 〈désinfecter 消毒する〉 _____

9. 強壮剤 〈fortifier 強くする, 丈夫にする〉 _____

10. 合計金額 〈(se) monter (ある金額などに)達する〉 _____

11. 性向 〈pencher 気持ちが傾く〉 _____

12. (バラ・ウニなどの)とげ 〈piquer 突き刺す, 突き立てる〉 _____

13. 見せかけ 〈sembler …らしく見える〉 _____

14. (道路や川の)曲がり角, カーブ 〈tourner 曲がる, 方向を変える〉 _____

15. 精神安定剤 〈tranquilliser 落ち着かせる〉 _____

16. (山・谷の)斜面 〈verser 注ぐ, 流し込む〉 _____

(B) -er 動詞以外 (nous の活用形の語幹を用いる).

1. 緩和剤；(洗濯物の)柔軟剤 〈adoucir 和らげる〉 _____

2. (鐘の)舌；(戸・窓の)扉 〈battre 打つ, たたく〉 _____

3. 入れ物, 容器 〈contenir 含む, 中に収める〉 _____

4. (水・空気などの)流れ；電流 〈courir 流れる〉 _____

5. 三日月；クロワッサン 〈croître 成長する, 大きくなる〉 _____

6. (たれ飾りのついた)イヤリング 〈pendre 吊るす, ぶら下げる〉 _____

[2] -ante になる (＝女性名詞).

1. (コンピュータの)プリンター 〈imprimer 印刷する〉 _____

2. (同種のものの)変形, 異形 〈varier 変わる, 異なる〉 _____

[3] -ent になる (＝男性名詞).

1. 支流 〈affluer 流れ込む〉 _____

2. (数量の)超過, 超過分 〈excéder 超過する〉 _____

3. 先例 〈précéder 先行する, 先立つ〉 _____

4. 指示対象 〈référer 指示する〉 _____

〔解答〕

[1] (A) 1. calmant 2. carburant 3. clignotant 4. collant 5. comptant
6. coupant 7. dépliant 8. désinfectant 9. fortifiant 10. montant
11. penchant 12. piquant 13. semblant 14. tournant 15. tranquillisant
16. versant〔斜面を伝わって水などが流れ落ちることから〕

(B) 1. adoucissant 2. battant 3. contenant 4. courant 5. croissant〔新月から
1日目, 2日目, … と次第に大きくなる〕(croître の『新綴り』は croitre) 6. pendant

[2] 1. imprimante 2. variante

[3] 1. affluent 2. excédent 3. précédent 4. référent

~~ 〚備考〛 ~~~~~~

対応する動詞が現存しなかったり，形態・意味の関係が希薄になったものもあります．

accident 事故；incident ちょっとした事故[事件] — 両方とも「落ちる」を意味する
動詞(choir の古形)の現在分詞に由来する．ac-, in-は接頭辞．

continent 大陸 —「しっかり保たれている，ずっと続いている」を意味する動詞(tenir
の古形)の現在分詞に接頭辞の con- が付いたもの．

torrent 急流 —「激しく燃える」を意味する動詞(現存していない)の現在分詞に由来す
る．意味は，比喩的に「激しい(もの)」→「激しい流れ」と推移した．形容詞の torride
「酷熱の」も関連語．

récipient 容器 —「受ける，受け入れる」を意味する動詞(recevoir の古形)の現在分詞
に由来する．

inconvénient 不都合，支障 — 「都合がよい」を意味する動詞(convenir の古形)の現
在分詞に否定の接頭辞 in- が付いたもの．

~~~~~~

3. -oir *(m)* -oire *(f)*；-atoire *(m)*

これらの接尾辞は，主として，仕組みが簡単な道具や設備・場所などを表します．-atoire
の付いた語は稀に行為を表すこともあります．

【練習】

不定詞の語幹から規則的に作れるものが大部分なので，まとめて見ていきましょう．変則
的な語幹や注意すべき語幹はかっこに入れて示してあります．

(A) **-oir** を用いる (= 男性名詞).

1. (家畜の)水飲み場；水飲み桶　　〈abreuver 水を飲ませる〉　　　　＿＿＿＿＿＿
2. 肘(ひじ)掛け；手すり，欄干　　〈(s')accouder 肘をつく〉　　　　＿＿＿＿＿＿
3. じょうろ　　　　　　　　　　　〈arroser 水をかける，水をまく〉　＿＿＿＿＿＿
4. (洗濯物をたたく)洗濯べら　　　〈battre 打つ，たたく〉　　　　　　＿＿＿＿＿＿
5. (映画撮影で使う)かちんこ　　　〈claquer 乾いた音を立てる〉　　　＿＿＿＿＿＿
6. (飲食店などの)カウンター　　　〈compter 勘定する〉　　　　　　　＿＿＿＿＿＿
7. たん壺　　　　　　　　　　　　〈cracher つば[たん]を吐く〉　　　＿＿＿＿＿＿
8. (寄宿舎などの)共同寝室　　　　〈dormir 眠る〉 (dort...)　　　　　＿＿＿＿＿＿
9. 水きり籠，水きり器　　　　　　〈égoutter (食器・野菜などの)水を切る〉＿＿＿＿＿＿
10. 留め金　　　　　　　　　　　　〈fermer 閉める〉　　　　　　　　　＿＿＿＿＿＿
11. 喫煙室；燻製室　　　　　　　　〈fumer 喫煙する；燻製にする〉　　＿＿＿＿＿＿
12. 刻み包丁；肉ひき器　　　　　　〈hacher (肉・野菜などを)細かく刻む〉＿＿＿＿＿＿
13. (ドアの)ノッカー　　　　　　　〈heurter ぶつかる〉　　　　　　　　＿＿＿＿＿＿
14. 鏡　　　　　　　　　　　　　　〈mirer 《文》映す〉　　　　　　　　＿＿＿＿＿＿

15. ハンカチ 〈moucher はなをかむ〉 ＿＿＿＿＿＿＿

16. 面会室, 談話室 〈parler 話す〉 ＿＿＿＿＿＿＿

17. バスローブ 〈(se) peigner 髪をとかす〉 ＿＿＿＿＿＿＿

18. 飛び込み台 〈plonger 飛び込む〉 (plonge...) ＿＿＿＿＿＿＿

19. 押しボタン 〈pousser 押す〉 ＿＿＿＿＿＿＿

20. 圧搾器, 搾り機 〈presser 搾る〉 ＿＿＿＿＿＿＿

21. かみそり, シェーバー 〈raser 剃る〉 ＿＿＿＿＿＿＿

22. 貯水槽, タンク 〈réserver 取っておく〉 ＿＿＿＿＿＿＿

23. ドライヤー 〈sécher 乾かす〉 ＿＿＿＿＿＿＿

24. 引き出し 〈tirer 引く〉 ＿＿＿＿＿＿＿

25. 男子用(公衆)便所 〈uriner 排尿する〉 ＿＿＿＿＿＿＿

(B) -oire を用いる (= 女性名詞).

1. ぶらんこ, シーソー 〈balancer 揺り動かす, 振る〉 (balanç...) ＿＿＿＿＿＿＿

2. 浴槽, バスタブ 〈(se) baigner 入浴する〉 ＿＿＿＿＿＿＿

3. やかん 〈bouillir 沸騰する〉 ＿＿＿＿＿＿＿

4. あご 〈mâcher かむ〉 ＿＿＿＿＿＿＿

5. 飼い葉桶(おけ), えさ箱 〈manger 食べる〉 (mange...) ＿＿＿＿＿＿＿

6. (魚などの)ひれ 〈nager 泳ぐ〉 (nage...) ＿＿＿＿＿＿＿

7. 水切り；濾(こ)し器 〈passer (フィルターなどを)通す, 濾す〉 ＿＿＿＿＿＿＿

8. 幼児用プール 〈patauger 水遊びをする〉 (patauge...) ＿＿＿＿＿＿＿

9. スケート場 〈patiner スケートをする〉 ＿＿＿＿＿＿＿

10. ロースター 〈rôtir 肉を焼く, ローストする〉 (rôtiss...) ＿＿＿＿＿＿＿

(C) -atoire を用いる (= 男性名詞).

1. 音楽[演劇]学校 〈conserver 保存する〉 ＿＿＿＿＿＿＿

2. 尋問 〈interroger 尋ねる〉 ＿＿＿＿＿＿＿

3. 実験室 〈labourer 耕す〉 (labor...) ＿＿＿＿＿＿＿

4. 天文台 〈observer 観察[観測]する〉 ＿＿＿＿＿＿＿

〔解答〕

(A) 1. abreuvoir　2. accoudoir　3. arrosoir　4. battoir　5. claquoir　6. comptoir
7. crachoir　8. dortoir (語幹末の m が t に変化)　9. égouttoir　10. fermoir
11. fumoir　12. hachoir　13. heurtoir　14. miroir
15. mouchoir〔もとは(今でも時には)はなをかむためのもの〕　16. parloir
17. peignoir〔もとは髪をとかすときに使う化粧着〕
18. plongeoir (接尾辞の前で ge と綴る⇨[しくみ27])　19. poussoir　20. pressoir
21. rasoir　22. réservoir　23. séchoir　24. tiroir　25. urinoir

(B) 1. balançoire (c → ç の変化 ⇨ [しくみ 24]) 〔「シーソー」は bascule とも言う.
「ぶらんこ」は escarpolette とも言うが古風〕 2. baignoire 3. bouilloire
4. mâchoire 5. mangeoire (o の前で ge と綴る ⇨ [しくみ 27])
6. nageoire (o の前で ge と綴る ⇨ [しくみ 27]) 7. passoire
8. pataugeoire (o の前で ge と綴る ⇨ [しくみ 27]) 9. patinoire 10. rôtissoire
(C) 1. conservatoire 2. interrogatoire
3. laboratoire 〔labourer は古くは「働く」を意味した〕 4. observatoire

~~ 〚備考〛 ~~~~~~

(1) 基語が名詞のものもあります.
bougeoir *(m)* (携帯用)ろうそく立て, 手燭 ← bougie ろうそく
armoire *(f)* たんす ← arme 武器〔かつて arme は「道具, 用具」を指しており, armoire は「道具をしまう家具, 用具入れ」だった〕
territoire *(m)* 領土 ← terre 地面 (*-atoire の異形の -itoire が用いられている)
(2) -toire (=-atoire の異形)で終わる派生語の多くは基語が現存していません.
auditoire *(m)* 《集合的に》聴衆, 傍聴者 (*cf.* auditeur「聴衆」, audition「聴覚；聞くこと；(歌手や俳優の)オーディション」)
réfectoire *(m)* (修道院・学校などの)食堂 (*cf.* réfection「修理；(修道院などの)食事」)
répertoire *(m)* 目録；レパートリー
suppositoire *(m)* 座薬

~~~~~~

4. -et *(m)*, -ette *(f)*

-et, -ette も, 前節の -oir, -oire と同様に, 主として道具や設備・場所などを表し, 稀に行為を表すこともあります.

♦ -et, -ette は「小さな…」を表す名詞も作ります (⇨ §3-1.).

【練習】

規則的に作れるものが大部分です. 変則的な場合や注意が必要な場合は, 派生語の語幹をかっこ内に示してあります.

(A) -et を用いる (= 男性名詞).

1. (薬の)錠剤, 薬包；印章	〈cacher 隠す〉	_____
2. 網	〈filer 紡ぐ〉	_____
3. おもちゃ	〈jouer 遊ぶ〉	_____
4. 杭	〈piquer 突き刺す, 突き立てる〉	_____
5. ホイッスル；汽笛	〈siffler ホイッスル[汽笛]を鳴らす〉	_____
6. ふいご, 送風器	〈souffler 息を吹き込む〉	_____
7. (文の記号の)ダッシュ	〈tirer 線を引く〉	_____

(B) -ette を用いる (= 女性名詞).

1. マッチ 〈allumer 火をつける〉 _____

2. ちょっとした気晴らし 〈amuser 楽しませる〉 _____

3. (駅・劇場などの)スナックバー 〈boire 飲む〉 (buv…) _____

4. 隠れ場所, 隠し場所 〈cacher 隠す〉 _____

5. ポケット電卓 〈calculer 計算する〉 _____

6. コロッケ 〈croquer 噛むとカリカリと音を立てる〉 _____

7. なぞなぞ 〈deviner 言い当てる〉 _____

8. 試験管 〈éprouver 試す, 試験する〉 _____

9. キックスケーター 〈patiner スケートをする〉 _____

10. ベビーカー；ショッピングカート 〈pousser 押す〉 _____

11. (家具などの)キャスター；ルーレット 〈rouler 転がる〉 _____

12. ナプキン；タオル；書類かばん 〈servir 役立つ〉 (servi…) _____

13. 呼び鈴 〈sonner 鳴る；鳴らす〉 _____

14. 棒付きキャンディー 〈sucer しゃぶる〉 _____

〔解答〕

(A) 1. cachet〔cacher から派生名詞への意味の展開については, この章の総合練習の[練習2]の解答欄に解説があります〕 2. filet 3. jouet 4. piquet 5. sifflet 6. soufflet 7. tiret

(B) 1. allumette 2. amusette 3. buvette (派生語の語幹は原則どおり nous の活用形の語幹：buv-ons) 4. cachette 5. calculette 6. croquette 7. devinette 8. éprouvette 9. patinette 10. poussette 11. roulette 12. serviette (例外的に不定詞の servi- の部分が派生語の語幹になる) 13. sonnette 14. sucette

5. -ail *(m)*, -aille *(f)*, -ard *(m)*, -eau *(m)*, -elet *(m)*, -erelle *(f)*, -eret *(m)*, -erette *(f)*, -ier *(m)*, -ière *(f)*, -ot *(m)*, -otte *(f)*, -ule *(m/f)*

これらの接尾辞も, 派生語の数は多くはありませんが, 動詞から「物」を表す名詞を作ります. 特定の用途にあてられた道具や場所などを指すことが多いですが, 稀にある特性を持つ物を指します. -aille は軽蔑的ニュアンスを加えることがあります. -ule の付いた語は男性名詞のことも女性名詞のこともあります.

◆ -ail, -aille は「集合・全体」を表す名詞も作ります (⇨§3-3.).

◆ -ard は「人」や「関連物」を表す名詞も作ります (⇨§1-5., §3-4.).

◆ -eau, -elet, -ot, -otte, -ule は「小さな…」を表す名詞も作ります (⇨§3-2.).

◆ -ier, -ière は「人」や「木」や「入れ物」を表す名詞も作ります (⇨§1-2., §2-1., §2-2.).

【練習】

それぞれの接尾辞を用いて派生語を作りましょう．注意が必要な場合は，派生語の語幹をかっこ内に示してあります．

(A) -ail (= 男性名詞)

1. かかし 〈épouvanter おびえさせる〉 ＿＿＿＿＿＿
2. 扇, 扇子, うちわ 〈éventer あおぐ, 風を送る〉 ＿＿＿＿＿＿
3. 舵(かじ) 〈gouverner 船を操る〉 ＿＿＿＿＿＿
4. (換気・採光用の)地下室の窓 〈soupirer ため息をつく〉 ＿＿＿＿＿＿

(B) -aille (= 女性名詞)

1. (量ばかり多くてまずい)食い物 〈manger 食べる〉 (mange...) ＿＿＿＿＿＿
2. やっとこ, ペンチ 〈tenir つかむ〉 ＿＿＿＿＿＿

(C) -ard (= 男性名詞)

1. 吸い取り紙 〈boire 飲む；吸い取る〉 (buv...) ＿＿＿＿＿＿
2. 霧 〈brouiller かきまぜる；曇らせる〉 ＿＿＿＿＿＿
3. (作りつけの)戸棚, 押入れ 〈plaquer 張り[押し]つける〉 (plac...) ＿＿＿＿＿＿

(D) -eau (= 男性名詞)

1. カーテン；幕 〈rider 皺(しわ)を作る〉 ＿＿＿＿＿＿
2. 橇(そり) 〈traîner 引きずる〉 ＿＿＿＿＿＿

(E) -elet (= 男性名詞)

コップ, タンブラー 〈gober 飲み込む〉 ＿＿＿＿＿＿

(F) -erelle (= 女性名詞)

1. 歩道橋；タラップ 〈passer 通る〉 ＿＿＿＿＿＿
2. バッタ, イナゴ 〈sauter 跳ねる〉 ＿＿＿＿＿＿

(G) -eret (= 男性名詞)

肉切り包丁；ギロチンの刃 〈couper 切る〉 ＿＿＿＿＿＿

(H) -erette (= 女性名詞)

あんか, 足温器 〈chauffer 暖める〉 ＿＿＿＿＿＿

(I) -ier (= 男性名詞)

1. 爆撃機 〈bombarder 爆撃する〉 ＿＿＿＿＿＿
2. (機械の)レバー；てこ 〈lever 持ち上げる〉 ＿＿＿＿＿＿

(J) -ière (= 女性名詞)

(引き戸などの)滑り金具 〈glisser 滑る〉 ＿＿＿＿＿＿

(K) -ot (= 男性名詞)

独房 〈cacher 隠す〉 ＿＿＿＿＿＿

(L) -otte (= 女性名詞)

湯たんぽ 〈bouillir 沸騰する〉 ＿＿＿＿＿＿

(M) -ule(= 男性名詞または女性名詞)

　　振り子 *(m)*；振り子時計 *(f)*　〈pendre 吊るす，ぶら下げる〉　＿＿＿＿＿＿＿＿

〔解答〕

(A) 1. épouvantail〔カラス・スズメなどをおびえさせ，近づけないためのもの〕

　　2. éventail　3. gouvernail

　　4. soupirail〔おそらく soupirail の「換気」を「ため息」にたとえたことから〕

(B) 1. mangeaille (a の前で ge と綴る⇨[しくみ 27])

　　2. tenaille〔複数形で用いることが多い〕

(C) 1. buvard　2. brouillard　3. placard (qu → c の変化⇨後出の[しくみ 28])

(D) 1. rideau　2. traîneau (『新綴り』はアクサン無しの trainer, traineau)

(E) gobelet

(F) 1. passerelle　2. sauterelle

(G) couperet

(H) chaufferette

(I) 1. bombardier　2. levier

(J) glissière

(K) cachot

(L) bouillotte

(M) pendule〔「振り子*(m)*」から「振り子を利用した時計 (horloge)*(f)*」に意味が拡大し

　　た．現用では「振り子時計」だけでなく「掛け時計，置時計」も指す〕

第 2 章の総合練習

【練習 1】

「人」を表す派生名詞が同一の基語動詞から 2 つ作られていることがあります. 次の動詞に関連するそれぞれの意味の語の男性形と女性形を書きましょう (女性形がないものもあります). なお, この練習で初めて出てくる派生語には + を付けてあります.

1. agir 行動する
   (a) 俳優　　　　　　　　　　_____ / _____
   (b) 係官, 係員　　　　　　　_____

2. aimer 愛する；好む
   (a) 愛人　　　　　　　　　　_____
   (b) 愛好家　　　　　　　　　_____ / _____

3. diriger 指導する, 指揮する
   (a) 指導者　　　　　　　　　_____ / _____
   (b) (組織の)長　　　　　　　_____ / _____

4. enquêter 調査する；捜査する
   (a) 調査員+　　　　　　　　 _____ / _____
   (b) 捜査官+　　　　　　　　 _____ / _____

5. exploiter 開発する；搾取する
   (a) 開発者, 開拓者+　　　　 _____ / _____
   (b) 搾取者；ぺてん師+　　　 _____ / _____

6. fumer 煙を出す；喫煙する
   (a) 暖炉職人+　　　　　　　 _____
   (b) 喫煙者　　　　　　　　　_____ / _____

7. gagner 稼ぐ；勝つ
   (a) よく勝つ人；(お金を)儲ける人+　_____ / _____
   (b) 勝者, 当選者　　　　　　_____ / _____

8. lire 読む
   (a) 読書家　　　　　　　　　_____ / _____
   (b) 読者　　　　　　　　　　_____ / _____

9. programmer プログラム [番組] に組む；プログラミングする
   (a) 番組編成者+　　　　　　 _____ / _____
   (b) プログラマー+　　　　　 _____ / _____

10. sauver 救う
    (a) 救い主；救世主　　　　　_____
    (b) 救助員　　　　　　　　　_____ / _____

11. servir 料理・飲み物を出す；仕える, 奉仕する

  (a) ウエーター；ウエートレス   _____ / _____

  (b) 仕える者, 奉仕者   _____

〔解答〕

1. (a) acteur / actrice   (b) agent

2. (a) amant   (b) amateur / amatrice

3. (a) dirigeant / dirigeante   (b) directeur / directrice

4. (a) enquêteur / enquêtrice   (b) enquêteur / enquêteuse

5. (a) exploitant / exploitante   (b) exploiteur / exploiteuse

6. (a) fumiste   (b) fumeur / fumeuse

7. (a) gagneur / gagneuse   (b) gagnant / gagnante

8. (a) liseur / liseuse   (b) lecteur / lectrice

9. (a) programmateur / programmatrice   (b) programmeur / programmeuse

10. (a) sauveur   (b) sauveteur / sauveteuse

11. (a) serveur / serveuse   (b) serviteur

【練習2】

同一基語から派生した「人」や「物」を表す語を書いてください. 「人」を表す語は男性形だけでかまいません. 「人」と「物」を表す語が同じ綴り字のこともあります. この練習で初めて出てくる派生語には ⁺ を付けてあります.

(A) 派生語は2語.

1. balayer 掃く, 掃除する

  (a) 道路清掃人   _____

  (b) 道路清掃車 ⁺   _____

2. bouillir 沸騰する

  (a) やかん   _____

  (b) 湯たんぽ   _____

3. contenir 中に収める

  (a) 入れ物, 容器   _____

  (b) (輸送用)コンテナー   _____

4. distribuer 配る

  (a) 配る人 ⁺   _____

  (b) 販売機 ⁺   _____

5. élever 上げる；飼育する

  (a) 家畜飼育者   _____

  (b) (貨物用の)昇降機, リフト   _____

6. graver 彫る
   (a) 版画家, 彫板師 _____
   (b) 彫板；版画 _____

7. nager 泳ぐ
   (a) 泳ぐ人 _____
   (b) (魚などの)ひれ _____

8. projeter 計画する；映し出す
   (a) 企画者, 設計者[+] _____
   (b) 投光機；映写機 _____

9. restaurer 修復する；《古風》健康[体力]を回復させる
   (a) (絵画・建築などの)修復家 _____
   (b) 料理店, レストラン[+] _____

10. rôtir 肉を焼く, ローストする
    (a) ロースト肉専門店の店主 _____
    (b) ロースター _____

11. veiller 寝ずの番をする；警備に当たる
    (a) 夜警[+] _____
    (b) 常夜灯；(ガス器具などの)種火[+] _____

(B) 派生語は3語以上.

1. arroser 水をかける, 水をまく
   (a) 散水夫[+] _____
   (b) 散水器, スプリンクラー[+] _____
   (c) 散水車[+] _____
   (d) じょうろ _____

2. (se) baigner 水浴をする, 入浴する
   (a) 水浴する人[+] _____
   (b) (セルロイドの)ベビー人形[+] _____
   (c) 浴槽, バスタブ _____

3. battre 打つ, たたく；かき混ぜる；ぶつかる
   (a) 打つ人；ドラマー[+] _____
   (b) (洗濯物をたたく)洗濯べら _____
   (c) 攪拌(かくはん)器[+] _____
   (d) 脱穀機[+] _____
   (e) (鐘の)舌；(戸・窓の)扉 _____

4. boire 飲む；吸い取る

(a) 飲む人，酒飲み _____

(b) (駅・劇場などの)スナックバー _____

(c) 吸い取り紙 _____

5. cacher 隠す

(a) 隠れ場所，隠し場所 _____

(b) 独房 _____

(c) (薬の)錠剤，薬包；印章 _____

6. compter 数える，勘定する

(a) メーター，計器 _____

(b) (飲食店などの)カウンター _____

(c) 即金，一括払い _____

7. dépanner 故障を直す，修理する

(a) 修理工+ _____

(b) レッカー車+ _____

(c) 救助艇+ _____

8. imprimer 印刷する

(a) 印刷業者 _____

(b) 印刷機+ _____

(c) プリンター _____

9. naviguer 航行する，航海する

(a) 航海士；航空士 _____

(b) 乗組員，搭乗員 _____

(c) 自動航行装置+ _____

10. passer 通行する；通す；(スープなどを)濾(こ)す

(a) 通行人 _____

(b) 渡し守；不法越境案内人；(麻薬の)運び屋+ _____

(c) 歩道橋；タラップ _____

(d) 水切り；濾し器 _____

11. piquer 突き刺す，突き立てる

(a) 縫製工+ _____

(b) とげ _____

(c) 杭(くい) _____

12. pousser 押す

(a) 押しボタン _____

(b) 押し船+ _____

(c) ベビーカー；ショッピングカート _____

13. répondre 答える；保証する

  (a) 答える人；口答えする人[+] _____

  (b) 留守番電話[+] _____

  (c) 保証人 _____

14. trotter 小走りに歩く, (馬が)速足で駆ける

  (a) 速足馬[+] _____

  (b) (婦人用)タウンシューズ；(幼児の)歩行器[+] _____

  (c) 秒針[+] _____

  (d) 歩道[+] _____

15. voler 飛ぶ

  (a) 家禽[+] _____

  (b) (自動車の)ハンドル[+] _____

  (c) 鎧戸[+] _____

〔解答〕

(A) 1. (a) balayeur (b) balayeuse

  2. (a) bouilloire (b) bouillotte

  3. (a) contenant (b) conteneur

  4. (a) distributeur (b) distributeur

  5. (a) éleveur (b) élévateur

  6. (a) graveur (b) gravure

  7. (a) nageur (b) nageoire

  8. (a) projeteur (b) projecteur

  9. (a) restaurateur (b) restaurant〔もとは「元気[体力]を回復させる料理(を提供する所)」を指した〕

  10. (a) rôtisseur (b) rôtissoire

  11. (a) veilleur (b) veilleuse〔「ひと晩中起きている[点いている]もの」の意味〕

(B) 1. (a) arroseur (b) arroseur (c) arroseuse (d) arrosoir

  2. (a) baigneur (b) baigneur (c) baignoire

  3. (a) batteur (b) battoir (c) batteur (d) batteuse (e) battant

  4. (a) buveur (b) buvette (c) buvard

  5. (a) cachette (b) cachot (c) cachet〔cacher の古義の「押す, 圧縮する」から「封筒に蝋(ろう)を押し当てる封印」→「印章」. おそらく封印で閉じる封筒との類似で,「粉薬を包むオブラート」→「オブラートに包んだ薬」→「錠剤, カプセル」のように意味が推移したと思われる〕

  6. (a) compteur (b) comptoir (c) comptant

  7. (a) dépanneur (b) dépanneuse (c) dépanneur

8. (a) imprimeur (b) imprimeuse (c) imprimante

9. (a) navigateur (b) navigant (c) navigateur

10. (a) passant (b) passeur (c) passerelle (d) passoire

11. (a) piqueur (b) piquant (c) piquet

12. (a) poussoir (b) pousseur (c) poussette

13. (a) répondeur (b) répondeur (c) répondant

14. (a) trotteur (b) trotteur (c) trotteuse〔小刻みに進む様子から〕 (d) trottoir 〔古くは「馬を速足で駆けさせる走路」を指した〕

15. (a) volaille (b) volant〔現在分詞が形容詞化した volant(e) は「飛ぶ, 空中を移動する」から「移動する, 固定されていない」に意味が拡大した.「ハンドル」の volant もおそらく「動かせるもの」の意味で名づけられた〕 (c) volet〔volant と同様の発想で「動かせる [開閉できる] 板戸」の名称になった〕

第3章 「行為」を表す名詞を作る

　動詞をもとにして，「…すること」という意味の行為名詞を作ることができます．この章では，行為名詞を作る接尾辞と，派生形の導き方を見ていきます．行為名詞の派生法を知ることは，語彙力の増強だけでなく，作文や読解にも役立ちます．事柄を簡潔な文として表現することができ，簡潔に表現された文の意味内容を正しく解釈できるようになるからです．そうした応用は章の最後の[総合練習]で行います．

　行為名詞は名詞化した動詞ではありますが，動詞が持つ意味のすべてを含んでいるわけではなく，行為名詞の意味はしばしば動詞の意味よりも狭くなります．一方で，行為名詞は，行為自体だけでなく，行為の場所，行為の結果・産物，行為の対象・道具などを指すことがあり，この点では動詞よりも意味が広がります．また稀に，歴史的変化が原因で，基語動詞と派生名詞の意味が合致しないことがあります．こうした「意味のずれ」についても[総合練習]で扱うので，まずは，接尾辞の種類や派生による語形の変化の仕方をしっかり理解しましょう．

§6　動詞から「行為」を表す名詞を作る接尾辞

　行為名詞を作る接尾辞としては次のようなものがあります．動詞から人や物を表す名詞を作る場合に比べて，接尾辞の種類が多く，派生語の数もいっそう増えます．ひとつの動詞から接尾辞の異なる派生名詞が作られている場合も少なくありません．

☆☆☆ -age （§6-1.）
☆☆☆ -ement （§6-2.）
☆☆☆ -tion （§6-3.）
☆☆☆ -ance, -ence （§6-4.）
☆☆ -é, -ée （§6-5.）
☆☆ -ade （§6-6.）
☆☆ -aison （§6-7.）
☆☆ -erie （§6-8.）
☆☆ -ure （§6-9.）
☆ -on （§6-10.）
☆ -aille, -ange, -at, -ette, -ice, -ière, -is, -ise （§6-11.）

---

1. -age *(m)*

　接尾辞 -age を用いる派生のほとんどは -er 動詞が基語になっています．派生形の作り方も規則的なものが大半です．派生語は男性名詞になります．

　　◆ -age は「集合・全体」を表す名詞も作ります(⇨§3-3.)．

【練習１】

　規則的な派生の -er 動詞から始めましょう．動詞から派生名詞を作るには nous の活用形の語幹を用いるのが原則ですが，-er 動詞の語幹は不定詞でも活用形でも変わらないので，不定詞から派生形を導くことができます．

　-er 動詞からの派生語は数が多いので，動詞の用法・意味によって (A) から (E) までに大別して示します．分類は厳密なものではありません．派生名詞の意味の広がりや多様性を感じてもらうためです．基語の訳語は，基語と派生語の意味がかなりずれていて注意が必要な場合にだけ載せます．

《派生のパターン：-er → -age》

(A) 基語は具体的行為を表す他動詞で，行為の対象は一般に人以外のもの．

1. 掛けること；(車の)接触事故 　　〈accrocher〉 _____

2. 張り紙をすること，掲示 　　〈afficher〉 _____

3. 点火；点灯 　　〈allumer〉 _____

4. (植物・歯などを)引き抜くこと 　　〈arracher〉 _____

5. 水まき，散水 　　〈arroser〉 _____

6. 押し込み強盗 　　〈cambrioler〉 _____

7. 偽装；隠蔽(いんぺい) 　　〈camoufler〉 _____

8. 貼りつけること 　　〈coller〉 _____

9. 切ること，切断；(酒を水で)割ること 　　〈couper〉 _____

10. 切り分ける[切り抜く]こと 　　〈découper〉 _____

11. 故障を直すこと，(応急)修理 　　〈dépanner〉 _____

12. (映画の)吹き替え 　　〈doubler〉 _____

13. (動物の)調教 　　〈dresser〉 _____

14. (動物の)飼育 　　〈élever〉 _____

15. スパイ行為 　　〈espionner〉 _____

16. 水分を絞り取る，脱水する 　　〈essorer〉 _____

17. (商品の)陳列 　　〈étaler〉 _____

18. 無駄づかい 　　〈gaspiller〉 _____

19. 油[グリース]の塗布 　　〈graisser〉 _____

20. 洗うこと，洗濯 　　〈laver〉 _____

21. (機械などの)組立て 　　〈monter〉 _____

22. 略奪 　　〈piller〉 _____

23. (飛行機などの)操縦 　　〈piloter〉 _____

24. (衣類などの)繕い 　　〈raccommoder〉 _____

25. (石油・砂糖などの)精製 　　〈raffiner〉 _____

26. 寄せ[拾い]集めること 　　〈ramasser〉 _____

27. 追いつくこと 　　〈rattraper〉 _____

28. 温め直すこと，再加熱　　　　　　〈réchauffer〉　　　　　_____

29. 再教育；再利用　　　　　　　　　〈recycler〉　　　　　_____

30. 調整，調節　　　　　　　　　　　〈régler〉　　　　　_____

31. 曳航(えいこう)；牽引(けんいん)　　　〈remorquer〉　　　　　_____

32. アイロンかけ　　　　　　　　　　〈repasser〉　　　　　_____

33. (機械・設備の)破壊；(仕事の)手抜き　〈saboter〉　　　　　_____

34. (意見などの)調査　　　　　　　　〈sonder〉　　　　　_____

35. 引くこと；くじ引き；印刷(部数)　　〈tirer〉　　　　　_____

36. (映画・テレビ番組などの)撮影　　　〈tourner〉　　　　　_____

37. トリック撮影；ごまかし　　　　　〈truquer〉　　　　　_____

38. 使用，利用；用途；慣例　　　　　〈user〉　　　　　_____

(B) 基語は具体的行為を表す他動詞で，行為の対象は人(しばしば自分自身)の体.

1. 日焼け　　　　　　　　　　　　　〈bronzer〉　　　　　_____

2. 服を着る[着せる]こと，着衣，着付け　〈habiller〉　　　　　_____

3. 化粧，メーキャップ　　　　　　　〈maquiller〉　　　　　_____

4. マッサージ　　　　　　　　　　　〈masser〉　　　　　_____

5. 過労；酷使　　　　　　　　　　　〈surmener〉　　　　　_____

(C) 基語は自動詞.

1. (商品・資材の)到着，入荷　　　　〈arriver〉　　　　　_____

2. おしゃべり，無駄話　　　　　　　〈bavarder〉　　　　　_____

3. 日曜大工，DIY　　　　　　　　　〈bricoler〉　　　　　_____

4. 失業　　　　　　　　　　　　　　〈chômer〉　　　　　_____

5. 離陸　　　　　　　　　　　　　　〈décoller〉　　　　　_____

6. 発進　　　　　　　　　　　　　　〈démarrer〉　　　　　_____

7. 放浪(生活)　　　　　　　　　　　〈vagabonder〉　　　　　_____

(D) 派生語は行為の対象・産物・道具・場所などを表す(多くは行為そのものも表す).

1. 合金　　　　　　　　　　　　　　〈allier　うまく合わせる〉　　　　　_____

2. 寄せ集め(た物)　　　　　　　　　〈assembler〉　　　　　_____

3. 包帯　　　　　　　　　　　　　　〈bander〉　　　　　_____

4. 通行止め；(通行止めの)柵；ダム　〈barrer　遮断する〉　　　　　_____

5. 暖房；暖房装置　　　　　　　　　〈chauffer〉　　　　　_____

6. (皮革用の)ワックス，靴墨　　　　〈cirer〉　　　　　_____

7. 照明；照明設備[装置，器具]　　　〈éclairer〉　　　　　_____

8. 車庫；自動車修理工場　　　　　　〈garer　駐車させる，車庫に入れる〉　　　　　_____

9. 相続；遺産　　　　　　　　　　　〈hériter〉　　　　　_____

10. 蜃気楼(しんきろう)　　　　　　　〈mirer《文》(鏡・水面などに)映す〉　　　　　_____

11. 通過, 通行；通路　　　　　〈passer〉　　　　　　　＿＿＿＿＿＿＿

12. 牧草地　　　　　　　　　〈pâturer 牧草を食べる〉　＿＿＿＿＿＿＿

13. 騒ぎ, 騒音　　　　　　　　〈taper たたいて音を立てる〉＿＿＿＿＿＿＿

14. 証言；あかし, 証拠　　　　〈témoigner 証言する；示す〉＿＿＿＿＿＿＿

15. 方向転換；(道路などの)カーブ〈virer〉　　　　　　　＿＿＿＿＿＿＿

(E) 派生語は主として行為の主体や事態を表す.

 1. ずれ, ギャップ　　　　　　〈décaler〉　　　　　　　＿＿＿＿＿＿＿

 2. 交通渋滞　　　　　　　　　〈embouteiller (道路などを)ふさぐ〉＿＿＿＿＿＿＿

 3. 周囲の人々, 取り巻き　　　〈entourer 取り囲む, 取り巻く〉

〔解答〕

(A) 1. accrochage　2. affichage　3. allumage　4. arrachage　5. arrosage

　　 6. cambriolage　7. camouflage　8. collage　9. coupage　10. découpage

　　 11. dépannage　12. doublage　13. dressage　14. élevage　15. espionnage

　　 16. essorage　17. étalage　18. gaspillage　19. graissage　20. lavage

　　 21. montage　22. pillage　23. pilotage　24. raccommodage　25. raffinage

　　 26. ramassage　27. rattrapage　28. réchauffage　29. recyclage　30. réglage

　　 31. remorquage　32. repassage　33. sabotage　34. sondage　35. tirage

　　 36. tournage　37. truquage (trucage とも綴る ⇨ 後出の [しくみ 28])　38. usage

(B) 1. bronzage　2. habillage　3. maquillage　4. massage　5. surmenage

(C) 1. arrivage　2. bavardage　3. bricolage　4. chômage　5. décollage

　　 6. démarrage　7. vagabondage

(D) 1. alliage　2. assemblage　3. bandage　4. barrage　5. chauffage　6. cirage

　　 7. éclairage　8. garage〔稀に「駐車, 入庫」の意味でも用いられる〕　9. héritage

　　 10. mirage　11. passage　12. pâturage　13. tapage〔原義は「物をたたく音」〕

　　 14. témoignage　15. virage

(E) 1. décalage　2. embouteillage　3. entourage

【練習２】

　-er 規則動詞以外のものは少数です. 作り方は原則どおりですが, 確認のために, 不定詞からの派生のパターンや不規則動詞からの派生語の語幹を示します.

(A) -er 特殊動詞 (= 語幹が変化する -er 動詞).

《派生のパターン：-yer → -yage》

 1. 掃除, 清掃　　　　　　　　〈balayer〉　　　　　　　＿＿＿＿＿＿＿

 2. 試着　　　　　　　　　　　〈essayer〉　　　　　　　＿＿＿＿＿＿＿

 3. 拭くこと, ぬぐうこと　　　〈essuyer〉　　　　　　　＿＿＿＿＿＿＿

4. 掃除 ; (衣類などの)クリーニング　　〈nettoyer〉　　_____

(B) -cer で終わる動詞.

《派生のパターン：-cer → -çage》

1. 紐で結ぶこと　　　　　　　　〈lacer〉　　_____

2. 水洗い, すすぎ　　　　　　　　〈rincer〉　　_____

(C) -ger で終わる動詞.

《派生のパターン：-ger → -geage》

1. (スポンジで)吸い取ること　　〈éponger〉　　_____

2. (泥の中を)苦労して歩くこと　〈patauger〉　　_____

(D) 基語は -ir 動詞(＝第 2 群規則動詞).

《派生のパターン：-ir → -issage》

1. 着陸　　　　　　　　　　　　〈atterrir〉　　_____

2. クリーニング, 洗濯　　　　　　〈blanchir〉　　_____

3. 磨き, 研磨　　　　　　　　　　〈polir〉　　_____

4. 満たすこと　　　　　　　　　　〈remplir〉　　_____

5. (肉を)焼くこと, ローストすること　〈rôtir〉　　_____

(E) 基語は不規則動詞.

1. (木の)伐採 ; (動物の)畜殺　　〈abattre〉 (abatt...)　　_____

2. (人が物を)打つこと　　　　　　〈battre〉 (batt...)　　_____

3. 分割　　　　　　　　　　　〈partir《古》分割する〉 (part...)　　_____

〔解答〕

(A) 1. balayage　2. essayage　3. essuyage　4. nettoyage

(B) 1. laçage　2. rinçage (c → ç の変化 ⇨ [しくみ 24])

(C) 1. épongeage　2. pataugeage (a の前で ge と綴る ⇨ [しくみ 27])

(D) 1. atterrissage　2. blanchissage　3. polissage　4. remplissage　5. rôtissage

(E) 1. abattage　2. battage　3. partage

【練習 3】

　派生で語幹の変わる -er 動詞があります.

1. 固定　　　　　　　　　　　　〈bloquer〉 (bloc...)　　_____

2. 救助　　　　　　　　　　　　〈sauver〉 (sauvet...)　　_____

〔解答〕

1. blocage (⇨ 右ページの [しくみ 28])

2. sauvetage (語幹末尾への et の付加, *cf.* sauveteur「救助員」)

◗ 派生のしくみ 28 ─ qu /k/ と c /k/ の交替 ◖

c と ç と qu の読み方は次のようにまとめることができます.

綴り	読み方		
	e, i, y の前で	a, o, u の前で	子音字の前で
c	/s/	/k/	
ç	(ç は現れない)	/s/	(ç は現れない)
qu	/k/		(qu は現れない [r を除く])

すなわち, c は母音字 e, i, y の前では /s/, 母音字 a, o, u (および子音字) の前では /k/ と読みます. a, o, u の前で /s/ と読ませたいときは ç と綴ります (⇨ [しくみ 24]). qu はどの母音字の前でも /k/ と読みます. したがって ca と qua のどちらも /ka/ の発音に対応します.

接尾辞派生ではこれらの綴り字・発音が変化することがあります. -ien が付くときの qu /k/ から c /s/ への変化の例は §1-3. [練習 3] で見ました (⇨ [しくみ 19]). 上記の bloquer → blocage は, 綴り字の変化は [しくみ 19] と同じですが, qu と c のどちらの発音も /k/ です. qu から c へのこうした変化は, a の綴りで始まる接尾辞が付くときに起こります. §1-4. [練習 5] の bibliothèque → bibliothécaire, §1-5. [練習 2] の politique → politicard, §4-2. [練習 3] の provoquer → provocateur などにも同様の現象が起こっています.

ただし, これは一般的規則ではありません. §4-3. には qu のままのもの ([練習 1] attaquer → attaquant) と c に変わるもの ([練習 5] fabriquer → fabricant) がありました. §6-1. [練習 1] の remorquer → remorquage は qu のままで, truquer「ごまかす」からの派生名詞は truquage とも trucage とも綴られます.

~~ 〚備考〛 ~~~~~~

(1) 人を表す名詞と関連する -age の語もあります. その場合, 派生語は人の立場や身分や行動などを意味します.

apprentissage 見習い ← apprenti(e) 見習い中の人, 実習生

concubinage 内縁関係, 同棲 ← concubin(e) 内縁関係の相手, 同棲相手

esclavage 奴隷の身分；隷属状態 ← esclave 奴隷

patronage 後援 ← patron(ne) 経営者 (*cf.* patronner「後援する」〔この動詞も名詞 patron(ne) から〕)

pèlerinage 巡礼 (の旅) ← pèlerin(e) 巡礼者

vagabondage 放浪 ← vagabond(e) 浮浪者

veuvage やもめ暮らし ← veuf (女性形は veuve) 配偶者を亡くした人, やもめ

(2) 副詞 (句)・前置詞などから派生した -age の語もあります.

avantage 優位；利点 ← avant (…より) 前に

outrage (ひどい) 侮辱；違反, 背反 ← outre …に加えて, …以外に

pourcentage パーセンテージ ← pour cent 100につき…, …パーセント

(3) -age で終わる語がすべて男性名詞というわけではありません. -age が接尾辞でない次のような語は女性名詞です.

cage (動物の)檻；鳥籠, image (水や鏡に映る)像；(本などの)絵；画像, nage 泳ぎ, page ページ, plage 浜辺, rage 激怒；猛威；狂犬病

2. -ement *(m)* ｛異形 –ment, -ament, -iment｝

接尾辞 -ement の付く語も基語の大半は -er 動詞ですが, -ir 動詞も相当数あります. 不規則動詞が基語になっているものはごく少数です. ただし, 派生形の作り方が変則的なものや -ement の異形の -ment, -ament, -iment を用いるものもあります. 派生語は男性名詞です.

【練習 1】

-er 動詞の規則的な派生から見ていきましょう. 動詞の用法・意味によって大まかに分類してあります.

《派生のパターン：-er → -ement》

(A) 基語は他動詞 (派生語は自動詞的意味を兼ねることもある).

1. 同伴, 同行	〈accompagner〉	_____
2. 出産	〈accoucher〉	_____
3. 整備	〈aménager〉	_____
4. 整理, 整頓；手はず	〈arranger〉	_____
5. 荷を積むこと	〈charger〉	_____
6. 分類	〈classer〉	_____
7. 命令, 指揮	〈commander〉	_____
8. はがす[はがれる]こと	〈décoller〉	_____
9. 解決, 決着；結末	〈dénouer〉	_____
10. 追い越し	〈dépasser〉	_____
11. 二倍にすること；(自動車の)追い越し	〈doubler〉	_____
12. 励まし, 激励	〈encourager〉	_____
13. 教育	〈enseigner〉	_____
14. 装備を施すこと；設備	〈équiper〉	_____
15. (一定期間に)振り分けること	〈étaler〉	_____
16. 集めること；団体	〈grouper〉	_____
17. 泊めること, 宿泊, 収容	〈héberger〉	_____
18. 判決；判断	〈juger〉	_____
19. (器具などの)取り扱い	〈manier〉	_____
20. 違反, 背くこと	〈manquer〉	_____

21. (空間的な)延長 〈prolonger〉 ＿＿＿＿＿＿

22. 返済, 払い戻し 〈rembourser〉 ＿＿＿＿＿＿

23. 感謝 〈remercier〉 ＿＿＿＿＿＿

24. 取り替え；代理をすること 〈remplacer〉 ＿＿＿＿＿＿

25. (快楽・物欲などを)断つこと, 禁欲 〈renoncer〉 ＿＿＿＿＿＿

26. 逆さにする[なる]こと 〈renverser〉 ＿＿＿＿＿＿

27. 待遇, 扱い；治療；処理 〈traiter〉 ＿＿＿＿＿＿

28. 払い込み 〈verser〉 ＿＿＿＿＿＿

(B) 基語は自動詞および自動詞的意味の代名動詞.

1. 予約契約 〈(s')abonner〉 ＿＿＿＿＿＿

2. 楽しみ 〈(s')amuser〉 ＿＿＿＿＿＿

3. 昇進, 昇給 〈avancer〉 ＿＿＿＿＿＿

4. 変化；乗り換え 〈changer〉 ＿＿＿＿＿＿

5. 始まり 〈commencer〉 ＿＿＿＿＿＿

6. 振る舞い 〈(se) comporter〉 ＿＿＿＿＿＿

7. 引っ越し, 転居 〈déménager〉 ＿＿＿＿＿＿

8. 発達 〈(se) développer〉 ＿＿＿＿＿＿

9. 献身 〈(se) dévouer〉 ＿＿＿＿＿＿

10. 破裂, 炸裂 〈éclater〉 ＿＿＿＿＿＿

11. 約束；契約 〈(s')engager〉 ＿＿＿＿＿＿

12. 訓練, トレーニング 〈(s')entraîner〉 ＿＿＿＿＿＿

13. くしゃみ 〈éternuer〉 ＿＿＿＿＿＿

14. 驚き 〈(s')étonner〉 ＿＿＿＿＿＿

15. 滑ること, 滑走 〈glisser〉 ＿＿＿＿＿＿

16. (大砲・雷などの)とどろき 〈gronder〉 ＿＿＿＿＿＿

17. 集合, 集結 〈(se) rassembler〉 ＿＿＿＿＿＿

18. (気候などが)温かくなること, 温暖化 〈(se) réchauffer〉 ＿＿＿＿＿＿

19. 安堵；(苦痛などの)緩和 〈soulager〉 ＿＿＿＿＿＿

20. 駐車 〈stationner〉 ＿＿＿＿＿＿

21. 震え, 振動 〈trembler〉 ＿＿＿＿＿＿

(C) 派生語は主として行為の対象・道具・場所などを表す.

1. 交差点；交差すること 〈croiser〉 ＿＿＿＿＿＿

2. 基礎, 基盤；根拠 〈fonder 創設する〉 ＿＿＿＿＿＿

3. 衣服, 衣料品 〈habiller 服を着せる〉 ＿＿＿＿＿＿

4. 住居；住む[住まわせる]こと 〈loger〉 ＿＿＿＿＿＿

5. (傷の)手当て用品；傷の手当て 〈panser〉 ＿＿＿＿＿＿

6. 国会；議会 〈parler 話す〉 ＿＿＿＿＿＿

(D) 派生語は主として行為の主体や事態を表す.

1. (別離による)悲痛な思い 　　　〈arracher 引き離す〉 　　＿＿＿＿＿＿
2. 大混乱 　　　〈bouleverser〉 　　＿＿＿＿＿＿
3. 不都合, 支障 　　　〈empêcher 妨げる〉 　　＿＿＿＿＿＿
4. 環境 　　　〈environner 取り巻く〉 　　＿＿＿＿＿＿
5. 政府 　　　〈gouverner 統治する〉 　　＿＿＿＿＿＿
6. 孤立, 孤独；隔離 　　　〈isoler〉 　　＿＿＿＿＿＿
7. 装飾, 飾るもの 　　　〈orner〉 　　＿＿＿＿＿＿
8. (言葉遣い・物腰などの)洗練 　　　〈raffiner〉 　　＿＿＿＿＿＿

〔解答〕

(A) 1. accompagnement　2. accouchement　3. aménagement　4. arrangement
5. chargement　6. classement　7. commandement　8. décollement
9. dénouement (e を書き落とさないように注意：×dénoument ではない)
10. dépassement　11. doublement　12. encouragement　13. enseignement
14. équipement　15. étalement　16. groupement　17. hébergement　18. jugement
19. maniement (e を書き落とさないように注意：×maniment)　20. manquement
21. prolongement　22. remboursement　23. remerciement (e を書き落とさない
ように注意：×remerciment)　24. remplacement　25. renoncement
26. renversement　27. traitement　28. versement

(B) 1. abonnement　2. amusement　3. avancement　4. changement
5. commencement　6. comportement　7. déménagement　8. développement
9. dévouement (e を書き落とさないように注意：×dévoument)　10. éclatement
11. engagement　12. entraînement (『新綴り』はアクサン無しの entrainer,
entrainement)　13. éternuement (e を書き落とさないように注意：×éternument)
14. étonnement　15. glissement　16. grondement　17. rassemblement
18. réchauffement　19. soulagement　20. stationnement　21. tremblement

(C) 1. croisement　2. fondement　3. habillement　4. logement　5. pansement
6. parlement

(D) 1. arrachement　2. bouleversement　3. empêchement　4. environnement
5. gouvernement　6. isolement　7. ornement　8. raffinement

【練習2】

　-ement を用いる派生の場合は, 3 人称複数 (ils) の活用形の語幹を用いるのが原則です.
確かめてみましょう.

(A) 不定詞が -ayer で終わる特殊な -er 動詞 (2. の payer の派生形は2つあります).

《派生のパターン：(ils) -aient → -aiement》

1. 口ごもること；吃音(きつおん) 　　　〈bégayer〉 　　＿＿＿＿＿＿

2. 支払い 〈payer〉 _____

(不定詞の語幹を用いる派生形) _____

(B) 不定詞が -oyer で終わる特殊な -er 動詞.

《派生のパターン： (ils) -oient → oiement》

1. (犬などの)ほえ声 〈aboyer〉 _____

2. 砕くこと 〈broyer〉 _____

3. 清掃, ごみ集め 〈nettoyer〉 _____

4. tu を用いた親しい話し方 〈tutoyer〉 _____

(C) 不定詞が -ever で終わる特殊な -er 動詞.

《派生のパターン： (ils) -èvent → -èvement》

1. 完了 〈achever〉 _____

2. 取り去ること；誘拐 〈enlever〉 _____

3. 天引き；採取 〈prélever〉 _____

(D) 不定詞が -eler で終わる特殊な -er 動詞.

《派生のパターン： (ils) -ellent → -ellement》

1. 積み上げる[積み重ねる]こと 〈amonceler〉 _____

2. きらめき, 輝き 〈étinceler〉 _____

3. 新しくすること, 更新 〈renouveler〉 _____

4. 流れること, 流れ 〈ruisseler〉 _____

(E) 不定詞が -é□er で終わる特殊な -er 動詞.

《派生のパターン： (ils) -è□ent → -è□ement》

1. 軽くすること, 軽減 〈alléger〉 _____

2. 侵食；侵害 〈empiéter〉 _____

3. (組織などの)規則；(事件などの)解決 〈régler 決める；解決する〉

(F) -ir 動詞.

《派生のパターン： (ils) -issent → -issement》

1. 結果 〈aboutir 達する, 至る〉 _____

2. 実現 〈accomplir〉 _____

3. 弱化, 衰弱 〈affaiblir〉 _____

4. 拡大, 拡張 〈agrandir〉 _____

5. 拍手喝采 〈applaudir〉 _____

6. (大都市の)区；郡 〈arrondir 丸くする〉 _____

7. 通知；警告 〈avertir〉 _____

8. 白くなること 〈blanchir〉 _____

9. 気晴らし 〈divertir〉 _____

10. 目がくらむこと；めまい；驚嘆 〈éblouir〉 _____

11. あふれること, 氾濫 〈envahir〉 _____

12. 設置；施設 〈établir〉 ＿＿＿＿＿＿

13. 頭がぼうっとなること；めまい 〈étourdir〉 ＿＿＿＿＿＿

14. 気絶, 失神 〈(s')évanouir〉 ＿＿＿＿＿＿

15. うめき声 〈gémir〉 ＿＿＿＿＿＿

16. (馬の)いななき 〈hennir〉 ＿＿＿＿＿＿

17. 投資 〈investir〉 ＿＿＿＿＿＿

18. 涼しくなること；冷たい飲み物 〈(se) rafraîchir〉 ＿＿＿＿＿＿

19. 減速 〈ralentir〉 ＿＿＿＿＿＿

20. (猛獣の)ほえ声 〈rugir〉 ＿＿＿＿＿＿

21. 老化 〈vieillir〉 ＿＿＿＿＿＿

(G) 不規則動詞.

《派生のパターン：(ils) -ent → -ement》

1. (肉体的)衰弱, (精神的)気落ち 〈abattre〉 (abatt...) ＿＿＿＿＿＿

2. 増大, 増加 〈accroître〉 (accroiss...) ＿＿＿＿＿＿

3. (連続的に)打つこと 〈battre〉 (batt...) ＿＿＿＿＿＿

4. 同意 〈consentir〉 (consent...) ＿＿＿＿＿＿

5. 県；部門；(大学の)学科 〈départir《文》割り当てる〉 (départ...) ＿＿＿＿＿＿

6. 収穫高；収益 〈rendre 返す, 取り戻させる〉 (rend...) ＿＿＿＿＿＿

7. 身震い 〈tressaillir〉 (tressaill...) ＿＿＿＿＿＿

8. 衣服 〈(se) vêtir 服を着る〉 (vêt...) ＿＿＿＿＿＿

〔解答〕

(A) 1. bégaiement　2. paiement / payement

(B) 1. aboiement　2. broiement　3. nettoiement　4. tutoiement

(C) 1. achèvement　2. enlèvement　3. prélèvement

(D) 1. amoncellement　2. étincellement　3. renouvellement　4. ruissellement
（『新綴り』では -ellement は (C) と同じくアクサン・グラーヴの -èlement になる）

(E) 1. allègement (不定詞と同じ語幹の allégement も用いられるが, 『新綴り』は
allègement)　2. empiètement (不定詞と同じ語幹の empiétement も用いられるが,
『新綴り』は empiètement)　3. règlement

(F) 1. aboutissement　2. accomplissement　3. affaiblissement　4. agrandissement
5. applaudissement　6. arrondissement　7. avertissement　8. blanchissement
9. divertissement　10. éblouissement　11. envahissement　12. établissement
13. étourdissement　14. évanouissement　15. gémissement　16. hennissement
17. investissement　18. rafraîchissement (『新綴り』はアクサン無しの rafraichir,
rafraichissement)　19. ralentissement　20. rugissement　21. vieillissement

(G) 1. abattement　2. accroissement (accroître の『新綴り』は accroitre)　3. battement
4. consentement　5. département　6. rendement　7. tressaillement　8. vêtement

◗ 派生のしくみ 29 ― 動詞からの派生 (2) ◗

[練習2]の動詞の語幹はいくつかに変化しますが,-ement の付く派生名詞の語幹と一致する語幹は以下のとおりです.

(A)から(D) ― 単数人称と複数3人称

(E) ― 複数人称

(F) ― 不定詞と複数人称

すべてに共通するのは活用語尾が -ent である複数3人称です. -ent と接尾辞 -ement はどちらも脱落性の e で始まります. 両方の語幹が同じであるのはこのことに関係しています (これまでに見た動詞を基語とする接尾辞のほとんどは,-eur, -ant, -oir, -age などのように母音 (=脱落性の e ではなく発音上の母音) で始まっていて,同じく母音から始まる (nous) -ons の語幹と同じ語幹を用いるのが原則でした (⇨[しくみ 25]).

なお,(A)の payer は2つの活用形 (ils paient, ils payent) があるので派生名詞も2つの形があります. (D)の alléger と empiéter については,不定詞の語幹と同じく é と綴ることもありますが,『新綴り』では è の綴りが推奨されています (巻末の補遺の「II 音節区分とアクサン」の「4. é か è か」を参照してください).

【練習3】

変則的派生の語がいくつかあります. それらの大半は異形の -ment, -ament, -iment を用います. 基語動詞と意味がずれているものもあります.

(A) 不定詞の語幹に -ment が付く (基語は次にあげる -er 動詞).

《派生のパターン:-er → -ment》

1. 承認;魅力　　　　　　　　〈agréer 受け入れる;承認する〉　＿＿＿＿＿＿

2. 罰　　　　　　　　　　　　〈châtier〉　　　　　　　　　　＿＿＿＿＿＿

3. 追加, 補足　　　　　　　　〈suppléer〉　　　　　　　　　＿＿＿＿＿＿

(B) 不定詞の語幹に -ament が付く (基語は次にあげる -er 動詞).

《派生のパターン:-er → -ament》

1. 気質, 気性　　　　　　　　〈tempérer 和らげる〉　　　　＿＿＿＿＿＿

2. 遺言　　　　　　　　　　　〈tester〉　　　　　　　　　　＿＿＿＿＿＿

(C) 不定詞の語幹に -iment が付く (1) (基語は次にあげる -ir 動詞).

《派生のパターン:-ir → -iment》

1. 組み合わせ　　　　　　　　〈assortir〉　　　　　　　　　＿＿＿＿＿＿

2. 建物　　　　　　　　　　　〈bâtir〉　　　　　　　　　　＿＿＿＿＿＿

3. 白くすること;(野菜などの)ゆがき　〈blanchir〉　　　　　＿＿＿＿＿＿

(D) 不定詞の語幹に -iment が付く (2) (基語は sentir およびその関連語).

《派生のパターン:-ir → -iment》

1. 予感　　　　　　　　　　　〈pressentir〉　　　　　　　　＿＿＿＿＿＿

2. 恨み, 怨恨　　　　　　　　〈ressentiment 強く感じる〉　＿＿＿＿＿＿

3. 感情 　　　　　　　　　〈sentir 感じる〉　　　　　_____

(E) 不定詞の語幹に -ement が付く (基語は mouvoir).

《派生のパターン：-oir → -ement》

　動き 　　　　　　　　　〈(se) mouvoir 動く〉　　　_____

〖解答〗

(A) 1. agrément (×agréement)　2. châtiment (×châtiement)

　3. supplément (×suppléement)

(B) 1. tempérament (×tempèrement)　2. testament (×testement)

(C) 1. assortiment (×assortissement)　2. bâtiment (×bâtissement)

　3. blanchiment (blanchissement は[練習2]で既出)

(D) 1. pressentiment (×pressentement)　2. ressentiment (×ressentement)

　3. sentiment (×sentement)

(E) mouvement (×meuvement)

~~ 〖備考〗 ~~~~~~

　基語動詞が現存しないものもあります. それらの多くは事物を指します.

　appartement　アパルトマン〔英語からの借用語〕

　ciment　セメント

　compartiment　(客車の)コンパートメント；(棚・箱などの)仕切り〔イタリア語からの
　　借用語〕

　complément　補足するもの, 補完物；(文法用語の)補語

　document　(研究・調査などの)資料

　événement, évènement (『新綴り』は évènement の綴りを推奨) 出来事；事件

　fragment　断片, かけら

　médicament　薬

　monument　(歴史的・公共的)大建造物；記念建造物

~~~~~~

3. -tion (f) {異形 -ation, -ition, -ion, -otion, -ution, -sion, -ssion, -xion}

　接尾辞 -tion (発音は /sjɔ̃/) に関する派生は, 語幹が特殊な形に変わるものや, 接尾辞の異形を用いるものが多数あります. その理由は, -tion の名詞の大半が古い時代の派生形に由来するからです. しかし語の歴史をたどることが目的ではないので, これまでと同様に, 現用フランス語の観点から派生現象を見ていきましょう. 派生語の数が多く派生の仕方が多様なので, 語幹の変化の度合いによって A. と B. の2つのグループに分けて練習を進めていきます. なお, -age, -ement とは異なり, -tion およびその異形を用いた派生語はすべて女性名詞です.

Ａ．基語の語幹の変化が少ないもの

基語の語幹と派生語の語幹が同じかほぼ同じで，派生の仕方が簡単なものから始めましょう．派生のパターンを示してあるので，それを参考にしながら派生形を作ってください．

【練習１】

-er 動詞からの派生では，一般に，-tion の異形の -ation を用います．派生名詞の綴りは英語と同じか類似したものが大半です．この練習では, 英語の綴りとの類似性によって分類してあります．

《派生のパターン：-er → -ation》

(A) 派生名詞の綴りが英語と同じ (アクサンの有無は度外視する).

1. 行政；管理　　　　　　　　　　〈administrer〉　　＿＿＿＿＿＿
2. 感嘆　　　　　　　　　　　　　〈admirer〉　　　　＿＿＿＿＿＿
3. 改良, 改善　　　　　　　　　　〈améliorer〉　　　＿＿＿＿＿＿
4. 活気；(会・活動などの)推進　　〈animer〉　　　　　＿＿＿＿＿＿
5. あこがれ, 熱望；息を吸い込むこと　〈aspirer〉　　　＿＿＿＿＿＿
6. 交通；循環；流通　　　　　　　〈circuler〉　　　　＿＿＿＿＿＿
7. 保存, 保管　　　　　　　　　　〈conserver〉　　　＿＿＿＿＿＿
8. 考慮　　　　　　　　　　　　　〈considérer〉　　　＿＿＿＿＿＿
9. 協力　　　　　　　　　　　　　〈coopérer〉　　　＿＿＿＿＿＿
10. 創造, 創作　　　　　　　　　　〈créer〉　　　　　＿＿＿＿＿＿
11. 宣言　　　　　　　　　　　　　〈déclarer〉　　　＿＿＿＿＿＿
12. 装飾, 飾り付け；勲章　　　　　〈décorer〉　　　　＿＿＿＿＿＿
13. 探検　　　　　　　　　　　　　〈explorer〉　　　＿＿＿＿＿＿
14. 想像　　　　　　　　　　　　　〈imaginer〉　　　＿＿＿＿＿＿
15. 性向, 気質；お辞儀, 会釈　　　〈incliner 傾ける〉　＿＿＿＿＿＿
16. 憤慨　　　　　　　　　　　　　〈indigner〉　　　＿＿＿＿＿＿
17. 情報　　　　　　　　　　　　　〈informer〉　　　＿＿＿＿＿＿
18. (装置などの)取り付け；設備　　〈installer〉　　　＿＿＿＿＿＿
19. (電気・熱・音などの)遮断, 絶縁　〈isoler〉　　　　＿＿＿＿＿＿
20. 解放　　　　　　　　　　　　　〈libérer〉　　　　＿＿＿＿＿＿
21. 操作　　　　　　　　　　　　　〈manipuler〉　　　＿＿＿＿＿＿
22. 移動, 移住　　　　　　　　　　〈migrer〉　　　　　＿＿＿＿＿＿
23. 観察　　　　　　　　　　　　　〈observer〉　　　＿＿＿＿＿＿
24. 従事；占領　　　　　　　　　　〈occuper〉　　　　＿＿＿＿＿＿
25. 手術；作業　　　　　　　　　　〈opérer〉　　　　＿＿＿＿＿＿
26. 参加, 加担　　　　　　　　　　〈participer〉　　　＿＿＿＿＿＿
27. 紹介；提示　　　　　　　　　　〈présenter〉　　　＿＿＿＿＿＿

28. リラックスすること, くつろぎ　　〈relaxer〉　　　＿＿＿＿＿＿

29. 報酬　　〈rémunérer〉　　　＿＿＿＿＿＿

30. 修理, 修繕；償い　　〈réparer〉　　　＿＿＿＿＿＿

31. 予約　　〈réserver〉　　　＿＿＿＿＿＿

32. 位置；立場；情勢　　〈situer〉　　　＿＿＿＿＿＿

33. (様態の)変化, 変形, 変換　　〈transformer〉　　　＿＿＿＿＿＿

34. 予防接種　　〈vacciner〉　　　＿＿＿＿＿＿

(B) 派生名詞の綴りが英語と多少なりとも類似している.

1. 許可, 認可　　〈autoriser〉　　　＿＿＿＿＿＿

2. 有罪判決　　〈condamner〉　　　＿＿＿＿＿＿

3. 消費　　〈consommer〉　　　＿＿＿＿＿＿

4. 平等化　　〈égaliser〉　　　＿＿＿＿＿＿

5. 創設　　〈fonder〉　　　＿＿＿＿＿＿

6. 組織化　　〈organiser〉　　　＿＿＿＿＿＿

7. 実現　　〈réaliser〉　　　＿＿＿＿＿＿

8. 推薦　　〈recommander〉　　　＿＿＿＿＿＿

9. 修復, 復元；レストラン業　　〈restaurer〉　　　＿＿＿＿＿＿

10. 使用, 利用　　〈utiliser〉　　　＿＿＿＿＿＿

(C) 英語と異なる.

1. 取り消し　　〈annuler〉　　　＿＿＿＿＿＿

2. 洪水　　〈inonder〉　　　＿＿＿＿＿＿

〔解答〕

(A) 1. administration　2. admiration　3. amélioration　4. animation
　5. aspiration　6. circulation　7. conservation　8. considération　9. coopération
　10. création　11. déclaration　12. décoration　13. exploration　14. imagination
　15. inclination　16. indignation　17. information　18. installation
　19. isolation　20. libération　21. manipulation　22. migration　23. observation
　24. occupation　25. opération　26. participation　27. présentation
　28. relaxation　29. rémunération　30. réparation　31. réservation
　32. situation　33. transformation　34. vaccination

(B) 1. autorisation　2. condamnation　3. consommation　4. égalisation
　5. fondation　6. organisation　7. réalisation　8. recommandation
　9. restauration　10. utilisation

(C) 1. annulation　2. inondation

＊第2章§4-2. で説明したように, 原則的には, 派生名詞の -tion を -teur, -trice に変えると「人」
　を表す名詞になります (例：administration → administrateur, trice「管理者」). このことは
　-tion で終わる語の全般に当てはまります.

【練習2】

-er 動詞からの派生で多少の変則が生じるケースを見ていきます. 派生のパターンを確かめながら練習を進めてください. まず, -cer で終わる動詞です.

《派生のパターン：-cer → -ciation》

1. (聖母マリアへの)受胎告知　　〈annoncer〉(*派生語の最初は大文字)＿＿＿＿＿＿＿
2. 告発；密告　　　　　　　　　〈dénoncer〉　　　　　　　　＿＿＿＿＿＿＿
3. 陳述；発話行為　　　　　　　〈énoncer〉　　　　　　　　　＿＿＿＿＿＿＿
4. 発音　　　　　　　　　　　　〈prononcer〉　　　　　　　　＿＿＿＿＿＿＿
5. 断念　　　　　　　　　　　　〈renoncer〉　　　　　　　　　＿＿＿＿＿＿＿

〔解答〕

1. Annonciation　2. dénonciation　3. énonciation　4. prononciation
5. renonciation　＊基語動詞に共通する部分は -noncer.

【練習3】

-guer および -ger で終わる動詞の派生形はいずれも -gation になります.

(A) 《派生のパターン：-guer → -gation》

1. 代表団　　　　　　　　　　　〈déléguer 派遣する；委任する〉＿＿＿＿＿＿＿
2. 灌漑(かんがい)　　　　　　　　〈irriguer〉　　　　　　　　　＿＿＿＿＿＿＿
3. 航海　　　　　　　　　　　　〈naviguer〉　　　　　　　　　＿＿＿＿＿＿＿

(B) 《派生のパターン：-ger → -gation》

1. 質問　　　　　　　　　　　　〈interroger〉　　　　　　　　＿＿＿＿＿＿＿
2. 義務　　　　　　　　　　　　〈obliger〉　　　　　　　　　　＿＿＿＿＿＿＿
3. (時間的な)延長　　　　　　　〈prolonger〉　　　　　　　　＿＿＿＿＿＿＿
4. 広まること, 伝播, 普及　　　〈(se) propager〉　　　　　　　＿＿＿＿＿＿＿

〔解答〕

(A) 1. délégation　2. irrigation　3. navigation　(gu → g の変化 ⇨[しくみ27])
(B) 1. interrogation　2. obligation　3. prolongation　4. propagation
　　　(⇨ 下記の[しくみ30])

◖ **派生のしくみ30 ― g /ʒ/ と g /g/ の交替** ◗

　上記(A)の派生では, §4-3.[練習2] の naviguer → navigant などと同様に, 語幹末の /g/ の発音に合わせて gu と g が交替します (⇨[しくみ27]). (B)の派生では g の綴り字は変わらず, 発音が変わります. すなわち, g は基語で /ʒ/, 派生語で /g/ となります. このような発音の変化が起こるのは上記の派生以外にはほとんどありません.

【練習4】

-quer で終わる動詞からの派生では qu が c に変わります.

《派生のパターン：-quer → -cation》

1. 貼り付け；適用, 応用	〈appliquer〉	_____
2. (情報などの)伝達	〈communiquer〉	_____
3. 複雑であること；厄介事, もめ事	〈compliquer〉	_____
4. 没収, 押収	〈confisquer〉	_____
5. 召集；呼び出し, 召喚	〈convoquer〉	_____
6. 教育	〈éduquer〉	_____
7. 思い起こすこと, 喚起, 想起	〈évoquer〉	_____
8. 説明	〈expliquer〉	_____
9. 製造	〈fabriquer〉	_____
10. 指示；表示	〈indiquer〉	_____
11. 挑発	〈provoquer〉	_____
12. (権利の)要求	〈revendiquer〉	_____

〔解答〕 (qu → c の変化 ⇨ [しくみ28])

1. application　2. communication　3. complication　4. confiscation
5. convocation　6. éducation　7. évocation　8. explication　9. fabrication
10. indication　11. provocation　12. revendication
　＊基語動詞に共通する部分：-pliquer (3語), -voquer (3語)

【練習5】

-blier あるいは -plier で終わる動詞からの派生形は, 末尾が -cation になります (oublier と plier を除きます).

(A) 《派生のパターン：-blier → -blication》
　　出版　　　　　　　　　　　　　〈publier〉　　　　_____
(B) 《派生のパターン：-plier → -plication》

1. 増加；掛け算	〈multiplier〉	_____
2. 懇願	〈supplier〉	_____

〔解答〕

(A) publication　　(B) 1. multiplication　2. supplication

【練習6】

-ifier または -éfier で終わる動詞からの派生です. -fier の部分の変化の仕方が異なるので注意しましょう.

(A) 《派生のパターン：-ifier → -ification》

1. 拡大，増大 〈amplifier〉 ＿＿＿＿＿＿

2. 識別；身元確認 〈identifier〉 ＿＿＿＿＿＿

3. 正当化 〈justifier〉 ＿＿＿＿＿＿

4. 変更 〈modifier〉 ＿＿＿＿＿＿

5. 訂正，修正 〈rectifier〉 ＿＿＿＿＿＿

6. 意味 〈signifier〉 ＿＿＿＿＿＿

7. 統一，統合 〈unifier〉 ＿＿＿＿＿＿

8. 検査，点検 〈vérifier〉 ＿＿＿＿＿＿

(B) 《派生のパターン：-éfier → -éfaction》

1. コークス化 〈cokéfier〉 ＿＿＿＿＿＿

2. (ガスなどの)液化 〈liquéfier〉 ＿＿＿＿＿＿

3. 腐敗 〈putréfier〉 ＿＿＿＿＿＿

4. (気体の)希薄化；(商品・生産物の)欠乏 〈raréfier〉 ＿＿＿＿＿＿

5. 茫然(ぼうぜん)自失 〈stupéfier〉 ＿＿＿＿＿＿

6. (コーヒーなどの)焙煎(ばいせん) 〈torréfier〉 ＿＿＿＿＿＿

〔解答〕

(A) 1. amplification　2. identification　3. justification　4. modification

　　5. rectification　6. signification　7. unification　8. vérification

(B) 1. cokéfaction　2. liquéfaction　3. putréfaction　4. raréfaction

　　5. stupéfaction　6. torréfaction

【練習7】

　以下の練習では，-ation を用いる原則どおりの派生と，-ation 以外を用いる変則的な派生に分けて見ていきます．変則的なものは派生のパターンで示してあります．

(A) 原則どおり -ation になる派生．

　　混乱 〈perturber〉 ＿＿＿＿＿＿

(B) 《派生のパターン：-ber → -bition》

1. 見世物, ショー；誇示 〈exhiber 展示する；ひけらかす〉 ＿＿＿＿＿＿

2. 禁止 〈prohiber〉 ＿＿＿＿＿＿

〔解答〕

(A) perturbation

(B) 1. exhibition　2. prohibition

　＊(B)の基語動詞に共通する部分は -hiber.

【練習 8】

-ier で終わる動詞も 2 つの派生タイプがあります.

(A) 原則どおり -ation になる派生.

1. 評価 〈apprécier〉 ＿＿＿＿＿＿＿
2. 会，団体；参加 〈(s')associer 加わる，参加する〉 ＿＿＿＿＿＿＿
3. 迂回(うかい)；迂回路 〈dévier〉 ＿＿＿＿＿＿＿
4. 区別 〈différencier〉 ＿＿＿＿＿＿＿
5. 屈辱 〈humilier〉 ＿＿＿＿＿＿＿
6. 交渉 〈négocier〉 ＿＿＿＿＿＿＿
7. 変化 〈varier〉 ＿＿＿＿＿＿＿

(B)《派生のパターン：-ier → -ition》

1. 発送 〈expédier〉 ＿＿＿＿＿＿＿
2. 再発送 〈réexpédier〉 ＿＿＿＿＿＿＿

〔解答〕

(A) 1. appréciation 2. association 3. déviation 4. différenciation
   5. humiliation 6. négociation 7. variation
(B) 1. expédition 2. réexpédition ＊(B)の基語動詞に共通する部分は -pédier.

【練習 9】

-sser で終わる動詞は原則以外の派生が多数です.

(A) 原則どおり -ation になる派生.

停止 〈cesser〉 ＿＿＿＿＿＿＿

(B)《派生のパターン：-sser → -ssion》

1. 襲撃 〈agresser〉 ＿＿＿＿＿＿＿
2. 白状 〈confesser〉 ＿＿＿＿＿＿＿
3. 息苦しさ 〈oppresser〉 ＿＿＿＿＿＿＿
4. 押すこと；圧力 〈presser〉 ＿＿＿＿＿＿＿
5. 職業；表明, 公言 〈professer〉 ＿＿＿＿＿＿＿
6. 前進；進展 〈progresser〉 ＿＿＿＿＿＿＿
7. 後退 〈régresser〉 ＿＿＿＿＿＿＿

〔解答〕

(A) cessation
(B) 1. agression 2. confession 3. oppression 4. pression 5. profession
   6. progression 7. régression
 ＊(B)の基語動詞に共通する部分：-presser (2 語), -gresser (3 語), -fesser (2 語).

【練習10】

-ser /ze/ で終わる動詞です．変則的な派生のパターンが2種類あります．

(A) 原則どおり -ation になる派生．

1. 非難　　　　　　　　　　　　　　　〈accuser〉　　　　＿＿＿＿＿＿＿

2. 許可，認可　　　　　　　　　　　　〈autoriser〉　　　＿＿＿＿＿＿＿

3. (河川の)運河化；(水道・ガスなどの)導管　〈canaliser〉　　　＿＿＿＿＿＿＿

4. 文明　　　　　　　　　　　　　　　〈civiliser〉　　　＿＿＿＿＿＿＿

5. 組織化；組織，機構　　　　　　　　〈organiser〉　　　＿＿＿＿＿＿＿

6. 実現　　　　　　　　　　　　　　　〈réaliser〉　　　＿＿＿＿＿＿＿

7. 使用　　　　　　　　　　　　　　　〈utiliser〉　　　＿＿＿＿＿＿＿

(B) 《派生のパターン：-ser → -sition》

1. 構成；創作　　　　　　　　　　　　〈composer〉　　＿＿＿＿＿＿＿

2. 配置；自由に使えること　　　　　　〈disposer〉　　　＿＿＿＿＿＿＿

3. 展示；展示会　　　　　　　　　　　〈exposer〉　　　＿＿＿＿＿＿＿

4. 対立；反対　　　　　　　　　　　　〈opposer〉　　　＿＿＿＿＿＿＿

5. 位置　　　　　　　　　　　　　　　〈poser 置く〉　＿＿＿＿＿＿＿

6. 提案　　　　　　　　　　　　　　　〈proposer〉　　　＿＿＿＿＿＿＿

7. 推測　　　　　　　　　　　　　　　〈supposer〉　　　＿＿＿＿＿＿＿

(C) 《派生のパターン：-ser → -sion》

1. 放送；普及　　　　　　　　　　　　〈diffuser〉　　　＿＿＿＿＿＿＿

2. 分割　　　　　　　　　　　　　　　〈diviser〉　　　＿＿＿＿＿＿＿

3. 爆発　　　　　　　　　　　　　　　〈exploser〉　　　＿＿＿＿＿＿＿

4. 見直し；修正；復習　　　　　　　　〈réviser〉　　　＿＿＿＿＿＿＿

〔解答〕

(A) 1. accusation　2. autorisation　3. canalisation　4. civilisation

　　5. organisation　6. réalisation　7. utilisation

(B) 1. composition　2. disposition　3. exposition　4. opposition　5. positon

　　6. proposition　7. supposition

　＊(B)の基語動詞に共通する部分は -poser.

(C) 1. diffusion　2. division　3. explosion　4. révision

　＊(C)の基語動詞に共通する部分は -viser（2語）.

【練習11】

-ser /se/ で終わる動詞です．

(A) 原則どおり -ation になる派生．

　　会話　　　　　　　　　　　　　　〈converser〉　　＿＿＿＿＿＿＿

(B)《派生のパターン：-ser → -sion》

1. 散らばること, 散乱 　〈disperser〉 　＿＿＿＿＿＿

2. 強制退去, 追放 　〈expulser〉 　＿＿＿＿＿＿

3. 倒置；逆転 　〈inverser〉 　＿＿＿＿＿＿

4. 翻訳練習；(映画の)…語版 　〈verser 注ぐ, 流し込む〉 　＿＿＿＿＿＿

〔解答〕

(A) conversation

(B) 1. dispersion　2. expulsion　3. inversion　4. version〔verser の原義は「回す,
向きを変える」〕

＊(B)の基語動詞に共通する部分：-verser（2語）.

【練習12】

-ter で終わる動詞です. 変則的な派生のパターンが2種類あります.

(A) 原則どおり -ation になる派生.

1. 適合, 適応；脚色 　〈adapter〉 　＿＿＿＿＿＿

2. 揺れ；動揺 　〈agiter〉 　＿＿＿＿＿＿

3. 興奮 　〈exciter〉 　＿＿＿＿＿＿

4. ためらい 　〈hésiter〉 　＿＿＿＿＿＿

5. 招待 　〈inviter〉 　＿＿＿＿＿＿

6. 紹介；提示 　〈présenter〉 　＿＿＿＿＿＿

7. 表現；(劇などの)上演 　〈représenter〉 　＿＿＿＿＿＿

(B)《派生のパターン：-ter → -tition》

繰り返し 　〈répéter〉 　＿＿＿＿＿＿

(C)《派生のパターン：-ter → -tion》

1. 採用 　〈adopter〉 　＿＿＿＿＿＿

2. 収縮, こわばり 　〈contracter〉 　＿＿＿＿＿＿

3. くつろぐこと 　〈(se) décontracter〉 　＿＿＿＿＿＿

4. 出版；出版業；(印刷物の)版 　〈éditer〉 　＿＿＿＿＿＿

5. 実行；制作；演奏 　〈exécuter〉 　＿＿＿＿＿＿

6. 注射；注入 　〈injecter〉 　＿＿＿＿＿＿

7. 視察；検査 　〈inspecter〉 　＿＿＿＿＿＿

8. 発明 　〈inventer〉 　＿＿＿＿＿＿

9. 反論 　〈objecter〉 　＿＿＿＿＿＿

10. 迫害 　〈persécuter〉 　＿＿＿＿＿＿

11. 探査；市場調査 　〈prospecter〉 　＿＿＿＿＿＿

〔解答〕

(A) 1. adaptation 2. agitation 3. excitation 4. hésitation 5. invitation
6. présentation 7. représentation

(B) répétition

(C) 1. adoption 2. contraction 3. décontraction 4. édition 5. exécution
6. injection 7. inspection 8. invention 9. objection 10. persécution
11. prospection

＊(C) の基語動詞に共通する部分：
contracter (2 語), -(s)écuter (2 語), -jecter (2 語), -specter (2 語).

【練習13】

-uer で終わる動詞です.

(A) 原則どおり -ation になる派生.

1. 軽減, 緩和	〈atténuer〉	＿＿＿＿＿
2. 継続	〈continuer〉	＿＿＿＿＿
3. 立ち退き, 退去	〈évacuer〉	＿＿＿＿＿
4. 評価	〈évaluer〉	＿＿＿＿＿
5. ほのめかし	〈insinuer〉	＿＿＿＿＿

(B) 《派生のパターン：-uer → -ution》

1. 割り当て	〈attribuer〉	＿＿＿＿＿
2. 構成；設立；憲法	〈constituer〉	＿＿＿＿＿
3. 貢献	〈contribuer〉	＿＿＿＿＿
4. 減少	〈diminuer〉	＿＿＿＿＿
5. 分配, 配布	〈distribuer〉	＿＿＿＿＿
6. 進展	〈évoluer〉	＿＿＿＿＿
7. 制度；体制	〈instituer 制定する〉	＿＿＿＿＿
8. 汚染	〈polluer〉	＿＿＿＿＿
9. 売春	〈prostituer〉	＿＿＿＿＿

〔解答〕

(A) 1. atténuation 2. continuation 3. évacuation 4. évaluation
5. insinuation

(B) 1. attribution 2. constitution 3. contribution 4. diminution
5. distribution 6. évolution 7. institution 8. pollution 9. prostitution
＊(B)の基語動詞に共通する部分：-tribuer (3 語), -stituer (3 語).

【練習14】

-er 動詞の派生で語幹が多少変わるものがあります.

(A) 接尾辞は -ation.

1. 呼び方, 呼び名 　　　　　　　　〈appeler〉 (appell...) 　　＿＿＿＿＿＿
2. 逮捕 　　　　　　　　　　　　　〈arrêter〉 (arrest...) 　　＿＿＿＿＿＿
3. 上昇 　　　　　　　　　　　　　〈élever〉 (élév...) 　　　＿＿＿＿＿＿
4. 給付；提供, 供与 　　　　　　　〈prêter〉 (prest...) 　　＿＿＿＿＿＿
5. (おおげさな)挨拶, 儀礼 　　　　〈saluer〉 (salut...) 　　＿＿＿＿＿＿

(B) 接尾辞は -tion.

　　挿入 　　　　　　　　　　　　　〈insérer〉 (inser...) 　　＿＿＿＿＿＿

(C) 接尾辞は -ion.

　　反逆 　　　　　　　　　　　　　〈(se) rebeller〉 (rébell...) 　＿＿＿＿＿＿

〚解答〛

(A) 1. appellation　2. arrestation　3. élévation　4. prestation　5. salutation

(B) insertion　　　(C) rébellion

【練習15】

-ir 動詞からの派生を見てみましょう. -ir 動詞が基語になる派生語はあまり多くありません. -age や -ement の場合とは異なり, 派生語は不定詞の語幹から作ります.

(A) 《派生のパターン：-ir → -ition》

1. 廃止 　　　　　　　〈abolir〉 　　　　　　　　　　＿＿＿＿＿＿
2. 定義 　　　　　　　〈définir〉 　　　　　　　　　　＿＿＿＿＿＿
3. 取り壊し 　　　　　〈démolir〉 　　　　　　　　　　＿＿＿＿＿＿
4. (備蓄の)弾薬 　　　〈munir 備えつける〉 (*派生語は複数形) 　＿＿＿＿＿＿
5. 処罰 　　　　　　　〈punir〉 　　　　　　　　　　＿＿＿＿＿＿

(B) 《派生のパターン：-tir → -sion》

1. 改宗；変換 　　　　〈convertir〉 　　　　　　　　　＿＿＿＿＿＿
2. 再転換, 転用；転職 　〈reconvertir〉 　　　　　　　　＿＿＿＿＿＿

〚解答〛

(A) 1. abolition　2. définition　3. démolition　4. munitions　5. punition

(B) 1. conversion　2. reconversion

B. 基語の語幹が派生語でかなり変化するもの

派生語の末尾と基語の末尾の綴りによって分類し, 順番に派生のタイプを見ていきます. 語幹が特殊な変化する場合はかっこに入れて示します.

【練習1】

この練習の派生語の最後はすべて -ation になります.

(A) 基語動詞が -louer で終わる.

《派生のパターン：-louer → -location》

1. 手当(金)　　　　　　　　〈allouer (手当などを)支給する〉　＿＿＿＿＿＿＿

2. 賃貸し；賃借り　　　　　〈louer〉　　　　　　　　　　　＿＿＿＿＿＿＿

(B) 基語動詞が -nommer で終わる.

《派生のパターン：-nommer → -nomination》

1. 名称, 呼称　　　　　　　〈dénommer 名づける〉　　　　＿＿＿＿＿＿＿

2. 任命　　　　　　　　　　〈nommer〉　　　　　　　　　　＿＿＿＿＿＿＿

(C) 基語動詞が -ordonner で終わる.

《派生のパターン：-ordonner → -ordination》

1. 調整；(文法用語で)等位　〈coordonner〉　　　　　　　　＿＿＿＿＿＿＿

2. 従属　　　　　　　　　　〈subordonner〉　　　　　　　　＿＿＿＿＿＿＿

(D) 基語動詞が -prouver で終わる.

《派生のパターン：-prouver → -probation》

1. 賛同, 賛成　　　　　　　〈approuver〉　　　　　　　　　＿＿＿＿＿＿＿

2. 不賛成　　　　　　　　　〈désapprouver〉　　　　　　　＿＿＿＿＿＿＿

3. 厳しい非難, 糾弾　　　　〈réprouver〉　　　　　　　　　＿＿＿＿＿＿＿

(E) その他, 派生語が -ation になるもの.

1. 短縮　　　　　　　　　　〈abréger〉 (abrévi...)　　　　　＿＿＿＿＿＿＿

2. 水泳　　　　　　　　　　〈nager〉 (nat...)　　　　　　　＿＿＿＿＿＿＿

3. 否定　　　　　　　　　　〈nier〉 (nég...)　　　　　　　　＿＿＿＿＿＿＿

4. 感じ；興奮；大評判　　　〈sentir〉 (sens...)　　　　　　　＿＿＿＿＿＿＿

〔解答〕

(A) 1. allocation　2. location　　(B) 1. dénomination　2. nomination

(C) 1. coordination　2. subordination

(D) 1. approbation　2. désapprobation　3. réprobation

(E) 1. abréviation　2. natation　3. négation　4. sensation

【練習2】

派生語の最後は -ition, -ution, -otion になります. 基語動詞が -paraître で終わるものは派生が2種類あります.

(A) 基語動詞が -paraître[1] で終わる.

《派生のパターン：-paraître → -parition》

1. 現れること, 出現　　　　　〈apparaître〉　　　　　　　＿＿＿＿＿＿＿

2. 消えること 〈disparaître〉 ＿＿＿＿＿＿＿

(B) 基語動詞が -paraître[2] で終わる.

《派生のパターン：-paraître → -parution》

1. (裁判所などへの)出頭 〈comparaître〉 ＿＿＿＿＿＿＿

2. (本などの)刊行 〈paraître〉 ＿＿＿＿＿＿＿

(C) 基語動詞が -quérir で終わる.

《派生のパターン：-quérir → -quisition》

1. 取得 〈acquérir〉 ＿＿＿＿＿＿＿

2. 要請 〈requérir〉 (ré...) ＿＿＿＿＿＿＿

(D) 基語動詞が -mouvoir で終わる.

《派生のパターン：-mouvoir → -motion》

1. 感動 〈émouvoir〉 ＿＿＿＿＿＿＿

2. 昇進；販売促進 〈promouvoir〉 ＿＿＿＿＿＿＿

(E) 基語動詞が -soudre で終わる.

《派生のパターン：-soudre → -solution》

1. 溶解；解散 〈dissoudre〉 ＿＿＿＿＿＿＿

2. 決心 〈résoudre〉 ＿＿＿＿＿＿＿

(F) その他, 派生語が -ition になるもの.

1. 栄養(摂取) 〈(se) nourrir 食物[栄養]をとる〉 (nutr...) ＿＿＿＿＿＿＿

2. 破滅, 堕落 〈perdre 《文》破滅[堕落]させる〉 (perd...) ＿＿＿＿＿＿＿

3. 降伏, 投降 〈(se) rendre〉 (redd...) ＿＿＿＿＿＿＿

〔解答〕

(A) 1. apparition 2. disparition (B) 1. comparution 2. parution

 ((A)と(B)の基語の -paraître の『新綴り』はアクサン無しの -paraitre)

(C) 1. acquisition 2. réquisition (re- → ré- の変化に注意⇨後出の[しくみ58])

(D) 1. émotion 2. promotion

 (*cf.* mouvoir「動かす」の行為名詞は mouvement (§6-2.[練習 3]))

(E) 1. dissolution 2. résolution

(F) 1. nutrition 2. perdition 3. reddition

【練習3】

　派生語の最後は -action, -ection になります. -faire の基語動詞は派生が 2 種類あります.

(A) 基語動詞が -agir で終わる.

《派生のパターン：-agir → -action》

1. 行動 〈agir〉 ＿＿＿＿＿＿＿

2. 反応；反発 〈réagir〉 ＿＿＿＿＿＿＿

(B) 基語動詞が -faire[1] で終わる.

《派生のパターン：-faire → -faction》

　　満足　　　　　　　　　　〈satisfaire〉　　　　　＿＿＿＿＿＿＿

(C) 基語動詞が -faire[2] で終わる.

《派生のパターン：-faire → -fection》

　　修理　　　　　　　　　　〈refaire〉 (ré...)　　　＿＿＿＿＿＿＿

(D) 基語動詞が -traire で終わる.

《派生のパターン：-traire → -traction》

　1. 抽象(作用)　　　　　　〈abstraire〉　　　　　＿＿＿＿＿＿＿

　2. 気晴らし　　　　　　　〈distraire〉　　　　　＿＿＿＿＿＿＿

　3. 摘出；採掘　　　　　　〈extraire〉　　　　　＿＿＿＿＿＿＿

　4. 引き算　　　　　　　　〈soustraire〉　　　　＿＿＿＿＿＿＿

(E) 基語動詞が -lire で終わる.

《派生のパターン：-lire → -lection》

　1. 選挙　　　　　　　　　〈élire〉　　　　　　　＿＿＿＿＿＿＿

　2. 再選　　　　　　　　　〈réélire〉　　　　　　＿＿＿＿＿＿＿

(F) 基語動詞が -riger で終わる.

《派生のパターン：-riger → -rection》

　1. 訂正　　　　　　　　　〈corriger〉　　　　　＿＿＿＿＿＿＿

　2. 指導　　　　　　　　　〈diriger〉　　　　　　＿＿＿＿＿＿＿

　3. (記念碑などの)建立　　〈ériger〉　　　　　　＿＿＿＿＿＿＿

(G) その他，派生語が -action になるもの.

　1. 引きつけること[もの]　〈attirer〉 (attr...)　　＿＿＿＿＿＿＿

　2. (文書の)作成；編集　　〈rédiger〉 (réd...)　　＿＿＿＿＿＿＿

(H) その他，派生語が -ection になるもの.

　1. 発射；映写　　　　　　〈projeter〉 (proj...)　＿＿＿＿＿＿＿

　2. 保護　　　　　　　　　〈protéger〉 (prot...)　＿＿＿＿＿＿＿

〔解答〕

(A) 1. action　2. réaction

(B) satisfaction

(C) réfection (re- → ré- の変化にも注意 ⇨ 後出の[しくみ58])

(D) 1. abstraction　2. distraction　3. extraction　4. soustraction

(E) 1. élection　2. réélection

(F) 1. correction　2. direction　3. érection

(G) 1. attraction　2. rédaction

(H) 1. projection　2. protection

【練習４】

派生語の最後は -iction, -uction, -nction になります。

(A) 基語動詞が -dire で終わる.

《派生のパターン：-dire → -diction》

1. 反論；矛盾 〈contredire〉 (contra...) _____
2. 発声法, 話し方 〈dire 言う〉 _____
3. 禁止 〈interdire〉 _____
4. 呪(のろ)い 〈maudire〉 (malé...) _____
5. 予言 〈prédire〉 _____

(B) 基語動詞が -duire で終わる.

《派生のパターン：-duire → -duction》

1. 差し引き；控除；演繹 〈déduire〉 _____
2. 帰納 〈induire〉 _____
3. 招き入れること；導入 〈introduire〉 _____
4. 生産；製作 〈produire〉 _____
5. 削減；割引 〈réduire〉 _____
6. 再現；複製 〈reproduire〉 _____
7. 誘惑 〈séduire〉 _____
8. 翻訳 〈traduire〉 _____

(C) 基語動詞が -(s)truire で終わる.

《派生のパターン：-(s)truire → -struction》

1. 建設 〈construire〉 _____
2. 破壊 〈détruire〉 (de...) _____
3. 教育；教養 〈instruire〉 _____

(D) 基語動詞が -joindre で終わる.

《派生のパターン：-joindre → -jonction》

1. 付加, 添加 〈adjoindre〉 _____
2. 結合 〈joindre〉 _____

(E) その他, 派生語が -iction になるもの.

1. 祝福(式) 〈bénir〉 (bénéd...) _____
2. 確信；信念 〈convaincre 納得させる〉 (conv...) _____
3. 制限；制約 〈restreindre〉 (restr...) _____

(F) その他, 派生語が -inction になるもの.

1. 区別 〈distinguer〉 (dist...) _____
2. 消火, 消灯 〈éteindre〉 (ext...) _____

〔解答〕

(A) 1. contradiction (contre- → contra- の変化にも注意)　2. diction　3. interdiction
　　 4. malédiction (mau- → malé- の変化にも注意)　5. prédiction

(B) 1. déduction　2. induction　3. introduction　4. production　5. réduction
　　 6. reproduction　7. séduction　8. traduction

(C) 1. construction　2. destruction (dé- → des- の変化にも注意)　3. instruction

(D) 1. adjonction　2. jonction

(E) 1. bénédiction　2. conviction　3. restriction

(F) 1. distinction　2. extinction (é- → ex- の変化にも注意)

【練習5】

　派生語の最後は -ption になります.

(A) 基語動詞が -cevoir で終わる.

《派生のパターン：-cevoir → -ception》

　1. 考え方；着想　　　　　　　　〈concevoir 考える；思いつく〉　＿＿＿＿＿＿＿

　2. 失望　　　　　　　　　　　　〈décevoir〉　　　　　　　　　＿＿＿＿＿＿＿

　3. 知覚　　　　　　　　　　　　〈percevoir〉　　　　　　　　　＿＿＿＿＿＿＿

　4. 受け取ること, 受領　　　　　〈recevoir〉 (ré...)　　　　　＿＿＿＿＿＿＿

(B) 基語動詞が -(s)crire で終わる.

《派生のパターン：-(s)crire → -scription》

　1. 区域　　　　　　　　　　　　〈circonscrire 囲む〉　　　　　＿＿＿＿＿＿＿

　2. 描写　　　　　　　　　　　　〈décrire〉 (de...)　　　　　　＿＿＿＿＿＿＿

　3. 記入；登録　　　　　　　　　〈inscrire〉　　　　　　　　　＿＿＿＿＿＿＿

　4. (医者による)処方　　　　　　〈prescrire〉　　　　　　　　　＿＿＿＿＿＿＿

　5. 追放；使用禁止　　　　　　　〈proscrire〉　　　　　　　　　＿＿＿＿＿＿＿

　6. 応募；予約申し込み　　　　　〈souscrire〉　　　　　　　　　＿＿＿＿＿＿＿

　7. 転写, 書き替え　　　　　　　〈transcrire〉　　　　　　　　　＿＿＿＿＿＿＿

(C) 基語動詞が -rompre で終わる.

《派生のパターン：-rompre → -ruption》

　1. 堕落　　　　　　　　　　　　〈corrompre〉　　　　　　　　＿＿＿＿＿＿＿

　2. 中断　　　　　　　　　　　　〈interrompre〉　　　　　　　＿＿＿＿＿＿＿

(D) その他, 派生語が -ption になるもの.

　1. 吸収　　　　　　　　　　　　〈absorber〉 (absor...)　　　　＿＿＿＿＿＿＿

　2. 推定　　　　　　　　　　　　〈présumer〉 (présom...)　　　＿＿＿＿＿＿＿

〔解答〕

(A) 1. conception 2. déception 3. perception
   4. réception (re- → ré- の変化にも注意⇒後出の [しくみ 58])

(B) 1. circonscription 2. description (dé- → des- の変化にも注意) 3. inscription
   4. prescription 5. proscription 6. souscription 7. transcription

(C) 1. corruption 2. interruption

(D) 1. absorption 2. présomption

【練習 6】

派生語の最後は -stion, -ention, -ension になります. -tendre の基語動詞は派生が 2 種類あります.

(A) 基語動詞が -gérer で終わる.

《派生のパターン：-gérer → -gestion》

1. 消化　　　　　　　　　　〈digérer〉　　　　　　　＿＿＿＿＿＿

2. 管理　　　　　　　　　　〈gérer〉　　　　　　　　＿＿＿＿＿＿

3. 提案；暗示　　　　　　　〈suggérer〉　　　　　　 ＿＿＿＿＿＿

(B) 基語動詞が -tenir で終わる.

《派生のパターン：-tenir → -tention》

1. (選挙での) 棄権　　　　　〈(s')abstenir〉　　　　　＿＿＿＿＿＿

2. 所持；拘留　　　　　　　〈détenir〉　　　　　　　＿＿＿＿＿＿

3. 取得　　　　　　　　　　〈obtenir〉　　　　　　　＿＿＿＿＿＿

(C) 基語動詞が -venir で終わる.

《派生のパターン：-venir → -vention》

1. 違反　　　　　　　　　　〈contrevenir〉 (contra...) ＿＿＿＿＿＿

2. 協定　　　　　　　　　　〈convenir〉　　　　　　 ＿＿＿＿＿＿

3. 介入；(警察・消防などの) 出動　〈intervenir〉　　　＿＿＿＿＿＿

4. 予防　　　　　　　　　　〈prévenir〉　　　　　　 ＿＿＿＿＿＿

(D) 基語動詞が -tendre[1] で終わる.

《派生のパターン：-tendre → -tention》

1. 注意　　　　　　　　　　〈attendre 待つ〉　　　　 ＿＿＿＿＿＿

2. 主張；うぬぼれ　　　　　〈prétendre〉　　　　　　＿＿＿＿＿＿

(E) 基語動詞が -tendre[2] で終わる.

《派生のパターン：-tendre → -tension》

1. (手足などを) 伸ばすこと；(範囲・勢力などの) 拡大
　　　　　　　　　　　　　〈étendre〉 (ex...)　　　 ＿＿＿＿＿＿

2. (紐などの) 張り；緊張　　〈tendre〉　　　　　　　 ＿＿＿＿＿＿

(F) 派生語が -préhender, -prendre で終わる.

《派生のパターン：-préhender, -prendre → -préhension》

1. 心配, 懸念　　　　　　　　　〈appréhender〉　　　　＿＿＿＿＿＿＿＿

2. 理解　　　　　　　　　　　　〈comprendre〉　　　　　＿＿＿＿＿＿＿＿

(G) その他, 派生語が -ension になるもの.

　　吊るすこと；中断　　　　　　〈suspendre〉（susp…）　＿＿＿＿＿＿＿＿

〔解答〕

(A) 1. digestion　2. gestion　3. suggestion

(B) 1. abstention　2. détention　3. obtention　(*tenir はこのパターンにならない)

(C) 1. contravention (contre- → contra- の変化にも注意)　2. convention

　　　3. intervention　4. prévention　(*venir はこのパターンにならない)

(D) 1. attention〔attendre の原義は「注意を向ける」〕　2. prétention

(E) 1. extension (é- → ex- の変化にも注意)　2. tension

(F) 1. appréhension　2. compréhension　(*prendre はこのパターンにならない)

(G) suspension　(*pendre, dépendre の派生は後出)

【練習 7】

　派生語の最後は -ssion になります.

(A) 基語動詞が -céder で終わる.

《派生のパターン：-céder → -cession》

1. (地位への)到達, (目標の)達成　〈accéder〉　　　　　　＿＿＿＿＿＿＿＿

2. 譲渡　　　　　　　　　　　　〈céder〉　　　　　　　　＿＿＿＿＿＿＿＿

3. 譲歩　　　　　　　　　　　　〈concéder〉　　　　　　　＿＿＿＿＿＿＿＿

4. 行列　　　　　　　　　　　　〈procéder《文》前進する〉　＿＿＿＿＿＿＿＿

5. 続いて起こること, 継起；継承　〈succéder〉　　　　　　＿＿＿＿＿＿＿＿

(B) 基語動詞が -séder で終わる.

《派生のパターン：-séder → -session》

1. 強迫観念　　　　　　　　　　〈obséder つきまとう〉　　＿＿＿＿＿＿＿＿

2. 所有　　　　　　　　　　　　〈posséder〉　　　　　　　＿＿＿＿＿＿＿＿

(C) 基語動詞が -primer で終わる.

《派生のパターン：-primer → -pression》

1. 圧縮　　　　　　　　　　〈comprimer〉　　　　　　　　　＿＿＿＿＿＿＿＿

2. (精神的な)落ち込み　　　〈déprimer〉　　　　　　　　　　＿＿＿＿＿＿＿＿

3. 表現　　　　　　　　　　〈exprimer〉　　　　　　　　　　＿＿＿＿＿＿＿＿

4. 印刷；印象　　　　　　　〈imprimer 印刷する；《文》心に刻みつける〉　＿＿＿＿＿＿＿＿

5. 抑圧；圧制 〈opprimer〉 _____

6. (暴動などの)鎮圧 〈réprimer〉 _____

7. 除去, 削除 〈supprimer〉 _____

(D) 基語動詞が -mettre で終わる.

《派生のパターン：-mettre → -mission》

1. 入場許可 〈admettre〉 _____

2. 辞職 〈(se) démettre〉 _____

3. 放送 〈émettre〉 _____

4. 任務 〈mettre (仕事などに)つかせる〉 _____

5. 言い[書き]落とし 〈omettre〉 _____

6. 許可 〈permettre〉 _____

7. 服従 〈soumettre〉 _____

8. 伝達, 伝導 〈transmettre〉 _____

(E) 基語動詞が -cuter で終わる.

《派生のパターン：-cuter → -cussion》

1. 議論 〈discuter〉 _____

2. 衝突；衝撃 〈percuter〉 _____

3. (音などの)反響；影響 〈répercuter〉 _____

(F) 基語動詞が -patir, -pâtir で終わる.

《派生のパターン：-patir, -pâtir → -passion》

1. 同情 〈compatir〉 _____

2. 情熱；情念；(キリストの)受難 〈pâtir 苦しむ〉 _____

〔解答〕

(A) 1. accession 2. cession 3. concession 4. procession 5. succession

(B) 1. obsession 2. possession

(C) 1. compression 2. dépression 3. expression 4. impression
    5. oppression〔「息苦しさ」の意味では A.[練習9] の oppresser に対応する〕
    6. répression 7. suppression

(D) 1. admission 2. démission 3. émission 4. mission 5. omission
    6. permission 7. soumission 8. transmission

(E) 1. discussion 2. percussion 3. répercussion

(F) 1. compassion 2. passion

【練習8】

派生語の最後は -sion /zjɔ̃/ になります.

(A) 基語動詞が -vader, -vahir で終わる.

《派生のパターン：-vader, -vahir → -vasion》

1. 侵略 〈envahir〉 (in...) ＿＿＿＿＿＿

2. 脱走 〈(s')évader〉 ＿＿＿＿＿＿

(B) 基語動詞が -suader で終わる.

《派生のパターン：-suader → -suasion》

1. 思いとどまらせること 〈dissuader〉 ＿＿＿＿＿＿

2. 説得 〈persuader〉 ＿＿＿＿＿＿

(C) 基語動詞が -clure で終わる.

《派生のパターン：-clure → -clusion》

1. 結論 〈conclure〉 ＿＿＿＿＿＿

2. 除名；追放 〈exclure〉 ＿＿＿＿＿＿

3. 含めること, 包含 〈inclure〉 ＿＿＿＿＿＿

(D) 基語動詞が -fondre で終わる.

《派生のパターン：-fondre → -fusion》

1. 混同 〈confondre〉 ＿＿＿＿＿＿

2. 融解；融合 〈fondre〉 ＿＿＿＿＿＿

(E) 基語動詞が -voir で終わる.

《派生のパターン：-voir → -vision》

1. 予想, 予測 〈prévoir〉 ＿＿＿＿＿＿

2. 視覚；視力 〈voir 見える〉 ＿＿＿＿＿＿

(F) その他, 派生語が -sion になるもの.

1. 加入, 加盟 〈adhérer〉 (adhé...) ＿＿＿＿＿＿

2. 決定 〈décider〉 (déci...) ＿＿＿＿＿＿

3. 孵化；開花 〈éclore〉 (éclo...) ＿＿＿＿＿＿

4. 母音字省略 〈élider〉 (éli...) ＿＿＿＿＿＿

5. 浸食 〈éroder〉 (éro...) ＿＿＿＿＿＿

6. 蓄え 〈pourvoir 備え付ける〉 (provi...) ＿＿＿＿＿＿

〔解答〕

(A) 1. invasion (en-→in- の変化 ⇨後出の[しくみ40]) 2. évasion

(B) 1. dissuasion 2. persuasion

(C) 1. conclusion 2. exclusion 3. inclusion

(D) 1. confusion 2. fusion

(E) 1. prévision 2. vision

(F) 1. adhésion 2. décision 3. éclosion 4. élision 5. érosion
  6. provision (pour-→pro- の変化にも注意)

【練習 9】

派生語の最後は -rsion /r-sjɔ̃/ になります.

(A) 基語動詞が -merger で終わる.

《派生のパターン：-merger → -mersion》

1. (水面への)出現, 浮上 　　　　〈émerger〉 　　　　_____

2. 沈めること；(潜水艦の)潜水 　〈immerger〉 　　　_____

3. 水没, 沈没 　　　　　　　　　〈submerger〉 　　　_____

(B) 基語動詞が -vertir で終わる.

《派生のパターン：-vertir → -version》

1. 改宗；変換 　　　　　　　　　〈convertir〉 　　　　_____

2. (順序の)入れ替え 　　　　　　〈intervertir〉 　　　_____

3. 再転換, 転用 　　　　　　　　〈reconvertir〉 　　　_____

(C) その他, 派生語が -rsion になるもの.

　　ねじること 　　　　　　　　〈tordre〉 　　　　　_____

〔解答〕

(A) 1. émersion　2. immersion　3. submersion

(B) 1. conversion　2. interversion　3. reconversion

(C) torsion

【練習 10】

派生語の最後は -xion /k-sjɔ̃/, -cion /sjɔ̃/ になります.

(A) 基語動詞が -fléchir で終わる.

《派生のパターン：-fléchir → -flexion》

1. (手足を)曲げること；湾曲, たわみ 　〈fléchir〉 　　_____

2. (体などを)曲げること；(光の)屈折 　〈infléchir〉 　_____

3. 熟考；意見, 指摘 　　　　　　　　　〈réfléchir〉 　_____

(B) その他, 派生語が -xion になるもの.

1. 接続；結合 　　　　　　〈connecter〉 (conne...) 　_____

2. キリスト磔刑(たっけい) 　〈crucifier〉 (crucifi...) 　_____

(C) 派生語が -cion になるもの.

1. (液体を)吸うこと 　　　〈sucer〉 (suc...) 　　　　_____

2. 疑惑 　　　　　　　　　〈suspecter〉 (suspi...) 　_____

〔解答〕

(A) 1. flexion　2. inflexion　3. réflexion

(B) 1. connexion　2. crucifixion

(C) 1. succion　2. suspicion〔類義語の soupçon(後出)との二重語〕

~~ 〖備考〗 ~~~~~~

基語動詞が現存しないものがかなりありますが, いくつかの基本的な語をあげます. すべて女性名詞です. *cf.* は名詞から派生した動詞です.

condition 条件 (*cf.* conditionner「影響を与える, 左右する」)

dimension 大きさ, 寸法；規模；次元 (*cf.* dimensionner「適当な大きさにする」)

fraction 部分；分数〔「砕く」に由来. fracture「骨折」も同語源〕(*cf.* fractionner「分割する」)

population 人口；住民〔peuple「民族；国民」の関連語〕

question 質問；問題 (*cf.* questionner「質問する」)

station 駅；施設〔原義は「立っていること[場所]」〕(*cf.* stationner「駐車する」)

vocation 使命(感)〔voix「声」の関連語で, 原義は「呼ぶこと」〕

~~~~~~

4. -ance *(f)*, -ence *(f)*

動詞と関連する -ance, -ence の名詞 (すべて女性名詞) も相当数あります. これらの語は, 行為だけでなく, しばしば事態や状態・性質を表します.

【練習1】

まず, -er 動詞からの派生を見てみましょう. -ance または -ence を用いて, 次の意味の名詞を作ってください.

(A) 派生語の末尾が -ance になる.

《派生のパターン：-er → -ance》

1. 多量, 豊富　　　　　　　　　〈abonder〉　　　　　　＿＿＿＿＿＿＿＿

2. 慣れること, 順応　　　　　　〈(s')accoutumer〉　　　＿＿＿＿＿＿＿＿

3. 同盟；姻戚関係　　　　　　　〈(s')allier〉　　　　　　＿＿＿＿＿＿＿＿

4. (規則的な)交替　　　　　　　〈alterner〉　　　　　　＿＿＿＿＿＿＿＿

5. 自信, 確信；保証；保険　　　〈assurer〉　　　　　　＿＿＿＿＿＿＿＿

6. 魅力, 誘引力　　　　　　　　〈attirer 引きつける；魅了する〉　＿＿＿＿＿＿＿＿

7. 一致　　　　　　　　　　　　〈concorder〉　　　　　＿＿＿＿＿＿＿＿

8. 信頼　　　　　　　　　　　　〈confier 委ねる〉　　　＿＿＿＿＿＿＿＿

9. 解放；交付　　　　　　　　　〈délivrer〉　　　　　　＿＿＿＿＿＿＿＿

10. 絶望　　　　　　　　　　　　〈désespérer〉　　　　＿＿＿＿＿＿＿＿

11. 希望　　　　　　　　　　　　〈espérer〉　　　　　　＿＿＿＿＿＿＿＿

12. 無知　　　　　　　　　　　　〈ignorer〉　　　　　　＿＿＿＿＿＿＿＿

13. 重要性　　　　　　　　　　　〈importer〉　　　　　＿＿＿＿＿＿＿＿

14. 警戒心, 不信感　　　　　　　〈(se) méfier〉　　　　＿＿＿＿＿＿＿＿

15. (規則・戒律を)守ること, 遵守　〈observer〉　　　　　＿＿＿＿＿＿＿＿

16. 処方箋 〈ordonner 命じる；処方する〉 ＿＿＿＿＿＿＿

17. 過度, 極端 〈outrer 度を過ごす, 誇張する〉 ＿＿＿＿＿＿＿

18. 粘り強さ 〈persévérer〉 ＿＿＿＿＿＿＿

19. 嫌悪(感) 〈répugner〉 ＿＿＿＿＿＿＿

20. 類似 〈ressembler〉 ＿＿＿＿＿＿＿

21. 監視 〈surveiller〉 ＿＿＿＿＿＿＿

22. 大目に見ること, 黙認；寛容 〈tolérer〉 ＿＿＿＿＿＿＿

(B) 派生語の末尾が -ence になる.

《派生のパターン：-er → -ence》

1. 密着 〈adhérer〉 ＿＿＿＿＿＿＿

2. 雑踏, 群衆 〈affluer 殺到する〉 ＿＿＿＿＿＿＿

3. 偶然の一致 〈coïncider〉 ＿＿＿＿＿＿＿

4. 優秀さ, 秀逸, 卓越 〈exceller〉 ＿＿＿＿＿＿＿

5. 影響 〈influer〉 ＿＿＿＿＿＿＿

6. 居住(地)；住居 〈résider〉 ＿＿＿＿＿＿＿

7. 半睡状態, まどろみ 〈somnoler〉 ＿＿＿＿＿＿＿

〔解答〕

(A) 1. abondance 2. accoutumance 3. alliance 4. alternance 5. assurance
6. attirance 7. concordance 8. confiance 9. délivrance 10. désespérance
11. espérance 12. ignorance 13. importance 14. méfiance 15. observance
16. ordonnance 17. outrance 18. persévérance 19. répugnance
20. ressemblance 21. surveillance 22. tolérance

(B) 1. adhérence 2. affluence 3. coïncidence 4. excellence 5. influence
6. résidence 7. somnolence

【練習2】

-sister で終わる語と -exister で終わる語をまとめて見てみましょう.

(A) -sister で終わる語.

《派生のパターン：-sister → -sistance》

1. 《集合的に》出席者；援助 〈assister〉 ＿＿＿＿＿＿＿

2. 粘りけ；確実さ 〈consister 実質がある〉 ＿＿＿＿＿＿＿

3. しつこさ；強調 〈insister〉 ＿＿＿＿＿＿＿

4. 執拗さ 〈persister〉 ＿＿＿＿＿＿＿

5. 抵抗 〈résister〉 ＿＿＿＿＿＿＿

6. 生計, 暮らし 〈subsister 生計を維持する〉 ＿＿＿＿＿＿＿

(B) -exister で終わる語.

《派生のパターン：-exister → -existence》

1. 共存 〈coexister〉 ＿＿＿＿＿＿＿

2. 存在；生活 〈exister〉 ＿＿＿＿＿＿＿

〔解答〕

(A) 1. assistance　2. consistance　3. insistance　4. persistance
　　 5. résistance /re-zis-tãːs/　6. subsistance /syb-zis-tãːs/

(B) 1. coexistence　2. existence

【練習3】

　-ger /ʒe/ で終わる語は -geance または -gence になります. どちらも /ʒ/ の発音に対応する綴りであることに注意しましょう.

(A) -geance になる.

《派生のパターン：-ger → -geance》

1. 親切, 好意 〈obliger 《文》恩恵を施す〉 ＿＿＿＿＿＿＿

2. 復讐 〈venger〉 ＿＿＿＿＿＿＿

(B) -gence になる.

《派生のパターン：-ger → -gence》

1. (一点への)集中 〈converger〉 ＿＿＿＿＿＿＿

2. (意見などの)相違 〈diverger〉 ＿＿＿＿＿＿＿

3. (突然の)出現 〈émerger〉 ＿＿＿＿＿＿＿

4. (強い)要求, 要望 〈exiger〉 ＿＿＿＿＿＿＿

5. 怠慢 〈négliger〉 ＿＿＿＿＿＿＿

〔解答〕

(A) 1. obligeance　2. vengeance
　　 (a の前で ge になる⇨[しくみ27])

(B) 1. convergence　2. divergence　3. émergence　4. exigence　5. négligence

【練習4】

　-férer で終わる語はすべて -férence になります.

《派生のパターン：-férer → -férence》

1. 講演；会議 〈conférer 協議する〉 ＿＿＿＿＿＿＿

2. 相違 〈différer〉 ＿＿＿＿＿＿＿

3. 好み 〈préférer〉 ＿＿＿＿＿＿＿

4. 参照 〈référer〉 ＿＿＿＿＿＿＿

【解答】 1. conférence　2. différence　3. préférence　4. référence

【練習 5】

　-er 動詞以外の動詞のほとんどは -ance になります．nous の活用形の語幹に接尾辞を付ける原則を確認してください．念のために，nous の活用形の語幹が不定詞の語幹と異なる場合は，語幹をかっこに入れて示します．

[1] -ance になる．

《派生のパターン：(nous) -ons → -ance》

(A) nous の活用形の語幹は不定詞の語幹と同じ．

1. 所属, 帰属　　　　　　〈appartenir〉　　　　　　　　_____

2. 容量；態度　　　　　　〈contenir 中に収める〉　　　　_____

3. 都合, 便宜　　　　　　〈convenir 都合がよい〉　　　　_____

4. 一致；連絡　　　　　　〈correspondre〉　　　　　　　_____

5. 失神　　　　　　　　　〈défaillir〉　　　　　　　　　_____

6. 依存　　　　　　　　　〈dépendre〉　　　　　　　　　_____

7. 心づかい, 気配り　　　〈prévenir (人の欲求などを)察知して満足させる〉

　　　　　　　　　　　　　　　　　　　　　　　　　　　_____

8. 出所(でどころ), 出発地　〈provenir …から来る〉　　　_____

9. 苦しみ　　　　　　　　〈souffrir〉　　　　　　　　　_____

10. 性向；傾向　　　　　　〈tendre …を目指す, …に向かう〉　_____

(B) nous の活用形の語幹は不定詞の語幹と異なる．

1. 好意, 親切　　　　　　〈complaire《文》(人の)気に入るようにする〉(complais...)

　　　　　　　　　　　　　　　　　　　　　　　　　　　_____

2. 知識　　　　　　　　　〈connaître〉(connaiss...)　　_____

3. 信じること；信仰　　　〈croire〉(croy...)　　　　　_____

4. 成長；発展　　　　　　〈croître〉(croiss...)　　　　_____

5. 喜び　　　　　　　　　〈jouir〉(jouiss...)　　　　　_____

6. 悪口　　　　　　　　　〈médire〉(médis...)　　　　_____

7. 誕生　　　　　　　　　〈naître〉(naiss...)　　　　　_____

8. 公害　　　　　　　　　〈nuire 害する〉(nuis...)　　_____

9. 服従　　　　　　　　　〈obéir〉(obéiss...)　　　　　_____

10. 楽しみ　　　　　　　　〈(se) plaire 楽しむ〉(plais...)　_____

11. 先見の明　　　　　　　〈prévoir 予想する, 予見する〉(prévoy...)　_____

12. 識別；承認；謝意　　　〈reconnaître それとわかる；認める〉(reconnaiss...)

　　　　　　　　　　　　　　　　　　　　　　　　　　　_____

13. 祝い　　　　　　　　　〈(se) réjouir 喜ぶ〉(réjouiss...)　_____

14. うぬぼれ；尊大さ　　　〈suffire 十分である〉(suffis...)　_____

［2］ -ence になる.

《派生のパターン： (nous) -ons → -ence》

同等, 等価　　　　　　　〈équivaloir〉　　　　　＿＿＿＿＿＿＿

〖解答〗

［1］(A) 1. appartenance　2. contenance　3. convenance　4. correspondance

5. défaillance　6. dépendance　7. prévenance　8. provenance　9. souffrance

10. tendance

(B) 1. complaisance　2. connaissance (『新綴り』では connaître は connaitre)

3. croyance　4. croissance (『新綴り』では croître は croitre)　5. jouissance

6. médisance　7. naissance (『新綴り』では naître は naitre)　8. nuisance

9. obéissance　10. plaisance　11. prévoyance

12. reconnaissance 〔「受けた親切や恩を認めること」から「感謝の気持ち」の意味

が生じた〕(『新綴り』では reconnaître は reconnaitre)

13. réjouissance　14. suffisance

［2］équivalence

【練習6】

変則的な派生形になるものがいくつかあります.

(A) -ance になる.

1. 落ちぶれること；堕落　〈déchoir〉(déché...)　　　　　　　＿＿＿＿＿＿＿

2. 力, 強さ；勢力　　　　〈pouvoir …することができる〉(puiss...)　＿＿＿＿＿＿＿

3. 響き, 反響　　　　　　〈résonner〉(réson...)　　　　　　　＿＿＿＿＿＿＿

4. 休暇　　　　　　　　　〈vaquer (学校などが) 休暇に入る〉(vac...)　＿＿＿＿＿＿＿

(B) -ence になる.

1. 外観, 外見　　〈apparaître 現れる；…のように見える〉(appar...)　＿＿＿＿＿＿＿

2. 競争, 競合　　〈concourir〉(concurr...)　　　　　　　　　＿＿＿＿＿＿＿

3. 打ち明け話　　〈(se) confier 意中を打ち明ける〉(confid...)　　＿＿＿＿＿＿＿

4. 透明さ　　　　〈transparaître 透けて見える〉(transpar...)　　＿＿＿＿＿＿＿

〖解答〗

(A) 1. déchéance　2. puissance (接続法現在 je puisse, etc. の語幹と同じ)

3. résonance (語幹末の nn が派生語で n になる特殊変化)

4. vacance(s) 〔「休暇」の意味では複数形で用いる〕

(B) 1. apparence (『新綴り』では apparaître はアクサン無しの apparaitre)

2. concurrence　3. confidence

4. transparence (『新綴り』では transparaître はアクサン無しの transparaitre)

~~ 〚備考〛 ~~~~~~

(1) -ance, -ence のついた語が, -ant, -ent で終わる人を表す名詞と対応して, その「職(務);
　任期」を意味することがあります.

　　gérance 管理者の職務(期間) (*cf.* gérant(e) 管理者, 支配人) 〔動詞は gérer 管理する〕

　　présidence 大統領の職[任期] (*cf.* président(e) 大統領) 〔動詞は présider 主宰する〕

(2) -ance のついた語が「集合」を意味することがあります. -ant で終わる名詞(形容詞とし
　ても用いられる)に対応します.

　　ascendance 《集合的に》先祖, 祖先 (*cf.* ascendant(e) 先祖) 〔動詞はない〕

　　descendance 《集合的に》子孫, 後裔 (*cf.* descendant(e) 子孫) 〔動詞は descendre
　　　降りる〕

(3) 次の語も名詞に対応し, 期間や集合を表します.

　　enfance 子供時代;《集合的に》子供 ← enfant 子供

(4) 基語の動詞が現存していなかったり, 基語と派生語の関係がわかりにくくなったものが
　あります.

　　aisance (行動・動作などの)容易さ;(生活の)ゆとり (*cf.* aise くつろぎ, 気楽)

　　circonstance 状況 〔「周りに立つ, 取り囲む」を意味する動詞の現在分詞から〕

　　expérience 経験;実験 〔英語の *experience* と *experiment* の意味を兼ねる. 関連す
　　　る動詞は expérimenter「実験する;体験する」〕

　　finance 財政;金融 〔financer「出資[融資]する」は finance からの派生語〕

　　performance (競技などでの)記録, 成績 〔英語からの借用語〕

　　quittance 受領証, 領収証 〔基語動詞は quitter 離れる, 別れる;《古》(義務・借財な
　　　どから)放免する〕

　　séance (開催中の)会議;上映, 上演 〔基語動詞は seoir《古》座っている〕

(5) -ance, -ence で終わる語は, それが接尾辞でなくても, ほとんどが女性名詞ですが, 次
　の語は男性名詞です.

　　rance すえた臭い / silence 沈黙;静寂

~~~~~~

5. -é *(m)*, -ée *(f)*

-é は -er 動詞の過去分詞語尾で, -ée はその女性形です. 現在分詞語尾(⇨§4-3.)と同じ
く過去分詞語尾も名詞を作るので, 分詞語尾を接尾辞の仲間とみなすことができます. これ
までに見てきた動詞派生の名詞のように, 派生語が行為そのものではなく事態や事物を指す
こともあるので, 意味にも注意しましょう.

　なお, -é, -ée で終わる名詞の大半は, 過去分詞の形容詞的用法が名詞に転じたものであ
るため, 形容詞としても用いられます.

　　◆ -ée は「集合・全体」を表す名詞も作ります(⇨§3-3.).

【練習】

-é または -ée を用いて次の意味の名詞を作りましょう.

(A) 派生語の末尾が -é になる (= 男性名詞).

《派生のパターン：-er → -é》

1. 錠剤　　　　　　　　　〈comprimer 圧縮する〉　　　＿＿＿＿＿＿
2. 分列行進　　　　　　　〈défiler〉　　　　　　　　　＿＿＿＿＿＿
3. 研究発表；報告　　　　〈exposer 展示する；説明する〉＿＿＿＿＿＿
4. 印刷物　　　　　　　　〈imprimer〉　　　　　　　　＿＿＿＿＿＿
5. 過去　　　　　　　　　〈passer (時が) 過ぎる〉　　　＿＿＿＿＿＿
6. 偏見　　　　　　　　　〈préjuger〉　　　　　　　　＿＿＿＿＿＿
7. 方法, 手順　　　　　　〈procéder (手順を踏んで) とり行う〉＿＿＿＿＿＿
8. 要約　　　　　　　　　〈résumer〉　　　　　　　　＿＿＿＿＿＿
9. (国家間の) 条約；概論　〈traiter (交渉して) 取りまとめる；論じる〉＿＿＿＿＿＿

(B) 派生語の末尾が -ée になる (= 女性名詞).

《派生のパターン：-er → -ée》

1. (庭園などの) 並木道, 散歩道　〈aller 行く, 進む；至る〉　＿＿＿＿＿＿
2. 到着　　　　　　　　　〈arriver〉　　　　　　　　　＿＿＿＿＿＿
3. 集まり, 集会；会議；議会　〈assembler〉　　　　　　＿＿＿＿＿＿
4. 書き取り　　　　　　　〈dicter〉　　　　　　　　　＿＿＿＿＿＿
5. データ, 資料　　　　　〈donner 与える〉　　　　　　＿＿＿＿＿＿
6. (持続) 期間　　　　　　〈durer (一定の期間) 続く〉　　＿＿＿＿＿＿
7. ひとまたぎ　　　　　　〈enjamber〉　　　　　　　　＿＿＿＿＿＿
8. 入ること；入り口　　　〈entrer〉　　　　　　　　　＿＿＿＿＿＿
9. (炎を上げて燃える) 火　〈flamber〉　　　　　　　　＿＿＿＿＿＿
10. 煙；湯気　　　　　　　〈fumer〉　　　　　　　　　＿＿＿＿＿＿
11. 霜 (の降りること)；煮こごり, ゼリー　〈geler 凍らせる；凍る〉＿＿＿＿＿＿
12. やじ, 罵声(ばせい)　　　〈huer〉　　　　　　　　　＿＿＿＿＿＿
13. (郵便物の) 取り集め　　〈lever〉　　　　　　　　　＿＿＿＿＿＿
14. 登ること；上昇；上り坂　〈monter〉　　　　　　　　＿＿＿＿＿＿
15. 考え　　　　　　　　　〈penser〉　　　　　　　　　＿＿＿＿＿＿
16. 重さをはかること, 計量　〈peser〉　　　　　　　　＿＿＿＿＿＿
17. 潜水　　　　　　　　　〈plonger〉　　　　　　　　＿＿＿＿＿＿
18. 押すこと　　　　　　　〈pousser〉　　　　　　　　＿＿＿＿＿＿
19. 帰る[戻る]こと；新学年　〈rentrer〉　　　　　　　　＿＿＿＿＿＿
20. (群衆の) 殺到　　　　　〈(se) ruer 押し寄せる〉　　＿＿＿＿＿＿
21. 落下, 降下　　　　　　〈tomber〉　　　　　　　　　＿＿＿＿＿＿
22. 巡回；(劇団・歌手などの) ツアー　〈tourner〉　　　　＿＿＿＿＿＿

23. 横断 〈traverser〉 _____

24. ねらうこと, ねらい, 照準 〈viser〉 _____

〔解答〕

(A) 1. comprimé 2. défilé 3. exposé 4. imprimé 5. passé 6. préjugé

　　7. procédé 8. résumé 9. traité

(B) 1. allée 2. arrivée 3. assemblée 4. dictée 5. donnée 6. durée

　　7. enjambée 8. entrée 9. flambée 10. fumée 11. gelée 12. huée

　　13. levée 14. montée 15. pensée 16. pesée 17. plongée 18. poussée

　　19. rentrée 20. ruée 21. tombée 22. tournée 23. traversée 24. visée

6. -ade *(f)*

　-ade を用いる派生の基語は-er 動詞で, 派生語の数はあまり多くありません. 派生語は女性名詞になります. 派生語の意味が行為以外に広がっている場合があります.

　◆ -ade は「集合・全体」を表す名詞も作ります (⇨ §3-3.).

【練習】

　-ade を用いて, -er 動詞を基語とする次の意味の派生語を作りましょう.

《派生のパターン：-er → -ade》

1. 水浴 〈baigner〉 _____

2. 押し合いへし合い 〈(se) bousculer　ひしめき合う〉 _____

3. 十字軍 〈(se) croiser　十字軍に参加する〉 _____

4. (群衆などが)ちりぢりになること 〈(se) débander〉 _____

5. 転落, 落下 〈dégringoler〉 _____

6. 一斉射撃；銃殺刑 〈fusiller〉 _____

7. (氷の上を)滑ること 〈glisser〉 _____

8. 焼いた肉, (網焼き)ステーキ 〈griller〉 _____

9. 溺死 〈noyer〉 _____

10. パレード 〈parer　飾る〉 _____

11. 散歩；散歩道 〈promener〉 _____

12. ふざけること 〈rigoler〉 _____

13. 長い演説；(俳優の)長ぜりふ 〈tirer　引っ張る〉 _____

〔解答〕

1. baignade 2. bousculade 3. croisade〔croiser の基語は croix「十字架[形]」で, 一般的意味は「交差させる」〕 4. débandade 5. dégringolade 6. fusillade 7. glissade 8. grillade 9. noyade 10. parade 11. promenade 12. rigolade 13. tirade

~~ 〚備考〛 ~~~~~~

名詞から派生した語もあります.

bastonnade 棒で連打すること ← bâton 棒 ; œillade 目くばせ ← œil 目

~~~~~~

7. -aison *(f)* ｛異形 -ison, -ion, -sson｝

-aison の異形は数種類ありますが, 派生語の語幹は原則として不定詞の語幹と同形です.
派生語はすべて女性名詞です. 派生語の意味が行為以外に広がっている場合があります.

【練習１】

基語は -er 動詞で, 派生語は -aison で終わります.

《派生のパターン：-er → -aison》

(A) 語幹は変わらない.

1. 組み合せ	〈combiner〉	＿＿＿＿＿＿
2. 比較	〈comparer〉	＿＿＿＿＿＿
3. (風船・タイヤなどの)破裂, パンク	〈crever〉	＿＿＿＿＿＿
4. (ガスなどの)発散物, 臭気	〈exhaler〉	＿＿＿＿＿＿
5. (穀物の)刈り入れ；草刈り	〈faucher (鎌などで)刈る〉	＿＿＿＿＿＿
6. 傾き, 傾斜	〈incliner〉	＿＿＿＿＿＿
7. (通信・交通手段による)連絡；関連	〈lier 結びつける〉	＿＿＿＿＿＿
8. 配達	〈livrer〉	＿＿＿＿＿＿
9. (保存のための食品の)塩漬け	〈saler〉	＿＿＿＿＿＿
10. 末端；(動詞などの)語尾	〈(se) terminer 終わる〉	＿＿＿＿＿＿

(B) 語幹の末尾の綴りが変わる.

1. (動詞の)活用	〈conjuguer〉 (conjug...)	＿＿＿＿＿＿
2. かゆみ, むずがゆさ	〈démanger〉 (démange...)	＿＿＿＿＿＿

〔解答〕

(A) 1. combinaison　2. comparaison　3. crevaison　4. exhalaison　5. fauchaison
　　6. inclinaison　7. liaison　8. livraison　9. salaison　10. terminaison

(B) 1. conjugaison (gu → g の変化⇨[しくみ 27])
　　2. démangeaison (g → ge の変化⇨[しくみ 27])

【練習２】

基語が -ir 動詞の場合は, 派生のパターンが３つに分かれます.

(A) 《派生のパターン：-ir → -aison》 (*次の派生では語幹が変わります)

　　開花；開花期　　　　　　〈fleurir〉 (flor...)　　　　　＿＿＿＿＿＿

(B) 《派生のパターン：-ir → -ison》

1. (要塞の)守備[警備]隊　　　　　　〈garnir 必要なものを備える〉　＿＿＿＿＿＿

2. (病気からの)回復, 治癒　　　　　　〈guérir〉　　　　　　　　　　　＿＿＿＿＿＿

3. 裏切り　　　　　　　　　　　　　　〈trahir〉　　　　　　　　　　　＿＿＿＿＿＿

(C) 《派生のパターン：-ir → -ion》

1. 会議；集会　　　　　　　　　　　　〈(se) réunir 集まる〉　　　　　＿＿＿＿＿＿

2. 結合；団結；連合　　　　　　　　　〈unir〉　　　　　　　　　　　　＿＿＿＿＿＿

〚解答〛

(A) floraison (eu→o の変化⇨後出の[しくみ 37]. 稀に fleuraison を用いることがある)

(B) 1. garnison　2. guérison　3. trahison

(C) 1. réunion　2. union

【練習 3】

　基語が不規則動詞の場合は，接尾辞が -aison のものと -sson のものの 2 種類に分かれます. 基語動詞の語幹は派生語でも変わりません.

(A) 《派生のパターン：-ir, -re → -aison》

1. (果実の)収穫期　　　　　　　　　〈cueillir〉　　　　　　　　　　　＿＿＿＿＿＿

2. 絞首刑；首吊り自殺　　　　　　　　〈pendre つるす〉　　　　　　　＿＿＿＿＿＿

(B) 《派生のパターン：-re → -sson》

1. 飲み物　　　　　　　　　　　　　　〈boire〉　　　　　　　　　　　＿＿＿＿＿＿

2. 焼く[煮る]こと, 加熱調理　　　　　〈cuire〉　　　　　　　　　　　＿＿＿＿＿＿

〚解答〛

(A) 1. cueillaison　2. pendaison

(B) 1. boisson　2. cuisson

---

8. -erie (f)

　動詞を基語にする -erie の派生語は多くはありません. 基語となる動詞はすべて -er 動詞で，規則的な派生をします. 派生語(女性名詞)はしばしば好ましくない行為や事態を表します.

　　◆ -erie は「店」などや「集合・全体」を表す名詞も作ります (⇨§2-3., §3-3.).

【練習】

　-erie を用いて，-er 動詞を基語とする次の意味の派生語を作りましょう.

《派生のパターン：-er → -erie》

1. (不満で)ふくれる[すねる]こと　　　〈bouder〉　　　　　　　　　　＿＿＿＿＿＿

2. 刺繍(ししゅう)　　　　　　　　　　〈broder〉　　　　　　　　　　　＿＿＿＿＿＿

3. おしゃべり	〈causer〉	_____
4. 詐欺	〈escroquer〉	_____
5. 仲たがい	〈(se) fâcher〉	_____
6. ぶらつくこと	〈flâner〉	_____
7. お世辞	〈flatter〉	_____
8. しかること, 叱責	〈gronder〉	_____
9. からかい, 嘲笑	〈(se) moquer〉	_____
10. 冗談	〈plaisanter〉	_____
11. 空想, 夢想	〈rêver〉	_____
12. (ベルなどの)鳴る音	〈sonner〉	_____
13. 煩わしさ	〈tracasser〉	_____
14. (ゲーム・賭け事などでの)不正行為	〈tricher〉	_____
15. ごまかし	〈tromper〉	_____
16. 殺戮(さつりく)	〈tuer〉	_____

〔解答〕

1. bouderie　2. broderie　3. causerie　4. escroquerie　5. fâcherie　6. flânerie
7. flatterie　8. gronderie　9. moquerie　10. plaisanterie　11. rêverie
12. sonnerie　13. tracasserie　14. tricherie　15. tromperie　16. tuerie

~~ 〖備考〗 ~~~~~~

　人を表す -(i)er の名詞や, 事物を表す名詞と関連づけることのできる語もあります.

　archerie 弓術 ← archer 弓を射る人, 射手

　chevalerie 騎士制度；騎士道 ← chevalier 騎士〔chevalerie には「騎士団」の意味も
　　あり, 「集合・全体」を表す語の派生(⇨§3-3.)ともみなせる〕

　messagerie 輸送[運送](業務)；情報通信(システム) ← messager 使者；message 伝言

　poterie 陶器作り, 製陶 ← potier 陶芸家, 陶工；pot 壺〔poterie には「陶器工場[工
　　房]」の意味もあり, 「店」なども表す語の派生(⇨§2-3.)ともみなせる. また「陶器」の
　　意味もある〕

　sorcellerie 魔法 ← sorcier 魔法使い

~~~~~~

9. -ure *(f)* {異形 -ature, -eture, -ûre}

　動詞を基語とする -ure の語は, もちろん行為も表しますが, 多くの場合, 行為自体とい
うより行為のための「道具」や, 行為の結果の「産物」を表します. 派生語がかなりあり,
変則的な派生をするものも少なくありません. 派生語は女性名詞です.

　　◆ -ure は「集合・全体」を表す名詞も作ります(⇨§3-3.).

【練習１】

-ure を用いて，-er 動詞(および aller)を基語とする次の意味の派生語を作りましょう.

《派生のパターン：-er → -ure》

1. 歩調；進み具合；態度，振る舞い 〈aller 行く，進む，行動する〉 ＿＿＿＿＿＿

2. 傷 〈blesser〉 ＿＿＿＿＿＿

3. (仮綴(かりと)じの)小冊子 〈brocher〉 ＿＿＿＿＿＿

4. やけど 〈brûler〉 ＿＿＿＿＿＿

5. 割れ目 〈casser〉 ＿＿＿＿＿＿

6. 靴 〈chausser (靴などを)はく〉 ＿＿＿＿＿＿

7. 髪型；かぶり物；整髪 〈coiffer 髪を整える〉 ＿＿＿＿＿＿

8. 切り傷；(電気・水道などの)供給停止 〈couper〉 ＿＿＿＿＿＿

9. (衣服の)かぎ裂き 〈déchirer〉 ＿＿＿＿＿＿

10. (紙・布などの)切り抜き；切れ端 〈découper〉 ＿＿＿＿＿＿

11. 金箔(張り) 〈dorer〉 ＿＿＿＿＿＿

12. (衣服の)裏地 〈doubler〉 ＿＿＿＿＿＿

13. (水・泥などの)はね 〈éclabousser〉 ＿＿＿＿＿＿

14. 擦りむき傷 〈écorcher〉 ＿＿＿＿＿＿

15. (果物・野菜などの)むいた皮 〈éplucher〉 ＿＿＿＿＿＿

16. かすり傷 〈érafler〉 ＿＿＿＿＿＿

17. 彫板；版画 〈graver 彫る〉 ＿＿＿＿＿＿

18. 飾り立てること；装身具 〈parer〉 ＿＿＿＿＿＿

19. 手続き 〈procéder〉 ＿＿＿＿＿＿

20. 縞(模様) 〈rayer 線を引く〉 ＿＿＿＿＿＿

21. 製本；装丁 〈relier〉 ＿＿＿＿＿＿

22. 鋸(のこ)くず，おがくず 〈scier 鋸(のこぎり)でひく〉 ＿＿＿＿＿＿

23. 彫刻 〈sculpter〉 ＿＿＿＿＿＿

24. 錠 〈serrer 締める〉 ＿＿＿＿＿＿

25. 溶接 〈souder〉 ＿＿＿＿＿＿

26. 成り行き；言い回し 〈tourner (事態が)変わる〉 ＿＿＿＿＿＿

27. 擦り減らす[擦り減る]こと，摩耗 〈user〉 ＿＿＿＿＿＿

〔解答〕

1. allure 2. blessure 3. brochure 4. brûlure (『新綴り』は bruler, brulure)

5. cassure 6. chaussure 7. coiffure 8. coupure 9. déchirure 10 découpure

11. dorure 12. doublure 13. éclaboussure 14. écorchure 15. épluchure

16. éraflure 17. gravure 18. parure 19. procédure 20. rayure 21. reliure

22. sciure 23. sculpture 24. serrure 25. soudure 26. tournure 27. usure.

【練習２】

-er 動詞からの変則的な派生です．接尾辞の異形の -ature, -eture, -ûre を用います．

1. (神による)被造物；人間；女性　〈créer 創造する〉(…ature)　＿＿＿＿＿＿＿

2. 独裁　　　　　　　　　　　　〈dicter 指図する〉(…ature)　＿＿＿＿＿＿＿

3. 閉める[閉まる]こと　　　　　〈fermer〉(…eture)　　　　　＿＿＿＿＿＿＿

4. 紡績　　　　　　　　　　　　〈filer 紡ぐ〉(…ature)　　　　＿＿＿＿＿＿＿

5. 注射；刺すこと；刺し傷　　　〈piquer〉(…ûre)　　　　　　＿＿＿＿＿＿＿

6. 署名　　　　　　　　　　　　〈signer〉(…ature)　　　　　　＿＿＿＿＿＿＿

〔解答〕

1. créature　2. dictature　3. fermeture　4. filature　5. piqûre (piqu- ＋ -ure →
×piquure だと同一母音字が連続し，フランス語の綴りとしては不自然なので，uu を û
に変えて piqûre と綴る．ただし『新綴り』はアクサン無しの piqure)　6. signature

【練習３】

基語は -ir 動詞です．不定詞から導く派生の仕方は２種類あります．

(A) 《派生のパターン：-ir → -issure》

1. (草花の)しおれ　　　　　　　〈flétrir〉　　　　　　　　　　＿＿＿＿＿＿＿

2. 打ち傷　　　　　　　　　　　〈meurtrir〉　　　　　　　　　＿＿＿＿＿＿＿

3. かびによる腐敗；かび　　　　〈moisir〉　　　　　　　　　　＿＿＿＿＿＿＿

4. 黒斑, 黒い染み　　　　　　　〈noircir〉　　　　　　　　　　＿＿＿＿＿＿＿

5. よごれ　　　　　　　　　　　〈salir〉　　　　　　　　　　　＿＿＿＿＿＿＿

6. (金属などの)曇り, 曇った箇所　〈ternir〉　　　　　　　　　　＿＿＿＿＿＿＿

7. 嘔吐物, へど　　　　　　　　〈vomir〉　　　　　　　　　　＿＿＿＿＿＿＿

(B) 《派生のパターン：-ir → -iture》

1. 供給(品)；納入(品)　　　〈fournir〉　　　　　　　　　　　＿＿＿＿＿＿＿

2. (料理の)付け合わせ野菜　〈garnir (付属品・飾りなどを)付ける〉　＿＿＿＿＿＿＿

3. 食物　　　　　　　　　　〈nourrir 食べ物を与える〉　　　＿＿＿＿＿＿＿

4. 腐敗　　　　　　　　　　〈pourrir〉　　　　　　　　　　　＿＿＿＿＿＿＿

〔解答〕

(A) 1. flétrissure　2. meurtrissure　3. moisissure　4. noircissure　5. salissure
　　6. ternissure　7. vomissure

(B) 1. fourniture　2. garniture　3. nourriture　4. pourriture

【練習４】

基語は不規則動詞です．過去分詞(かっこに入れて示してあります)に -ure を付けます．

1. ベルト 〈ceindre《文》(剣・綬などを)身につける〉(ceint...) _____

2. ジャム 〈confire (果物・野菜などを)漬ける〉(confit...) _____

3. 毛布 〈couvrir 覆う〉(couvert...) _____

4. 文字；筆跡 〈écrire 書く〉(écrit...) _____

5. フライ，揚げ物 〈frire〉(frit...) _____

6. 関節 〈joindre 結合する〉(joint...) _____

7. 開ける[開く]こと 〈ouvrir〉(ouvert...) _____

8. 絵画；ペンキ；塗装 〈peindre〉(peint...) _____

9. 染色；染料 〈teindre〉(teint...) _____

〖解答〗

1. ceinture 2. confiture 3. couverture 4. écriture 5. friture 6. jointure
7. ouverture 8. peinture 9. teinture

【練習5】

基語は不規則動詞で，語幹が変化します．接尾辞は -ure です．

1. (意外な)出来事；冒険 〈advenir 起こる，偶発する〉(avent...) _____

2. 囲い，柵；終了 〈clore《古風》囲む；《文》終える〉(clôt...) _____

3. 裁縫 〈coudre〉(cout...) _____

4. 読むこと；読書 〈lire〉(lect...) _____

5. かみつくこと 〈mordre〉(mors...) _____

6. 断絶；切断 〈rompre〉(rupt...) _____

〖解答〗

1. aventure 2. clôture 3. couture 4. lecture 5. morsure 6. rupture

~~~ 〖備考〗 ~~~~~~

(1) 基語動詞と意味がつながりにくい派生名詞をいくつか加えます．

　　fourrure 毛皮；毛皮の衣服 ← fourrer 突っ込む 〔原義は「覆う，保護する」〕

　　pointure (手袋・靴・帽子などの)サイズ ← pointer 印(しるし)をつける

　　température 気温；温度 ← tempérer 寒暖を和らげる，緩和する

(2) 基語が名詞のものもあります．

　　candidature 立候補，出願 ← candidat(e) 候補者，出願者

　　préfecture 県庁所在地；県庁 ← préfet, -ète 知事

　　上記 [練習5] の morsure に関しても，意味は動詞 mordre と共通しますが，語形は名詞
mors「(くつわの)馬銜(はみ)」がもとになっているとみなすことができます．

(3) 基語動詞が現存していないものもあります（下記の *cf.* は -ure の名詞から作られた動詞）.

caricature カリカチュア, 戯画　（*cf.* caricaturer 戯画化する）

censure （出版物・映画などの）検閲　（*cf.* censurer 検閲によって禁止[削除]する）

culture 耕作；文化, 教養　〔culte「崇拝；儀式」, cultiver「耕す」の関連語〕

facture 請求書　〔faire「作る」の関連語〕（*cf.* facturer 請求書を作成する）

fissure ひび, 裂け目　（*cf.* fissurer ひび割れを生じさせる）

fracture 骨折　〔「砕く」を意味する動詞に由来. fraction「部分；分数」も同語源〕
　　（*cf.* fracturer （鍵などを）こじ開ける；（骨を）折る, 骨折する）

rature （字句を）削除する線　（*cf.* raturer 削除する）

voiture 車　〔véhicule「乗り物」の関連語〕（*cf.* voiturer 車で運ぶ）

~~~~~~

10. -on *(m/f)*

-on で終わる派生語のほとんどは男性名詞ですが, 例外的に女性名詞もあります. 派生語はしばしば具体物を指します.

◆ -on は「人」や「小さな…」を表す名詞も作ります（⇨§1-6., §3-2.）.

【練習】

原則として, 不定詞の末尾を -on に変えれば派生語が作れます. 注意すべき派生語幹はかっこに入れて示してあります.

(A) 派生語は男性名詞.

1. 栓, ふた　　　　　　　　　　　　〈boucher 栓をする, ふさぐ〉　_____
2. 煮出し汁, ブイヨン　　　　　　　〈bouillir 煮える〉　_____
3. 下書き, 草稿　　　　　　　　　　〈brouiller かき混ぜる〉　_____
4. （布の）端切れ；クーポン券　　　〈couper 切る；裁断する〉　_____
5. （自転車・オートバイなどの）ハンドル　〈guider 案内[誘導]する〉　_____
6. コイン状のもの, （賭博用）チップ　〈jeter 投げる, 投入する〉　_____
7. 飛び込み　　　　　　　　　　　　〈plonger〉（plonge...）　_____
8. 夜通しの祝宴, レヴェイヨン　　　〈réveiller 目を覚まさせる〉　_____
9. 布巾(ふきん), 雑巾(ぞうきん)　　　　〈torcher 拭く〉　_____

(B) 派生語は女性名詞.

歌　　　　　　　　　　　　　　　　〈chanter 歌う〉（chans...）　_____

〖解答〗

(A) 1. bouchon　2. bouillon　3. brouillon　4. coupon　5. guidon　6. jeton
　　7. plongeon （o の前で g が ge になる ⇨[しくみ27]）　8. réveillon　9. torchon

(B) chanson

~~ 〖備考〗 ~~~~~~

対応する基語が現存しないものがあります．下記のうち moisson は女性名詞です．

biberon *(m)* 哺乳瓶 〔boire「飲む」の関連語〕

frisson *(m)* (体の)震え，身震い 〔派生動詞は frissonner〕

moisson *(f)* (穀物，特に麦類の)刈り入れ，収穫 〔派生動詞は moissonner〕

poison *(m)* 毒 〔boire「飲む」の関連語で，potion「水薬」との二重語〕

~~~~~~

11. -aille *(f)*, -ange *(f)*, -at *(m)*, -ette *(f)*, -ice *(m)*, -ière *(f)*, -is *(m)*, -ise *(f)*

これらの接尾辞も，動詞を基語として，行為および行為の対象物・道具・産物などを表す名詞を作ります．

♦ -aille は「集合・全体」や「道具」などを表す名詞も作ります (⇨ §3-3., §5-5.).

♦ -at は「集合・全体」を表す名詞も作ります (⇨ §3-3.).

♦ -ette は「小さな…」を表す名詞や「道具」などを表す名詞も作ります (⇨ §3-1., §5-4.).

♦ -ière は「入れ物」を表す名詞も作ります (⇨ §2-2.).

【練習】

上記の接尾辞を用いた派生をまとめて見ていきましょう．注意すべき派生語幹はかっこに入れて示してあります．

(A) 接尾辞は -aille *(f)*.

　　(*下記の 2. 3. 4. の派生語は常に複数形で用いられるので，複数形を書いてください)

　1. 戦い　　　　　　　　　　〈(se) battre 戦う〉 (bat...)　　_____

　2. 婚約　　　　　　　　　　〈fiancer〉 (fianç...) (*複数形)　_____

　3. 再会　　　　　　　　　　〈retrouver〉 (*複数形)　　　　_____

　4. 種まき　　　　　　　　　〈semer〉 (*複数形)　　　　　　_____

　5. 思いがけない発見　　　　〈trouver 見つける〉　　　　　_____

(B) 接尾辞は -ange *(f)*.

　1. 賛辞　　　　　　　　　　〈louer 称賛する〉　　　　　　_____

　2. (自動車の)オイル交換；排水　〈vider 空にする〉　　　　_____

(C) 接尾辞は -at *(m)*.

　1. 人口密集地域　　　　　　〈agglomérer 寄せ集める〉　　_____

　2. 殺害　　　　　　　　　　〈assassiner〉　　　　　　　　_____

　3. テロ行為　　　　　　　　〈attenter 危害を加えようとする〉_____

　4. 証明書　　　　　　　　　〈certifier〉 (certific...)　　　　_____

　5. (吐かれた)つば，たん　　〈cracher〉　　　　　　　　　_____

　6. 居住様式；住環境　　　　〈habiter〉　　　　　　　　　_____

　7. 結果　　　　　　　　　　〈résulter〉　　　　　　　　　_____

(D) 接尾辞は -ette *(f)*.

1. (ちょっとした)おしゃべり 〈causer〉 _____

2. (果実・花などの)摘み取り 〈cueillir〉 _____

(E) 接尾辞は -ice *(m)*.

1. (大きな)建築物, 建造物 〈édifier〉 (édif…) _____

2. 練習, 訓練 〈exercer〉 _____

3. 犠牲 〈sacrifier〉 (sacrif…) _____

4. 奉仕 〈servir〉 _____

(F) 接尾辞は -ière *(f)*.

(船・飛行機による)周遊, 周航 〈croiser 巡航する〉 _____

(G) 接尾辞は -is *(m)*.

1. クロッキー, スケッチ 〈croquer〉 _____

2. 無駄づかい, 浪費 〈gâcher 台なしにする；無駄にする〉 _____

3. (肉・魚の)ひき肉 〈hacher〉 _____

4. (船の)横揺れ, ローリング 〈rouler〉 _____

(H) 接尾辞は -ise *(f)*.

1. 渇望 〈convoiter〉 _____

2. 強迫観念 〈hanter つきまとう〉 _____

〔解答〕

(A) 1. bataille (語幹末の tt が t になる特殊変化)

2. fiançailles (c → ç の変化 ⇨ [しくみ 24])

3. retrouvailles 4. semailles 5. trouvaille

(B) 1. louange 2. vidange

(C) 1. agglomérat 2. assassinat 3. attentat

4. certificat (語幹の末尾に c が加わる, *cf.* certification「証明」)

5. crachat 6. habitat 7. résultat

(D) 1. causette 2. cueillette

(E) 1. édifice (語幹末の i の消去 ⇨ [しくみ 8]) 2. exercice

3. sacrifice (語幹末の i の消去 ⇨ [しくみ 8]) 4. service

(F) croisière

(G) 1. croquis 2. gâchis 3. hachis 4. roulis

(H) 1. convoitise 2. hantise

§7 接尾辞を用いない派生 (= 逆派生)

　動詞に対応する行為名詞に接尾辞が付かないことがあります. 歴史的に見ると, これには
ふたつの派生法がかかわっています. ひとつは, 基語となる動詞の末尾部分を取り去って名
詞を作るやり方で, これを**逆派生**(あるいは逆形成とか逆成)と言います. たとえば名詞visite
「訪問」は動詞 visiter「訪問する」から逆派生によって作られたものです. 一方, voyage
「旅行」→ voyager「旅行する」のように, 名詞から動詞が作られることもありました. 派
生の方向は異なりますが, 結果的に動詞と名詞のペアができあがったわけです.

　現用フランス語における動詞と名詞の対応を整理して理解するために, ここでは, 動詞に
関連する接尾辞のない名詞を一律に逆派生として扱い, 動詞から名詞を作り出す練習をし
ていきます(名詞を基語とみなして動詞を作る派生については第6章で扱います).

　また, 逆派生の範囲を広げて, 動詞の語幹・活用形・過去分詞 (§6-5.の-é(e)以外) などが
名詞化したものや, 動詞と意味的なつながりのある接尾辞の付かない名詞も含めます.

　逆派生にはさまざまなタイプがあるので, 不定詞語尾の -er, -ir, -re, -oirによって分類し,
順次考察していきます. なお, 練習の基語の動詞には, 注意が必要な場合にだけ訳語を添え
てあります.

1. -er で終わる動詞からの逆派生

【練習1】

　不定詞が -erで終わる動詞からの逆派生は2つのタイプに分けることができます.

(A) 名詞は動詞語幹と同形(=不定詞から er を除いた部分, したがって<u>末尾に e がない</u>).
　　派生名詞の語末の子音字は原則として無音だが, l と r は発音するのが一般的.

(B) 名詞は動詞語幹に e を加えた形(=直説法現在の単数1人称および3人称と同じ形, し
　　たがって<u>末尾に e がある</u>).

　2つのタイプのどちらになるかは動詞によって異なりますが, 不定詞の末尾の綴り字によ
ってだいたいの傾向はわかります. なお, 派生名詞の性については, 末尾が子音字なら男性
名詞 *(m)*, 末尾が e なら女性名詞 *(f)* であるのを原則とみなし, その例外となるケースに注
意をすればいいでしょう(そういう場合は基語の品詞表示に▾を付けてあります).

[1] 不定詞が -derで終わる.

(A) 《派生のパターン:-der → -d》 (*語末の d は発音しないが, その前にある r は発音する)

1. 意見の一致;同意 *(m)*	〈(s')accorder〉	＿＿＿＿＿＿
2. 視線 *(m)*	〈regarder 見る〉	＿＿＿＿＿＿
3. 遅れ *(m)*	〈retarder〉	＿＿＿＿＿＿

(B) 《派生のパターン:-der → -de》

1. 助け, 援助 *(f)*	〈aider〉	＿＿＿＿＿＿
2. 散歩 *(f)*	〈balader〉	＿＿＿＿＿＿
3. 注文;操縦, 制御 *(f)*	〈commander〉	＿＿＿＿＿＿

4. (意志・感情の)一致, 和合 *(f)*　　　〈concorder〉　　　_____

5. 依頼, 要求 *(f)*　　　〈demander〉　　　_____

6. 管理, 保管 *(f)*　　　〈garder〉　　　_____

7. 自殺 *(m)*▼　　　〈(se) suicider〉　　　_____

[2] 不定詞が -ier で終わる.

(A)《派生のパターン：-ier → -i》

1. 叫び声 *(m)*　　　〈crier〉　　　_____

2. 挑戦 *(m)*　　　〈défier〉　　　_____

3. 忘れること, 忘却；失念 *(m)*　　　〈oublier〉　　　_____

4. 賭け *(m)*　　　〈parier〉　　　_____

5. 心配(事) *(m)*　　　〈(se) soucier〉　　　_____

6. 選別 *(m)*　　　〈trier〉　　　_____

(B)《派生のパターン：-ier → -ie》

1. 中傷 *(f)*　　　〈calomnier〉　　　_____

2. 欲求；羨望(せんぼう) *(f)*　　　〈envier〉　　　_____

[3] 不定詞が〈母音字＋-ler〉で終わる.

(A)《派生のパターン：-ler → -l》 (*語末の l を発音する)

1. 飛び立つこと *(m)*　　　〈(s')envoler〉　　　_____

2. 飛行；盗み *(m)*　　　〈voler〉　　　_____

(B)《派生のパターン：-ler → -le》

検査, 点検 *(m)*▼　　　〈contrôler〉　　　_____

[4] 不定詞が -per で終わる.

(A)《派生のパターン：-per → -p》 (*語末の p を発音しない)

ギャロップ〔馬の最も速い駆け足〕*(m)*　　　〈galoper〉　　　_____

(B)《派生のパターン：-per → -pe》

1. (髪の)カット；(服地の)裁断 *(f)*　　　〈couper〉　　　_____

2. チーム；作業班 *(f)*　　　〈équiper 装備を施す〉　　　_____

3. (平手で)軽くたたくこと *(f)*　　　〈taper〉　　　_____

[5] 不定詞が -rer で終わる.

(A)《派生のパターン：-rer → -r》 (*語末の r を発音する)

1. 舞台装置 *(m)*　　　〈décorer 飾る〉　　　_____

2. 欲望 *(m)*　　　〈désirer〉　　　_____

3. (動物の)嗅覚 *(m)*　　　〈flairer 嗅ぎつける〉　　　_____

4. ため息 *(m)*　　　〈soupirer〉　　　_____

5. 射撃 *(m)*　　　〈tirer〉　　　_____

(B)《派生のパターン：-rer → -re》

1. 捕えること, 捕獲 *(f)*　　　〈capturer〉　　　_____

2. 検閲 *(f)* 　　　　　　　〈censurer〉

3. 邸宅 *(f)* 　　　　　　　〈demeurer 居住する〉

4. 測定；寸法 *(f)* 　　　　〈mesurer〉

5. ささやき, つぶやき *(m)*▼ 　〈murmurer〉

[6] 不定詞が -ser で終わる.

(A) 《派生のパターン：-ser → -s》 (*語末の s を発音しない)

1. 悪用, 乱用 *(m)* 　　　　〈abuser〉

2. 軽蔑 *(m)* 　　　　　　　〈mépriser〉

3. 拒否, 拒絶 *(m)* 　　　　〈refuser〉

4. 休み, 休息 *(m)* 　　　　〈(se) reposer〉

(B) 《派生のパターン：-ser → -se》

1. 分析 *(f)* 　　　　　　　〈analyser〉

2. ダンス, 踊り *(f)* 　　　　〈danser〉

3. 言い訳；口実；謝罪 *(f)* 　〈excuser〉

4. 褒美(ほうび), 報酬 *(f)* 　　〈récompenser〉

5. どしゃ降り *(f)* 　　　　〈verser 注ぐ, 流し込む〉

[7] 不定詞が 〈母音(鼻母音も含む) + -ter〉で終わる.

(A) 《派生のパターン：-ter → -t》 (*語末の t を発音しない)

1. 停車；停止, 休止 *(m)* 　　〈arrêter〉

2. 賛辞 *(m)* 　　　　　　　〈complimenter〉

3. 経費, 費用 *(m)* 　　　　〈coûter〉

4. 初め；初登場 *(m)* 　　　〈débuter〉

5. (飛び散った)破片；(突然の)大きな音；輝き 　〈éclater 破裂する〉

6. 借りること；借金 *(m)* 　　〈emprunter〉

7. 貸すこと *(m)* 　　　　　〈prêter〉

8. 話, 物語 *(m)* 　　　　　〈réciter 暗唱する〉

9. 跳躍, ジャンプ *(m)* 　　　〈sauter〉

10. 願い, 願望 *(m)* 　　　　〈souhaiter〉

11. (思わず)飛び上がること *(m)* 　〈sursauter〉

12. 編み物 *(m)* 　　　　　　〈tricoter〉

(B) 《派生のパターン：-ter → -te》

1. 計算 *(m)*▼ 　　　　　　〈compter〉

2. 口論 *(f)* 　　　　　　　〈(se) disputer〉

3. 疑い *(m)*▼ 　　　　　　〈douter〉

4. 聞くこと, 聴取 *(f)* 　　　〈écouter〉

5. 急ぐこと, 性急 *(f)* 　　　〈hâter〉

6. 訪問；見物 *(f)* 　　　　〈visiter〉

［8］不定詞が -cter で終わる.

(A)《派生のパターン：-cter → -ct》 (*1.は語末の ct を発音するが，2.は ct を発音しない)

  1. 接触；連絡 *(m)* 〈contacter〉 _____

  2. 尊敬；尊重 *(m)* 〈respecter〉 _____

(B)《派生のパターン：-cter → -cte》

  (寄付・署名などを)集めること *(f)* 〈collecter〉 _____

［9］不定詞が -rter で終わる.

(A)《派生のパターン：-rter → -rt》 (*語末の t は発音しないが，その前にある r は発音する)

  1. もたらすこと，提供；寄与，貢献 *(m)* 〈apporter〉 _____

  2. 衝突 *(m)* 〈heurter〉 _____

  3. 携帯，着用 *(m)* 〈porter〉 _____

  4. 報告；関係 *(m)* 〈rapporter〉 _____

  5. 輸送，運搬；交通機関 *(m)* 〈transporter〉 _____

(B)《派生のパターン：-rter → -rte》

  1. 緊急通報 *(f)* 〈alerter〉 _____

  2. (要人などの)警護 *(f)* 〈escorter〉 _____

〔解答〕

［1］(A) 1. accord　2. regard　3. retard
　　　(B) 1. aide　2. balade　3. commande　4. concorde　5. demande　6. garde
　　　　　7. suicide

［2］(A) 1. cri　2. défi　3. oubli　4. pari　5. souci　6. tri
　　　(B) 1. calomnie　2. envie

［3］(A) 1. envol　2. vol　(B) contrôle

［4］(A) galop　(B) 1. coupe　2. équipe　3. tape

［5］(A) 1. décor　2. désir　3. flair　4. soupir　5. tir
　　　(B) 1. capture　2. censure　3. demeure　4. mesure　5. murmure

［6］(A) 1. abus　2. mépris　3. refus　4. repos
　　　(B) 1. analyse　2. danse　3. excuse　4. récompense
　　　　　5. verse〔à verse「どしゃ降りに」の副詞句で使われる〕

［7］(A) 1. arrêt　2. compliment　3. coût (『新綴り』は cout, couter)　4. début
　　　　　5. éclat　6. emprunt　7. prêt　8. récit　9. saut　10. souhait　11. sursaut
　　　　　12. tricot
　　　(B) 1. compte　2. dispute　3. doute　4. écoute　5. hâte　6. visite

［8］(A) 1. contact　2. respect　(B) collecte

［9］(A) 1. apport　2. heurt　3. port　4. rapport　5. transport
　　　(B) 1. alerte　2. escorte

【練習2】

次の場合は派生形の最後に必ず e が付きます．このタイプの派生語は，語末の e の有無が男性名詞と女性名詞の区別の目安にはなりませんが，参考までに男性名詞に ▼ を付けてあります．

(A) 不定詞が -cer で終わる．

《派生のパターン：-cer → -ce》

1. 知らせ *(f)* 〈annoncer〉 ＿＿＿＿＿＿＿＿
2. 前進；先行 *(f)* 〈avancer〉 ＿＿＿＿＿＿＿＿
3. 離婚 *(m)*▼ 〈divorcer〉 ＿＿＿＿＿＿＿＿
4. 挟む道具, ペンチ *(f)* 〈pincer 挟む, つまむ〉 ＿＿＿＿＿＿＿＿

(B) 不定詞が -cher で終わる．

《派生のパターン：-cher → -che》

1. 接近 *(f)* 〈approcher〉 ＿＿＿＿＿＿＿＿
2. 下書き, 草案 *(f)* 〈ébaucher〉 ＿＿＿＿＿＿＿＿
3. 職, 働き口 *(f)* 〈embaucher 雇う〉 ＿＿＿＿＿＿＿＿
4. 歩行, 行進；進行；作動 *(f)* 〈marcher〉 ＿＿＿＿＿＿＿＿
5. 釣り；漁 *(f)* 〈pêcher〉 ＿＿＿＿＿＿＿＿
6. 捜索, 探求；研究 *(f)* 〈rechercher〉 ＿＿＿＿＿＿＿＿
7. 非難 *(m)*▼ 〈reprocher〉 ＿＿＿＿＿＿＿＿

(C) 不定詞が -ger で終わる．

《派生のパターン：-ger → -ge》

1. 優位, 有利 *(m)*▼ 〈avantager〉 ＿＿＿＿＿＿＿＿
2. 両替 *(m)*▼ 〈changer〉 ＿＿＿＿＿＿＿＿
3. 荷, 積荷；負担(金)；責任 *(f)* 〈charger〉 ＿＿＿＿＿＿＿＿
4. 交換；貿易 *(m)*▼ 〈échanger〉 ＿＿＿＿＿＿＿＿
5. 混合 *(m)*▼ 〈mélanger〉 ＿＿＿＿＿＿＿＿
6. 泳法；泳ぎ *(f)* 〈nager〉 ＿＿＿＿＿＿＿＿
7. 旅行 *(m)*▼ 〈voyager〉 ＿＿＿＿＿＿＿＿

(D) 不定詞が -gner で終わる．

《派生のパターン：-gner → -gne》

1. 一時預け；手荷物預かり所 *(f)* 〈consigner〉 ＿＿＿＿＿＿＿＿
2. 貯蓄, 節約 *(f)* 〈épargner〉 ＿＿＿＿＿＿＿＿

(E) 不定詞が〈子音字 + -ler〉で終わる．

《派生のパターン：-□ler → -□le》 (*□ は任意の子音字(群)を表す)

1. 平手打ち *(f)* 〈gifler〉 ＿＿＿＿＿＿＿＿
2. 息；(風の)そよぎ *(m)*▼ 〈souffler〉 ＿＿＿＿＿＿＿＿
3. 動揺；騒乱；(医学的)障害 *(m)*▼ 〈troubler 乱す, 動揺させる〉 ＿＿＿＿＿＿＿＿

(F) 不定詞が -mer で終わる.

《派生のパターン：-mer → -me》

1. 非難；戒告(処分) *(m)*▼ 〈blâmer〉 ＿＿＿＿＿＿
2. 魅力 *(m)*▼ 〈charmer 魅了する〉 ＿＿＿＿＿＿
3. 熱狂 *(m)*▼ 〈enthousiasmer〉 ＿＿＿＿＿＿
4. 改革 *(f)* 〈réformer〉 ＿＿＿＿＿＿

(G) 不定詞が〈母音字＋-ner〉で終わる.

《派生のパターン：-ner → -ne》

1. 料理 *(f)* 〈cuisiner〉 ＿＿＿＿＿＿
2. 苦労 *(f)* 〈peiner〉 ＿＿＿＿＿＿

(H) 不定詞が〈子音字＋-rer〉で終わる.

《派生のパターン：-□rer → -□re》 (*□は任意の子音字(群)を表す)

1. 平衡；均衡 *(m)*▼ 〈équilibrer 釣り合わせる〉 ＿＿＿＿＿＿
2. 操作 *(f)* 〈manœuvrer〉 ＿＿＿＿＿＿
3. (大量)虐殺 *(m)*▼ 〈massacrer〉 ＿＿＿＿＿＿
4. 出会い *(f)* 〈rencontrer〉 ＿＿＿＿＿＿

(I) 不定詞が -lter で終わる.

《派生のパターン：-lter → -lte》

1. 侮辱 *(f)* 〈insulter〉 ＿＿＿＿＿＿
2. 収穫 *(f)* 〈récolter〉 ＿＿＿＿＿＿
3. 反乱 *(f)* 〈révolter〉 ＿＿＿＿＿＿

(J) 不定詞が -ster で終わる.

《派生のパターン：-ster → -ste》

1. 対照 *(m)*▼ 〈contraster〉 ＿＿＿＿＿＿
2. 残り *(m)*▼ 〈rester〉 ＿＿＿＿＿＿
3. 言い返し；反撃 *(f)* 〈riposter〉 ＿＿＿＿＿＿

(K) 不定詞が -ver で終わる.

《派生のパターン：-ver → -ve》

1. 缶詰, 瓶詰 *(f)* 〈conserver (食品を)保存する〉 ＿＿＿＿＿＿
2. 蓄え, 買い置き *(f)* 〈réserver〉 ＿＿＿＿＿＿
3. 夢 *(m)*▼ 〈rêver〉 ＿＿＿＿＿＿

〔解答〕

(A) 1. annonce　2. avance　3. divorce　4. pince

(B) 1. approche　2. ébauche　3. embauche　4. marche　5. pêche　6. recherche
　　7. reproche

(C) 1. avantage 2. change 3. charge 4. échange 5. mélange 6. nage
7. voyage

(D) 1. consigne 2. épargne

(E) 1. gifle 2. souffle 3. trouble

(F) 1. blâme 2. charme 3. enthousiasme 4. réforme

(G) 1. cuisine 2. peine

(H) 1. équilibre 2. manœuvre 3. massacre 4. rencontre

(I) 1. insulte 2. récolte 3. révolte

(J) 1. contraste 2. reste 3. riposte

(K) 1. conserve 2. réserve 3. rêve

【練習3】

eの読み方やeに付くアクサンが変化することがあります.

(A) 不定詞が -eler で終わる.

《派生のパターン：-eler /(ə)-le/ → -el /ɛl/》

1. 呼ぶこと；点呼 *(m)*　　　　　　〈appeler〉　　　　＿＿＿＿＿＿

2. 雪解け；緊張の緩和 *(m)*　　　　〈dégeler〉　　　　＿＿＿＿＿＿

3. 凍結 *(m)*　　　　　　　　　　　〈geler〉　　　　　＿＿＿＿＿＿

(B) 不定詞が -eter で終わる.

《派生のパターン：-eter /(ə)-te/ → -et /ɛ/》

1. 投げること；噴出, 噴射 *(m)*　　〈jeter〉　　　　　＿＿＿＿＿＿

2. 計画 *(m)*　　　　　　　　　　　〈projeter〉　　　＿＿＿＿＿＿

3. 投棄；拒絶 *(m)*　　　　　　　　〈rejeter〉　　　　＿＿＿＿＿＿

(C) 不定詞が -é□er で終わる (2.は男性名詞).

《派生のパターン -é□er → -è□e》 (*□は任意の子音字(群)を表す)

1. 規則, ルール；定規 *(f)*　　　　〈régler 決める；線を引く〉　＿＿＿＿＿＿

2. 君臨, 統治 *(m)*　　　　　　　　〈régner〉　　　　＿＿＿＿＿＿

〔解答〕

(A) 1. appel 2. dégel 3. gel (el の発音の変化⇨[しくみ11])

(B) 1. jet 2. projet 3. rejet (et の発音の変化⇨[しくみ11])

(C) 1. règle 2. règne (é→è の変化⇨[しくみ4])

【練習4】

動詞の語幹末が ll, nn, ss, tt などの重子音字の場合は, 派生形が〈重子音字＋e〉になるものも単子音字で終わるものあるので注意しましょう.

[1] 不定詞が -ller /-le/ で終わる.

《派生のパターン：-ller → -lle》

けんか *(f)* 〈quereller〉 _____

[2] 不定詞が -iller /je/ で終わる.

(A) 《派生のパターン：-iller → -ille /j/》

1. 捜索；(遺跡の) 発掘 *(f)* 〈fouiller〉 _____

2. 切断, 裁断；身長 *(f)* 〈tailler〉 _____

3. 徹夜；覚醒；前日 *(f)* 〈veiller 夜更かし[徹夜]する〉 _____

(B) 《派生のパターン：-iller → -il /j/》

1. 助言, 忠告 *(m)* 〈conseiller〉 _____

2. 詳細；小売 *(m)* 〈détailler 細かく切る；小売りする〉 _____

3. 目覚め *(m)* 〈(se) réveiller〉 _____

4. 眠り *(m)* 〈sommeiller うたた寝する〉 _____

5. 仕事 *(m)* 〈travailler〉 _____

[3] 不定詞が -onner /ɔ-ne/ で終わる.

《派生のパターン：-onner → -on /ɔ̃/》 （男性名詞も女性名詞もある）

1. 放棄 *(m)* 〈abandonner〉 _____

2. 足し算 *(f)* 〈additionner〉 _____

3. 収集 *(f)* 〈collectionner〉 _____

4. 与えること *(m)* 〈donner〉 _____

5. 言及；記載 *(f)* 〈mentionner〉 _____

6. 刈り入れ *(f)* 〈moissonner〉 _____

7. 許し, 容赦 *(m)* 〈pardonner〉 _____

8. 選抜 *(f)* 〈sélectionner〉 _____

9. 疑い, 嫌疑 *(m)* 〈soupçonner〉 _____

[4] 不定詞が -sser で終わる.

(A) 《派生のパターン：-sser → -sse》

1. 低下 *(f)* 〈baisser〉 _____

2. 愛撫 *(f)* 〈caresser〉 _____

3. 中止, 中断 *(f)* 〈cesser〉 _____

4. 狩り, 狩猟 *(f)* 〈chasser〉 _____

5. 上昇 *(f)* 〈hausser〉 _____

6. (スポーツの) パス *(f)* 〈passer〉 _____

7. (植物などが) 生えること；新芽 *(f)* 〈pousser〉 _____

(B) 《派生のパターン：-sser → -s》 (*語末の s を発音しない)

1. 寄せ集め *(m)* 〈amasser〉 _____

2. 片づけること；物置 *(m)* 〈débarrasser〉 _____

3. 窮地；困惑 *(m)*　　　　　　〈embarrasser 邪魔になる；困らせる〉　＿＿＿＿＿

4. 値引き *(m)*　　　　　　　　〈rabaisser 価値を低下させる〉　　＿＿＿＿＿

5. 気苦労, 心配 *(m)*　　　　　〈tracasser〉　　　　　　　　　　＿＿＿＿＿

[5] 不定詞が -tter で終わる.

(A)《派生のパターン : -tter → -tte》

闘争 *(f)*　　　　　　　　　　〈lutter〉　　　　　　　　　　　＿＿＿＿＿

(B)《派生のパターン : -tter → -t》 (*語末の t を発音しない)

1. 見張り *(m)*　　　　　　　　〈guetter〉　　　　　　　　　　　＿＿＿＿＿

2. 後悔 *(m)*　　　　　　　　　〈regretter〉　　　　　　　　　　＿＿＿＿＿

3. (馬の)速足 *(m)*　　　　　　〈trotter〉　　　　　　　　　　　＿＿＿＿＿

〚解答〛

[1] querelle

[2] (A) 1. fouille　2. taille　3. veille

　　　(B) 1. conseil　2. détail　3. réveil　4. sommeil　5. travail

[3] 1. abandon　2. addition　3. collection　4. don　5. mention　6. moisson

　　　7. pardon　8. sélection　9. soupçon

[4] (A) 1. baisse　2. caresse　3. cesse　4. chasse　5. hausse　6. passe　7. pousse

　　　(B) 1. amas　2. débarras　3. embarras　4. rabais　5. tracas

[5] (A) lutte

　　　(B) 1. guet　2. regret　3. trot

◗ 派生のしくみ 31 ― 動詞語幹末の重子音字と名詞末尾の単子音字の交替 ◖

　フランス語では, 借用語や固有名詞を除けば, 単語の最後が重子音字になることはありません. したがって, 動詞語幹の最後が重子音の動詞からの逆派生では, 名詞の末尾に e が付くか単子音字になります. 上記の [1] と [2](A), [4](A), [5](A) は e が付き, [2](B) と [3], [4](B), [5](B) は単子音字になります.

【練習 5 】

　不定詞が -quer で終わる動詞からの逆派生は 2 種類に分かれます.

(A)《派生のパターン : -quer → -que》（男性名詞も女性名詞もある）

1. 攻撃 *(f)*　　　　　　　　　〈attaquer〉　　　　　　　　　　＿＿＿＿＿

2. 批判；批評 *(f)*　　　　　　〈critiquer〉　　　　　　　　　　＿＿＿＿＿

3. 不足 *(m)*　　　　　　　　　〈manquer〉　　　　　　　　　　＿＿＿＿＿

4. 印(しるし)；痕跡 *(f)*　　　　〈marquer〉　　　　　　　　　　＿＿＿＿＿

5. 実践 *(f)*　　　　　　　　　〈pratiquer〉　　　　　　　　　　＿＿＿＿＿

6. 指摘, 注意；注記 *(f)*　　　　〈remarquer〉　　　　　　　＿＿＿＿＿＿

7. 応答, 言いかえし *(f)*　　　　〈réplique〉　　　　　　　　＿＿＿＿＿＿

(B) 《派生のパターン：-quer → -c /k/》

1. 衝突；衝撃 *(m)*　　　　〈choquer 不快にする；《古》衝突する〉　＿＿＿＿＿＿

2. 診断 *(m)*　　　　　　　〈diagnostiquer〉　　　　　　　　＿＿＿＿＿＿

3. 不正取引 *(m)*　　　　　〈trafiquer〉　　　　　　　　　　＿＿＿＿＿＿

4. 物々交換 *(m)*　　　　　〈troquer〉　　　　　　　　　　　＿＿＿＿＿＿

〖解答〗

(A) 1. attaque　2. critique　3. manque　4. marque　5. pratique　6. remarque
　　　7. réplique

(B) 1. choc　2. diagnostic　3. trafic　4. troc

◗ 派生のしくみ 32 ― 語末の c /k/ と語中の qu /k/ の交替 ◗

　qu /k/ と c /k/ の交替の例は §6-1.[練習 3]で見ました (⇨[しくみ 28]). ここでは，語の末尾の c について補足します.

　上記の (A) のように，語末の /k/ は que と綴るのがふつうで，c と綴る語は数が少なく，しばしば借用語や擬音語です. そうした語も上記 (B) の例で見るように，語中では qu と綴ります. 同様の例として，éche**c**「チェス」→ échi**qu**ier「チェス盤」(§2-2.[練習 3]) があります.

171

【練習 6】

　不定詞が -ourner で終わる動詞からの逆派生です.

《派生のパターン：-ourner → -our》

1. 回り道, 迂回(うかい) *(m)*　　　〈détourner〉　　　　　　＿＿＿＿＿＿

2. 帰ること；帰り *(m)*　　　　　〈retourner〉　　　　　　　＿＿＿＿＿＿

3. 滞在 *(m)*　　　　　　　　　　〈séjourner〉　　　　　　　＿＿＿＿＿＿

4. 一周；回転；順番 *(m)*　　　　〈tourner〉　　　　　　　　＿＿＿＿＿＿

〖解答〗

1. détour　2. retour　3. séjour　4. tour

【練習 7】

　派生語の末尾が s あるいは t になる変則的なものがあります.

[1] 不定詞が -céder で終わる.

《派生のパターン：-céder → -cès》

第3章 「行為」を表す名詞を作る

1. 接近, 到達；入り口 *(m)* 〈accéder〉 _____

2. 死亡 *(m)* 〈décéder〉 _____

3. 過度, 行きすぎ *(m)* 〈excéder〉 _____

4. 訴訟 *(m)* 〈procéder〉 _____

5. 成功；(作品・商品などの)ヒット *(m)* 〈succéder〉 _____

[2] 不定詞が -esser で終わる.

(A) 《派生のパターン：-esser → -ès》

進歩, 向上 *(m)* 〈progresser〉 _____

(B) 《派生のパターン：-esser → -êt》

興味 *(m)* 〈intéresser〉 _____

[3] 不定詞が -poser で終わる.

《派生のパターン：-poser → -pôt》

1. 置くこと；置き場 *(m)* 〈déposer〉 _____

2. 倉庫 *(m)* 〈entreposer 倉庫に入れる〉 _____

3. 税金 *(m)* 〈imposer 強いる；課税する〉 _____

〔解答〕

[1] 1. accès 2. décès 3. excès 4. procès 5. succès

[2] (A) progrès (ès と ess の交替⇨[しくみ 5])

(B) intérêt (ê と ess の交替⇨後出の[しくみ 44])

[3] 1. dépôt 2. entrepôt 3. impôt (*cf.* poser → position (§6-3.(A)[練習 10]))

【練習 8】

不定詞が -yer で終わる動詞からの派生です.

(A) 《派生のパターン：-yer → -i》

1. 支え *(m)* 〈appuyer〉 _____

2. 使用；職, 働き口 *(m)* 〈employer〉 _____

3. 悩み；退屈 *(m)* 〈ennuyer〉 _____

4. 発送 *(m)* 〈envoyer〉 _____

5. 試み；(性能などの)試験 *(m)* 〈essayer〉 _____

6. 送り返すこと, 返送；解雇 *(m)* 〈renvoyer〉 _____

(B) 変則派生.

1. (激しい)恐怖 *(m)* 〈effrayer〉 (...roi) _____

2. 給料 (の支払い) *(f)* (*派生形が 2 つある) 〈payer〉 (...ye) _____

(...ie) _____

3. (作業などの)引継ぎ；(放送の)中継 *(m)* 〈relayer〉 (...lais) _____

〔解答〕

(A) 1. appui　2. emploi　3. ennui　4. envoi　5. essai　6. renvoi

(B) 1. effroi　2. paye / paie

　　　3. relais （『新綴り』では(A)と同じ派生の relai になる）

◐ 派生のしくみ33 ― 動詞語幹末の y と i の交替 ◑

　フランス語では，借用語や固有名詞を除けば，単語の最後が〈母音字+y〉になることはありません．したがって，語幹の最後が y の動詞からの逆派生では，一般に上記(A)のように y が i に変わります．(B)は変則的な派生ですが，語末が〈母音字+y〉でない点は共通しています．

【練習9】

　不定詞が -prouver, -ouver で終わる動詞からの派生です．

(A) -prouver で終わる．

《派生のパターン：-prouver /pru-ve/ → -preuve /prœːv/》

　1. 試験, テスト *(f)*　　　　　　　　　　　　〈éprouver〉　　　＿＿＿＿＿＿

　2. 証拠 *(f)*　　　　　　　　　　　　　　　　〈prouver〉　　　＿＿＿＿＿＿

(B) -ouer で終わる．

《派生のパターン：-ouer /we/ → -eu /ø/》

　1. (罪・過ちの)告白, 白状 *(m)*　　　　　　　〈avouer〉　　　＿＿＿＿＿＿

　2. 遊び；競技；賭け事；演奏, 演技 *(m)*　　　〈jouer〉　　　　＿＿＿＿＿＿

〔解答〕

(A) 1. épreuve　2. preuve　　(B) 1. aveu　2. jeu

◐ 派生のしくみ34 ― ou と eu の交替 ◑

　上記の例で見るように，動詞の語幹の ou が名詞で eu に変わることがあります．この交替での eu の発音は，後に子音(の発音)がある場合は口の開きの広い /œ/ になり((A)の派生名詞)，子音がない場合は口の開きの狭い /ø/ になります((B)の派生名詞)．フランス語話者にとっては自然に起こる現象であり，この発音の違いをあまり気にする必要はありません．

【練習10】

　不定詞が -aigner, -agner, -oigner で終わる動詞からの派生です．

(A) -aigner で終わる．

《派生のパターン：-aigner /ε-ɲe/ → -ain /ɛ̃/》

1. 水浴, 水遊び *(m)*　　　　　　　　〈(se) baigner〉　　　＿＿＿＿＿＿

2. 軽蔑 *(m)*　　　　　　　　　　　　〈dédaigner〉　　　　＿＿＿＿＿＿

(B) -agner で終わる.

《派生のパターン：-agner /a-ɲe/ → -ain /ɛ̃/》

　　利益, 稼ぎ *(m)*　　　　　　　　　〈gagner〉　　　　　＿＿＿＿＿＿

(C) -oigner で終わる.

《派生のパターン：-oigner /wa-ɲe/ → -oin /wɛ̃/》

　　気配り；世話 *(m)*　　　　　　　　〈soigner〉　　　　　＿＿＿＿＿＿

〔解答〕
(A) 1. bain　2. dédain　　(B) gain　　(C) soin

◗ 派生のしくみ 35 ― gn と n の交替 ◗

　上記の例で見るように，動詞の語幹の gn と名詞の n が交替することがあります. 発音上は〈(/w/+) 母音+/ɲ/〉が〈(/w/+) 鼻母音〉と交替します. すなわち，(A) では /εɲ/ ～ /ɛ̃/，(B) では /aɲ/ ～ /ɛ̃/，(C) では /waɲ/ ～ /wɛ̃/ です. (C) と逆方向の現象の例として poing → poignard (§3-3.[練習])，poing → poignet (第1章の[総合練習4])，poing → poignée (第1章の[総合練習5]) がありました.

---

2. -ir で終わる動詞からの逆派生

【練習1】

　-ir で終わる動詞 (finir 型とその他の型を含む) からの逆派生もいくつかのタイプがあります. まず，不定詞語尾がなくなるものを見てみましょう.

(A) finir 型および partir 型の動詞は, 基語の不定詞語尾の -ir が消失する (派生語は男性名詞または女性名詞).

《派生のパターン：-ir → (ゼロ)》

1. 跳ぶこと, 跳躍 *(m)*　　　　　　　〈bondir〉　　　　　＿＿＿＿＿＿

2. 終わり *(m)*　　　　　　　　　　　〈finir〉　　　　　　＿＿＿＿＿＿

3. 分け前, 取り分 *(f)*　　　　　　　〈partir《古》分割する〉　＿＿＿＿＿＿

4. (ボールなどの) 跳ね返り, バウンド　〈rebondir〉　　　　　＿＿＿＿＿＿

(B) -cueillir で終わる動詞は, 基語の不定詞語尾の -ir が消失するとともに, 派生語の末尾が単子音字になる (派生語は男性名詞).

《派生のパターン：-cueillir → -cueil》

1. 迎え入れること；もてなし *(m)*　　〈accueillir〉　　　　＿＿＿＿＿＿

2. 寄せ集め；選集 *(m)*　　　　　　　〈recueillir〉　　　　　＿＿＿＿＿＿

〔解答〕

(A) 1. bond　2. fin　3. part　4. rebond

(B) 1. accueil　2. recueil　(ill → il の変化⇨[しくみ31])

　　(*cueillir はこのパターンにならない. *cf.* cueillette (§6-11.[練習]))

【練習2】

　派生語が過去分詞と同じ形になるものもあります. 原則として, 過去分詞男性形と同形の場合(下記の(A))は男性名詞, 過去分詞に e の付いた女性形と同形の場合(下記の(B))は女性名詞です.

[1] finir 型および partir 型の動詞.

(A) 《派生のパターン：-ir → -i》

　1. 否定 *(m)*　　　　　　　　　〈démentir〉　　　　　　　＿＿＿＿＿＿＿

　2. 党, 党派 *(m)*　　　　　　　　〈partir《古》分割する〉　＿＿＿＿＿＿＿

(B) 《派生のパターン：-ir → -ie》

　1. 粥(かゆ) *(f)*　　　　　　　　　〈bouillir 煮える〉　　　＿＿＿＿＿＿＿

　2. 部分；勝負, 試合 *(f)*　　　　〈partir《古》分割する〉　＿＿＿＿＿＿＿

　3. 差し押さえ, 押収 *(f)*　　　　〈saisir〉　　　　　　　　＿＿＿＿＿＿＿

　4. 外出；出口 *(f)*　　　　　　　〈sortir〉　　　　　　　　＿＿＿＿＿＿＿

[2] tenir 型, venir 型の動詞.

(A) 《派生のパターン：-ir → -u》

　　収入；所得 *(m)*　　　　　　　〈revenir 戻って来る〉　　＿＿＿＿＿＿＿

(B) 《派生のパターン：-ir → -ue》

　1. 自制；慎み *(f)*　　　　　　　〈retenir〉　　　　　　　　＿＿＿＿＿＿＿

　2. 服装；行儀 *(f)*　　　　　　　〈tenir (状態・態度などを)保つ〉　＿＿＿＿＿＿＿

　3. 来ること *(f)*　　　　　　　　〈venir〉　　　　　　　　　＿＿＿＿＿＿＿

[3] couvrir 型の動詞.

(A) 《派生のパターン：-vrir → -vert /vɛːr/》

　　食器一式 *(m)*　　　　　　　　〈couvrir 覆う〉　　　　　＿＿＿＿＿＿＿

(B) 《派生のパターン：-vrir → -verte /vɛrt/》

　　発見 *(f)*　　　　　　　　　　〈découvrir〉　　　　　　＿＿＿＿＿＿＿

[4] mourir

《派生のパターン：-ourir → -ort /mɔːr/》 (*派生語は過去分詞男性形と同形だが, 女性名詞)

　　死 *(f)*　　　　　　　　　　　〈mourir〉　　　　　　　　＿＿＿＿＿＿＿

〔解答〕

[1] (A) 1. démenti　2. parti　(B) 1. bouillie　2. partie　3. saisie　4. sortie

［2］(A) revenu

  (B) 1. retenue (-tenirの派生には, 次の［練習3］で見るように, 別の派生のパターン
    もあります) 2. tenue 3. venue

［3］(A) couvert (B) découverte

［4］mort

【練習3】

 上記の派生のパターンに当てはまらない逆派生をまとめて見てみましょう.

［1］-courir

(A)《派生のパターン：-rir → -rs /r/》(男性名詞)

 1. 選抜試験；協力 *(m)*   〈concourir〉 ＿＿＿＿＿＿

 2. 講義；流れ；相場 *(m)*   〈courir 走る；流れる〉 ＿＿＿＿＿＿

 3. スピーチ, 演説 *(m)*   〈discourir 駄弁をろうする〉 ＿＿＿＿＿＿

 4. 行程；経路 *(m)*   〈parcourir 歩き回る〉 ＿＿＿＿＿＿

 5. 助けを求めること *(m)*   〈recourir〉 ＿＿＿＿＿＿

 6. 救助；救援 *(m)*   〈secourir〉 ＿＿＿＿＿＿

(B)《派生のパターン：-rir → -rse》(女性名詞)

  走ること；競走；買い物 *(f)* 〈courir 走る；流れる〉 ＿＿＿＿＿＿

［2］fuir

《派生のパターン：-ir → -ite》(女性名詞)

  逃走；(液体・気体などの)漏れ *(f)* 〈fuir〉 ＿＿＿＿＿＿

［3］offrir

《派生のパターン：-rir → -re》(女性名詞)

  申し出 *(f)*   〈offrir〉 ＿＿＿＿＿＿

［4］-quérir

《派生のパターン：-érir → -ête》(女性名詞)

 1. 征服 *(f)*   〈conquérir〉 ＿＿＿＿＿＿

 2. 調査；捜査 *(f)*   〈(s')enquérir《文》調べる〉 ＿＿＿＿＿＿

 3. 募金；《古》探索, 捜索 *(f)* 〈quérir《古》探す；求める〉 ＿＿＿＿＿＿

 4. 嘆願 *(f)*   〈requérir〉 ＿＿＿＿＿＿

［5］-servir

(A)《派生のパターン：-ervir → -ert /ɛːr/》(男性名詞)

  デザート *(m)*   〈desservir[1] 食器を下げる〉 ＿＿＿＿＿＿

(B)《派生のパターン：-ervir → -erte》(女性名詞)

 1. (配膳用の)食器台 *(f)* 〈desservir[1] 食器を下げる〉 ＿＿＿＿＿＿

 2. 交通の便 *(f)*   〈desservir[2] 交通の便がある〉 ＿＿＿＿＿＿

［6］ -tenir

《派生ののパターン：-enir → -ien /jɛ̃/》 (男性名詞)

1. 維持；手入れ；会談 *(m)* 〈(s')entretenir〉 ＿＿＿＿＿＿

2. 維持 *(m)* 〈maintenir〉 ＿＿＿＿＿＿

3. 支持, 支援 *(m)* 〈soutenir〉 ＿＿＿＿＿＿

〔解答〕

［1］(A) 1. concours 2. cours 3. discours 4. parcours 5. recours 6. secours

   (B) course

［2］fuite

［3］offre

［4］1. conquête 2. enquête 3. quête 4. requête

［5］(A) dessert〔食器を下げてデザートを出すことからこの2つの意味が結びついた〕

   (B) 1. desserte 2. desserte

［6］1. entretien 2. maintien 3. soutien

~~ 〚備考〛 ~~~~~~

上記［4］の enquête の基語の (s')enquérir と quête の基語の quérir は古風な言葉であり，派生語と意味がずれてきたので，名詞を基語として新たに動詞の enquêter と quêter が作られました.

(s')enquérir → enquête → enquêter 調査する；捜査する

quérir → quête → quêter 募金をする

~~~~~~

3. -re で終わる動詞からの逆派生

【練習1】

-prendre で終わる動詞からの逆派生です. 過去分詞女性形と同じ形になります.

《派生のパターン：-prendre → -prise》 (女性名詞)

1. 企て；企業 *(f)* 〈entreprendre〉 ＿＿＿＿＿＿

2. 取り違え *(f)* 〈(se) méprendre〉 ＿＿＿＿＿＿

3. 取ること；コンセント *(f)* 〈prendre〉 ＿＿＿＿＿＿

4. 再び取ること；再開 *(f)* 〈reprendre〉 ＿＿＿＿＿＿

5. 驚き *(f)* 〈surprendre〉 ＿＿＿＿＿＿

〔解答〕

1. entreprise 2. méprise 3. prise 4. reprise 5. surprise

【練習2】

-prendre 以外の -endre で終わる動詞の逆派生です．派生のパターンが3つあります．

(A) -endre[1]

《派生のパターン：-endre → -ente》(女性名詞)

1. 待つこと *(f)*   〈attendre〉   _____
2. 降下 *(f)*   〈descendre〉   _____
3. 仲のよいこと，相互理解 *(f)*   〈(s')entendre〉   _____
4. 割れ目，裂け目 *(f)*   〈fendre 割る，裂く〉   _____
5. 金利収入；年金 *(f)*   〈rendre 返す，取り戻させる〉 _____
6. 販売 *(f)*   〈vendre〉   _____

(B) -endre[2]

《派生のパターン：-endre → -ense》(女性名詞)

　　防御；擁護 *(f)*   〈défendre〉   _____

(C) -endre[3]　(*派生語は過去分詞女性形と同形)

《派生のパターン：-endre → -endue》(女性名詞)

　　広がり，広さ；(事柄の)大きさ *(f)*　〈étendre 広げる〉 _____

〔解答〕

(A) 1. attente　2. descente　3. entente　4. fente　5. rente　6. vente
(B) défense　　(C) étendue

【練習3】

-aindre, -eindre で終わる動詞の逆派生です．

(A) -aindre　(*派生語は過去分詞女性形と同形)

《派生のパターン：-aindre → -ainte》(女性名詞)

1. 強いること *(f)*   〈contraindre〉   _____
2. 恐れ *(f)*   〈craindre〉   _____
3. うめき声；不平；告訴 *(f)*   〈(se) plaindre〉   _____

(B) -eindre[1]　(*派生語は過去分詞男性形と同形)

《派生のパターン：-eindre → -eint》(男性名詞)

　　顔の色 *(m)*   〈teindre 染める〉   _____

(C) -eindre[2]　(*派生語は過去分詞女性形と同形)

《派生のパターン：-eindre → -einte》(女性名詞)

1. 侵害；達成 *(f)*   〈atteindre 襲う；達する〉   _____
2. 痕跡；指紋 *(f)*   〈empreindre《文》刻み込む〉 _____
3. 抱きしめること *(f)*   〈étreindre〉   _____
4. 色合い *(f)*   〈teindre 染める〉   _____

〔解答〕

(A) 1. contrainte　2. crainte　3. plainte

(B) teint

(C) 1. atteinte　2. empreinte　3. étreinte　4. teinte

【練習 4】

-ondre, -rdre で終わる動詞の逆派生です.

(A) -ondre[1]

《派生のパターン：-ondre → -onte》 (女性名詞)

1. 溶かす[溶ける]こと；鋳造 *(f)*　　　〈fondre〉　　　　　_____

2. 産卵 *(f)*　　　　　　　　　　　　　〈pondre〉　　　　　_____

(B) -ondre[2]

《派生のパターン：-ondre → -onse》 (女性名詞)

　　答え, 返事 *(f)*　　　　　　　　　〈répondre〉　　　　_____

(C) -rdre

《派生のパターン：-rdre → -rte》 (女性名詞)

　　紛失；損失 *(f)*　　　　　　　　　〈perdre〉　　　　　_____

〔解答〕

(A) 1. fonte　2. ponte　　(B) réponse　　(C) perte

【練習 5】

-vre で終わる動詞の逆派生です.

(A) -suivre

《派生のパターン：-suire → -suite》 (女性名詞)

1. 追跡 *(f)*　　　　　　　　　　　　〈poursuivre〉　　　_____

2. 続き；連続 *(f)*　　　　　　　　　〈suivre〉　　　　　_____

(B) -vivre

《派生のパターン：-vivre → -vie》 (女性名詞)

1. 生き延びること *(f)*　　　　　　　〈survivre〉　　　　_____

2. 生命；人生；生活 *(f)*　　　　　　〈vivre〉　　　　　　_____

〔解答〕

(A) 1. poursuite　2. suite

(B) 1. survie　2. vie

【練習6】

　-ttre で終わる動詞の逆派生です.

(A) -battre

《派生のパターン：-battre → -bat》 (男性名詞)

　1. (小規模な)戦闘, 交戦；闘争 *(m)*　　〈combattre〉　　　　＿＿＿＿＿

　2. 討論 *(m)*　　　　　　　　〈débattre〉　　　　＿＿＿＿＿

(B) -mettre (*派生語は過去分詞の男性形あるいは女性形と同形)

《派生のパターン：-mettre → -mis / -mise》 (男性名詞 / 女性名詞)

　1. 妥協 *(m)*　　　　　　　〈compromettre〉　　　　＿＿＿＿＿

　2. 置くこと *(f)*　　　　　　〈mettre〉　　　　＿＿＿＿＿

〔解答〕

(A) 1. combat　2. débat

(B) 1. compromis〔基語 compromettre の現用の意味は「危うくする；巻き添えにする」なので派生語と意味のずれがある. 別の派生語 compromission は文語的〕　2. mise

【練習7】

　-uire で終わる動詞の逆派生です.

(A) -duire[1] (*派生語は過去分詞男性形と同形)

《派生のパターン：-duire → -duit》 (男性名詞)

　　製品, 生産物 *(m)*　　　　　〈produire 生産する〉　　　　＿＿＿＿＿

(B) -duire[2] (*派生語は過去分詞女性形と同形)

《派生のパターン：-duire → -duite》 (女性名詞)

　　行動；運転 *(f)*　　　　　〈(se) conduire〉　　　　＿＿＿＿＿

〔解答〕

(A) produit　　(B) conduite

【練習8】

　-aire で終わる動詞の逆派生です.

(A) -faire[1] (*派生語は過去分詞男性形と同形)

《派生のパターン：-faire → -fait》 (男性名詞)

　　事柄；事実 *(m)*　　　　〈faire (事態を)引き起こす〉　　　　＿＿＿＿＿

(B) -faire[2] (*派生語は過去分詞女性形と同形)

《派生のパターン：-faire → -faite》 (女性名詞)

　　敗北 *(f)*　　　　　　〈défaire《文》(軍隊・敵を)撃破する〉　　　　＿＿＿＿＿

(C) -traire (*派生語は過去分詞男性形と同形)

《派生のパターン：-traire → -trait》 (男性名詞)

　　抜粋；エキス *(m)*　　　　　〈extraire 抜粋する；抽出する〉　　＿＿＿＿＿＿

〖解答〗

(A) fait　　(B) défaite　　(C) extrait

~~ 〖備考〗 ~~~~~~

　traire はかつては「引く」を意味する一般的な語でしたが, tirer がその意味で用いられる
ようになりました (traire の現用の意味は「(家畜の)乳を搾る」). そのため, 動詞の -tirer と
名詞の -trait(e) (traire の過去分詞に由来する)が意味的に対応していることがあります.

　┌ tirer (線を)引く
　├ ─ trait 線；線を引くこと；顔立ち；特徴
　└ ─ traite (金銭を引き出すための)手形
　┌ attirer 引き寄せる；魅了する
　└ ─ attrait 魅力 〔類義語の attirance は§6-4.[練習]で既出〕
　┌ retirer 引き出す；取り去る, 取り消す
　└ ─ retrait (資格などの)取り消し, 剥奪

　また, §6-3.[B] の [練習3] の attraction「アトラクション；引力」は, 現用語の attirer
ではなく, 古語の *attraire* から作られました. つまり, distraire → distraction「気晴ら
し」などと同じ派生だったのです.

~~~~~~

4. -oir で終わる動詞からの逆派生

【練習】

　-oir で終わる動詞からの逆派生は少数で, 次の2つのタイプがあります.

(A) -cevoir (*派生語は過去分詞男性形と同形)

《派生のパターン：-cevoir → -çu》 (男性名詞)

　1. 概略 *(m)*　　　　　　　　〈apercevoir (ちらっと)見る〉　　＿＿＿＿＿＿
　2. 領収書 *(m)*　　　　　　　〈recevoir 受け取る〉　　＿＿＿＿＿＿

(B) -voir (*派生語は過去分詞女性形と同形)

《派生のパターン：-voir → -vue》 (女性名詞)

　1. 会見, 会談 *(f)*　　　　　　〈entrevoir 見かける；《古》会見する〉　　＿＿＿＿＿＿
　2. 点検；雑誌 *(f)*　　　　　　〈revoir 見直す〉　　＿＿＿＿＿＿
　3. 見ること；視覚 *(f)*　　　　〈voir〉　　＿＿＿＿＿＿

〔解答〕

(A) 1. aperçu　2. reçu　(B) 1. entrevue　2. revue　3. vue

5. 変則的なもの

【練習1】

変則的な派生をする -er 動詞です．派生語の末尾部分をかっこ内に示してあります．

1. 購入 *(m)* 　　　　　　〈acheter〉(...at)　　　　　　_____
2. 愛 *(m)* 　　　　　　〈aimer〉(...our)　　　　　　_____
3. 失敗 *(m)* 　　　　　　〈échouer〉(...ec)　　　　　　_____
4. 努力 *(m)* 　　　　　　〈(s')efforcer〉(...rt)　　　　_____
5. はずみ, 勢い *(m)* 　　　〈(s')élancer 突進する〉(...an)　_____
6. 希望 *(m)* 　　　　　　〈espérer〉(...oir)　　　　　　_____
7. 勉強, 勉学；研究 *(f)* 　　〈étudier〉(...de)　　　　　_____
8. 試験 *(m)* 　　　　　　〈examiner〉(...men)　　　　_____
9. 紐, 綱；絆(きずな)；関連 *(m)* 〈lier 結びつける〉(...en)　　_____
10. 言葉；発言 *(f)* 　　　　〈parler〉(...ole)　　　　　_____
11. 祈り *(f)* 　　　　　　〈prier〉(...ère)　　　　　　_____
12. 移転, 移動 *(m)* 　　　　〈transférer〉(...ert)　　　　_____

〔解答〕

1. achat　2. amour (語頭の ai が a になる)　3. échec　4. effort　5. élan

6. espoir (対義語の désespérer の名詞形も同様に désespoir)　7. étude

8. examen　9. lien　10. parole　11. prière　12. transfert

【練習2】

-er 動詞以外で変則的な派生をするものです．派生語の注意点をかっこ内に示してあります．

1. 選択；選択の自由[余地] *(m)* 〈choisir〉(...x)　　　　　_____
2. 破産 *(f)* 　　　　　　〈faillir 危うく…する〉(...ite)　_____
3. 偽造 *(f)* 　　　　　　〈contrefaire〉(...façon)　　　_____
4. 憎しみ *(f)* 　　　　　〈haïr〉(...aine)　　　　　　_____
5. 嘘(うそ) *(m)* 　　　　　〈mentir〉(...songe)　　　　_____
6. 出発 *(m)* 　　　　　　〈partir〉(dé...t)　　　　　　_____
7. 喜び, 楽しみ *(m)* 　　　〈plaire 気に入る, 喜ばれる〉(...sir)　_____
8. 雨 *(f)* 　　　　　　　〈pleuvoir〉(...uie)　　　　　_____
9. 約束 *(f)* 　　　　　　〈promettre〉(...sse)　　　　_____

10. 成功 *(f)*　　　　　〈réussir〉 (...te)　　　　────────

11. 感覚(機能) *(m)*　　　〈sentir 感じる〉 (...s)　　　────────

〔解答〕

1. choix　2. faillite　3. contrefaçon　4. haine　5. mensonge　6. départ〔文語の départir「分かち与える」に由来するが，一般には意味的関連の強い partir と結び付けてとらえられている〕　7. plaisir　8. pluie　9. promesse　10. réussite　11. sens

---

コラム 7 ― 動詞から名詞への品詞転換

　語形を変えずに品詞を変えることを「品詞転換」と言います．品詞を変えるという点で接尾辞派生や逆派生と共通しているので，ゼロの接尾辞を付加する「ゼロ派生」あるいは「偽派生」と呼ぶこともあります．

　フランス語では，動詞の不定詞を(冠詞などを付けて)名詞として用いることは稀なのですが，それでも次のような例があります(定冠詞を付けてあります)．名詞は男性名詞になります．

le déjeuner　昼食	le rire　笑い
le dîner　夕食	le sourire　ほほ笑み
le goûter　おやつ，間食	le toucher　触覚；手触り，感触
le souper　夜食	le devoir　義務；(学校の)宿題
l'aller　行き，往路	le souvenir　思い出；みやげ
le lever　(太陽などが)昇ること；起床	le pouvoir　力，能力
le coucher　(太陽などが)沈むこと；就寝	les vivres　食糧

　なお，形容詞を名詞としても用いるのはかなり一般的ですし，すでに見たように，動詞の形容詞形である分詞が名詞に転用されている例は多数あります．

第3章の総合練習

【練習1】

1つの基語動詞に2つ以上の派生名詞が関連することがあります. 示された意味に該当する派生名詞を(必要な場合は複数形で)空欄に書き入れましょう. 同じ語を2度使うこともあります. ほとんどがすでに出てきた語です. なお, 解答は (A), (B), ... の後に載せてあります.

(A) 用いる接尾辞は -age, -ement, -tion とそれらの異形.

1. abattre に関連する名詞2語.

　(a) l'＿＿＿＿＿＿＿ des arbres　木の伐採

　(b) l'＿＿＿＿＿＿＿ des veaux　子牛の畜殺

　(c) être dans un grand ＿＿＿＿＿＿＿　ひどく落ち込んでいる

2. arracher に関連する名詞2語.

　(a) l'＿＿＿＿＿＿＿ d'une dent　歯を抜くこと, 抜歯

　(b) l'＿＿＿＿＿＿＿ des adieux　別離の悲しみ

3. battre に関連する名詞2語.

　(a) le ＿＿＿＿＿＿＿ du blé　麦打ち

　(b) le ＿＿＿＿＿＿＿ de la pluie contre les vitres　窓ガラスに雨が打ち当たること

　(c) le ＿＿＿＿＿＿＿ du cœur　心臓の鼓動

4. blanchir に関連する名詞3語.

　(a) le ＿＿＿＿＿＿＿ des cheveux　髪が白くなること

　(b) le ＿＿＿＿＿＿＿ des légumes　野菜をゆがくこと

　(c) le ＿＿＿＿＿＿＿ des draps　シーツのクリーニング

5. décoller に関連する名詞2語.

　(a) le ＿＿＿＿＿＿＿ d'un avion　飛行機の離陸

　(b) le ＿＿＿＿＿＿＿ de la rétine　網膜剥離(はくり)

6. (s')élever に関連する名詞2語.

　(a) l'＿＿＿＿＿＿＿ de la température　温度の上昇

　(b) l'＿＿＿＿＿＿＿ du bétail　家畜の飼育

　(c) l'＿＿＿＿＿＿＿ d'un monument　記念碑の建立

7. envahir に関連する名詞2語.

　(a) les ＿＿＿＿＿＿＿ de la France par les Vikings
　　　　バイキングによるフランス侵略

　(b) l'＿＿＿＿＿＿＿ de la publicité dans la vie quotidienne
　　　　日常生活における広告の氾濫

8. étaler に関連する名詞2語.

　(a) l'＿＿＿＿＿＿＿ des vacances　長期休暇の分散化

　(b) l'＿＿＿＿＿＿＿ des marchandises　商品の陳列

9. fonder に関連する名詞2語.

(a) la ＿＿＿＿＿＿＿ d'une école　学校の設立

(b) ébranler les ＿＿＿＿＿＿＿ de l'État　国家の基盤を揺るがす

(c) un rumeur sans ＿＿＿＿＿＿＿　事実無根のうわさ

10. (s')habiller に関連する名詞2語.

(a) l'＿＿＿＿＿＿＿ d'une actrice　女優の着付け

(b) les dépenses d'＿＿＿＿＿＿＿　被服費

11. isoler に関連する名詞2語.

(a) l'＿＿＿＿＿＿＿ thermique　断熱

(b) vivre dans l'＿＿＿＿＿＿＿　孤独に暮らす

12. nettoyer に関連する名詞2語.

(a) faire un grand ＿＿＿＿＿＿＿ dans la maison　家の大掃除をする

(b) le ＿＿＿＿＿＿＿ des rues　街路の清掃

13. prolonger に関連する名詞2語.

(a) le ＿＿＿＿＿＿＿ de l'autoroute　高速道路の延長

(b) la ＿＿＿＿＿＿＿ de la séance　会期の延長

14. raccommoder に関連する名詞2語.

(a) faire du ＿＿＿＿＿＿＿　繕いものをする

(b) faire le ＿＿＿＿＿＿＿　仲直りをする

15. raffiner に関連する名詞2語.

(a) le ＿＿＿＿＿＿＿ du pétrole　石油の精製

(b) s'habiller avec ＿＿＿＿＿＿＿　洗練された服装をする

16. réchauffer に関連する名詞2語.

(a) le ＿＿＿＿＿＿＿ du plat refroidi　冷めた料理を温め直すこと

(b) le ＿＿＿＿＿＿＿ du globe　地球の温暖化

17. renoncer に関連する名詞2語.

(a) la ＿＿＿＿＿＿＿ à un projet　計画の断念

(b) mener une vie de ＿＿＿＿＿＿＿　禁欲生活を送る，世を捨てて生きる

〔解答〕 (A)

1. (a) abattage　(b) abattage　(c) abattement

2. (a) arrachage　(b) arrachement

3. (a) battage　(b) battement　(c) battement

4. (a) blanchissement　(b) blanchiment　(c) blanchissage

5. (a) décollage　(b) décollement

6. (a) élévation　(b) élevage　(c) élévation

7. (a) invasions　(b) envahissement

8. (a) étalement (b) étalage

9. (a) fondation (b) fondements (c) fondement

10. (a) habillage (b) habillement

11. (a) isolation (b) isolement

12. (a) nettoyage (b) nettoiement

13. (a) prolongement (b) prolongation

14. (a) raccommodage (b) raccommodement

15. (a) raffinage (b) raffinement

16. (a) réchauffage (b) réchauffement

17. (a) renonciation (b) renoncement

~~ 〚備考〛 ~~~~~~

-age, -ement, -tion は, 動詞から派生名詞を作る代表的接尾辞です. このセクションの 1., 2., 3. で見たように, これらの接尾辞を用いる派生語は数が多く意味も様々です. したがって, それぞれの接尾辞の特徴をまとめるのは難しく, 例外や判断の難しい場合もありますが, 大まかな判別基準を設け, 上記の[練習1](A)に出てきた語を分類してみましょう.

-age ― 具体的な行為で多くは対象に変化をもたらす.

 1. (a) (b) abattage 2. (a) arrachage 3. (a) battage 4. (c) blanchissage

 5. (a) décollage 6. (b) élevage 8. (b) étalage 10. (a) habillage 12. (a) nettoyage

 14. (a) raccommodage 15. (a) raffinage 16. (a) réchauffage

-ement ― 対象自体には大きな変化をもたらさない行為や自動的行為, 一般的あるいは抽象的な事柄.

 1. (c) abattement 2. (b) arrachement 3. (b) (c) battement 4. (a) blanchissement

 (b) blanchiment 5. (b) décollement 7. (b) envahissement 8. (a) étalement

 9. (b) (c) fondement 10. (b) habillement 11. (b) isolement 12. (b) nettoiement

 13. (a) prolongement 14. (b) raccommodement 15. (b) raffinement

 16. (b) réchauffement 17. (b) renoncement

-tion ― 意味合いは -ment とほぼ同じだが, 専門分野で用いられる用語が多い.

 6. (a) (c) élévation 7. (a) invasion 9. (a) fondation 11. (a) isolation

 13. (b) prolongation 17. (a) renonciation

~~~~~~

(B) 用いる接尾辞は -age, -ement, -tion に加えて, -ance, -ence, -é, -ée, -ade, -aison, -erie, -ure, -ière とそれらの異形.

1. adhérer に関連する名詞2語.

 (a) l'_____ des pneus au sol タイヤのロードホールディング[接地性]

 (b) l'_____ à une association sportive スポーツクラブへの入会

2. aller に関連する名詞 2 語.

(a) l'＿＿＿＿＿＿ et venue des gens　人々の行き来

(b) marcher d'une ＿＿＿＿＿＿ rapide　早足で歩く

(c) avoir une ＿＿＿＿＿＿ élégante　立ち居振る舞いが優雅である

(d) les ＿＿＿＿＿＿ dans un jardin　庭園の中の散歩道

3. allier に関連する名詞 2 語.

(a) conclure une ＿＿＿＿＿＿ avec une nation　ある国と同盟を結ぶ

(b) des roues en ＿＿＿＿＿＿ léger　軽合金製のホイール

4. arriver に関連する名詞 2 語.

(a) l'＿＿＿＿＿＿ du dernier train　最終列車の到着

(b) l'＿＿＿＿＿＿ des nouveaux produits　新商品の入荷

5. assembler に関連する名詞 2 語.

(a) un ＿＿＿＿＿＿ des données sans ordre　未整理のデータの寄せ集め

(b) une ＿＿＿＿＿＿ des célébrités　有名人たちの集まり

(c) l'＿＿＿＿＿＿ nationale　(フランスの)国民議会

6. (se) confier に関連する名詞 2 語.

(a) avoir ＿＿＿＿＿＿ en son ami　友人を信頼している

(b) faire une ＿＿＿＿＿＿ à son ami　友人に秘密を打ち明ける

7. convenir に関連する名詞 2 語.

(a) choisir la date à sa ＿＿＿＿＿＿　都合のよい日を選ぶ

(b) une ＿＿＿＿＿＿ internationale　国際協定

8. créer に関連する名詞 2 語.

(a) la ＿＿＿＿＿＿ artistique　芸術的創造

(b) la ＿＿＿＿＿＿ humaine　人間

9. croiser に関連する名詞 3 語.

(a) s'arrêter au ＿＿＿＿＿＿　交差点で止まる

(b) faire une ＿＿＿＿＿＿ en Méditerranée　地中海を船で周遊する

(c) la troisième ＿＿＿＿＿＿　第 3 回十字軍

10. doubler に関連する名詞 3 語.

(a) le ＿＿＿＿＿＿ de sa fortune　財産を二倍にすること

(b) le ＿＿＿＿＿＿ d'un film américain en français
アメリカ映画のフランス語への吹き替え

(c) la ＿＿＿＿＿＿ d'un manteau　コートの裏地

(d) le ＿＿＿＿＿＿ interdit　追い越し禁止

11. exposer に関連する名詞 2 語.

(a) faire un ＿＿＿＿＿＿　研究発表[報告]を行う

(b) visiter une ＿＿＿＿＿＿ de peinture　絵画展を見に行く

12. glisser に関連する名詞2語.

  (a) faire des _____ sur la glace　氷の上を滑る

  (b) un _____ de terrain provoqué par des pluies diluviennes

    豪雨によって引き起こされた地滑り

13. gronder に関連する名詞2語.

  (a) une _____ affectueuse　愛情のこもった叱責

  (b) les _____ des canons　大砲のとどろき

14. imprimer に関連する名詞2語.

  (a) une faute d'_____　印刷ミス, 誤植

  (b) distribuer des _____ publicitaires

    宣伝用印刷物[宣伝ビラ]を配布する

  (c) laisser une vive _____　強烈な印象を残す

15. (s')incliner に関連する名詞2語.

  (a) l'_____ de la tour de Pise　ピサの塔の傾き

  (b) faire une légère _____　軽くお辞儀をする

  (c) avoir de l'_____ à mentir　虚言癖がある

16. joindre に関連する名詞2語.

  (a) la _____ des routes　道路の合流(点)

  (b) les _____ des doigts　指の関節

17. monter に関連する名詞2語.

  (a) faire la _____ en téléphérique　ロープウェーで登る

  (b) la _____ des prix　物価の上昇

  (c) le _____ d'une machine　機械の組み立て

18. nourrir に関連する名詞2語.

  (a) prendre de la _____ liquide　流動食をとる

  (b) les troubles de la _____　栄養障害

19. observer に関連する名詞2語.

  (a) l'_____ des étoiles　星の観察

  (b) l'_____ du code de la route　交通法規の遵守

20. plonger に関連する名詞2語.

  (a) faire un _____ dans la piscine　プールに飛び込む

  (b) faire de la _____ sous-marine　スキューバダイビングをする

21. prévoir に関連する名詞2語.

  (a) se tromper dans ses _____　予想を誤る

  (b) faire preuve de _____　先見の明を示す

22. user に関連する名詞2語.

  (a) un mot hors d'_____　使われなくなった語, 廃用語

(b) un appareil à plusieurs ＿＿＿＿＿＿＿＿　いろいろな用途に使われる器具

(c) se conformer aux ＿＿＿＿＿＿＿＿　慣例に従う

(d) l'＿＿＿＿＿＿＿＿ des pneus　タイヤの磨耗

〔解答〕(B)

1. (a) adhérence　(b) adhésion

2. (a) allée　(b) allure　(c) allure　(d) allées

3. (a) alliance　(b) alliage

4. (a) arrivée　(b) arrivage

5. (a) assemblage　(b) assemblée　(c) Assemblée

6. (a) confiance　(b) confidence

7. (a) convenance　(b) convention

8. (a) création　(b) créature

9. (a) croisement　(b) croisière　(c) croisade

10. (a) doublement　(b) doublage　(c) doublure　(d) doublement

11. (a) exposé　(b) exposition

12. (a) glissades　(b) glissement

13. (a) gronderie　(b) grondements

14. (a) impression　(b) imprimés　(c) impression

15. (a) inclinaison　(b) inclination　(c) inclination

16. (a) jonction　(b) jointures

17. (a) montée　(b) montée　(c) montage

18. (a) nourriture　(b) nutrition

19. (a) observation　(b) observance

20. (a) plongeon　(b) plongée

21. (a) prévisions　(b) prévoyance

22. (a) usage　(b) usages　(c) usages　(d) usure

(C) -age, -ement, -tion とそれらの異形を用いる派生，および -er 動詞の〈不定詞語幹〉また は〈不定詞語幹＋e〉の逆派生.

1. appeler に関連する名詞 2 語.

(a) lancer un ＿＿＿＿＿＿＿＿ au secours　助けの呼び声を発する

(b) l'＿＿＿＿＿＿＿＿ d'origine contrôlée　(ワインの)原産地統制名称

2. arrêter に関連する名詞 2 語.

(a) faire un ＿＿＿＿＿＿＿＿ de trois minutes　3 分間の停車をする

(b) l'＿＿＿＿＿＿＿＿ du voleur　泥棒の逮捕

(c) pleuvoir sans ＿＿＿＿＿＿＿＿　絶え間なく雨が降る

3. avancer に関連する名詞 2 語.

(a) arrêter l'＿＿＿＿＿＿ des ennemis　敵の前進をくいとめる

(b) l'＿＿＿＿＿＿ à l'ancienneté　年功序列による昇進

(c) arriver en ＿＿＿＿＿＿　(定刻より)早めに着く

4. changer に関連する名詞 2 語.

(a) le ＿＿＿＿＿＿ de temps　天気の変化

(b) changer de l'argent au bureau de ＿＿＿＿＿＿　両替所で換金する

(c) avoir deux ＿＿＿＿＿＿ pour aller au bureau　出勤に 2 度乗り換える

5. charger に関連する名詞 2 語.

(a) porter une ＿＿＿＿＿＿ sur le dos　荷物を背負う

(b) le ＿＿＿＿＿＿ des bagages dans la voiture　車に荷物を載せること

(c) prendre sa vieille mère en ＿＿＿＿＿＿　老いた母の世話を引き受ける

(d) le montant du loyer, ＿＿＿＿＿＿ comprises
　　管理諸経費込みでの家賃の総額

6. commander に関連する名詞 2 語.

(a) passer une ＿＿＿＿＿＿ à un commerçant　商人に注文をする

(b) obéir aux ＿＿＿＿＿＿ de son supérieur　上官の命令に従う

(c) le système de ＿＿＿＿＿＿ à distance　リモートコントロール装置

(d) les dix ＿＿＿＿＿＿　(モーセの)十戒

7. conserver に関連する名詞 2 語.

(a) la ＿＿＿＿＿＿ des documents　資料の保管

(b) ouvrir une (boîte de) ＿＿＿＿＿＿　缶詰を開ける

8. décorer に関連する名詞 2 語.

(a) faire la ＿＿＿＿＿＿ de la salon　応接間の飾り付けをする

(b) le ＿＿＿＿＿＿ théâtral　芝居の舞台装置

(c) porter une ＿＿＿＿＿＿　勲章を付けている

9. éclater に関連する名詞 2 語.

(a) l'＿＿＿＿＿＿ d'un pneu　タイヤのパンク

(b) des ＿＿＿＿＿＿ d'une tasse cassée　割れたカップの破片

(c) rire aux ＿＿＿＿＿＿　爆笑する

(d) les étoiles qui brillent avec ＿＿＿＿＿＿　きらきら輝く星

10. équiper に関連する名詞 3 語.

(a) l'＿＿＿＿＿＿ d'une usine　工場の設備

(b) l'＿＿＿＿＿＿ d'un avion　飛行機の搭乗員

(c) une ＿＿＿＿＿＿ de football　サッカーチーム

11. manquer に関連する名詞 2 語.

(a) le ＿＿＿＿＿＿ d'expérience　経験不足

(b) un _____ au code de la route　道路交通法違反

12. nager に関連する名詞2語.

(a) le cent mètres _____ libre　100メートル自由形

(b) la _____ synchronisée　シンクロナイズド・スイミング

13. payer に関連する名詞2語.

(a) faire un _____ en espèces　現金で支払いをする

(b) le jour de _____　給料支給日

(c) toucher sa _____　給料を受け取る

14. projeter に関連する名詞2語.

(a) un _____ de voyage　旅行の計画

(b) la _____ de vapeur　蒸気の噴出

(c) un appareil de _____　映写機, プロジェクター

15. réserver に関連する名詞2語.

(a) annuler sa _____　予約を取り消す

(b) avoir des _____ d'eau minérale　ミネラルウォーターの買い置きがある

16. verser に関連する名詞3語.

(a) faire un _____ à la banque　銀行に払い込む

(b) Il pleut à _____.　雨がどしゃ降りに降っている.

(c) un film en _____ originale　原語版の映画

〔解答〕(C)

1. (a) appel　(b) appellation

2. (a) arrêt　(b) arrestation　(c) arrêt

3. (a) avance　(b) avancement　(c) avance

4. (a) changement　(b) change　(c) changements

5. (a) charge　(b) chargement　(c) charge　(d) charges

6. (a) commande　(b) commandements　(c) commande　(d) commandements

7. (a) conservation　(b) conserve

8. (a) décoration　(b) décor　(c) décoration

9. (a) éclatement　(b) éclats　(c) éclats　(d) éclat

10. (a) équipement　(b) équipage　(c) équipe

11. (a) manque　(b) manquement

12. (a) nage　(b) natation

13. (a) paiement または payement　(b) paye　(c) paye

14. (a) projet　(b) projection　(c) projection

15. (a) réservation　(b) réserves

16. (a) versement　(b) verse　(c) version

(D) すべての接尾辞および逆派生.

1. accéder に関連する名詞 2 語.

  (a) « _____ interdit »　「立ち入り禁止」〔掲示文〕

  (b) l'_____ à l'indépendance　独立の達成

  (c) « _____ aux quais »　「プラットホーム入り口」〔掲示文〕

2. (se) baigner に関連する名詞 2 語.

  (a) prendre un _____ avant le dîner　夕食前にひと風呂浴びる

  (b) « _____ interdite »　「遊泳禁止」〔掲示文〕

3. chanter に関連する名詞 3 語.

  (a) un _____ grégorien　グレゴリオ聖歌

  (b) une _____ à succès　ヒットソング

  (c) exercer un _____　恐喝する, ゆする

4. concorder に関連する名詞 2 語.

  (a) la _____ des temps　時制の一致

  (b) vivre dans la _____　仲よく暮らす

5. concourir に関連する名詞 2 語.

  (a) un _____ d'entrée　入学試験

  (b) avec le _____ de l'ambassade de France au Japon
      在日フランス大使館の協力を得て

  (c) des entreprises qui sont en _____　競合している企業

6. couper に関連する名詞 3 語.

  (a) se faire une _____ de cheveux　髪をカットしてもらう

  (b) la _____ du monde de football　サッカーのワールドカップ

  (c) se faire une _____ à la main　手に切り傷を作る

  (d) le _____ de l'alcool par l'eau　酒を水で割ること

  (e) une _____ de courant (électrique)　停電

7. courir に関連する名詞 2 語.

  (a) la _____ à pied　徒競走

  (b) faire des _____ dans un magasin　商店で買い物をする

  (c) le _____ de la Seine　セーヌ川の流れ

  (d) le _____ du yen　円の為替相場〔交換レート〕

  (e) un _____ de linguistique　言語学の講義

8. couvrir に関連する名詞 2 語.

  (a) la _____ d'un magazine　雑誌の表紙

  (b) mettre le _____　(食卓に) 食器を並べる

  (c) une _____ de laine　ウールの毛布

9. essayer に関連する名詞2語.

(a) faire l'＿＿＿＿＿＿ d'un nouveau produit　新製品を試す

(b) une cabine d'＿＿＿＿＿＿　試着室

(c) « Les ＿＿＿＿＿＿ » de Montaigne　モンテーニュの『随想録』

10. (s')étendre に関連する名詞2語.

(a) faire des mouvements d'＿＿＿＿＿＿et de flexion　屈伸運動をする

(b) craindre l'＿＿＿＿＿＿de l'incendie de forêt　山火事の拡大を懸念する

(c) une forêt d'une grande ＿＿＿＿＿＿　広大な森

(d) évaluer l'＿＿＿＿＿＿des dégâts　被害の程度を見積もる

11. extraire に関連する名詞2語.

(a) l'＿＿＿＿＿＿ du pétrole　石油の採掘

(b) des ＿＿＿＿＿＿ d'un ouvrage　ある作品からの抜粋

12. geler に関連する名詞2語.

(a) le ＿＿＿＿＿＿ du lac　湖の凍結

(b) les premières ＿＿＿＿＿＿　初霜

(c) de la ＿＿＿＿＿＿ royale　ロイヤルゼリー

(d) du ＿＿＿＿＿＿ coiffant　整髪用ジェル

13. partir に関連する名詞4語.（*この partir は「分割する」の意）

(a) le ＿＿＿＿＿＿ de la fortune entre les héritiers　相続人への財産の分割

(b) le tout et la ＿＿＿＿＿＿　全体と部分

(c) diviser un gâteau en six ＿＿＿＿＿＿　ケーキを6等分する

(d) faire une ＿＿＿＿＿＿ d'échecs　チェスを一勝負する

(e) un ＿＿＿＿＿＿ politique　政党

14. passer に関連する名詞3語.

(a) « ＿＿＿＿＿＿ interdit »　「通行禁止」〔掲示文〕

(b) faire une ＿＿＿＿＿＿ à un coéquipier　チームメイトにパスをする

(c) le présent, le ＿＿＿＿＿＿ et le futur　現在と過去と未来

(d) traverser le ＿＿＿＿＿＿ souterrain　地下道を通り抜ける

15. plaire に関連する名詞2語.

(a) éprouver du ＿＿＿＿＿＿ au travail　仕事に喜びを感じる

(b) un bateau de ＿＿＿＿＿＿　プレジャーボート

16. pousser に関連する名詞2語.

(a) faire une ＿＿＿＿＿＿ de bras　腕でひと押し[ひと突き]する

(b) cuisiner des ＿＿＿＿＿＿ de bambou　タケノコ料理を作る

17. procéder に関連する名詞4語.

(a) un nouveau ＿＿＿＿＿＿ de fabrication　新しい製造方法

(b) suivre la ＿＿＿＿＿＿ administrative　行政上の手続きを踏む

(c) marcher en _____ 列を組んで歩く

(d) gagner son _____ 勝訴する

18. progresser に関連する名詞2語.

   (a) faire des _____ en français　フランス語が上達する

   (b) la _____ de la maladie　病気の進行

19. régler に関連する名詞3語.

   (a) le _____ d'un appareil　器具の調整

   (b) le _____ d'un conflit　紛争の解決

   (c) les _____ grammaticales　文法規則

   (d) le _____ intérieur d'une entreprise　企業の内規

20. rêver に関連する名詞2語.

   (a) faire un mauvais _____　悪い夢を見る

   (b) être absorbé(e) dans une _____　空想にふけっている

21. sentir に関連する名詞3語.

   (a) le sixième _____　第六感

   (b) la _____ de fatigue　疲労感

   (c) le _____ de culpabilité　罪悪感

   (d) avoir du bon _____　良識がある

22. succéder に関連する名詞2語.

   (a) une _____ d'inattendus　思いがけないことの連続

   (b) la _____ au trône　王位の継承

   (c) remporter un brillant _____　華々しい成功を収める

23. teindre に関連する名詞3語.

   (a) la _____ des cheveux　毛染め, ヘアダイ

   (b) avoir le _____ pâle　青白い顔色をしている

   (c) les _____ variées des marbres　大理石のさまざまな色合い

24. tirer に関連する名詞3語.

   (a) le _____ au sort　くじ引き

   (b) le _____ au pistolet　ピストル射撃

   (c) faire un _____ sur une imprimante
      プリンターで写真をプリントする

   (d) un journal à grand _____　発行部数の多い新聞

   (e) faire une _____ sur l'amour de la patrie
      祖国愛について長い演説をする

25. tourner に関連する名詞4語.

   (a) faire un _____ en ville　町をひと巡りする

   (b) un chanteur en _____ à l'étranger　国外ツアー中の歌手

(c) le ＿＿＿＿＿＿ d'un film　映画の撮影

(d) attendre son ＿＿＿＿＿＿　自分の順番を待つ

(e) la ＿＿＿＿＿＿ d'un conflit international　国際紛争の成り行き

26. traiter に関連する名詞２語.

(a) jouir d'un ＿＿＿＿＿＿ de faveur　優遇される

(b) un malade en ＿＿＿＿＿＿　治療中の病人

(c) conclure un ＿＿＿＿＿＿ de paix　平和条約を結ぶ

(d) « ＿＿＿＿＿＿ de radioactivité » de Marie Curie

　　　マリー・キュリーの『放射能概論』

〔解答〕(D)

1. (a) Accès　(b) accession　(c) Accès

2. (a) bain　(b) Baignade

3. (a) chant　(b) chanson　(c) chantage

4. (a) concordance　(b) concorde

5. (a) concours　(b) concours　(c) concurrence

6. (a) coupe　(b) coupe　(c) coupure　(d) coupage　(e) coupure

7. (a) course　(b) courses　(c) cours　(d) cours　(e) cours

8. (a) couverture　(b) couvert　(c) couverture

9. (a) essai　(b) essayage　(c) Essais

10. (a) extension　(b) extension　(c) étendue　(d) étendue

11. (a) extraction　(b) extraits

12. (a) gel　(b) gelées　(c) gelée　(d) gel

13. (a) partage　(b) partie　(c) parts　(d) partie　(e) parti

14. (a) passage　(b) passe　(c) passé　(d) passage

15. (a) plaisir　(b) plaisance

16. (a) poussée　(b) pousses

17. (a) procédé　(b) procédure　(c) procession　(d) procès

18. (a) progrès　(b) progression

19. (a) réglage　(b) règlement　(c) règles　(d) règlement

20. (a) rêve　(b) rêverie

21. (a) sens　(b) sensation　(c) sentiment　(d) sens

22. (a) succession　(b) succession　(c) succès

23. (a) teinture　(b) teint　(c) teintes

24. (a) tirage　(b) tir　(c) tirage　(d) tirage　(e) tirade

25. (a) tour　(b) tournée　(c) tournage　(d) tour　(e) tournure

26. (a) traitement　(b) traitement　(c) traité　(d) Traité

【練習2】

(a)と(b)の文がほぼ同じ意味になるように，(a)の下線部の動詞からの派生名詞を(必要な場合は複数形で)(b)の空欄に書きましょう．不定詞・名詞の機能(=主語や目的語など)や，構文(=前置詞や接続詞の有無や種類など)の違いによって分類してあります．なお，解答は[1], [2], ...の後に載せてあります．

[1] 不定詞が名詞になる．

(A) 主語・属詞

《(de)不定詞 → 名詞》

1. (a) Traduire un roman prend beaucoup de temps.
   小説を翻訳するのはとても時間がかかる．

   (b) La _____ d'un roman prend beaucoup de temps.

2. (a) Il est nécessaire de réviser ce projet. (*非人称構文)
   この計画を見直すことが必要だ．

   (b) La _____ de ce projet est nécessaire.

3. (a) Il n'est pas facile d'obtenir le diplôme supérieur. (*非人称構文)
   上級免状を取得するのは容易ではない．

   (b) L'_____ du diplôme supérieur n'est pas facile.

4. (a) Cela a été une opération assez coûteuse de restaurer la vieille église.
   古い教会を修復するのはかなり費用のかかる作業だった．

   (b) La _____ de la vieille église a été une opération coûteuse.

5. (a) Le passe-temps favori de ma mère, c'est de jardiner.
   母の趣味はガーデニングだ．

   (b) Le passe-temps favori de ma mère, c'est le _____.

(B) 直接目的語

《不定詞 → 名詞》

1. (a) Les enfants aiment jouer en plein air.
   子供たちは屋外で遊ぶのが好きだ．

   (b) Les enfants aiment les _____ en plein air.

2. (a) Il déteste discuter de politique.
   彼は政治的な議論をするのが嫌いだ．

   (b) Il déteste les _____ politiques.

3. (a) Ma sœur adore coudre.
   姉は裁縫が大好きだ．

   (b) Ma sœur adore la _____.

4. (a) Je veux me reposer un peu.
   私は少し休みたい．

   (b) Je veux un peu de _____.

5. (a) Il nie avoir participé au crime.

　　　彼は犯罪に加担したとは認めていない.

　(b) Il nie sa _____ au crime.

6. (a) On a entendu aboyer un chien.

　　　犬がほえるのが聞こえた.

　(b) On a entendu l'_____ d'un chien.

7. (a) Il est très pénible de voir ses amis souffrir.

　　　友人が苦しむのを見るのはとてもつらい.

　(b) Il est très pénible de voir la _____ de ses amis.

《à+不定詞 → 名詞》

8. (a) Il commencera bientôt à rédiger son deuxième roman.

　　　彼はまもなく2番目の小説を執筆し始めるだろう.

　(b) Il commencera bientôt la _____ de son deuxième roman.

9. (a) Nous continuions à marcher à travers la forêt.

　　　私たちは森の中を歩き続けた.

　(b) Nous continuions notre _____ à travers la forêt.

10. (a) À l'école primaire, les enfants apprennent à lire et à écrire.

　　　小学校で,子供たちは読み書きを習う.

　(b) À l'école primaire, les enfants apprennent la _____ et l'_____.

《de+不定詞 → 名詞》

11. (a) Le patron a décidé de fermer cette succursale.

　　　経営者はその支店を閉鎖することを決めた.

　(b) Le patron a décidé la _____ de cette succursale.

12. (a) Elle regrette d'avoir menti.

　　　彼女はうそをついたことを後悔している.

　(b) Elle regrette ses _____.

13. (a) Il ne supporte pas d'être contredit.

　　　彼は反論されるのが我慢ならない.

　(b) Il ne supporte pas la _____.

14. (a) Ce genre de crime mérite d'être puni sévèrement.

　　　この種の犯罪は厳罰に値する.

　(b) Ce genre de crime mérite une _____ sévère.

15. (a) Quand finiront-elles de bavarder ?

　　　いつになったら彼女たちはおしゃべりをやめるのだろうか?

　(b) Quand finiront-elles leur _____ ?

16. (a) Il nous a promis de coopérer à notre entreprise.

　　　彼は私たちの事業に協力すると約束した.

(b) Il nous a promis sa _____ à notre entreprise.

17. (a) Son état de santé ne lui permet pas de <u>sortir</u>.

彼(女)の健康状態では外出できない.

(b) Son état de santé ne lui permet aucune _____.

18. (a) Le cyclone a empêché l'avion d'<u>atterrir</u> sur l'aéroport prévu.

暴風雨のために飛行機は予定の空港に着陸できなかった.

(b) Le cyclone a empêché l'_____ de l'avion sur l'aéroport prévu.

(C) 間接目的語および形容詞・名詞の補語

《à+不定詞 → à+名詞》

1. (a) Je pense à <u>déménager</u> en banlieue.

私は郊外に引っ越すことを考えている.

(b) Je pense à un _____ en banlieue.

2. (a) Elle a renoncé à <u>acheter</u> un manteau de fourrure.

彼女は毛皮のコートを買うことをあきらめた.

(b) Elle a renoncé à l'_____ d'un manteau de fourrure.

3. (a) Nous tenons à <u>maintenir</u> la paix dans ce pays.

私たちはこの国の平和を維持することを強く望んでいる.

(b) Nous tenons au _____ de la paix dans ce pays.

4. (a) Les résultats des enquêtes nous ont amenés à <u>conclure</u> ainsi.

調査結果から私たちはこのような結論に達した.

(b) Les résultats des enquêtes nous ont amenés à une telle _____.

《de+不定詞 → de+名詞》

5. (a) Je vous remercie de m'<u>avoir invité(e)</u>.

お招きありがとうございます.

(b) Je vous remercie de votre _____.

6. (a) Je vais me charger de <u>réserver</u> les places.

席の予約は私が引き受けよう.

(b) Je vais me charger de la _____ des places.

7. (a) Tu as besoin de <u>te divertir</u> et de <u>te détendre</u>.

君は気晴らしをしてくつろぐ必要がある.

(b) Tu as besoin de _____ et de _____.

8. (a) Je suis ravi(e) d'<u>avoir acquis</u> ce livre rare.

私はこの稀覯(きこう)本を手に入れてとても嬉しい.

(b) Je suis ravi(e) de l'_____ de ce livre rare.

9. (a) Il a eu l'idée de <u>reconvertir</u> le garage en atelier de bricolage.

彼はガレージを日曜大工用の仕事場に転用するアイディアを思いついた.

(b) Il a eu l'idée de la _____ du garage en atelier de bricolage.

《à+不定詞 → de+名詞》

10. (a) Cette théorie est difficile à comprendre.

この理論は理解しにくい.

(b) Cette théorie est d'une ＿＿＿＿＿＿＿＿ difficile.

11. (a) Cet instrument est facile à manier.

この器具は取り扱いが簡単だ.

(b) Cet instrument est d'un ＿＿＿＿＿＿＿ facile.

〔解答〕 [1]

(A) 1. traduction　2. révision　3. obtention　4. restauration　5. jardinage

(B) 1. jeux　2. discussions　3. couture　4. repos　5. participation

　　6. aboiement　7. souffrance　8. rédaction　9. marche

　　10. lecture / écriture　11. fermeture　12. mensonges

　　13. contradiction　14. punition　15. bavardage　16. coopération

　　17. sortie　18. atterrissage

(C) 1. déménagement　2. achat　3. maintien　4. conclusion　5. invitation

　　6. réservation　7. divertissement / détente　8. acquisition　9. reconversion

　　10. compréhension　11. maniement

[2] 活用動詞が名詞になる.

(A) 主語節・属詞節の動詞が名詞になる.

《que+直説法/接続法 → 名詞》

1. (a) Que le nombre des clients diminuent préoccupe le patron.

顧客数が減少しているのが店主の気がかりだ.

(b) La ＿＿＿＿＿＿＿ du nombre des clients préoccupe le patron.

2. (a) Il est inutile que tu insistes.

君が言い張っても無駄だ.

(b) Ton ＿＿＿＿＿＿＿ est inutile.

3. (a) L'essentiel est qu'on recherche la vérité.

重要なのは真実を追求することだ.

(b) L'essentiel est la ＿＿＿＿＿＿＿ de la vérité.

(B) 目的語節・補語節の動詞が名詞になる.

《que+直説法/接続法 → 名詞》

1. (a) J'espère que la situation financière sera rétablie.

財政状態が回復するだろうと私は期待している.

(b) J'espère le ＿＿＿＿＿＿＿＿ de la situation financière.

2. (a) On vient d'annoncer que le vol pour Rome a été annulé.

　　　ローマ行きのフライトが欠航になったと今アナウンスがあった.

　(b) On vient d'annoncer l'＿＿＿＿＿＿＿ du vol pour Rome.

3. (a) Quand avez-vous remarqué que votre portefeuille avait disparu ?

　　　あなたはいつ財布がなくなっていることに気がつきましたか？

　(b) Quand avez-vous remarqué la ＿＿＿＿＿＿＿ de votre portefeuille ?

4. (a) On peut constater que leur niveau de vie s'est très nettement amélioré.

　　　彼らの生活水準が著しく向上したことが確認できる.

　(b) On peut constater une ＿＿＿＿＿＿＿ très nette de leur niveau de vie.

5. (a) Les enfants ne veulent pas que leurs parents divorcent.

　　　子供たちは両親が離婚することを望んでいない.

　(b) Les enfants ne veulent pas le ＿＿＿＿＿＿＿ de leurs parents.

6. (a) Tout le monde souhaite que le malade guérisse.

　　　病人が回復することを皆が願っている.

　(b) Tout le monde souhaite la ＿＿＿＿＿＿＿ du malade.

7. (a) On craint que les adversaires n'interrompent les pourparlers.

　　　相手側が折衝を中断することが懸念される.

　(b) On craint l'＿＿＿＿＿＿＿ des pourparlers par les adversaires.

8. (a) La majorité du peuple demande que cette loi soit abolie immédiatement.

　　　国民の大多数はこの法律がただちに廃止されることを求めている.

　(b) La majorité du peuple demande l'＿＿＿＿＿＿＿ immédiate de cette loi.

《que＋直説法 → à / sur＋名詞》

9. (a) Cet enfant croit encore que le Père Noël existe.

　　　この子はサンタクロースがいるとまだ信じている.

　(b) Cet enfant croit encore à l'＿＿＿＿＿＿＿ du Père Noël.

10. (a) Le maire compte que le ministre assistera à la cérémonie.

　　　市長は大臣が式典に出席することを当てにしている.

　(b) Le maire compte sur l'＿＿＿＿＿＿＿ du ministre à la cérémonie.

《que＋直説法/接続法 → de＋名詞》

11. (a) Personne ne s'est aperçu que les prisonniers s'étaient évadés.

　　　囚人たちが脱走したことに誰も気づかなかった.

　(b) Personne ne s'est aperçu de l'＿＿＿＿＿＿＿ des prisonniers.

12. (a) Je doute que cette industrie se développe durablement.

　　　この産業が持続的に発展するか私は疑わしく思っている.

　(b) Je doute du ＿＿＿＿＿＿＿ durable de cette industrie.

13. (a) Je suis sûr qu'il réussira.

　　　彼が成功することを私は確信している.

(b) Je suis sûr de sa _____.

14. (a) Elle est très contente que son mari soit promu.

彼女は夫が昇進したことにとても満足している.

(b) Elle est très contente de la _____ de son mari.

15. (a) Je vais les prévenir que nous arriverons en retard.

私たちが遅れて着くと彼らに知らせよう.

(b) Je vais les prévenir du retard de notre _____.

《(à ce) que+接続法 → à+名詞》

16. (a) Je ne m'attendais pas à ce qu'il vienne soudainement.

彼が突然来るとは思っていなかった.

(b) Je ne m'attendais pas à sa _____ soudaine.

17. (a) Le syndicat s'oppose à ce que cet employé soit licencié.

組合はその従業員が解雇されることに反対している.

(b) Le syndicat s'oppose au _____ de cet employé.

18. (a) Ils ne consentent pas (à ce) que leur fille se marie avec ce jeune homme.

彼らは娘がその青年と結婚することに同意しない.

(b) Ils ne consentent pas au _____ de leur fille avec ce jeune homme.

(C) 状況補語節の動詞が前置詞付きの名詞になる.

《時を示す状況補語 → 前置詞(句)+名詞》

1. (a) Quand le cours était fini, nous nous retrouvions au café habituel.

講義が終わると, 私たちは行きつけのカフェに集まったものだった.

(b) À la _____ du cours, nous nous retrouvions au café habituel.

2. (a) Quand les examens approchent, les étudiants se mettent à travailler sérieusement.

試験が近づくと, 学生たちはまじめに勉強し始める.

(b) À l'_____ des examens, les étudiants se mettent à travailler sérieusement.

3. (a) Ils étaient très pauvres quand leur premier enfant est né.

最初の子供が生まれた頃, 彼らはとても貧しかった.

(b) Ils étaient très pauvres à la _____ de leur premier enfant.

4. (a) Lorsqu'Henri IV est mort, son fis, le futur Louis XIII, n'avait que huit ans.

アンリ 4 世が死去したとき, ルイ 13 世となる息子はまだ 8 歳だった.

(b) Lors de la _____ d'Henri IV, son fis, le futur Louis XIII, n'avait que huit ans.

5. (a) Nous avons vu plusieurs pièces de théâtre pendant que nous séjournions à Londres.

ロンドンに滞在している間に, 私たちはいくつもの芝居を見た.

(b) Nous avons vu plusieurs pièces de théâtre pendant notre _____ à Londres.

6. (a) Depuis qu'ils ont rompu leurs fiançailles, ils ne se sont pas revus.
     婚約を解消して以来，彼らは会っていない.

   (b) Depuis la _____ de leurs fiançailles, ils ne se sont pas revus.

7. (a) La police est arrivée après que les gangsters avaient fui.
     警察が到着したのはギャングが逃走した後だった.

   (b) La police est arrivée après la _____ des gangsters.

8. (a) Après avoir mûrement réfléchi, j'ai accepté la proposition.
     熟考の末，私は提案を受け入れた.

   (b) Après mûre _____, j'ai accepté la proposition.

9. (a) Votre inscription sera définitive dès que nous aurons reçu un e-mail de confirmation.
     確認のEメールを受け取りしだい，登録が確定されます.

   (b) Votre inscription sera définitive dès la _____ d'un e-mail de confirmation.

10. (a) Nous nous reverrons avant que vous ne partiez.
      あなたが出発する前にまた会いましょう.

    (b) Nous nous reverrons avant votre _____.

11. (a) Les enfants jouent dehors jusqu'à ce que la nuit tombe.
      子供たちは日が暮れるまで外で遊んでいる.

    (b) Les enfants jouent dehors jusqu'à la _____ de la nuit.

12. (a) Les problèmes se résoudront au fur et à mesure que les négociations évolueront.
      交渉が進展するにつれてだんだんと問題が解消されるだろう.

    (b) Les problèmes se résoudront au fur et à mesure de l'_____ des négociations.

《目的を示す状況補語 → 前置詞(句)＋名詞》

13. (a) Un vote aura lieu dimanche prochain pour élire le président du club.
      同好会の会長を選ぶために次の日曜日に投票が行われる.

    (b) Un vote aura lieu dimanche prochain pour l'_____ du président du club.

14. (a) Quelle compagnie me conseillez-vous pour assurer ma voiture ?
      車に保険をかけるのにどの会社がお薦めですか？

    (b) Quelle compagnie me conseillez-vous pour l'_____ de ma voiture ?

15. (a) Cette camionnette est utilisée pour livrer les marchandises à domicile.
      この小型トラックは商品を自宅に配送するために使われる.

(b) Cette camionnette est utilisée pour la _____ des marchandises à domicile.

16. (a) Quelles pièces faut-il fournir pour renouveler mon passeport ?

パスポートを更新するためにどのような書類を提出しなければなりませんか？

(b) Quelles pièces faut-il fournir pour le _____ de mon passeport ?

17. (a) Les doubles fenêtres sont efficaces pour se protéger contre le froid.

二重窓は寒さから身を守るために効果がある.

(b) Les doubles fenêtres sont efficaces pour la _____ contre le froid.

18. (a) Combien avez-vous payé pour louer cette villa ?

この別荘を借りるのにいくら払いましたか？

(b) Combien avez-vous payé pour la _____ de cette villa ?

19. (a) Pour envoyer un colis, adressez-vous au guichet B.

小包を発送するには，B 窓口にお問い合わせください.

(b) Pour l'_____ d'un colis, adressez-vous au guichet B.

《原因・理由を示す状況補語 → 前置詞＋名詞》

20. (a) On ne circule plus que sur une voie parce qu'un camion s'est renversé.

トラックが横転したので 1 車線だけの通行になっている.

(b) On ne circule plus que sur une voie à cause du _____ d'un camion.

21. (a) L'incendie a été éteint très vite parce que les pompiers sont intervenus promptement.

消防士が迅速に出動したので火災はすばやく消し止められた.

(b) L'incendie a été éteint très vite grâce à la prompte _____ des pompiers.

22. (a) Comme on est en train de construire une ligne de tramway, la circulation est difficile en ville.

路面電車の路線を建設しているので市内での交通が困難だ.

(b) En raison de la _____ d'une ligne de tramway, la circulation est difficile en ville.

23. (a) Il a été arrêté pour avoir volé des données informatiques.

彼はコンピュータのデータを盗んだため逮捕された.

(b) Il a été arrêté pour _____ de données informatiques.

24. (a) À force de s'entraîner, il a gagné le tournoi.

彼はトレーニングに励みトーナメントで優勝した.

(b) À force d'_____, il .a gagné le tournoi.

《対立・譲歩を示す状況補語 → 前置詞＋名詞》

25. (a) Bien qu'il ait plu hier, la terre est presque sèche.

きのう雨が降ったが，地面はほとんど乾いている.

(b) Malgré la _____ d'hier, la terre est presque sèche.

26. (a) Les enfants jouent au bord de la rivière bien que leurs parents le leur <u>aient défendu</u>.

親が禁じたのに，子供たちは川べりで遊んでいる.

(b) Les enfants jouent au bord de la rivière malgré la _____ de leurs parents.

《条件・仮定を示す状況補語 → 前置詞(句)＋名詞》

27. (a) S'il ne vous <u>avait</u> pas <u>aidé</u>, vous auriez échoué.

彼が助けてくれなければ，あなたは失敗していたでしょう.

(b) Sans son _____, vous auriez échoué.

28. (a) Au cas où vous <u>auriez perdu</u> votre carte de crédit, prévenez immédiatement votre banque.

クレジットカードを紛失した場合は，すぐ銀行に知らせなさい.

(b) En cas de _____ de votre carte de crédit, prévenez immédiatement votre banque.

《ジェロンディフ → 前置詞＋名詞》

29. (a) En <u>voyant</u> sa coiffure bizarre, tous ses amis ont éclaté de rire.

彼(女)の風変わりなヘアスタイルを見て，友人たちは皆どっと笑った.

(b) À la _____ de sa coiffure bizarre, tous ses amis ont éclaté de rire.

30. (a) Il a traversé la rivière en <u>nageant</u>.

彼は川を泳いで渡った.

(b) Il a traversé la rivière à la _____.

〔解答〕［2］

(A) 1. diminution 2. insistance 3. recherche

(B) 1. rétablissement 2. annulation 3. disparition 4. amélioration
    5. divorce 6. guérison 7. interruption 8. abolition 9. existence
    10. assistance 11. évasion 12. développement 13. réussite
    14. promotion 15. arrivée 16. venue 17. licenciement 18. mariage

(C) 1. fin 2. approche 3. naissance 4. mort 5. séjour 6. rupture
    7. fuite 8. réflexion 9. réception 10. départ 11. tombée
    12. évolution 13. élection 14. assurance 15. livraison
    16. renouvellement 17. protection 18. location 19. envoi
    20. renversement 21. intervention 22. construction 23. vol
    24. entraînement (『新綴り』は entrainer, entrainement)
    25. pluie 26. défense 27. aide 28. perte 29. vue 30. nage

[3] 文中での機能が変わる.

(A) 動詞が主語名詞になる.（＊9. と10. は先行文の動詞が後続文の主語名詞になります）

1. (a) Dans ce restaurant, on sert rapidement.

      このレストランは食事を速く出す.

  (b) Dans ce restaurant, le ＿＿＿＿＿＿ est rapide.

2. (a) Il a impeccablement exécuté la sonate pour piano.

      彼はピアノソナタを完璧に演奏した.

  (b) Son ＿＿＿＿＿＿ de la sonate pour piano a été impeccable.

3. (a) Les écoles rentrent au début du mois de septembre.

      学校は9月初旬に新学期を迎える.

  (b) La ＿＿＿＿＿＿ scolaire est au début du mois de septembre.

4. (a) Ce récipient contient 10 litres.

      この容器は10リットルの容量がある.

  (b) La ＿＿＿＿＿＿ de ce récipient est de 10 litres.

5. (a) Elle aspire à étudier le piano au Conservatoire de Paris.

      彼女はパリの音楽院でピアノを学ぶことを熱望している.

  (b) Son ＿＿＿＿＿＿ est d'étudier le piano au Conservatoire de Paris.

6. (a) On ouvrira bientôt une nouvelle bibliothèque municipale.

      新しい市立図書館がもうすぐ開館する.

  (b) L'＿＿＿＿＿＿ d'une nouvelle bibliothèque municipale aura lieu bientôt.

7. (a) Que résultera-t-il de ce débat ?

      この論争の結果はどうなるのだろう？

  (b) Quel sera le ＿＿＿＿＿＿ de ce débat ?

8. (a) Combien coûte la vie à Paris ?

      パリでの生活費はどれくらいかかりますか？

  (b) Quel est le ＿＿＿＿＿＿ de la vie à Paris ?

9. (a) On a découvert un nouveau vaccin ; cela va révolutionner la médecine.

      新しいワクチンが発見された. そのことは医学に変革をもたらすだろう.

  (b) La ＿＿＿＿＿＿ d'un nouveau vaccin va révolutionner la médecine.

10. (a) On refera les routes ; cela permettra une meilleure circulation.

      道路の改修が行われる. それによって車の流れが良くなるだろう.

  (b) La ＿＿＿＿＿＿ des routes permettra une meilleure circulation.

(B) 動詞が属詞名詞になる.

1. (a) Cet évènement nous a beaucoup surpris.

      その出来事は私たちを大いに驚かせた.

  (b) Cet évènement a été une grande ＿＿＿＿＿＿ pour nous.

2. (a) Elle se soucie avant tout du bonheur de sa fille.

   彼女は娘の幸せを何よりも気にかけている.

   (b) Le bonheur de sa fille est son _____ majeur.

(C) 動詞が目的語名詞になる.（*6.は主語も変わります）

《動詞 → avoir+名詞》

1. (a) Cet élève se conduit bien.

   この生徒は品行方正だ.

   (b) Cet élève a une bonne _____.

2. (a) Jean préfère le football et Paul le rugby.

   ジャンはサッカーが好きで, ポールはラグビーが好きだ.

   (b) Jean a une _____ pour le football et Paul pour le rugby.

3. (a) Cet enfant s'est blessé au genou en tombant.

   この子は転んで膝(ひざ)にけがをした.

   (b) Cet enfant a eu une _____ au genou en tombant.

4. (a) Elle s'est violemment disputée avec son mari.

   彼女は夫と激しく言い争った.

   (b) Elle a eu une violente _____ avec son mari.

5. (a) Je suis convaincu(e) qu'il remportera le championnat.

   私は彼が選手権を獲得すると確信している.

   (b) J'ai la _____ qu'il remportera le championnat.

6. (a) Le dos me démange.

   私は背中がかゆい.

   (b) J'ai des _____ dans le dos.

《動詞 → (se) faire「する, 作る」+名詞》

7. (a) Il se promène tous les matins avant le petit déjeuner.

   彼は毎朝, 朝食前に散歩をする.

   (b) Il fait une _____ tous les matins avant le petit déjeuner.

8. (a) En jouant, l'enfant a déchiré son pantalon.

   遊んでいて, 子供はズボンにかぎ裂きを作った.

   (b) En jouant, l'enfant a fait une _____ à son pantalon.

9. (a) Le public a accueilli ce chanteur avec enthousiasme.

   観客はその歌手を熱狂的に迎えた.

   (b) Le public a fait un _____ enthousiaste à ce chanteur.

10. (a) Pouvez-vous me réduire le tarif ?

    料金を値引きしてもらえますか？

    (b) Pouvez-vous me faire une _____ du tarif ?

11. (a) Tout le monde m'a complimentée sur ma nouvelle robe.

皆が私の新しいドレスを褒めてくれた.

(b) Tout le monde m'a fait des _____ sur ma nouvelle robe.

12. (a) Ses camarades ont plaisanté sur sa maladresse.

仲間は彼(女)の不器用さをからかった.

(b) Ses camarades ont fait des _____ sur sa maladresse.

13. (a) Ma grand-mère passait son temps à broder.

祖母は刺繍(ししゅう)をして時間を過ごしていた.

(b) Ma grand-mère passait son temps à faire de la _____.

14. (a) Résumez votre article.

あなたの論文の概要を述べてください.

(b) Faites un _____ de votre article.

15. (a) Il a avoué sa faute.

彼は自分の間違いを白状した.

(b) Il a fait l'_____ de sa faute.

16. (a) Tu as peint toi-même les murs extérieurs ?

君は自分で外壁を塗装したの？

(b) Tu as fait toi-même la _____ des murs extérieurs ?

17. (a) Cette actrice apparaît pour la première fois à l'écran.

この女優はスクリーンに初めて登場する.

(b) Cette actrice fait sa première _____ à l'écran.

18. (a) Il collectionne des timbres-poste.

彼は郵便切手を収集している.

(b) Il fait _____ de timbres-poste.

19. (a) Je confonds souvent ces frères jumeaux.

私はよくその双子の兄弟を取り違える.

(b) Je fais souvent une _____ entre ces frères jumeaux.

20. (a) Il s'est fracturé le bras droit.

彼は右腕を骨折した.

(b) Il s'est fait une _____ au bras droit.

《動詞 → causer, provoquer「引き起こす」＋名詞》

21. (a) Cet échec l'a beaucoup déçu.

その失敗は彼をひどく失望させた.

(b) Cet échec lui a causé une grande _____.

22. (a) Les grosses vagues ont noyé plusieurs personnes.

大波で数人が溺死した.

(b) Les grosses vagues ont causé la _____ de plusieurs personnes.

23. (a) L'exiguïté des places gêne beaucoup les passagers.

座席が狭くて乗客はとても窮屈に感じている.

(b) L'exiguïté des places cause une grande _____ aux passagers.

24. (a) Le typhon a fortement perturbé les transports.

台風のため交通機関がひどく混乱した.

(b) Le typhon a provoqué de fortes _____ des transports.

25. (a) Les propos maladroits du ministre ont indigné les partis d'opposition.

大臣の失言は野党を憤慨させた.

(b) Les propos maladroits du ministre ont provoqué l'_____ des partis d'opposition.

《動詞 → avoir, faire, causer, provoquer 以外の動詞＋名詞》

26. (a) Il a crié de douleur.

彼は苦痛で叫び声をあげた.

(b) Il a poussé un _____ de douleur.

27. (a) Le conseil municipal a décidé de réaménager ce quartier.

市議会はその地区を再開発することを決定した.

(b) Le conseil municipal a pris la _____ de réaménager ce quartier.

28. (a) Il ne nous a pas suffisamment expliqué de ce problème.

彼はこの問題について私たちに十分に説明をしなかった.

(b) Il ne nous a pas donné une _____ suffisante de ce problème.

29. (a) Il a refusé notre demande.

彼は私たちの要求を拒否した.

(b) Il a opposé un _____ à notre demande.

30. (a) Ils soutiennent cette candidate.

彼らはその女性候補者を支持している.

(b) Ils apportent leur _____ à cette candidate.

31. (a) L'économie de ce pays s'est remarquablement développée au cours de ces dix dernières années

この国の経済はここ10年でめざましく発展した.

L'économie de ce pays a connu un _____ remarquable au cours de ces dix dernières années.

(D) 動詞が前置詞付きの名詞になる.

1. (a) Ce sont des marchandises provenant de Chine.

これらは中国からの輸入品だ.

(b) Ce sont des marchandises en _____ de Chine.

2. (a) Elle ne s'entend pas bien avec sa belle-mère.

彼女は義母と折り合いが良くない.

    (b) Elle n'est pas en bonne ＿＿＿＿＿＿＿ avec sa belle-mère.

3. (a) Il faudrait <u>considérer</u> ces circonstances particulières.

       こうした特殊な状況も考慮すべきであろう.

    (b) Il faudrait prendre en ＿＿＿＿＿＿＿ ces circonstances particulières.

4. (a) Vous pouvez librement <u>disposer</u> de cet ordinateur.

       このパソコンを自由に使ってかまいません.

    (b) Cet ordinateur est à votre libre ＿＿＿＿＿＿＿.

(E) 動詞が省略文中の名詞になる.

1. (a) « Il <u>est interdit</u> de fumer dans l'ensemble de la gare. »

      「駅の施設内で喫煙することは禁じられています」〔掲示文〕

    (b) « ＿＿＿＿＿＿＿ de fumer dans l'ensemble de la gare. »

2. (a) « Vous <u>êtes priés</u> de ne pas stationner devant cette porte. »

      「この出入り口の前に駐車しないでください」〔掲示文〕

    (b) « ＿＿＿＿＿＿＿ de ne pas stationner devant cette porte. »

〔解答〕［3］

(A) 1. service　2. exécution　3. rentrée　4. contenance　5. aspiration
    6. ouverture　7. résultat　8. coût (『新綴り』は cout, couter)　9. découverte
    10. réfection

(B) 1. surprise　2. souci

(C) 1. conduite　2. préférence　3. blessure　4. dispute　5. conviction
    6. démangeaisons　7. promenade　8. déchirure　9. accueil　10. réduction
    11. compliments　12. plaisanteries　13. broderie　14. résumé　15. aveu
    16. peinture　17. apparition　18. collection　19. confusion　20. fracture
    21. déception　22. noyade　23. gêne　24. perturbation　25. indignation
    26. cri　27. décision　28. explication　29. refus　30. soutien
    31. développement

(D) 1. provenance　2. entente　3. considération　4. disposition

(E) 1. Interdiction　2. Prière

第4章　形容詞を作る

　形容詞を作り出す基語の品詞は，大別して，名詞と動詞と形容詞の3種類があります．基語が名詞の場合は接尾辞および派生語の数が抜きんでて多いので，§8, §9, §10の3つの節に分けて見ていきます．基語が動詞の場合と形容詞の場合は§11と§12で扱います．なお，派生形容詞はしばしば名詞としても用いられ，第1章で見た名詞のいくつかがこの章にも出てきます．

§8　名詞から「関係・性質」を表す形容詞を作る接尾辞

　名詞から形容詞を作る接尾辞のなかで，この節では次のものを取り上げます．これらの接尾辞の付いた名詞は，一般に，「…の，…に関する，…の性質を持つ，…的な」などの意味合いを持ちます．

> ☆☆☆ -al(e), -el(e)　（§8-1.）
> ☆☆☆ -ique　（§8-2.）
> 　☆☆ -aire　（§8-3.）
> 　☆☆ -ier [-ière]　（§8-4.）
> 　☆☆ -if [-ive]　（§8-5.）
> 　　☆ -oire　（§8-6.）

　※ 接尾辞の男性形と女性形が異なる場合は，解説の箇所では原則として男性形を用います．

1. -al(e)｛異形 -ial(e)｝；-el(le)｛異形 -iel(le), -uel(le)｝

　名詞から形容詞を作る接尾辞の代表格は-alと-elです．両者の語源は同じであり，意味の違いもありません．もとは専門分野で用いていた語には-alが多く，大衆が使っていた語には-elが多いのですが，現代フランス語ではそうした区別がほとんどつかなくなっています．同語源の形容詞がフランス語にも英語にもあることが多いですが，英語の形容詞接尾辞に *-el* はなく，すべて *-al* なので，混同しないように注意しましょう．

【練習1】

　まず名詞から形容詞を規則的に作り出せるものを見てみましょう．基語名詞に-alまたは-elを付け加えて，以下に示す意味の形容詞(男性単数形)を作ってください．接尾辞を付けるときには基語の末尾のeを削除します(⇨[しくみ1])．基語の訳語は，基語と派生語の意味がかなりずれていて注意が必要な場合にだけ載せます．

(A) -alを付ける．

1. 秋の　　　　　　　　　　　　　　〈automne /ɔ-tɔn/〉　　＿＿＿＿＿＿＿

2. 風刺漫画の，戯画化した　　　　　〈caricature〉　　　　＿＿＿＿＿＿＿

3. 中心の，中央の　　　　　　　　　〈centre〉　　　　　　＿＿＿＿＿＿＿

4. 植民地の 〈colonie〉 ＿＿＿＿＿＿

5. 巨大な 〈colosse 大男；巨像〉 ＿＿＿＿＿＿

6. コミューンの，自治体の 〈commune〉 ＿＿＿＿＿＿

7. 大陸の 〈continent〉 ＿＿＿＿＿＿

8. (子音の発音が)歯音(しおん)の 〈dent 歯〉 ＿＿＿＿＿＿

9. 県の 〈département〉 ＿＿＿＿＿＿

10. 環境の 〈environnement〉 ＿＿＿＿＿＿

11. 税務の 〈fisc /fisk/ 税務署〉 ＿＿＿＿＿＿

12. 天才的な 〈génie〉 ＿＿＿＿＿＿

13. 地球の，全世界の；全体の 〈globe〉 ＿＿＿＿＿＿

14. 政府の 〈gouvernement〉 ＿＿＿＿＿＿

15. インフルエンザの 〈grippe〉 ＿＿＿＿＿＿

16. ６角形の；フランス本土の 〈hexagone〉 ＿＿＿＿＿＿

17. 観念的な；理想的な 〈idée〉 ＿＿＿＿＿＿

18. 道具として役立つ；楽器の 〈instrument〉 ＿＿＿＿＿＿

19. 機械的な；無意識の，反射的な 〈machine〉 ＿＿＿＿＿＿

20. 記念建造物の；巨大な 〈monument〉 ＿＿＿＿＿＿

21. 西洋の 〈Occident〉 ＿＿＿＿＿＿

22. 東洋の 〈Orient〉 ＿＿＿＿＿＿

23. 装飾(用)の 〈ornement〉 ＿＿＿＿＿＿

24. 教皇の 〈pape〉 ＿＿＿＿＿＿

25. 両親の 〈parent(s)〉 ＿＿＿＿＿＿

26. 郵便の 〈poste〉 ＿＿＿＿＿＿

27. ピラミッド(状)の 〈pyramide〉 ＿＿＿＿＿＿

28. 彫刻の 〈sculpture /skyl-tyːr/〉 ＿＿＿＿＿＿

29. 感情の；感傷的な 〈sentiment〉 ＿＿＿＿＿＿

30. 演劇の 〈théâtre〉 ＿＿＿＿＿＿

31. 墓の 〈tombe〉 ＿＿＿＿＿＿

32. 凱旋の，大勝利の 〈triomphe〉 ＿＿＿＿＿＿

33. 動詞の；口頭の；言葉の 〈verbe〉 ＿＿＿＿＿＿

(B) -el を付ける．

1. 偶然の；事故による 〈accident〉 ＿＿＿＿＿＿

2. 連続的な 〈continu〉 ＿＿＿＿＿＿

3. 文化の 〈culture〉 ＿＿＿＿＿＿

4. 形式上の；明白な 〈forme〉 ＿＿＿＿＿＿

5. 個人の 〈individu〉 ＿＿＿＿＿＿

6. 産業の 〈industrie〉 ＿＿＿＿＿＿

7. 死すべき；致命的な　　　〈mort〉　　　　　_____

8. 自然の；自然な　　　　　〈nature〉　　　　_____

9. 個人の　　　　　　　　　〈personne〉　　　_____

10. ひと続きの，連続した　　〈série〉　　　　　_____

11. 表面の　　　　　　　　　〈superficie〉　　 _____

12. 全世界的な；普遍的な　　〈univers〉　　　　_____

〔解答〕

(A) 1. automnal　2. caricatural　3. central　4. colonial　5. colossal　6. communal
　　7. continental　8. dental　9. départemental　10. environnemental　11. fiscal
　　12. génial　13. global　14. gouvernemental　15. grippal　16. hexagonal　17. idéal
　　18. instrumental　19. machinal　20. monumental　21. occidental　22. oriental
　　23. ornemental　24. papal　25. parental　26. postal　27. pyramidal　28. sculptural
　　29. sentimental　30. théâtral　31. tombal　32. triomphal　33. verbal

(B) 1. accidentel　2. continuel　3. culturel　4. formel　5. individuel　6. industriel
　　7. mortel　8. naturel　9. personnel　10. sériel　11. superficiel　12. universel

【練習2】

-al, -el の異形に -ial, -iel, -uel があります. これらの異形を用いて形容詞を作りましょう.

(A) -ial を付ける.

1. 副詞の　　　　　　　　　〈adverbe〉　　　　_____

2. 商業の　　　　　　　　　〈commerce〉　　　_____

3. 凍るように冷たい　　　　〈glace 氷〉　　　　_____

4. 世界の　　　　　　　　　〈monde〉　　　　　_____

5. 小教区の　　　　　　　　〈paroisse〉　　　　_____

6. 諺(ことわざ)の　　　　　〈proverbe〉　　　　_____

7. 地方の　　　　　　　　　〈province〉　　　　_____

8. 人種の　　　　　　　　　〈race〉　　　　　　_____

(B) -iel を付ける.

1. 人工の　　　　　　　　　〈artifice 技巧〉　 _____

2. 出来事の，事件の　　　　〈évènement〉　　　_____

3. 公的な；公式の　　　　　〈office 公的機関の部局〉 _____

4. 大統領の　　　　　　　　〈président〉　　　　_____

5. 犠牲の　　　　　　　　　〈sacrifice〉　　　　_____

6. 6か月ごとの　　　　　　〈semestre〉　　　　_____

7. 急流の(ような)　　　　　〈torrent〉　　　　　_____

8. 3か月ごとの　　　　　　〈trimestre〉　　　　_____

(C) -uel を付ける.

1. 概念の	〈concept /kɔ̃-sɛpt/〉	＿＿＿＿＿＿
2. 身振りの	〈geste〉	＿＿＿＿＿＿
3. 段階的な, 漸進的な	〈grade 階級〉	＿＿＿＿＿＿
4. 知能の, 知的な	〈intellect /ɛ̃-te-lɛkt/〉	＿＿＿＿＿＿
5. 儀式の；儀礼的な	〈rite〉	＿＿＿＿＿＿
6. 官能的な	〈sens /sɑ̃ːs/ 《文》官能〉	＿＿＿＿＿＿
7. 性の	〈sexe〉	＿＿＿＿＿＿
8. 原文の	〈texte〉	＿＿＿＿＿＿

〖解答〗

(A) 1. adverbial　2. commercial　3. glacial　4. mondial　5. paroissial

　　6. proverbial　7. provincial　8. racial

　　＊ -ial の付いたこれらの派生形容詞の末尾は -bial, -cial, -dial, -ssial. ただし, -bal, -cal, -çal,
　　　-dal, -ssal で終わる形容詞もある.

(B) 1. artificiel　2. évènementiel (末尾部分の発音は/sjɛl/) (événement - événementiel
　　の綴りも許容されている)　3. officiel　4. présidentiel (末尾部分の発音は/sjɛl/)

　　5. sacrificiel　6. semestriel　7. torrentiel (末尾部分の発音は/sjɛl/)　8. trimestriel

　　＊ -iel の付いたこれらの派生形容詞の末尾は -ciel, -tiel, -triel. ただし, -cel や -trel で終わる形
　　　容詞はないが, -tel で終わる形容詞はある.

(C) 1. conceptuel　2. gestuel　3. graduel　4. intellectuel　5. rituel　6. sensuel

　　7. sexuel　8. textuel

　　＊ -uel の付いたこれらの派生形容詞の末尾は -duel, -suel, -tuel, -xuel. ただし, -del や -xel で
　　　終わる形容詞はないが, -sel, -tel で終わる形容詞はある.

【練習3】

　基語が〈母音字+n〉(発音は鼻母音)の場合を見てみましょう. 以下のすべての場合に,
基語の末尾の鼻母音は, 派生語では鼻母音ではなくなります.

[1] 基語が -on で終わる場合は, -al を用いる場合と -el を用いる場合とで派生のパターン
　　が異なります.

(A) -al を用いる場合.

《派生のパターン：-on /-ɔ̃/ → -onal /-ɔ-nal/》

1. (フランスの)小郡の	〈canton〉	＿＿＿＿＿＿
2. 国の	〈nation〉	＿＿＿＿＿＿
3. 経営者の	〈patron〉	＿＿＿＿＿＿
4. 地方の	〈région〉	＿＿＿＿＿＿
5. (音楽の)調性の；(言語の)声調の	〈ton〉	＿＿＿＿＿＿

(B) -el を用いる場合.

《派生のパターン：-on /-ɔ̃/ → -onnel /-ɔ-nɛl/》

1. 付加の, 追加の 〈addition〉 ＿＿＿＿＿＿＿

2. 憲法の；体質的な 〈constitution〉 ＿＿＿＿＿＿＿

3. 協定の；慣習上の 〈convention〉 ＿＿＿＿＿＿＿

4. 感情の, 感情的な 〈émotion〉 ＿＿＿＿＿＿＿

5. 例外的な 〈exception〉 ＿＿＿＿＿＿＿

6. 機能的な 〈fonction〉 ＿＿＿＿＿＿＿

7. 世代の 〈génération〉 ＿＿＿＿＿＿＿

8. 情報の 〈information〉 ＿＿＿＿＿＿＿

9. 故意の, 意図的な 〈intention〉 ＿＿＿＿＿＿＿

10. 心につきまとう, 強迫的な 〈obsession 強迫観念〉 ＿＿＿＿＿＿＿

11. 偶然の 〈occasion〉 ＿＿＿＿＿＿＿

12. 選択できる 〈option〉 ＿＿＿＿＿＿＿

13. 予測による 〈prévision〉 ＿＿＿＿＿＿＿

14. 職業の 〈profession〉 ＿＿＿＿＿＿＿

15. 販売促進の 〈promotion〉 ＿＿＿＿＿＿＿

16. 釣り合った；比例(制)の 〈proportion〉 ＿＿＿＿＿＿＿

17. センセーショナルな 〈sensation〉 ＿＿＿＿＿＿＿

18. 伝統的な 〈tradition〉 ＿＿＿＿＿＿＿

[2] 基語が -on 以外の鼻母音で終わる場合は，基語の綴りを変えずに -al を付けます.

1. 職人の；手仕事の 〈artisan〉 ＿＿＿＿＿＿＿

2. 終わりの 〈fin〉 ＿＿＿＿＿＿＿

3. 朝の；早起きの 〈matin〉 ＿＿＿＿＿＿＿

4. ワクチンの 〈vaccin〉 ＿＿＿＿＿＿＿

〔解答〕

[1] (A) 1. cantonal　2. national　3. patronal　4. régional　5. tonal
　　＊これらの派生は n の重子音化(⇨ [しくみ 10])の例外.

　(B) 1. additionnel　2. constitutionnel　3. conventionnel　4. émotionnel
　　　5. exceptionnel　6. fonctionnel　7. générationnel　8. informationnel
　　　9. intentionnel　10. obsessionnel　11. occasionnel　12. optionnel
　　　13. prévisionnel　14. professionnel　15. promotionnel　16. proportionnel
　　　17. sensationnel　18. traditionnel
　　＊(B)の基語はすべて -ion で終わるが，nation, région は(A)なので注意.

[2] 1. artisanal　2. final　3. matinal　4. vaccinal
　　＊〈母音字＋-nel〉で終わる形容詞はない.

【練習4】

基語が -que で終わる場合は綴り字が変わります.

《派生のパターン：-que → -cal》

1. 語彙の   〈lexique〉   _____
2. 音楽の   〈musique〉   _____
3. 熱帯の   〈tropique〉   _____
4. 黄道帯の   〈zodiaque〉   _____

〔解答〕 1. lexical   2. musical   3. tropical   4. zodiacal （qu と c の交替⇨[しくみ28]）

【練習5】

基語が -ance, -ence で終わる場合を見てみましょう.

[1] 基語が -ance で終わる場合は，2つの派生パターンに分かれます.

(A) 《派生のパターン：-ance → -anciel》

    状況の   〈circonstance〉   _____

(B) 《派生のパターン：-ance → -antiel /ɑ̃-sjɛl/》

    実質的な   〈substance〉   _____

[2] 基語が -ence で終わる場合の派生のパターンは1種類です.

《派生のパターン：-ence → -entiel /ɑ̃-sjɛl/》

1. 自由競争の   〈concurrence 競争；競合〉 _____
2. 内密の   〈confidence 打ち明け話〉 _____
3. 差のある   〈différence〉   _____
4. 本質的な   〈essence〉   _____
5. 特恵的な   〈préférence〉   _____
6. 摂理による   〈providence〉   _____
7. 住居の   〈résidence〉   _____

〔解答〕

[1] (A) circonstanciel   (B) substantiel

[2] 1. concurrentiel   2. confidentiel   3. différentiel   4. essentiel

   5. préférentiel   6. providentiel   7. résidentiel

◗ **派生のしくみ36 ― c /s/ と t /s/ の交替** ◗

  -ciel も -tiel も /sjɛl/ と読みます ([練習2]に évènementiel, présidentiel, torrentiel などが出てきました). 基語に -iel を付けるときに基語の末尾の c や t が変わることはふつうありませんが，上記の[練習5]の[1](B)と[2]の語の派生では -ce→-tiel のように綴り字が変わります.

【練習6】

基語に含まれる è の変化にも注意しましょう.

(A) -al を付ける.

《派生のパターン：-è□e → -é□al》

現象の；驚くべき　　　　　〈phénomène〉　　　_____

(B) -iel を付ける.

《派生のパターン：-è□e → -é□iel》

1. 性格の　　　　　　　　〈caractère〉　　　　_____

2. 内閣の；閣僚の　　　　　〈ministère〉　　　　_____

〔解答〕(è と é の交替⇨[しくみ4])

(A) phénoménal

(B) 1. caractériel　2. ministériel

【練習7】

基語が -eur または -œur で終わる場合は, eu, œu の綴りが変わり, それに伴い発音も変わります.

(A) -al を付ける.

《派生のパターン：-eur, -œur → -oral》

1. 合唱の　　　　　　　　〈chœur〉　　　　　　_____

2. 博士の；学者ぶった　　　〈docteur〉　　　　　_____

3. 選挙の, 選挙人の　　　　〈électeur 選挙人〉　_____

4. 花の　　　　　　　　　〈fleur〉　　　　　　_____

5. 教授の　　　　　　　　〈professeur〉　　　　_____

(B) -ial を付ける.

《派生のパターン：-eur → -orial》

1. 独裁的な　　　　　　　〈dictateur 独裁者〉　_____

2. (組織の)長の　　　　　〈directeur〉　　　　_____

3. 出版の　　　　　　　　〈éditeur 出版者〉　　_____

4. 赤道の　　　　　　　　〈équateur /e-kwa-tœːr/〉　_____

5. 元老院(議員)の　　　　〈sénateur 元老院議員〉_____

(C) -iel を付ける.

《派生のパターン：-eur → -oriel》

1. 因子の, 因数の　　　　　〈facteur〉　　　　　_____

2. 部門(別)の　　　　　　〈secteur〉　　　　　_____

3. ベクトルの　　　　　　〈vecteur〉　　　　　_____

〔解答〕

(A) 1. choral　2. doctoral　3. électoral　4. floral　5. professoral

(B) 1. dictatorial　2. directorial　3. éditorial〔男性名詞としては「(新聞・雑誌の) 社説, 論説」を意味する〕　4. équatorial　5. sénatorial

(C) 1. factoriel　2. sectoriel　3. vectoriel

◑ 派生のしくみ37 ── eu, œu と o の交替 ◐

　eu が ou と交替する例はすでに見ましたが (⇨[しくみ34])，eu (および œu) は上記の例で見るように，o と交替することもあります．既出の例としては§3-4.[練習] の heure ～ horaire や第1章の[総合練習1] の chœur ～ choriste がありました．

【練習8】

　-al を用いる変則的派生のものを見てみましょう．数が多いので，語形変化のタイプ別に分類し，派生語の語幹を ( ) で示してあります．

(A) 基語の末尾部の変化あるいは削除．

1. 形容詞の	〈adjectif〉 (adjectiv...)	＿＿＿＿＿＿＿
2. 最大限の	〈maximum /mak-si-mɔm/〉 (maxim...)	＿＿＿＿＿＿＿
3. 最小限の	〈minimum /mi-ni-mɔm/〉 (minim...)	＿＿＿＿＿＿＿
4. 王の	〈roi〉 (roy...)	＿＿＿＿＿＿＿
5. 社会の	〈société〉 (soci...)	＿＿＿＿＿＿＿
6. 組合の	〈syndicat〉 (syndic...)	＿＿＿＿＿＿＿
7. 部族の	〈tribu〉 (trib...)	＿＿＿＿＿＿＿

(B) 基語の末尾に綴り字を付加．

1. 友情のこもった	〈ami 友人〉 (amic...)	＿＿＿＿＿＿＿
2. 外科の	〈chirurgie〉 (chirurgic...)	＿＿＿＿＿＿＿
3. 冬の	〈hiver〉 (hivern...)	＿＿＿＿＿＿＿
4. 水平の	〈horizon 地平[水平]線〉 (horizont...)	＿＿＿＿＿＿＿
5. 欄外の；副次的な	〈marge〉 (margin...)	＿＿＿＿＿＿＿
6. 名前の	〈nom〉 (nomin...)	＿＿＿＿＿＿＿
7. 最終の	〈terme 期限〉 (termin...)	＿＿＿＿＿＿＿
8. 生命の	〈vie〉 (vit...)	＿＿＿＿＿＿＿

(C) 主として基語の語頭や語中の変化．

1. 洗礼(用)の	〈baptême /ba-tɛm/〉 (baptism...)	＿＿＿＿＿＿＿
2. 聖職者の	〈clerc〉 (cléric...)	＿＿＿＿＿＿＿
3. 地獄の(ような)	〈enfer〉 (infern...)	＿＿＿＿＿＿＿
4. 夏の	〈été〉 (estiv...)	＿＿＿＿＿＿＿

5. 基本的な	〈fondement〉	(fondament...)	_____
6. 文法の	〈grammaire〉	(grammatic...)	_____
7. 文字の，文字による	〈lettre〉	(littér...)	_____
8. 地方の；局地的な	〈lieu 場所〉	(loc...)	_____
9. 法律(上)の，法的な	〈loi〉	(lég...)	_____
10. 医学の	〈médecine〉	(médic...)	_____
11. 船の	〈nef《古》船〉	(nav...)	_____
12. 数の，数を表す	〈nombre〉	(numér...)	_____
13. 順序を示す	〈ordre〉	(ordin...)	_____
14. 刑罰の	〈peine〉	(pén...)	_____
15. 絵の	〈peinture〉	(pictur...)	_____
16. 根本的な	〈racine 根〉	(radic...)	_____
17. 全体の	〈tout〉	(tot...)	_____

〔解答〕

(A) 1. adjectival　2. maximal　3. minimal　4. royal (royal = roi+ial ⇨ [しくみ 22])

　5. social　6. syndical　7. tribal (先行母音の消去 ⇨ [しくみ 8])

(B) 1. amical (語幹末への c の付加 ⇨ 後出の [しくみ 57])

　2. chirurgical (語幹末への c の付加 ⇨ 後出の [しくみ 57])

　3. hivernal (⇨ 下記の [しくみ 38]. 学術語では hibernal も用いられる)

　4. horizontal　5. marginal (⇨ [しくみ 38])　6. nominal (⇨ [しくみ 38])

　7. terminal (⇨ [しくみ 38])　8. vital

(C) 1. baptismal　2. clérical　3. infernal (en → in の変化 ⇨ 後出の [しくみ 40])

　4. estival　5. fondamental　6. grammatical (ai → a の変化 ⇨ 後出の [しくみ 39])

　7. littéral　8. local　9. légal　10. médical　11. naval

　12. numéral 〔nombre と numéro「番号」は同語源の二重語〕　13. ordinal

　14. pénal　15. pictural　16. radical　17. total

◗ 派生のしくみ 38 ── 語幹末への in, n の付加あるいは削除 ◗

　接尾辞派生の過程で基語の末尾部分が変化することがあります．上の練習のいくつか
の語に共通するのは in あるいは n の有無にかかわる現象です．

　上記 (B) の marge → marg**in**al，nom → nom**in**al，terme → term**in**al では基語の語幹
に in が付加され，hiver → hiver**n**al では n が付加されます．n を付加する例としては，
既出の jour → jour**n**ée (§3-3.[練習]), four → four**n**eau (第 1 章の [総合練習 3]), four →
four**n**ée (第 1 章の [総合練習 5]), cor → cor**n**iste (第 1 章の [総合練習 1]) などもありま
す．なお，§7-1.[練習 6] に tour**n**er → tour などの逆方向の現象の例が出てきました．

【練習９】

-al 以外にも変則的な派生をするものがあります.

(A) -el を付ける.

1. 肉体的な 〈chair 肉；肉体〉 (charn...) _____

2. 犯罪の 〈crime〉 (crimin...) _____

3. 合理的な；理性的な 〈raison 理性；道理〉 (rationn...) _____

4. 秘跡の 〈sacrement〉 (sacrament...) _____

5. 時の, 時間の 〈temps〉 (tempor...) _____

(B) -ial を付ける.

1. 大修道院(長)の 〈abbé 大修道院長〉 (abbat...) _____

2. 獣のような 〈bête〉 (best...) _____

3. 検閲の 〈censure〉 (censor...) _____

4. 心のこもった 〈cœur〉 (cord...) _____

5. 皇帝の, 帝国の 〈empire 帝国〉 (impér...) _____

6. 宇宙空間の 〈espace〉 (spat...) _____

7. 河川の 〈fleuve〉 (fluv...) _____

8. 戦争の, 軍隊の 〈Mars （ローマ神話の軍神)マルス〉 (mart...) _____

9. 結婚の 〈noce〉 (nupt...) _____

10. 世襲財産の 〈patrimoine〉 (patrimon...) _____

11. 雨の 〈pluie〉 (pluv...) _____

12. 給与の 〈salaire〉 (salar...) _____

13. 領土の 〈territoire〉 (territor...) _____

(C) -iel を付ける.

1. 物質の 〈matière〉 (matér...) _____

2. 記憶の 〈mémoire〉 (mémor...) _____

(D) -uel を付ける.

1. 毎年の；１年間の 〈an〉 (ann...) _____

2. 精神的な；機知に富んだ 〈esprit〉 (spirit...) _____

3. 事実の 〈fait〉 (fact...) _____

4. 月ごとの 〈mois〉 (mens...) _____

5. 視覚の 〈vision〉 (vis...) _____

〔解答〕

(A) 1. charnel (ai → a の変化⇨次ページの[しくみ39], n の付加⇨[しくみ38])

2. criminel (n の付加⇨[しくみ38])

3. rationnel (ai → a の変化⇨次ページの[しくみ39])

4. sacramentel 5. temporel

(B) 1. abbatial (/-sjal/) 2. bestial (ê → es の変化⇒後出の[しくみ 44]) 3. censorial

4. cordial (œu → o の変化⇒[しくみ 37], 語幹末への d の付加⇒後出の[しくみ 57])

5. impérial (en → in の変化⇒下記の[しくみ 40])

6. spatial (/-sjal/；語頭の es → s の変化⇒後出の[しくみ 48], c → t の変化⇒[しくみ 36])

7. fluvial 8. martial (/-sjal/；s → t の変化. [しくみ 36]の c → t の変化と類似)

9. nuptial (/-sjal/) 10. patrimonial (oi → o の変化⇒後出の[しくみ 41])

11. pluvial 12. salarial (ai → a の変化⇒下記の[しくみ 39])

13. territorial (oi → o の変化⇒後出の[しくみ 41])

(C) 1. matériel 2. mémoriel (oi → o の変化⇒後出の[しくみ 41])

(D) 1. annuel 2. spirituel (語頭の es → s の変化⇒後出の[しくみ 48])

3. factuel (ai → ac の変化⇒後出の[しくみ 49]) 4. mensuel 5. visuel

◗ 派生のしくみ 39 ― ai と a の交替 ◖

[練習 8]と[練習 9]の派生では語幹がさまざまに変化していますが，いくつかに共通する現象として，母音の ai と a の交替を指摘しておきましょう．

[練習 8](C) ― gramm**ai**re ~ gramm**a**tical

[練習 9](A) ― ch**air** ~ ch**ar**nel

[練習 9](A) ― r**ai**son ~ r**a**tionnel

[練習 9](B) ― sal**ai**re ~ sal**a**rial

[練習 9](D) ― f**ait** ~ f**ac**tuel （*ai と ac の交替とみなせる⇒後出の[しくみ 49]）

この現象の例はこれまでにいくつか見ましたが，次の第 5 章に多数出てきます．

◗ 派生のしくみ 40 ― en, em と in, im の交替 ◖

[練習 8]と[練習 9]の派生には鼻母音の en, em /ã/ と in, im /ɛ̃/ の交替の例も出てきました．既出の例としては **en**vahir ~ **in**vasion (§6-3.B.[練習 8])があります．

[練習 8](C) ― **en**fer ~ **in**fernal

[練習 9](B) ― **em**pire ~ **im**périal

歴史的に見ると，[しくみ 39]も[しくみ 40]も，派生語に出てくる綴り字がもとの(＝フランス語の祖先であるラテン語の)形に近く，基語の綴り字はフランス語的に変化したものです．英語はそうした変化を経ていないので，*grammar*, *salary*, *fact* のようにほとんどは基語と派生語で綴りが同じです．なお英語の *empire* は中世のフランス語からの借用形なのでフランス語と同じ綴りです．

【練習10】

家族や身体に関する語には，専門用語がかなり含まれており，特殊な派生語が少なくありません．用いる接尾辞の異形もさまざまで，基語と派生語の語幹がずいぶん異なっているものもあります．この項の接尾辞派生の復習と応用を兼ねた最後の練習です．

(A) 接尾辞は -al.

1. 脳の 〈cerveau〉 (cérébr...) ＿＿＿＿＿＿
2. こめかみの 〈tempe〉 (tempor...) ＿＿＿＿＿＿
3. 鼻の 〈nez〉 (nas...) ＿＿＿＿＿＿
4. 口の 〈bouche〉 (bucc...) ＿＿＿＿＿＿
5. 舌の 〈langue〉 (lingu...) ＿＿＿＿＿＿
6. 指の 〈doigt〉 (digit...) ＿＿＿＿＿＿
7. 腹の 〈ventre〉 ＿＿＿＿＿＿
8. 腹部の 〈abdomen /ab-dɔ-mɛn/〉 (abdomin...) ＿＿＿＿＿＿
9. 胃の 〈estomac /ɛs-tɔ-ma/〉 (stomac...) ＿＿＿＿＿＿
10. 腸の 〈intestin〉 ＿＿＿＿＿＿
11. 腎臓の 〈rein〉 (rén...) ＿＿＿＿＿＿
12. 背の 〈dos〉 (dors...) ＿＿＿＿＿＿
13. 脊椎の 〈vertèbre〉 (vertébr...) ＿＿＿＿＿＿
14. 肋骨の 〈côte〉 (cost...) ＿＿＿＿＿＿
15. 涙の 〈larme〉 (larcym...) ＿＿＿＿＿＿
16. 声の 〈voix〉 (voc...) ＿＿＿＿＿＿

(B) 接尾辞は -ial.

1. 家族の, 家庭の 〈famille〉 (famil...) ＿＿＿＿＿＿
2. 子の 〈fils /fis/ 息子〉 (fil...) ＿＿＿＿＿＿
3. 顔面の 〈face〉 ＿＿＿＿＿＿
4. 唇の 〈lèvre〉 (lab...) ＿＿＿＿＿＿

(C) 接尾辞は -el.

1. 父の 〈père〉 (patern...) ＿＿＿＿＿＿
2. 母の 〈mère〉 (matern...) ＿＿＿＿＿＿
3. 兄弟(姉妹)の 〈frère 兄弟〉 (fratern...) ＿＿＿＿＿＿
4. 体の 〈corps〉 (corpor...) ＿＿＿＿＿＿

(D) 接尾辞は -iel.

動脈の 〈artère〉 (artér...) ＿＿＿＿＿＿

(E) 接尾辞は -uel.

手の 〈main〉 (man...) ＿＿＿＿＿＿

〔解答〕

(A) 1. cérébral　2. temporal　3. nasal (e → a の変化 ⇨ [しくみ 7])

4. buccal (ou → u の変化は concourir → concurrent (§4-3.[練習 5]) と同様)

5. lingual (発音は /lɛ̃-gwal/. an → in の変化は [しくみ 40] と類似)　6. digital

7. ventral　8. abdominal　9. stomacal (語頭の es → s の変化 ⇨ 後出の [しくみ 48])

10. intestinal　11. rénal　12. dorsal　13. vertébral　14. costal (ô → os の変化⇨
後出の[しくみ 44])　15. lacrymal　16. vocal (oi → oc の変化⇨後出の[しくみ 49])

(B) 1. familial　2. filial　3. facial　4. labial (è → a の変化は発音的には ai → a(⇨[し
くみ 39])と同じ. v → b の変化については livre → libraire (§1-4.[練習 5])と同様)

(C) 1. paternel　2. maternel　3. fraternel　4. corporel

(D) artériel

(E) manuel (ain → an の変化⇨後出の [しくみ 53])

◖ 派生のしくみ 41 ― oi と o の交替 ◗

　上記の練習のうちで oi と o が交替する例をあげます.

　　[練習 9] (B) ― patrim**oi**ne ~ patrim**o**nial
　　[練習 9] (B) ― territ**oi**re ~ territ**o**rial
　　[練習 9] (C) ― mém**oi**re ~ mém**o**riel
　　[練習 10] (B) ― v**oi**x ~ v**o**cal

　これまでに hist**oi**re ~ hist**o**rien (§1-3.[練習 4]), hist**oi**re ~ hist**o**rique (§8-2.[練習
5])が出てきました.

~~ 〖備考〗 ~~~~~~

(1) -al, -el (あるいはその異形)で作る形容詞の基語はほとんどが名詞ですが, 基語が形容
詞や動詞のものも若干あります.

-al

・基語が形容詞

　　brutal 乱暴な, 粗暴な ← brute 自然のままの；野蛮な

　　libéral 自由主義の ← libre 自由な

・基語が動詞

　　initial 最初の ← initier 手ほどきをする

　　natal 生まれた所の ← naître (『新綴り』は naitre) 生まれる

-uel

・基語が動詞

　　usuel 日常用いる, 日用の ← user 用いる

(2) 基語と派生語の形や意味が変化して, 両者の結びつきがわかりにくくなっていたり, 今
ではほとんど意識されていないことがあります. いくつかの例をあげます.

-al, -ial

　　bancal 脚の長さがふぞろいの ← banc ベンチ, 長椅子

　　capital 主要な, 重要な ← chef (集団・組織の)長；《古》頭

　　général 一般的な；全体の ← genre 種類

loyal 誠実な ← loi 法 〔légal「法律(上)の」(§8-1.[練習8])との二重語〕

moral 道徳の；道徳的な ← mœurs 風俗習慣；風紀, 良俗

normal 正常な ← norme 規範

rival 競争相手の ← rive (川の)岸 〔rival の原義は「同じ川(の水)を使う」〕

spécial 特別の；特殊な ← espèce (特定の)種類

-el, -uel

actuel 現在の ← acte 行為

cruel 残酷な ← cru 生(なま)の 〔原義は「血にまみれた」〕

habituel いつもの；習慣的な ← habit 服；服装 〔原義は「有様, 状態」〕

ponctuel 時間を厳守する ← point 点

virtuel 潜在的な ← vertu 美徳 〔原義は「潜在的な力；勇気, 徳」〕

(3) 対応する基語が現存しないもの, あるいはほとんど用いられないものがかなりあります.
以下のような語を知っておくといいでしょう.

-al

austral 南の；南極の 〔Australie「オーストラリア」の語源は「南の大地」〕

boréal 北の；北極の

cardinal 基本の 〔男性名詞の cardinal「枢機卿(きょう)」と同語源〕

conjugal 夫婦の 〔conjuguer「(動詞を)活用させる；《文》結び合わせる」と同語源〕

diagonal 対角(線)の 〔女性名詞 diagonale は「対角線」(= ligne diagonale)〕

dominical 主の, キリストの；主日の 〔dimanche「日曜日」の関連語〕

égal 等しい；平等の 〔英語の *equal* と同語源〕

expérimental 実験の 〔「実験」は ×expériment ではなく expérimentation〕

fatal 避けようがない；致命的な 〔英語の *fate*「運命」に相当する名詞はフランス語に
はない〕

féodal 封建制の

médiéval 中世の 〔moyen「中間の」の関連語〕

mental 精神の, 心の

méridional 南の；南フランスの 〔méridien「子午線の；《古》南の」の関連語〕

oral 口の；口頭の

principal 主要な, 主な 〔prince「王子；《文》第一人者」, principe「原理, 原則」の関
連語〕

rural 農村の

spiral 螺旋状の 〔女性名詞 spirale は「螺旋」〕

vertical 垂直の 〔女性名詞 verticale は「垂直」〕

-el, -uel

éternel 永遠の

éventuel 可能性のある, 起こり得る 〔évènement「出来事」の関連語〕

mutuel　相互の

perpétuel　永続的な

réel　現実の；本当の

solennel /sɔ-la-nɛl/　盛大な；厳粛な

(4) 名詞としての用法のみ，あるいは名詞としての用法が主要な語もあります．

-al, -ial

carnaval　カーニバル〔イタリア語からの借用語．語源は chair「肉」に関連〕

festival　祭典，フェスティバル〔英語からの借用語．語源は fête「祝祭」に関連〕

hôpital　病院〔下記 hôtel と同語源で，hôte「主人；客」に由来する〕

mémorial　覚書，回想録；記念館[碑]（← mémoire　記憶）(*cf.* mémoriel　記憶の)

piédestal　台座（← pied　足）

récital　リサイタル〔英語からの借用語だが，もとはフランス語の réciter「暗唱する」〕

signal　合図；信号機，標識（← signe　印(しるし)）

tribunal　裁判所（← tribune　演壇；観覧席）

-el, -iel

hôtel　ホテル〔上記 hôpital と同語源で，hôte「主人；客」に由来する〕

logiciel　ソフトウェア（← logique　論理）(*cf.* matériel　ハードウェア)

Noël　クリスマス〔natal「生まれた所の」と同語源で，naître（『新綴り』は naitre）「生まれる」に由来する〕

(5) 同一基語から -al, -el の両方の形容詞が作られていることもあります．そうした例はこの章の最後の[総合練習]に出てきます．また，-al, -el で終わる形容詞の多くが -ité, -té で終わる名詞と関連しますが，そのことは第5章で扱います．

~~~~~~

2. -ique {異形 -tique, -atique, -étique, -istique, -iaque, -ifique}

　-ique は，異形も多く，-al, -el に次いで多くの形容詞を作ります．名詞としても用いられる語もあります．対応する英語接尾辞は -ic（または -ical）で，派生語の大半は英語と類似した綴りです．

【練習1】

接尾辞 -ique を付けて規則的に派生することができる語です．

1. アルコールの；アルコール中毒の　〈alcool〉　　＿＿＿＿＿＿＿

2. 原子の　　　　　　　　　　　　〈atome〉　　＿＿＿＿＿＿＿

3. 自動(式)の　　　　　　　　　　〈automate　自動機械[装置]〉　＿＿＿＿＿＿＿

4. 聖書の　　　　　　　　　　　　〈Bible〉（*派生語は小文字）　＿＿＿＿＿＿＿

5. 壊滅的な　　　　　　　　　　　〈catastrophe　大惨事〉　　＿＿＿＿＿＿＿

6. 映画の　　　　　　　　　　　　〈cinématographe《古》映画〉　＿＿＿＿＿＿＿

7. 気候の	〈climat〉	_____
8. 周期的な，循環する	〈cycle〉	_____
9. 砂漠の，砂漠のような	〈désert〉	_____
10. 図表による，グラフの	〈graphe〉	_____
11. イスラム教の	〈islam /is-lam/〉	_____
12. 体系的な；理路整然とした	〈méthode〉	_____
13. 北欧の	〈Nord 北；北欧〉 (*派生語は小文字)	_____
14. 有機の；器官の	〈organe 器官〉	_____
15. 綴り字の	〈orthographe〉	_____
16. 愛国的な	〈patriote 愛国者〉	_____
17. 周期的な；定期的な	〈période 期間〉	_____
18. リズムに合わせた	〈rythme〉	_____
19. 風刺の	〈satire〉	_____
20. 象徴的な	〈symbole〉	_____
21. 電話の	〈téléphone〉	_____
22. 典型的な	〈type 型；典型〉	_____
23. 唯一の；独自の	〈un 1〉	_____

〚解答〛

1. alcoolique　2. atomique　3. automatique　4. biblique　5. catastrophique

6. cinématographique〔cinématographe は「映画」の古い呼称．現用語は cinéma〕

7. climatique　8. cyclique　9. désertique　10. graphique　11. islamique

12. méthodique　13. nordique　14. organique　15. orthographique

16. patriotique　17. périodique　18. rythmique　19. satirique　20. symbolique

21. téléphonique　22. typique　23. unique

【練習2】

　鼻母音で終わる語からの派生です．基語の末尾が on の場合でも n は重子音字になりません．

(A) 基語が -on で終わる．

《派生のパターン：-on → -onique》

1. 電子の；電子工学の	〈électron〉	_____
2. 音の；音速の	〈son〉	_____

(B) 基語が -an で終わる．

《派生のパターン：-an → -anique》

1. 大洋の，海洋の	〈océan〉	_____
2. 火山の	〈volcan〉	_____

〔解答〕

(A) 1. électronique　2. sonique

(B) 1. océanique　2. volcanique

【練習3】

　基語が母音で終わる場合は，それらの母音を削除して -ique を付けます(母音連続における先行母音の消去⇨[しくみ8]).

(A) 基語が -ie で終わる.

《派生のパターン：-ie → -ique》

1. アカデミーの；アカデミックな	〈académie〉	＿＿＿＿＿＿＿
2. アレルギー(性)の	〈allergie〉	＿＿＿＿＿＿＿
3. カロリーの	〈calorie〉	＿＿＿＿＿＿＿
4. 化学の	〈chimie〉	＿＿＿＿＿＿＿
5. 生態学の；環境保護の	〈écologie〉	＿＿＿＿＿＿＿
6. 経済の；経済的な	〈économie〉	＿＿＿＿＿＿＿
7. 百科の, 百科事典的な	〈encyclopédie 百科事典〉	＿＿＿＿＿＿＿
8. 精力的な；強力な	〈énergie〉	＿＿＿＿＿＿＿
9. 妖精の；夢のように美しい	〈féerie /fe(-e)-ri/ 妖精の国〉	＿＿＿＿＿＿＿
10. 地理(学)の	〈géographie〉	＿＿＿＿＿＿＿
11. 幾何(学)の	〈géométrie〉	＿＿＿＿＿＿＿
12. 階級制の	〈hiérarchie〉	＿＿＿＿＿＿＿
13. 皮肉な	〈ironie〉	＿＿＿＿＿＿＿
14. 魔法の	〈magie〉	＿＿＿＿＿＿＿
15. 憂鬱な	〈mélancolie〉	＿＿＿＿＿＿＿
16. 気象の	〈météorologie 気象学〉	＿＿＿＿＿＿＿
17. 君主制の, 王政の	〈monarchie〉	＿＿＿＿＿＿＿
18. 神話の	〈mythologie〉	＿＿＿＿＿＿＿
19. 郷愁を誘う	〈nostalgie〉	＿＿＿＿＿＿＿
20. 教育の	〈pédagogie 教育学[法]〉	＿＿＿＿＿＿＿
21. 周辺の	〈périphérie〉	＿＿＿＿＿＿＿
22. 哲学の	〈philosophie〉	＿＿＿＿＿＿＿
23. 写真の	〈photographie〉	＿＿＿＿＿＿＿
24. 精神医学の	〈psychiatrie〉	＿＿＿＿＿＿＿
25. 心理学の ；心理の	〈psychologie〉	＿＿＿＿＿＿＿
26. 社会学の	〈sociologie〉	＿＿＿＿＿＿＿
27. 戦略(上)の	〈stratégie〉	＿＿＿＿＿＿＿
28. 感じのいい, 好感の持てる	〈sympathie 好感〉	＿＿＿＿＿＿＿

29. 科学技術の, テクノロジーの　　　〈technologie〉　　　＿＿＿＿＿＿

(B) 基語が -tie で終わる.

《派生のパターン：-tie /si/ → -tique /tik/》 (*ti の読み方が変わる)

　1. 軽業の　　　　　　　　　　〈acrobatie〉　　　＿＿＿＿＿＿
　2. 貴族(階級)の　　　　　　　〈aristocratie〉　　＿＿＿＿＿＿
　3. 民主主義の　　　　　　　　〈démocratie〉　　＿＿＿＿＿＿
　4. 外交の　　　　　　　　　　〈diplomatie〉　　　＿＿＿＿＿＿

(C) 基語が -a で終わる.

《派生のパターン：-a → -ique》

　1. 仏教の　　　　　　　　　　〈Bouddha 仏陀〉　＿＿＿＿＿＿
　2. パノラマのような　　　　　〈panorama〉　　　＿＿＿＿＿＿

〔解答〕

(A) 1. académique　2. allergique　3. calorique　4. chimique　5. écologique
　　6. économique　7. encyclopédique　8. énergique　9. féerique (『新綴り』は féérie
　　/fe-e-ri/, féérique /fe-e-rik/)　10. géographique　11. géométrique　12. hiérarchique
　　13. ironique　14. magique　15. mélancolique　16. météorologique　17. monarchique
　　18. mythologique　19. nostalgique　20. pédagogique　21. périphérique
　　22. philosophique　23. photographique　24. psychiatrique　25. psychologique
　　26. sociologique　27. stratégique　28. sympathique　29. technologique

(B) 1. acrobatique　2. aristocratique　3. démocratique　4. diplomatique

(C) 1. bouddhique　2. panoramique

【練習4】

　基語と派生語とでアクサンの有無やアクサンの種類が異なる場合があります.

(A) 《派生のパターン：-et → -étique》
　　アルファベット(順)の　　　〈alphabet〉　　　＿＿＿＿＿＿

(B) 《派生のパターン：-è□e → -é□ique》

　1. 代数の　　　　　　　　　　〈algèbre〉　　　　＿＿＿＿＿＿
　2. 陸上競技の　　　　　　　　〈athlète 陸上競技選手〉　＿＿＿＿＿＿
　3. 糖尿病の　　　　　　　　　〈diabète〉　　　　＿＿＿＿＿＿
　4. 衛生上の　　　　　　　　　〈hygiène〉　　　　＿＿＿＿＿＿
　5. 予言(者)の　　　　　　　　〈prophète 予言者〉　＿＿＿＿＿＿
　6. 球形の　　　　　　　　　　〈sphère〉　　　　＿＿＿＿＿＿

(C) 《派生のパターン：-ône → -onique》
　　円錐(形)の　　　　　　　　　〈cône〉　　　　　＿＿＿＿＿＿

〔解答〕

(A) alphabétique (et → ét の変化⇨[しくみ21])

(B) 1. algébrique　2. athlétique　3. diabétique　4. hygiénique　5. prophétique
　　6. sphérique (è → é の変化⇨[しくみ4])

(C) conique (ô → o の特殊変化)

【練習5】

　基語が変化する変則的派生です．接尾辞は -ique または -ïque です．

(A) 接尾辞は -ique.

　1. 天使の(ような)　　　　　〈ange〉 (angél...)　　　　　　＿＿＿＿＿＿＿

　2. 死体の(ような)　　　　　〈cadavre〉 (cadavér...)　　　　＿＿＿＿＿＿＿

　3. 市民の　　　　　　　　　〈citoyen〉 (civ...)　　　　　　＿＿＿＿＿＿＿

　4. 宇宙の　　　　　　　　　〈cosmos /kɔs-moːs/〉 (cosm...)　＿＿＿＿＿＿＿

　5. 銅の　　　　　　　　　　〈cuivre〉 (cupr...)　　　　　　＿＿＿＿＿＿＿

　6. 悪魔の(ような)　　　　　〈diable〉 (diabol...)　　　　　＿＿＿＿＿＿＿

　7. (生物の)属の；総称の　　〈genre〉 (génér...)　　　　　　＿＿＿＿＿＿＿

　8. 歴史の　　　　　　　　　〈histoire〉 (histor...)　　　　＿＿＿＿＿＿＿

　9. 機械の　　　　　　　　　〈machine〉 (mécan...)　　　　＿＿＿＿＿＿＿

　10. 金属の　　　　　　　　〈métal〉 (métall...)　　　　　＿＿＿＿＿＿＿

　11. 神秘(主義)の　　　　　〈mystère〉 (myst...)　　　　　＿＿＿＿＿＿＿

　12. 数値の；デジタル(方式)の　〈nombre 数〉 (numér...)　　＿＿＿＿＿＿＿

　13. 地震の　　　　　　　　〈séisme〉 (sism...)　　　　　　＿＿＿＿＿＿＿

　14. 悲劇の；悲劇的な　　　〈tragédie〉 (trag...)　　　　　＿＿＿＿＿＿＿

(B) 接尾辞は -ïque.

　1. ヘブライの　　　　　　　〈Hébreu〉 (hébra...)　　　　　＿＿＿＿＿＿＿

　2. 英雄的な　　　　　　　　〈héros〉 (héro...)　　　　　　＿＿＿＿＿＿＿

　3. 散文的な，凡俗な　　　　〈prose〉 (prosa...)　　　　　　＿＿＿＿＿＿＿

〔解答〕

(A) 1. angélique　2. cadavérique　3. civique　4. cosmique　5. cuprique
　　6. diabolique　7. générique　8. historique (oi → o の変化⇨[しくみ41])
　　9. mécanique　10. métallique　11. mystique　12. numérique
　　13. sismique〔séismique とも言う〕　14. tragique

(B) 1. hébraïque　2. héroïque　3. prosaïque

　＊上記(B)の派生語の末尾部分を -aique, -oique と綴ると/ɛk/, /wak/という読み方になってしま
　い，実際の発音と合致しない．そこで，i の上にトレマを付ける．トレマの付いた母音字はそ
　の直前の母音字と別々に読むことになっているので，-aïque は/a-ik/, -oïque は/ɔ-ik/となる．

【練習6】

-ique の異形の -tique を用いる派生です．大半は基語が変化します．

(A) 規則的な派生．

1. ロマン主義の；ロマンティックな　〈roman 小説〉　　　　　_____

2. メディアの　　　　　　　　　　　〈média〉　　　　　　　_____

3. エイズにかかった　　　　　　　　〈sida〉　　　　　　　　_____

4. 図で表した；図式的な　　　　　　〈schéma〉　　　　　　_____

(B) 基語の末尾部分がなくなる(è～é の交替を伴うものもある)．

1. 大混乱の　　　　　　　　　　　　〈chaos /ka-o/〉 (chao...)　_____

2. 危機的な　　　　　　　　　　　　〈crise〉 (cri...)　　　　_____

3. 省略の；楕円の　　　　　　　　　〈ellipse〉 (ellip...)　　_____

4. 強調の；誇張した　　　　　　　　〈emphase〉 (empha...)　_____

5. 熱狂的な　　　　　　　　　　　　〈frénésie〉 (fréné...)　_____

6. 異端の　　　　　　　　　　　　　〈hérésie〉 (héré...)　　_____

7. 仮定的な　　　　　　　　　　　　〈hypothèse〉 (hypothé...)　_____

8. 情報科学の　　　　　　　　　　　〈information 情報〉 (informa...)　_____

9. 麻痺した　　　　　　　　　　　　〈paralysie〉 (paraly...)　_____

10. 文の，文に関する　　　　　　　　〈phrase〉 (phras...)　_____

11. 詩の；詩的な　　　　　　　　　　〈poésie〉 (poé...)　　_____

12. 皮肉たっぷりの　　　　　　　　　〈sarcasme 痛烈な皮肉〉 (sarcas...)　_____

13. 総合の；合成の　　　　　　　　　〈synthèse〉 (synthé...)　_____

(C) 基語の母音が変化する．

1. 水(辺)にすむ　　　　　　　　　　〈eau 水〉 (aqua...)　_____

2. 空想上の；すばらしい　　　　　　〈fantaisie〉 (fantas...)　_____

3. 薬学の　　　　　　　　　　　　　〈pharmacie〉 (pharmaceu...)　_____

〖解答〗

(A) 1. romantique　2. médiatique　3. sidatique〔sidaïque とも言う〕　4. schématique

(B) 1. chaotique　2. critique　3. elliptique　4. emphatique　5. frénétique

　6. hérétique　7. hypothétique　8. informatique　9. paralytique　10. phrastique

　11. poétique (形の上では poète「詩人」からの派生とみなすこともできる)

　12. sarcastique　13. synthétique

(C) 1. aquatique　2. fantastique (ai → a の変化 ⇨ [しくみ 39])　3. pharmaceutique

【練習7】

-ique の異形の -atique, -étique, -istique, -iaque, -ifique を用いる派生です．基語が変化することもあります．

(A) 派生語が -atique で終わる.

1. 芳香のある 〈arôme, arome〉(arom...) _____

2. 演劇の；劇的な 〈drame〉 _____

3. 謎の 〈énigme〉 _____

4. 疑わしい；問題のある 〈problème〉(problém...) _____

5. 体系的な，系統立った 〈système〉(systém...) _____

(B) 派生語が -étique で終わる.

1. 食餌療法の 〈diète〉(diét...) _____

2. エネルギーの 〈énergie〉(énerg...) _____

3. 遺伝子の，遺伝の 〈gène〉(gén...) _____

(C) 派生語が -istique で終わる.

1. 芸術の 〈art〉 _____

2. 特徴的な 〈caractère〉(caractér...) _____

3. ユーモアのある 〈humour〉(humor...) _____

4. 新聞に特有の 〈journal〉 _____

5. 言語(学)の 〈langue 言語〉(lingu...) _____

6. 観光の 〈tour 一周；周遊旅行〉 _____

(D) 派生語が -iaque で終わる.

1. 心臓の 〈cœur〉(card...) _____

2. 悪魔の(ような) 〈démon〉 _____

3. 起源の；創世記の 〈genèse〉(génés...) _____

4. 偏執的な 〈manie〉(man...) _____

5. 不眠(症)の 〈insomnie〉(insomn...) _____

6. 天国の(ような) 〈paradis〉 _____

(E) 派生語が -ifique で終わる.

1. 名誉上の；敬称の 〈honneur〉(honor...) _____

2. 平和を好む；平和的な 〈paix〉(pac...) _____

3. 科学の 〈science〉(scient...) _____

〚解答〛

(A) 1. aromatique (基語はアクサン付きの arôme もアクサンなしの arome も許容されているが，派生語はアクサンなし) 2. dramatique 3. énigmatique
4. problématique (è → é の変化 ⇨ [しくみ 4])
5. systématique (è → é の変化 ⇨ [しくみ 4])

(B) 1. diététique (è → é の変化 ⇨ [しくみ 4])
2. énergétique (先行母音の消去 ⇨ [しくみ 8])
3. génétique (è → é の変化 ⇨ [しくみ 4])

(C) 1. artistique 　2. caractéristique (è → é の変化 ⇨ [しくみ 4])

　3. humoristique 　4. journalistique 　5. linguistique /lɛ̃-gɥis-tik/ 　6. touristique

　　＊上記 (C) の派生形は -iste で終わる「人」を表す名詞に -ique を付加したものとみな

　　すこともできる (2. を除く)：1. artiste 芸術家 　3. humoriste ユーモアのある人

　　4. journaliste ジャーナリスト 　5. linguiste 言語学者 　6. touriste 観光客

(D) 1. cardiaque 　2. démoniaque 　3. génésiaque (ge → gé は変則的変化；è → é の

　変化 ⇨ [しくみ 4]) 　4. maniaque (先行母音の消去 ⇨ [しくみ 8])

　5. insomniaque (先行母音の消去 ⇨ [しくみ 8]) 　6. paradisiaque

(E) 1. honorifique (eu → o の変化 ⇨ [しくみ 37]) 　2. pacifique (ai → ac の変化 ⇨ 後

　出の [しくみ 49]) 　3. scientifique (c → t の特殊変化)

~~ 〚備考〛 ~~~~~~

(1) -ique で終わる語には基語が独立語として存在しないものがかなりあります. また, 形
容詞としても名詞としても用いられる語が多いので注意が必要です. なお, -ique の形容
詞が -ité や -isme で終わる名詞と対応する場合があり, 第 5 章で扱います.

antique 古代の；古代美術	logique 論理的な；論理
archaïque 古風な	ludique 遊びの
arctique 北極の；北極	magnifique すばらしい
arithmétique 算数の；算数	optique 視覚の, 光学の；光学
authentique 本物の	pathétique 悲壮な；悲壮感
catholique カトリックの；カトリック教徒	physique 物質の, 肉体の；物理学, 肉体
chronique (病気が)慢性の；(新聞・雑誌	plastique 可塑的な, プラスチックの；
などの)コラム；年代記	プラスチック
comique 喜劇の；喜劇役者	politique 政治の；政治
domestique 家庭の；使用人	pratique 実際的な, 便利な；実践
dynamique 精力的な；動力学, 力学	psychique 精神の, 心的な
élastique 弾力性のある；ゴム紐	rustique 田舎風の
électrique 電気の	sceptique 懐疑的な；懐疑的な人
esthétique 美的な；美学	statistique 統計(学)の；統計学
exotique 外国産の	stoïque ストイックな, 禁欲的な；
fanatique 熱狂的な；熱烈な愛好者	ストイックな人
hermétique 密封の	technique 技術に関する, 専門的な；
hippique 馬術の	技術
identique 同一の	toxique 有毒な；毒, 毒物
juridique 法律(上)の	

(2) 基語と派生語の意味関係がわかりにくくなっている例をあげます.

catégorique 断定的な ← catégorie 部類, 範疇 〔-el を用いた形容詞の catégoriel「部類の」もある〕

classique 古典の, 古典的な ← classe クラス；等級 〔原義は「第一級, 最上級」〕

gothique ゴシック様式の ← Goths /go/ ゴート族

panique パニック(の) ← Pan (ギリシャ神話の)パン, 牧神

spécifique 特有の ← espèce (特定の)種類 〔spécial「特別の」(§8-1.) も同語源〕

~~~~~~

3. -aire {異形 -iaire, -uaire, -itaire, -taire}

-aire は派生名詞だけでなく, 派生形容詞も作ります. 名詞としても形容詞としても用いられる語もかなりあります.

♦ -aire は「人」や「関連物」を表す名詞も作ります (⇨ §1-4., §3-4.).

【練習1】

接尾辞 -aire を付けて規則的に派生することができる語です.

1. 食物の 〈aliment〉 _____
2. 真夏の, 暑い盛りの 〈canicule〉 _____
3. 独身の 〈célibat〉 _____
4. 細胞の；独房の 〈cellule〉 _____
5. 補足の 〈complément〉 _____
6. 黄昏(たそがれ)の 〈crépuscule〉 _____
7. 赤字の 〈déficit〉 _____
8. 歯の；歯科の 〈dent〉 _____
9. 規律上の；懲戒の 〈discipline〉 _____
10. 資料の 〈document〉 _____
11. 基本の；初歩的な 〈élément〉 _____
12. 超過した；黒字の 〈excédent〉 _____
13. 模範的な 〈exemple〉 _____
14. 請負[一括]契約の 〈forfait〉 _____
15. 断片的な 〈fragment〉 _____
16. 火災を起こさせる 〈incendie〉 _____
17. 伝説の 〈légende〉 _____
18. 月の 〈lune〉 _____
19. 巨万の富を持つ 〈milliard 10億〉 _____
20. …生まれの, …出身の 〈origine 起源；出身〉 _____
21. 議会の 〈parlement〉 _____

22. 半島の	〈péninsule〉	_____
23. 自殺の	〈suicide〉	_____
24. 追加の, 補足の	〈supplément〉	_____

〔解答〕

1. alimentaire 2. caniculaire 3. célibataire 4. cellulaire 5. complémentaire
6. crépusculaire 7. déficitaire 8. dentaire 9. disciplinaire 10. documentaire
〔男性名詞としての意味は「記録映画」〕 11. élémentaire 12. excédentaire
13. exemplaire (「(書籍・新聞・コピーなどの)部」を意味する名詞として§3-4.で既出)
14. forfaitaire 15. fragmentaire 16. incendiaire 17. légendaire 18. lunaire
19. milliardaire (「億万長者」を意味する名詞として§1-4.で既出) 20. originaire
21. parlementaire (「国会議員」を意味する名詞として§1-4.で既出) 22. péninsulaire
23. suicidaire 24. supplémentaire

【練習2】

異形の -iaire, uaire を用いることもあります.

(A) -iaire を付ける.

1. 利益を受ける;利益を生む	〈bénéfice〉	_____
2. 住居の	〈domicile〉	_____
3. 指数の	〈indice〉	_____
4. 研修[実習]中の	〈stage〉	_____

(B) -uaire を付ける.

1. 死の	〈mort〉	_____
2. 港の	〈port〉	_____

〔解答〕

(A) 1. bénéficiaire (「受益者」を意味する名詞として§1-4.[練習3]で既出)
   2. domiciliaire 3. indiciaire
   4. stagiaire (「研修生」を意味する名詞として§1-4.[練習3]で既出)

(B) 1. mortuaire 2. portuaire

【練習3】

-on で終わる語からの派生では n の重子音字化が起こります(⇨[しくみ 10]). 下記の語からの派生語のほとんど(5.以外)は名詞としても用いられます.

《派生のパターン:-on → -onnaire》

1. 辞職した	〈démission〉	_____
2. 管理[経営]に関する	〈gestion〉	_____

3. 大金持ちの	〈million 100万〉	＿＿＿＿＿＿
4. 布教の，伝道の	〈mission〉	＿＿＿＿＿＿
5. 郊外住宅の；一戸建ての並ぶ	〈pavillon (郊外の)一戸建ての家〉	＿＿＿＿＿＿
6. 反動的な	〈réaction〉	＿＿＿＿＿＿
7. 革命の	〈révolution〉	＿＿＿＿＿＿

〔解答〕

1. démissionnaire (名詞として§1-4.[練習2]で既出)　2. gestionnaire

3. millionnaire　4. missionnaire (名詞として§1-4.[練習2]で既出)

5. pavillonnaire　6. réactionnaire　7. révolutionnaire

【練習4】

基語と派生語とでアクサンの有無やアクサンの種類が異なる場合があります．

(A) 《派生のパターン：-et → -étaire》

　　予算の　　　　　　　　　　〈budget〉　　　　　　　＿＿＿＿＿＿

(B) 《派生のパターン：-è□e → -é□aire；-è□e... → -é□e...aire》

1. 惑星の　　　　　　　　　　〈planète〉　　　　　　　＿＿＿＿＿＿

2. 規則にかなった　　　　　　〈règlement〉　　　　　　＿＿＿＿＿＿

(C) 《派生のパターン：-ôle → -olaire》

　　極の　　　　　　　　　　　〈pôle〉　　　　　　　　＿＿＿＿＿＿

〔解答〕

(A)　budgétaire (e と é の交替 ⇨[しくみ21])

(B)　1. planétaire　2. réglementaire (『新綴り』では基語の règlement と同じく è と
　　　綴る：règlementaire) (è と é の交替 ⇨[しくみ4])

(C)　polaire (ô → o の特殊変化，*cf.* cône → conique (§8-2.[練習4]))

【練習5】

基語が -ité または -té で終わる場合の派生を見てみましょう．-ité, -té は接尾辞なので，この練習の基語はすでに派生語です．下記の4つの派生パターンはすべて接尾辞の交替とみなすことができます．なお，-ité, -té を用いる派生は第5章で扱います．

[1] 基語が -ité で終わる．

(A) 《派生のパターン：-ité → -itaire》

1. 威圧的な；強権的な　　　　〈autorité 権限；権威〉　　＿＿＿＿＿＿

2. 平等主義の　　　　　　　　〈égalité 平等〉　　　　　＿＿＿＿＿＿

3. 人道(主義)的な　　　　　　〈humanité 人類；人間味[性]〉　＿＿＿＿＿＿

4. 大多数の　　　　　　　　　〈majorité〉　　　　　　　＿＿＿＿＿＿

5. 少数の 〈minorité〉 _____

6. 優先権を持つ 〈priorité〉 _____

7. 広告の 〈publicité〉 _____

8. 全体主義の 〈totalité 全体〉 _____

9. 統一の；単一の 〈unité〉 _____

10. 大学の 〈université〉 _____

11. 実利[実益]を目的とする 〈utilité 有効性；利益〉 _____

(B) 《派生のパターン：-ité → -aire》

1. 必要な 〈nécessité〉 _____

2. 無謀な 〈témérité〉 _____

[2] 基語が -té で終わる.

(A) 《派生のパターン：-té → -taire》

1. 学部の 〈faculté〉 _____

2. 故意の；意志の強い；自発的な 〈volonté 意志〉 _____

(B) 《派生のパターン：-té → -itaire》

(公衆)衛生の, 保健衛生の 〈santé 健康〉 _____

〔解答〕

[1] (A) 1. autoritaire 2. égalitaire 3. humanitaire 4. majoritaire
5. minoritaire 6. prioritaire 7. publicitaire 8. totalitaire 9. unitaire
10. universitaire 11. utilitaire

(B) 1. nécessaire 2. téméraire

[2] (A) 1. facultaire 2. volontaire (B) sanitaire

【練習6】

基語が -ité, -té 以外の接尾辞を含むこともあります. その場合も末尾の接尾辞を削除して -(i)aire を付加します.

(A) -aire を付ける.

1. 葬儀の 〈funérailles (複数形)〉 (funér...) _____

2. 文学の 〈littérature〉 (littér...) _____

3. 太陽の 〈soleil〉 (sol...) _____

(B) -iaire を付ける.

氷河の 〈glacier〉 (glac...) _____

〔解答〕

(A) 1. funéraire 2. littéraire 3. solaire (B) glaciaire

【練習7】

　基語が〈子音字+le〉で終わる場合は，子音字の後に u を挿入して〈子音字+ulaire〉になります（⇨下記の[しくみ42]）．

(A) 基語の末尾部が -ulaire になる．

　1. 角(かど)のある　　　　　　　　　〈angle〉　　　　　　　　　　＿＿＿＿＿＿

　2. 筋肉の　　　　　　　　　　　　　〈muscle〉　　　　　　　　　　＿＿＿＿＿＿

　3. 長方形の　　　　　　　　　　　　〈rectangle〉　　　　　　　　＿＿＿＿＿＿

　4. 目を見張るような　　　　　　　　〈spectacle 光景；見世物〉　＿＿＿＿＿＿

　5. 三角形の　　　　　　　　　　　　〈triangle〉　　　　　　　　　＿＿＿＿＿＿

(B) 基語の末尾部以外も変化する．

　1. 円形の　　　　　　　　　　　　　〈cercle〉 (circ...)　　　　＿＿＿＿＿＿

　2. 庶民の；人気のある　　　　　　　〈peuple〉 (pop...)　　　　＿＿＿＿＿＿

〚解答〛

(A) 1. angulaire　2. musculaire　3. rectangulaire　4. spectaculaire　5. triangulaire

(B) 1. circulaire　2. populaire (eu → o の変化 ⇨ [しくみ37])

┌──┐

◖ 派生のしくみ 42 ― 子音と l の間への u の挿入 ◗

　上記の[練習7]の語のように，基語の末尾の〈子音+le〉が，派生語の語幹では u が挿入されて〈子音+ul...〉となることがあります（この場合の子音は c /k/, g /g/, p /p/, b /b/ のような閉鎖子音です）．こうした変化は同じ語源の英語の語にも見られます（*angle* ~ *angular*, *muscle* ~ *muscular* など）．§3-3.[練習]に muscle → musculature，§3-4. [練習]に vocable → vocabulaire が出てきました．

└──┘

【練習8】

　接尾辞 -aire を用いて変則的な派生をする語をまとめて見ます．基語と派生語の語幹がずいぶん異なっているものもあります．

　1. 海水浴の　　　　　　　　　　　　〈bain〉 (balné...)　　　　＿＿＿＿＿＿

　2. 銀行の　　　　　　　　　　　　　〈banque〉 (banc...)　　　＿＿＿＿＿＿

　3. 石灰質の　　　　　　　　　　　　〈chaux 石灰〉 (calc...)　＿＿＿＿＿＿

　4. 髪の；毛管の　　　　　　　　　　〈cheveu〉 (capill...)　　＿＿＿＿＿＿

　5. 料理の　　　　　　　　　　　　　〈cuisine〉 (culin...)　　＿＿＿＿＿＿

　6. 学校の　　　　　　　　　　　　　〈école〉 (scol...)　　　　＿＿＿＿＿＿

　7. 鉄道の　　　　　　　　　　　　　〈chemin de fer〉 (ferrovi...)　＿＿＿＿＿＿

　8. 時間の；1時間あたりの　　　　　 〈heure〉 (hor...)　　　　＿＿＿＿＿＿

　9. 名誉的な, 名誉職の　　　　　　　〈honneur〉 (honor...)　　＿＿＿＿＿＿

10. 島の　　　　　　　　　　　　　　〈île〉 (insul...)　　　　＿＿＿＿＿＿

11.	線の	〈ligne〉 (liné...)	_____
12.	貨幣の	〈monnaie〉 (monét...)	_____
13.	貴族の	〈noble〉 (nobili...)	_____
14.	目の	〈œil〉 (ocul...)	_____
15.	耳の	〈oreille〉 (auricul...)	_____
16.	肺の	〈poumon〉 (pulmon...)	_____
17.	一時的な, 臨時の	〈temps 時〉 (tempor...)	_____
18.	正式の資格[肩書き]を持った	〈titre〉 (titul...)	_____
19.	衣服の	〈vêtement〉 (vestiment...)	_____

〔解答〕

1. balnéaire　2. bancaire　3. calcaire (⇨ 下記の[しくみ43])　4. capillaire (⇨[しくみ43])　5. culinaire　6. scolaire　7. ferroviaire (fer が基語になる)　8. horaire (eu → o の変化⇨[しくみ37]) (§3-4.で名詞として既出)　9. honoraire (eu → o の変化⇨[しくみ37])　10. insulaire (『新綴り』では île は ile)　11. linéaire　12. monétaire　13. nobiliaire (bl → bil の変化⇨後出の[しくみ54])　14. oculaire　15. auriculaire 〔男性名詞としての意味は「小指」(耳の穴に入るほど細いので)〕　16. pulmonaire　17. temporaire　18. titulaire〔フランス語では l が r に変化して titre になったが, 英語では *title*〕　19. vestimentaire (ê → es の変化⇨後出の[しくみ44])

237

┌───┐

◗ 派生のしくみ43 ─ 語頭の ch と c の交替 ◖

　§1-2.[練習8]で, arc → ar**ch**er, por**c** → ar**ch**er のように, 基語の末尾の c が派生語で ch になる例を見ました (⇨[しくみ17]). 派生の過程で語幹の最初の子音が変化することはあまりないのですが, 稀に, 上記の **ch**aux → **c**alcaire, **ch**eveu → **c**apillaire のように, a や e の綴りの前で ch /ʃ/ と c /k/ が交替します. 既出の例としては **ch**eval → **c**avalier (§1-2.[練習9]), **ch**ar → **c**arriole (§3-2.[練習]) がありました.

└───┘

~~ 〖備考〗 ~~~~~~

(1) 動詞, 形容詞, 前置詞などと関連するものがあります.

・動詞と関連

　imaginaire 想像上の ← imaginer 想像する

　militaire 軍隊の;軍人 ← militer (政治・社会的な)活動をする〔原義は「軍務に服する」〕

　retardataire 遅れた;遅刻者 ← retarder 遅れる

・形容詞と関連

　centenaire 百歳(以上)の ← cent 百の

　millénaire 千年(以上)の ← mille 千の

　primaire 初等の ← prime ダッシュ記号のついた;《古》最初の

第4章 形容詞を作る

secondaire 二次的な ← second 2番目の

solidaire 連帯した ← solide 丈夫な；確固とした

solitaire 孤独な ← seul ただ1つの

・前置詞や副詞と関連

contraire 反対の；反対 ← contre …に対して；反対して

(2) 基語と派生語の意味がかなりずれてしまったものがあります.

arbitraire 恣意的な ← arbitre 審判員

ordinaire 普通の, 通常の ← ordre 順序；秩序

salutaire (心身の)健康によい ← salut 挨拶；救済 〔原義は「健康」〕

sommaire 簡単な, 簡略な；概要, 要約 ← somme 金額；総計

spectaculaire 目を見張るような ← spectacle 光景；見世物 ([練習7]で既出)

(3) 基語が現存しないものがあります.

anniversaire 記念の；記念日

auxiliaire 補助の；補助者

hebdomadaire 週ごとの；週刊紙[誌]

intermédiaire 中間の；仲介者 〔関連語の intermède「小休止」はイタリア語からの借用〕

judiciaire 司法の

nucléaire 原子核の 〔noix「クルミ」, noyau「(桃などの)種」の関連語〕

pécuniaire 金銭の

perpendiculaire 垂直の 〔pendre「垂れ下がる」の関連語〕

précaire (長続きせず)不安定な

similaire 類似した

téméraire 無謀な；無鉄砲な人

vétérinaire 獣医学の；獣医

vulgaire 俗悪な；通俗の

~~~~~~

4. -ier [-ière] {異形 -er [-ère]}

-ier (女性形は -ière) は主として名詞を作る接尾辞で, 形容詞はあまり多くありません. 以下の練習に出てくる形容詞の半数ほどは名詞としても用いられ, 既出の語もあります.

◆ -ier, -ière は「人」や「木」や「入れ物」や「道具」などを表す名詞も作ります (⇨§1-2., §2-1., §2-2., §5-5.). -ière は「行為」を表す名詞も作ります (⇨§6-11.).

【練習1】

規則的な派生の語です. 基語に接尾辞 -ier を付けて形容詞の男性形を作りましょう.

1. 海岸の, 沿岸の 〈côte〉 ＿＿＿＿＿＿＿＿

2. 金づかいの荒い 〈dépense 出費〉 ＿＿＿＿＿＿＿＿

3. 税関の；関税の 〈douane〉 ＿＿＿＿＿＿

4. 財政の；金融の 〈finance〉 ＿＿＿＿＿＿

5. 果実のなる；果物の 〈fruit〉 ＿＿＿＿＿＿

6. 好戦的な 〈guerre 戦争〉 ＿＿＿＿＿＿

7. 牛乳の 〈lait〉 ＿＿＿＿＿＿

8. (多数の)人命を奪う 〈meurtre 殺人〉 ＿＿＿＿＿＿

9. 汚い 〈ordure ごみ〉 ＿＿＿＿＿＿

10. 真珠の 〈perle〉 ＿＿＿＿＿＿

11. 石油の 〈pétrole〉 ＿＿＿＿＿＿

12. 警察の 〈police〉 ＿＿＿＿＿＿

13. 君主の，王侯の 〈prince 王子；《文》君主〉 ＿＿＿＿＿＿

14. 恨みがましい 〈rancune〉 ＿＿＿＿＿＿

15. 道路の 〈route〉 ＿＿＿＿＿＿

16. 型にはまった 〈routine 決まりきった型〉 ＿＿＿＿＿＿

17. 砂糖製造の 〈sucre 砂糖〉 ＿＿＿＿＿＿

〔解答〕

1. côtier　2. dépensier　3. douanier　4. financier　5. fruitier　6. guerrier
7. laitier　8. meurtrier　9. ordurier　10. perlier　11. pétrolier　12. policier
13. princier　14. rancunier　15. routier　16. routinier　17. sucrier

【練習2】

-on で終わる語では n の重子音字化が起こります (⇨[しくみ10]).

《派生のパターン：-on → -onnier》

1. 男の子のような 〈garçon〉 ＿＿＿＿＿＿

2. 歩行者用の 〈piéton〉 ＿＿＿＿＿＿

3. 季節の 〈saison〉 ＿＿＿＿＿＿

〔解答〕

1. garçonnier　2. piétonnier　3. saisonnier

【練習3】

-ge, -ille で終わる語からの派生では，一般に異形の -er を用います. -ier を用いる例外が
ごく少数あります.

(A) -er が付く.

《派生のパターン：-ge → -ger》

1. チーズの 〈fromage〉 ＿＿＿＿＿＿

2. 石炭の	〈houille〉	_____
3. 家事の	〈ménage〉	_____
4. 嘘(うそ)の	〈mensonge〉	_____
5. 一過性の	〈passage 通過〉	_____
6. 風景の	〈paysage〉	_____

(B) -ier が付く.

《派生のパターン：-ge → -gier》

言語の　　　　　　　　　　〈langage〉　　　　_____

〔解答〕

(A) 1. fromager　2. houiller　3. ménager　4. mensonger　5. passager
　　6. paysager　(-ier の i の脱落⇨[しくみ 12])

(B) langagier〔[しくみ 12]で例外としてあげた imagier「版画師」は「版画の」を意味する形容詞としても用いられる〕

【練習 4 】

　変則的な派生をする語です.

1. 肉食性の	〈chair 肉〉 (carnass...)	_____
2. 親しい	〈famille 家族〉 (famil...)	_____
3. 地所の	〈fonds 資金；地所〉 (fonc...)	_____
4. 森の	〈forêt〉 (forest...)	_____
5. 病院の	〈hôpital〉 (hospital...)	_____
6. 春の	〈printemps〉 (printan...)	_____
7. 規則正しい；正規の	〈règle 規則〉 (régul...)	_____

〔解答〕

1. carnassier (語頭の ch → c の変化⇨[しくみ 43])　2. familier　3. foncier
4. forestier (⇨下記の [しくみ 44])　5. hospitalier (⇨下記の [しくみ 44])
6. printanier　7. régulier (è → é の変化⇨[しくみ 4], u の挿入⇨[しくみ 42])

◑ 派生のしくみ 44 ─ ê, ô と es, os の交替 ◐

　上記の forêt 〜 forestier, hôpital 〜 hospitalier では ê と es, ô と os が交替します. 既出の同様の例として, bête 〜 bestiole (§3-2.[練習]); bête 〜 bestiaire (§3-4.[練習]); arrêter 〜 arrestation, prêter 〜 prestation (§6-3. A.[練習 14]); bête 〜 bestial, côte 〜 costal (§8-1.[練習 10]) などがありました. intérêt 〜 intéresser (§7-1.[練習 7]) では例外的に êt と ess が交替します.

~~ 〚備考〛 ~~~~~~

(1) 形容詞と関連するものがあります.

　　droitier 右利きの ← droit 右の

　　étranger 外国の ← étrange 奇妙な；《古》外国の

　　gaucher 左利きの ← gauche 左の

　　grossier 粗野な ← gros 太った；大きな

　　journalier 日々の ← journal《古》日々の〔現用では journal は男性名詞で「新聞」〕

　　mobilier 動産の ← mobile 動く〔meuble「家具；動産」との二重語〕

　　premier 最初の ← prime ダッシュ記号のついた；《古》最初の〔primaire「初等の」

　　　（§8-3.[備考]) も同語源〕

(2) 基語と派生語の意味関係がわかりにくくなったものがあります.

　　particulier 独特の；特別の ← particule 微粒子〔原義は「小さい部分」〕

　　potager (植物が)食用の；野菜の ← potage ポタージュ〔原義は「壺(pot)で煮た野菜」〕

(3) 基語が現存しないものがあります.

　　singulier 奇妙な；単数の〔英語の *single, singular* と同語源〕

~~~~~~

5. -if [-ive] ｛異形 -atif [-ative], -tif [-tive]｝

　接尾辞の-if は, 以下の[練習 2]で見るように, 大半は動詞派生の名詞(=行為名詞)の語幹に付きます. 対応する英語接尾辞の-*ive* は, 言うまでもなく, フランス語では女性形です.

【練習1】

　基語に接尾辞 -if を付けて作り出せる語です. 数は多くありません.

1. 度を越した	〈abus 乱用〉	＿＿＿＿＿＿
2. 戦闘的な	〈combat〉	＿＿＿＿＿＿
3. 臆病な	〈crainte 恐れ〉	＿＿＿＿＿＿
4. 防御の	〈défense〉	＿＿＿＿＿＿
5. 過ちを犯した；誤った	〈faute〉	＿＿＿＿＿＿
6. 性急な；(時期が)早い	〈hâte〉	＿＿＿＿＿＿
7. 本能的な	〈instinct /ɛ̃s-tɛ̃/〉	＿＿＿＿＿＿
8. (均一の)塊の；大量の	〈masse〉	＿＿＿＿＿＿
9. 嘆くような, うめくような	〈plainte〉	＿＿＿＿＿＿
10. スポーツの；スポーツ好きな	〈sport〉	＿＿＿＿＿＿

〚解答〛

1. abusif　2. combatif　3. craintif　4. défensif　5. fautif　6. hâtif

7. instinctif (/ɛ̃s-tɛ̃k-tif/)　8. massif　9. plaintif　10. sportif

【練習２】

　多くの場合，-if で終わる形容詞の語幹は，-ion で終わる行為名詞の語幹と同じ形です．行為名詞の末尾部分を -if に変えれば形容詞になります．-if の形容詞の基語となる行為名詞は多数あるので，末尾の形によって (A) から (E) に分けて示します．

(A) 基語が -ation で終わる．

《派生のパターン：-ation → -atif》　(*発音は /...a-sjɔ̃/ → /...a-tif/)

1. 管理の，経営の　　　　　　　〈administration〉　　＿＿＿＿＿＿＿
2. 感嘆した　　　　　　　　　　〈admiration〉　　　　＿＿＿＿＿＿＿
3. 肯定の；断定的な　　　　　　〈affirmation〉　　　　＿＿＿＿＿＿＿
4. 賛同の　　　　　　　　　　　〈approbation〉　　　　＿＿＿＿＿＿＿
5. おおよその　　　　　　　　　〈approximation〉　　　＿＿＿＿＿＿＿
6. 人に伝わりやすい；話し好きの〈communication 伝達〉＿＿＿＿＿＿＿
7. 協力的な；共同の　　　　　　〈coopération〉　　　　＿＿＿＿＿＿＿
8. 創造性に富んだ　　　　　　　〈création〉　　　　　　＿＿＿＿＿＿＿
9. 装飾用の　　　　　　　　　　〈décoration〉　　　　　＿＿＿＿＿＿＿
10. 教育の　　　　　　　　　　　〈éducation〉　　　　　＿＿＿＿＿＿＿
11. 説明の　　　　　　　　　　　〈explication〉　　　　＿＿＿＿＿＿＿
12. 想像力豊かな　　　　　　　　〈imagination〉　　　　＿＿＿＿＿＿＿
13. 疑問の　　　　　　　　　　　〈interrogation〉　　　＿＿＿＿＿＿＿
14. 立法の　　　　　　　　　　　〈législation 法，法律〉＿＿＿＿＿＿＿
15. 否定の　　　　　　　　　　　〈négation〉　　　　　　＿＿＿＿＿＿＿
16. 要点を繰り返す，要約の　　　〈récapitulation〉　　　＿＿＿＿＿＿＿
17. 関係のある；相対的な　　　　〈relation〉　　　　　　＿＿＿＿＿＿＿
18. 代表する，代表的な　　　　　〈représentation〉　　　＿＿＿＿＿＿＿
19. 意味の明白な　　　　　　　　〈signification 意味〉　＿＿＿＿＿＿＿

(B) 基語が -ation 以外の -tion で終わる．

《派生のパターン：-tion → -tif》　(*発音は /-sjɔ̃/ → /-tif/)

1. 活動的な　　　　　　　　　　〈action 行動；活動〉　＿＿＿＿＿＿＿
2. 養子(縁組)の　　　　　　　　〈adoption 採用；養子縁組〉＿＿＿＿＿
3. 情的な，情緒の　　　　　　　〈affection 愛，情愛〉　＿＿＿＿＿＿＿
4. 注意深い　　　　　　　　　　〈attention〉　　　　　　＿＿＿＿＿＿＿
5. 聴覚[聴力]の　　　　　　　　〈audition〉　　　　　　＿＿＿＿＿＿＿
6. 集団の；共同の　　　　　　　〈collection 収集〉　　　＿＿＿＿＿＿＿
7. (経済的な)競争力がある　　　〈compétition〉　　　　＿＿＿＿＿＿＿
8. 連続する　　　　　　　　　　〈consécution〉　　　　＿＿＿＿＿＿＿
9. 建設的な　　　　　　　　　　〈construction〉　　　　＿＿＿＿＿＿＿
10. 描写的な，記述的な　　　　　〈description〉　　　　　＿＿＿＿＿＿＿

11. 消化の 〈digestion〉 _____

12. 感じやすい, 感受性の強い 〈émotion 心の高ぶり, 感動〉 _____

13. 進展する 〈évolution〉 _____

14. (法の)執行に関する, 行政の 〈exécution 施行, 執行〉 _____

15. 架空の 〈fiction〉 _____

16. ためになる, 有益な, 教育的な 〈instruction 教育〉 _____

17. 前置きの, 冒頭の 〈introduction 導入〉 _____

18. 直感的な 〈intuition〉 _____

19. 栄養の 〈nutrition〉 _____

20. 予防の 〈prévention〉 _____

21. 生産的な 〈production〉 _____

22. 制限する；限定的な 〈restriction〉 _____

23. 選択の 〈sélection〉 _____

24. 暗示に富む 〈suggestion〉 _____

(C) 基語が -sion で終わる.

《派生のパターン：-sion → -sif》 (*発音は /-sjɔ̃/ → /-sif/ または /-zjɔ̃/ → /-zif/)

1. 粘着性の 〈adhésion 加入〉 _____

2. 暗示的な, ほのめかしの 〈allusion〉 _____

3. (人に対して)理解のある 〈compréhension〉 _____

4. 決定的な 〈décision〉 _____

5. 独占的な；排他的な 〈exclusion〉 _____

6. 爆発の, 爆発性の 〈explosion〉 _____

7. 衝動的な 〈impulsion〉 _____

8. 説得力のある 〈persuasion 説得〉 _____

(D) 基語が -ssion で終わる.

《派生のパターン：-ssion → -ssif》 (*発音は /-sjɔ̃/ → /-sif/)

1. 攻撃的な 〈agression〉 _____

2. 表現力に富んだ 〈expression 表現〉 _____

3. 寛大な, 寛容な 〈permission 許可〉 _____

4. 漸進的な 〈progression (事態の)進展〉 _____

5. 相次ぐ, 続いて起こる 〈succession〉 _____

〔解答〕

(A) 1. administratif 2. admiratif 3. affirmatif 4. approbatif 5. approximatif
6. communicatif 7. coopératif 8. créatif 9. décoratif 10. éducatif
11. explicatif 12. imaginatif 13. interrogatif 14. législatif 15. négatif
16. récapitulatif 17. relatif 18. représentatif 19. significatif

(B) 1. actif　2. adoptif　3. affectif　4. attentif　5. auditif　6. collectif
　　7. compétitif　8. consécutif　9. constructif　10. descriptif　11. digestif〔男性名
　　詞で「食後酒」〕　12. émotif　13. évolutif　14. exécutif　15. fictif　16. instructif
　　17. introductif　18. intuitif　19. nutritif　20. préventif　21. productif
　　22. restrictif　23. sélectif　24. suggestif

(C) 1. adhésif〔意味的には adhérer「くっつく」, adhérence「粘着」と関連〕　2. allusif
　　3. compréhensif　4. décisif　5. exclusif　6. explosif　7. impulsif　8. persuasif

(D) 1. agressif　2. expressif　3. permissif　4. progressif　5. successif

【練習3】

　　変則的な派生をする語です.

(A) 基語が -ance, -aison で終わる.

《派生のパターン：-ance, -aison → -atif》

　1. 交替する　　　　　　　　　〈alternance〉　　　　　　　_____

　2. 比較の　　　　　　　　　　〈comparaison〉　　　　　　_____

(B) 基語が -ès で終わる.

《派生のパターン：-ès → -essif》

　　過度の　　　　　　　　　　〈excès〉　　　　　　　　　_____

(C) 基語が -et で終わる.

《派生のパターン：-et → -ectif》

　1. 実際の；効力のある　　　　〈effet 効果, 影響〉　　　　_____

　2. 客観的な　　　　　　　　　〈objet〉　　　　　　　　　_____

　3. 主観的な　　　　　　　　　〈sujet〉（subj...）　　　　_____

(D) 基語が -té で終わる.

《派生のパターン：-té → -tatif》

　1. 慈善の　　　　　　　　　　〈charité〉（cari...）　　　_____

　2. 質的な　　　　　　　　　　〈qualité〉　　　　　　　　_____

　3. 量的な　　　　　　　　　　〈quantité〉　　　　　　　_____

(E) その他, 派生語が -if になるもの.

　1. 疑いを表す；不審そうな　　〈doute〉（dubitat...）　　_____

　2. 味に関する, 味覚の　　　　〈goût〉（gustat...）　　　_____

　3. 活発な　　　　　　　　　　〈vie 生命；活気〉（v...）　_____

〔解答〕

(A) 1. alternatif　2. comparatif〔男性名詞で「比較級」〕　(B) excessif

(C) 1. effectif　2. objectif〔男性名詞で「目標」〕　3. subjectif

(D) 1. caritatif（語頭の ch と c の交替⇨[しくみ43]）　2. qualitatif　3. quantitatif

(E) 1. dubitatif　2. gustatif（『新綴り』で goût は gout）　3. vif

~~ 〖備考〗 ~~~~~~

(1) 動詞，形容詞，副詞などと関連するものがあります.

• 動詞と関連

　　pensif 物思いにふけった ← penser 考える

　　portatif 携帯用の ← porter 携帯する

　　positif 確実な；肯定の；積極的な ← poser 置く

• 形容詞と関連

　　maladif 病弱な ← malade 病気の

　　intensif 集中的な ← intense 強度の

　　primitif 原始の；最初の ← prime ダッシュ記号のついた；《古》最初の，第一の
　　　〔primaire「初等の」，premier「最初の」も同語源〕

• 副詞と関連

　　tardif 遅い ← tard 遅く

(2) 基語と派生語の意味関係がわかりにくくなったものがあります.

　　facultatif 任意の ← faculté 能力；権利, 裁量権

　　offensif 攻撃の ← offense 侮辱

　　respectif それぞれの ← respect 尊敬；尊重

(3) 基語が現存しないものがあります.

　　apéritif 食欲増進の 〔「食前酒」を意味する男性名詞としてよく用いられる〕

　　captif 捕虜の 〔chasser「狩る」(原義は「捕える」) の関連語〕

　　chétif 虚弱な 〔上記 captif と同語源〕

　　exhaustif 網羅的な 〔英語 *exhaustive* の借用語〕

　　fugitif 逃げた, 逃走[逃亡]した 〔fuir「逃げる」の関連語.「逃亡者」を意味する名詞と
　　　してよく用いられる〕

　　naïf お人よしの 〔naître (『新綴り』は naitre)「生まれる」の関連語〕

　　natif …生まれの 〔上記 naïf と同語源〕

　　oisif 何もしない, 無為の

　　passif 消極的な, 受身の 〔pâtir「苦しむ」, passion「情熱」の関連語〕

　　péjoratif (語・表現などが)軽蔑的な

(4) 現用では名詞としてだけ用いられるものがあります. 動詞や -tion で終わる名詞と関連
　があります.

　　dispositif 装置；対策 (*cf.* disposer 配置する, disposition 配置)

　　initiative 主導 (*cf.* initier 手ほどきをする, initiation 手ほどき)

　　locomotive 機関車 (*cf.* locomotion 移動, 輸送)

　　pendentif ペンダント (*cf.* pendre 吊るす)

　　préparatif 《主に複数形で》準備 (*cf.* préparer 準備する, préparation 準備；調理)

　　tentative 試み (*cf.* tenter 試みる, tentation 誘惑)

~~~~~~

6. -oire 〔異形 -atoire, -toire〕

-oire を用いて作られた形容詞は数が多くなく，ほとんどが専門用語か改まった語です．物や事柄を表す語を修飾します．

♦ -oire は「道具・設備・場所」などを表す名詞も作ります (⇨ §5-3.).

【練習】

-if の場合と同様に，基語 (多くは動詞から派生した名詞) の末尾部分を -oire に変えれば形容詞になります．

(A) 基語が -ation で終わる．

《派生のパターン：-ation → -atoire》

1. 吸い込む, 吸引の	〈aspiration〉	＿＿＿＿＿＿
2. 差別的な	〈discrimination〉	＿＿＿＿＿＿
3. 除去する；選抜の	〈élimination〉	＿＿＿＿＿＿
4. 旋回の, 回転運動をする	〈giration〉	＿＿＿＿＿＿
5. 義務的な	〈obligation〉	＿＿＿＿＿＿
6. 手術の；操作の	〈opération〉	＿＿＿＿＿＿
7. 準備の	〈préparation〉	＿＿＿＿＿＿
8. 呼吸の	〈respiration〉	＿＿＿＿＿＿

(B) 基語が -ation 以外の -tion で終わる．

《派生のパターン：-tion → -toire》

1. 矛盾した	〈contradiction〉	＿＿＿＿＿＿
2. 過渡的な	〈transition 推移；移行〉	＿＿＿＿＿＿

(C) 基語が -sion で終わる．

《派生のパターン：-sion → -soire》

見せかけの, 人を欺く	〈illusion 錯覚；幻想〉	＿＿＿＿＿＿

(D) 基語が -aison で終わる．

《派生のパターン：-aison → -atoire》

組み合せの	〈combinaison〉	＿＿＿＿＿＿

〔解答〕

(A) 1. aspiratoire　2. discriminatoire　3. éliminatoire　4. giratoire
　　5. obligatoire　6. opératoire　7. préparatoire　8. respiratoire

(B) 1. contradictoire　2. transitoire

(C) illusoire

(D) combinatoire

~~ 〖備考〗 ~~~~~~

(1) -ion の名詞に対応しない -oire の形容詞もあります.

　　aléatoire 運しだいの, 不確かな ← aléa 予測のつかない出来事

　　méritoire 称賛に値する ← mérite 功績；長所

(2) 基語と派生語の意味関係がわかりにくくなったものや, 基語名詞がないものがあります.

　・上記の[練習]のように, 派生形を -ion の名詞から導ける語

　　accessoire 付随的な ← accession 到達, 達成 (← accéder 達する；手に入れる)

　　dérisoire あまりにも少ない；取るに足りない ← dérision あざけり)

　　provisoire 暫定的な ← provision 蓄え (← pourvoir 必要なものを与える, 供給する)

　・基語名詞が現存しない語

　　notoire 周知の 〔noter「書き留める；注意する」の関連語〕

　　oratoire 演説の, 弁論の 〔orateur「演説者」の関連語〕

~~~~~~

§9 ある種のニュアンスを伴う形容詞を作る接尾辞

形容詞接尾辞のなかには，名詞を形容詞にするだけでなく，なんらかの意味やニュアンスを加えるものもあります．次にあげるような接尾辞です．

> ☆☆☆ **-eux [-euse]**（§9-1.）
> ☆☆ **-é(e), -u(e)**（§9-2.）
> ☆ **-in(e)**（§9-3.）
> ☆ **-esque**（§9-4.）

1. -eux [-euse] ｛異形 -ieux [-ieuse], -ueux [-ueuse]｝

-eux（女性形は -euse）は，英語の *-ous* に相当し，「…を（多く）含む，…に満ちた；…の性質を持つ，…のような」といった意味合いを持ちます．

【練習1】

これまでと同じように，まずは，名詞から形容詞を規則的に作り出せるものを見ていきます．基語の名詞に **-eux** を付け加えて，以下に示す意味の形容詞（男性単数形）を作りましょう．数が多いので，基語の名詞の意味によって (A) と (B) に大まかに分類してあります．

(A) 基語は具体物を表す名詞．

1. 粘土を含んだ	〈argile〉	_____
2. 泥の，泥だらけの	〈boue〉	_____
3. もやのかかった	〈brume〉	_____
4. とげのある	〈épine〉	_____
5. 繊維質の；(肉などが)筋のある	〈fibre〉	_____
6. 気体の；炭酸ガス入りの	〈gaz〉	_____
7. 脂肪(質)の；油で汚れた	〈graisse〉	_____
8. 油を含んだ；脂ぎった	〈huile〉	_____
9. 乳のような，乳状の，乳白色の	〈lait〉	_____
10. 沼地の，湿地の	〈marécage〉	_____
11. 山の多い	〈montagne〉	_____
12. 泡の立つ	〈mousse〉	_____
13. 雪に覆われた；雪の降りそうな	〈neige〉	_____
14. 曇った，雲のかかった	〈nuage〉	_____
15. 雷雨になりそうな	〈orage〉	_____
16. ペースト状の	〈pâte〉	_____
17. 石ころだらけの	〈pierre〉	_____
18. 粉状の	〈poudre〉	_____
19. 岩の多い	〈roche〉	_____

| 20. 砂を含む | 〈sable〉 | ＿＿＿＿＿＿ |
| 21. 風の吹く | 〈vent〉 | ＿＿＿＿＿＿ |

(B) 基語は抽象物や事態を表す名詞.

1. 恋をしている	〈amour〉	＿＿＿＿＿＿
2. 有利な	〈avantage〉	＿＿＿＿＿＿
3. 冒険好きの；危険に満ちた	〈aventure〉	＿＿＿＿＿＿
4. 熱意にあふれた，熱烈な	〈chaleur〉	＿＿＿＿＿＿
5. 運のいい	〈chance〉	＿＿＿＿＿＿
6. 勇気のある	〈courage〉	＿＿＿＿＿＿
7. 高価な，費用のかかる	〈coût〉	＿＿＿＿＿＿
8. ひどい，惨憺たる	〈désastre 災害；破綻〉	＿＿＿＿＿＿
9. 疑わしい	〈doute〉	＿＿＿＿＿＿
10. うらやむ，ねたむ	〈envie〉	＿＿＿＿＿＿
11. 憎しみのこもった；執念深い	〈haine〉	＿＿＿＿＿＿
12. 調和のとれた	〈harmonie〉	＿＿＿＿＿＿
13. 幸せな	〈heur《古》幸運〉	＿＿＿＿＿＿
14. 恥ずべき	〈honte〉	＿＿＿＿＿＿
15. 不運な	〈malchance〉	＿＿＿＿＿＿
16. 不幸な	〈malheur〉	＿＿＿＿＿＿
17. 旋律の美しい	〈mélodie〉	＿＿＿＿＿＿
18. 驚異的な；すばらしい	〈merveille〉	＿＿＿＿＿＿
19. 綿密な	〈minutie /mi-ny-si/〉	＿＿＿＿＿＿
20. 多数の；多数からなる	〈nombre 数〉	＿＿＿＿＿＿
21. 怠惰な	〈paresse〉	＿＿＿＿＿＿
22. 臆病な；おびえた	〈peur 恐怖，おびえ〉	＿＿＿＿＿＿
23. 破廉恥な，けしからぬ	〈scandale 顰蹙(ひんしゅく)〉	＿＿＿＿＿＿
24. 良心的な；細心綿密な	〈scrupule〉	＿＿＿＿＿＿
25. 気がかりな	〈souci〉	＿＿＿＿＿＿
26. 徳の高い，高潔な	〈vertu〉	＿＿＿＿＿＿

〔解答〕

(A) 1. argileux 2. boueux 3. brumeux 4. épineux 5. fibreux 6. gazeux
  7. graisseux 8. huileux 9. laiteux 10. marécageux 11. montagneux
  12. mousseux 13. neigeux 14. nuageux 15. orageux 16. pâteux
  17. pierreux 18. poudreux 19. rocheux 20. sableux 21. venteux

(B) 1. amoureux 2. avantageux 3. aventureux 4. chaleureux 5. chanceux
  6. courageux 7. coûteux (『新綴り』は cout, couteux) 8. désastreux 9. douteux

10. envieux 11. haineux 12. harmonieux 13. heureux 14. honteux

15. malchanceux 16. malheureux 17. mélodieux 18. merveilleux

19. minutieux (語末の -tieux の発音は /-sjø/) 20. nombreux 21. paresseux

22. peureux 23. scandaleux 24. scrupuleux 25. soucieux 26. vertueux

【練習 2】

基語が -on で終わる場合は n の重子音字化が起こります (⇨ [しくみ 10]).

《派生のパターン：-on → -onneux》

1. 茂み[やぶ]に覆われた	〈buisson〉	_____
2. (川・湖などが)魚の多い	〈poisson〉	_____
3. 石鹸を含む, 石鹸のような	〈savon〉	_____
4. 疑い深い	〈soupçon〉	_____

〔解答〕

1. buissonneux 2. poissonneux 3. savonneux 4. soupçonneux

【練習 3】

次の語の派生ではアクサンが変化します (⇨ [しくみ 4]).

《派生のパターン：-è□e → -é□eux》

1. 怒りっぽい	〈colère〉	_____
2. クリームを多く含んだ	〈crème〉	_____
3. 熱のある	〈fièvre〉	_____
4. 貧窮した	〈misère〉	_____
5. ほこりまみれの	〈poussière〉	_____

〔解答〕

1. coléreux 2. crémeux 3. fiévreux 4. miséreux 5. poussiéreux

【練習 4】

-er, -el で終わる次の語からの派生では, アクサンの有無が変わったり, 発音が変わったり, 重子音字化が起こったりします.

1. 癌(がん)の	〈cancer /kɑ̃-sɛːr/〉 (cancér...)	_____
2. 危険な	〈danger /dɑ̃-ʒe/〉 (danger...)	_____
3. 鉄を含む	〈fer〉 (ferr...)	_____
4. (言葉・態度などが)甘ったるい	〈miel (蜂)蜜〉 (miell...)	_____
5. (果物などが)虫の食った	〈ver〉 (vér..)	_____

〔解答〕

1. cancéreux (e → é の変化 ⇨ [しくみ 21])

2. dangereux /dɑ̃ʒ-rø/ (無強勢母音 e /ə/ への変化 ⇨ [しくみ 18])

3. ferreux (er → err の変化 ⇨ [しくみ 3]. fer → ferraille (§3-3.[練習]) と同様)

4. mielleux (el → ell の変化 ⇨ [しくみ 3])

5. véreux (e → é の変化 ⇨ [しくみ 21])

【練習 5】

異形の -ieux を用いる派生です.

1. 巧妙な, 抜け目のない	〈astuce 巧妙なやり方〉	＿＿＿＿＿
2. 大胆な	〈audace〉	＿＿＿＿＿
3. 気まぐれな	〈caprice〉	＿＿＿＿＿
4. 良心的な	〈conscience〉	＿＿＿＿＿
5. とても心地よい；とてもおいしい	〈délice 心地よさ〉	＿＿＿＿＿
6. 侮辱的な	〈injure〉	＿＿＿＿＿
7. 茶目っ気のある	〈malice〉	＿＿＿＿＿
8. 不思議な, 謎の	〈mystère〉 (mystér...)	＿＿＿＿＿
9. 威信のある	〈prestige〉	＿＿＿＿＿
10. 驚くべき, 驚異的な	〈prodige 驚くべき出来事〉	＿＿＿＿＿
11. 無言の；静かな	〈silence〉	＿＿＿＿＿
12. 悪徳の	〈vice〉	＿＿＿＿＿

〔解答〕

1. astucieux　2. audacieux　3. capricieux　4. consciencieux　5. délicieux

6. injurieux　7. malicieux　8. mystérieux (è → é の変化 ⇨ [しくみ 4])

9. prestigieux　10. prodigieux　11. silencieux　12. vicieux

＊これらの形容詞の末尾は -cieux, -gieux, -rieux. ただし, -ceux, -geux, -reux で終わる形容詞もある.

【練習 6】

異形の -ueux を用いる派生です.

1. ぜいたくな, 豪華な	〈luxe〉	＿＿＿＿＿
2. 怪物のような；巨大な；恐るべき	〈monstre〉	＿＿＿＿＿
3. 敬意を抱いている；敬意のこもった	〈respect /rɛs-pɛ/〉	＿＿＿＿＿
4. 才能のある	〈talent〉	＿＿＿＿＿
5. 騒がしい, 騒然とした	〈tumulte〉	＿＿＿＿＿

〔解答〕

1. luxueux　2. monstrueux　3. respectueux /rɛs-pɛk-tɥø/　4. talentueux
5. tumultueux

　　＊これらの形容詞の末尾は -tueux, -trueux, -xueux. ただし, -teux や -treux で終わる形容詞
　　もあるが, -xeux で終わる形容詞はない.

【練習7】

　基語が -ion で終わる場合の派生は, n が重子音字化して -inneux になる場合と, -ion が
-ieux または -ueux と交替する場合とがあります.

(A) 《派生のパターン：-ion → -ionneux》
　　用心深い　　　　　　　　　〈précaution〉　　　　　＿＿＿＿＿＿

(B) 《派生のパターン：-ion → -ieux》
　1. 野心のある　　　　　　　　〈ambition〉　　　　　＿＿＿＿＿＿
　2. 伝染する　　　　　　　　　〈contagion〉　　　　　＿＿＿＿＿＿
　3. うぬぼれの強い　　　　　　〈prétention〉　　　　　＿＿＿＿＿＿
　4. 宗教の　　　　　　　　　　〈religion〉　　　　　＿＿＿＿＿＿

(C) 《派生のパターン：-ion → -ueux》
　1. 情愛の深い　　　　　　　　〈affection〉　　　　　＿＿＿＿＿＿
　2. 欠陥のある　　　　　　　　〈défection 離脱〉　　　＿＿＿＿＿＿

〔解答〕

(A) précautionneux

(B) 1. ambitieux (-tieux の発音は /-sjø/)　2. contagieux
　　3. prétentieux (-tieux の発音は /-sjø/)　4. religieux

(C) 1. affectueux (-tion /-sjɔ̃/ → -tueux /-tɥø/)
　　2. défectueux (-tion /-sjɔ̃/ → -tueux /-tɥø/)

【練習8】

　基語が -té で終わる場合は, 派生語の末尾が -teux または -tueux になります.

(A) 《派生のパターン：-té → -teux》
　1. 貧窮している　　　　　　　〈nécessité 必要；《古》貧窮〉　＿＿＿＿＿＿
　2. 虚栄心の強い　　　　　　　〈vanité〉　　　　　＿＿＿＿＿＿

(B) 《派生のパターン：-té → -tueux》
　1. 威厳のある　　　　　　　　〈majesté〉　　　　　＿＿＿＿＿＿
　2. 享楽的な；官能的な　　　　〈volupté〉　　　　　＿＿＿＿＿＿

〔解答〕　(A) 1. nécessiteux　2. vaniteux　(B) 1. majestueux　2. voluptueux

【練習9】

　基語が -eur で終わる場合は，原則どおり -eux を付けるものもありますが（[練習1]を参照），次の語は変則的な派生をします．派生語の末尾は -oureux, -oreux, -orieux のいずれかになります（なお，[練習10]で見るように -eur が -ieux に置き換わるものもあります）．

(A) 《派生のパターン：-eur → -oureux》

　1. 痛い；つらい　　　　　　　〈douleur〉　　　　　　＿＿＿＿＿＿＿＿

　2. 物憂げな　　　　　　　　　〈langueur〉　　　　　　＿＿＿＿＿＿＿＿

　3. 厳密な；厳格な　　　　　　〈rigueur〉　　　　　　　＿＿＿＿＿＿＿＿

　4. 風味のある　　　　　　　　〈saveur〉　　　　　　　＿＿＿＿＿＿＿＿

　5. 力強い；激しい　　　　　　〈vigueur〉　　　　　　　＿＿＿＿＿＿＿＿

(B) 《派生のパターン：-eur → -oreux》

　1. リキュールに似た　　　　　〈liqueur〉　　　　　　　＿＿＿＿＿＿＿＿

　2. 靄(もや)のかかった　　　　〈vapeur (大気中の)水蒸気；靄〉　＿＿＿＿＿＿＿＿

(C) 《派生のパターン：-eur → -orieux》

　　よく働く，勤勉な　　　　　〈labeur《文》辛苦，労苦〉　＿＿＿＿＿＿＿＿

〔解答〕

(A) 1. douloureux　2. langoureux　3. rigoureux　4. savoureux　5. vigoureux

(B) 1. liquoreux　2. vaporeux

(C) laborieux

┌───┐

● 派生のしくみ45 ― eu と ou と o の交替 ●

　eu は ou と交替したり（⇨[しくみ34]），o と交替したりします（⇨[しくみ37]）．上記の(A)では語幹の末尾部の eu が派生語で ou になり，(B)と(C)では o になります．o, ou, eu の3種が交替する例はあまりありませんが，名詞の volonté「意志」と動詞の vouloir「欲する，望む」およびその活用形(il **veu**t, nous **vou**lons, ils **veu**lent など)に見られます．

└───┘

【練習10】

　変則的な派生のものを，派生の仕方の類似でグループ分けしてあります．

[1] 基語の末尾部が -eux または -ieux に置き換わる．

(A) 《派生のパターン：-ée, -eur, -ation → -eux》

　1. 煙る；湯気が立つ　　　　　〈fumée〉(fum…)　　　＿＿＿＿＿＿＿＿

　2. 醜悪な　　　　　　　　　　〈hideur〉(hid…)　　　＿＿＿＿＿＿＿＿

　3. 人口の多い；人でいっぱいの　〈population〉(popul…)　＿＿＿＿＿＿＿＿

(B) 《派生のパターン：-eur → -ieux》

　　激怒した　　　　　　　　　〈fureur〉(fur…)　　　＿＿＿＿＿＿＿＿

[2]《派生のパターン：-cle, -gle → -culeux, -guleux》

1. 角ばった，ごつごつした 〈angle〉 (angul...) _____

2. 奇跡的な 〈miracle〉 (miracul...) _____

3. 筋骨たくましい 〈muscle 筋肉〉 (muscul...) _____

[3]《派生のパターン：-i, -ie → -yeux》

1. 困った；退屈な 〈ennui〉 (ennuy...) _____

2. 喜んだ 〈joie〉 (joy...) _____

3. 絹のような 〈soie〉 (soy...) _____

[4]《派生のパターン：-il → -illeux》

1. 高慢な 〈orgueil /ɔr-gœj/〉 _____

2. 危険な 〈péril /pe-ril/〉 _____

3. 眉をしかめた 〈sourcil /sur-si/ 眉〉 _____

[5]《派生のパターン：-n → -gneux》

1. 軽蔑的な 〈dédain〉 _____

2. よく気を配る，気配りのある 〈soin〉 _____

[6]《派生のパターン：-oire → -orieux》

1. 栄光に満ちた 〈gloire〉 _____

2. 勝利の 〈victoire〉 _____

[7] 基語に -teux を付ける (基語の末尾の子音字はなくなる).

1. 小石の多い 〈caillou〉 _____

2. ゴム状の 〈caoutchouc〉 (caoutchou...) _____

3. 汁の多い，ジューシーな 〈jus〉 (ju...) _____

[8] 基語に -ineux を付ける.

1. 目がくらむほどの 〈vertige〉 _____

2. (体積の)大きい 〈volume〉 _____

[9] 語頭の é-, es- が s- に変わる．接尾辞は -ieux.

1. スポンジ状の；吸水性に富む 〈éponge〉 (spong...) _____

2. 広い，スペースのある 〈espace〉 (spac...) _____

3. 勤勉な，勉強熱心な 〈étude〉 (stud...) _____

[10] その他，派生語が -eux になる特殊なもの.

1. 死体[死人]のような 〈cadavre 死体〉 (cadavér...) _____

2. 実り多い 〈fruit 果実；成果〉 (fructu...) _____

3. 獲物の多い 〈gibier〉 (giboy...) _____

4. 優雅な 〈grâce〉 (graci...) _____

5. 光る 〈lumière〉 (lumin...) _____

6. 神経の；神経質な 〈nerf〉 (nerv...) _____

7. 雨の降る，雨の多い 〈pluie〉 (pluvi...) _____

8. 毛の；毛で覆われた 〈poil〉(pil...) ＿＿＿＿＿＿＿＿＿

9. 高価な；貴重な 〈prix 値段；価値〉(préci...) ＿＿＿＿＿＿＿＿＿

10. シロップ状の 〈sirop /si-ro/〉(sirup...) ＿＿＿＿＿＿＿＿＿

〔解答〕

[1] (A) 1. fumeux 2. hideux 3. populeux (B) furieux〔fureur も furieux も
語源は furie「狂乱, 凶暴」だが, 現用の意味はそれとやや異なる〕

[2] 1. anguleux 2. miraculeux 3. musculeux (u の挿入⇨[しくみ 42])

[3] 1. ennuyeux 2. joyeux 3. soyeux (⇨下記の[しくみ 47])

[4] 1. orgueilleux (/ɔr-gœ-jø/) 2. périlleux (/pe-ri-jø/)
3. sourcilleux (/sur-si-jø/) (⇨下記の[しくみ 46])

[5] 1. dédaigneux 2. soigneux (鼻母音 → gn の変化⇨[しくみ 35])

[6] 1. glorieux 2. victorieux (oi → o の変化⇨[しくみ 41])

[7] 1. caillouteux 2. caoutchouteux (caoutchouc の発音は/ka-u-tʃu/)
3. juteux (jus の発音は/ʒy/)

[8] 1. vertigineux 2. volumineux

[9] 1. spongieux 2. spacieux 3. studieux (⇨次ページの[しくみ 48])

[10] 1. cadavéreux 2. fructueux 3. giboyeux 4. gracieux (アクサン・シルコンフ
レクスの有無に注意. cf. cône → conique (§8-2.[練習 4]), pôle → polaire (§8-
3.[練習 4])) 5. lumineux 6. nerveux (f → v の変化, cf. clef → clavier (§2-2.
[練習 3])) 7. pluvieux 8. pileux (oi → i の変化⇨後出の[しくみ 50])
9. précieux 10. sirupeux

◗ 派生のしくみ 46 ― il と ill の交替 (2) ◖

§1-2.[練習 4]の conseil → conseiller に関連して[しくみ 13]で il と ill の交替につい
て触れました. その際 eil /ɛj/ と ail /aj/ に限って説明しましたが, 上記の[しくみ 10]の
[4]で見るように, 基語の末尾の -il の発音が /j/ や /il/ または無音であっても, 派生語では
すべて ill と綴って /j/ と発音します. これまでに outil → outillage (§3-3.[練習]), œil →
œillet (第 1 章の[総合練習 3]) が出てきました.

◗ 派生のしくみ 47 ― 母音間への /j/ の挿入 ◖

上記[3]の派生は, 接尾辞 -eux の異形の -ieux を用いたとみなせば, [しくみ 22]の「ii
から y への変化」で説明がつきます：ennui + -ieux → (ennuiieux) → ennuyeux；joie +
-ieux → (joiieux) → joyeux, soie + -ieux → (soiieux) → soyeux.

では, なぜ異形の -ieux が用いられているのか, そのことについて考えてみましょう.

すでに述べ，実例も見たように，フランス語では母音の連続を避ける傾向が強く，そのため，「母音連続における先行母音の消去」(⇨[しくみ8])や「母音間への子音の挿入」(⇨[しくみ15])のような現象が起こります．ほかに，ここで取り上げる「母音間への/j/の挿入」があります．これは，連続する母音をより滑らかに発音するために，2つの母音をつなげる音として/j/を入れることです．意識して/j/を入れるというよりも，自然に/j/が入るのです．この現象は動詞の活用においても見られます．たとえば，voir「見える」の直説法現在の単数と複数の1人称における発音と綴り字の変化は次のようになります．

(je) voi- /vwa/ + -s /無音/ → vois /vwa/

(nous) voi- /vwa/ + -ons /ɔ̃/ → [/j/の挿入] /vwa-jɔ̃/ (voiions) → [ii を y に] voyons

この[練習10]の[3]派生でも，母音間に/j/が入り，その後，発音に合わせた綴り字の変化が起こったと考えることができます．同様の現象は，第1章の[総合練習5]のcraie /krɛ/ → crayon /krɛ-jɔ̃/ や§8-1.[練習8]の roi /rwa/ → royal /rwa-jal/ にも起こっています．逆に，母音が連続しなければ/j/は必要ないので，§7-1.の逆派生の[練習8]で見た -yer → -i のように，y が i になります(⇨[しくみ33])．

発音の便宜のために/j/の音が入るのは母音の間だけでなく，規則的にではありませんが，上記[1](B)や[6]，[9]の派生に見られるように，子音と母音の間にも起こります．-al の異形の -ial (§8-1.)，-el の異形の -iel (§8-1.)，-at の異形の -iat (§3-3.)，-aire の異形の -iaire (§3-4.，§8-1.)なども，/j/の挿入の結果生じたものと思われます．

● 派生のしくみ 48 ── 語頭の é, es, s の交替 ●

上記[練習10]の[9]では，基語の初頭の é または es が派生語で s に変わっています．すでに出てきた é～s の交替の例には école → scolaire (§8-3.[練習8])が，es～s の交替の例には espace → spatial，esprit → spirituel (§8-1.[練習9])などがありました．稀に épier「動静を探る」→ espion「スパイ」のように é と es が交替するものもあります．

~~ 〚備考〛 ~~~~~~

(1) 同一の基語から2つの形容詞が派生していることがあります(他の例が次の節以降の[備考]や[総合練習]に出てきます)．

　bile 胆汁；不機嫌；不安

　　→ bilieux 胆汁の多い；気難しい

　　→ bileux《話》心配性の

　colère 怒り

　　→ coléreux 怒りっぽい

　　→ colérique《古風》怒りっぽい

　venin (動植物の)毒, 毒液

　　→ venimeux (ヘビなどが)有毒の；意地の悪い (venin の古形の *venim* が基語)

　　→ vénéneux (草・キノコ・貝などが)有毒の (ラテン語の *venenosus* がフランス語化)

(2) 動詞や形容詞と関連するものがあります.

fâcheux 困った, 厄介な ← fâcher 気分を害する

tortueux 曲がりくねった ← tortu《文》曲がりくねった (← tordre ねじ曲げる)

(3) 基語と派生語の意味関係がわかりにくくなったものがあります.

boiteux 足を引きずる, 足が不自由な ← boîte (『新綴り』は boite) 箱；《古》(骨にできた)空洞

curieux 好奇心の強い；詮索好きな ← cure 療法；《古》注意, 配慮

fabuleux 想像を絶する ← fable 寓話；《文》作り話

généreux 気前のよい；寛大な ← genre 種類 〔原義は「生まれ；氏族, 家柄」〕
(*cf.* bon genre 上品さ, 育ちのよさ)

hasardeux 危険な ← hasard 偶然；《古》危険

impérieux 高圧的な；否応なしの ← empire 帝国；支配力, 権威

moelleux 柔らかな ← moelle 骨髄

officieux 非公式な ← office (公的機関の)部局〔officiel「公式な」と基語は同一だが, 接尾辞の -(i)eux は「…の性質を持つ, …のような」のニュアンスがあるので, officieux は「公式に準じる, ほぼ公式とみなせる」の意味合いの「非公式な」〕

ombrageux すぐに気分を害する ← ombrage 木陰；《古風》猜疑心, 不安

(4) 基語が現存しないものがあります.

fameux 例の, 話題の；《文》有名な (*cf.* [英語] *fame → famous*)

odieux 憎むべき (*cf.* [英語] *odium → odious*)

rugueux (表面の)ざらざらした, ごつごつの

sérieux まじめな

~~~~~~

2. -é(e), -u(e)

-é(e) と -u(e) はどちらも「…を持つ, …の特質(色・味・形など)を備えた」などを意味します. -é(e) は具象名詞にも抽象名詞にも付きますが, -u(e) の基語はほとんどが具象名詞です.

◆ -é は「行為」を表す名詞も作り (⇨ §6-5.), -ée は「集合・全体」や「行為」を表す名詞も作ります (⇨ §3-3., §6-5.).

【練習1】

基語の名詞に -é またはを -u を付けて, 以下に示す意味の形容詞(男性単数形)を作りましょう.

(A) -é を付ける.

1. 事故に遭った　　　　　〈accident〉　　　　　＿＿＿＿＿＿＿

2. 忙しい；忙しそうな　　〈affaire 事柄；用事〉　＿＿＿＿＿＿＿

3. 年を取った　　　　　　〈âge〉　　　　　　　　＿＿＿＿＿＿＿

4. 翼[羽]のある 〈aile〉 _____

5. 容易な；裕福な 〈aise〉 _____

6. 紺碧(こんぺき)の 〈azur〉 _____

7. 樹木で覆われた；板張りの 〈bois〉 _____

8. (ワインが)芳香がある 〈bouquet〉 _____

9. ヘルメットをかぶった 〈casque〉 _____

10. キャタピラー付きの 〈chenille〉 _____

11. チョコレート入り[風味]の 〈chocolat〉 _____

12. 銅色の, 赤褐色の 〈cuivre〉 _____

13. (車などが)歯のついた 〈dent〉 _____

14. 免状を持った 〈diplôme〉 _____

15. 裕福な 〈fortune 財産〉 _____

16. 果実の味[香り]がする 〈fruit〉 _____

17. インフルエンザにかかった 〈grippe〉 _____

18. メントール入りの 〈menthol〉 _____

19. 筋骨たくましい, 筋肉隆々の 〈muscle〉 _____

20. オレンジ色がかった 〈orange〉 _____

21. 麦藁(わら)色の 〈paille〉 _____

22. 淡いばら色の；ロゼの 〈rose〉 _____

23. 悪賢い, 狡猾(こうかつ)な 〈ruse 策略：悪知恵〉 _____

24. 良識[思慮分別]のある 〈sens〉 _____

25. 災害に見舞われた, 罹災(りさい)した 〈sinistre〉 _____

26. 切手[印紙]を貼った 〈timbre〉 _____

27. バニラの香りをつけた 〈vanille〉 _____

28. ビタミン添加の 〈vitamine〉 _____

(B) -u を付ける.

1. ひげを生やした 〈barbe〉 _____

2. せむしの；こぶのある 〈bosse〉 _____

3. 草の生い茂った 〈herbe〉 _____

4. 苔(こけ)の生えた 〈mousse〉 _____

5. 口ひげを生やした 〈moustache〉 _____

6. 毛深い 〈poil〉 _____

7. 先のとがった 〈pointe (とがった)先, 先端〉 _____

8. 頑固な 〈tête 頭〉 _____

9. 密生した 〈touffe (草などの)茂み〉 _____

10. 腹の出た 〈ventre〉 _____

〔解答〕

(A) 1. accidenté 2. affairé 3. âgé 4. ailé 5. aisé 6. azuré 7. boisé

8. bouqueté /buk-tœ/ (et の発音の変化⇨[しくみ11]) 9. casqué 10. chenillé

11. chocolaté 12. cuivré 13. denté 14. diplômé 15. fortuné 16. fruité

17. grippé 18. mentholé 19. musclé 20. orangé 21. paillé 22. rosé

23. rusé 24. sensé 25. sinistré 26. timbré 27. vanillé 28. vitaminé

(B) 1. barbu 2. bossu 3. herbu 4. moussu 5. moustachu 6. poilu

7. pointu 8. têtu 9. touffu 10. ventru

【練習2】

次の場合は，基語の末尾の子音字を重子音字にして -é を付けます.

1. 思いやりのある	〈attention 注意；気づかい〉	_____
2. (ワインが)コルク栓の味がする	〈bouchon 栓〉	_____
3. 半ズボンをはいた	〈culot〉	_____
4. (良い・悪い)意図の	〈intention〉	_____
5. 蜜を入れた；蜜のような	〈miel〉	_____
6. 刻みパセリを加えた	〈persil /pɛr-si/〉	_____

〔解答〕

1. attentionné (on → onn の変化⇨[しくみ10]) 2. bouchonné (on → onn の変化⇨
[しくみ10]) 3. culotté (語末の-ot の重子音字化は稀) 4. intentionné (on → onn の
変化⇨[しくみ10])〔bien intentionné「好意的な」, mal intentionné「悪意のある」の
表現で用いられる〕5. miellé (el → ell の変化⇨[しくみ3], *cf.* mielleux [§9-1.[練習
4]]) 6. persillé /pɛr-si-je/ (il → ill の変化⇨[しくみ46])

【練習3】

その他，基語が変化するものをまとめて見ます.

(A) -é を付ける.

1. 青みを帯びた	〈bleu〉 (bleut...)	_____
2. カカオ入りの	〈cacao〉 (cacaot...)	_____
3. ミルクの，ミルクを含んだ	〈lait〉 (lact...)	_____
4. 学士号を持った	〈licence〉 (licenci...)	_____
5. 奇跡を受けた；奇跡的に助かった	〈miracle〉 (miracul...)	_____
6. 熱心な	〈zèle〉 (zél...)	_____

(B) -u を付ける.

| 1. 髪のふさふさした | 〈cheveu〉 (chevel...) | _____ |
| 2. 鉤(かぎ)形に曲がった | 〈croc /kro/ 鉤〉 (croch...) | _____ |

〔解答〕

(A) 1. bleuté 2. cacaoté 3. lacté (⇨ 下記の[しくみ 49]) 4. licencié

　　5. miraculé (u の挿入⇨[しくみ 42]. *cf.* miraculeux (§9 - 1. [練習 10])

　　6. zélé (è → é の変化⇨[しくみ 4])

(B) 1. chevelu (無強勢母音 e /ə/ への変化⇨[しくみ 18]) 2. crochu

◐ 派生のしくみ 49 ― ai と ac, oi と oc, ui と uc の交替 ◑

　上記(A)2.の l**ai**t → l**ac**té，および既出の f**ai**t → f**ac**tuel(§8-1.[練習 9]), p**ai**x → p**ac**ifique (§8-2.[練習 7])では，ai が ac と交替しています．また，v**oi**x → v**oc**al(§8-1.[練習 10])では oi と oc が，fr**ui**t → fr**uc**tueux(§9-1.[練習 10])では ui と uc が交替しています．これらは，母音(字)の後の i が c と入れ替わる点が共通しています．同様の現象は，-tion を用いる行為名詞の派生 (⇨§6-3.) でも起こっています：-**ai**re ~ -**ac**tion (satisfaire → satisfaction，abstraire → abstraction，*etc.*)，-**ui**re ~ -**uc**tion (introduire → introduction，traduire → traduction， *etc.*).

~~ 〚備考〛 ~~~~~~

(1) 一般に，動詞の過去分詞は形容詞としても用いられます．したがって，-é で終わる形容詞には -er 動詞の過去分詞が形容詞化したものが多く，名詞由来か動詞由来かを断定しがたいケースもあります．下記に動詞由来とみなされている形容詞の例をあげます．関連する動詞と名詞も示してあります．

　　argenté 銀めっきの；銀のような (*cf.* argenter；argent)

　　armé 武装した (*cf.* armer；arme)

　　bronzé 日に焼けた，赤銅色の (*cf.* bronzer；bronze)

　　cadencé 調子をつけた，リズミカルな (*cf.* cadencer；cadence)

　　discipliné 規律正しい (*cf.* discipliner；discipline)

　　doré 金色の (*cf.* dorer；or)

　　épicé 香辛料のきいた (*cf.* épicer；épice)

　　étoilé 星をちりばめた (*cf.* étoiler；étoile)

　　ferré 鉄道の；鉄具のついた (*cf.* ferrer；fer)

　　salé 塩けのある，塩辛い (*cf.* saler；sel)

　　sucré 砂糖入りの (*cf.* sucrer；sucre)

　　taché 染みのついた；斑点のある (*cf.* tacher；tache)

　　vitré ガラスのはまった (*cf.* vitrer；vitre)

(2) 同一の基語から -é, -u の 2 つの形容詞が派生していることがあります．

　　chair 肉

　　　→ carné (食事・食料が)肉からなる；肉色の，肌色の

　　　→ charnu 肉のついた；肉づきのよい

corne　角(つの)；(角のように)固いもの

　→ corné　角質の

　→ cornu　角の生えた

feuille　葉

　→ feuillé　葉形飾りのある

　→ feuillu　葉のこんもり茂った

grain　粒；粒起

　→ grené　粒状の, 顆粒状の

　→ grenu　(表面が)ざらざらした, ぶつぶつのある

(3) 基語と派生語の意味関係がわかりにくくなったものがあります.

baraqué《話》(体格が)がっしりした ← baraque　仮小屋, バラック

lettré　学識[教養]のある ← lettre　手紙；文字；《複数形で》文学

luné (bien [mal] luné「機嫌がいい[悪い]」の表現で用いる) ← lune　月

(4) 基語が現存しないものがあります.

famé (bien [mal] famé「評判のよい[悪い]」の表現で用いる)〔fameux「例の, 話題の；《文》有名な」の関連語〕

velu　毛深い〔velours「ビロード」の関連語〕

(5) -e, -u の形容詞と -eux の形容詞が類義語になっていることがあります.

musclé ≈ musculeux　筋骨たくましい

herbu ≈ herbeux　草の生えた

～～～～～～～～～～～～～～～～～～～～～～～～～～～～～～～～～～～～～

3. -in(e)

　-in(e) は「…に関する；…のような, …に似た」を意味します. 基語は動物や鉱物の名前が多いです.

　　◆ -in, -ine は「小さな…」を表す名詞も作ります (⇨ §3-2.).

【練習1】

　-in を付けて規則的な派生をする語です.

1. 銀のような音色の　　　　　　　　〈argent〉　　　　＿＿＿＿＿＿＿

2. 馬の(ような)　　　　　　　　　　〈cheval〉　　　　＿＿＿＿＿＿＿

3. 子供の, 子供らしい　　　　　　　〈enfant〉　　　　＿＿＿＿＿＿＿

4. 抜け目のない；意地の悪い　　　　〈mal 悪〉　　　　＿＿＿＿＿＿＿

5. オパールのような　　　　　　　　〈opale〉　　　　　＿＿＿＿＿＿＿

6. 豚の；豚に似た　　　　　　　　　〈porc /pɔːr/〉　　＿＿＿＿＿＿＿

7. 蛇(へび)のような；蛇のような模様の　〈serpent〉　　＿＿＿＿＿＿＿

〔解答〕

1. argentin　2. chevalin　3. enfantin　4. malin〔必ずしも悪い意味ではない. 女性形
は maligne. 基語の mal は名詞としても形容詞・副詞としても用いられる〕　5. opalin
6. porcin /pɔr-sɛ̃/　7. serpentin

【練習 2】

変則的な派生をする語です.

1. ワシのくちばしのように曲がった	〈aigle〉 (aquil...)	＿＿＿＿＿＿
2. 牛の(ような)	〈bœuf〉 (bov...)	＿＿＿＿＿＿
3. 犬の(ような)	〈chien〉 (can...)	＿＿＿＿＿＿
4. 都市の	〈cité〉 (citad...)	＿＿＿＿＿＿
5. 結晶の；(水晶のように)透明な	〈cristal〉 (cristall...)	＿＿＿＿＿＿
6. 神の	〈dieu〉 (div...)	＿＿＿＿＿＿
7. 学生の	〈étudiant〉 (estudiant...)	＿＿＿＿＿＿
8. 女の；女らしい	〈femme〉 (fémin...)	＿＿＿＿＿＿
9. ライオンの(ような)	〈lion〉 (léon...)	＿＿＿＿＿＿
10. 男の；男らしい	〈mâle〉 (mascul...)	＿＿＿＿＿＿
11. 海の	〈mer〉 (mar...)	＿＿＿＿＿＿
12. 血液の	〈sang〉 (sangu...)	＿＿＿＿＿＿

〔解答〕

1. aquilin　2. bovin (œ → o の変化 ⇨ [しくみ 37])　3. canin (語頭の ch → c の変化 ⇨
[しくみ 43])　4. citadin　5. cristallin (al → all の特殊変化)　6. divin　7. estudiantin
(語頭の é → es の変化 ⇨ [しくみ 48])〔étudiant を形容詞的に用いることもある：vie
estudiantine = vie étudiante「学生生活」〕　8. féminin　9. léonin　10. masculin
11. marin (e → a の変化 ⇨ [しくみ 7])〔maritime「海に面した；海上の」も mer の関
連語〕　12. sanguin

~~ 〘備考〙 ~~~~~~

(1) -in, -ine の派生語はしばしば名詞としても用いられます. たとえば, serpentin ([練習
1] 7.) *(m)*「(色のついた)紙テープ」, citadin(e) ([練習 2] 4.) *(n)*「都市の住民」, など.

(2) routine「決まり切った型，習慣的な行動」は, route「道」に由来する女性名詞です.

(3) 基語が現存しないものがあります (次の 3 語は「…の人」を意味する名詞としても用い
られます).

　clandestin(e) 非合法の, coquin(e) いたずらな, voisin(e) 隣の

~~~~~~

4. -esque

-esque は，時に軽蔑的ニュアンスを伴って，「…のような，…風の」を意味します．派生語は少数で，その約半分はイタリア語からの借用語をフランス語化したものです．

【練習1】

-esque を付けて規則的な派生をする語です．

1. カーニバルの(ような)　　　　　　　〈carnaval〉　　　　＿＿＿＿＿＿＿＿
2. 道化師の；滑稽(こっけい)な　　　　　〈clown /klun/〉　　＿＿＿＿＿＿＿＿
3. (知識などが)書物から得ただけの　　〈livre〉　　　　　　＿＿＿＿＿＿＿＿
4. 小説的な　　　　　　　　　　　　　〈roman〉　　　　　＿＿＿＿＿＿＿＿
5. 兵隊の，兵隊風の　　　　　　　　　〈soldat〉　　　　　＿＿＿＿＿＿＿＿

〔解答〕

1. carnavalesque　2. clownesque　3. livresque　4. romanesque　5. soldatesque

【練習2】

変則的な派生をする語です．

1. 悪夢のような　　　　　　〈cauchemar〉　(cauchemard...)　＿＿＿＿＿＿＿＿
2. 騎士(道)の　　　　　　　〈chevalier〉　(chevaler...)　　＿＿＿＿＿＿＿＿
3. ドン・ファン風[型]の　　〈don Juan〉　(donjuan...)　　＿＿＿＿＿＿＿＿
4. ガルガンチュアを思わせる　〈Gargantua〉　(gargantu...)　＿＿＿＿＿＿＿＿
5. 巨人のような；巨大な　　〈géant〉　(gigant...)　　　　　＿＿＿＿＿＿＿＿
6. 異様で滑稽(こっけい)な　　〈grotte 洞窟〉　(grot...)　　　＿＿＿＿＿＿＿＿
7. 絵のような　　　　　　　〈peinture〉　(pittor...)　　　　＿＿＿＿＿＿＿＿

〔解答〕

1. cauchemardesque (語幹末への d の付加 ⇨ 後出の[しくみ 57])
2. chevaleresque (強勢母音から無強勢母音 e /ə/ への変化 ⇨ [しくみ 18])
3. donjuanesque　(don Juan の『新綴り』は donjuan)
4. gargantuesque (先行母音の消去 ⇨ [しくみ 8])
5. gigantesque
6. grotesque 〔廃墟となっていたローマの洞窟で発見された幻想的な文様に由来する〕
7. pittoresque

~~ 〚備考〛 ~~~~~~

(1) 派生語がごく少数の，次のような接尾辞もあります．

・接尾辞 -estre, -être は「…の，…に関する」を意味する形容詞を作ります．

　　alpestre　アルプスの；アルプス風の ← Alpes　アルプス

　　champêtre《文》田園の，田舎の ← champ　畑；野原

　　pédestre　徒歩の ← pied　足

　　terrestre　地球の；陸の ← terre　地球；陸

・接尾辞 -ide は「…の状態にある，…の性質を持つ」を意味します．基語名詞は現用語としては存在しません．関連する派生名詞は§13で見ます．

　　humide　湿った，liquide　液状の，lucide　明晰な，splendide　光り輝く；華麗な，stupide　愚かな，timide　内気な，valide　(人が)健康な；(法的に)有効な

・接尾辞 -ile は「…の性質を持つ，…的な」を意味する形容詞を作ります．

　　fébrile　熱のある ← fièvre　(病気による)熱

　　infantile　小児の；子供っぽい ← enfant　子供

　　servile　卑屈な，隷属的な ← serf　(封建時代の)農奴，奴隷

・厳密には派生語ではありませんが，参考までに -este, -urne で終わる次の語もあげておきましょう．

　　céleste　空の，天の ← ciel　空，天

　　diurne　昼の ← jour　昼

　　nocturne　夜の ← nuit　夜

(2) ラテン語の比較級に由来する次のような語には，形容詞接尾辞の -eur (女性形は -eure) が現れます．これらのほとんどは名詞としても用いられます．

　　antérieur(e)　(時間的・空間的に)前の

　　postérieur(e)　(時間的・空間的に)後の，後ろの

　　ultérieur(e)　(時間的に)後の

　　intérieur(e)　中の，内側の

　　extérieur(e)　外の，外側の

　　supérieur(e)　上の；多い；すぐれた

　　inférieur(e)　下の；少ない；劣った

　　majeur(e)　より大きい[多い]；成人に達した〔男性名詞 majeur は「中指」を意味する〕

　　mineur(e)　より小さい[少ない]；未成年の

　　meilleur(e)　よりよい

~~~~~~

§10 「国・都市・地域」などを表す形容詞を作る接尾辞

Japon「日本」→ japonais(e)「日本の」のように，地名(国・都市・地方など)を表す名詞を基語にして形容詞を作ってみましょう．地名を表す形容詞の最初を大文字で書けば国民や住民を表す名詞になります(Japonais(e)「日本人」)．また，「…語」を意味するときは男性名詞で，小文字で書きます(japonais「日本語」)．

こうした派生語を作るのに用いる接尾辞には次のようなものがあります．

> ☆☆☆ -ais(e)（§10-1.）
> ☆☆☆ -ois(e)（§10-2.）
> ☆☆☆ -ien(ne), -éen(ne)（§10-3.）
> ☆☆ -ain(e)（§10-4.）
> ☆ -an(e)（§10-5.）
> ☆ -in(e)（§10-6.）

練習を進める前に，地名の呼称に関するいくつかの事柄について説明しておきましょう．

① (フランスから見た)外国の国名・都市名・地方名で古くから知られているものは，たいていフランス語独特の呼称になっています．

② 近代になって知られるようになった地名のほとんどは，英語と同じか類似した綴り字で，発音はフランス語風になっていますが，一般語の読み方の規則が当てはまらないこともしばしばあります(注意が必要な場合は発音表記を添えてあります)．また，綴り字や発音が一定していない地名もいくつかあります．

③ ラテン語の時代から受け継がれてきた地名のなかには最後にsが付くものがありますが(たとえばOrléans)，このsは場所を表す格変化語尾の名残りで，接尾辞を付けるときには削除します．

④ -ie で終わる地名の多くは，かつて「…の土地」を意味した接尾辞 -ia の付いた語に由来します．英語では一般に現在でも -ia です(たとえば Australie は英語で *Australia*)．

⑤ 国名は政治体制や地理的変化などによって変更されることがあり，練習にでてくる国名には現在のものも旧称も入っています．また稀に現在でも2つの呼称が用いられていることがあります．

⑥ 地名の由来には興味深いものが多々ありますが，このセクションの派生練習に関係する指摘としては，特定の地域の名前が国の通称として一般化していたり(たとえば「オランダ」や「イギリス」)，地方とその地方の主要都市の形容詞が同じだったり，フランスの県の名前とそこを流れる河川(稀にそこにある山岳)の名前が同じことなどがあります．

⑦ 現在のフランスの領土は13の地域圏に区分され，各地域圏はいくつかの県で構成されていますが，現在でも慣用的な呼称として昔の地方名が用いられています．

⑧ 原則的に国名と地方名には定冠詞が付きますが，練習の基語では無冠詞で表示します．ただし定冠詞が都市名の一部になっているものは，そのまま定冠詞付きで示します．

1. -ais(e)

かつては -ais と次の項で見る -ois はどちらも -ois と綴られていました. -ois の半数ほど が -ais に変化しましたが, 近代以降に -ais を付けて作った形容詞もかなりあります.

【練習1】

-ais を用いて, 以下に示す意味の形容詞(男性単数形)を作りましょう. 基語の末尾が同じ ものを(B)から(D)のグループに分けてあります.

(A) 規則的な派生.

 1. バルセロナの   〈Barcelone〉   _____

 2. ベアルヌ(地方)の   〈Béarn /be-arn/〉 _____

 3. スコットランドの   〈Écosse〉   _____

 4. オランダの   〈Hollande〉   _____

 5. マルセイユの   〈Marseille〉   _____

(B) -lande で終わる地名.

 1. フィンランドの   〈Finlande /fɛ̃-lɑ̃:d/〉 _____

 2. アイルランドの   〈Irlande〉   _____

 3. アイスランドの   〈Islande〉   _____

 4. タイの   〈Thaïlande〉   _____

(C) -al で終わる地名.

 1. モントリオールの   〈Montréal /mɔ̃-re-al/〉 _____

 2. ネパールの   〈Népal〉   _____

 3. セネガルの   〈Sénégal〉   _____

(D) -an で終わる地名. (*5.は綴りが2種類ある)

 1. レバノンの   〈Liban〉   _____

 2. ミラノの   〈Milan〉   _____

 3. パキスタンの   〈Pakistan〉   _____

 4. スーダンの   〈Soudan〉   _____

 5. 台湾の   〈Taïwan, Taiwan /ta-i-wan/〉 _____

                    _____

〖解答〗

(A) 1. barcelonais   2. béarnais   3. écossais   4. hollandais〔フランス語でのオラン ダの正式呼称は Pays-Bas. 形容詞として néerlandais も用いられる〕   5. marseillais

(B) 1. finlandais〔「フィンランドの」は finnois とも言う. finnois には「フィン族の」 の意味もある〕   2. irlandais   3. islandais   4. thaïlandais〔「タイ語の, タイ語を話 す」は thaï(e), 「タイ語」は男性名詞で thaï〕

(C) 1. montréalais　2. népalais　3. sénégalais

(D) 1. libanais　2. milanais　3. pakistanais　4. soudanais

　　5. taïwanais / taiwanais

【練習2】

　共通した現象が見られる派生ごとにまとめて示します.

(A) s で終わる地名は s を削除して接尾辞を付ける.

　1. ナントの　　　　　　　　　〈Nantes〉　　　　　＿＿＿＿＿＿

　2. オルレアンの　　　　　　　〈Orléans〉　　　　　＿＿＿＿＿＿

　3. レンヌの　　　　　　　　　〈Rennes〉　　　　　＿＿＿＿＿＿

　4. ヴェルサイユの　　　　　　〈Versailles〉　　　　＿＿＿＿＿＿

(B) 定冠詞が付く地名は定冠詞を削除する.

　1. ハバナの　　　　　　　　　〈La Havane〉　　　＿＿＿＿＿＿

　2. ル・アーヴルの　　　　　　〈Le Havre〉　　　　＿＿＿＿＿＿

(C) 2語で書く地名の派生語はハイフンで結ぶ.

　　ニューヨークの　　　　　　〈New York /n(j)u-jɔrk/〉　＿＿＿＿＿＿

〔解答〕

(A) 1. nantais　2. orléanais　3. rennais　4. versaillais

(B) 1. havanais　2. havrais　　(C) new-yorkais

【練習3】

　-on で終わる地名は, n を 1 つ書くものと 2 つ書くものがあり, 一般に外国の地名は n が 1 つで, フランス国内の地名は n が 2 つになります. また -en も n が 2 つになります.

(A) 《派生のパターン：-on → -onais》

　1. ガボンの　　　　　　　　　〈Gabon〉　　　　　＿＿＿＿＿＿

　2. 日本の　　　　　　　　　　〈Japon〉　　　　　＿＿＿＿＿＿

(B) 《派生のパターン：-on → -onnais》

　1. アヴィニョンの　　　　　　〈Avignon〉　　　　＿＿＿＿＿＿

　2. ディジョンの　　　　　　　〈Dijon〉　　　　　＿＿＿＿＿＿

　3. リヨンの　　　　　　　　　〈Lyon〉　　　　　　＿＿＿＿＿＿

　4. マコンの　　　　　　　　　〈Mâcon〉　　　　　＿＿＿＿＿＿

　5. トゥーロンの　　　　　　　〈Toulon〉　　　　　＿＿＿＿＿＿

(C) 《派生のパターン：-en → -ennais》

　1. カーンの　　　　　　　　　〈Caen /kɑ̃/〉 (caenn...)

　2. ルアンの　　　　　　　　　〈Rouen /rwɑ̃/〉 (rouenn...)　＿＿＿＿＿＿

〔解答〕

(A) 1. gabonais   3. japonais〔形容詞として nippon(e) も用いられる〕

(B) 1. avignonnais   2. dijonnais   3. lyonnais   4. mâconnais   5. toulonnais

(C) 1. caennais /ka-nɛ/   2. rouennais /rwa-nɛ/

【練習4】

　基語が母音で終わる場合は変則的な派生をします.

(A) 基語の末尾の母音を削除する.

　1. アルバニアの　　　　　　　〈Albanie〉　　　　　　　　＿＿＿＿＿＿

　2. アンゴラの　　　　　　　　〈Angola〉　　　　　　　　　＿＿＿＿＿＿

　3. ウガンダの　　　　　　　　〈Ouganda〉　　　　　　　　＿＿＿＿＿＿

(B) 基語の末尾に子音を添加する.

　1. コンゴの　　　　　　　　　〈Congo〉 (...lais)　　　　　＿＿＿＿＿＿

　2. トーゴの　　　　　　　　　〈Togo〉 (...lais)　　　　　　＿＿＿＿＿＿

　3. ジャワの　　　　　　　　　〈Java〉 (...nais)　　　　　　＿＿＿＿＿＿

〔解答〕

(A) 1. albanais   2. angolais   3. ougandais　(先行母音の削除⇨[しくみ8])

(B) 1. congolais   2. togolais   3. javanais　(母音間への子音の挿入⇨[しくみ15])

【練習5】

　変則的な派生をする語です.

(A) 基語の語末部分が脱落あるいは変化する.

　1. イギリスの；イングランドの　〈Angleterre〉 (angl...)　　＿＿＿＿＿＿

　2. (イタリアの)ボローニャの　　〈Bologne〉 (bolon...)　　＿＿＿＿＿＿

　3. ボルドーの　　　　　　　　　〈Bordeaux〉 (bordel...)　＿＿＿＿＿＿

　4. フランスの　　　　　　　　　〈France〉 (franç...)　　　＿＿＿＿＿＿

　5. ポーランドの　　　　　　　　〈Pologne〉 (polon...)　　＿＿＿＿＿＿

　6. ポルトガルの　　　　　　　　〈Portugal〉 (portug...)　＿＿＿＿＿＿

(B) その他：nouvelle- が néo- に変わる.

　　ニュージーランドの　　　　　〈Nouvelle-Zélande〉 (néo-...)　＿＿＿＿＿＿

〔解答〕

(A) 1. anglais   2. bolonais   3. bordelais (eau → el の変化⇨[しくみ16])

　　4. français (c → ç の変化⇨[しくみ24])   5. polonais   6. portugais

(B) néo-zélandais (『新綴り』はハイフンなしで néozélandais)

2. -ois(e)

-ois も場所を表す名詞に付きますが，普通名詞からの派生は village「村」→ villageois「村人」，cour「中庭；宮廷」(古形は *court*) → courtois「礼儀正しい；宮廷風の」くらいで，多くは都市名や地方名が基語になります．

【練習1】

-ois を用いて，以下に示す意味の形容詞を作りましょう．この練習の語のほとんどは規則的な派生をします．(B) と (C) のは多少の注意が必要なものです．

(A) 規則的な派生．

1. アントワープの	〈Anvers /ɑ̃-vɛːr/〉	_____
2. ベルリンの	〈Berlin〉	_____
3. ベルンの	〈Berne〉	_____
4. 中国の	〈Chine〉	_____
5. (古代の)ガリアの	〈Gaule〉	_____
6. リールの	〈Lille /lil/〉	_____
7. ミュンヘンの	〈Munich /my-nik/〉	_____
8. 北京の	〈Pékin /pe-kɛ̃/〉	_____
9. シャムの	〈Siam /sjam/〉	_____
10. ウィーンの	〈Vienne〉	_____
11. ザイールの	〈Zaïre〉	_____
12. チューリヒの	〈Zurich /zy-rik/〉	_____

(B) -bourg で終わる地名 ― -bourgeois になる．

1. シェルブールの	〈Cherbourg〉	_____
2. ハンブルクの	〈Hambourg〉	_____
3. ルクセンブルクの	〈Luxembourg〉	_____
4. ストラスブールの	〈Strasbourg〉	_____

(C) -s で終わる地名 ― -s を削除する．4. は e のアクサンも変わる．

1. ブリュッセルの	〈Bruxelles /bry-sɛl/〉	_____
2. カンヌの	〈Cannes〉	_____
3. (イギリスの)ウェールズの	〈Galles〉	_____
4. (イタリアの)ジェノヴァの	〈Gênes〉 (gé...)	_____
5. ニームの	〈Nîmes〉	_____

〚解答〛

(A) 1. anversois /ɑ̃-vɛr-swa/ 2. berlinois 3. bernois 4. chinois 5. gaulois
6. lillois 7. munichois /my-ni-kwa/ 8. pékinois〔都市名としては Beijing /be-dʒiŋ/ も用いられる」 9. siamois 10. viennois 11. zaïrois 12. zurichois /zy-ri-kwa/

(B) 1. cherbourgeois　2. hambourgeois　3. luxembourgeois

　　4. strasbourgeois (g → ge の変化 ⇨ [しくみ 27])〔bourg は「(古代・中世の)城塞, 城塞都市」を指していた. 英語の *burg, burgh, borough* などと同語源. bourg からの派生名詞 bourgeois「ブルジョワ」はもとは「城塞都市の住民」を指した〕

(C) 1. bruxellois　2. cannois　3. gallois　4. génois　5. nîmois

【練習2】

　基語が母音で終わる場合は変則的な派生をします.

(A) 基語の末尾の母音を削除する (⇨ [しくみ 8]).

　1. ドフィネ(地方)の　　　　　　　〈Dauphiné〉　　　　　_____

　2. ハンガリーの　　　　　　　　　〈Hongrie〉　　　　　_____

(B) 基語の末尾に子音を添加する (⇨ [しくみ 15]).

　1. アルビの　　　　　　　　　　　〈Albi〉 (albige…)　　_____

　2. ヴィシーの　　　　　　　　　　〈Vichy〉 (vichyss…)　_____

(C) 地名の一部が基語になる (次の地名は Aix が基語).

　　エクサン-プロヴァンスの　　　　〈Aix-en-Provence〉 (aix…)　_____

〔解答〕

(A) 1. dauphinois　2. hongrois

(B) 1. albigeois　2. vichyssois

(C) aixois〔ほかに Aix-les-Bains など Aix-(「水」の意)が付く都市の形容詞は同じく aixois になる〕

【練習3】

　変則的な派生をする語です.

(A) e に付くアクサンの有無や変化.

　1. アルジェの　　　　　　　　　　〈Alger /al-ʒe/〉 (algér…)　_____

　2. ジュネーブの　　　　　　　　　〈Genève〉 (genev…)　_____

　3. ケベックの　　　　　　　　　　〈Québec /ke-bɛk/〉 (québéc…)　_____

　4. スエーデンの　　　　　　　　　〈Suède〉 (suéd…)　_____

(B) 基語の後半が脱落あるいは変化.

　1. アミアンの　　　　　　　　　　〈Amiens〉 (amién…)　_____

　2. (ドイツの)バイエルンの　　　　〈Bavière〉 (bavar…)　_____

　3. シャンパーニュ(地方)の　　　　〈Champagne〉 (champen…)　_____

　4. デンマークの　　　　　　　　　〈Danemark /dan-mark/〉 (dan…)　_____

　5. ニースの　　　　　　　　　　　〈Nice〉 (niç…)　_____

(C) その他.

1. ブロワの	〈Blois〉(blés...)	＿＿＿＿＿＿
2. (ベルギーの)ヘント[ガン]の	〈Gand〉(gant...)	＿＿＿＿＿＿
3. ポーの	〈Pau〉(pal...)	＿＿＿＿＿＿
4. ランスの	〈Reims /rɛ̃:s/〉(rém...)	＿＿＿＿＿＿
5. サンテチエンヌの	〈Saint-Étienne〉(stéphan...)	＿＿＿＿＿＿

〖解答〗

(A) 1. algérois 2. genevois /ʒən-vwa/ 3. québécois 4. suédois

(B) 1. amiénois 2. bavarois 3. champenois 4. danois 5. niçois

(C) 1. blésois 2. gantois 3. palois 4. rémois 5. stéphanois

3. -ien(ne), -éen(ne) {異形 -en(ne)}

-ien は，英語の -ian に対応する接尾辞で，多くの地名からの派生形容詞を作ります.
-éen を用いる地名は少数です.

♦ -ien(ne), -éen(ne) は「人」を表す名詞も作ります (⇨ §1-3.).

【練習1】

規則的な派生をする語です.

(A) -ien を付ける.

1. アルザス(地方)の	〈Alsace〉	＿＿＿＿＿＿
2. オーストリアの	〈Autriche〉	＿＿＿＿＿＿
3. ブラジルの	〈Brésil〉	＿＿＿＿＿＿
4. カンボジアの	〈Cambodge〉	＿＿＿＿＿＿
5. ハリウッドの	〈Hollywood /ɔ-li-wud/〉	＿＿＿＿＿＿
6. インドの	〈Inde〉	＿＿＿＿＿＿
7. イラクの	〈Irak /i-rak/〉	＿＿＿＿＿＿
8. イランの	〈Iran〉	＿＿＿＿＿＿
9. クウェートの	〈Koweït /kɔ-wɛjt/〉	＿＿＿＿＿＿
10. パレスチナの	〈Palestine〉	＿＿＿＿＿＿
11. パリの	〈Paris〉	＿＿＿＿＿＿
12. プロイセン[プロシア]の	〈Prusse〉	＿＿＿＿＿＿
13. シチリアの	〈Sicile〉	＿＿＿＿＿＿
14. ウクライナの	〈Ukraine〉	＿＿＿＿＿＿

(B) -éen を付ける.

1. ヨーロッパの	〈Europe〉	＿＿＿＿＿＿
2. グアドループの	〈Guadeloupe〉	＿＿＿＿＿＿

〔解答〕

(A) 1. alsacien 2. autrichien 3. brésilien 4. cambodgien 5. hollywoodien
　　6. indien 7. irakien〔Iraq, iraquien も用いられる〕 8. iranien
　　9. koweïtien (/kɔ-wɛj-tjɛ̃/) 10. palestinien 11. parisien 12. prussien
　　13. sicilien 14. ukrainien

(B) 1. européen 2. guadeloupéen

【練習 2】

　a 以外の母音で終わる地名です．基語の末尾の綴り字で分類してあります．

(A) -ie で終わる地名．

《派生のパターン：-ie → -ien》

1. アルジェリアの	〈Algérie〉	_____
2. アルメニアの	〈Arménie〉	_____
3. オーストラリアの	〈Australie〉	_____
4. ボリビアの	〈Bolivie〉	_____
5. カリフォルニアの	〈Californie〉	_____
6. カナリア諸島の	〈Canaries〉 (*複数の s を削除)	_____
7. コロンビアの	〈Colombie〉	_____
8. エチオピアの	〈Éthiopie〉	_____
9. ユーラシアの	〈Eurasie〉	_____
10. ジョージアの；ジョージア州の	〈Géorgie〉	_____
11. インドネシアの	〈Indonésie〉	_____
12. イタリアの	〈Italie〉	_____
13. ヨルダンの	〈Jordanie〉	_____
14. マレーシアの	〈Malaisie〉	_____
15. オセアニアの	〈Océanie〉	_____
16. ポリネシアの	〈Polynésie〉	_____
17. シベリアの	〈Sibérie〉	_____
18. シリアの	〈Syrie〉	_____
19. チュニジアの	〈Tunisie〉	_____
20. ワルシャワの	〈Varsovie〉	_____

(B) -i, -ï で終わる地名．

《派生のパターン：-i → -ien；-ï → -ïen》

1. チリの	〈Chili〉	_____
2. ハイチの (*派生語の発音にも注意)	〈Haïti /a-i-ti/〉	_____
3. ハワイの	〈Hawaï /a-waj/〉	_____
4. タヒチの (*派生語の発音にも注意)	〈Tahiti /ta-i-ti/〉	_____

(C) -ée(s)で終わる地名.

《派生のパターン：-ée(s) → -éen》

1. ギニアの 〈Guinée〉 ＿＿＿＿＿＿＿
2. 地中海の 〈Méditerranée〉 ＿＿＿＿＿＿＿
3. ピレネーの 〈Pyrénées〉 ＿＿＿＿＿＿＿

(D) -ay で終わる地名.

《派生のパターン：-ay → -ayen》

1. ウルグアイの 〈Paraguay〉 ＿＿＿＿＿＿＿
2. パラグアイの 〈Uruguay〉 ＿＿＿＿＿＿＿

(E) -oie, -oyes で終わる地名.

《派生のパターン：-oie(s) → -oyen》

1. (古代)トロイアの，トロイの 〈Troie /trwa/〉 (troy...) ＿＿＿＿＿＿＿
2. (フランス北部の都市の)トロワの 〈Troyes /trwa/〉 (troy...) ＿＿＿＿＿＿＿

〔解答〕

(A) 1. algérien 2. arménien 3. australien 4. bolivien 5. californien
6. canarien 7. colombien 8. éthiopien 9. eurasien 10. géorgien
11. indonésien 12. italien 13. jordanien 14. malaisien 15. océanien
16. polynésien 17. sibérien 18. syrien 19. tunisien 20. varsovien

(B) 1. chilien 2. haïtien (-tien は /sjɛ̃/ と読む) 3. hawaïen 〔Hawaï は Hawaii とも
綴る〕 4. tahitien (-tien は /sjɛ̃/ と読む)

(C) 1. guinéen 2. méditerranéen 3. pyrénéen

(D) 1. paraguayen 2. uruguayen （基語の末尾の -guay の発音は /gwɛ/ あるいは /gɥɛ/,
派生語の末尾の -guayen の発音は /gw[ɥ]ɛ-jɛ̃/ あるいは /gw[ɥ]a-jɛ̃/）

(E) 1. troyen (ii → y の変化⇨[しくみ 22]) 2. troyen

【練習 3】

-a で終わる地名からの派生は大別して 2 種類あります. 総じて -ien が付きますが, -éen
が付くものもあり((A)2.), 基語の綴りが変わる場合もあります((A)5.).

(A) 基語の末尾の母音を削除する (⇨[しくみ 8]).

1. カナダの 〈Canada〉 ＿＿＿＿＿＿＿
2. ガーナの 〈Ghana /ga-na/〉 (...éen) ＿＿＿＿＿＿＿
3. パナマの 〈Panamá〉 ＿＿＿＿＿＿＿
4. サハラの 〈Sahara〉 ＿＿＿＿＿＿＿
5. ベネズエラの 〈Venezuela /ve-ne-zɥe-la/〉 (vénézuél...) ＿＿＿＿＿＿＿

(B) 基語の末尾に子音を添加する (⇨[しくみ 15]).

ジュラ県の 〈Jura〉 (jurass...) ＿＿＿＿＿＿＿

〔解答〕

(A) 1. canadien　2. ghanéen　3. panaméen〔Panamá はスペイン語の綴り．なお panama は「パナマ帽」を指す〕　4. saharien　5. vénézuélien　(B) jurassien

【練習4】

注意を要する派生です．(C)1. 以外は -ien が付きます．

(A) 派生語の発音に注意．

1. エジプトの　　　　　　〈Égypte /e-ʒipt/〉　　　　　＿＿＿＿＿＿＿＿

2. ラングドック(地方)の　〈Languedoc /lãg-dɔk/〉　　＿＿＿＿＿＿＿＿

(B) 語末の s が t に変わる．派生語の発音に注意．

1. ラオスの　　　　　　　〈Laos /la-ɔs/〉 (laot...)　　＿＿＿＿＿＿＿＿

2. 火星の　　　　　　　　〈Mars /mars/〉 (mart...)　　＿＿＿＿＿＿＿＿

(C) 地名の一部が基語になる (下記の地名では Azur と Ivoire)．

1. コートダジュールの　　〈Côte d'Azur〉 (...éen)　　　＿＿＿＿＿＿＿＿

2. コートジボワールの　　〈Côte d'Ivoire〉　　　　　　＿＿＿＿＿＿＿＿

〔解答〕

(A) 1. égyptien (/-sjɛ̃/)　2. languedocien (c の発音が /k/ から /s/ になる)

(B) 1. laotien (/-sjɛ̃/)　2. martien (/-sjɛ̃/)　(C) 1. azuréen　2. ivoirien

【練習5】

変則的な派生です．

(A) 主として e に付くアクサンの変化．接尾辞はすべて -ien．

1. アルルの　　　　　　〈Arles〉 (arlés...)　　　　　　　　＿＿＿＿＿＿＿＿

2. アテネの　　　　　　〈Athènes〉 (athén...)　　　　　　　＿＿＿＿＿＿＿＿

3. ボヘミアの　　　　　〈Bohême〉 (bohém...)　　　　　　　＿＿＿＿＿＿＿＿

4. イスラエルの　　　　〈Israël〉 (israél...)　　　　　　　　＿＿＿＿＿＿＿＿

5. ノルウェーの　　　　〈Norvège〉 (norvég...)　　　　　　　＿＿＿＿＿＿＿＿

(B) その他のさまざまな変化．2., 3., 7. の接尾辞は-éen，その他は-ien．

1. サウジアラビアの　　〈Arabie saoudite〉 (saoud...)　　　　＿＿＿＿＿＿＿＿

2. 北朝鮮の　　　　　　〈Corée du Nord〉 (nord-cor...)　　　＿＿＿＿＿＿＿＿

3. 韓国の　　　　　　　〈Corée du Sud〉 (sud-cor...)　　　　＿＿＿＿＿＿＿＿

4. エクアドルの　　　　〈Équateur /e-kwa-tœːr/〉 (équator...)　＿＿＿＿＿＿＿＿

5. ロンドンの　　　　　〈Londres〉 (london...)　　　　　　　＿＿＿＿＿＿＿＿

6. ニューカレドニアの　〈Nouvelle-Calédonie〉 (néo-calédon...)　＿＿＿＿＿＿＿＿

7. ニューギニアの　　　〈Nouvelle-Guinée〉 (néo-guin...)　　　＿＿＿＿＿＿＿＿

8. ペルーの 〈Pérou〉 (péruv…) _____

9. ベニス[ベネチア]の 〈Venise〉 (vénit…) _____

10. ベトナムの 〈Việt Nam [Vietnam]〉 (vietnam…) _____

〖解答〗

(A) 1. arlésien (基語の末尾の s を保持) 2. athénien (基語の末尾の s を s を消去)

3. bohémien 4. israélien 5. norvégien

(B) 1. saoudien 2. nord-coréen 3. sud-coréen 4. équatorien (eu → o の変化⇨
[しくみ 37]) 5. londonien〔英語形の *London* から〕 6. néo-calédonien (『新綴り』
はハイフンなしで néocalédonien) 7. néo-guinéen (『新綴り』はハイフンなしで
néoguinéen) 8. péruvien 9. vénitien (/-sjɛ̃/) 10. vietnamien

~~ 〖備考〗 ~~~~~~

(1) 基語が地名以外のものもありますが，例は少数です．

aérien 空気の ← air 空気

crânien 頭蓋の ← crâne 頭蓋

diluvien 大洪水の ← déluge 豪雨；洪水

terrien 土地を所有する；田舎の，田園の ← terre 土地

(2) 基語が「人名」の派生形容詞もあり，それらはしばしば「…の研究者，信奉者」を意味する名詞としても用いられます．今日，この用法はきわめて強い造語力があります．

balzacien バルザックの ← (Honoré de) Balzac

baudelairien ボードレールの ← (Charles) Baudelaire

cartésien デカルトの ← (René) Descartes /de-kart/

godardien ゴダールの ← (Jean-Luc) Godard

herculéen ヘラクレスの(ような) ← Hercule

hugolien ユゴーの ← (Victor) Hugo

napoléonien ナポレオン(家)の ← Napoléon

platonicien プラトン学派の ← Platon

pompidolien ポンピドゥーの ← (Georges) Pompidou

racinien ラシーヌの；ラシーヌ風の ← Racine

(3) 基語が現存しないものもあります．

quotidien *毎日の，日々の*

~~~~~~

4. -ain(e)

　-ain は英語の -*an* に対応する接尾辞です．古いフランス語では次項の 5. で見るような
-an でしたが，ほとんどが -ain に変わりました．

【練習１】

　-ain を付けて規則的な派生をする語です.

1.　モロッコの　　　　　　　　〈Maroc /ma-rɔk/〉　　　_____

2.　ローマの　　　　　　　　　〈Rome〉　　　　　　　_____

3.　トゥールーズの　　　　　　〈Toulouse〉　　　　　_____

〚解答〛

1. marocain　2. romain　3. toulousain

【練習２】

　-que で終わる国名は, -quain または -cain になります.

(A) -quain になる規則的派生.

　　　ジャマイカの　　　　　　　〈Jamaïque〉　　　　_____

(B) -que が -cain になる (qu → c の変化 ⇨ [しくみ 28]).

1.　アフリカの　　　　　　　　〈Afrique〉　　　　　_____

2.　アメリカの　　　　　　　　〈Amérique〉　　　　_____

3.　ドミニカの　　　　　　　　〈Dominique〉　　　_____

4.　メキシコの　　　　　　　　〈Mexique〉　　　　_____

(C) -que が -cain になり, 1.から 3.は語順が, 4.はハイフンの有無が変わる.

1.　北アメリカの　　　　〈Amérique du Nord〉 (nord-...)　　_____

2.　南アメリカの　　　　〈Amérique du Sud〉 (sud-...)　　　_____

3.　ラテンアメリカの　　〈Amérique latine〉 (latino-...)　　_____

4.　中央アフリカの　　　〈Centre-Afrique〉 (centrafri...)　_____

〚解答〛

(A) jamaïquain　(B) 1. africain　2. américain　3. dominicain　4. mexicain

(C) 1. nord-américain　2. sud-américain　3. latino-américain　4. centrafricain

【練習３】

　変則的な派生をする語です.

(A) 基語の末尾部分の e にアクサンが付く (e → é の変化 ⇨ [しくみ 21]).

1.　モンペリエの　　　　　　〈Montpellier〉 (montpelliér...)　　_____

2.　チベットの　　　　　　　〈Tibet〉 (tibét...)　　　　　_____

(B) 基語の語末部分が脱落する.

1.　シャルトルの　　　　　　〈Chartres〉 (chartr...)　　_____

2.　キューバの　　　　　　　〈Cuba〉 (cub...)　　　　_____

3.　プエルトリコの　　　　　〈Porto Rico〉 (portoric...)　_____

(C) 基語の語末部分の脱落と an → ain の変化.

1. ゲルマニアの 〈Germanie〉 (germ...) _____

2. ルーマニアの 〈Roumanie〉 (roum...) _____

(D) その他.

ナポリの 〈Naples〉 (napolit...) _____

〔解答〕

(A) 1. montpelliérain〔Montpellier は一般に「モンペリエ」と表記されるが，フラン
スでは「モンプリエ」/mɔ̃-pə-lje/ と発音することが多い〕　2. tibétain

(B) 1. chartrain　2. cubain　3. portoricain

(C) 1. germain〔Germanie はかつてゲルマン人が居住していた地域〕　2. roumain

(D) napolitain

~~ 〔備考〕 ~~~~~~

(1) -ainは若干の普通名詞にも付きます(下記の最後の派生語は形容詞ではなく男性名詞です).

forain 市(いち)の ← foire 市

humain 人間の，人間的な ← homme 人間

métropolitain 主要都市[首都]の；本国の ← métropole 主要都市，首都；本国

mondain 社交界の ← monde 世界；社交界

républicain 共和国の；共和制の ← république 共和国；共和制

riverain 沿岸の；沿道の ← rivière 川

terrain 土地；地所 ← terre 陸；地面　(*cf.* souterrain 地下の ← sous + terrain)

(2) 形容詞や副詞と関連するものがあります.

prochain この次の ← proche 近い

certain 確かな ← certes 確かに

lointain 遠い ← loin 遠くに

(3) 基語が現存しないものがあります.

contemporain 同時代の；現代の

soudain 突然の

urbain 都市の

vilain 見苦しい；卑しい

(4) -ain(e)は数詞に付いて，「…個のまとまり」を意味する名詞を作ります.「約…個」を意
味する概数は -aine で終わる女性名詞になります.

quatrain 4行詩；4行の詩節 ← quatre 4

huitaine 約8；1週間 ← huit 8

dizaine 約10 ← dix 10

douzaine 約12；1ダース ← douze 12

vingtaine 約20 ← vingt 20
centaine 約100 ← cent 100

~~~~~~

5. -an(e)

-an は -ain の古形で，少数の地名関連語に用いられています．そのほとんどがスペインとイタリアの地名です．普通名詞からの派生は，pays「国；地方」(古くは「村」も指した) → paysan「農民の；農民」くらいです(ただし女性形は paysanne).

【練習】

(A) -an が付く規則的な派生.

1. アンドラの 〈Andorre〉 _____
2. (スペインの) カスティーリャ地方の 〈Castille〉 _____
3. (スペインの) コルドバの 〈Cordoue〉 _____
4. 台湾の 〈Formose〉 _____
5. ペルシャの 〈Perse〉 _____
6. (スペインの) セビリアの 〈Séville〉 _____

(B) 変則的な派生.

1. (スペインの) カタロニアの 〈Catalogne〉 (catal...) _____
2. ナイジェリアの 〈Nigeria /ni-ʒe-rja/〉 (nigéri...) _____
3. (イタリアの) パルマの 〈Parme〉 (parmes...) _____

〚解答〛

(A) 1. andorran 2. castillan 3. cordouan 4. formosan〔Formose は Taï[i]wan (§10-1.[練習1])の別称〕 5. persan 6. sévillan

(B) 1. catalan 2. nigérian 3. parmesan

6. -in(e)

-in の付く地名がいくつかあります.

♦ -in(e)は「小さな…」を表す名詞や(⇨§3-2.)，「…のような，…に似た」を意味する形容詞も作ります(⇨§9-3.).

【練習】

(A) -in が付くほぼ規則的な派生.

1. アルプスの 〈Alpes〉 (alp...) _____
2. ジロンド県の 〈Gironde〉 _____
3. マグレブの 〈Maghreb /ma-gʁeb/〉 (maghréb...) _____

(B) 変則的な派生. (*1., 6., 7.は地方と都市の形容詞が同じ)

1. アンジュー(地方)の；アンジェの 〈Anjou ; Angers〉 (angev...) ＿＿＿＿＿＿

2. ブザンソンの 〈Besançon〉 (bisont...) ＿＿＿＿＿＿

3. ビザンティウム[ビザンティン]の 〈Byzance〉 (byzant...) ＿＿＿＿＿＿

4. フィレンツェの 〈Florence〉 (florent...) ＿＿＿＿＿＿

5. メスの 〈Metz /mɛs/〉 (mess...) ＿＿＿＿＿＿

6. ペリゴール(地方)の；ペリグーの 〈Périgord ; Périgueux〉 (périgourd...)

＿＿＿＿＿＿

7. ポワトゥー(地方)の；ポワチエの 〈Poitou ; Poitiers〉 (poitev...) ＿＿＿＿＿＿

〚解答〛

(A) 1. alpin　2. girondin　3. maghrébin (e → é の変化 ⇨ [しくみ 21]). 『新綴り』は
　　Magreb, magrébin)

(B) 1. angevin　2. bisontin　3. byzantin　4. florentin　5. messin　6. périgourdin
　　7. poitevin

7. その他の，地名に関する形容詞

　名詞と形容詞が(ほぼ)同じ形であったり，形容詞のほうが名詞より短い形だったり，特殊
な接尾辞を付けたりするような場合があります.

【練習1】

　地名を表す名詞の綴りを参考にして，形容詞(男性単数形)を書きましょう.

[1] 地名が形容詞の男性形と同形.

リムーザン(地方)の 〈Limousin〉 ＿＿＿＿＿＿

[2] 地名が形容詞の女性形と同形. その末尾の e を省くと男性形になるが, 2.と 3.と 6.は
男女同形なので e を省かない.

1. アルゼンチンの 〈Argentine〉 ＿＿＿＿＿＿

2. コルシカの 〈Corse〉 ＿＿＿＿＿＿

3. ロレーヌ(地方)の 〈Lorraine〉 ＿＿＿＿＿＿

4. フィリピンの 〈Philippines〉 (*複数の s を削除) ＿＿＿＿＿＿

5. スイスの 〈Suisse〉 ＿＿＿＿＿＿

6. (イタリアの)トスカーナの 〈Toscane〉 ＿＿＿＿＿＿

[3] -ie で終わる地名と形容詞の関係は 3 つのタイプに分かれる.

(A) -ie を e に変えると形容詞になる. 形容詞は男女同形.

1. アラビアの 〈Arabie〉 ＿＿＿＿＿＿

2. ブルガリアの 〈Bulgarie〉 ＿＿＿＿＿＿

3. クロアチアの 〈Croatie /krɔ-a-si/〉 ＿＿＿＿＿＿

4. ロシアの 〈Russie〉 ＿＿＿＿＿＿

5. スカンジナビアの 〈Scandinavie〉 ＿＿＿＿＿＿

6. セルビアの 〈Serbie〉 ＿＿＿＿＿＿

7. スロバキアの 〈Slovaquie〉 ＿＿＿＿＿＿

8. チェコの 〈Tchéquie〉 (*アクサンも変わる) ＿＿＿＿＿＿

(B) -ie を削除すると形容詞男性形になる．女性形はそれに e を加える．

1. モンゴルの(1) (*別形は下記 [5] 6.) 〈Mongolie〉 ＿＿＿＿＿＿

2. ノルマンディー(地方)の 〈Normandie〉 ＿＿＿＿＿＿

3. ピカルディー(地方)の 〈Picardie〉 ＿＿＿＿＿＿

(C) -ie を e に変えると形容詞女性形になるが，男性形とは末尾部分が異なる (カッコ内に
男性形の末尾部分を示してある)．

1. (スペインの)アンダルシアの 〈Andalousie〉 (…ou) ＿＿＿＿＿＿

2. トルコの 〈Turquie〉 (…c) ＿＿＿＿＿＿

[4] 形容詞のほうが地名より短い (カッコ内に男性形の末尾部分を示してある)．

1. アフガニスタンの 〈Afghanistan〉 (…an) ＿＿＿＿＿＿

2. ドイツの 〈Allemagne〉 (…and) ＿＿＿＿＿＿

3. ベルギーの 〈Belgique〉 (…ge) ＿＿＿＿＿＿

4. ブルターニュ(地方)の 〈Bretagne〉 (…on) ＿＿＿＿＿＿

5. ガスコーニュ(地方)の 〈Gascogne〉 (…on) ＿＿＿＿＿＿

6. ギリシャの 〈Grèce〉 (…ec) ＿＿＿＿＿＿

7. ウズベキスタンの 〈Ouzbékistan〉 (…ek) ＿＿＿＿＿＿

[5] 形容詞は接尾辞付き (カッコ内に男性形の末尾部分を示してある)．

1. アジアの 〈Asie〉 (…atique) ＿＿＿＿＿＿

2. オーヴェルニュ(地方)の 〈Auvergne〉 (…at) ＿＿＿＿＿＿

3. ベリー(地方)の 〈Berry〉 (…ichon) ＿＿＿＿＿＿

4. シャモニーの 〈Chamonix〉 (…iard) ＿＿＿＿＿＿

5. スペインの 〈Espagne〉 (…ol) ＿＿＿＿＿＿

6. モンゴルの(2) 〈Mongolie〉 (…ique) ＿＿＿＿＿＿

7. プロヴァンス(地方)の 〈Provence〉 (…çal) ＿＿＿＿＿＿

8. サヴォワ県の 〈Savoie〉 (…oyard) ＿＿＿＿＿＿

9. (古代ギリシャの)スパルタの 〈Sparte〉 (…iate) ＿＿＿＿＿＿

〔解答〕 *参考までに女性形も示します．

[1] limousin(e) 〔Limoges「リモージュ」の形容詞としても用いられる〕

[2] 1. argentin(e) 2. corse 3. lorrain(e) 4. philippin(e) 5. suisse
6. toscan(e)

[3] (A) 1. arabe 2. bulgare 3. croate /krɔ-at/ 4. russe 5. scandinave 6. serbe
   7. slovaque 8. tchèque

  (B) 1. mongol(e) 2. normand(e) 3. picard(e)

  (C) 1. andalou, *andalouse* 2. turc, *turque*

[4] 1. afghan(e) 2. allemand(e) 3. belge 4. breton(ne) 5. gascon(ne)
   6. grec, *grecque* 7. ouzbek (男女同形)

[5] 1. asiatique 2. auvergnat(e) 3. berrichon(ne) 4. chamoniard(e)
   5. espagnol(e) 6. mongolique〔mongol(e)のほうが一般的. mongolique は tache
   mongolique「蒙古斑」など若干の表現で用いられる. なお, mongolien(ne)は「ダウ
   ン症候群の(患者)」を指す〕 7. provençal(e) (c → ç の変化 ⇨ [しくみ 24])
   8. savoyard (oi → oy の変化 ⇨ [しくみ 47]) 9. spartiate /spar-sjat/

【練習 2】

　地名とその形容詞の形がかなり異なることがあります. この練習では, 形容詞(=派生語)
を参考にして地名(=基語)を見つけましょう. 12.と 13.は地方と都市の形容詞が同じです.

1. フォンテヌブロー	＿＿＿＿＿＿	bellifontain(e)
2. ビアリッツ	＿＿＿＿＿＿	biarrot(e)
3. ブルゴーニュ(地方)	＿＿＿＿＿＿	bourguignon(ne)
4. イギリス；グレートブリテン	＿＿＿＿＿＿	britannique
5. フランドル(地方)	＿＿＿＿＿＿	flamand(e)
6. リモージュ	＿＿＿＿＿＿	limougeaud(e)
7. マドリード	＿＿＿＿＿＿	madrilène
8. マダガスカル	＿＿＿＿＿＿	malgache
9. ル・マン (*定冠詞が付く)	＿＿＿＿＿＿	manceau, *mancelle*
10. モナコ	＿＿＿＿＿＿	monégasque
11. モスクワ	＿＿＿＿＿＿	moscovite
12. トゥーレーヌ〔地方〕	＿＿＿＿＿＿	tourangeau, *tourangelle*
13. トゥール〔都市〕	＿＿＿＿＿＿	tourangeau, *tourangelle*

〔解答〕

1. Fontainebleau 2. Biarritz 3. Bourgogne 4. Grande-Bretagne〔britannique は
Royaume-Uni「連合王国」に対応する形容詞としても用いられる〕 5. Flandre
6. Limoges 7. Madrid (発音は /ma-drid/) 8. Madagascar 9. Le Mans
10. Monaco 11. Moscou 12. Touraine 13. Tours

§11　動詞から形容詞を作る接尾辞

動詞から形容詞を作る接尾辞には次のようなものがあります. -able は名詞も基語になります.

> ☆☆☆ -ant(e), -ent(e)　(§11-1.)
> ☆☆ -eur [-euse], -teur [-trice]　(§11-2.)
> ☆☆☆ -able　(§11-3.)

1. -ant(e), -ent(e)

-ant と -ent は「…する(性質を持つ)」を意味する形容詞を作ります.

-ant の形容詞は動詞の現在分詞と同形のものが大半ですが, 現在分詞と綴りが異なるものもあります. -ent は現用フランス語では現在分詞語尾としては用いられません. -ent の形容詞は -ant の形容詞よりも少数です.

-ant, -ent の形容詞の約半数は -ance, -ence の名詞と対応します. したがって, -ance, -ence の派生(⇨第2章§6-4.)で用いた基語動詞の多くがこの節でまた出てきます.

◆ -ant(e), -ent(e)は「人」や「物」を表す名詞も作ります(⇨§4-3., §5-2.).

【練習1】

かっこ内の動詞の語幹に -ant または -ent を付けて, 示された意味の形容詞(男性単数形, 以下の練習も同様)を作りましょう. 基語は -er 動詞です. 数が多いので, 大まかですが, 意味に基づいて2つのグループに分けて示します.

[1] 人や物のさまざまな属性を述べる.

(A) -ant になる.

1. 多量の, 豊富な	〈abonder〉	_____
2. 輝く；輝かしい	〈briller〉	_____
3. 焼けるような	〈brûler〉	_____
4. 一致する, 符号する	〈concorder〉	_____
5. 人を信頼しやすい；信頼している	〈confier〉	_____
6. 粘りけのある；確かな	〈consister〉	_____
7. (仕事などが)ひどく疲れる	〈épuiser〉	_____
8. 息が詰まるような, 息苦しい	〈étouffer〉	_____
9. 現行の	〈exister　存在する〉	_____
10. 滑りやすい	〈glisser〉	_____
11. 知らない；無知な	〈ignorer〉	_____
12. 重要な	〈importer〉	_____
13. 疑い深い, 警戒心の強い	〈(se) méfier〉	_____
14. 軽蔑的な, 見下すような	〈mépriser〉	_____
15. 有料の	〈payer　金を払う〉	_____

16. 執拗な 〈persister 固執する〉 _____

17. (休暇などが)休養になる 〈reposer〉 _____

18. 丈夫な 〈résister 耐える〉 _____

19. 似ている 〈ressembler〉 _____

20. 寛容な 〈tolérer 大目に見る〉 _____

(B) -ent になる.

1. (偶然に)一致する, 合致する 〈coïncider〉 _____

2. 違った 〈différer〉 _____

3. すばらしい, すぐれた 〈exceller〉 _____

4. 影響力を持った 〈influer〉 _____

5. (順序が)前の 〈précéder 先行する〉 _____

[2] 人の気持ちに影響を与えたり, ある種の感情を生じさせる (下記の語はすべて -ant).

1. おもしろい, 楽しい 〈amuser 楽しませる〉 _____

2. 気持ちを和らげる 〈apaiser〉 _____

3. 衝撃的な 〈bouleverser 衝撃を与える〉 _____

4. 人を魅了する 〈captiver〉 _____

5. 魅力的な 〈charmer〉 _____

6. 胸を引き裂くような, 悲痛な 〈déchirer〉 _____

7. 絶望的な 〈désespérer〉 _____

8. 恐ろしい 〈effrayer〉 _____

9. 驚くべき 〈étonner〉 _____

10. 興奮させる 〈exciter〉 _____

11. 邪魔な；困った 〈gêner〉 _____

12. 不安を抱かせる 〈inquiéter〉 _____

13. 興味深い, おもしろい 〈intéresser〉 _____

14. いらいらさせる 〈irriter〉 _____

15. 夢中にさせる 〈passionner〉 _____

16. 唖然(あぜん)とさせる 〈stupéfier〉 _____

17. 感動的な 〈toucher〉 _____

〚解答〛 (下記(A)の*の付いた形容詞に対応する -ance, -ence の名詞は§6-4.で既出)

[1] (A) 1. abondant* 2. brillant 3. brûlant (『新綴り』はアクサンなし)

4. concordant* 5. confiant* 6. consistant* 7. épuisant 8. étouffant

9. existant* (対応する名詞は existence) 10. glissant 11. ignorant* 12. important*

13. méfiant* 14. méprisant 15. payant 16. persistant* 17. reposant

18. résistant* 19. ressemblant* 20. tolérant*

(B) 1. coïncident* 2. différent* 3. excellent* 4. influent*

5. précédent (男性形は§5-2.で名詞として既出)

[2] 1. amusant　2. apaisant　3. bouleversant　4. captivant　5. charmant
　　6. déchirant　7. désespérant*　8. effrayant　9. étonnant　10. excitant
　　11. gênant　12. inquiétant　13. intéressant　14. irritant　15. passionnant
　　16. stupéfiant　17. touchant

【練習2】

　不定詞が-cerで終わる場合はcの綴りに注意が必要です(c→çの変化⇨[しくみ24]).
《派生のパターン：-cer → -çant》

1. いらだたせる	〈agacer〉	＿＿＿＿＿＿＿
2. (医師・弁護士などが)現役の	〈exercer 営む；従事する〉	＿＿＿＿＿＿＿
3. 脅迫的な	〈menacer〉	＿＿＿＿＿＿＿

〖解答〗
1. agaçant　2. exerçant　3. menaçant

【練習3】

　基語が finir 型の -ir 動詞(＝第2群規則動詞)からの派生では-ss-が入ります. 接尾辞は -ant です.
《派生のパターン：-ir → -issant》

1. まぶしい	〈éblouir 目をくらませる〉	＿＿＿＿＿＿＿
2. 終わりかけている	〈finir〉	＿＿＿＿＿＿＿
3. 栄養価の高い	〈nourrir 滋養になる〉	＿＿＿＿＿＿＿
4. 従順な	〈obéir 従う〉	＿＿＿＿＿＿＿
5. 涼しくする	〈rafraîchir〉	＿＿＿＿＿＿＿
6. うっとりするような	〈ravir〉	＿＿＿＿＿＿＿
7. 楽しい	〈réjouir 喜ばせる〉	＿＿＿＿＿＿＿
8. 老け始めた, 初老の	〈vieillir〉	＿＿＿＿＿＿＿

〖解答〗(*の付いた形容詞に対応する -ance の名詞は§6-4.で既出)
1. éblouissant　2. finissant　3. nourrissant　4. obéissant*
5. rafraîchissant (『新綴り』は rafraichir, rafraichissant)　6. ravissant
7. réjouissant*　8. vieillissant

【練習4】

　第2群規則動詞以外の -ir 動詞です. 下記の動詞の nous の活用形の語幹は不定詞の語幹 と同じで, 接尾辞は -ant です.

1. 人を快く迎える　〈accueillir 迎える〉　＿＿＿＿＿＿＿

2. 沸騰している　〈bouillir〉　＿＿＿＿＿＿＿

3. 眠っている　〈dormir〉　＿＿＿＿＿＿＿

4. よく気のつく　〈prévenir (人の欲求などを)察知して満足させる〉　＿＿＿＿＿＿＿

5. 体の具合が悪い　〈souffrir 患う〉　＿＿＿＿＿＿＿

〖解答〗(*の付いた形容詞に対応する -ance の名詞は§6-4.で既出)

1. accueillant　2. bouillant　3. dormant　4. prévenant*　5. souffrant*

【練習5】

不定詞が -re で終わる動詞です. 念のために, nous の活用形の語幹が不定詞の語幹と異なる場合は, 語幹をかっこに入れて示します. 接尾辞は -ant です.

1. 好意的な, 親切な　〈complaire《文》(人の)気に入るようにする〉(complais...)　＿＿＿＿＿＿＿

2. 対応する　〈correspondre〉　＿＿＿＿＿＿＿

3. 信仰している　〈croire〉 (croy...)　＿＿＿＿＿＿＿

4. 依存する　〈dépendre〉　＿＿＿＿＿＿＿

5. 快適な　〈plaire 気に入る〉 (plais...)　＿＿＿＿＿＿＿

6. (景色などが)のどかな　〈rire 笑う〉　＿＿＿＿＿＿＿

7. 満足のゆく　〈satisfaire〉 (satisfais...)　＿＿＿＿＿＿＿

8. ほほ笑みを浮かべた　〈sourire〉　＿＿＿＿＿＿＿

9. 十分な　〈suffire〉 (suffis...)　＿＿＿＿＿＿＿

10. 次の, 後に続く　〈suivre〉　＿＿＿＿＿＿＿

11. 驚くべき　〈surprendre〉 (surpren...)　＿＿＿＿＿＿＿

12. 生きている；元気のいい　〈vivre〉　＿＿＿＿＿＿＿

〖解答〗(*の付いた形容詞に対応する -ance の名詞は§6-4.で既出)

1. complaisant*　2. correspondant*　3. croyant*　4. dépendant*　5. plaisant*
6. riant　7. satisfaisant　8. souriant　9. suffisant*　10. suivant　11. surprenant
12. vivant

【練習6】

不定詞が -oir で終わる動詞です.

(A) -ant になる.

1. 期待はずれの　〈décevoir 失望させる〉　＿＿＿＿＿＿＿

2. 感動的な　〈émouvoir〉　＿＿＿＿＿＿＿

3. 先見の明のある　〈prévoir 予想する〉 (prévoy...)　＿＿＿＿＿＿＿

4. 派手な　〈voir 見える〉 (voy...)　＿＿＿＿＿＿＿

(B) -ent になる.

同等の, 等価の   〈équivaloir〉   _____

〔解答〕(*の付いた形容詞に対応する -ance, -ence の名詞は§6-4.で既出)
(A) 1. décevant 2. émouvant 3. prévoyant* 4. voyant (B) équivalent*

【練習7】

不定詞が -ger, guer, -quer で終わる動詞からの派生に注意しましょう.

[1] 不定詞が -ger で終わる (派生は2種類に分かれる) (⇨ [しくみ27]).

(A)《派生のパターン:-ger → -geant (現在分詞と同形)》

 1. 変わりやすい   〈changer〉   _____

 2. 落胆させる   〈décourager〉   _____

 3. 励ましになる   〈encourager〉   _____

 4. 要求の多い, 気難しい   〈exiger〉   _____

(B)《派生のパターン:-ger → -gent (現在分詞の -geant と異なる)》

 1. 集中する   〈converger〉   _____

 2. 相違した   〈diverger〉   _____

 3. 怠慢な   〈négliger〉   _____

[2] 不定詞が -guer で終わる (すべて -gant になる) (⇨ [しくみ27]).

《派生のパターン:-guer → -gant (現在分詞の -guant と異なる)》

 1. (仕事などが)疲れる   〈fatiguer〉   _____

 2. 陰謀を巡らす   〈intriguer〉   _____

 3. 船上[機上]勤務の   〈naviguer 航行する〉 _____

 4. ジグザグに進む   〈zigzaguer〉   _____

[3] 不定詞が -quer で終わる (派生は2種類に分かれる) (⇨ [しくみ28]).

(A)《派生のパターン:-quer → -quant (現在分詞と同形)》

 1. 不快な, 気に障る   〈choquer〉   _____

 2. 不足している   〈manquer〉   _____

 3. 際立った   〈marquer 目立たせる〉 _____

 4. (味の)辛い, ぴりっとする 〈piquer 刺す〉   _____

 5. 信者としての勤めを実践する 〈pratiquer〉   _____

(B)《派生のパターン:-quer → -cant (現在分詞の -quant と異なる)》

 1. 連絡している, 通じている 〈communiquer〉 _____

 2. 説得力のある   〈convaincre〉   _____

 3. 挑発的な   〈provoquer〉   _____

 4. 息苦しくさせる   〈suffoquer〉   _____

 5. (地位・席・部屋などが)空いている 〈vaquer〉   _____

〖解答〗(*の付いた形容詞に対応する -ance, -ence の名詞は§6-4. で既出)

[1] (A) 1. changeant 2. décourageant 3. encourageant 4. exigeant*

　(B) 1. convergent* 2. divergent* 3. négligent*

[2] 1. fatigant 2. intrigant 3. navigant 4. zigzagant

[3] (A) 1. choquant 2. manquant 3. marquant 4. piquant 5. pratiquant

　(B) 1. communicant 2. convaincant 3. provocant 4. suffocant 5. vacant*

【練習8】

動詞の語幹から作れない変則的な派生のものです.

(A) -ant になる.

　　強い, 強大な　　〈pouvoir …することができる〉(puiss...)　　＿＿＿＿＿＿＿

(B) -ent になる.

　1. 目立つ；明らかな〈apparaître 現れる；明らかになる〉(appar...)　　＿＿＿＿＿＿＿

　2. 透明な　　　　　〈transparaître 透けて見える〉(transpar...)　　＿＿＿＿＿＿＿

〖解答〗(*の付いた形容詞に対応する -ance, -ence の名詞は§6-4. で既出)

(A) puissant*

(B) 1. apparent* 2. transparent* (『新綴り』では -paraître は -paraitre)

~~ 〖備考〗 ~~~~~~

(1) 基語と派生語の意味関係がわかりにくくなったものがあります.

　bruyant 騒がしい ← bruire《文》かすかな音をたてる

　obligeant《文》親切な ← obliger《文》恩恵を施す〔一般的意味は「強いる, 余儀なく
　　させる」〕

　reconnaissant 感謝している ← reconnaître (『新綴り』では reconnaitre) それとわ
　　かる；認める

　violent 乱暴な；激しい ← violer 違反する

(2) 基語の動詞が現存しない -ant, -ent の形容詞が多数ありますが, それらのほとんどは他
　の章で基語として出てくるので, ここでは数語だけあげます.

　-ant

　　appétissant 食欲をそそる, おいしそうな (cf. appétit 食欲)

　　sanglant 血に染まった (cf. sang 血)

　-ent

　　déficient 欠陥[障害]のある

~~~~~~

> ## コラム 8 ― 過去分詞の形容詞用法
>
> 　動詞の過去分詞も形容詞的に用いられます. すなわち, 名詞を直接修飾したり, être などを介して属詞になります. いずれの場合も, 過去分詞は関係する名詞 (あるいは代名詞) と性・数の一致をします.
>
> 　現在分詞由来の形容詞が未完了の事態を表すのに対し, 自動詞の過去分詞は行為の完了 (およびその結果状態) を, 他動詞の過去分詞は受動行為 (およびその結果状態) を表します (なお, 過去分詞が名詞化して人を表す例は [コラム 6] で見ました).
>
> - 自動詞
>
> un arbre *mort* 枯れ木 (*cf.* un malade *mourant* 瀕死の病人)
>
> des pommes *tombées* au sol 地面に落ちたリンゴ (*cf.* à la nuit *tombante* 日暮れ時に)
>
> - 他動詞
>
> Elle est *fatiguée*. 彼女は疲れている (*cf.* Ce travail est *fatigant*. この仕事は骨が折れる)
>
> un air *étonné* 驚いた様子 (*cf.* une nouvelle *étonnante* 驚くべき知らせ)
>
> 　稀に, 他動詞の過去分詞が能動的意味を持つ場合があります.
>
> un homme *décidé* 決断力のある人
>
> 　被修飾語が行為の主体や対象以外の場合もあります.
>
> une place *assise* (乗り物の)座席

2. -eur [-euse] ; -teur [-trice] {異形 -ateur [-atrice]}

　-eur [-euse], -teur [-trice] は名詞を派生する接尾辞としてすでに見ました. これらの接尾辞は「…する(人・物)」を意味する形容詞も作ります. 作り方は, 名詞を作る場合と同じです.

　　♦ -eur [-euse], -teur [-trice] は「人」や「道具・機器」などを表す名詞も作ります (⇨ §4-1., §4-2., §5-1.).

【練習 1】

　示された意味になるように形容詞を補いましょう ([練習 2]も同様です). かっこ内の動詞の不定詞語幹に -eur または -euse を付ければ形容詞になります.

1. 人をまどろませるリズム 　　〈bercer〉 　　　　　un rythme ＿＿＿＿＿＿
2. お世辞, おべっか 　　　　　〈flatter〉 　　　　　une parole ＿＿＿＿＿＿
3. 口やかましい男 　　　　　　〈gronder しかる〉 　un homme ＿＿＿＿＿＿
4. よく嘘(うそ)をつく子供 　　　〈mentir〉 　　　　　un enfant ＿＿＿＿＿＿
5. ばかにしたような目つき 　　〈(se) moquer〉 　　un regard ＿＿＿＿＿＿
6. 有望な将来 　　　　　　　　〈promettre〉 　　　un avenir ＿＿＿＿＿＿
7. 怒りっぽい老人 　　　　　　〈rager〉 　　　　　un vieillard ＿＿＿＿＿＿
8. からかうような口調 　　　　〈railler〉 　　　　　un ton ＿＿＿＿＿＿

9. 夢見がちな少女　　　〈rêver〉　　　　　une petite fille ＿＿＿＿＿＿

10. にこやかな顔　　　　〈rire〉　　　　　　un visage ＿＿＿＿＿＿

11. 物思いにふけった様子　〈songer〉　　　　un air ＿＿＿＿＿＿

12. 勤勉な生徒　　　　　〈travailler〉　　　un élève ＿＿＿＿＿＿

13. から約束　　　　　　〈tromper だます〉　une promesse ＿＿＿＿＿＿

〔解答〕

1. berceur　2. flatteuse　3. grondeur　4. menteur　5. moqueur　6. prometteur

7. rageur　8. railleur　9. rêveuse　10. rieur　11. songeur　12. travailleur

13. trompeuse

【練習2】

　-teur, -trice は，動詞の語幹に付けるのではなく，行為名詞 -tion の語幹に付けるのでした (⇨ [しくみ26]). 下記の練習の動詞から派生する -tion の行為名詞はすべて§6-3. に出てきましたが，念のため，行為名詞の語幹(=派生語の語幹)をかっこに入れて示します.

1. 前兆, 予兆　　　　〈annoncer 知らせる〉(annoncia...) un signe ＿＿＿＿＿＿

2. 賛成票　　　　　　〈approuver〉(approba...)　　　un vote ＿＿＿＿＿＿

3. 保守党　　　　　　〈conserver 保つ〉(conserva...)　un parti ＿＿＿＿＿＿

4. 矯正用レンズ　　　〈corriger〉(correc...)　　　des verres ＿＿＿＿＿＿

5. 破壊力　　　　　　〈détruire〉(destruc...)　　　une force ＿＿＿＿＿＿

6. 同点ゴール　　　　〈égaliser〉(égalisa...)　　　le but ＿＿＿＿＿＿

7. 道路標識　　　　　〈indiquer 指し示す〉(indica...)　un poteau ＿＿＿＿＿＿

8. 解放戦争　　　　　〈libérer〉(libéra...)　　　une guerre ＿＿＿＿＿＿

9. 渡り鳥　　　　　　〈migrer〉(migra...)　　　des oiseaux ＿＿＿＿＿＿

10. 安全ヘルメット　　〈protéger 保護する〉(protec...)　un casque ＿＿＿＿＿＿

11. 挑発的なしぐさ　　〈provoquer〉(provoca...)　un geste ＿＿＿＿＿＿

12. もうかる仕事　　　〈rémunérer〉(rémunéra...)　un travail ＿＿＿＿＿＿

〔解答〕

1. annonciateur　2. approbateur　3. conservateur　4. correcteurs

5. destructrice　6. égalisateur　7. indicateur　8. libératrice　9. migrateurs

10. protecteur　11. provocateur　12. rémunérateur

~~ 〚備考〛 ~~~~~~

　-eur, -teur の形容詞と -if, -ant の形容詞が類義語になっていることがあります.

　approbateur ([練習2] 2.) ≈ approbatif

　correcteur ([練習2] 4.) ≈ correctif

destructeur ([練習 2] 5.) ≈ destructif

indicateur ([練習 2] 7.) ≈ indicatif

migrateur ([練習 2] 9.) ≈ migrant

provocateur ([練習 2] 11.) ≈ provocant

rieur ([練習 1] 10.) ≈ riant

~~~~~~

3. -able {異形 -ible, -uble}

-ableは一般に，動詞を基語にして，「…することのできる，…しやすい」のような「可能」を意味する形容詞を作りますが，「…するのが当然の，…するに値する」といった「評価」を表すこともあります．造語力が強く，多くの新語を生み出しています．

基語の動詞はほとんどが他動詞で，自動詞はごく少数です．また，名詞が基語になることもあります([練習 11]).

異形の -ible を用いる派生はずっと少なく，-uble の語は数語しかありません．

なお，-able(およびその異形)の基語が他動詞の場合は，一般に，qu'on peut ...「人が…することのできる」を意味するので，-able が修飾する語を主体にすれば，qui peut être ...「…されることのできる」という受動の意味になります．

【練習 1】

以下の -er 動詞は，不定詞の語幹に -able を付けて，形容詞を規則的に作り出せます．形容詞は概して「可能」を表します．

1.	受け入れられる	〈accepter〉	_____
2.	比較できる	〈comparer〉	_____
3.	(曲などが)踊ることのできる，踊りやすい	〈danser〉	_____
4.	分解[取り外し]できる	〈démonter〉	_____
5.	長続きのする	〈durer〉	_____
6.	避けられる	〈éviter〉	_____
7.	(家などが)住める，住むのに適した	〈habiter〉	_____
8.	想像できる	〈imaginer〉	_____
9.	使い捨ての	〈jeter 捨てる〉	_____
10.	洗える，洗濯のきく	〈laver〉	_____
11.	扱いやすい	〈manier〉	_____
12.	許せる	〈pardonner〉	_____
13.	(ある方法で)支払いのできる	〈payer〉	_____
14.	着ることのできる；(機器が)携帯用の	〈porter〉	_____
15.	実現[実行]可能な	〈réaliser〉	_____
16.	更新できる	〈renouveler〉	_____

17. 修理できる	〈réparer〉	_____
18. 我慢できる	〈supporter〉	_____
19. 変わりやすい	〈varier〉	_____

〔解答〕

1. acceptable 2. comparable 3. dansable 4. démontable 5. durable
6. évitable 7. habitable 8. imaginable 9. jetable 10. lavable 11. maniable
12. pardonnable 13. payable 14. portable 15. réalisable 16. renouvelable
17. réparable 18. supportable 19. variable

【練習2】

以下の動詞からの派生も規則的で，形容詞は概して「評価」を表します．

1. 嫌悪すべき，忌まわしい	〈abominer〉	_____
2. 感嘆すべき，見事な	〈admirer〉	_____
3. 非難すべき，けしからぬ	〈blâmer〉	_____
4. 嫌な，不快な	〈détester 嫌う〉	_____
5. 議論の余地のある，疑わしい	〈discuter〉	_____
6. うらやましい	〈envier〉	_____
7. 恐ろしい；ひどい	〈épouvanter 恐怖に陥れる〉	_____
8. (高く[ある程度])評価できる	〈estimer〉	_____
9. 名誉ある；かなりの，相当の	〈honorer 名誉となる〉	_____
10. 情けない	〈lamenter 嘆く〉	_____
11. 軽蔑すべき	〈mépriser〉	_____
12. より好ましい	〈préférer〉	_____
13. (危険で)恐ろしい，恐るべき	〈redouter〉	_____
14. 残念な	〈regretter〉	_____
15. 尊敬すべき；かなりの，相当の	〈respecter〉	_____
16. 望ましい	〈souhaiter〉	_____

〔解答〕

1. abominable 2. admirable 3. blâmable 4. détestable 5. discutable 6. enviable
7. épouvantable 8. estimable 9. honorable 10. lamentable 11. méprisable
12. préférable 13. redoutable 14. regrettable 15. respectable 16. souhaitable

【練習3】

不定詞が -cer で終わる動詞です．派生語は -çable になります (⇨[しくみ 24])．

《派生のパターン： -cer → -çable》

1. 消すことのできる 〈effacer〉 _____

2. 影響されやすい 〈influencer〉 _____

3. 発音できる 〈prononcer〉 _____

4. 取り替えのきく 〈remplacer〉 _____

〔解答〕

1. effaçable 2. influençable 3. prononçable 4. remplaçable

【練習4】

不定詞が -ger で終わる動詞です．派生語は -geable になります (⇨[しくみ27])．

《派生のパターン：-ger → -geable》

1. (人が)協調性のある 〈arranger 整える〉 _____

2. 変えることのできる 〈changer〉 _____

3. 食べられる；まずいが何とか食べられる 〈manger〉 _____

4. 無視できる，取るに足りない 〈négliger〉 _____

5. 分割[分配]できる 〈partager〉 _____

〔解答〕

1. arrangeable 2. changeable 3. mangeable 4. négligeable 5. partageable

【練習5】

不定詞が -guer で終わる動詞です．派生の仕方は2種類に分かれます．

(A) -gable になる．

《派生のパターン：-guer → -gable》

1. 灌漑可能な 〈irriguer〉 _____

2 (河川・海が)航行可能な 〈naviguer〉 _____

(B) -guable になる．

《派生のパターン：-guer → -guable》

区別[識別]できる 〈distinguer〉 _____

〔解答〕

(A) (対応する -gation の名詞がある場合は gu が g になる) 1. irrigable (*cf.* irrigation)

2. navigable (*cf.* navigation)

(B) (対応する -gation の名詞がない場合は gu のまま) distinguable (*cf.* distinction)

【練習6】

不定詞が -quer で終わる動詞です．派生の仕方は2種類に分かれます (⇨[しくみ28])．

(A) -cable になる.

《派生のパターン：-quer → -cable》

1. 適用できる；貼り付けられる 〈appliquer〉 _____

2. 伝達可能な 〈communiquer〉 _____

3. 説明できる 〈expliquer〉 _____

4. 実行可能な 〈pratiquer〉 _____

(B) -quable になる.

《派生のパターン：-quer → -quable》

1. 批判の余地のある 〈critiquer〉 _____

2. 注目すべき；傑出した 〈remarquer〉 _____

〔解答〕

(A) (1. から 3. は対応する -cation の名詞がある) 1. applicable (*cf.* application)

  2. communicable (*cf.* communication) 3. explicable (*cf.* explication)

  4. praticable (-cation の名詞はないが，praticien「実際家」に c が現れる)

(B) (対応する -cation の名詞も c を含む関連語もない場合は qu のまま) 1. critiquable

  (*cf.* critique) 2. remarquable (*cf.* remarque)

【練習 7】

-ir 動詞からの -able の派生を見て見ましょう．派生に用いる語幹は nous の活用形の語幹ですから，派生語の後半は-issable になります.

1. 定義可能な；明確にできる 〈définir〉 _____

2. 越えられる；通過できる 〈franchir〉 _____

3. 治る見込みのある，治すことのできる 〈guérir〉 _____

4. (食べ物が)腐敗しやすい；《文》滅ぶべき 〈périr〉 _____

5. 罰すべき，処罰に値する 〈punir〉 _____

6. 感覚でとらえることのできる；理解可能な 〈saisir 把握する〉 _____

〔解答〕

1. définissable 2. franchissable 3. guérissable 4. périssable 5. punissable

6. saisissable

【練習 8】

不規則動詞からの -able の派生です．派生に用いる語幹は，原則どおり，nous の活用形の語幹です．念のために，nous の活用形の語幹が不定詞の語幹と異なる場合は，語幹をかっこに入れて示します.

1. 飲める，(飲んで)まずくない 〈boire〉(buv...) _____
2. きちんとした，礼儀にかなった 〈convenir 適する，ふさわしい〉 _____
3. 信じられる 〈croire〉(croy...) _____
4. 実行可能な 〈faire〉(fais...) _____
5. 憎むべき 〈haïr〉(haïss...) _____
6. (衣服が)着られる 〈mettre〉 _____
7. 容認[承服]できる 〈recevoir〉 _____
8. それとわかる，識別できる 〈reconnaître〉(reconnaiss...) _____
9. 人前に出せる；(服が)着て外出できる 〈sortir 外出する〉 _____
10. (状況などが)耐えられる 〈tenir〉 _____
11. 有効な 〈valoir 価値[効力]がある〉 _____
12. 売ることのできる；売りやすい 〈vendre〉 _____
13. 暮らしやすい；(人が)気さくな 〈vivre〉 _____

〔解答〕

1. buvable 2. convenable 3. croyable 4. faisable 5. haïssable 6. mettable

7. recevable 8. reconnaissable (『新綴り』では reconnaître は reconnaitre)

9. sortable 10. tenable 11. valable 12. vendable 13. vivable

294

【練習9】

-able の変則的な派生です.

1. 引火性の，すぐ燃える 〈enflammer〉(inflamm...) _____
2. 責任のある 〈répondre 保証する〉(respons...) _____
3. 世話好きな 〈servir 奉仕する〉(servi...) _____

〔解答〕

1. inflammable (en → in の変化 ⇨ [しくみ40], *cf.* inflammation「炎症」)

2. responsable 3. serviable

【練習10】

-able の異形の -ible を用いて，示された意味の派生語を作ってください. 変則的なものが多いので注意しましょう.

[1] 語幹は直説法現在 nous の活用形の語幹と同じ (-er 動詞は不定詞の語幹とも同じ).

(A) -er 動詞.

1. 分割できる 〈diviser〉 _____
2. 要求[請求]しうる 〈exiger〉 _____
3. 爆発性の 〈exploser〉 _____

(B) -er 動詞以外.

1. 変えられる, 変換できる 〈convertir〉(convert...) ＿＿＿＿＿＿
2. (文字が)判読できる；(本が)読みやすい 〈lire〉(lis...) ＿＿＿＿＿＿
3. 有害な 〈nuire〉(nuis...) ＿＿＿＿＿＿
4. 翻訳可能な 〈traduire〉(traduis...) ＿＿＿＿＿＿

[2] -ible の語幹は接尾辞 -ion の付いた行為名詞の語幹と同じ. 行為名詞は§6-3.で見ましたが, 念のため, 語幹をかっこに入れて示します.

1. (場所が)近づける；手に入る 〈accéder〉(access...) ＿＿＿＿＿＿
2. 許容できる 〈admettre〉(admiss...) ＿＿＿＿＿＿
3. 理解しやすい, 明解な 〈comprendre〉(compréhens...) ＿＿＿＿＿＿
4. 買収されやすい 〈corrompre〉(corrupt...) ＿＿＿＿＿＿
5. 消化しやすい 〈digérer〉(digest...) ＿＿＿＿＿＿
6. しなやかな；可変性の 〈fléchir 曲げる〉(flex...) ＿＿＿＿＿＿
7. 溶けやすい 〈fondre〉(fus...) ＿＿＿＿＿＿
8. 知覚できる 〈percevoir〉(percept...) ＿＿＿＿＿＿
9. 予想[予測]できる 〈prévoir〉(prévis...) ＿＿＿＿＿＿
10. 縮小[削減]できる 〈réduire〉(réduct...) ＿＿＿＿＿＿
11. 目に見える 〈voir〉(vis...) ＿＿＿＿＿＿

[3] -ible の語幹は変則的.

1. 信用[信頼]できる 〈croire〉(créd...) ＿＿＿＿＿＿
2. 自由に使える 〈disposer〉(dispon...) ＿＿＿＿＿＿
3. 被選挙資格を有する 〈élire 選挙する〉(élig...) ＿＿＿＿＿＿
4. 怒りやすい, 短気な 〈(s')irriter〉(irasc...) ＿＿＿＿＿＿
5. 可能な 〈pouvoir〉(poss...) ＿＿＿＿＿＿
6. 滑稽な 〈rire 笑う〉(ris...) ＿＿＿＿＿＿
7. 感受性の強い 〈sentir 感じる〉(sens...) ＿＿＿＿＿＿

〔解答〕

[1] (A) 1. divisible 2. exigible 3. explosible
　(B) 1. convertible 2. lisible 3. nuisible 4. traduisible

[2] 1. accessible 2. admissible 3. compréhensible 4. corruptible
　5. digestible 6. flexible 7. fusible 8. perceptible 9. prévisible (⇨次ページの
　[しくみ 50]) 10. réductible 11. visible (⇨[しくみ 50])

[3] 1. crédible (⇨[しくみ 50]) 2. disponible 3. éligible 4. irascible
　5. possible 6. risible 7. sensible

● 派生のしくみ 50 ── oi と i, é, u の交替 ●

oi が o と交替する例は既に出てきましたが (⇨ [しくみ 41])，oi が o 以外の母音と交替することもあります．oi と i の交替は上記の [練習 9] の prévoir → prévisible (名詞は prévision (§6-1. [練習 23])，voir → visible (名詞は vision (§6-1. [練習 23]))，および doigt → digital (§1-1. [練習 10])，poil → pileux (§2-1. [練習 10]) に見られます．また，[練習 9] の croire → crédible および loi → légal (§8-1. [練習 8]) では oi と é が交替し，boire からの派生語の buveur (§2-1. [練習 4])，buvard (§5-5. [練習])，buvable (§11-3. [練習 7]) では oi と u が交替しています．

【練習 11】

名詞と関連する -able, -ible の形容詞があります．派生語は「…をもたらす；…の性質を持つ」などを意味します．

[1] (ほぼ) 規則的な派生 (接尾辞は -able).

1. 快適な 〈confort〉 _____
2. (道路が) 自転車専用の 〈cycle〉 _____
3. 悲惨な 〈misère〉 (misér...) _____
4. 分別のある 〈raison〉 (raisonn...) _____
5. もうかる，収益があがる 〈rente 金利収入〉 _____

[2] 基語が -eur で終わる (接尾辞は -able, -ible).

(A) -able になる.

好意的な；好都合な 〈faveur〉 (favor...) _____

(B) -ible になる.

1. 恐ろしい；ひどい 〈horreur〉 (horr...) _____
2. 恐ろしい；ものすごい 〈terreur〉 (terr...) _____

[3] 基語が -té で終わる (接尾辞は -able).

1. …できる；有能な 〈capacité 能力〉 (cap...) _____
2. 思いやりのある；慈善の 〈charité〉 (charit...) _____
3. 公平な 〈équité〉 (équit...) _____
4. 社交的な 〈société 社会；社交界〉 (soci...) _____
5. 本当の；本物の 〈vérité〉 (vérit...) _____

[4] 基語が -tion で終わる (接尾辞は -ible).

1. 聞き取れる 〈audition 聴覚, 聴力〉 (aud...) _____
2. 完全になりうる，改良可能な 〈perfection 完全〉 (perfect...) _____

[5] 変則的派生 (接尾辞は -able, -ible).

(A) -able になる.

1. とても恐ろしい 〈effroi (激しい)恐怖〉 (effoy...) _____

2. 記憶[記念]すべき 〈mémoire〉 (mémor...) ＿＿＿＿＿＿＿

3. 哀れな 〈pitié 哀れみ〉 (pitoy...) ＿＿＿＿＿＿＿

(B) -ible になる.

1. 穏やかな 〈paix 平和；平穏〉 (pais...) ＿＿＿＿＿＿＿

2. 骨の折れる，苦しい 〈peine 苦労〉 (pén...) ＿＿＿＿＿＿＿

〚解答〛

[1] 1. confortable　2. cyclable　3. misérable (è → é の変化⇨[しくみ 4])

　　 4. raisonnable (on → onn の変化⇨[しくみ 10])　5. rentable

[2] (A) favorable (eu → o の変化⇨[しくみ 37])

　　 (B) 1. horrible　2. terrible

[3] 1. capable　2. charitable　3. équitable　4. sociable　5. véritable

[4] 1. audible　2. perfectible

[5] (A) 1. effroyable (oi → oy の変化⇨[しくみ 47])　2. mémorable (oi → o の変化
　　　⇨[しくみ 41])　3. pitoyable

　　 (B) 1. paisible　2. pénible

~~ 〚備考〛 ~~~~~~

(1) 基語と派生語の意味が，推測がつくとしても，直接は結びつかないものがあります．

　　abordable (値段が)手の届く ← aborder (人に)近づいて話しかける

　　adorable とてもかわいい ← adorer 大好きである

　　agréable 気持ちのよい ← agréer (願いなどを)受け入れる；(人の)気に入る

　　aimable 愛想のいい ← aimer 愛する，好む

　　appréciable 相当な ← apprécier 評価する

　　considérable 多大な ← considérer 考慮する

　　ouvrable 就業の ← ouvrer《古》働く

　　probable ありそうな，確からしい ← prouver 証明する

　　semblable 似たような ← sembler …のように思われる，…らしく見える

　　〔semblable の関連語として vraisemblable「本当らしい，ありそうな」がある〕

(2) 対応する基語が現存しないものや，基語と派生語の関係が薄れてしまったものがあります．

　-able

　　coupable 有罪の〔基語は couper「切る」ではなく，「罪」を意味する古語に由来する〕

　　formidable ものすごい〔「恐れる」を意味する古語に由来する〕

　　potable 飲用に適した〔「飲む」を意味する古語に由来する．potion「水薬」も同語源〕

　　stable 安定した〔「立つ」を意味する古語に由来する．station「駅」，statue「彫像」も
　　　同語源〕

vulnérable 傷つきやすい〔基語の vulnérer「精神的に傷つける」は現在ではほとんど
使われない〕

-ible

comestible 食用の〔「食べる」を意味する古語に由来する〕

compatible 両立し得る；互換性のある〔基語は compatir「同情する；《古》相容いれ
る，両立する」だが，古義はほとんど忘れ去られている〕

plausible もっともらしい，納得できる

susceptible …の余地がある；すぐに気を悪くする

-uble

soluble 溶ける〔基語の動詞は現存しないが，接頭辞の付いた résoluble「解決できる」
は動詞 résoudre「解決する」に対応する〕

(3) 否定の接頭辞の in-（あるいは異形の im-, ir-）の付いた形しかないものや，その形を使
うほうが圧倒的に多いものがあります．

in-…-able

indéniable 否定できない，明白な ← dénier 否認する，否定する

indubitable 疑う余地のない ← douter 疑う

inlassable 倦(う)むことのない ← (se) lasser 飽きる

innombrable 数えきれない ← nombrer《古》数える

inoubliable 忘れられない ← oublier 忘れる

intarissable 話の尽きない；涸(か)れることのない ← tarir 話の種が尽きる；涸れる

interminable 際限のない ← (se) terminer 終わる

immanquable /ɛ̃-mɑ̃-kabl/ 必然的な，避けられない ← manquer 逃す，逸する

impeccable 完璧な〔「罪[過ち]を犯す」を意味するラテン語の動詞(現用フランス語で
は pécher)からの派生語〕

implacable 容赦のない〔「和らげる」を意味するラテン語の動詞(現用フランス語では
形と意味が変わり plaire「…の気に入る」になっている)からの派生語〕

irréprochable 非の打ちどころのない ← reprocher 非難する

in-…-ible

incorrigible 矯正できない，度しがたい ← corriger 治す

indescriptible 描写できない，筆舌に尽くしがたい ← décrire 描写する

indicible 言葉に尽くしがたい ← dire 言う

invincible 無敵の ← vaincre 打ち勝つ

irrésistible 抵抗できない ← résister 抵抗する

(4) 次の語は主に名詞として用いられます．

comptable 会計係；会計士 ← compter 数える

contribuable 納税者 ← contribuer 貢献する

§12　形容詞から形容詞を作る接尾辞

　　形容詞から形容詞を作る接尾辞には次のようなものがあります(-ard(e)と-asseは名詞や動詞から形容詞を作るのにも用いられます)．なお，基語の形容詞は女性形も示してあります．表記については「序章7. 構成と表記」を参照してください．

> ☆☆ -ième （§12-1.）
> ☆ -âtre （§12-2.）
> ☆ -et(te), -ichon(ne), -ot((t)e) （§12-3.）
> ☆ -ard(e), -aud(e) （§12-4.）
> ☆ -asse （§12-5.）
> ☆ -issime （§12-6.）

1. -ième

　　基数詞(=基数形容詞)に-ièmeを付けると，序数詞(=序数形容詞)を作ることができます．「1番目」はpremier, premièreですが，21以降のun(e)の付くものはunièmeになります．「5番目」と「9番目」は綴りが少し変わります．基礎文法の必修項目として学んだと思いますが，復習して確かめましょう．

【練習】

　　基数詞から序数詞を作りましょう．変則的な部分はかっこ内に示しました．

1.	2番目の	〈deux〉	＿＿＿＿＿＿＿
2.	3番目の	〈trois〉	＿＿＿＿＿＿＿
3.	4番目の	〈quatre〉	＿＿＿＿＿＿＿
4.	5番目の	〈cinq〉 (cinqu...)	＿＿＿＿＿＿＿
5.	6番目の	〈six〉	＿＿＿＿＿＿＿
6.	7番目の	〈sept〉	＿＿＿＿＿＿＿
7.	8番目の	〈huit〉	＿＿＿＿＿＿＿
8.	9番目の	〈neuf〉 (neuv...)	＿＿＿＿＿＿＿
9.	10番目の	〈dix〉	＿＿＿＿＿＿＿
10.	11番目の	〈onze〉	＿＿＿＿＿＿＿
11.	12番目の	〈douze〉	＿＿＿＿＿＿＿
12.	13番目の	〈treize〉	＿＿＿＿＿＿＿
13.	14番目の	〈quatorze〉	＿＿＿＿＿＿＿
14.	15番目の	〈quinze〉	＿＿＿＿＿＿＿
15.	16番目の	〈seize〉	＿＿＿＿＿＿＿
16.	17番目の	〈dix-sept〉	＿＿＿＿＿＿＿
17.	18番目の	〈dix-huit〉	＿＿＿＿＿＿＿

18. 19番目の	〈dix-neuf〉 (dix-neuv...)	_____
19. 20番目の	〈vingt〉	_____
20. 21番目の	〈vingt et un(e)〉	_____
21. 22番目の	〈vingt-deux〉	_____
22. 30番目の	〈trente〉	_____
23. 40番目の	〈quarante〉	_____
24. 50番目の	〈cinquante〉	_____
25. 60番目の	〈soixante〉	_____
26. 70番目の	〈soixante-dix〉	_____
27. 80番目の	〈quatre-vingts〉 (*末尾のsを消去する)	_____
28. 90番目の	〈quatre-vingt-dix〉	_____
29. 100番目の	〈cent〉	_____
30. 1000番目の	〈mille〉	_____
31. 100万番目の	〈million〉	_____

〖解答〗

1. deuxième 2. troisième 3. quatrième 4. cinquième 5. sixième 6. septième
7. huitième 8. neuvième 9. dixième 10. onzième 11. douzième
12. treizième 13. quatorzième 14. quinzième 15. seizième 16. dix-septième
17. dix-huitième 18. dix-neuvième 19. vingtième 20. vingt et unième (『新綴り』)
では数詞を構成する要素をすべてハイフンで結んで vingt-et-un(e), vingt-et-unième と
綴る) 21. vingt-deuxième 22. trentième 23. quarantième 24. cinquantième
25. soixantième 26. soixante-dixième 27. quatre-vingtième
28. quatre-vingt-dixième 29. centième 30. millième
31. millionième (n は 1 つ：×millionnième)

~~ 〖備考〗 ~~~~~~

(1) -ième の基語が基数詞以外のものもあります.

combientième 何番目の 〔疑問副詞の combien「いくつ, どれだけ」から〕

ixième /ik-sjɛm/ 数えられないくらいの 〔未知数を表す x /iks/ から. xième と書くこ
ともある〕

nième /ɛ-njɛm/ 何度目かの, 何番目かの 〔不定整数を表す n から〕

(2) 男性名詞として用い分数(=「…分の1」)を表します.

le dixième de son salaire 彼(女)の給料の10分の1

l'échelle d'un cent millième (『新綴り』はハイフンで結び un cent-millième) 10万
分の1の縮尺

~~~~~~

2. -âtre

　-âtre は多く「色」を表す語から「…(色)がかった，…に近い性質を持つ」を意味する形容詞を作ります．それらの形容詞にはしばしば軽蔑的なニュアンスが含まれます．

【練習】

　-âtre を用いて，次の意味の形容詞を作りましょう．(B)3.は2つの派生形があります．

(A) (ほぼ)規則的な派生．

1. 青みがかった	〈bleu(e)〉	＿＿＿＿＿＿
2. 褐色がかった	〈brun(e)〉	＿＿＿＿＿＿
3. 灰色がかった	〈gris(e)〉	＿＿＿＿＿＿
4. 黄色っぽい	〈jaune〉	＿＿＿＿＿＿
5. 黒っぽい	〈noir(e)〉	＿＿＿＿＿＿
6. オリーブ色がかった	〈olive〉	＿＿＿＿＿＿
7. くすんだバラ色の	〈rose〉	＿＿＿＿＿＿
8. 赤みを帯びた	〈rouge〉 (rouge…)	＿＿＿＿＿＿

(B) 女性形が基語になる．

1. (美しくは見えるが)味わいのない	〈beau, *belle*〉	＿＿＿＿＿＿
2. 白っぽい	〈blanc, *blanche*〉	＿＿＿＿＿＿
3. 薄甘くてまずい (*派生形は2種類)	〈doux, *douce*〉 (douce…)	＿＿＿＿＿＿
	(douç…)	＿＿＿＿＿＿
4. 赤茶けた	〈roux, *rousse*〉	＿＿＿＿＿＿

(C) 変則的な派生．

1. 陽気な，うかれた	〈fou, *folle* 狂った〉 (fol…)	＿＿＿＿＿＿
2. 緑色がかった	〈vert(e)〉 (verd…)	＿＿＿＿＿＿

〖解答〗

(A) 1. bleuâtre　2. brunâtre　3. grisâtre　4. jaunâtre　5. noirâtre　6. olivâtre
　　7. rosâtre　8. rougeâtre

(B) 1. bellâtre　2. blanchâtre　3. douceâtre / douçâtre (『新綴り』は douçâtre)
　　4. roussâtre

(C) 1. folâtre　2. verdâtre

~~ 〖備考〗 ~~~~~~

　名詞から作られた次のような語もあります．

　opiniâtre　執拗な　← opinion　意見

　saumâtre　塩辛い　← sel　塩

~~~~~~

3. -et(te), -elet(te), -ichon(ne), -ot((t)e) {異形 -iot(te)}

-et, , -ichon, -ot などは, 「少し…な」(時に「かなり…な, …すぎる」)を意味する形容詞を作ります. それらの多くはくだけた話し言葉です. ot の女性形は -ote または -otte になり, 一定しません. 異形の-iot を用いる派生は[備考]に出てきます.

♦ -et, ette ; -ot, -otte は「小さな…」や「道具・場所」などを表す名詞も作ります (⇨§3-1., §3-2., §5-4., §5-5.).

♦ -elet, -elette ; -ichon は「小さな…」を表す名詞も作ります (⇨§3-2.).

【練習】

次の意味の形容詞(男性形)を書きましょう. 原則として基語は形容詞の女性形ですが, 変則的な派生のものもあり, その場合はかっこに入れて示してあります. なお, 2つ(以上)の接尾辞が付く形容詞は, 次ページの[備考]に載せてあります.

(A) 接尾辞は -et.

1. (色が)明るい, 淡い   〈clair(e)〉   _____
2. かわいらしい   〈gentil(le)〉   _____
3. 長めの   〈long(ue)〉   _____
4. ふんわりした   〈mou, *molle*〉   _____
5. こぎれいな   〈propre〉   _____
6. 単純すぎる ; 少し間抜けな   〈simple〉   _____

(B) 接尾辞は -elet.

1. 少し酸っぱい, 酸味がかった   〈aigre〉   _____
2. 丸みのある   〈rond(e)〉   _____

(C) 接尾辞は -ichon.

陽気な   〈fou, *folle* 狂った〉 (fol…)   _____

(D) 接尾辞は -ot.

1. 得意げな ; うぬぼれた   〈fier, *fière*〉 (fiér…)   _____
2. ごく小さい   〈petit(e)〉 (peti…)   _____
3. 古ぼけた   〈vieux, *vieille*〉   _____

〔解答〕 ＊参考までに女性形も示します.

(A) 1. clairet(te)   2. gentillet(te)   3. longuet(te)

   4. mollet(te) 〔「ふくらはぎ」を意味する男性名詞としても用いられる〕

   5. propret(te)   6. simplet(te)

(B) 1. aigrelet(te)   2. rondelet(te)

(C) folichon(ne) 〔古風な語. 女性名詞の folie「狂気」と同じ語幹.

   cf. folâtre (§12-2.[練習])〕

(D) 1. fiérot(e)   2. petiot(e)   3. vieillot(te)

~~ 〚備考〛 ~~~~~~

前記の folichon(ne) と folâtre 以外にも，接尾辞の異なる類義語が 2 つ(以上)用いられていることがあります.

jeunet(te), jeunot(te) ごく若い，年端の行かない (←jeune)

maigrelet(te), maigriot(te), maigrichon(ne) やせっぽちの (←maigre)

pâlot(te), pâlichon(ne) 少し青白い (←pâle)

~~~~~~

4. -ard(e), -aud(e)

-ard, -aud の付く派生語のほどんどは，人の性格・特徴を表す形容詞ですが，名詞としても用いられることがあります. 多くはくだけた話し言葉で，しばしば軽蔑や皮肉のニュアンスを含みます.

♦ -ard は「人」や「物」を表す名詞も作ります (⇨ §1-5., §5-5.).

【練習1】

-ard の付いた次の意味の形容詞を書きましょう. 変則的な派生のものも含まれています. 基語が名詞や動詞のものもあります.

(A) 基語は形容詞だが，名詞としても用いられる語もある (1.と 2.の派生形は 2 種類).

1. よい　　　　　　　　　　　〈bon(ne)〉 (bon...)　　　＿＿＿＿＿＿

　　　　　　　　　　　　　　　　　　　　(bonn...)　　　＿＿＿＿＿＿

2. ばかな, 間抜けな　　　　　〈con(ne) 《話》ばかな〉 (con...)　　＿＿＿＿＿＿

　　　　　　　　　　　　　　　　　　　　(conn...)　　　＿＿＿＿＿＿

3. 少し弱い　　　　　　　　　〈faible〉　　　　　　　　＿＿＿＿＿＿

4. かなり醜い　　　　　　　　〈moche 《話》醜い〉　　　＿＿＿＿＿＿

5. (勉強などが)まったく駄目な　〈nul(le)〉 (null...)　　　＿＿＿＿＿＿

6. ちょっとお高くとまった　　〈snob (*男女同形) 上流気取りの〉　＿＿＿＿＿＿

　　　　　　　　　　　　　　　　　　　　(snobin...)　　＿＿＿＿＿＿

7. 酔っぱらいの　　　　　　　〈soûl(e)〉　　　　　　　　＿＿＿＿＿＿

8. 意地の悪い　　　　　　　　〈vache 《話》意地の悪い〉　＿＿＿＿＿＿

(B) 基語は名詞 (5.の派生形は 2 種類).

1. 運のいい　　　　　　　　　〈chance 運, 幸運〉 (chanç...)　＿＿＿＿＿＿

2. 怠け者の　　　　　　　　　〈flemme 《話》怠惰, 無気力〉　＿＿＿＿＿＿

3. 臆病な, 怖がりの　　　　　〈frousse 《話》恐怖〉　　　＿＿＿＿＿＿

4. すぐにパニックになる　　　〈panique パニック〉　　　＿＿＿＿＿＿

5. のんびりした, 気楽な　　　〈peine 苦労〉 (pein...)　　　＿＿＿＿＿＿

　　　　　　　　　　　　　　　　　　　　(pén...)　　　　＿＿＿＿＿＿

6. 運のいい, ついている　　　〈veine 《話》幸運〉　　　　＿＿＿＿＿＿

(C) 基語は動詞.

1. わめく, がなる 〈brailler《話》わめく〉 ＿＿＿＿＿＿＿

2. わめきたてる, 騒々しい 〈crier 叫ぶ, 大声を出す〉 ＿＿＿＿＿＿＿

3. 機転のきく 〈(se) débrouiller なんとかやってのける〉 ＿＿＿＿＿＿＿

4. 泣き虫の 〈pleurer 泣く〉 ＿＿＿＿＿＿＿

5. はしゃいだ, 陽気な 〈rigoler《話》笑う, 楽しむ〉 ＿＿＿＿＿＿＿

6. 自慢ばかりする 〈(se) vanter 自慢する〉 ＿＿＿＿＿＿＿

〔解答〕

(A) 1. bonard / bonnard　2. conard / connard　3. faiblard　4. mochard

　5. nullard　6. snobinard　7. soûlard (『新綴り』は soul, soulard)　8. vachard

(B) 1. chançard　2. flemmard　3. froussard　4. paniquard

　5. peinard / pénard〔反語的表現〕6. veinard

(C) 1. braillard　2. criard　3. débrouillard　4. pleurard　5. rigolard

　6. vantard

【練習2】

　-aud の付いた次の意味の形容詞を書きましょう (すべて「人」を指す名詞としても用いられます). 変則的な派生のものも含まれています.

1. ずんぐりした 〈court(e) 短い〉 ＿＿＿＿＿＿＿

2. 狡猾な；抜け目のない 〈fin(e)〉 ＿＿＿＿＿＿＿

3. 鈍重な, 愚鈍な 〈lourd(e)〉 ＿＿＿＿＿＿＿

4. 黒髪で褐色の肌の 〈noir(e) 黒い, 黒ずんだ〉 ＿＿＿＿＿＿＿

5. 赤ら顔の 〈rouge〉 (rouge...) ＿＿＿＿＿＿＿

6. 田舎風の, やぼったい 〈rustre〉 (rust...) ＿＿＿＿＿＿＿

7. 下劣な 〈sale 汚い；下品な〉 ＿＿＿＿＿＿＿

〔解答〕

1. courtaud　2. finaud　3. lourdaud　4. noiraud　5. rougeaud　6. rustaud

7. salaud〔男性形のみ. 対応する女性形は salope〕

~~ 〔備考〕 ~~~~~~

　基語が名詞で, 基語との意味関係が薄れた形容詞もあります.

　costaud(e) 頑丈な, たくましい (←côte 肋骨)〔肋骨ががっしりしていることから〕

　penaud(e) (落胆して)茫然とした；(失敗して)しょげている (←peine (精神的)苦痛)

~~~~~~

5. -asse

-asse は軽蔑のニュアンスを伴う形容詞を作ります. 基語が名詞や動詞のこともあり, 多くはくだけた話し言葉です.

♦ -asse は「小さな…」を表す名詞も作ります(⇨§3-2.).

【練習】

-asse の付いた次の意味の形容詞を書きましょう. 変則的な派生のものも含まれています. 3.の基語は動詞, 5.の基語は名詞です.

1. 薄いブロンドの　　　　　　　　　〈blond(e)〉　　　　　　＿＿＿＿＿＿＿
2. 人のよい, ばか正直な　　　　　　〈bon(ne)〉 (bon...)　　＿＿＿＿＿＿＿
3. 吐き気を催させるような　　　　　〈dégueuler 《俗》へどを吐く〉 (dégueul...)

　　　　　　　　　　　　　　　　　　　　　　　　　　　　　　＿＿＿＿＿＿＿
4. まるで味のない；すっかり色あせた〈fade〉　　　　　　　　＿＿＿＿＿＿＿
5. (女が)男のような　　　　　　　　〈homme 男〉　　　　　　＿＿＿＿＿＿＿
6. ぶよぶよした, ぐにゃぐにゃした　〈mou, *molle*〉 (moll...)　＿＿＿＿＿＿＿
7. (飲食物が)なまぬるい　　　　　　〈tiède〉 (tiéd...)　　　　＿＿＿＿＿＿＿

〔解答〕

1. blondasse　2. bonasse　3. dégueulasse　4. fadasse　5. hommasse　6. mollasse
7. tiédasse

6. -issime

-issime は「極めて…」を意味する接尾辞です. 形容詞最上級語尾の -*issimo* を含むイタリア語がフランス語化したものもあります.

【練習】

-issime の付いた次の意味の形容詞を書きましょう.

1. 非常に大きい　　　　　　　　　〈grand(e)〉　　　　　　＿＿＿＿＿＿＿
2. 極めて重要な　　　　　　　　　〈grave〉　　　　　　　＿＿＿＿＿＿＿
3. 極めて稀な　　　　　　　　　　〈rare〉　　　　　　　　＿＿＿＿＿＿＿
4. 大金持ちの　　　　　　　　　　〈riche〉　　　　　　　　＿＿＿＿＿＿＿

〔解答〕

1. grandissime　2. gravissime　3. rarissime　4. richissime

第４章の総合練習

【練習１】

　空欄に当てはまる派生形容詞を書きましょう．同じ形容詞を２度以上使うことがあります．なお，解答は (A), (B), … の後に載せてあります．

(A) 基語の主要な意味は１つ．

1. dent 歯　（形容詞３語）

   (a) une école _____　歯科学校

   (b) une consonne _____　歯音

   (c) une roue _____　歯車

2. doute 疑い　（形容詞２語）

   (a) une hypothèse _____　疑わしい仮説

   (b) un regard _____　いぶかしげな目つき

3. famille 家族　（形容詞２語）

   (a) quitter sa maison _____　実家を去る

   (b) parler d'un ton _____　親しげな口調で話す

   (c) fréquenter son bar _____　なじみのバーに通う

4. intention 意図　（形容詞２語）

   (a) une faute _____　故意の過失

   (b) une critique bien [mal] _____　好意的な [悪意のある] 批評

5. Italie イタリア　（形容詞２語）

   (a) la péninsule _____　イタリア半島

   (b) un mot _____　イタリック体の語

6. Jura ジュラ　（形容詞２語）

   (a) la région _____　ジュラ地方

   (b) un dinosaure _____　ジュラ紀の恐竜

7. miel (蜂)蜜　（形容詞２語）

   (a) une boisson _____　蜂蜜飲料

   (b) des paroles _____　甘ったるい言葉

8. muscle 筋肉　（形容詞３語．(b)は類義語が２つある）

   (a) la force _____　筋力

   (b) les bras _____ / _____　筋肉たくましい腕

9. nombre 数　（形容詞３語）

   (a) un adjectif _____　数形容詞

   (b) des données _____　数値データ

   (c) l'enregistrement _____　デジタル録音

   (d) une famille _____　多子家庭

10. peinture 絵画　(形容詞 2 語)

(a) une œuvre ＿＿＿＿＿＿＿　絵画作品

(b) un paysage ＿＿＿＿＿＿＿　絵のような景色

11. Platon プラトン　(形容詞 2 語)

(a) la philosophie ＿＿＿＿＿＿＿　プラトン哲学

(b) l'amour ＿＿＿＿＿＿＿　プラトニックラブ

12. pluie 雨　(形容詞 2 語)

(a) l'eau ＿＿＿＿＿＿＿　雨水

(b) un temps ＿＿＿＿＿＿＿　雨天

(c) une région ＿＿＿＿＿＿＿　雨の多い地方

13. temps 時　(形容詞 2 語)

(a) le déroulement ＿＿＿＿＿＿＿　時の経過

(b) un emploi ＿＿＿＿＿＿＿　臨時雇い

14. venin 毒　(形容詞 2 語)

(a) un serpent ＿＿＿＿＿＿＿　毒蛇

(b) des champignons ＿＿＿＿＿＿＿　毒きのこ

(c) une langue ＿＿＿＿＿＿＿　毒舌

15. ventre 腹　(形容詞 2 語)

(a) des nageoires ＿＿＿＿＿＿＿　(魚の)腹びれ

(b) un petit homme gros et ＿＿＿＿＿＿＿　太って腹の出た小男

〔解答〕 (A)

1. (a) dentaire　(b) dentale　(c) dentée

2. (a) douteuse　(b) dubitatif

3. (a) familiale　(b) familier　(c) familier

4. (a) intentionnelle　(b) intentionnée

5. (a) italienne　(b) italique

6. (a) jurassienne　(b) jurassique〔ジュラ山脈(の地層)にちなむ〕

7. (a) miellée　(b) mielleuses

8. (a) musculaire　(b) musculeux / musclés

9. (a) numéral　(b) numériques　(c) numérique　(d) nombreuse

10. (a) picturale　(b) pittoresque

11. (a) platonicienne　(b) platonique

12. (a) pluviale　(b) pluvieux　(c) pluvieuse

13. (a) temporel　(b) temporaire

14. (a) venimeux　(b) vénéneux　(c) venimeuse

15. (a) ventrales　(b) ventru

(B) 基語の主要な意味は2つ(以上).

1. accident 事故；偶然の出来事　(形容詞2語)

(a) une voiture ＿＿＿＿＿＿＿＿　事故車

(b) la mort ＿＿＿＿＿＿＿＿　事故死

(c) une rencontre ＿＿＿＿＿＿＿＿　遭遇

2. attention 注意；気づかい　(形容詞2語)

(a) un homme ＿＿＿＿＿＿＿＿　注意深い男

(b) un mari doux et ＿＿＿＿＿＿＿＿　優しく思いやりのある夫

3. chair 肉；(精神に対する)肉体　(形容詞4語)

(a) des lèvres ＿＿＿＿＿＿＿＿　厚ぼったい唇

(b) l'alimentation ＿＿＿＿＿＿＿＿　肉食

(c) les animaux ＿＿＿＿＿＿＿＿　肉食動物

(d) le désir ＿＿＿＿＿＿＿＿　肉欲

4. cœur 心臓；心　(形容詞2語)

(a) l'insuffisance ＿＿＿＿＿＿＿＿　心不全

(b) un accueil ＿＿＿＿＿＿＿＿　歓待

5. côte 肋骨；海岸　(形容詞2語)

(a) des nerfs ＿＿＿＿＿＿＿＿　肋間神経

(b) la pêche ＿＿＿＿＿＿＿＿　沿岸漁業

6. espace 空間；宇宙空間　(形容詞2語)

(a) un living ＿＿＿＿＿＿＿＿　広いリビング

(b) un voyage ＿＿＿＿＿＿＿＿　宇宙旅行

7. fruit 果実；成果　(形容詞3語)

(a) un arbre ＿＿＿＿＿＿＿＿　果樹

(b) un vin ＿＿＿＿＿＿＿＿　フルーティーなワイン

(c) des recherches ＿＿＿＿＿＿＿＿　実り多い研究

8. médecine 医学；《古》薬　(形容詞2語)

(a) un examen ＿＿＿＿＿＿＿＿　健康診断

(b) une plante ＿＿＿＿＿＿＿＿　薬草

9. monde 世界；社交界　(形容詞2語)

(a) une réputation ＿＿＿＿＿＿＿＿　世界的名声

(b) une soirée ＿＿＿＿＿＿＿＿　(上流社会の)社交パーティー

10. mousse 苔(こけ)；泡　(形容詞2語)

(a) une roche ＿＿＿＿＿＿＿＿　苔むした岩

(b) un vin ＿＿＿＿＿＿＿＿　発泡性ワイン, スパークリングワイン

11. opération 作業；手術　(形容詞 2 語)

  (a) une nouvelle usine bientôt ＿＿＿＿＿＿＿＿＿　まもなく操業する新工場

  (b) le bloc ＿＿＿＿＿＿＿＿＿　(病院の)手術棟

12. paix 平和；平穏　(形容詞 2 語)

  (a) la coexistence ＿＿＿＿＿＿＿＿＿　平和共存

  (b) une vie ＿＿＿＿＿＿＿＿＿　平穏な生活

13. passion 情熱；激しい恋心；熱中　(形容詞 3 語)

  (a) un amour ＿＿＿＿＿＿＿＿＿　情熱的な[熱烈な]恋

  (b) un crime ＿＿＿＿＿＿＿＿＿　情痴犯罪

  (c) un roman ＿＿＿＿＿＿＿＿＿　とても面白い[熱中させる]小説

  (d) un lecteur ＿＿＿＿＿＿＿＿＿　熱心な[熱狂的な]読者

〔解答〕(B)

1. (a) accidentée　(b) accidentelle　(c) accidentelle

2. (a) attentif　(b) attentionné

3. (a) charnues　(b) carnée　(c) carnassiers　(d) charnel

4. (a) cardiaque　(b) cordial

5. (a) costaux　(b) côtière

6. (a) spacieux　(b) spatial

7. (a) fruitier　(b) fruité　(c) fructueuses

8. (a) médical　(b) médicinale

9. (a) mondiale　(b) mondaine

10. (a) moussue　(b) mousseux

11. (a) opérationnelle　(b) opératoire

12. (a) pacifique　(b) paisible (pacifiste「平和主義の；平和主義者」は§1-1.[練習 8]
で既出)

13. (a) passionné　(b) passionnel　(c) passionnant　(d) passionné

(C)　基語と派生語の意味関係がわかりにくい場合がある.

1. catégorie 部類, 範疇　(形容詞 2 語)

  (a) un syndicat ＿＿＿＿＿＿＿＿ dans une entreprise
    企業における部門[職種]別の組合

  (b) un refus ＿＿＿＿＿＿＿＿　きっぱりした拒絶

2. empire 帝国, 帝政　(形容詞 2 語)

  (a) la famille ＿＿＿＿＿＿＿＿　皇室

  (b) une attitude ＿＿＿＿＿＿＿＿　高圧的な態度

  (c) un désir ＿＿＿＿＿＿＿＿　抗しがたい欲望

3. genre 種類 （形容詞 3 語）

(a) un terme ＿＿＿＿＿＿＿＿ （種類全体を指す）総称語

(b) la culture ＿＿＿＿＿＿＿＿ 一般教養

(c) faire un cadeau ＿＿＿＿＿＿＿＿ 気前のよい贈り物をする

4. loi 法 （形容詞 2 語）

(a) des formalités ＿＿＿＿＿＿＿＿ 法的手続き

(b) un homme franc et ＿＿＿＿＿＿＿＿ 率直で誠実な男

5. lune 月 （形容詞 3 語）

(a) un module ＿＿＿＿＿＿＿＿ 月着陸船

(b) le calendrier ＿＿＿＿＿＿＿＿ （太)陰暦

(c) une humeur ＿＿＿＿＿＿＿＿ 気まぐれな性格

(d) être mal ＿＿＿＿＿＿＿＿ 機嫌が悪い

6. Mars （ローマ神話の)マルス〔軍神〕; 火星 （形容詞 2 語）

(a) la cour ＿＿＿＿＿＿＿＿ 軍法会議

(b) les arts ＿＿＿＿＿＿＿＿ 武道

(c) l'exploration ＿＿＿＿＿＿＿＿ 火星探検

7. office 公的機関 （形容詞 2 語）

(a) une visite ＿＿＿＿＿＿＿＿ 公式訪問

(b) une information ＿＿＿＿＿＿＿＿ 非公式情報

8. ombrage （日陰を作る)木の茂み; 木陰 （形容詞 2 語）

(a) un banc ＿＿＿＿＿＿＿＿ 木陰のベンチ

(b) un caractère ＿＿＿＿＿＿＿＿ 怒りっぽい性格

9. ordre 順序; 秩序 （形容詞 2 語）

(a) un nombre ＿＿＿＿＿＿＿＿ 序数

(b) un jour ＿＿＿＿＿＿＿＿ 平日

(c) de l'essence ＿＿＿＿＿＿＿＿ レギュラーガソリン

10. origine 起源; 出身 （形容詞 3 語）

(a) le sens ＿＿＿＿＿＿＿＿ d'un mot 語の本来の意味

(b) un film en version ＿＿＿＿＿＿＿＿ 原語版の映画

(c) un chanteur ＿＿＿＿＿＿＿＿ du Midi 南仏出身の歌手

(d) une idée ＿＿＿＿＿＿＿＿ ユニークな考え

11. part 部分 （形容詞 2 語）

(a) travailler à temps ＿＿＿＿＿＿＿＿ パートタイムで働く

(b) un arbitrage ＿＿＿＿＿＿＿＿ 不公平な判定

12. peine 苦労; 刑罰 （形容詞 2 語）

(a) un travail ＿＿＿＿＿＿＿＿ つらい仕事

(b) le code ＿＿＿＿＿＿＿＿ 刑法典

13. vertu　徳　(形容詞 2 語)

　(a) un homme ＿＿＿＿＿＿＿　有徳の士

　(b) la faculté ＿＿＿＿＿＿＿　潜在的な能力

　(c) la réalité ＿＿＿＿＿＿＿　バーチャルリアリティー

〔解答〕(C)

1. (a) catégoriel　(b) catégorique

2. (a) impériale　(b) impérieuse　(c) impérieux

3. (a) générique　(b) générale　(c) généreux

4. (a) légales　(b) loyal

5. (a) lunaire　(b) lunaire　(c) lunatique　(d) luné(e)

6. (a) martiale　(b) martiaux　(c) martienne

7. (a) officielle　(b) officieuse

8. (a) ombragé　(b) ombrageux

9. (a) ordinal　(b) ordinaire　(c) ordinaire

10. (a) originel　(b) originale　(c) originaire　(d) originale

11. (a) partiel　(b) partial

12. (a) pénible　(b) pénal

13. (a) vertueux　(b) virtuelle　(c) virtuelle

311

【練習 2】

　空欄に当てはまる派生形容詞を書きましょう. 2 つ可能な場合もあります. 関連する動詞 (および名詞) を載せてあります.

1. admirer　感嘆する / admiration　感嘆　(形容詞 2 語)

　(a) un regard ＿＿＿＿＿＿＿　感嘆のまなざし

　(b) une œuvre ＿＿＿＿＿＿＿　見事な作品

2. changer　変える；変わる　(形容詞 2 語)

　(a) Cette décision n'est plus ＿＿＿＿＿＿＿.
　　　この決定はもう変えられない.

　(b) Il est ＿＿＿＿＿＿＿ dans ses opinions.
　　　彼は意見がよく変わる.

3. (se) communiquer　伝える；伝わる / communication　伝達　(形容詞 3 語)

　(a) un sentiment peu ＿＿＿＿＿＿＿　人に伝えがたい感情

　(b) La bonne humeur est ＿＿＿＿＿＿＿.　上機嫌は人に伝わる.

　(c) un jeune homme ＿＿＿＿＿＿＿ et sociable　話し好きで社交的な若者

　(d) deux chambres ＿＿＿＿＿＿＿　つながっている 2 つの部屋

第 4 章　形容詞を作る

4. comprendre 理解する / compréhension 理解　(形容詞2語)

(a) les explications ＿＿＿＿＿＿＿　わかりやすい説明

(b) les parents ＿＿＿＿＿＿＿　物わかりのいい両親

5. croire 信じる / crédit 《文》信用, 信頼　(形容詞3語)

(a) Il n'est plus ＿＿＿＿＿＿＿.　彼はもう信仰していない.

(b) C'est à peine ＿＿＿＿＿＿＿.　それはちょっと信じられない.

(c) un partenaire commercial peu ＿＿＿＿＿＿＿

　　信頼のおけない商売相手

6. envier うらやむ / envie 羨望(せんぼう)　(形容詞2語)

(a) une situation ＿＿＿＿＿＿＿　うらやましい境遇

(b) un regard ＿＿＿＿＿＿＿　羨望のまなざし

7. expliquer 説明する / explication 説明　(形容詞2語)

(a) la notice ＿＿＿＿＿＿＿　(器具などの)使用説明書

(b) une raison difficilement ＿＿＿＿＿＿＿　説明しがたい理由

8. honorer 栄誉をたたえる / honneur 名誉, 栄誉　(形容詞3語)

(a) une famille ＿＿＿＿＿＿＿　名家

(b) un professeur ＿＿＿＿＿＿＿　名誉教授

(c) à titre ＿＿＿＿＿＿＿　名義上の

(d) avoir une fortune ＿＿＿＿＿＿＿　かなりの財産を持っている

9. imaginer 想像する / imagination 想像　(形容詞3語)

(a) un animal ＿＿＿＿＿＿＿　想像上の動物

(b) un artiste ＿＿＿＿＿＿＿　想像力豊かな芸術家

(c) tous les moyens ＿＿＿＿＿＿＿　考えうるあらゆる手段

10. mentir 嘘(うそ)をつく / mensonge 嘘　(形容詞2語)

(a) une publicité ＿＿＿＿＿＿＿　虚偽の広告, 誇大広告

(b) un enfant ＿＿＿＿＿＿＿　よく嘘をつく子供

11. mépriser 軽蔑する　(形容詞2語)

(a) un sourire ＿＿＿＿＿＿＿　さげすむような笑み

(b) un individu ＿＿＿＿＿＿＿　軽蔑すべき男

12. négliger おろそかにする　(形容詞2語)

(a) un employé ＿＿＿＿＿＿＿　怠慢な社員

(b) une différence ＿＿＿＿＿＿＿　無視しうる差異

13. passer 通る / passage 通過　(形容詞3語)

(a) une averse ＿＿＿＿＿＿＿　通り雨

(b) une rue ＿＿＿＿＿＿＿ / 《話》＿＿＿＿＿＿＿　人通りの多い道

(c) avoir la mention ＿＿＿＿＿＿＿ à un examen　試験で「可」をとる

14. pouvoir できる, 可能である / puissance 力；勢力　(形容詞2語)

  (a) faire tout ce qui est ＿＿＿＿＿＿＿＿　できる限りのことをする

  (b) un personnage ＿＿＿＿＿＿＿＿　有力者

15. pratiquer 実践[実施]する　(形容詞2語)

  (a) un catholique ＿＿＿＿＿＿＿＿　教えを実践しているカトリック教徒

  (b) un projet ＿＿＿＿＿＿＿＿　実施可能な計画

16. reconnaître それとわかる　(形容詞2語)

  (a) une maison ＿＿＿＿＿＿＿＿ au toit rouge　赤い屋根で見わけのつく家

  (b) avoir un cœur ＿＿＿＿＿＿＿＿　感謝の気持ちを抱く

17. respecter 尊敬[尊重]する / respect 尊敬；尊重　(形容詞3語)

  (a) un comportement ＿＿＿＿＿＿＿＿ envers son maître　師を敬う振る舞い

  (b) un personnage ＿＿＿＿＿＿＿＿　尊敬に値する人物

  (c) un salutation ＿＿＿＿＿＿＿＿　丁重な挨拶

  (d) les opinions ＿＿＿＿＿＿＿＿ des membres　会員各自の意見

18. rire 笑う　(形容詞3語)

  (a) un enfant ＿＿＿＿＿＿＿＿ /《古風》＿＿＿＿＿＿＿＿　朗らかな子供

  (b) un orgueil ＿＿＿＿＿＿＿＿　滑稽な思い上がり

  (c) une campagne ＿＿＿＿＿＿＿＿　のどかな田園

19. satisfaire 満足させる　(形容詞2語)

  (a) un résultat ＿＿＿＿＿＿＿＿　満足のゆく結果

  (b) être ＿＿＿＿＿＿＿＿ de sa vie actuelle　今の生活に満足している

20. sentir 感じる / sens 感覚；《古風》分別；《文》官能　(形容詞3語)

  (a) un son non ＿＿＿＿＿＿＿＿ à l'oreille humaine

      人間の耳には聞こえない音

  (b) un enfant très ＿＿＿＿＿＿＿＿　感受性の強い子

  (c) un homme ＿＿＿＿＿＿＿＿　分別のある人

  (d) une actrice ＿＿＿＿＿＿＿＿　官能的な女優

21. vivre 生きる；暮らす　(形容詞2語)

  (a) les êtres ＿＿＿＿＿＿＿＿　生物

  (b) un quartier ＿＿＿＿＿＿＿＿　暮らしやすい地区

  (c) un enfant ＿＿＿＿＿＿＿＿　元気のいい子供

22. voir 見える / vision 視覚　(形容詞3語)

  (a) une étoile ＿＿＿＿＿＿＿＿ à l'œil nu　肉眼で見える星

  (b) des troubles ＿＿＿＿＿＿＿＿　視覚障害

  (c) une cravate ＿＿＿＿＿＿＿＿　派手なネクタイ

〔解答〕

1. (a) admiratif　(b) admirable

2. (a) changeable　(b) changeant

3. (a) communicable　(b) communicative　(c) communicatif　(d) communicantes

4. (a) compréhensibles　(b) compréhensifs

5. (a) croyant　(b) croyable　(c) crédible

6. (a) enviable　(b) envieux

7. (a) explicative　(b) explicable

8. (a) honorable　(b) honoraire　(c) honorifique　(d) honorable

9. (a) imaginaire　(b) imaginatif　(c) imaginables

10. (a) mensongère　(b) menteur

11. (a) méprisant　(b) méprisable

12. (a) négligent　(b) négligeable

13. (a) passagère　(b) passante /《話》passagère　(c) passable

14. (a) possible　(b) puissant

15. (a) pratiquant　(b) praticable

16. (a) reconnaissable　(b) reconnaissant (『新綴り』では reconnaître は reconnaitre)

17. (a) respectueux　(b) respectable　(c) respectueux　(d) respectives

18. (a) rieur /《古風》riant　(b) risible　(c) riante

19. (a) satisfaisant　(b) satisfait(e)

20. (a) sensible　(b) sensible　(c) sensé　(d) sensuelle

21. (a) vivants　(b) vivable　(c) vivant

22. (a) visible　(b) visuels　(c) voyante

【練習 3】

　下線部の意味を表す形容詞を, 性・数を一致させて空欄に書き入れましょう.

(A) 用いる接尾辞は -al, -el, -ique, -aire, -ier, if, -oire またはそれらの異形.

1. C'est une affaire qui fait des bénéfices (≈ ＿＿＿＿＿＿).
　それは利益を生む取引だ.

2　C'est une revue qui paraît tous les mois (≈ ＿＿＿＿＿＿).
　これは毎月刊行される雑誌です.

3. Ce roman mérite une adaptation au cinéma (≈ ＿＿＿＿＿＿).
　この小説は映画化に値する.

4. Elle exerce un métier qui se fait avec la main (≈ ＿＿＿＿＿＿).
　彼女は手を使ってする仕事についている.

5. Est-il possible de concilier des opinions qui se contredisent (≈ ＿＿＿＿＿＿)?
　相反する意見を両立させることは可能だろうか?

6. Honoré de Balzac est un écrivain qui a beaucoup produit (≈ _____).
   オノレ・ド・バルザックは多くの作品を生み出した作家だ.

7. Il a été impliqué dans un complot de crime (≈ _____).
   彼は犯行計画に巻き込まれた.

8. Il consulte la carte des routes (≈ _____) en conduisant.
   彼は運転しながら道路地図を見る.

9. Il y aura une réunion pour la préparation (≈ _____) au symposium.
   シンポジウムの準備のための会議がある.

10. Ils étaient unis par une affection de frère (≈ _____).
    彼らは兄弟のような愛情で結ばれていた.

11. J'ai demandé un prêt à la banque (≈ _____).
    彼は銀行に融資を頼んだ.

12. J'aime les fleurs de printemps (≈ _____) aussi bien que les fleurs d'automne (≈ _____).
    私は春の花も秋の花も好きだ.

13. Jeanne, leur nièce, est devenue leur fille par adoption (≈ _____).
    彼らの姪(めい)のジャンヌは彼らの養女になった.

14. La cuisine est un fait de société (≈ _____) et de culture (≈ _____).
    料理は社会的かつ文化的な事柄だ.

15. Le lait de la mère (≈ _____) est le meilleur pour les bébés.
    母乳は赤ん坊に最良だ.

16. Les membres des partis qui soutiennent le gouvernement (≈ _____) ne sont pas tous pour ce projet de loi.
    与党(=政府を支持している政党)のメンバー全員がこの法案に賛成しているわけではない.

17. Les progrès de la technologie (≈ _____) sont rapides.
    科学技術の進歩は急速だ.

18. Les randonneurs marchaient dans le brouillard du matin (≈ _____).
    ハイカーたちは朝霧の中を歩いていた.

19. Nous allons participer à des épreuves de sport (≈ _____).
    私たちはスポーツ競技に参加する.

20. Quels sont les causes du dérèglement du climat (≈ _____)?
    気候変調の原因は何だろうか？

21. Rien ne pousse dans cette région qui ressemble à un désert (≈ _____).
    この砂漠のような地域には何も生育しない.

22. Tu dois poursuivre des études à l'université (≈ _____).
    君は大学での勉学を続けるべきだ.

(B) 用いる接尾辞は -eux, -é, -u, -in, -esque, -ien またはそれらの異形.

1. C'est un évènement qui provoque un scandale (≈ _____).
   これは顰蹙を買う[スキャンダラスな]出来事だ.

2. C'est un homme politique qui a de l'ambition (≈ _____).
   あれは野心のある[野心的な]政治家だ.

3. C'est une boucherie qui vend du cheval (≈ _____).
   あれは馬肉を売っている肉屋だ.

4. Ce n'est qu'un savoir qui vient des livres (≈ _____).
   それは書物から得た知識にすぎない.

5. Emmanuelle aimerait épouser un jeune homme qui possède de la fortune
   (≈ _____).
   エマニュエルは金持ちの青年と結婚することを夢見ている.

6. Il faisait un temps d'orage (≈ _____).
   雷雨になりそうな天気だった.

7. J'ai mangé un plat qui avait de la saveur (≈ _____).
   私は風味のある料理を食べた.

8. J'ai rencontré un vieillard qui portait la barbe (≈ _____).
   私はひげを生やした老人に出会った.

9. Le vieil homme fait sa promenade de tous les jours (≈ _____).
   老人は日課の散歩をしている. (*下線部に基語は含まれていない)

10. Nous apportons notre soutien à la région qui a subi le sinistre (≈ _____).
    私たちは災害に見舞われた地方を支援している.

11. Nous avons le même groupe de sang (≈ _____).
    私たちは血液型が同じだ.

(C) 用いる接尾辞は -ant, -ent, -eur, -able, -ible またはそれらの異形.

1. Ce jeune homme adopte souvent une attitude qui provoque (≈ _____).
   その若者はしばしば挑発的な態度をとる.

2. C'est un homme qui exige beaucoup (≈ _____).
   あれは要求の多い男だ.

3. C'est un travail qui fatigue (≈ _____).
   これは疲れる仕事だ.

4. C'est une costume qu'on peut laver (≈ _____).
   これは洗えるスーツです.

5. C'était un spectacle plein d'horreur (≈ _____).
   それは恐怖に満ちた[恐ろしい]光景だった.

6. Ces jumeaux ne se ressemblent pas beaucoup (≈ne sont pas très _____).
   あの双子はあまり似ていない.

7. Elle avait les yeux qui brillaient (≈ _____).
   彼女はきらきら光る目をしていた.

8. Elle paraît songer à quelque chose (≈ _____).
   彼女は物思いにふけっている様子だ.

9. Évitez les aliments qui nuisent (≈ _____) à la santé.
   健康によくない食品を避けなさい.

10. Il a des manières qui déplaisent (≈ _____).
    彼は不快な態度をとる.

11. Il fait chaud, mais c'est une chaleur qu'on peut supporter (≈ _____).
    暑いけれど, 我慢できる暑さだ.

12. Il m'a parlé sur un ton qui menaçait (≈ _____).
    彼は私に脅迫的な口調で話した.

13. J'ai vécu un évènement que je ne pourrai pas oublier (≈ _____).
    私は忘れられない出来事を体験した.

14. L'héroïne de ce roman est une femme qui inspire de la pitié (≈ _____).
    この小説のヒロインは哀れをさそう女性だ.

15. Nous avons des opinions qui diffèrent (≈ _____).
    私たちは意見が異なっている.

16. Sélectionnez le livre qui vous semble le plus facile à lire (≈ _____).
    一番読みやすいと思われる本を選びなさい.

〔解答〕

(A) 1. bénéficiaire 2. mensuelle 3. cinématographique 4. manuel
  5. contradictoires 6. productif 7. criminel 8. routière 9. préparatoire
  10. fraternelle 11. bancaire 12. printanières - automnales 13. adoptive
  14. social - culturel 15. maternel 16. gouvernementaux 17. technologiques
  18. matinal 19. sportives 20. climatique 21. désertique 22. universitaires

(B) 1. scandaleux 2. ambitieux 3. chevaline 4. livresque 5. fortuné
  6. orageux 7. savoureux 8. barbu 9. quotidienne 10. sinistrée 11. sanguin

(C) 1. provocante 2. exigeant 3. fatigant 4. lavable 5. horrible
  6. ressemblants 7. brillants 8. songeuse 9. nuisibles 10. déplaisantes
  11. supportable 12. menaçant 13. inoubliable 14. pitoyable 15. différentes
  16. lisible

【練習4】

地名から形容詞を作り，性・数を一致させて空欄に記入しましょう．

1. アフリカ大陸 〈Afrique〉 le continent ＿＿＿＿＿＿
2. アルジェリア人移民 〈Algérie〉 les immigrants ＿＿＿＿＿＿
3. アルプス山脈 〈Alpes〉 la chaîne ＿＿＿＿＿＿
4. アルザスワイン 〈Alsace〉 le vin ＿＿＿＿＿＿
5. アメリカ映画 〈Amérique〉 le cinéma ＿＿＿＿＿＿
6. イギリスタバコ 〈Angleterre〉 les cigarettes ＿＿＿＿＿＿
7. オーストラリアのサンゴ礁 〈Australie〉 les récifs ＿＿＿＿＿＿
8. オーストリアのスキー場 〈Autriche〉 les stations de ski ＿＿＿＿＿＿
9. ベルギービール 〈Belgique〉 la bière ＿＿＿＿＿＿
10. ボルドー(地方)のブドウ畑 〈Bordeaux〉 le vignoble ＿＿＿＿＿＿
11. ブルゴーニュ風ビーフ (＝牛肉の赤ワイン煮)

   〈Bourgogne〉 le bœuf ＿＿＿＿＿＿
12. ブラジル産コーヒー 〈Brésil〉 le café ＿＿＿＿＿＿
13. ブルガリアのヨーグルト 〈Bulgarie〉 le yaourt ＿＿＿＿＿＿
14. ビザンティン美術 〈Byzance〉 l'art ＿＿＿＿＿＿
15. カナダドル 〈Canada〉 le dollar ＿＿＿＿＿＿
16. 中国文字(＝漢字) 〈Chine〉 les caractères ＿＿＿＿＿＿
17. キューバ産の葉巻 〈Cuba〉 le cigare ＿＿＿＿＿＿
18. デンマーク体操 〈Danemark〉 la gymnastique ＿＿＿＿＿＿
19. スコッチウィスキー 〈Écosse〉 le whisky ＿＿＿＿＿＿
20. 古代エジプト文明 〈Égypte〉 la civilisation ＿＿＿＿＿ antique
21. スペイン内戦 〈Espagne〉 la guerre civile ＿＿＿＿＿＿
22. ヨーロッパ連合 〈Europe〉 l'Union ＿＿＿＿＿＿
23. フランドル絵画 〈Flandre〉 la peinture ＿＿＿＿＿＿
24. ラグビーのウェールズチーム 〈Galles〉 l'équipe ＿＿＿＿＿ de rugby
25. ギリシャ神話 〈Grèce〉 la mythologie ＿＿＿＿＿＿
26. ハワイアン[アロハ]シャツ 〈Hawaii〉 les chemises ＿＿＿＿＿＿
27. オランダチーズ 〈Hollande〉 le fromage ＿＿＿＿＿＿
28. ハリウッドスター 〈Hollywood〉 les stars ＿＿＿＿＿＿
29. インド洋 〈Inde〉 l'océan ＿＿＿＿＿＿
30. アイリッシュコーヒー 〈Irlande〉 le café ＿＿＿＿＿＿
31. イタリアファッション 〈Italie〉 la mode ＿＿＿＿＿＿
32. 日本の版画(＝浮世絵) 〈Japon〉 l'estampe ＿＿＿＿＿＿
33. ジャワ舞踏 〈Java〉 la danse ＿＿＿＿＿＿
34. ロンドンの地下鉄 〈Londres〉 le métro ＿＿＿＿＿＿

35.	マルセイユ訛り	〈Marseille〉	l'accent _____
36.	地中海性気候	〈Méditerranée〉	le climat _____
37.	ミラノ風カツレツ	〈Milan〉	la côtelette _____
38.	ナポリ民謡	〈Naples〉	la chanson populaire _____
39.	ニース風サラダ	〈Nice〉	la salade _____
40.	パリの生活	〈Paris〉	la vie _____
41.	ペルーの遺跡	〈Pérou〉	les vestiges _____
42.	ペルシャ絨毯(じゅうたん)	〈Perse〉	le tapis _____
43.	ポーランドの舞踏音楽	〈Pologne〉	la musique de danse _____
44.	ケベック文学	〈Québec〉	la littérature _____
45.	ローマ帝国	〈Rome〉	l'Empire _____
46.	ロシア革命	〈Russie〉	la révolution _____
47.	サハラ(砂漠)のオアシス	〈Sahara〉	les oasis _____
48.	シチリアマフィア	〈Sicile〉	la mafia _____
49.	スウェーデン家具	〈Suède〉	le mobilier _____
50.	スイスアルプス	〈Suisse〉	les Alpes _____
51.	タイ料理	〈Thaïlande〉	la cuisine _____
52.	チベット仏教	〈Tibet〉	le bouddhisme _____
53.	トルコ式に座る(=あぐらをかく)		
		〈Turquie〉	s'asseoir à la _____
54.	ヴェネチアングラス	〈Venise〉	le verre _____
55.	ウィンナーワルツ	〈Vienne〉	la valse _____

〔解答〕

1. africain 2. algériens 3. alpine 4. alsacien 5. américain 6. anglaises

7. australiens 8. autrichiennes 9. belge 10. bordelais 11. bourguignon

12. brésilien 13. bulgare 14. byzantin 15. canadien 16. chinois 17. cubain

18. danoise 19. écossais 20. égyptienne 21. espagnole 22. européenne

23. flamande 24. galloise 25. grecque 26. hawaïennes 27. hollandais

28. hollywoodiennes 29. indien 30. irlandais 31. italienne 32. japonaise

33. javanaise 34. londonien 35. marseillais 36. méditerranéen 37. milanaise

38. napolitaine 39. niçoise 40. parisienne 41. péruviens 42. persan

43. polonaise 44. québécoise 45. romain 46. russe 47. sahariennes

48. sicilienne 49. suédois 50. suisses 51. thaïlandaise 52. tibétain 53. turque

54. vénitien 55. viennoise

　＊53.の à la turque のような〈à la+形容詞女性形〉は à la façon [manière] ...「...式に[の],
　　　...風に[の]」の名詞を省略した言い方. jardin à la française「フランス式庭園」なども同様.

【練習5】

　かっこ内の形容詞，名詞，動詞を基語にして，接尾辞 -âtre, -et, -elet, -ichon, -ot, -ard, -asse のいずれかを用いた形容詞を作り，性・数を一致させて空欄に記入しましょう.

1. Ce petit restaurant est (propre) ＿＿＿＿＿ et (mignon) ＿＿＿＿＿.
   その小さなレストランはこぎれいでしゃれている.

2. Cet élève est (faible) ＿＿＿＿＿ en maths.
   この生徒は数学がやや苦手だ.

3. Cette idée est démodée et (vieux) ＿＿＿＿＿.
   その考えは時代遅れで古くさい.

4. Cette petite fille au visage (rond) ＿＿＿＿＿ était très mignonne.
   ふっくらした顔のその少女はとてもかわいかった.

5. Dans cet aquarium, il y a de l'eau douce ou de l'eau (sel) ＿＿＿＿＿ ?
   この水槽に入っているのは淡水ですか，塩気のある水ですか？

6. Il faut réchauffer cette soupe (tiède) ＿＿＿＿＿.
   このなまぬるいスープを温め直さなければならない.

7. J'aime la saveur (aigre) ＿＿＿＿＿ des prunes.
   私はプラムの少し酸っぱい味が好きだ.

8. Jean, (rigoler) ＿＿＿＿＿, me paraît quelquefois (crier) ＿＿＿＿＿.
   ジャンは，陽気だが，私には時々騒がしく感じる.

9. Le ciel était couvert de nuages (gris) ＿＿＿＿＿ ou (noir) ＿＿＿＿＿.
   空は灰色がかった雲や黒っぽい雲に覆われていた.

10. Le valet du comte était un homme (simple) ＿＿＿＿＿.
    伯爵の召使いは少し間抜けな男だった.

11. Les repas de l'hôpital étaient (fade) ＿＿＿＿＿.
    病院の食事はまるで味がなかった.

12. Son visage (pâle) ＿＿＿＿＿ / ＿＿＿＿＿ m'inquiète.　(*2つ可能)
    彼(女)のやや青白い顔色が私には気がかりだ.

〔解答〕

1. propret - mignonnet　2. faiblarde　3. vieillotte　4. rondelet　5. saumâtre
6. tiédasse　7. aigrelette　8. rigolard - criard　9. grisâtres - noirâtres　10. simplet
11. fadasses　12. pâlot / pâlichon

コラム 9 ― 地名を表す形容詞の名詞化

　この項の[練習4]でいくつかの例を見たように，ある地域の特産品は一般に〈名詞＋形容詞〉で表現しますが，広く知れ渡るにつれて，ものを指す名詞を省略し，形容詞を単独で使用するようになります．「…のもの」という意味で形容詞を名詞として用いるのです．次のような例があります．

(1)　生物（とりわけ動物）

　　un arabe (< l'Arabie)　アラビア馬，アラブ種

　　un danois (< le Danemark)　グレートデン〔デンマーク原産の大型犬〕

　　une havanaise (< La Havane)　ハバニーズ〔キューバ原産の小型犬〕

　　une hollandaise (< la Hollande)　ホルスタイン〔オランダ原産の乳牛〕

　　un pékinois (< Pékin)　ペキニーズ〔中国原産の愛玩犬〕

　　une portugaise (< le Portugal)　ポルトガル牡蠣〔アジア原産だが，ポルトガルからヨーロッパに広まった〕

　　un siamois (< le Siam)　シャム猫〔タイ原産〕

(2)　菓子・料理

　　une bavaroise (< la Bavière)　ババロア〔ドイツのバイエルン州に由来〕

　　de la béarnaise (< le Béarn)　ベアルネーズソース〔フランス南西部のベアルヌに由来〕

　　une génoise (< Gênes)　ジェノワーズ〔イタリアのジェノバ由来のスポンジケーキ〕

　　un parisien (< Paris)　パリジャン〔バゲットより大型のフランスパン〕

　　du parmesan (< Parme)　パルメザンチーズ〔イタリアのパルマに由来〕

(3)　さまざまな分野

　　un chinois (< la Chine)　シノワ〔円錐形の漉(こ)し器〕

　　l'écossais (< l'Écosse)　タータン〔スコットランドの織物〕

　　l'indienne (< l'Inde)　(水泳の)抜き手；インド更紗

　　l'italique (< l'Italie)　イタリック体〔15世紀にイタリアのヴェネツィアで考案された書体．なお，同じ時期に作られた la gothique「ゴシック体」は，les Goths「ゴート族」に由来する名称で，「野蛮な，粗野な」という意味があった〕

　　le maroquin (< le Maroc)　モロッコ革〔ヤギのなめし革〕(*maroquin は marocain の異形)

　　la Marseillaise (< Marseille)　ラ・マルセイエーズ〔フランス国家，もとはマルセイユの義勇兵の隊歌〕

　　la polonaise (< la Pologne)　ポロネーズ〔ポーランド舞踏(曲)〕；ポロネーズ〔キルシュに浸したブリオッシュに果物のシロップ漬けを詰めメレンゲで覆ったケーキ〕

　　le romain (< Rome)　ローマン体〔古代ローマの碑文で用いられた書体を模して作られた〕

　　une saharienne (< le Sahara)　サファリジャケット

　　des spartiates (< Sparte)　(革紐で編んだ)サンダル

　　une turquoise (< la Turquie)　トルコ石〔turquois(e) は turc [turque]「トルコの」の古形〕

第5章 「性質・状態」を表す名詞を作る

　人や物を表す名詞の作り方は第1章と第2章で見ました。この章では性質や状態を表す名詞の作り方を見ていきます。接尾辞の種類はそれほど多くありませんし、派生語の作り方も、§13-3.の -ité, -té 以外は、比較的簡単です。これまでに学んだ形容詞の多くが派生の基語として出てくるので、既習の語の復習や確認もできるでしょう。

§13 形容詞から「性質・状態」を表す名詞を作る接尾辞

　「性質・状態」を表す名詞を作る接尾辞には次のようなものがあります。

> ☆☆☆ -eur （§13-1.）
> ☆☆☆ -esse （§13-2.）
> ☆☆☆ -ité, -té （§13-3.）
> 　☆☆ -isme （§13-4.）
> 　☆☆ -ance, -ence （§13-5.）
> 　☆☆ -erie （§13-6.）
> 　☆☆ -ie （§13-7.）
> 　☆☆ -itude （§13-8.）
> 　　☆ -ice, -ion, -ise, -ure （§13-9.）

　基語はほとんどが形容詞で、稀に形容詞以外の語や語句が基語になります。

　派生名詞は基本的には「性質・状態」を表しますが、意味の拡大によって、形容詞が表す特性を持つ「事物(の集合)・事柄・言動」などを意味することがあります。

　なお、形容詞がそのままの形で名詞として用いられて、接尾辞の付いた形とは違った意味やニュアンスを表すことがあります。そうした例は [コラム12] にまとめました。

1. -eur *(f)*

　-eur を用いて名詞化される形容詞は、フランス語学習の初級段階で習う基本語彙が大部分です。ただし、-eur は現在では造語力がほとんどなく、それを含む語は40語ほどにとどまります。五感で知覚できる色や味や大きさなど、具体的特徴を表す形容詞を基語にすることが多いです。

　　♦ 同形異義の接尾辞として、「人」や「道具・機器」などを表す -eur があります (⇒§4-1., §5-1.).

【練習1】

　-eur を用いて名詞を作る練習を始めましょう。最初は、男性形と女性形の変化が規則的な(＝男性形の末尾に e を付けると女性形になる)形容詞です。形容詞の意味は特に注意すべき場合にだけ載せます。

1. ブロンド色(であること)	〈blond(e)〉	_____
2. (性格・態度の)冷たさ	〈froid(e)〉	_____
3. 大きさ	〈grand(e)〉	_____
4. 高さ	〈haut(e)〉	_____
5. 醜さ	〈laid(e)〉	_____
6. 遅さ	〈lent(e)〉	_____
7. 重いこと	〈lourd(e)〉	_____
8. 重苦しさ；重み；重力	〈pesant(e)〉	_____
9. 深さ	〈profond(e)〉	_____
10. (むかつくような)悪臭	〈puant(e)〉	_____
11. 丸み	〈rond(e)〉	_____

〔解答〕

1. blondeur　2. froideur　3. grandeur　4. hauteur　5. laideur　6. lenteur
7. lourdeur　8. pesanteur　9. profondeur　10. puanteur　11. rondeur

【練習2】

男女同形(=語末が e)の形容詞です．語末の e を取り去って -eur を付けます．

1. 酸っぱさ	〈aigre〉	_____
2. (服などの)ゆとり	〈ample〉	_____
3. 味[風味]のなさ	〈fade〉	_____
4. 幅；(心・考え方の)広さ	〈large〉	_____
5. やせていること	〈maigre〉	_____
6. 薄さ	〈mince〉	_____
7. 湿っぽさ	〈moite〉	_____
8. 青白さ	〈pâle〉	_____
9. こわばり, 硬直	〈raide〉	_____
10. (顔の)紅潮	〈rouge〉	_____

〔解答〕

1. aigreur　2. ampleur　3. fadeur　4. largeur　5. maigreur　6. minceur
7. moiteur　8. pâleur　9. raideur　10. rougeur

【練習3】

特殊な女性形を持つ形容詞です．女性形(イタリック体で示してあります)に -eur を付けます．

1. 白さ	〈blanc, *blanche*〉	_____
2. 甘さ	〈doux, *douce*〉	_____
3. 厚さ	〈épais, *épaisse*〉	_____
4. 涼しさ；新鮮さ	〈frais, *fraîche*〉	_____
5. 肥満；大きさ, サイズ	〈gros, *grosse*〉	_____
6. 長さ	〈long, *longue*〉	_____
7. (髪などが)赤茶色であること	〈roux, *rousse*〉	_____

〔解答〕

1. blancheur　2. douceur　3. épaisseur

4. fraîcheur (『新綴り』は frais, fraiche, fraicheur)

5. grosseur　6. longueur　7. rousseur

◗ 派生のしくみ51 ― 形容詞からの派生 ◖

　接尾辞 -eur は形容詞の女性形に付けます．これは -eur だけでなく形容詞を基語とする接尾辞派生すべてに当てはまる原則です(ただし接尾辞が子音で始まる場合は変則になりますが，このことは後の §13-3. で触れます)．

　基語の末尾の e は接尾辞が付くときに削除されるので，[練習1]と[練習2]の形容詞の女性形([練習2]は男女同形)からも正しい派生形が得られます．また，[練習1]のような形容詞では，男性形は末尾の子音字を読みませんが，女性形では子音として発音します(たとえば, froid /frwa/ 〜 froide /frwad/)．これは派生名詞の語幹の発音と同じですから (froideur /frwa-dœːr/)，発音の面では明らかに女性形がもとになっています．

【練習4】

　変則的な派生をする語です．かっこ内に示した語幹に -eur を付けます．

(A) 基語の後半部分が -eur に変わる．

1. 熱情, 熱意	〈ardent(e)〉 (ard...)	_____
2. 純真さ	〈candide〉 (cand...)	_____
3. 熱心	〈fervent(e)〉 (ferv...)	_____
4. 華麗さ	〈splendide〉 (splend...)	_____
5. 茫然(ぼうぜん)自失	〈stupide 愚かな；《文》茫然自失した〉(stup...)	_____

(B) 基語と異なる語幹になる．

1. 暑さ；熱	〈chaud(e)〉 (chal...)	_____
2. 黒さ	〈noir(e)〉 (noirc...)	_____
3. 生暖かさ	〈tiède〉 (tiéd...)	_____
4. (老人の)若々しさ	〈vert(e)〉 (verd...)	_____

〔解答〕

(A) 1. ardeur   2. candeur   3. ferveur   4. splendeur   5. stupeur

(B) 1. chaleur (au → al の変化 ⇨ 後出の[しくみ 55])

   2. noirceur (語幹末への c の付加 ⇨ 後出の[しくみ 57])

   3. tiédeur (è → é の変化 ⇨ [しくみ 4])

   4. verdeur (t → d の変化, vert(e) → verdâtre (§12-2.[練習]) と同様)

~~ 〚備考〛 ~~~~~~

(1) 基語が動詞のものもあります. こうした語は「性質・状態」というより「事物」を表しています.

   clameur (群衆の)どよめき ← clamer 大声で叫ぶ

   erreur 間違い；《古》彷徨(ほうこう) ← errer さまよう

   senteur (自然の)香り, 香気, 芳香 ← sentir 匂う

   sueur 汗 ← suer 汗をかく

   valeur 価値 ← valoir 価値がある

(2) 接尾辞として分析できない -eur で終わる語が多数あります. 下記の語のうちで bonheur と honneur のみが男性名詞で, 上記(1)の語も含めて他はすべて女性名詞です.

bonheur 幸福 (← bon+heur 《古》幸運)	langueur 物憂さ
couleur 色	odeur 匂い
douleur 痛み, 苦しみ	peur 恐れ, 怖さ
faveur 特別のはからい, 優遇	pudeur 羞恥心, 恥じらい
frayeur (突然の激しい)恐怖	rigueur 厳密さ, 厳格さ
fureur 激怒	rumeur 噂
hideur 醜悪	saveur 風味
honneur 名誉	terreur (激しい)恐怖
horreur 恐怖	vapeur 蒸気
humeur 機嫌	vigueur 力強さ

~~~~~~

2. -esse *(f)* 〔異形 -eresse〕

-eur と同様に, -esse も基本語彙で用いられる重要な接尾辞ですが, 現在では造語力がなく, 派生語の数は限られています. -esse の異形として -eresse があります.

基語となる形容詞は, -eur の場合に比べれば, 主観あるいは比較による評価や抽象的特性を表す語が多くなります.

◆ 同形異義の接尾辞として, 「女・雌」を表す -esse や (⇨§3-5.), 「行為者」を表す -eresse があります (⇨§4-1.).

【練習１】

　男性形と女性形の変化が規則的な形容詞から始めます．-esse を用いて，示された意味の形容詞を作りましょう．

1. 繊細さ 〈délicat(e)〉 _____
2. 狭さ 〈étroit(e)〉 _____
3. 細かさ，細さ 〈fin(e)〉 _____
4. 大胆さ 〈hardi(e)〉 _____
5. きれいさ，かわいらしさ 〈joli(e)〉 _____
6. 小ささ 〈petit(e)〉 _____

〔解答〕

1. délicatesse　2. étroitesse　3. finesse　4. hardiesse　5. joliesse　6. petitesse

【練習２】

　男女同形の形容詞です．

1. 弱さ 〈faible〉 _____
2. 酔い 〈ivre〉 _____
3. 若さ；青春時代；若い人たち 〈jeune〉 _____
4. 正確さ 〈juste〉 _____
5. 気前のよさ；贈り物 〈large〉 _____
6. 高貴さ；《集合的に》貴族 〈noble〉 _____
7. 豊かさ 〈riche〉 _____
8. 頑丈さ 〈robuste〉 _____
9. (性格・態度の)荒っぽさ；(感触の)粗さ 〈rude〉 _____
10. 賢明さ 〈sage〉 _____
11. しなやかさ 〈souple〉 _____
12. すらりとしていること 〈svelte〉 _____
13. 優しさ，愛情 〈tendre〉 _____
14. 悲しさ 〈triste〉 _____
15. 速さ，速度 〈vite〉 _____

〔解答〕

1. faiblesse　2. ivresse　3. jeunesse　4. justesse　5. largesse　6. noblesse
7. richesse　8. robustesse　9. rudesse　10. sagesse　11. souplesse　12. sveltesse
13. tendresse　14. tristesse　15. vitesse (vite は副詞だが形容詞としても用いられる).

【練習3】

特殊な女性形を持つ形容詞です．女性形が基語になります．

1. 卑劣，下劣　　　　〈bas, *basse*〉　　　　　　　　　　_____

2. 親切　　　　　　　〈gentil, *gentille*〉　　　　　　　　_____

3. 妊娠　　　　　　　〈gros, *grosse* 太った；《古風》妊娠している〉　_____

4. 柔らかさ；無気力　〈mou, *molle*〉　　　　　　　　　_____

5. 老い　　　　　　　〈vieux, *vieille*〉　　　　　　　　_____

〘解答〙

1. bassesse　2. gentillesse　3. grossesse　4. mollesse　5. vieillesse

【練習4】

変則的な派生をする語です．かっこ内に示した語幹に -esse を付けます．

1. 器用さ　　　　　　〈adroit(e)〉（adr...）　　　　　　_____

2. 大喜び，歓喜　　　〈allègre〉（allégr...）　　　　　　_____

3. 不器用さ　　　　　〈maladroit(e)〉（maladr...）　　　_____

4. 礼儀；礼儀正しさ　〈poli(e)〉（polit...）　　　　　　_____

〘解答〙

1. adresse　2. allégresse（è → é の変化⇨[しくみ4]）　3. maladresse

4. politesse

【練習5】

次の派生では接尾辞の異形 -eresse を用います．

1. 要塞　　　　　　　　　　〈fort(e) 強い〉（fort...）　　_____

2. 乾燥；日照り，旱魃(かんばつ)　〈sec, *sèche*〉（séch...）　　_____

〘解答〙

1. forteresse　2. sécheresse（è → é の変化⇨[しくみ4]）

~~ 〘備考〙 ~~~~~~

接尾辞として分析できない-esse で終わる語(女性名詞)があります．

détresse　悲嘆；困窮；遭難

paresse　怠惰

~~~~~~

3. -ité *(f)*, -té *(f)* ｛異形 -éité, -iété｝

-ité の語はもとは主として学術や専門分野で用いられていましたが, 現在では一般語彙になっているものが多く, 派生語の数は 1000 語を超えます. 英語の *-ity* に対応し, フランス語と英語で類似した綴りの語が多数あります.

-té はほとんどが古い時代に作られた語に用いられており, 現在では造語力がなく, -ité を用いた派生語に比べると語彙数がずっと少ないです.

以下の練習で, -ité と -té と異形の -éité, -iété に分けて派生の仕方と例を見ていきます.

A. -ité

【練習 1】

-ité を用いる規則的な派生です. -al で終わる形容詞は数が多いので, (A)としてまとめてあります. (A)で基語としてあげた語の多くは第 4 章の §8-1. に出てきました.

(A) -al で終わる.

1. 平凡さ	〈banal(e)〉	＿＿＿＿＿＿
2. 乱暴	〈brutal(e)〉	＿＿＿＿＿＿
3. 心がこもっていること	〈cordial(e)〉	＿＿＿＿＿＿
4. 平等	〈égal(e)〉	＿＿＿＿＿＿
5. 宿命	〈fatal(e) 不可避の, 必然的な〉	＿＿＿＿＿＿
6. 税制	〈fiscal(e) 税務の〉	＿＿＿＿＿＿
7. 一般性	〈général(e)〉	＿＿＿＿＿＿
8. 総体(性), 全体(性)	〈global(e)〉	＿＿＿＿＿＿
9. 公平, 公正	〈impartial(e)〉	＿＿＿＿＿＿
10. 合法性	〈légal(e)〉	＿＿＿＿＿＿
11. 小さな町[村]；(特定の)場所	〈local(e) (ある特定の)地方の〉	＿＿＿＿＿＿
12. 精神構造, メンタリティー	〈mental(e) 精神の〉	＿＿＿＿＿＿
13. 道徳性；(物語などの)教訓	〈moral(e)〉	＿＿＿＿＿＿
14. 市, 町, 村	〈municipal(e)〉	＿＿＿＿＿＿
15. 出生率	〈natal(e) 生まれた所の〉	＿＿＿＿＿＿
16. 国籍	〈national(e) 国の〉	＿＿＿＿＿＿
17. 独創性	〈original(e)〉	＿＿＿＿＿＿
18. 不公平	〈partial(e)〉	＿＿＿＿＿＿
19. 罰金；(スポーツの)ペナルティー	〈pénal(e) 刑罰の〉	＿＿＿＿＿＿
20. 敵対関係	〈rival(e)〉	＿＿＿＿＿＿
21. 専門；特産品；名物料理	〈spécial(e) 特別の〉	＿＿＿＿＿＿
22. 全体	〈total(e)〉	＿＿＿＿＿＿
23. 活力	〈vital(e)〉	＿＿＿＿＿＿

(B) その他.

1. 精勤　　　　　　　　〈assidu(e)〉　　　　　　　　＿＿＿＿＿＿

2. 連続性　　　　　　　〈continu(e)〉　　　　　　　　＿＿＿＿＿＿

3. 多様性　　　　　　　〈divers(e)〉　　　　　　　　＿＿＿＿＿＿

4. 神性　　　　　　　　〈divin(e)〉　　　　　　　　　＿＿＿＿＿＿

5. 瞬間性　　　　　　　〈instantané(e)〉　　　　　　＿＿＿＿＿＿

6. 暗さ　　　　　　　　〈obscur(e)〉　　　　　　　　＿＿＿＿＿＿

7. 時宜を得ていること　〈opportun(e)〉　　　　　　　＿＿＿＿＿＿

8. 主権　　　　　　　　〈souverain(e) 至高の；主権を有する〉　＿＿＿＿＿＿

9. 自発性；率直さ　　　〈spontané(e)〉　　　　　　　＿＿＿＿＿＿

10. 統一性　　　　　　　〈un(e) 唯一の, 統一された〉　＿＿＿＿＿＿

〔解答〕

(A) 1. banalité　2. brutalité　3. cordialité　4. égalité　5. fatalité　6. fiscalité

　　7. généralité　8. globalité　9. impartialité (-tial- の発音は/sjal/)　10. légalité

　　11. localité　12. mentalité　13. moralité　14. municipalité　15. natalité

　　16. nationalité　17. originalité　18. partialité (-tial- の発音は/sjal/)　19. pénalité

　　20. rivalité　21. spécialité　22. totalité　23. vitalité

(B) 1. assiduité　2. continuité　3. diversité　4. divinité　5. instantanéité

　　6. obscurité　7. opportunité　8. souveraineté　9. spontanéité　10. unité

【練習2】

基語は男女同形の形容詞です.

1. 不合理, 不条理　　　〈absurde〉　　　　　　　　　＿＿＿＿＿＿

2. 酸っぱさ　　　　　　〈acide〉　　　　　　　　　　＿＿＿＿＿＿

3. 逆境　　　　　　　　〈adverse 敵対する〉　　　　＿＿＿＿＿＿

4. 渇望；貪欲　　　　　〈avide〉　　　　　　　　　　＿＿＿＿＿＿

5. 便利さ　　　　　　　〈commode〉　　　　　　　　＿＿＿＿＿＿

6. 複雑さ　　　　　　　〈complexe〉　　　　　　　　＿＿＿＿＿＿

7. 共犯, 共謀　　　　　〈complice〉　　　　　　　　＿＿＿＿＿＿

8. 合致　　　　　　　　〈conforme〉　　　　　　　　＿＿＿＿＿＿

9. 濃さ, 密度　　　　　〈dense〉　　　　　　　　　　＿＿＿＿＿＿

10. 尊厳, 威厳　　　　　〈digne〉　　　　　　　　　　＿＿＿＿＿＿

11. 効力　　　　　　　　〈efficace〉　　　　　　　　　＿＿＿＿＿＿

12. 巨大さ　　　　　　　〈énorme〉　　　　　　　　　＿＿＿＿＿＿

13. やさしさ, 容易　　　〈facile〉　　　　　　　　　　＿＿＿＿＿＿

14. 肥沃　　　　　　　　〈fertile〉　　　　　　　　　　＿＿＿＿＿＿

15.	壊れやすさ	〈fragile〉	_____
16.	軽薄さ	〈frivole〉	_____
17.	重大さ	〈grave〉	_____
18.	敵意	〈hostile〉	_____
19.	湿気	〈humide〉	_____
20.	広大さ	〈immense〉	_____
21.	不動(の状態)	〈immobile〉	_____
22.	補償[賠償]金	〈indemne 無傷の, 無事な〉	_____
23.	親密さ	〈intime〉	_____
24.	適法性；正当性	〈légitime〉	_____
25.	明晰さ	〈lucide〉	_____
26.	凡庸	〈médiocre〉	_____
27.	現代[近代]性	〈moderne〉	_____
28.	速さ	〈rapide〉	_____
29.	丈夫さ	〈solide〉	_____
30.	愚かさ	〈stupide〉	_____
31.	内気	〈timide〉	_____
32.	静かさ	〈tranquille〉	_____
33.	全員一致	〈unanime〉	_____
34.	有用性	〈utile〉	_____
35.	(法的)有効性	〈valide〉	_____

〔解答〕

1. absurdité 2. acidité 3. adversité 4. avidité 5. commodité 6. complexité
7. complicité 8. conformité 9. densité 10. dignité 11. efficacité
12. énormité 13. facilité 14. fertilité 15. fragilité 16. frivolité 17. gravité
18. hostilité 19. humidité 20. immensité 21. immobilité 22. indemnité
23. intimité 24. légitimité 25. lucidité 26. médiocrité 27. modernité
28. rapidité 29. solidité 30. stupidité 31. timidité 32. tranquillité
33. unanimité 34. utilité 35. validité

【練習3】

　女性形の作り方が特殊な形容詞です. 女性形が基語になります. 以下の(A)で基語として
あげた語は第4章の§8-5. に出てきました.

(A) -if で終わる.

| 1. | 活力；活動 | 〈actif, -ve 活動的な〉 | _____ |
| 2. | 攻撃的性格, 攻撃性 | 〈agressif, -ve〉 | _____ |

3. 集団	〈collectif, -ve〉	_____
4. 創造性	〈créatif, -ve〉	_____
5. 客観性	〈objectif, -ve〉	_____
6. 生産性, 生産力	〈productif, -ve〉	_____
7. 相対性	〈relatif, -ve〉	_____
8 スポーツマンシップ, フェアな態度	〈sportif, -ve〉	_____
9. 主観性	〈subjectif, -ve〉	_____

(B) その他.

1. (病気・事故などの)軽微, 軽度	〈bénin, *bénigne*〉	_____
2. 悪意；意地の悪さ	〈malin, *maligne*〉	_____
3. 無；無価値	〈nul, *nulle*〉	_____

〔解答〕

(A) 1. activité 2. agressivité 3. collectivité 4. créativité 5. objectivité
  6. productivité 7. relativité 8. sportivité 9. subjectivité

(B) 1. bénignité 2. malignité 3. nullité

【練習4】

これ以後の練習では, 同じ派生現象のものをまとめて, 順番に見ていきます. まず, 基語が〈-è+子音字+e〉で終わる場合です. 派生語ではèがéに変わります(⇨[しくみ4]).

《派生のパターン：-è□e → -é□ité》

1. 有名	〈célèbre〉	_____
2. 忠実さ	〈fidèle〉	_____
3. 肥満(症)	〈obèse〉	_____
4. 繁栄	〈prospère〉	_____
5. 厳しさ	〈sévère〉	_____
6. 正直さ	〈sincère〉	_____

〔解答〕

1. célébrité 2. fidélité 3. obésité 4. prospérité 5. sévérité 6. sincérité

【練習5】

-gu で終わる形容詞 (女性形は -guë) の派生語は -guïté になります.

《派生のパターン：-gu(ë) → -guïté》

1. 曖昧(あいまい)さ	〈ambigu, *ambiguë*〉	_____
2. 隣接	〈contigu, *contiguë*〉	_____
3. (住居などの)狭さ	〈exigu, *exiguë*〉	_____

〔解答〕

1. ambiguïté　2. contiguïté　3. exiguïté

　　＊『新綴り』では u の上にトレマを付けて, ambigüe, ambigüité のようになります. トレマに
　　ついてはこの項の[練習15]の後の[コラム10]を参照してください.

【練習6】

　基語が -que で終わる場合は, 派生の仕方が3種類に分かれます, この練習の基語の大半
は第4章の§8-2. に出てきました.

(A) 規則的な派生.

《派生のパターン：-que → -quité》

1. 古代(文明)　　　　　　〈antique〉　　　　　　　_____

2. 傾斜　　　　　　　　　〈oblique〉　　　　　　　_____

(B) 派生語では que が c に変わり, -cité になる (⇨[しくみ19]).

《派生のパターン：-que → -cité》　(8. は女性形が -que)

1. 真正さ　　　　　　　　〈authentique〉　　　　　_____

2. 弾性, 弾力性　　　　　　〈élastique〉　　　　　　_____

3. 電気　　　　　　　　　〈électrique〉　　　　　_____

4. 非宗教性　　　　　　　〈laïque〉　　　　　　　_____

5. 不透明　　　　　　　　〈opaque〉　　　　　　　_____

6. 周期性　　　　　　　　〈périodique〉　　　　　_____

7. 可塑性　　　　　　　　〈plastique〉　　　　　　_____

8. 広告, 宣伝　　　　　　　〈public, *publique* 公共の〉 (public...)_____

9. 相互性　　　　　　　　〈réciproque〉　　　　　_____

10. 特性, 特異性　　　　　〈spécifique 特有の〉　　_____

11. 球形であること　　　　〈sphérique〉　　　　　_____

12. 専門性　　　　　　　　〈technique〉　　　　　_____

13. 毒性　　　　　　　　　〈toxique〉　　　　　　_____

(C) 基語の末尾の -ique を消去して -ité を付ける (接尾辞の交替⇨[しくみ20]).

　　身元；同一性　　　　　〈identique〉 (ident...)　_____

〔解答〕

(A) 1. antiquité　2. obliquité

(B) 1. authenticité　2. élasticité　3. électricité　4. laïcité (形としては男性名詞の laïc
　　「一般信徒, 非聖職者」に -ité を付けたものと同形)　5. opacité　6. périodicité
　　7. plasticité　8. publicité (形としては男性形の public に -ité を付けたものと同形)
　　9. réciprocité　10. spécificité　11. sphéricité　12. technicité　13. toxicité

(C) identité

【練習7】

基語が-el で終わる場合は，派生の仕方が2種類に分かれます．この練習の基語の大半は第4章の§8-1.に出てきました．

(A) 派生語では e が a に変わり，-alité になる (e と a の交替 ⇨ [しくみ7])．

《派生のパターン：-el → -alité》

1. 現代性	〈actuel(le)〉	＿＿＿＿＿＿＿
2 (情報などの)機密保持	〈confidentiel(le) 内密の〉	＿＿＿＿＿＿＿
3. 《集合的に》犯罪	〈criminel(le) 犯罪になる〉	＿＿＿＿＿＿＿
4. (起こり得る)可能性	〈éventuel(le)〉	＿＿＿＿＿＿＿
5. 機能性	〈fonctionnel(le)〉	＿＿＿＿＿＿＿
6. 手続き；形式的行為	〈formel(le) 形式上の〉	＿＿＿＿＿＿＿
7. 漸進性	〈graduel(le)〉	＿＿＿＿＿＿＿
8. 個性	〈individuel(le) 個人の；個別の〉	＿＿＿＿＿＿＿
9. 月賦金	〈mensuel(le) 月ごとの〉	＿＿＿＿＿＿＿
10. 死亡率	〈mortel(le) 死すべき；致命的な〉	＿＿＿＿＿＿＿
11. 個性；重要人物	〈personnel(le) 個人の；独自の〉	＿＿＿＿＿＿＿
12. 時間厳守	〈ponctuel(le)〉	＿＿＿＿＿＿＿
13. 現実	〈réel(le)〉	＿＿＿＿＿＿＿
14. 官能性	〈sensuel(le)〉	＿＿＿＿＿＿＿
15. 普遍性	〈universel(le)〉	＿＿＿＿＿＿＿
16. 潜在性	〈virtuel(le)〉	＿＿＿＿＿＿＿

(B) 派生語では -el がなくなり，-ité が付く (＝接尾辞の交替)．

《派生のパターン：-el → -ité》

1. 永遠	〈éternel(le)〉	＿＿＿＿＿＿＿
2. 友愛	〈fraternel(le) 兄弟(姉妹)の〉	＿＿＿＿＿＿＿
3. 母性；妊娠, 出産；産院	〈maternel(le) 母親の〉	＿＿＿＿＿＿＿
4. 父性	〈paternel(le) 父親の〉	＿＿＿＿＿＿＿
5. 永久	〈perpétuel(le)〉	＿＿＿＿＿＿＿
6. 盛大さ	〈solennel(le) /sɔ-la-nɛl/〉	＿＿＿＿＿＿＿

〖解答〗

(A) 1. actualité　2. confidentialité　3. criminalité　4. éventualité
　5. fonctionnalité　6. formalité　7. gradualité　8. individualité　9. mensualité
　10. mortalité　11. personnalité　12. ponctualité　13. réalité　14. sensualité
　15. universalité　16. virtualité

(B) 1. éternité　2. fraternité　3. maternité　4. paternité　5. perpétuité
　6. solennité

【練習8】

基語が -aire で終わるときは，ai が a に変わり，派生語は -arité になります（⇨[しくみ 39]）．この練習の基語は第4章の§8-3.に出てきました．

《派生のパターン：-aire → -arité》

1. 毛のように細いこと，毛状　　　　〈capillaire〉　　　　_____
2. 線状性，線形性　　　　　　　　　〈linéaire〉　　　　_____
3. 人気　　　　　　　　　　　　　　〈populaire〉　　　　_____
4. 就学(期間)　　　　　　　　　　　〈scolaire　学校の〉　_____
5. 類似(性)　　　　　　　　　　　　〈similaire〉　　　　_____
6. 連帯　　　　　　　　　　　　　　〈solidaire〉　　　　_____
7. 俗悪さ　　　　　　　　　　　　　〈vulgaire〉　　　　_____

＊ -(i)té → -aire の派生は§8-3.[練習5]で扱いました：nécessité → nécessaire, témérité → téméraire, santé → sanitaire, volonté → volontaire.

〔解答〕

1. capillarité　2. linéarité　3. popularité　4. scolarité　5. similarité　6. solidarité
7. vulgarité

【練習9】

基語が -ier で終わるときは，ie が a に変わり，派生語は -arité になりますが，変則的な派生をするものもあります．この練習の基語は第4章の§8-4.に出てきました．

(A)《派生のパターン：-ier → -arité》

1. 特色　　　　　　　　　　〈particulier, -ère　独特の；特有な〉　_____
2. 規則性　　　　　　　　　〈régulier, -ère〉　　　　_____
3. 奇妙さ　　　　　　　　　〈singulier, -ère〉　　　　_____

(B) 変則的な派生 (1)

《派生のパターン：-ier → -iarité》

　　親しさ　　　　　　　　〈familier, -ère〉　　　　_____

(C) 変則的な派生 (2)

《派生のパターン：-ier → -ité》

　　歓待，もてなし　　　　〈hospitalier, -ère　人を歓待する〉　_____

〔解答〕

(A) 1. particularité　2. régularité　3. singularité

(B) familiarité

(C) hospitalité

● 派生のしくみ 52 ── ie /je/ と a /a/ の交替 ●

上記の (A), (B), (C) では，接尾辞 -ier の変化が異なります．(A) では，-ier の ie /je/ が a /a/ に変わり，-arité になります．-ier の派生で一番多いのはこの変化です．(B) の familier は，-ier の ie /je/ が ia /ja/ に変わり，-iarité になります (e→a の変化 ⇨ [しくみ 7])．また (C) の hospitalier からの派生では，接尾辞の -ier と -ité の交替が起こります．

【練習 10】

基語が -eur で終わるときは，eu が o に変わり，派生語は -orité になります(⇨[しくみ 37])．この練習の基語は第 4 章の §9-4. の [備考] に出てきました．

《派生のパターン：-eur → -orité》

1. (時間的に)先であること　　　〈antérieur(e)〉　　　_____
2. 劣っていること　　　　　　　〈inférieur(e)〉　　　_____
3. 大多数；成年　　　　　　　　〈majeur(e)〉　　　　_____
4. 少数；未成年　　　　　　　　〈mineur(e)〉　　　　_____
5. (時間的に)後であること　　　〈postérieur(e)〉　　 _____
6. すぐれていること　　　　　　〈supérieur(e)〉　　　_____

〔解答〕

1. antériorité　2. infériorité　3. majorité　4. minorité　5. postériorité　6. supériorité

【練習 11】

基語が -eux で終わるときは，eux が os に変わり，派生語は -osité になります(⇨[しくみ 37])．この練習の基語は第 4 章の §9-1. に出てきました．

《派生のパターン：-eux → -osité》

1. 好奇心　　　　　　　　　　　〈curieux, -se〉　　　　_____
2. 危険性　　　　　　　　　　　〈dangereux, -se〉　　 _____
3. 気前のよさ　　　　　　　　　〈généreux, -se〉　　　_____
4. 巧妙さ　　　　　　　　　　　〈ingénieux, -se〉　　 _____
5. 明るさ，明度；光度　　　　　〈lumineux, -se〉　　　_____
6. 奇怪；残虐(性)　　　　　　　〈monstrueux, -se〉　　_____
7. 神経の高ぶり　　　　　　　　〈nerveux, -se〉　　　　_____
8. 降水量　　　　　　　　　　　〈pluvieux, -se　雨の降る〉_____

〔解答〕

1. curiosité　2. dangerosité　3. générosité　4. ingéniosité　5. luminosité
6. monstruosité　7. nervosité　8. pluviosité

【練習12】

　基語が -ain で終わるときは，ai が a に変わり，派生語は -anité になります．この練習の基語のほとんどは第4章の§10-4. の[備考]に出てきました．

《派生のパターン：-ain → -anité》

1. 人間性　　　　　　　　　　　〈humain(e) 人間の；人間的な〉　＿＿＿＿＿＿＿
2. 社交界の慣例；社交界の行事　〈mondain(e) 社交界の〉　　　　＿＿＿＿＿＿＿
3. 都会風；洗練されたマナー　　〈urbain(e) 都市の，都会の〉　　＿＿＿＿＿＿＿
4. 虚栄心　　　　　　　　　　　〈vain(e)《文》虚栄心の強い〉　　＿＿＿＿＿＿＿

〔解答〕

1. humanité　2. mondanité　3. urbanité　4. vanité

◖　派生のしくみ53 ── ain と an の交替　◗

　上記の例では，語幹の末尾の ain /ɛ̃/ が派生語で an /an/ になります．既出の派生として pain → panier (§2-2.[練習3])，main → manuel (§8-1.[練習10]) がありました．発音上は鼻母音が口母音に変わりますが(=非鼻音化)，綴り字上は ai と a の交替 (⇨[しくみ39]) と同じです．非鼻音化の同様の例としては，後で見るように，éen /e-ɛ̃/ が éan /e-an/ に，ien /jɛ̃/ が ian /jan/ になるものもあります (§14-3.[備考])．

【練習13】

　基語が -able, -ible で終わるときは，bl が bil に変わり，派生語は -abilité, -ibilité になります．ただし，語幹が変わる変則的な派生もあります．この練習の基語は第4章の§11-3. に出てきました．

[1] 基語が -able で終わる．

《派生のパターン：-able → -abilité》

1. ありそうなこと　　　　　　　〈probable〉　　　　　　　　　　＿＿＿＿＿＿＿
2. 収益能力，収益性　　　　　　〈rentable もうかる，収益のある〉＿＿＿＿＿＿＿
3. 責任　　　　　　　　　　　　〈responsable〉　　　　　　　　　＿＿＿＿＿＿＿
4. 安定　　　　　　　　　　　　〈stable〉　　　　　　　　　　　＿＿＿＿＿＿＿
5. 変わりやすさ　　　　　　　　〈variable〉　　　　　　　　　　＿＿＿＿＿＿＿

[2] 基語が -ible で終わる．

《派生のパターン：-ible → -ibilité》

(A) 語幹は変化しない．

1. 近づきやすさ　　　　　　　　〈accessible〉　　　　　　　　　　＿＿＿＿＿＿＿
2. 理解しやすさ　　　　　　　　〈compréhensible〉　　　　　　　＿＿＿＿＿＿＿
3. 信憑性　　　　　　　　　　　〈crédible〉　　　　　　　　　　　＿＿＿＿＿＿＿
4. 自由に使用[処分]できること　〈disponible〉　　　　　　　　　　＿＿＿＿＿＿＿
5. しなやかさ，柔軟性　　　　　〈flexible〉　　　　　　　　　　　＿＿＿＿＿＿＿

6. 読みやすさ 〈lisible〉 ＿＿＿＿＿＿

7. 可能性 〈possible〉 ＿＿＿＿＿＿

8. 感受性 〈sensible 感じやすい〉 ＿＿＿＿＿＿

9. 可視性；視界 〈visible 目に見える〉 ＿＿＿＿＿＿

(B) 語幹が変化する.

1. 愛想のよさ；親切 〈aimable〉 (am...) ＿＿＿＿＿＿

2. 有罪 〈coupable〉 (culp...) ＿＿＿＿＿＿

〔解答〕

[1] 1. probabilité 2. rentabilité 3. responsabilité 4. stabilité 5. variabilité

[2] (A) 1. accessibilité 2. compréhensibilité 3. crédibilité 4. disponibilité
　　　 5. flexibilité 6. lisibilité 7. possibilité 8. sensibilité 9. visibilité

　　 (B) 1. amabilité 2. culpabilité

◗ 派生のしくみ 54 ― 子音と l の間への i の挿入 ◗

　基語の末尾が〈子音+le〉の場合に u が挿入される現象はすでに見ました（§8-3.[練習7]の angle → angulaire, muscle → musculaire など）. 上記[練習13]のように基語の末尾が -ble で終わるときは i が挿入されます. 接尾辞 -ité 以外の例としては，§8-3.[練習8]に noble → nobiliaire が出てきました.

337

【練習14】

　語幹が変化する変則的派生のものをまとめて見ます.

(A) 基語の末尾に d が付加される.

1. 生野菜；生々しさ 〈cru(e) 生の〉 (crud...) ＿＿＿＿＿＿

2. 裸 〈nu(e)〉 (nud...) ＿＿＿＿＿＿

(B) 主に基語の末尾部分が変化する.

1. 端 〈extrême〉 (extrém...) ＿＿＿＿＿＿

2. 女らしさ 〈féminin(e)〉 (fémin...) ＿＿＿＿＿＿

3. 愚かさ 〈imbécile〉 (imbécill...) ＿＿＿＿＿＿

4. 中立 〈neutre〉 (neutral...) ＿＿＿＿＿＿

5. 単純さ 〈simple〉 (simplic...) ＿＿＿＿＿＿

〔解答〕

(A) 1. crudité 2. nudité （語末への d の付加⇨後出の[しくみ 57]）

(B) 1. extrémité (ê → é の特殊変化. cf. bête → bétail (§3-3.[練習])) 2. féminité
　　 3. imbécillité (il /il/ → ill の特殊変化. ただし『新綴り』は基語の imbécile と同じく l が 1 つで imbécilité) 4. neutralité 5. simplicité

第 5 章 「性質・状態」を表す名詞を作る

【練習15】

語幹がかなり変化する変則的派生です.

1.	鋭さ	〈aigu, *aiguë*〉 (acu...)	_____
2.	思いやり, 慈悲, 慈善	〈cher, *chère* 大切な〉 (char...)	_____
3.	謙虚	〈humble〉 (humil...)	_____
4.	熟すこと	〈mûr(e)〉 (matur...)	_____
5.	平静	〈serein(e)〉 (sérén...)	_____
6.	耳の聞こえないこと	〈sourd(e)〉 (surd...)	_____
7.	安全；安全保障	〈sûr(e)〉 (sécur...)	_____
8.	執拗さ	〈tenace〉 (ténac...)	_____
9.	空虚	〈vide〉 (vacu...)	_____
10.	真実；真理	〈vrai(e)〉 (vér...)	_____

〔解答〕

1. acuité (aigu の女性形は『新綴り』では aigüe)

2. charité (e→a の変化⇨[しくみ7])　3. humilité　4. maturité　5. sérénité

6. surdité (ou→u の変化は concourir→concurrent (§4-3.[練習5]), bouche→buccal (§8-1.[練習10]), Pérou→péruvien (§10-3.[練習5]と同様)

7. sécurité　8. ténacité (e→é の変化⇨後出の[しくみ58])　9. vacuité　10. vérité

　＊『新綴り』では, 4.の基語の mûr と 7.の基語の sûr の男性単数形は同綴異義語と区別するために
　　アクサンを付けますが, その他の変化形はアクサンを付けません：murs, mure(s)；surs, sure(s).

コラム 10 ― トレマ（従来の綴りと新綴り）

　トレマ（¨）の付いた母音字はその直前の母音字と切り離して読みます. たとえば, ai は mais「しかし」のように一般に /ɛ/ ですが, maïs「トウモロコシ」は /ma-is/ です. oi /wa/ と読む roi「王」に対して héroïne「ヒロイン」は /e-rɔ-in/ と読みます. 上記の[練習15] の aigu の女性形を aigue と綴ると, 読み方は /ɛg/ となり (⇨ [しくみ27]), 実際の発音 と異なってしまいます. そこで, e にトレマを付けて guë /gy/ とし, gu /gy/ と無音の e を切り離して読ませることにしました. この項の[練習5]で見たように, -ité の付く派 生語の末尾を -guïté と綴るのも同じ理由です (ambigüité「曖昧さ」など. もし -guité と 綴ると読み方は /gi-te/ になってしまいます).

　しかし ë は, Noël /nɔ-ɛl/「クリスマス」, canoë /ka-nɔ-e/「カヌー」のように /ɛ/ や /e/ と読まれることもあるので, しばしば guë の読み方に迷います. そこで『新綴り』では, /y/ と発音する u の上にトレマを付けることになりました. たとえば「曖昧な」の女性形 は ambiguë ではなく ambigüe と綴り, 派生名詞もそれに合わせて ambigüité になりま す. なお, canoë は『新綴り』では canoé になります.

B. -té

【練習1】

基語が e (=脱落性の e) で終わる男女同形の形容詞には，そのまま -té を付け加えます.

1. (味・音・感触などの) 不快な刺激	〈âpre〉	＿＿＿＿＿＿
2. 純潔；貞節	〈chaste〉	＿＿＿＿＿＿
3. 奇妙さ	〈étrange〉	＿＿＿＿＿＿
4. (意志の)固さ；(物の)固さ	〈ferme〉	＿＿＿＿＿＿
5. 巧妙さ	〈habile〉	＿＿＿＿＿＿
6. 誠実さ	〈honnête〉	＿＿＿＿＿＿
7. 臆病；卑怯	〈lâche〉	＿＿＿＿＿＿
8. 貧しさ	〈pauvre〉	＿＿＿＿＿＿
9. 清潔さ	〈propre〉	＿＿＿＿＿＿
10. 稀なこと, 珍しさ	〈rare〉	＿＿＿＿＿＿
11. 汚さ；ごみ	〈sale〉	＿＿＿＿＿＿
12. (肉などの)柔らかさ	〈tendre〉	＿＿＿＿＿＿

〔解答〕

1. âpreté 2. chasteté 3. étrangeté 4. fermeté 5. habileté 6. honnêteté
7. lâcheté 8. pauvreté 9. propreté 10. rareté 11. saleté 12. tendreté

【練習2】

脱落性の e 以外で終わる形容詞については，形容詞の男性形に -té を付ける場合と，女性形に -té を付ける場合があります. 接尾辞は基語の形容詞の女性形に付くのが原則ですが (⇨ [しくみ51])，-té は形容詞の男性形に付くことがあります. このことは，他の大多数の接尾辞が母音や脱落性の e で始まるのに対して，-té は子音で始まっているという違いに関係しているようです.

(A) 〈男性形 + -té〉

1. 美しさ	〈beau, *belle*〉	＿＿＿＿＿＿
2. 善良さ	〈bon(ne)〉	＿＿＿＿＿＿
3. 高価なこと	〈cher, *-ère*〉	＿＿＿＿＿＿
4. 不愉快	〈contrarié(e) 気を悪くした〉	＿＿＿＿＿＿
5. 自慢	〈fier, *-ère*〉	＿＿＿＿＿＿
6. 新しさ	〈nouveau, *nouvelle*〉	＿＿＿＿＿＿
7. 変化に富むこと	〈varié(e)〉	＿＿＿＿＿＿

(B) 〈女性形 + -té〉

1. 古さ	〈ancien(ne)〉	＿＿＿＿＿＿
2. 固さ；厳しさ	〈dur(e)〉	＿＿＿＿＿＿

3. 誤り	⟨faux, -*sse*⟩	＿＿＿＿＿
4. 陽気さ	⟨gai(e)⟩	＿＿＿＿＿
5. 無作法	⟨grossi*er, -ère*⟩	＿＿＿＿＿
6. 軽さ	⟨léger, -*ère*⟩	＿＿＿＿＿
7. お人よし	⟨naïf, -*ve*⟩	＿＿＿＿＿
8. 明瞭さ	⟨net(te)⟩	＿＿＿＿＿
9. 無為	⟨oisif, -*ve*⟩	＿＿＿＿＿
10. 純粋さ	⟨pur(e)⟩	＿＿＿＿＿
11. 神聖さ	⟨saint(e)⟩	＿＿＿＿＿
12. 突然なこと	⟨soudain(e)⟩	＿＿＿＿＿
13. 主権	⟨souverain(e)⟩	＿＿＿＿＿
14. 確かさ；《古風》安全	⟨sûr(e)⟩	＿＿＿＿＿

〔解答〕

(A) 1. beauté 2. bonté 3. cherté 4. contrariété 5. fierté 6. nouveauté 7. variété

(B) 1. ancienneté 2. dureté 3. fausseté 4. gaieté (『新綴り』は男性形が基語の gaité) 5. grossièreté 6. légèreté 7. naïveté 8. netteté 9. oisiveté 10. pureté 11. sainteté 12. soudaineté 13. souveraineté 14. sûreté (『新綴り』では，形容詞男性単数形以外と派生名詞 sureté はアクサンなし)

【練習3】

脱落性の e 以外で終わる形容詞からの派生にはいくつかのパターンがあります．下記の(A)と(B)の基語は§8-1. に出てきました．

(A) 《派生のパターン：-al → -auté》

1. 共同体；共通性	⟨communal(e)⟩	＿＿＿＿＿
2. 誠実	⟨loyal(e)⟩	＿＿＿＿＿
3. 王位	⟨royal(e)⟩	＿＿＿＿＿

(B) 《派生のパターン：-el → -auté》
| 残酷さ | ⟨cruel(le)⟩ | ＿＿＿＿＿ |

(C) 《派生のパターン：-air → -arté》
| 明るさ | ⟨clair(e)⟩ | ＿＿＿＿＿ |

(D) 《派生のパターン：-ain → -anté》
| 健康 | ⟨sain(e)⟩ | ＿＿＿＿＿ |

〔解答〕

(A) 1. communauté 2. loyauté 3. royauté   (B) cruauté

(C) clarté (ai → a の変化 ⇨ [しくみ39])   (D) santé (ain → an の変化 ⇨ [しくみ53])

◗ 派生のしくみ 55 ― al, el と au の交替 ◗

eau と el の交替は§1-2. [練習7] (⇨ [しくみ16]) で見ました. 上記の (A) と (B) のように, al /al/ または el /ɛl/ が au /o/ (あるいは eau /o/) と交替することがあります. これまでも, (e)au から al, el の派生として, bur**eau** → bur**al**iste (§1-1. [練習9]), cerv**eau** → cerv**el**le (第1章の [総合練習6]), ch**au**x → c**al**caire (§7-3. [練習8]), ch**au**d → ch**al**eur (§13-1. [練習4]) が出てきました. 同様の交替は -al で終わる名詞の単数形と複数形の変化 (journ**al** ～ journ**au**x) にも見られます.

【練習4】

その他, 語幹が変化する変則的派生です.

1. (時間の)短さ 〈bref, *brève*〉 (brève...) ＿＿＿＿＿＿＿＿
2. 難しさ 〈difficile〉 (difficul...) ＿＿＿＿＿＿＿＿
3. 無料 〈gratuit(e)〉 (gratui...) ＿＿＿＿＿＿＿＿
4. 自由 〈libre〉 (liber...) ＿＿＿＿＿＿＿＿
5. 悪意, 意地の悪さ 〈méchant(e)〉 (méchance...) ＿＿＿＿＿＿＿＿
6. 血縁関係;《集合的に》親族 〈parent(e) 親戚の〉 (paren...) ＿＿＿＿＿＿＿＿
7. 思春期 〈pubère〉 (puber...) ＿＿＿＿＿＿＿＿

〖解答〗

1. brièveté 2. difficulté 3. gratuité (×gratuiteté ではない⇨下記の [しくみ56])
4. liberté 5. méchanceté (t → c の特殊変化. *cf.* part → parcelle (§3-2. [練習]))
6. parenté (×parenteté ではない⇨下記の [しくみ56])
7. puberté (×pubèreté ではない. 発音が同じため綴り字の変化が起こったと思われる)

◗ 派生のしくみ 56 ― 同音連続の回避 ◗

フランス語では, 同じ音が連続すると耳障りに感じられ, なるべくそれを避けようとします. これが理由で生まれた文法や綴り字の規則があります. 文法に関しては, 前置詞 de の後で不定冠詞の des や部分冠詞の du, de la などを省略することや, i- で始まる aller の単純未来形の前では y を使わないことなどです: chemin couvert de ~~des~~ feuilles mortes「落ち葉で覆われた道」, j'~~y~~ irai (正しくは j'irai)「私はそこへ行く」.

上記 [練習4] の gratuité と parenté の派生にも同音連続の回避がかかわっています. 基語の gratuit(e) と parent(e) からの派生形が ×gratuiteté と ×parenteté にならないのは /t/ の繰り返しを避けたためです. 有声と無声の違いだけの子音も同音とみなせば, 既出の類例として, oasis → (×oasisien) oasien (§1-3. [練習4]), coloris → (×colorisiste) coloriste (第1章の [総合練習1]) をあげることができます.

C. -éité, -iété

【練習】

接尾辞の異形の -éité または -iété を用いる派生です. ほとんどは語幹が変わります.

(A) -éité を用いる.

1. 防水性；気密性　　　　　　　〈étanche〉　　　　　　　＿＿＿＿＿＿＿

2. 不均質性　　　　　　　　　　〈hétérogène〉 (hétérogén...)　＿＿＿＿＿＿＿

3. 均質性　　　　　　　　　　　〈homogène〉 (homogén...)　＿＿＿＿＿＿＿

(B) -iété を用いる.

1. 心配, 不安　　　　　　　　　〈anxieux, -se〉 (anx...)　　＿＿＿＿＿＿＿

2. 周知；名声　　　　　　　　　〈notoire〉 (notor...)　　　＿＿＿＿＿＿＿

3. 信心　　　　　　　　　　　　〈pieux, -se〉 (p...)　　　＿＿＿＿＿＿＿

4. 所有物；大邸宅；特性　　　　〈propre〉　　　　　　　　＿＿＿＿＿＿＿

5. 節酒；簡素　　　　　　　　　〈sobre〉　　　　　　　　　＿＿＿＿＿＿＿

〔解答〕

(A) 1. étanchéité　2. hétérogénéité　3. homogénéité

(B) 1. anxiété　2. notoriété (oi → o の変化 ⇨ [しくみ41])　3. piété　4. propriété

　　5. sobriété

~~ 〖備考〗 ~~~~~~

　対応する基語が現存しないものや, 基語と派生語の関係が薄れてしまったものがあります. 下記の語の多くは第4章の形容詞派生の基語として出てきました.

autorité (命令・許可などの)権限；権威 〔auteur「作者；張本人」の関連語〕

capacité 能力；容量

cécité 盲目

équité 公平 〔équi- は「等しい」の意の語形成要素. *cf.* équilibre「平衡；均衡」,

　équivalence「同等, 等価」, *etc.*〕

faculté 能力；学部

majesté 威厳 〔majeur(e)「より大きい」の関連語〕

proximité 近いこと, 近接 〔proche「近い」の関連語〕

qualité 質 〔quel(le)「何の, どんな」の関連語〕

quantité 量

volonté 意志 〔vouloir「望む」の関連語〕

~~~~~~

4. -isme *(m)*

　-isme も形容詞をもとにして「性質・状態」を表す名詞を作りますが，名詞をもとに「活動，主義，教義」を意味する名詞を作ることもあります．その場合はしばしば§1-1.に出てきた -iste の名詞と対応します（例：journalisme「ジャーナリズム」～ journaliste「ジャーナリト」）．この項では，原則として，§1-1.に出てきた -iste から導ける -isme の語は載せていません．なお，-isme /-ism/ の綴りと発音が英語と異なることに注意しましょう．

【練習１】

　-isme を用いる規則的な派生です．この練習の基語は，3.以外は，形容詞としても名詞としても用いられます．また，派生語の -isme に対応する -iste の語はありません．

1. アマチュアであること；素人芸　　〈amateur〉　　　　　　＿＿＿＿＿＿
2. 無神論　　　　　　　　　　　　　〈athée〉　　　　　　　＿＿＿＿＿＿
3. 強盗行為　　　　　　　　　　　　〈bandit〉　　　　　　　＿＿＿＿＿＿
4. 二言語併用　　　　　　　　　　　〈bilingue〉　　　　　　＿＿＿＿＿＿
5. 盲目的愛国心　　　　　　　　　　〈chauvin(e)〉　　　　　＿＿＿＿＿＿
6. えこひいき　　　　　　　　　　　〈favori(te)〉　（*女性形が基語）＿＿＿＿＿＿
7. 遊牧生活　　　　　　　　　　　　〈nomade〉　　　　　　＿＿＿＿＿＿
8. 新教；プロテスタント教会　　　　〈protestant(e)〉　　　　＿＿＿＿＿＿
9. ボーイスカウト運動[活動]　　　　〈scout(e)〉　　　　　　＿＿＿＿＿＿
10. 上流気取り，スノビズム　　　　　〈snob〉　（*男女同形）　＿＿＿＿＿＿

〔解答〕

1. amateurisme　2. athéisme　3. banditisme　4. bilinguisme　5. chauvinisme
6. favoritisme　7. nomadisme　8. protestantisme　9. scoutisme　10. snobisme

【練習２】

　e のアクサンの変更や付加を伴う派生です．(A) の 2. と(B)の基語は名詞ですが，他は形容詞としても名詞としても用いられます．

(A) è が é に変わる．（⇨[しくみ4]）

《派生のパターン：-è□e → -é□isme》

1. 読み書きのできないこと　　　　　〈analphabète〉　　　　＿＿＿＿＿＿
2. 出世主義　　　　　　　　　　　　〈carrière 経歴；出世〉　＿＿＿＿＿＿
3. 模型作り　　　　　　　　　　　　〈modèle〉　　　　　　＿＿＿＿＿＿
4. 平行　　　　　　　　　　　　　　〈parallèle〉　　　　　＿＿＿＿＿＿

(B) e が é に変わる．（⇨[しくみ21]）

《派生のパターン：-er /-ɛːr/ → -érisme》

　　ギャング行為；悪徳行為　　　　　〈gangster ギャング(の一員)〉＿＿＿＿＿＿

〔解答〕

(A) 1. analphabétisme　2. carriérisme　3. modélisme〔modéliste には「模型製作者」のほかに「服飾デザイナー」の意味がある〕　4. parallélisme

(B) gangstérisme

【練習3】

　接尾辞の -al で終わる語は -alisme になりますが，-el で終わる語も -alisme に変わります(e と a の交替⇨[しくみ7])．§1-1.［練習6］に出てきた individuel → individualiste, réel → réaliste などの派生は individualisme, réalisme にも当てはまります．その他の若干の例を追加します(4.は語幹に含まれる nn が n に変わります)．

《派生のパターン：-el → -alisme》

1. 物質[実利]主義；唯物論　　　　　〈matériel(le)〉　　　　　_____

2. プロであること；プロ精神[意識]　〈professionnel(le)〉　　_____

3. 扇情主義, センセーショナリズム　〈sensationnel(le)〉　　　_____

4. 伝統への執着；伝統主義　〈traditionnel(le〉 (traditional...)　_____

〔解答〕

1. matérialisme〔matérialiste あり〕　2. professionnalisme　3. sensationnalisme〔sensationnaliste あり〕　4. traditionalisme〔traditionaliste あり〕

【練習4】

　接尾辞の -aire で終わる語は，-aire が --arisme に変わります(ai と a の交替⇨［しくみ39]）．基語は形容詞あるいは名詞です．この練習の基語は§1-4.あるいは§8-3.に出てきました).

《派生のパターン：-aire → -arisme》

1. 強権主義；権威主義　　　　〈autoritaire〉　　　　　_____

2. 平等主義　　　　　　　　　〈égalitaire〉　　　　　　_____

3. 官僚主義　　　　　　　　　〈fonctionnaire 公務員〉　_____

4. 軍国主義　　　　　　　　　〈militaire〉　　　　　　　_____

5. 議会主義[制度]　　　　　　〈parlementaire〉　　　　_____

6. 全体主義　　　　　　　　　〈totalitaire〉　　　　　　_____

〔解答〕

1. autoritarisme　2. égalitarisme〔égalitariste あり〕　3. fonctionnarisme〔*cf.* fonctionnel「機能的な」→ fonctionnalisme, fonctionnaliste「機能主義(者)」〕

4. militarisme〔militariste あり〕　5. parlementarisme　6. totalitarisme

【練習５】

　-ique(および -ïque)で終わる語を基語とするものがかなりあります.派生の仕方は２種類に分かれます.-ique が -isme に置き換わるものと,que が c に変わって -icisme になるものです (⇨[しくみ19]).この練習の基語の大半は§8-2.に出てきました.

(A) 《派生のパターン：-ique → -isme》

　1. (芸術・文芸などの)伝統主義, アカデミズム 〈académique〉 ＿＿＿＿＿＿

　2. アルコール中毒 〈alcoolique〉 ＿＿＿＿＿＿

　3. 時代錯誤 〈anachronique〉 ＿＿＿＿＿＿

　4. 古風 〈archaïque〉 ＿＿＿＿＿＿

　5. 陸上競技 〈athlétique〉 ＿＿＿＿＿＿

　6. 自動性；機械的[無意識的]行為 〈automatique〉 ＿＿＿＿＿＿

　7. 活力 〈dynamique〉 ＿＿＿＿＿＿

　8. 自己中心主義 〈égocentrique〉 ＿＿＿＿＿＿

　9. エロチシズム 〈érotique〉 ＿＿＿＿＿＿

　10. 異国趣味, 異国情緒 〈exotique〉 ＿＿＿＿＿＿

　11. 狂信 〈fanatique〉 ＿＿＿＿＿＿

　12. 英雄的精神 〈héroïque〉 ＿＿＿＿＿＿

　13. 馬術(競技) 〈hippique〉 ＿＿＿＿＿＿

　14. 叙情性 〈lyrique〉 ＿＿＿＿＿＿

　15. 磁気, 磁性 〈magnétique〉 ＿＿＿＿＿＿

　16. (機械などの)仕組み, 装置 〈mécanique〉 ＿＿＿＿＿＿

　17. 水上スポーツ 〈nautique〉 ＿＿＿＿＿＿

　18. 有機体；人体；機関 〈organique〉 ＿＿＿＿＿＿

　19. 愛国心 〈patriotique〉 ＿＿＿＿＿＿

　20. 心的現象, 心理現象 〈psychique〉 ＿＿＿＿＿＿

　21. ロマン主義 〈romantique〉 ＿＿＿＿＿＿

　22. たばこ中毒；たばこによる健康被害 〈tabagique〉 ＿＿＿＿＿＿

　23. 火山活動 〈volcanique〉 ＿＿＿＿＿＿

(B) 《派生のパターン：-ique → -icisme》

　1. カトリック；カトリック教義 〈catholique〉 ＿＿＿＿＿＿

　2. 古典主義 〈classique〉 ＿＿＿＿＿＿

　3. 懐疑論；懐疑主義 〈sceptique〉 ＿＿＿＿＿＿

　4. 禁欲主義 〈stoïque〉 ＿＿＿＿＿＿

〖解答〗

(A) 1. académisme　2. alcoolisme　3. anachronisme　4. archaïsme

　　5. athlétisme　6. automatisme　7. dynamisme　8. égocentrisme〔égocentrique

と同義の égocentriste がある〕　9. érotisme　10. exotisme　11. fanatisme
12. héroïsme　13. hippisme　14. lyrisme　15. magnétisme　16. mécanisme
17. nautisme　18. organisme　19. patriotisme　20. psychisme　21. romantisme
22. tabagisme　23. volcanisme

(B) 1. catholicisme　2. classicisme　3. scepticisme　4. stoïcisme

【練習6】

基語が -ain で終わるときは，ai が a に変わり，派生語は -anisme になります（ain と an の交替⇨[しくみ53]）．この練習の基語は§10-4. に出てきました．

《派生のパターン：-ain → -anisme》

1. 人文主義；人間主義　　　　　　　〈humain(e)〉　　　　　_____
2. 清教徒主義；厳正[厳格]主義　　　〈puritain(e)〉　　　　_____
3. 共和主義　　　　　　　　　　　　〈républicain(e)〉　　_____
4. 都市計画　　　　　　　　　　　　〈urbain(e)〉　　　　　_____

〔解答〕

1. humanisme〔humaniste あり〕　2. puritanisme　3. républicanisme
4. urbanisme〔urbaniste あり〕

【練習7】

変則的な派生をするものです．基語は形容詞あるいは名詞です（形容詞としても名詞としても用いられる語もあります）．

(A) 基語の末尾の母音がなくなる．

1. 読み書き能力が不十分なこと　〈illettré(e)〉 (illettr...)　　　_____
2. 男性優位主義，男尊女卑　　　〈macho /ma-tʃo/〉 (mach...)　_____
3. 新語；新語の使用　　　　　　〈néologie〉 (néolog...)　　　_____

(B) 接尾辞の交替．

1. 保守主義　　　　　　　　　　〈conservateur, -trice〉 (conservat...)　_____
2. 菜食主義　　　　　　　　　　〈végétarien(ne)〉 (végétar...)　_____

(C) その他，基語が変化するもの．

1. (頻繁な)欠席，欠勤　　　　　〈absent(e)〉 (absenté...)　　　_____
2. キリスト教　　　　　　　　　〈chrétien(ne)〉 (christian...)　_____
3. 無言　　　　　　　　　　　　〈muet(te)〉 (mut...)　　　　　_____
4. 裸体主義，ヌーディズム　　　〈nu(e)〉 (nud...)　　　　　　　_____
5. ポピュリズム　　　　　　　　〈peuple〉 (popul...)　　　　　_____
6. 厳格主義　　　　　　　　　　〈rigueur〉 (rigor...)　　　　　_____
7. 救急法，応急手当て　　　　　〈secours〉 (secour...)　　　　_____

〔解答〕

(A) 1. illettrisme　2. machisme /ma-(t)ʃism/　3. néologisme

(B) 1. conservatisme　2. végétarisme

(C) 1. absentéisme〔absentéiste あり〕　2. christianisme　3. mutisme　4. nudisme
　　〔nudiste あり〕　5. populisme〔populiste あり〕　6. rigorisme〔rigoriste あり〕
　　7. secourisme〔secouriste「救急隊員」あり〕

~~ 〖備考〗 ~~~~~~

(1) 対応するフランス語の基語がないものがあります(かっこ内の *cf.* は関連する「人」).

　　autisme　自閉(症) (*cf.* autiste)

　　égoïsme　利己主義 (*cf.* égoïste)〔基語のラテン語の ego「自我」(『新綴り』は égo)は
　　　哲学や精神医学などの専門用語として使われている〕

　　nihilisme　ニヒリズム, 虚無主義 (*cf.* nihiliste)

　　optimisme　楽天主義, 楽観論 (*cf.* optimiste)

　　pessimisme　悲観主義, 悲観論 (*cf.* pessimiste)

　　rhumatisme　リウマチ

　　séisme　地震

(2) 名詞や形容詞以外が基語になっているものもあります.

　　arrivisme　出世主義 ← arriver　出世する (*cf.* arriviste)

　　gargarisme　うがい薬；うがい ← (se) gargariser　うがいをする

　　jusqu'au-boutisme　徹底抗戦論 ← jusqu'au bout　最後まで, 徹底的に
　　　(*cf.* jusqu'au-boutiste)

　　je-m'en-fichisme = je-m'en-foutisme　無関心
　　　← je m'en fiche = je m'en fous　そんなことはどうだっていい
　　　(*cf.* je-m'en-fichiste = je-m'en-foutiste)

(3) 人名をもとに「…主義, …教」を意味する語が多数あります. いくつかの例をあげます
　　(下記の -isme の語は -iste の語に対応しています).

bonapartisme　ナポレオン主義[支持]	← Napoléon Bonaparte
	ナポレオン・ボナパルト
calvinisme　カルヴァン主義	← Calvin　カルヴァン
confucianisme　儒教	← Confucius　孔子
épicurisme　エピクロス主義；快楽[享楽]主義	← Épicure　エピクロス
gaullisme　ド・ゴール主義	← de Gaulle　ド・ゴール
léninisme　レーニン主義	← Lénine　レーニン
luthéranisme　ルター(派)の教義；ルター派	← Luther　ルター
maoïsme　毛沢東主義	← Mao Zedong　毛沢東
marxisme　マルクス主義	← Marx　マルクス

(4) 関連性のある語のそれぞれから -isme の派生語が作られている場合もあります(下記の -isme の語は -iste の語に対応しています).

⎧ centrisme 中道主義, 中道政治	← centre 中央
⎩ centralisme 中央集権制, 中央集権主義	← central 中央の
⎧ humanisme ユマニスム, 人道主義	← humain 人間の;人間的な
⎩ humanitarisme (非現実的な)人道主義	← humanitaire 人道(主義)的な
⎧ naturisme 自然(回帰)主義	← nature 自然
⎩ naturalisme (哲学・文学などの)自然主義	← naturel 自然の
⎧ purisme 純粋主義;潔癖	← pur 純粋な
⎩ puritanisme 清教徒主義;厳正主義	← puritain 清教徒(の)

(5) 国や地域の名前をもとに作られた -isme の語(基語は形容詞または名詞)は,国や地域の独自性,国や地域に特有の言語表現や芸術表現,習俗や気質,それらに対する関心や研究などを意味します. 下記の派生語の訳は多数あるので省きます.

　なお,基語の形容詞中の鼻母音の /ɛ̃/ が -isme の派生語では /an/ に(綴り字は ain または en が an に)なるものがかなりあり(⇨ [しくみ 53]),それらには * 印を付けてあります.

américanisme*	← américain(e);Amérique アメリカ(の)
anglicisme	← anglais(e);Angleterre イギリス(の)
arabisme	← arabe;Arabie アラビア(の)
canadianisme*	← canadien(ne);Canada カナダ(の)
européanisme*	← européen(ne);Europe ヨーロッパ(の)
gallicisme	← gaulois(e);Gaule ガリア(の)
germanisme*	← germain(e);Germanie ドイツ(の)
indianisme*	← indien(ne);Inde インド(の)
italianisme*	← italien(ne);Italie イタリア(の)
japonisme	← japonais(e);Japon 日本(の)
parisianisme*	← parisien(ne);Paris パリ(の)

~~~~~~

5. -ance *(f)*, -ence *(f)*

　-ance, -ence で終わる名詞は数百語あり,それらは -ant, -ent で終わる形容詞(名詞として用いられるものもあります)からほぼ規則的に作り出すことができます. この節の練習では,原則として,動詞から作られた -ance, -ence の名詞(⇨ 第3章 §6-4.)と動詞から作られた -ant(e), -ent(e) の形容詞(⇨ 第4章 §11-1.)以外の語を取り上げます.

【練習】

　-ance, -ence の名詞のほとんどは -ant, -ent の形容詞から規則的に派生させることができます.

(A) 《派生のパターン：-ant → -ance》

1. 雰囲気；環境 〈ambiant(e) 周囲の〉 _____
2. 救急車；(昔の)移動野戦病院 〈ambulant(e) 移動する〉 _____
3. 傲慢 〈arrogant(e)〉 _____
4. 好意 〈bienveillant(e)〉 _____
5. 恒常性 〈constant(e)〉 _____
6. 優雅 〈élégant(e)〉 _____
7. 悪意 〈malveillant(e)〉 _____
8. 無頓着 〈nonchalant(e)〉 _____
9. 冗長 〈redondant(e)〉 _____
10. 警戒 〈vigilant(e)〉 _____

(B) 《派生のパターン：-ent → -ence》

1. 不在；欠席 〈absent(e)〉 _____
2. 青年期 〈adolescent(e)〉 _____
3. (論理の)一貫性 〈cohérent(e)〉 _____
4. (処理・運用の)能力；専門知識 〈compétent(e)〉 _____
5. 意識 〈conscient(e)〉 _____
6. (病気の)回復期 〈convalescent(e)〉 _____
7. 恰幅(のよさ) 〈corpulent(e)〉 _____
8. 衰退, 退廃 〈décadent(e)〉 _____
9. 泡立ち；興奮 〈effervescent(e)〉 _____
10. 雄弁 〈éloquent(e)〉 _____
11. 明白さ 〈évident(e)〉 _____
12. 頻繁さ 〈fréquent(e)〉 _____
13. 寛大さ 〈indulgent(e)〉 _____
14. 無実 〈innocent(e)〉 _____
15. 無礼 〈insolent(e)〉 _____
16. 聡明さ 〈intelligent(e)〉 _____
17. 忍耐, 我慢 〈patient(e)〉 _____
18. 悔悛, 悔い改め 〈pénitent(e)〉 _____
19. 恒久性, 永続性；常時受付業務 〈permanent(e)〉 _____
20. 存在；出席 〈présent(e)〉 _____
21. 慎重さ 〈prudent(e)〉 _____
22. ためらい 〈réticent(e)〉 _____
23. 緊急 〈urgent(e)〉 _____
24. 暴力；荒々しさ 〈violent(e)〉 _____

(C) 特殊:《派生のパターン:-ant → -ence》

実在する;現行の 〈existant(e)〉 ＿＿＿＿＿＿

(D) 特殊:《派生のパターン:-geant → -gence》

要求;気難しさ 〈exigeant(e)〉 ＿＿＿＿＿＿

(E) 特殊:《派生のパターン:-que → -cence》

壮麗, 豪華 〈magnifique〉 ＿＿＿＿＿＿

〔解答〕

(A) 1. ambiance　2. ambulance　3. arrogance　4. bienveillance　5. constance

　　6. élégance　7. malveillance　8. nonchalance　9. redondance　10. vigilance

(B) 1. absence　2. adolescence　3. cohérence　4. compétence　5. conscience

　　6. convalescence　7. corpulence　8. décadence　9. effervescence　10. éloquence

　　11. évidence　12. fréquence　13. indulgence　14. innocence　15. insolence

　　16. intelligence　17. patience　18. pénitence　19. permanence　20. présence

　　21. prudence　22. réticence　23. urgence　24. violence

(C) existence (existant は§11-1.[練習1]で既出)

(D) exigence (exigeant は§11-1.[練習7]で既出)

(E) magnificence

6. -erie *(f)*

　-erie の付く派生名詞はあまり多くありません. 意味的には, 人の好ましくない性格や行動の特徴を表す語が大半です. 動詞からの派生語は§6-8.で見たので, ここでは形容詞からの派生語を取り上げます.

　　♦ -erie は「店」などや「集合・全体」や「行為」を表す名詞も作ります (⇨§2-3., §3-3., §6-8.).

【練習】

　-erie を用いて名詞を作りましょう.

(A) 規則的な派生.

1. 物見高いこと, 野次馬根性 〈badaud(e)〉 ＿＿＿＿＿＿

2. 奇妙 〈bizarre〉 ＿＿＿＿＿＿

3. ぶっきらぼう 〈brusque〉 ＿＿＿＿＿＿

4. 滑稽 〈drôle〉 ＿＿＿＿＿＿

5. いたずら 〈espiègle〉 ＿＿＿＿＿＿

6. (女性に対する)親切 〈galant(e)〉 ＿＿＿＿＿＿

7. 不器用さ 〈gauche〉 ＿＿＿＿＿＿

8. 飲酒癖 〈ivrogne 酒飲みの〉 ＿＿＿＿＿＿

9. 無愛想, 不機嫌；陰鬱　　　　〈maussade〉　　　　＿＿＿＿＿＿

10. 狭量　　　　　　　　　　　〈mesquin(e)〉　　　　＿＿＿＿＿＿

11. 甘ったるさ　　　　　　　　〈mièvre〉　　　　　　＿＿＿＿＿＿

12. 愚かさ　　　　　　　　　　〈niais(e)〉　　　　　　＿＿＿＿＿＿

13. 人嫌い, 非社交性；野蛮　　〈sauvage〉　　　　　　＿＿＿＿＿＿

(B) 基語の形容詞女性形が特殊.

1. おしゃれ　　　　　　　　　〈coquet(te)〉　　　　　＿＿＿＿＿＿

2. 臆病　　　　　　　　　　　〈poltron(ne)〉　　　　　＿＿＿＿＿＿

(C) 変則的な派生 (基語の末尾の母音がなくなる).

1. 厚かましさ　　　　　　　　〈effronté(e)〉　(effront...)　＿＿＿＿＿＿

2. 軽率さ　　　　　　　　　　〈étourdi(e)〉　(étourd...)　＿＿＿＿＿＿

〔解答〕

(A) 1. badauderie　2. bizarrerie　3. brusquerie　4. drôlerie　5. espièglerie

　　6. galanterie　7. gaucherie　8. ivrognerie　9. maussaderie　10. mesquinerie

　　11. mièvrerie　12. niaiserie　13. sauvagerie

(B) 1. coquetterie　2. poltronnerie

(C) 1. effronterie　2. étourderie (無強勢母音 e /ə/ への変化 ⇨ [しくみ 18])

　　〔*cf.* étourdissement「頭がぼうっとなること；めまい」(§6-2.[練習 2])〕

~~ 〖備考〗 ~~~~~~

(1) 人や動物を指す名詞を基語にして派生語を作ることがあります.

　　camaraderie 仲間関係；仲間意識　　　　← camarade 仲間

　　clownerie 道化, おどけ　　　　　　　　← clown (サーカスの)道化師

　　diablerie 魔法；魔性, 魔力　　　　　　← diable 悪魔

　　gaminerie 子供っぽい言動；子供っぽさ　← gamin(e) 子供

　　piraterie 海賊行為　　　　　　　　　　← pirate 海賊

　　ânerie 無知, 愚鈍　　　　　　　　　　← âne ロバ

　　chatterie 甘えること　　　　　　　　　← chat(te) 猫

　　cochonnerie 不潔　　　　　　　　　　← cochon(ne) 豚

　　singerie (猿のような)しかめ面；おどけた身振り　← singe 猿

　　vacherie 意地悪　　　　　　　　　　　← vache 雌牛

(2) 国を指す指す語(形容詞または名詞)が基語のものもあります.

　　chinoiserie 中国(風)の装飾品[置物]　　　　← chinois(e) 中国の

　　gauloiserie (陽気であけすけな)ガリア気質　← gaulois(e) ガリアの

　　japonaiserie, japonerie 日本の美術品[骨董品]　← japonais(e), Japon 日本(の)

~~~~~~

7. -ie *(f)*

-ie の付く形容詞派生の名詞は少数で，そのほとんどは人の性格や状態を表します.

♦ -ie は「店」などを表す名詞も作ります(⇨§2-3.).

【練習】

-ie を用いて名詞を作りましょう.

(A) 規則的な派生.

1. 野蛮 〈barbare〉 _____
2. 礼儀正しさ 〈courtois(e)〉 _____
3. 病気 〈malade〉 _____
4. 謙虚さ 〈modeste〉 _____
5. 単調さ 〈monotone〉 _____
6. 近視 〈myope〉 _____
7. 不実, 背信 〈perfide〉 _____
8. (語・表現の)同義性, 類義性 〈synonyme〉 _____

(B) 派生語の語末部の発音に注意.

1. 愚かさ 〈idiot(e)〉 _____
2. 無気力 〈inerte〉 _____

(C) 基語の形容詞女性形が特殊.

嫉妬 〈jalou*x, se*〉 _____

(D) 変則的な派生.

1. 狂気 〈fou, *folle*〉 (fol...) _____
2. 偽善 〈hypocrite〉 (hypocris...) _____

〚解答〛

(A) 1. barbarie 2. courtoisie 3. maladie 4. modestie 5. monotonie
   6. myopie 7. perfidie 8. synonymie

(B) 1. idiotie 2. inertie
   ＊これらの語の語末の-tie は /si/ と読みます. [コラム 11]を参照してください.

(C) jalousie   (D) 1. folie 2. hypocrisie

~~ 〚備考〛 ~~~~~~

(1) 人を表す名詞が基語になっているものもあります(下記のうちの -tie で終わる名詞は§
   8-2.[練習 3]で基語として既出).

   acrobatie 軽業   ← acrobate 軽業師
   aristocratie 貴族階級   ← aristocrate 貴族
   démocratie 民主主義   ← démocrate 民主主義者

diplomatie 外交	← diplomate 外交官
gastronomie 美食	← gastronome 美食家
tyrannie 専制政治	← tyran 専制君主

(2) 接尾辞であるか否かを問わず，-ie で終わる語はほとんどすべてが女性名詞ですが，次の2語は男性名詞です．

　génie 天才，incendie 火事

コラム 11 ― t を /s/ と読む場合

t を例外的に /s/ と読むのは接尾辞に関係する次のような場合です．

-tion /sjɔ̃/ ― animation, composition, production, *etc.* (§6-3.)

-tial /sjal/ ― abbatial, spatial, martial, *etc.* (§8-1.); partial (第4章の総合練習)

-tiel /sjɛl/ ― substantiel, présidentiel, essentiel, résidentiel, *etc.* (§8-1.)

-tieux /sjø/ ― minutieux, ambitieux, prétentieux (§9-1.)

-tien /sjɛ̃/, -tiate /sjat/ (主として固有名詞からの派生語) ― aoûtien (§1-3.); haïtien,
　haïtien, tahitien, égyptien, laotien, martien, vénitien (§10-3.); spartiate (§10-7.)

-tie /si/ (sortie などの動詞関連語を除く) ― acrobatie, aristocratie, démocratie,
　diplomatie (§8-2.); minutie (§9-1.); Croatie (§10-7.); idiotie, inertie (§13-7.)

ただし，st は常に /st/ と読みます：gestion, bestial, modestie, *etc.*

353

8. -itude *(f)* ｛異形 -ude｝

　-itude の基語になる形容詞は，人の性質や心理状態，ものごとの特質を表すものが多いです．わずかですが異形の -ude を用いる派生もあります．

【練習1】

　-itude を用いて名詞を作りましょう．

(A) 規則的な派生．

1. 幅；気温差；振幅	〈ample 幅[ゆとり]のある〉	＿＿＿＿＿＿
2. 適性，能力	〈apte〉	＿＿＿＿＿＿
3. 至福；この上ない満足	〈béat(e)〉	＿＿＿＿＿＿
4. 正確さ	〈exact(e) /ɛg-za(kt), ɛg-zakt/〉	＿＿＿＿＿＿
5. 不適性，不適格	〈inapte〉	＿＿＿＿＿＿
6. 不正確さ	〈inexact(e) /i-nɛg-za(kt), i-nɛg-zakt/〉	＿＿＿＿＿＿
7. 恩知らず，忘恩	〈ingrat(e)〉	＿＿＿＿＿＿
8. 平板さ	〈plat(e)〉	＿＿＿＿＿＿
9. 迅速，すばやさ	〈prompt(e) /prɔ̃(:)pt, prɔ̃(:p)t/〉	＿＿＿＿＿＿

第5章 「性質・状態」を表す名詞を作る

(B) 形容詞の女性形が派生語の語幹になる.

1. 倦怠(感) 〈las(se)〉 _____

2. 隷属 〈serf, -ve 《文》隷属的な〉 _____

(C) 基語の後半部分が -itude に変わる.

1. 確かさ 〈certain(e)〉 (cert...) _____

2. 習慣 〈habituel(le)〉 (hab...) _____

3. 茫然(ぼうぜん)自失 〈hébété〉 (hébét...) _____

4. 多数 〈multiple〉 (mult...) _____

5. 類似 〈similaire〉 (simil...) _____

6. 孤独 〈solitaire〉 (sol...) _____

(D) 変則的な派生 (基語の母音が変わる).

完全さ, 充実 〈plein(e) いっぱいの〉 (plén...) _____

〔解答〕

(A) 1. amplitude 2. aptitude 3. béatitude 4. exactitude 5. inaptitude

6. inexactitude 7. ingratitude 8. platitude 9. promptitude /prɔ̃(p)-ti-tyd/

(B) 1. lassitude 2. servitude

(C) 1. certitude 2. habitude 3. hébétude 4. multitude 5. similitude

6. solitude

(D) plénitude

【練習2】

異形の -ude を用いて名詞を作りましょう. 基語の e のアクサンが変化します.

1. 使われなくなること 〈désuet, -ète〉 (désuét...) _____

2. 不安 〈inquiet, -ète〉 (inquiét...) _____

3. 《文》平穏 〈quiet, -ète 《古》静かな〉 (quiét...) _____

〔解答〕

1. désuétude 2. inquiétude 3. quiétude

~~ 〖備考〗 ~~~~~~

基語が独立語として存在しないものや, 基語と派生語の関係が薄れてしまったものがあります.

altitude 高度；標高 〔haut(e)「高い」の関連語. cf. hauteur「高さ」〕

attitude 姿勢；態度 〔イタリア語経由の語で, aptitude「適性, 能力」と同語源〕

gratitude 感謝(の念) 〔対義語の ingratitude「恩知らず」から作られた. 基語の形容詞
×grat(e)は存在しない〕

latitude 緯度 〔large「幅の広い」の関連語. *cf.* largeur「幅」〕

longitude 経度 〔long(ue)「長い」の関連語. *cf.* longueur「長さ」〕

magnitude (星の)光度；(地震の)マグニチュード 〔magn(i)-は「大きい」を意味する
語形成要素. magnifique「すばらしい；壮麗な」も関連語〕

~~~~~~

9. -ice *(f)*, -ion *(f)*, -ise *(f)*, -ure *(f)*

これらの接尾辞も形容詞から名詞を作ります.

♦ -ice, -ise は「行為」を表す名詞も作ります (⇨§6-11.).

♦ -ion は「小さな…」や「行為」を表す名詞も作ります (⇨§3-2., §6-7.).

♦ -ure は「集合・全体」や「行為」を表す名詞も作ります (⇨§3-3., §6-9.).

【練習1】

-ice を用いて名詞を作りましょう (3. の基語は名詞).

1. けち, 吝嗇　　　　　　　　　　〈avare〉　　　　　　　_____

2. 公正さ　　　　　　　　　　　　〈juste〉　　　　　　　_____

3. 茶目っ気；《古》悪意　　　　　〈mal 悪〉　　　　　　_____

〔解答〕

1. avarice　2. justice　3. malice 〔基語と意味のずれがある. *cf.* malin, *maligne* (§
9-3.[練習1])

【練習2】

-ion を用いて名詞を作りましょう.

(A) 規則的派生.

1. 適合　　　　　　　　　　　　　〈adéquat(e) /a-de-kwa(t)/〉　_____

2. 簡潔さ　　　　　　　　　　　　〈concis(e)〉　　　　　　_____

3. 学識　　　　　　　　　　　　　〈érudit(e)〉　　　　　　_____

4. 決心のつかないこと　　　　　　〈indécis(e)〉　　　　　_____

5. 正確さ　　　　　　　　　　　　〈précis(e)〉　　　　　　_____

(B) e のアクサンに注意.

1. 控えめ　　　　　　　　　　　　〈discret, -*ète*〉 (discrét...)　_____

2. 無遠慮　　　　　　　　　　　　〈indiscret, -*ète*〉 (indiscrét...)　_____

〔解答〕

(A) 1. adéquation　2. concision　3. érudition　4. indécision　5. précision

(B) 1. discrétion　2. indiscrétion

【練習3】

-ise を用いて名詞を作りましょう.

(A) 規則的派生.

1. 愚かさ 　　　　　　　　　〈bête〉 　　　　　　　　　　　　　＿＿＿＿＿＿＿

2. 臨機応変の才能 　　　　　〈débrouillard(e)〉 　　　　　　　＿＿＿＿＿＿＿

3. 怠惰 　　　　　　　　　　〈fainéant(e)〉 　　　　　　　　　＿＿＿＿＿＿＿

4. お菓子 　　　　　　　　　〈friand(e) 大好物の；《古》おいしい〉 ＿＿＿＿＿＿＿

5. 食いしん坊 　　　　　　　〈gourmand(e)〉 　　　　　　　　＿＿＿＿＿＿＿

6. 裏切り 　　　　　　　　　〈traître〉 　　　　　　　　　　　＿＿＿＿＿＿＿

7. 自慢癖 　　　　　　　　　〈vantard(e)〉 　　　　　　　　　＿＿＿＿＿＿＿

(B) 形容詞女性形が基語になる.

1. 率直さ 　　　　　　　　　〈franc, *franche*〉 　　　　　　　＿＿＿＿＿＿＿

2. 愚かさ 　　　　　　　　　〈sot(te)〉 　　　　　　　　　　　＿＿＿＿＿＿＿

〔解答〕

(A) 1. bêtise　2. débrouillardise　3. fainéantise　4. friandise　5. gourmandise

　　6. traîtrise (『新綴り』はアクサンなしの traitre, traitrise)　7. vantardise

(B) 1. franchise　2. sottise

【練習4】

-ure を用いて名詞を作りましょう.

(A) 規則的派生.

1. 勝手気まま 　　　　　　　〈désinvolte〉 　　　　　　　　　＿＿＿＿＿＿＿

2. 正しさ 　　　　　　　　　〈droit(e)〉 　　　　　　　　　　＿＿＿＿＿＿＿

3. 霜焼け；《文》寒気 　　　　〈froid(e) 冷たい；寒い〉 　　　　＿＿＿＿＿＿＿

(B) 基語の語末が変わる.

　　(草木の)緑 　　　　　　　〈vert(e)〉 (verd...) 　　　　　　＿＿＿＿＿＿＿

〔解答〕

(A) 1. désinvolture　2. droiture　3. froidure

(B) verdure (vert の古形の *verd* が基語. *cf.* verdâtre (§12-2.[練習]), verdeur (§13-

　　1.[練習4]))

~~ 〔備考〕 ~~~~~~

(1) -ice に関して ― exercice, service など, 動詞派生の「行為」を表す語は男性名詞です
　　(⇨§6-11.). 次にあげるように, 派生語ではない-ice で終わる語は男性名詞が大半ですが,
　　女性名詞もあります.

[男性名詞]	[女性名詞]
appendice (巻末の)付録, 補遺	cicatrice 傷痕
armistice 休戦(協定)	notice 説明書
artifice 策略	
caprice 気まぐれ	
hospice 養護施設	
indice 徴候；指数	
précipice 断崖	
vice 悪徳；欠陥	

なお，délice は男性名詞で「心地よさ，甘美」，女性名詞複数形で「無上の喜び，悦楽」を意味します．office は男性名詞で「事業所」ですが，古くは女性名詞で「配膳室」を意味しました(現用では男性名詞)．

(2) -ise に関して ― 基語が名詞のものもあります．

expertise (専門家による)鑑定, 査定 ← expert 専門家

maîtrise 制御；抑制；修士号 ← maître 主人；師；支配者 (『新綴り』はアクサンなし)

marchandise 商品 ← marchand 商人

~~~~~~

コラム 12 ― 名詞化した形容詞と形容詞派生の名詞

形容詞の多くが名詞としても用いられますが，名詞化した形容詞と，形容詞から派生した接尾辞付きの名詞は，意味的なつながりがあるとしても，それぞれの表すものごとが異なります．いくつかの例をあげます．

- le bas 低いところ，下の部分
- la bassesse 卑劣，下劣
- le faible (特別な)好み，大好きなもの
- la faiblesse 弱さ
- le froid 寒さ，冷たさ
- la froideur (性格・態度の)冷たさ，冷淡
- la froidure 霜焼け；《文》寒気
- le jeune 若い人，若者
- la jeunesse 青春時代；若さ；《集合的に》若い人たち
- le nécessaire 《集合的に》必需品
- la nécessité 必要(性)
- le rouge 赤
- la rougeur (顔の)紅潮
- le total 総計
- la totalité 全体

357

第5章「性質・状態」を表す名詞を作る

第5章の総合練習

【練習1】

空欄に当てはまる派生名詞を，必要な場合は複数形にして，空欄に書き入れましょう．同じ形容詞を2度以上使うことがあります．すべて既出の語です（基語の形容詞は男性単数形を載せてあります）．

1. cher に関連する派生名詞2語．

   (a) la ＿＿＿＿＿＿ de la vie　物価高

   (b) un concert de ＿＿＿＿＿＿　チャリティーコンサート

2. froid に関連する派生名詞2語．

   (a) La ＿＿＿＿＿＿ est la lésion de la peau causée par le froid.
       霜焼けは寒さで引き起こされる皮膚の損傷である．

   (b) la ＿＿＿＿＿＿ de son caractère　彼(女)の性格の冷たさ

   (c) la ＿＿＿＿＿＿ de l'aube　夜明けの寒気

3. gros に関連する名詞2語．

   (a) une ＿＿＿＿＿＿ excessive　過度の肥満

   (b) une pierre de la ＿＿＿＿＿＿ du poing　こぶし大の石

   (c) être au sixième mois de sa ＿＿＿＿＿＿　妊娠6か月目である

4. juste に関連する名詞2語．

   (a) traiter les gens avec ＿＿＿＿＿＿　人々を公平に扱う

   (b) la ＿＿＿＿＿＿ d'une revendication　要求の正当性

   (c) la Palais de ＿＿＿＿＿＿　裁判所

   (d) décrire un évènement avec ＿＿＿＿＿＿　出来事を正確に記述する

   (e) attraper le train de ＿＿＿＿＿＿　ぎりぎりのところで列車に間に合う

5. large に関連する名詞2語．

   (a) la ＿＿＿＿＿＿ d'une rivière　川の幅

   (b) la ＿＿＿＿＿＿ d'esprit　心の広さ

   (c) dépenser avec ＿＿＿＿＿＿　気前よく金を使う

   (d) faire de folles ＿＿＿＿＿＿　法外な贈物をする

6. propre に関連する名詞2語．

   (a) aimer la ＿＿＿＿＿＿　きれい好きである

   (b) les ＿＿＿＿＿＿ physiques d'un métal　ある金属の物理的特性

   (c) posséder une ＿＿＿＿＿＿ en banlieue　郊外に大邸宅を所有している

7. stupide に関連する派生名詞2語．

   (a) la ＿＿＿＿＿＿ de la guerre　戦争の愚かさ

   (b) être frappé(e)de ＿＿＿＿＿＿　茫然(ぼうぜん)とする

8. sûr に関連する名詞 2 語.

(a) la ＿＿＿＿＿＿ de jugement　判断の確かさ

(b) Prudence est mère de ＿＿＿＿＿＿.　《諺》用心は安全の母

(c) veiller à la ＿＿＿＿＿＿ des enfants　子供たちの安全に気を配る

(d) attacher la ceinture de ＿＿＿＿＿＿　安全ベルトを締める

(e) la ＿＿＿＿＿＿ (*語頭は大文字) sociale　社会保障

9. tendre に関連する名詞 2 語.

(a) la ＿＿＿＿＿＿ de la viande　肉の柔らかさ

(b) la ＿＿＿＿＿＿ maternelle　母の愛

10. vert に関連する名詞 2 語.

(a) un tapis de ＿＿＿＿＿＿　緑の絨毯(じゅうたん), 芝生

(b) un vieillard encore plein de ＿＿＿＿＿＿
　　まだかくしゃくとしている老人

〔解答〕

1. (a) cherté (b) charité　2. (a) froidure (b) froideur (c) froidure

3. (a) grosseur (b) grosseur (c) grossesse　4. (a) justice (b) justice (c) justice
(d) justesse (e) justesse　5. (a) largeur (b) largeur (c) largesse (d) largesse

6. (a) propreté (b) propriétés (c) propriété　7. (a) stupidité (b) stupeur

8. (a) sûreté (『新綴り』は sureté) (b) sûreté (c) sécurité (d) sécurité (e) Sécurité

9. (a) tendreté (b) tendresse　10. (a) verdure (b) verdeur

【練習 2 】

　(a) と (b) の文がほぼ同じ意味になるように, (a) の下線部の形容詞からの派生名詞を, 必要な場合は複数形にして, (b) の空欄に書き入れましょう. すべて既出の語です. なお, 解答は [1] と [2] のそれぞれの後に載せてあります.

[1] 並置された 2 つの文(=重文)から 1 つの文(=単文)への変化.

(A) 先行文の属詞形容詞からの派生名詞が単文の主語になる.

1. Pierre est curieux ; cela l'a emmené dans un quartier inconnu.
　　ピエールは好奇心が強い. それで見知らぬ界隈を探訪したのだ.
　　→ La ＿＿＿＿＿＿ de Pierre l'a emmené dans un quartier inconnu.

2. Tu es étourdi(e) ; c'est la cause de cette erreur.
　　君はそそっかしい. それがこのミスの原因だ.
　　→ Ton ＿＿＿＿＿＿ est la cause de cette erreur.

3. Paul est très exigeant ; cela ne facilite pas les relations avec lui.
　　ポールはとても気難しい. だから彼と付き合うのは楽でなない.
　　→ La grande ＿＿＿＿＿＿ de Paul ne facilite pas les relations avec lui.

4. Marie est jalouse ; cela éloigne d'elle ses petits amis.

マリーは嫉妬深い．そのことが恋人たちを彼女から遠ざける．

→ La ＿＿＿＿＿＿ de Marie éloigne d'elle ses petits amis.

5. Il est loyal et discret ; cela inspire confiance.

彼は誠実で謙虚だ．それは信頼感を抱かせる．

→ Sa ＿＿＿＿＿＿ et sa ＿＿＿＿＿＿ inspirent confiance.

6. Ce poème est lyrique ; cela empoigne le lecteur.

この詩は叙情的だ．そのことが読者の心をとらえる．

→ Le ＿＿＿＿＿＿ de ce poème empoigne le lecteur.

7. Cet enfant est maladroit ; c'est la cible des moqueries de ses camarades.

この子は不器用だ．それが仲間からの物笑いの種になっている．

→ La ＿＿＿＿＿＿ de cet enfant est la cible des moqueries de ses camarades.

8. Cet outil est maniable ; cela permet de travailler facilement.

この道具は扱いやすい．だから簡単に仕事することができる．

→ La ＿＿＿＿＿＿ de cet outil permet de travailler facilement.

9. Elle était mince ; cela faisait l'admiration de ses amies.

彼女はほっそりとしていた．それは友人たちの感嘆の的だった．

→ Sa ＿＿＿＿＿＿ faisait l'admiration de ses amis.

10. La chambre était obscure ; cela m'empêchait de voir nettement son visage.

部屋は薄暗かった．それで私には彼(女)の顔がはっきり見えなかった．

→ L'＿＿＿＿＿＿ de la chambre m'empêchait de voir nettement son visage.

11. L'orage est devenu violent ; cela nous a beaucoup surpris.

雷雨が激しくなった．そのことは私たちをとても驚かせた．

→ La ＿＿＿＿＿＿ de l'orage nous a beaucoup surpris.

(B) 先行文の属詞形容詞からの派生名詞が単文の目的語や形容詞の補語になる．

1. Vous êtes apte à cette fonction ; personne ne conteste cela.

あなたはこの職に適している．誰もそのことを疑わない．

→ Personne ne conteste votre ＿＿＿＿＿＿ à cette fonction.

2. Ces étudiants sont assidus ; leur professeur apprécie cela.

この学生たちは勤勉だ．教師はそのことを高く評価している．

→ Leur professeur apprécie l'＿＿＿＿＿＿ de ces étudiants.

3. Ces renseignements sont exacts ; j'en suis sûr(e).

これらの情報は正確だ．私はそのことを確信している．

→ Je suis sûr(e) de l'＿＿＿＿＿＿ de ces renseignements.

4. Ces pays lointains sont exotiques ; j'adore cela.

これら遠くの国々はエキゾチックだ．私はそのことが大好きだ．

→ J'adore l'_____ de ces pays lointains.

5. Cet homme est <u>franc</u> ; j'aime cela.

その男は率直だ．私はそのことが好きだ．

→ J'aime la _____ de cet homme.

(C) 先行文の属詞形容詞からの派生名詞が単文の状況補語になる．

1. Les vendeurs sont <u>aimables</u> ; grâce à cela, ce magasin attire la clientèle.

店員たちは愛想がいい．そのおかげでこの店は顧客を引き寄せている．

→ Grâce à l'_____ des vendeurs, ce magasin attire la clientèle.

2. Françoise est <u>intelligente</u> et <u>modeste</u> ; c'est pour cela que nous l'aimons.

フランソワーズは聡明で謙虚だ．だから私たちは彼女を愛している．

→ Nous aimons Françoise pour son _____ et pour sa _____.

3. Les impôts sont <u>lourds</u> ; à cause de cela, on mène une vie difficile.

税が重い．そのために人々は苦しい生活を送っている．

→ On mène une vie difficile à cause de la _____ des impôts.

〘解答〙［1］

(A) 1. curiosité 2. étourderie 3. exigence 4. jalousie 5. loyauté - discrétion
    6. lyrisme 7. maladresse 8. maniabilité 9. minceur 10. obscurité
    11. violence

(B) 1. aptitude 2. assiduité 3. exactitude 4. exotisme 5. franchise

(C) 1. amabilité 2. intelligence - modestie 3. lourdeur

［2］同一文中での形容詞から名詞への変化．

＊〈être［または devenir］＋属詞形容詞〉と派生名詞の文中での機能によって，以下の(A)
から(D)に分類してあります．

(A) 主語 － 不定詞に後続する属詞形容詞または名詞節中の属詞形容詞が派生名詞になる．

1. Être <u>gourmand</u> n'est pas toujours considéré comme un défaut.

食いしん坊であることは必ずしも欠点とはみなされない．

→ La _____ n'est pas toujours considérée comme un défaut.

2. Être <u>sobre</u> est une condition de la bonne santé.

酒を控えることは健康の条件の一つだ．

→ La _____ est une condition de la bonne santé.

3. Que ce tableau soit <u>authentique</u> est garanti par les experts.

この絵が本物であることは専門家に保証されている．

→ L'_____ de ce tableau est garantie par les experts.

(B) 目的語 － 不定詞に後続する属詞形容詞または名詞節中の属詞形容詞が派生名詞になる.

1. Il faut apprendre aux jeunes gens à être courtois.

   礼儀正しくすることを若者たちに教えなければならない.

   → Il faut apprendre la ＿＿＿＿＿＿＿ aux jeunes gens.

2. Il n'a jamais eu honte d'être infirme.

   彼は身体障害のあることを恥じたことは一度もない.

   → Il n'a jamais eu honte de son ＿＿＿＿＿＿＿.

3. L'inculpé affirme être innocent.

   被疑者は無実であると主張している.

   → L'inculpé affirme son ＿＿＿＿＿＿＿.

4. Nous regrettons que votre séjour à Paris soit bref.

   あなたのパリ滞在が短いことを私たちは残念に思います.

   → Nous regrettons la ＿＿＿＿＿＿＿ de votre séjour à Paris.

5. Ce jeune homme ne s'attendait pas à ce qu'il devienne tellement célèbre.

   この青年は自分がそんなに有名になるとは予期していなかった.

   → Ce jeune homme ne s'attendait pas à une telle ＿＿＿＿＿＿＿.

6. Le témoin nie qu'ils soient coupables.

   証人は彼らが有罪であることを否認している.

   → Le témoin nie leur ＿＿＿＿＿＿＿.

7. Je ne supporte plus qu'elle soit désinvolte.

   私は彼女が勝手気ままなことにもう我慢できない.

   → Je ne supporte plus sa ＿＿＿＿＿＿＿.

8. Je m'étonne qu'elle soit effrontée.

   彼女が厚かましいのには驚くよ.

   → Je m'étonne de son ＿＿＿＿＿＿＿.

9. Il ne tolère pas que ses élèves soient fainéants.

   彼は生徒たちが怠惰であることを大目に見ることはしない.

   → Il ne tolère pas la ＿＿＿＿＿＿＿ de ses élèves.

10. Une série d'expériences montre que cette hypothèse est fausse.

    一連の実験はその仮説が誤りであることを示している.

    → Une série d'expériences montre la ＿＿＿＿＿＿＿ de cette hypothèse.

11. Tout le monde croit que l'appréciation du jury est impartiale.

    審査委員会の評価は公正だと誰もが信じている.

    → Tout le monde croit à l'＿＿＿＿＿＿＿ de l'appréciation du jury.

12. Le conducteur qui a causé l'accident a admis qu'il était imprudent.

    事故を起こした運転手は自分が不注意だったことを認めた.

→ Le conducteur qui a causé l'accident a admis son _____ .

13. Il se plaint que son salaire soit <u>insuffisant</u>.

彼は給料が不十分だと不満を漏らしている.

→ Il se plaint de l'_____ de son salaire.

14. Je m'énerve de ce que sa réaction est <u>lente</u>.

彼(女)の反応が遅くて私はいらいらする.

→ Je m'énerve de la _____ de sa réaction.

15. Il a souligné que cette réforme était <u>nécessaire</u>.

彼はこの改革が必要であることを強調した.

→ Il a souligné la _____ de cette réforme.

16. Je doute que les médias soient <u>objectifs</u>.

私はメディアが客観的であるかどうか疑っている.

→ Je doute de l'_____ des médias.

17. Ce joueur de tennis a dû reconnaître que son adversaire lui était <u>supérieur</u>.

そのテニスプレーヤーは相手が優れていることを認めざるをえなかった.

→ Ce joueur de tennis a dû reconnaître la _____ de son adversaire.

(C) 状況補語 — 副詞節中の属詞形容詞が副詞句中の派生名詞になる.

1. L'incendie s'est déclaré quand les occupants étaient <u>absents</u>.

火災は居住者が留守の間に発生した.

→ L'incendie s'est déclaré en l'_____ des occupants.

2. Bien qu'il soit <u>excentrique</u>, cet artiste a certainement du talent.

このアーティストは風変わりだが, たしかに才能がある.

→ Malgré son _____ , cet artiste a certainement du talent.

3. Mon père était très sportif quand il était <u>jeune</u>.

父は若い頃とてもスポーツ好きだった.

→ Mon père était très sportif dans sa _____ .

4. S'ils avaient été <u>patients</u>, ils seraient arrivés à leurs fins.

忍耐強かったら, 彼らは目的を達することができただろう.

→ Avec de la _____ , ils seraient arrivés à leurs fins.

5. On devrait faire plus d'investissement pour que l'industrie soit <u>prospère</u>.

産業が繁栄するためにより多くの投資すべきだろう.

→ On devrait faire plus d'investissement pour la _____ de l'industrie.

6. Parce qu'elle est <u>rare</u> et <u>chère</u>, on surnomme la truffe « le diamant noir ».

希少で高価なので, トリュフには「黒いダイヤ」の異名がある.

→ En raison de sa _____ et de sa _____ , on surnomme la truffe « le diamant noir ».

(D) 属詞 － 属詞形容詞が(前置詞＋)派生名詞になる.

1. Ce vieillard était excessivement avare.

   その老人は度はずれにけちだった.

   → Ce vieillard était d'une ＿＿＿＿＿＿ excessive.

2. Il est incroyablement bête.

   彼は信じられないほど愚かだ.

   → Il est d'une ＿＿＿＿＿＿ incroyable.

3. Cet appareil électrique est conforme aux normes de sécurité.

   この電気器具は安全規格にかなっている.

   → Cet appareil électrique est en ＿＿＿＿＿＿ avec les normes de sécurité.

4. Le comportement de cette dame est extrêmement élégant.

   その婦人の振る舞いは極めて優雅だ.

   → Le comportement de cette dame est d'une extrême ＿＿＿＿＿＿.

5. Il est évident que la situation se détériore de plus en plus.

   状況がますます悪化していることは明らかだ.

   → C'est une ＿＿＿＿＿＿ que la situation se détériore de plus en plus.

6. Il a été très gentil avec moi.

   彼は私にとても親切にしてくれた.

   → Il a été d'une grande ＿＿＿＿＿＿ avec moi.

7. Ils sont inquiets pour l'avenir de leur enfant.

   彼らは子供の行く末を案じている.

   → Ils sont dans l'＿＿＿＿＿＿ pour l'avenir de leur enfant.

8. Cet hôtel est tout proche de la gare.

   そのホテルは駅のすぐ近くにある.

   → Cet hôtel est à ＿＿＿＿＿＿ de la gare.

(E) 名詞を直接修飾する付加形容詞が派生名詞になり，被修飾語である名詞が派生名詞の補語(＝前置詞 de に導かれた語群)になる

1. Nous sommes gênés par cette réponse ambiguë.

   その曖昧な回答に私たちは困惑している.

   → Nous sommes gênés par l'＿＿＿＿＿＿ de cette réponse.

2. Les touristes découvriront les paysages variés de cette île.

   観光客はその島の多彩な風景を目にするだろう.

   → Les touristes découvriront la ＿＿＿＿＿＿ des paysages de cette île.

3. Dans certains pays, la peau blanche est considérée comme un signe de beauté.

   ある国々では，白い肌は美しさの象徴とみなされている.

→ Dans certains pays, la _____ de la peau est considérée comme un signe de beauté.

4. Cette région est bien connue pour son climat doux et ses habitants hospitaliers.

その地方は温暖な気候ともてなし好きな住民でよく知られている.

→ Cette région est bien connue pour la _____ de son climat et l'_____ de ses habitants.

5. J'ai été très impressionné par son attitude ferme.

私は彼(女)の毅然とした態度に大変感銘を受けた.

→ J'ai été très impressionné par la _____ de son attitude.

6. Il est difficile de le faire sortir de son état inerte.

彼を無気力な状態から抜け出させるのは難しい.

→ Il est difficile de le faire sortir de son _____.

(*形容詞の名詞化によって，その名詞の意味に含まれる état が省略できる)

7. Cet enfant dit quelquefois des choses méchantes à ses camarades.

この子は仲間たちに時々意地悪なことを言う.

→ Cet enfant dit quelquefois des _____ à ses camarades.

(*形容詞の名詞化によって，その名詞の意味に含まれる choses が省略できる)

8. La montagne nous offre son air pur, ses torrents frais et ses nuits tranquilles.

山は澄んだ空気や冷たい渓流や静かな夜を私たちに与えてくれる.

→ La montagne nous offre la _____ de son air, la _____ de ses torrents et la _____ de ses nuits.

9. Les spectateurs admirent les gymnastes si souples.

観客はとてもしなやかな女子体操選手に感嘆している.

→ Les spectateurs admirent la grande _____ des gymnastes.

〔解答〕[2]

(A) 1. gourmandise 2. sobriété 3. authenticité

(B) 1. courtoisie 2. infirmité 3. innocence 4. brièveté 5. célébrité
   6. culpabilité 7. désinvolture 8. effronterie 9. fainéantise 10. fausseté
   11. impartialité 12. imprudence 13. insuffisance 14. lenteur 15. nécessité
   16. objectivité 17. supériorité

(C) 1. absence 2. excentricité 3. jeunesse 4. patience 5. prospérité
   6. rareté - cherté

(D) 1. avarice 2. bêtise 3. conformité 4. élégance 5. évidence
   6. gentillesse 7. inquiétude 8. proximité

(E) 1. ambiguïté 2. variété 3. blancheur 4. douceur - hospitalité 5. fermeté

6. inertie　7. méchancetés　8. pureté - fraîcheur (『新綴り』は fraicheur) - tranquillité　9. souplesse

[3] 動詞が変わることによって，派生名詞が目的語，状況補語，主語などさまざまな働きをする．(*主語が変わる 16. と 17. は 2 つ目の文にも訳を添えてあります.)

1. Ils ne sont pas assez <u>vigilants</u>.

　　彼らはあまり用心深くない.

　　→ Ils n'ont pas assez de ＿＿＿＿＿＿＿.

2. En prononçant ces paroles, il n'était pas <u>délicat</u>.

　　そうした発言をするとは，彼にはデリカシーがなかった.

　　→ En prononçant ces paroles, il manquait de ＿＿＿＿＿＿＿.

3. Ils sont <u>fous</u> de rock.

　　彼らはロックに熱中している.

　　→ Ils ont la ＿＿＿＿＿＿＿ du rock.

4. Il n'est pas du tout <u>ponctuel</u> : il arrive toujours en retard.

　　彼はまったく時間を守らない. いつも遅れて着く.

　　→ Il n'a aucune ＿＿＿＿＿＿＿ : il arrive toujours en retard.

5. Nous sommes <u>certains</u> qu'il gagnera le match.

　　私たちは彼が試合に勝つと確信している.

　　→ Nous avons la ＿＿＿＿＿＿＿ qu'il gagnera le match.

6. Elle deviendra <u>majeure</u> dans un mois.

　　彼女はひと月後に成人に達する.

　　→ Elle atteindra sa ＿＿＿＿＿＿＿ dans un mois.

7. Il se demande si son fils est <u>capable</u> de continuer ses études.

　　彼は息子が学業を続ける能力があるのか疑問に思っている.

　　→ Il s'interroge sur la ＿＿＿＿＿＿＿ de son fils à continuer ses études.

8. De larges fenêtres rendent le salon très <u>clair</u>.

　　大きな窓がサロンをとても明るくしている.

　　→ De larges fenêtres donnent une grande ＿＿＿＿＿＿＿ au salon.

9. Il s'est montré <u>généreux</u> avec ses camarades.

　　彼は仲間に気前のよいところを見せた.

→　Il a fait preuve de ＿＿＿＿＿＿＿ avec ses camarades.

10. Tu as été <u>impoli(e)</u> envers lui.

　　君は彼に対して失礼だった.

　　→ Tu as commis une ＿＿＿＿＿＿＿ envers lui.

11. Cet homme politique était gravement <u>malade</u>.

その政治家は重い病気にかかっていた.

→ Cet homme politique était atteint d'une _____ grave.

12. Si les acteurs sont <u>populaires</u>, c'est souvent éphémère.

俳優が人気があるとしても，それは束の間のことが多い.

→ La _____ des acteurs est souvent éphémère.

13. Ce texte est <u>facile</u> à comprendre.

このテキストはわかりやすい.

→ Ce texte se comprend avec _____.

14. Je suis <u>impatient(e)</u> de connaître les résultats du concours.

私はコンクールの結果を早く知りたくてたまらない.

→ J'attends avec _____ de connaître les résultats du concours.

15. Les critiques sont <u>unanimes</u> à apprécier ce film.

評論家はこぞってこの映画を高く評価している.

→ Les critiques apprécient ce film à l'_____.

16. La Seine est <u>longue</u> de 780 km.

セーヌ川は780キロの長さがある.

→ La _____ de la Seine est de 780 km.

セーヌ川の長さは780キロだ.

17. Mon grand-père est <u>fier</u> de ce tableau obtenu aux enchères.

祖父はオークションで手に入れたこの絵を自慢に思っている.

→ Ce tableau obtenu aux enchères est la _____ de mon grand-père.

オークションで手に入れたこの絵は祖父の自慢だ.

〖解答〗[3]

1. vigilance   2. délicatesse   3. folie   4. ponctualité   5. certitude   6. majorité
7. capacité   8. clarté   9. générosité   10. impolitesse   11. maladie   12. popularité
13. facilité   14. impatience   15. unanimité   16. longueur   17. fierté

第6章 動詞を作る

visiter「訪問する」→ visite「訪問」のような逆派生の例は第2章の§7で見ました. そこで述べたように, すべての動詞関連名詞について逆派生か接尾辞派生かを判定するのは困難であり, 現用語の学習に不可欠なことでもありません. この章では, 主に具体的事物を表す名詞と対応する動詞を接尾辞派生とみなして, 基語から動詞を作り出す練習をします. なお, 接頭辞の付いた動詞はここでは扱いません. 接頭辞派生については第3巻『語彙と表現』の第3章を参照してください.

§14 名詞・形容詞から動詞を作る接尾辞

フランス語では, 名詞や形容詞の形のままで動詞として用いることはできません. 接尾辞を付けて動詞に変えます. 動詞を作る接尾辞は一般に不定詞語尾と呼ばれます.

名詞・形容詞から動詞を作る接尾辞は, -er 動詞の語尾の -er と, -ir 動詞の語尾の -ir です (ただし現在でも造語力を持つのは -er だけです). -er の下位類として, -iser, -ifier, -oyer や, 主に動詞からの派生動詞を作るその他の接尾辞 (§14-6.) があります.

☆☆☆ -er （§14-1.）
 ☆☆ -ir （§14-2.）
 ☆☆ -iser （§14-3.）
 ☆☆ -ifier （§14-4.）
  ☆ -oyer （§14-5.）
  ☆ -ailler, -asser, -eter, -iller, -iner, -onner, -oter, -ouiller （§14-6.）

---

1. -er

-er 動詞はフランス語の動詞全体の約90パーセントを占め, 現在もその数を増やしています. 新語や外来語を動詞にするときは -er 動詞にするからです. たとえば, pacs「連帯市民協約」から pacser, 英語の *blog*「ブログ」から bloguer, *chat*「チャット」から chatter, *tweet*「ツイート」から tweeter といった具合です. こうして作られる名詞基語 (および形容詞基語) の -er 動詞は数えきれないほどあります. 以下の練習では基本語彙とみなせるものだけ取り上げますが, それでもかなりの数になります.

【練習1】

次の名詞に対応する -er 動詞を書きましょう. 数が多いので, 基語名詞と派生動詞の主要な意味関係によって下記の (A) から (G) におおまかに分類しました. 基語の日本語訳は必要と思われる場合にだけ載せてあります.

(A) ものを加えたり付けたりする.

1. 銀めっきをする　　　　　　　　　〈argent〉　　　　　　　_____

2. 指輪をはめる 〈bague〉 _____

3. 包帯[目隠し]をする 〈bande〉 _____

4. バターを塗る 〈beurre〉 _____

5. 長靴をはかせる 〈botte〉 _____

6. 荷を積む 〈charge〉 _____

7. 釘を打つ 〈clou〉 _____

8. 日付けを記入する 〈date〉 _____

9. 参考資料を提供する 〈document〉 _____

10. 小麦粉をまぶす 〈farine〉 _____

11. 油をさす, 油を塗る 〈huile〉 _____

12. 漆[ラッカー]を塗る 〈laque〉 _____

13. メダルを授ける 〈médaille〉 _____

14. 家具を備えつける 〈meuble〉 _____

15. カーペットを敷く 〈moquette〉 _____

16. 植える 〈plante 植物〉 _____

17. 胡椒(こしょう)を加える 〈poivre〉 _____

18. おしろい[パウダー]をつける 〈poudre〉 _____

19. 砂糖を入れる[かける] 〈sucre〉 _____

20. 土をかける, 土で覆う 〈terre〉 _____

21. ワクチン接種[予防接種]をする 〈vaccin〉 _____

(B) 用具・場所などを使う.

1. (服などの)ホックをとめる 〈agrafe〉 _____

2. (バックルなどで)閉める, 留める 〈boucle〉 _____

3. ブラシをかける 〈brosse〉 _____

4. 道をたどる 〈chemin〉 _____

5. 糊(のり)付けする, 貼りつける 〈colle〉 _____

6. シャワーを浴びる 〈douche〉 (*代名動詞) (se) _____

7. ファックスで送る 〈fax〉 _____

8. 撮影する, 映画に撮る 〈film (映画・写真の)フィルム〉 _____

9. (フィルターで)濾過(ろか)する 〈filtre〉 _____

10. (力まかせに)こじ開ける；強いる 〈force 力〉 _____

11. ブレーキをかける 〈frein〉 _____

12. 消しゴムで消す 〈gomme〉 _____

13. 味見する, 味わう 〈goût 味；味覚〉 _____

14. ギロチンにかける 〈guillotine〉 _____

15. 庭いじり[ガーデニング]をする 〈jardin〉 _____

16. 洗剤で洗う 〈lessive〉 _____

17. 型に入れて作る，鋳造する 〈moule〉 _____

18. パラシュートで降下させる[投下する] 〈parachute〉 _____

19. スケートをする 〈patin〉 _____

20. 櫛でとかす 〈peigne〉 _____

21. セロファンテープで貼る 〈scotch /skɔtʃ/〉 _____

22. (信号・標識などで)知らせる 〈signal 信号，標識〉 _____

23. スキーをする 〈ski〉 _____

24. サーフィンをする 〈surf /sœrf/〉 _____

25. 篩(ふるい)にかける 〈tamis〉 _____

26. 電話をかける 〈téléphone〉 _____

27. 車で運ぶ 〈voiture〉 _____

(C) ものを作り出す，発生させる．

1. デッサンする 〈dessin〉 _____

2. (蛇口などが)しずくを落とす 〈goutte〉 _____

3. メモする，書き留める 〈note〉 _____

4. 皺(しわ)を作る 〈ride〉 _____

5. 錆びさせる 〈rouille〉 _____

6. 署名する 〈signe〉 _____

7. 染みをつける 〈tache〉 _____

8. 穴をあける 〈trou〉 _____

(D) 場所に置く，状態にする，事態を生じさせる．

1. 不安に陥れる 〈angoisse〉 _____

2. 有利にする 〈avantage〉 _____

3. 危険にさらす 〈aventure 冒険〉 _____

4. 縁に沿って続く[並べる] 〈bord 縁〉 _____

5. 引き起こす，原因となる 〈cause〉 _____

6. 悲しませる 〈chagrin〉 _____

7. 出費する；消費する 〈dépense〉 _____

8. 規律正しくさせる 〈discipline〉 _____

9. 祝う 〈fête 祝祭〉 _____

10. 集める 〈groupe 群れ；グループ〉 _____

11. 不利な状態に置く 〈handicap /-p/ ハンディキャップ〉 _____

12. 急がせる 〈hâte〉 _____

13. 火を放つ，火事を引き起こす 〈incendie〉 _____

14. 抑制する；修得する 〈maîtrise〉 _____

15. パニック状態にする 〈panique〉 _____

16. ピクニックをする 〈pique-nique〉 _____

17. (しかるべき場所に)置く 〈place〉 _____

18. 折る；曲げる 〈pli 折り目〉 _____

19. 投函する 〈poste¹ 郵便〉 _____

20. 部署につかせる 〈poste² 部署〉 _____

21. 利用する, 利益を得る 〈profit〉 _____

22. きちんと並べる；片づける 〈range 列〉 _____

23. 荒らす, 大損害を与える 〈ravage 災害, 大損害〉 _____

24. 危険にさらす；危険をおかす 〈risque〉 _____

25. 破産させる 〈ruine〉 _____

26. ストレスを生じさせる 〈stress〉 _____

27. 自殺する 〈suicide〉 (*代名動詞) (se) _____

28. 風が吹く 〈vent〉 _____

(E) …として行動する, …のように振る舞う.

1. 審判をする；仲裁する 〈arbitre 審判員；仲裁者〉 _____

2. 殺害する 〈assassin 殺人者〉 _____

3. (商品を)値切る 〈marchand 商人〉 _____

4. 後援する 〈parrain 代父〉 _____

5. 操縦する 〈pilote 操縦士〉 _____

(F) 形態や特性が似ている.

1. 揺り動かす；釣り合いをとる 〈balance はかり, 天秤〉 _____

2. (支点を中心に)上下に動く 〈bascule シーソー；台ばかり〉 _____

3. プラグを差し込む；接続する 〈branche 枝〉 _____

4. くの字に曲げる 〈coude 肘(ひじ)〉 _____

5. もぐもぐ言う；つぶやく 〈marmotte マーモット〉 _____

6. 覆い隠す 〈masque 仮面〉 _____

7. 蛇行する 〈serpent ヘビ〉 _____

8. わめき散らす 〈tempête 嵐〉 _____

(G) 基語と派生語の意味関係がわかりにくい(基語の古義や成句に由来したり, 由来となった比喩が容易には思い浮かばない).

1. (物を)傷(いた)める, 破損する 〈abîme 《文》深淵, 奈落〉 _____

2. 教える 〈enseigne 看板〉 _____

3. 満たす, いっぱいにする 〈gorge 喉〉 _____

4. 思い切ってする；危険にさらす 〈hasard 偶然；《古》危険〉 _____

5. …に沿って行く 〈long 長さ；縦〉 _____

6. 大事に扱う；節約する 〈ménage 家事；《古風》節約, 倹約〉 _____

7. 値する 〈mérite 功績；《古》当然の報い〉 _____

8. 方向づける, 向ける 〈orient 東；東洋〉 _____

〔解答〕

(A) 1. argenter　2. baguer　3. bander　4. beurrer　5. botter　6. charger
　7. clouer　8. dater　9. documenter　10. fariner　11. huiler　12. laquer
　13. médailler　14. meubler　15. moquetter　16. planter　17. poivrer
　18. poudrer　19. sucrer　20. terrer　21. vacciner

(B) 1. agrafer　2. boucler　3. brosser　4. cheminer　5. coller　6. doucher
　7. faxer　8. filmer〔「写真を撮る」も film に関係するが動詞は photographier〕
　9. filtrer　10. forcer〔forcer の基本的な意味は「強い力をふるう」〕11. freiner
　12. gommer　13. goûter（『新綴り』は gout, gouter）　14. guillotiner　15. jardiner
　16. lessiver　17. mouler　18. parachuter　19. patiner〔patin は用具もスポーツも
指す〕20. peigner　21. scotcher　22. signaler　23. skier〔ski は用具もスポーツも
指す〕24. surfer〔surf は用具もスポーツも指す〕25. tamiser　26. téléphoner
　27. voiturer

(C) 1. dessiner　2. goutter　3. noter　4. rider　5. rouiller　6. signer　7. tacher
　8. trouer

(D) 1. angoisser　2. avantager　3. aventurer〔代名動詞 s'aventurer「危険を冒す」も
よく用いられる〕　4. border　5. causer　6. chagriner　7. dépenser
　8. discipliner　9. fêter　10. grouper　11. handicaper　12. hâter　13. incendier
　14. maîtriser（『新綴り』は maitrise, maitriser）　15. paniquer
　16. pique-niquer（『新綴り』はハイフンなし）　17. placer　18. plier　19. poster
　20. poster　21. profiter　22. ranger　23. ravager　24. risquer　25. ruiner
　26. stresser　27. (se) suicider　28. venter

(E) 1. arbitrer　2. assassiner　3. marchander　4. parrainer　5. piloter

(F) 1. balancer　2. basculer　3. brancher　4. couder　5. marmotter
　6. masquer〔文字どおり「(人に)仮面をつける」を意味することは稀で, ほとんどの場
合比喩的な意味で用いられる〕　7. serpenter　8. tempêter

(G) 1. abîmer（『新綴り』は abime, abimer)〔「深淵[奈落の底]に突き落とす」から「苦
境に陥れる, ひどい目にあわせる」へ, 比喩的で弱化した意味に変わった〕
　2. enseigner〔enseigner のもとの意味は「(印(しるし)をつけて)示す」〕
　3. gorger〔「食べ物を胃から喉までいっぱいに詰める」から意味が拡大した〕
　4. hasarder〔もとの意味は「(しばしばリスクを伴う)偶然に身をまかす」〕
　5. longer〔le [au] long de ...「…に沿って」の表現に由来する〕
　6. ménager〔古義は「家に住む, 暮らす」. そこから「家計を管理する」→「節約する」
などに意味に広がった〕
　7. mériter〔もとは「当然の報いを受ける」を意味した〕
　8. orienter〔もとは「(建物, 特に教会を)東向きに建てる」を意味した〕

【練習２】

　基語が形容詞や稀に副詞のこともあります．派生動詞は「…の状態にする[なる]」という意味になります．形容詞は女性形が基語になるので，変則的な女性形を持つ形容詞からの派生に注意しましょう．

(A) 男女同形および規則的な女性形.

　1. 盲目(的)にする，目をくらませる　　〈aveugle〉　　　　　　_____

　2. おしゃべりをする　　　　　　　　〈bavard(e)〉　　　　　_____

　3. 落ち着かせる　　　　　　　　　　〈calme〉　　　　　　　_____

　4. 満足させる　　　　　　　　　　　〈content(e)〉　　　　　_____

　5. 二倍[二重]にする　　　　　　　　〈double〉　　　　　　_____

　6. 等しい　　　　　　　　　　　　　〈égal(e)〉　　　　　　_____

　7. 灰色にする；ほろ酔い加減にする　〈gris(e)〉　　　　　　_____

　8. 煩わせる　　　　　　　　　　　　〈importun(e)〉　　　　_____

　9. 無実を明らかにする　　　　　　　〈innocent(e)〉　　　　_____

　10. 逆にする　　　　　　　　　　　　〈inverse〉　　　　　　_____

　11. 正確に言う　　　　　　　　　　　〈précis(e)〉　　　　　_____

　12. 空(から)にする　　　　　　　　　〈vide〉　　　　　　　_____

　13. 隣り合う　　　　　　　　　　　　〈voisin(e)〉　　　　　_____

(B) 変則的な女性形(女性形が基語になる). (*3.と5.は男女の変化をする名詞)

　1. 活発にする　　　　　　　　　　　〈actif, -ve〉　　　　　_____

　2. 捕虜にする；魅了する　　　　　　〈captif, -ve〉　　　　　_____

　3. 仲間づきあいする　　　　　　　　〈copain, copine〉　　　_____

　4. 窪ませる，(穴などを)掘る　　　　〈creux, -se〉　　　　　_____

　5. 結婚する　　　　　　　　　　　　〈époux, -se 配偶者〉　_____

　6. (事実などを)ゆがめる　　　　　　〈faux, -sse〉　　　　　_____

　7. ねたむ，嫉妬する　　　　　　　　〈jaloux, se〉　　　　　_____

　8. うんざりさせる　　　　　　　　　〈las(se)〉　　　　　　_____

　9. 客観化する　　　　　　　　　　　〈objectif, -ve〉　　　　_____

(C) 副詞が基語.

　　遅れる；ぐずぐずする　　　　　　〈tard 遅く〉　　　　　_____

〔解答〕

(A) 1. aveugler　2. bavarder　3. calmer　4. contenter　5. doubler　6. égaler
　　7. griser　8. importuner　9. innocenter　10. inverser　11. préciser　12. vider
　　13. voisiner

(B) 1. activer　2. captiver　3. copiner　4. creuser　5. épouser　6. fausser
　　7. jalouser　8. lasser　9. objectiver　　(C) tarder

【練習 3】

基語の語末の子音字が重子音字になる場合があります.

(A) -on で終わる名詞.

《派生のパターン: -on → -onner》(⇨[しくみ 10])

1. ボタンをかける	〈bouton〉	_____
2. トラックで運ぶ	〈camion〉	_____
3. 皺(しわ)くちゃにする	〈chiffon ぼろ切れ〉	_____
4. 条件となる, 条件づける	〈condition〉	_____
5. 鉛筆でデッサン[スケッチ]する	〈crayon〉	_____
6. スパイする	〈espion(ne)〉	_____
7. 加工する, 細工する	〈façon〉	_____
8. 震える, 身震いする	〈frisson〉	_____
9. クラクションを鳴らす	〈klaxon〉	_____
10. きっかけとなる, 引き起こす	〈occasion〉	_____
11. (あちこち)飛び回る;気が移る	〈papillon 蝶〉	_____
12. 後援する, 支援する	〈patron(ne) 経営者, オーナー〉	_____
13. 改良[改善]する	〈perfection 完全, 完璧〉	_____
14. (人を)後押しする, 推薦する	〈piston ピストン〉	_____
15. 質問する	〈question〉	_____
16. 鳴る	〈son 音〉	_____
17. 駐車する	〈station 駅;立ち止まること〉	_____

(B) -il で終わる名詞.

《派生のパターン: -il → -iller》(⇨[しくみ 46])

1. 銃殺する	〈fusil /-zi/〉	_____
2. (焼き網などで)焼く	〈gril /-il/ 焼き網〉	_____
3. 道具を備える	〈outil /-ti/〉	_____
4. 眉をひそめる	〈sourcil /-si/〉	_____

(C) -s で終わる名詞.

《派生のパターン: -s → -sser》(⇨[しくみ 14])

1. アンコールを求める[に応える]	〈bis /-s/〉	_____
2. 詰め物をする	〈matelas マットレス〉	_____
3. 詰め込む	〈tas 堆積〉	_____
4. ねじで留める	〈vis /-s/〉	_____

(D) -ot で終わる名詞.

《派生のパターン: -t → -tter》(⇨[しくみ 31])

鈴が鳴る;ぶるぶると震える	〈grelot〉	_____

〔解答〕

(A) 1. boutonner　2. camionner　3. chiffonner〔意味は様態の類似から；4., 12, 15. も同様〕　4. conditionner　5. crayonner　6. espionner　7. façonner　8. frissonner　9. klaxonner　10. occasionner　11. papillonner　12. patronner　13. perfectionner　14. pistonner　15. questionner　16. sonner　17. stationner

(B) 1. fusiller　2. griller（発音は /gri-je/）　3. outiller　4. sourciller

(C) 1. bisser　2. matelasser　3. tasser　4. visser

(D) grelotter（『新綴り』は t が 1 つのままで greloter）

【練習 4 】

　基語と派生語とで，e に付くアクサンの種類が異なったり，e の発音やアクサンの有無，e に後続する子音字の数（単子音字か重子音字か）などが異なる場合があります.

(A) 《派生のパターン：-è□e → -é□er》（⇨［しくみ 4]）（*下記の 3. から 5. の基語は形容詞）

1. 罠(わな)で捕らえる 〈piège〉 ＿＿＿＿＿＿

2. 議席を占める 〈siège〉 ＿＿＿＿＿＿

3. 完全なものにする 〈complet, -ète〉 ＿＿＿＿＿＿

4. 心配させる 〈inquiet, -ète〉 ＿＿＿＿＿＿

5. 乾かす 〈sec, sèche〉 ＿＿＿＿＿＿

(B) 《派生のパターン：-è□ement → -é□ementer》（⇨［しくみ 4]）
　　規制する, 統制する 〈règlement 規則, 規定〉 ＿＿＿＿＿＿

(C) 《派生のパターン：-et /ɛ/ → -eter /(ə-)te/》（⇨［しくみ 11]）

1. 宴会に加わる 〈banquet〉 ＿＿＿＿＿＿

2. 特許を与える 〈brevet〉 ＿＿＿＿＿＿

3. 封をする 〈cachet 封印, 封蝋(ろう)〉 ＿＿＿＿＿＿

4. ページをめくる 〈feuillet (本・ノートなどの) 1 枚〉 ＿＿＿＿＿＿

5. 引用符［ギュメ］で囲む 〈guillemet〉 ＿＿＿＿＿＿

6. 梱包する 〈paquet〉 ＿＿＿＿＿＿

7. 寄せ木張り［フローリング］にする 〈parquet〉 ＿＿＿＿＿＿

8. 杭を打つ 〈piquet〉 ＿＿＿＿＿＿

(D) 《派生のパターン：-et → -éter》（⇨［しくみ 21]）

1. 布告する 〈décret (行政上の)命令, 政令〉 ＿＿＿＿＿＿

2. おなら［屁］をする 〈pet〉 ＿＿＿＿＿＿

3. (姿などを)映す；反映する 〈reflet (映った)姿；反映〉 ＿＿＿＿＿＿

(E) 《派生のパターン：-et → -etter》（⇨［しくみ 3]）
　　鞭(むち)で打つ 〈fouet〉 ＿＿＿＿＿＿

(F) 《派生のパターン：-ette → -eter /(ə-)te/》（⇨［しくみ 23]）
　　札(ふだ)をつける, ラベルを貼る 〈étiquette〉 ＿＿＿＿＿＿

(G) 《派生のパターン : -èle → -eler /(ə-)le/》 （⇨ [しくみ 18]）

　　形を作る　　　　　　　　　　〈modèle 雛(ひな)型，原型〉　　＿＿＿＿＿＿

(H) 《派生のパターン : -elle → -eler /(ə-)le/》 （⇨ [しくみ 23]）

　1. 縁をぎざぎざにする　　　　〈dentelle レース〉　　　　　＿＿＿＿＿＿

　2. きらめく　　　　　　　　　〈étincelle 火花〉　　　　　　＿＿＿＿＿＿

　3. 札をつける，ラベルをはる　　〈étiquette〉　　　　　　　　＿＿＿＿＿＿

　4. 紐をかける　　　　　　　　〈ficelle〉　　　　　　　　　　＿＿＿＿＿＿

〔解答〕 ※アクサンや t, l の綴りの変化を確認するために，語幹にアクセントのある活用形と
　　　　語幹にアクセントのない活用形の代表として，直説法現在の je と nous の活用形
　　　　を併記します．(B) と (E) は語幹が変化しません．

(A) 1. piéger (je piège, n. piégeons)　2. siéger (je siège, n. siégeons)

　　3. compléter (je complète, n. complétons)　4. inquiéter (j'inquiète, n. inquiétons)

　　5. sécher (je sèche, n. séchons)

(B) réglementer (je réglemente, n. réglementons)　（『新綴り』は règlementer）

(C)* 1. banqueter (je banquette, n. banquetons)　2. breveter (je brevette, n.
　　brevetons)　3. cacheter (je cachette, n. cachetons)　4. feuilleter (je feuillette, n.
　　feuilletons)　5. guillemeter (je guillemette, n. guillemetons)　6. paqueter (je
　　paquette, n. paquetons)　7. parqueter (je parquette, n. parquetons)　8. piqueter
　　(je piquette, n. piquetons)

(D) 1. décréter (je décrète, n. décrétons)　2. péter (je pète, n. pétons)　3. refléter
　　(je reflète, n. reflétons)

(E)* fouetter (je fouette, n. fouettons)

(F)* étiqueter (j'étiquette, n. étiquetons)

(G) modeler (je modèle, n. modelons)

(H)* 1. denteler (je dentelle, n. dentelons)　2. étinceler (j'étincelle, n. étincelons)

　　3. étiqueter (j'étiquette, n. étiquetons)　4. ficeler (je ficelle, n. ficelons)

　　＊上記 (C), (E), (F), (H) の動詞の je の活用形の末尾の -ette, -elle は『新綴り』では -ète, -èle.

【練習 5】

　母音の綴りや発音が変わる場合があります．

(A) 《派生のパターン : -ai → -ayer》 （⇨ [しくみ 47]）

　1. (箒(ほうき)で)掃く　　　　　　〈balai〉　　　　　　　　　＿＿＿＿＿＿

　2. 支柱で支える　　　　　　　〈étai〉　　　　　　　　　　　＿＿＿＿＿＿

(B) 《派生のパターン : -aie → -ayer》 （⇨ [しくみ 47]）

　1. 現金化する，換金する　　　〈monnaie 通貨〉　　　　　　＿＿＿＿＿＿

　2. 櫂(かい)で水をかく　　　　　〈pagaie〉　　　　　　　　　＿＿＿＿＿＿

　3. 線を引く，筋をつける　　　〈raie〉　　　　　　　　　　　＿＿＿＿＿＿

(C) 《派生のパターン：-eau → -eler》 (⇨[しくみ16])

1. タイルを張る；碁盤縞をつける 　〈carreau〉 　　＿＿＿＿＿＿

2. 彫る, 刻む 　〈ciseau 鑿(のみ)〉 　　＿＿＿＿＿＿

3. 対(つい)にする 　〈jumeau, *jumelle* 双子(の)〉 　　＿＿＿＿＿＿

4. 金槌で打つ 　〈marteau〉 　　＿＿＿＿＿＿

5. 分割する 　〈morceau 断片〉 　　＿＿＿＿＿＿

6. 口輪をはめる 　〈museau (動物の)鼻面〉 　　＿＿＿＿＿＿

7. 平らにする 　〈niveau 水平面〉 　　＿＿＿＿＿＿

8. (川のように)流れる 　〈ruisseau 小川〉 　　＿＿＿＿＿＿

(D) 《派生のパターン：-eau → -eller》

印を押す；封印する 　〈sceau 公印；封印〉 　　＿＿＿＿＿＿

〔解答〕

(A) 1. balayer　2. étayer

(B) 1. monnayer　2. pagayer　3. rayer

(C) 1. carreler　2. ciseler　3. jumeler　4. marteler　5. morceler　6. museler
　7. niveler　8. ruisseler

(D) sceller (eau → el の変化(⇨[[しくみ16])とl の重子音字化)

377

【練習6】

基語の末尾に子音字を付加する場合があります.

(A) t の付加.

1. 守る, 保護する 　〈abri 避難所〉 　　＿＿＿＿＿＿

2. 煉瓦で築く 　〈brique〉 　　＿＿＿＿＿＿

3. 小石[砂利]を敷く 　〈caillou〉 　　＿＿＿＿＿＿

4. 帽子をかぶせる 　〈chapeau〉 　　＿＿＿＿＿＿

5. 甘やかす 　〈chouchou お気に入り〉 　　＿＿＿＿＿＿

6. 鋲(びょう)[飾り釘]を打つ 　〈clou〉 　　＿＿＿＿＿＿

7. 番号をつける 　〈numéro〉 　　＿＿＿＿＿＿

8. シャベルでかき混ぜる[掘る] 　〈pelle〉 　　＿＿＿＿＿＿

9. ピアノをへたに弾く 　〈piano〉 　　＿＿＿＿＿＿

10. 募集する 　〈recrue 新加入者〉 (＊末尾のe を消去) 　　＿＿＿＿＿＿

(B) d の付加.

1. (安く)売り払う 　〈bazar 雑貨屋〉 　　＿＿＿＿＿＿

2. 悪夢をみる 　〈cauchemar〉 　　＿＿＿＿＿＿

3. (新聞記事などを)黒く塗りつぶす 　〈caviar キャビア〉 　　＿＿＿＿＿＿

4. (鳥獣の肉をねかせて)味を熟(な)れさせる 　〈faisan /fə-/ 雉(きじ)〉 　　＿＿＿＿＿＿

第6章 動詞を作る

(C) t, d 以外の子音字の付加.

1. 動かなくする 〈coin 楔(くさび)〉 (-c...) ＿＿＿＿＿＿＿

2. 冬を越す，冬ごもりする 〈hiver〉 (-n...) ＿＿＿＿＿＿＿

3. 襞(ひだ)をつける 〈pli〉 (-ss...) ＿＿＿＿＿＿＿

〔解答〕

(A) 1. abriter　2. briqueter　3. caillouter　4. chapeauter　5. chouchouter (chouchou
の女性形の chouchoute を基語とみなすこともできる)　6. clouter　7. numéroter
8. pelleter　9. pianoter〔「ピアノを弾く」は jouer du piano〕　10. recruter

(B) 1. bazarder〔bazar は中近東諸国・北アフリカの市場のことだが，フランスでは，
いろいろな商品を扱い，安売りをすることの多かった雑貨屋を指すようになった．その
ため，派生動詞はものを安く売り払ったり急いで処分することを意味する〕
2. cauchemarder　3. caviarder〔黒いキャビアを塗るように〕
4. faisander〔もとは雉の肉を数日間寝かせて熟成させることだったが，意味が広が
ってジビエ一般について言うようになった．語幹末への d の付加は faisandeau (第 1
章の総合練習の[練習 2]と同様]

(C) 1. coincer (⇨ 下記の[しくみ 57])　2. hiverner　3. plisser (⇨ 下記の[しくみ 57])

◐ 派生のしくみ 57 ― 語幹末への d, c, ss などの付加 ◐

　派生において語幹末に t, n, in などが付加される例はすでに見ました (⇨[しくみ 15]，
[しくみ 38])．そのほかの子音が付加される例を，すべてではありませんが，まとめてお
きます．

　上記[練習 6]の (B) の派生では **d** が付加されています．既出の例としては，faisan →
faisan**d**eau (第 1 章の [総合練習] の [練習 2])；cœur → cor**d**ial (§8-1.[練習 9])；
cauchemar → cauchemar**d**esque (§9-4.[練習 2])；cru → cru**d**ité，nu → nu**d**ité (§
13-3.A.[練習 14]) などがありました．

　上記 [練習 6] (C) の 1.のように **c** が付加される例としては，lion → lion**c**eau (第 1 章
の [総合練習 2])；noir → noir**c**eur (§13-1.[練習 4])と，発音は /k/ になりますが ami →
ami**c**al，chirurgie → chirurgi**c**al (§8-1.[練習 8]) がありました．

　上記[練習 6](C) の 3.のように **ss** が付加される派生には peau → peau**ss**ier (§1-2.[練
習 6])がありました．arbre → arbr**iss**eau (§3-2.[練習])では **iss** 付け加わっています．

【練習 7】

　基語の末尾の子音字の綴りや発音が変わる場合があります．

(A) 《派生のパターン：-c → -quer》 (⇨[しくみ 32])

1. 固定する；遮断する 〈bloc /-k/ 塊〉 ＿＿＿＿＿＿＿

2. (マウスで)クリックする 〈clic /-k/〉 ＿＿＿＿＿＿＿

3. 乾いた音をたてる 〈crac /-k/〉 ＿＿＿＿＿＿

4. だましとる 〈escroc /-/ 詐欺師, ペテン師〉 ＿＿＿＿＿＿

5. 囲いに入れる 〈parc /-k/ 家畜を入れる柵[囲い]〉 ＿＿＿＿＿＿

6. ごまかす；変造する 〈truc /-k/ トリック, からくり〉 ＿＿＿＿＿＿

(B) 《派生のパターン：-c → -guer》

亜鉛めっきをする；亜鉛(板)を張る 〈zinc /zɛ̃:g/〉 ＿＿＿＿＿＿

(C) 《派生のパターン：-c → -ter》

ゴムを塗る, ゴム引きをする 〈caoutchouc /-/〉 ＿＿＿＿＿＿

(D) 《派生のパターン：-ce → -ser》

(傷が)癒着する 〈cicatrice 傷痕〉 ＿＿＿＿＿＿

(E) 《派生のパターン：-d → -cer》

(樽などに)底をつける 〈fond〉 ＿＿＿＿＿＿

(F) 《派生のパターン：-d → -ffer》

熱する, 暖める 〈chaud(e)〉 (*形容詞) ＿＿＿＿＿＿

(G) 《派生のパターン：-f → -ver》

動機となる 〈motif〉 ＿＿＿＿＿＿

(H) 《派生のパターン：-s → -ter》

(果実などが)汁を出す 〈jus /ʒy/〉 ＿＿＿＿＿＿

(I) 《派生のパターン：-t → -cer》 (*下記の基語は副詞)

1. 前に出す；(時期を)繰り上げる 〈avant (時間的に)前に, 先に〉 ＿＿＿＿＿＿

2. 先を行く；凌駕する 〈devant (空間的に)前に, 先に〉 ＿＿＿＿＿＿

(J) 《派生のパターン：-t → -sser》

1. 高くする 〈haut(e)〉 (*形容詞) ＿＿＿＿＿＿

2. 興味を持たせる 〈intérêt〉 (intére...) ＿＿＿＿＿＿

(K) 《派生のパターン：-ts → -ser》

汲む 〈puits 井戸〉 ＿＿＿＿＿＿

(L) 《派生のパターン：-x → -cher》

(鎌などで) 刈る 〈faux 鎌〉 ＿＿＿＿＿＿

(M) 《派生のパターン：-x → -ser》

(十字形に)交差させる；交差する 〈croix 十字形〉 ＿＿＿＿＿＿

(N) 《派生のパターン：-x → -sser》

咳をする 〈toux〉 ＿＿＿＿＿＿

〔解答〕

(A) 1. bloquer　2. cliquer　3. craquer　4. escroquer　5. parquer　6. truquer

(B) zinguer　(C) caoutchouter　(D) cicatriser　(E) foncer　(F) chauffer

(G) motiver (f → v の変化は, clef → clavier (§2-2.[練習3]), nerf → nerveux (§9-1. [練習10])と同様) (H) juter (I) 1. avancer 2. devancer (J) 1. hausser 2. intéresser (K) puiser (L) faucher (M) croiser (N) tousser

【練習8】

語幹がかなり変化する変則的派生です.

(A) 基語の末尾の削除.

1. 色を塗る, 彩色する	〈coloris 色合い〉 (colori...)	_____
2. 容易にする	〈facilité〉 (facilit...)	_____
3. 慣らす	〈habitude 習慣；慣れ〉 (habitu...)	_____
4. 必要とする	〈nécessité〉 (nécessit...)	_____
5. 麻痺させる	〈paralysie〉 (paralys...)	_____
6. テレビ放送する	〈télévision〉 (télévis...)	_____

(B) 基語の末尾の変化.

1. 波打つ	〈onde〉 (ondul...)	_____
2. 組合に組織する	〈syndicat〉 (syndiqu...)	_____
3. 証言する	〈témoin 証人〉 (témoign...)	_____
4. やり終える, 終了する	〈terme 期限；《文》終わり〉 (termin...)	_____
5. ビロードのようにする	〈velours〉 (velout...)	_____

(C) 基語の冒頭や語中の変化.

1. 空気にさらす；風を入れる	〈air〉 (aér...)	_____
2. 低くする	〈bas(se)〉 (*形容詞) (baiss...)	_____
3. 着色する	〈couleur〉 (color...)	_____
4. 錫(すず)めっきする	〈étain〉 (étam...)	_____
5. 結ぶ, 結び目を作る	〈nœud〉 (nou...)	_____
6. 金箔を張る；金めっきする	〈or〉 (dor...)	_____
7. 出血する, 血を流す	〈sang〉 (saign...)	_____
8. 塩味をつける	〈sel〉 (sal...)	_____

［解答］

(A) 1. colorier 2. faciliter 3. habituer 4. nécessiter 5. paralyser 6. téléviser

(B) 1. onduler 2. syndiquer 3. témoigner (鼻母音の gn への変化 ⇨ [しくみ35])

    4. terminer 5. velouter

(C) 1. aérer 2. baisser (a → ai の変化 ⇨ [しくみ39]) 3. colorer (ou → o, eu → o の 変化 ⇨ [しくみ45]) 4. étamer 5. nouer (œu → ou の変化, [しくみ34]と同様)

6. dorer　7. saigner (鼻母音の gn への変化 ⇨[しくみ 35])　8. saler (e → a の変化 ⇨[しくみ 7])

【練習 9】

派生動詞が -ier, -uer となる場合があります. 語幹が多少変わることもあります.

(A) -ier になる.　(*3.の基語は形容詞)

1. 恩恵に浴す；利益をもたらす　〈bénéfice 利益〉　_____
2. 解雇する, 暇を出す　〈congé 休暇；解雇〉 (congéd…)　_____
3. 不愉快にさせる；妨げる　〈contraire 反対の〉 (contrar…)　_____
4. 区別する　〈différence 相違〉　_____
5. 恩赦を与える　〈grâce〉 (grac…)　_____
6. 罵(ののし)る　〈injure〉　_____
7. 解雇する, 罷免する　〈licence 許可, 認可；《古》自由〉　_____
8. 増加させる；掛ける, 乗じる　〈multiple 多数の〉　_____
9. 特権を与える　〈privilège〉 (privilég…)　_____
10. 避難する　〈refuge 避難所〉 (réfug…)　_____
11. 改善する；治療する　〈remède 薬, 治療薬〉 (reméd…)　_____

(B) -uer になる.

1. アクセント[強勢]を置く；強調する　〈accent〉　_____
2. 行う, 実行する, 実施する　〈effet 効果；結果〉 (effect…)　_____
3. 漸進[漸増]させる　〈grade 階級〉　_____

〔解答〕

(A) 1. bénéficier　2. congédier (語幹末への d の付加 ⇨[しくみ 57])
　3. contrarier (ai → a の変化 ⇨[しくみ 39])　4. différencier
　5. gracier (*cf.* gracieux (§9-1.[練習 10]))
　6. injurier (*cf.* injurieux (§9-1.[練習 5]))
　7. licencier〔かつては licence が「自由」を意味し, licencier は「自由にする」だった. 現在では「仕事をやめさせて自由にする」が好ましくない意味で用いられている〕
　8. multiplier　9. privilégier (è → é の変化 ⇨[しくみ 4])
　10. (se) réfugier (re → ré の変化 ⇨次ページの [しくみ 58])
　11. remédier (è → é の変化 ⇨[しくみ 4])
　　＊ §7-5.[練習 1]に, 逆派生として étudier → étude が出てきました.

(B) 1. accentuer　2. effectuer〔「効果を生む；結果を出す, 実現する」から「実行する」の意味になり, 現在では「操作・作業・業務などを行う」の意味で用いられている〕
　3. graduer

● 派生のしくみ 58 ── e /ə/ から é /e/ への変化 ●

基語に含まれる強勢母音から無強勢母音 /ə/ への変化 (⇨ [しくみ 18]) の例はこれまで
かなり出てきました. 上記 [練習 9] の (A) 10. の refuge → réfugier では逆に, 基語に含
まれる無強勢母音 /ə/ が派生語で強勢母音の /e/ に変化しています (綴り字上は e から é へ
の変化). 語頭の re- が ré- に変わることが多いのですが, 他の場合もあります. 既出の例
として, requérir → réquisition (§6-3.B.[練習 2]), refaire → réfection (§6-3.B.[練習
3]), recevoir → réception (§6-3.B.[練習 5]), tenace → ténacité (§13-3.A.[練習 15])
などがありました.

~~ 〖備考〗 ~~~~~~

派生動詞と基語の意味関係が推察しにくい場合が少なからずあり, これまでも練習の解
答欄で簡単な説明をしてきましたが, それ以外の例をいくつか加えましょう. ほとんどがく
だけた言い方で使われる語です.

barber うんざりさせる ← barbe (顎(あご)と頬の)ひげ

　うんざりしていることを表すときに, 手を頬に当て上下に動かしてひげを剃るような
ジェスチャーをします. 《La barbe!》や《Quelle barbe!》「うんざりだ!」と言うこ
ともあります.

bosser 働く, 勉強する ← bosse 瘤(こぶ); ふくらみ

　おそらく, 前かがみになって[背中を瘤のように丸くして]働く様子から発想された言
い方でしょう.

canarder (物陰から)ねらい撃つ ← canard 鴨(かも)

　鴨猟でハンターが身をひそめて獲物をねらい撃つという意味が拡大化しました.

carotter だます, だまし取る ← carotte 人参(にんじん)

　人参は安価なので少額の金銭のたとえとして用いられ, 人をだましていくらかのお金
をせしめることを「人参を引き抜く」と表現しました. その表現を簡略化して carotter
という動詞になったようです.

charcuter へたな手術をする ← charcutier 豚肉屋

　へたな手術を, 肉を「ずたずたに切る」豚肉屋の作業にたとえた表現です.

cochonner (仕事を)雑にやる, やり散らかす ← cochon 豚

　豚は「不潔な, 汚い」というイメージでとらえられています. *cf.* cochonnerie「不潔」

pester 毒づく, 悪態をつく ← peste ペスト

　もとは, 人をペストのように忌み嫌う意味だったようですが, そこから, 憎むべきも
のに悪口雑言を浴びせる意味に推移したものと思われます.

poireauter 長いこと待つ ← poireau 葱(ねぎ)

　植わっている葱のようにその場をずっと動かないことを, 比喩的に「葱になる」と表
現しています.

~~~~~~

2. -ir

-ir 動詞は, -er 動詞に比べれば数はずっと少ないですが, それでも基本語彙に含まれている動詞がたくさんあります. 派生動詞のほとんどは形容詞から作られており, すべてを訳語に載せてはいませんが, 自動詞としても他動詞としても用いられるものがかなりあります.

【練習1】

基語が名詞のものを見てみます. -ir 動詞の基語はほとんどが形容詞なので, 名詞から派生するものはごく少数です.

1. 花が咲く 〈fleur〉 ＿＿＿＿＿＿
2. 保証する 〈garant(e) 保証人〉 ＿＿＿＿＿＿
3. 打ち傷をつける；(果物・野菜を)傷める 〈meurtre 殺害〉 ＿＿＿＿＿＿

〔解答〕
1. fleurir　2. garantir
3. meurtrir〔原義は「殺す」だが, 現用では意味が弱化し比喩的になっている〕

【練習2】

形容詞から作られる -ir 動詞を見ていきます.

(A) 男女同形および規則的な女性形.

1. 酸っぱくする 〈aigre〉 ＿＿＿＿＿＿
2. 青くする[なる] 〈bleu(e)〉 ＿＿＿＿＿＿
3. ブロンド色になる[する] 〈blond(e)〉 ＿＿＿＿＿＿
4. 褐色にする；日焼けする 〈brun(e)〉 ＿＿＿＿＿＿
5. 弱くなる 〈faible〉 ＿＿＿＿＿＿
6. 大きくなる 〈grand(e)〉 ＿＿＿＿＿＿
7. 黄色くする[なる] 〈jaune〉 ＿＿＿＿＿＿
8. やせる 〈maigre〉 ＿＿＿＿＿＿
9. ほっそりする 〈mince〉 ＿＿＿＿＿＿
10. 熟す 〈mûr(e)〉 ＿＿＿＿＿＿
11. 青ざめる 〈pâle〉 ＿＿＿＿＿＿
12. 赤くなる[する] 〈rouge〉 ＿＿＿＿＿＿
13. 汚す 〈sale〉 ＿＿＿＿＿＿
14. 結びつける 〈un(e) 1つの〉 ＿＿＿＿＿＿

(B) 変則的な女性形(女性形が基語になる).

1. 白くする[なる] 〈blanc, *blanche*〉 ＿＿＿＿＿＿
2. 厚くする 〈épais(se)〉 ＿＿＿＿＿＿

3. 涼しくなる 〈frais, *fraîche*〉 ＿＿＿＿＿＿

4. (障害物・限界などを)越える 〈franc, *franche* 自由な〉 ＿＿＿＿＿＿

5. 太る 〈gros(se)〉 ＿＿＿＿＿＿

6. 弱まる 〈mou, *molle* 柔らかい〉 ＿＿＿＿＿＿

7. 赤茶色にする [なる] 〈roux, *rousse*〉 ＿＿＿＿＿＿

8. 年を取る 〈vieux, *vieille*〉 ＿＿＿＿＿＿

〚解答〛

(A) 1. aigrir 2. bleuir 3. blondir 4. brunir 5. faiblir 6. grandir 7. jaunir
8. maigrir 9. mincir 10. mûrir (『新綴り』ではアクサンなしで murir と綴る. なお『新綴り』では形容詞 mûr は男性単数形以外はアクサンなし：mure, murs, mures)
11. pâlir 12. rougir 13. salir 14. unir

(B) 1. blanchir 2. épaissir 3. fraîchir (『新綴り』は frais, fraiche, fraichir)
4. franchir〔意味の推移は，「自由にする，解放する」→「拘束を取り除く」→「障害物・限界などを越える」. なお，「自由にする，解放する」を意味する現用語は affranchir〕
5. grossir 6. mollir 7. roussir 8. vieillir

【練習3】

変則的な派生です.

(A) e, è が é に変わる.

1. 慈(いつく)しむ, 大切にする 〈cher, *chère* 大切な〉 (chér...) ＿＿＿＿＿＿

2. 暖かくなる, ぬるくなる 〈tiède〉 (tiéd...) ＿＿＿＿＿＿

(B) 基語の末尾に c が加わる.

1. 固くする [なる] 〈dur(e)〉 (durc...) ＿＿＿＿＿＿

2. 黒くする [なる] 〈noir(e)〉 (noirc...) ＿＿＿＿＿＿

3. 暗くする 〈obscur(e)〉 (obscurc...) ＿＿＿＿＿＿

(C) 基語の末尾の t が c に変わる.

(子供・若者が)たくましくなる 〈fort(e)〉 (forc...) ＿＿＿＿＿＿

(D) 基語の末尾の t が d に変わる.

緑色になる [する] 〈vert(e)〉 (verd...) ＿＿＿＿＿＿

〚解答〛

(A) 1. chérir 2. tiédir

(B) 1. durcir 2. noircir 3. obscurcir (⇨[しくみ57])

(C) forcir

(D) verdir (*cf.* verdâtre (§12-2. [練習]), verdeur (§13-1. [練習4]), verdure (§13-9. [練習4]))

~~ 〖備考〗 ~~~~~~

1つの語から同じ意味の -er 動詞と -ir 動詞が派生している場合があります.

roser ≈ rosir ばら色にする ← rose バラ(の花);ばら色の

ただし,roser は他動詞用法しかないので,「ばら色になる」は代名動詞の se roser で表します.rosir は他動詞としても自動詞としても用いられます.

なお,saler「塩味をつける」(← sel) と salir「汚す」(← sale) は基語が異なります.

~~~~~~

3. -iser {異形 -atiser}

-iser は,一般に,名詞および形容詞から,「…(の状態)にする,…化する」を意味する他動詞を作ります.造語力が強く,とりわけ20世紀以降は,学術的な専門用語を数多く作り出しています.基語の形が変わるものがかなりあります.

【練習1】

-iser を用いて動詞を作りましょう.基語は名詞です(10.と11.は男性形を載せています).

1. アルコール化する	〈alcool〉	_____
2. 微粒子化する;(液体を)霧状にする	〈atome 微粒子〉	_____
3. 運河化する	〈canal〉	_____
4. 資本化する	〈capital〉	_____
5. 黒焦げにする,炭化させる	〈carbone 炭素〉	_____
6. 空調を入れる,エアコンを設置する	〈climat 気候〉	_____
7. 国家管理に置く	〈état 国家〉	_____
8. イスラム教を信奉させる	〈islam /is-lam/〉	_____
9. 位置を突き止める;局限する	〈local 場所〉	_____
10. 抑制する;習得する	〈maître 主人;支配者〉	_____
11. 虐待する	〈martyr 殉教者;犠牲者〉	_____
12. (機器などを)小型化する	〈miniature ミニチュア〉	_____
13. 独占する	〈monopole〉	_____
14. 組織する	〈organe 器官;機関〉	_____
15. 低温殺菌する	〈Pasteur パスツール〉	_____
16. ロボット化する	〈robot〉	_____
17. 顰蹙(ひんしゅく)を買う,憤慨させる	〈scandale〉	_____
18. (製品などを)規格統一する,標準化する	〈standard 規格,基準〉	_____
19. 象徴する,象徴で表す	〈symbole〉	_____
20. タブーにする	〈tabou〉	_____
21. 総計する	〈total〉	_____
22. 犠牲者にする;迫害する	〈victime〉	_____

〔解答〕

1. alcooliser　2. atomiser　3. canaliser　4. capitaliser　5. carboniser

6. climatiser〔原義は「快適な気候[温度・湿度]にする」〕　7. étatiser　8. islamiser

9. localiser　10. maîtriser (『新綴り』は maitre, maitriser)　11. martyriser

12. miniaturiser　13. monopoliser　14. organiser　15. pasteuriser〔低温殺菌法を考案した生化学者・細菌学者の名前にちなむ〕　16. robotiser　17. scandaliser

18. standardiser　19. symboliser　20. tabouiser　21. totaliser　22. victimiser

【練習2】

　-iser を用いて動詞を作りましょう．基語は形容詞です．

(A) 男女同形および規則的な女性形．

1. 平凡にする，大衆化する	〈banal(e)〉	＿＿＿＿＿＿
2. 虐待する	〈brutal(e) 乱暴な〉	＿＿＿＿＿＿
3. 中央に集める	〈central(e)〉	＿＿＿＿＿＿
4. 文明化する	〈civil(e) 市民の〉	＿＿＿＿＿＿
5. 商品化する	〈commercial(e) 商業の〉	＿＿＿＿＿＿
6. デジタル化する	〈digital(e)〉	＿＿＿＿＿＿
7. 平等にする	〈égal(e)〉	＿＿＿＿＿＿
8. (土地を)肥沃にする	〈fertile〉	＿＿＿＿＿＿
9. 一般化する	〈général(e)〉	＿＿＿＿＿＿
10. グローバル化する	〈global(e)〉	＿＿＿＿＿＿
11. 理想化する	〈idéal(e)〉	＿＿＿＿＿＿
12. 動かなくする	〈immobile〉	＿＿＿＿＿＿
13. 防音する	〈insonore〉	＿＿＿＿＿＿
14. 合法化する	〈légal(e)〉	＿＿＿＿＿＿
15. 男性的にする	〈masculin(e)〉	＿＿＿＿＿＿
16. 最大[最高]にする	〈maximal〉	＿＿＿＿＿＿
17. 小さく見積もる，過小評価する	〈minime ごくわずかな〉	＿＿＿＿＿＿
18. (軍隊・兵員などを)動員する	〈mobile 動く〉	＿＿＿＿＿＿
19. 現代的にする，最新式にする	〈moderne〉	＿＿＿＿＿＿
20. 全世界に広める	〈mondial(e)〉	＿＿＿＿＿＿
21. 国有化する	〈national(e)〉	＿＿＿＿＿＿
22. 規格化する；(関係などを)正常化する	〈normal(e) 標準の〉	＿＿＿＿＿＿
23. 笑い者にする	〈ridicule 滑稽な〉	＿＿＿＿＿＿
24. 競う	〈rival(e) 競争相手の〉	＿＿＿＿＿＿
25. 専門化する	〈spécial(e) 特別の〉	＿＿＿＿＿＿
26. 殺菌[消毒]する	〈stérile 無菌の〉	＿＿＿＿＿＿

27. (小説などを)劇化する, 脚色する 〈théâtral(e)〉 ＿＿＿＿＿＿＿

28. 安心させる 〈tranquille〉 ＿＿＿＿＿＿＿

29 一様[一律]にする 〈uniforme〉 ＿＿＿＿＿＿＿

30. 使う, 使用する 〈utile 役に立つ〉 ＿＿＿＿＿＿＿

(B) 変則的な女性形(女性形が基語になる).

1. 共有化する 〈collectif, -ve〉 ＿＿＿＿＿＿＿

2. 相対化する 〈relatif, -ve〉 ＿＿＿＿＿＿＿

〔解答〕

(A) 1. banaliser 2. brutaliser 3. centraliser 4. civiliser 5. commercialiser
　　6. digitaliser 7. égaliser 8. fertiliser 9. généraliser 10. globaliser
　　11. idéaliser 12. immobiliser 13. insonoriser 14. légaliser 15. masculiniser
　　16. maximaliser 17. minimiser 18. mobiliser 19. moderniser 20. mondialiser
　　21. nationaliser 22. normaliser 23. ridiculiser 24. rivaliser 25. spécialiser
　　26. stériliser 27. théâtraliser 28. tranquilliser 29. uniformiser 30. utiliser

(B) 1. collectiviser (*cf.* collectivité (§13-3.A.[練習3]))
　　2. relativiser (*cf.* relativité (§13-3.A.[練習3]))

【練習3】

　語幹の綴りや発音が変わる派生です. 基語は名詞または形容詞です.

(A) 基語の e, è が é に変わる. (⇨[しくみ4], [しくみ21])

1. 読み書きを教える 〈alphabet アルファベット〉 ＿＿＿＿＿＿＿

2. 特徴づける 〈caractère〉 ＿＿＿＿＿＿＿

3. カラメルにする 〈caramel〉 ＿＿＿＿＿＿＿

4. 具体化する 〈concret, -ète〉 ＿＿＿＿＿＿＿

5. 固定客にする 〈fidèle 忠実な〉 ＿＿＿＿＿＿＿

(B) 基語の末尾の l が2つになる.

　　結晶させる 〈cristal〉 ＿＿＿＿＿＿＿

(C) gu の発音が変わる.

　　(刃物などを)研ぐ, 鋭くする 〈aigu(ë) /ε-gy/〉 ＿＿＿＿＿＿＿

〔解答〕

(A) 1. alphabétiser 2. caractériser 3. caraméliser 4. concrétiser 5. fidéliser

(B) cristalliser (*cf.* cristal → cristallin (§9-3.[練習2]).

(C) aiguiser (発音は /ε-gi-ze/ だが, 形容詞の発音 /ε-gy/ との類推で, 誤って /ε-gyi-ze/ と
　　も発音される. なお aigu の女性形は『新綴り』では aigüe).

【練習4】

基語が-ieで終わる名詞の場合は，-ieがなくなります(先行母音の消去⇨[しくみ8]).

《派生のパターン：-ie → -iser》

1. 植民地化する 〈colonie〉 _____
2. 民主化する 〈démocratie /-si/〉 _____
3. 節約する；貯金する 〈économie〉 _____
4. 調和させる 〈harmonie〉 _____
5. 階級組織にする；階層化する 〈hiérarchie〉 _____
6. 皮肉る，皮肉を言う 〈ironie〉 _____
7. 気が合う，共感する 〈sympathie 好感；共感〉 _____
8. 暴政を行う；横暴に振る舞う 〈tyrannie 専制政治；横暴〉 _____

〔解答〕

1. coloniser 2. démocratiser /-ti-ze/ 3. économiser 4. harmoniser
5. hiérarchiser 6. ironiser 7. sympathiser 8. tyranniser

【練習5】

基語が-ique(および-ïque)で終わる場合は(主に形容詞だが名詞としても用いられる語もあります)，派生が2種類に分かれます.

(A) 《派生のパターン：-ique → -iser》

1. 芳香をつける 〈aromatique〉 _____
2. 自動化する 〈automatique〉 _____
3. 誇張する，大げさにする 〈dramatique 演劇の；劇的な〉 _____
4. 活力[活気]を与える 〈dynamique〉 _____
5. 熱狂させる 〈fanatique〉 _____
6. コンピュータ化する 〈informatique 情報科学(の)〉 _____
7. 磁性を与える，磁化する 〈magnétique〉 _____
8. 機械化する 〈mécanique〉 _____
9. めっきをする，金属をかぶせる 〈métallique〉 _____
10. デジタル化する 〈numérique〉 _____
11. 政治色を与える 〈politique〉 _____
12. 図で示す，図式化する 〈schématique〉 _____
13. 総合する；合成する 〈synthétique〉 _____
14. 体系化する 〈systématique〉 _____
15. 理論化する 〈théorique〉 _____
16. 心を傷つける 〈traumatique 心的外傷の〉 _____

(B) 《派生のパターン：-ique → -iciser》

 1. 非宗教化する 〈laïque〉 _____

 2. (科学)技術化する 〈technique〉 _____

〔解答〕

 (A) 1. aromatiser　2. automatiser　3. dramatiser〔芝居がかって大げさに表現すること〕　4. dynamiser　5. fanatiser　6. informatiser　7. magnétiser　8. mécaniser　9. métalliser　10. numériser　11. politiser　12. schématiser　13. synthétiser　14. systématiser　15. théoriser　16. traumatiser

 (B) 1. laïciser (*cf.* laïcité (§13-3.A.[練習6]))

   2. techniciser (qu → c の変化 ⇨ [しくみ19], *cf.* technicité (§13-3.A.[練習6]))

【練習6】

　　基語が-el で終わる形容詞の場合も，派生が2種類に分かれます(基語の形容詞は男性単数形だけ載せてあります)．この[練習6]および次の[練習7]の派生語の-iser の語幹は，多くの場合 -ité(§13-3.A.[練習7])の語幹と同じです．

(A) 《派生のパターン：-el → -aliser》 (⇨ [しくみ7])

 1. 現在性を持たせる, 現代化する 〈actuel〉 _____

 2. 機能的[機能本位]にする 〈fonctionnel〉 _____

 3. 形式化する 〈formel〉 _____

 4. 個性化[個別化]する 〈individuel〉 _____

 5. 産業化[工業化]する 〈industriel〉 _____

 6. 実現する 〈matériel 物質の；実際上の〉 _____

 7. 月給制にする；月割りで払う 〈mensuel 月ごとの〉 _____

 8. 帰化させる 〈naturel 自然の；生まれつきの〉 _____

 9. (規格品などを) 個人の好みに合わせる

　　　　　　　　　　　　　　〈personnel 個人の〉 _____

10. プロ化する 〈professionnel〉 _____

11. 合理化する 〈rationnel〉 _____

12. 実現する, 具体化する 〈réel 現実の〉 _____

13. 広く普及させる, 普遍化する 〈universel〉 _____

14. 視覚化する, 映像化する 〈visuel〉 _____

(B) 《派生のパターン：-el → -iser》

 1. 長引かせる 〈éternel 永遠の〉 _____

 2. 仲よくする 〈fraternel 兄弟(姉妹)の；仲のよい〉 _____

 3. 盛大に行う 〈solennel /sɔ-la-nɛl/〉 _____

〔解答〕 (下記の * の語は -iser と -ité の派生語が同語幹. 例：actual-iser, actual-ité)

(A) 1. actualiser* 2. fonctionnaliser* 3. formaliser* 4. individualiser*
   5. industrialiser 6. matérialiser* 7. mensualiser* 8. naturaliser
   9. personnaliser* 10. professionnaliser 11. rationaliser* 12. réaliser*
   13. universaliser* 14. visualiser*

(B) 1. éterniser* 2. fraterniser* 3. solenniser*

【練習 7】

　基語の末尾部分の母音が変わるケースを分類してあります(基語の形容詞は男性単数形だけ載せてあります).

(A) 《派生のパターン：-aire → -ariser》 (⇨[しくみ 39])

1. 軍隊化[軍国化]する 〈militaire〉 ＿＿＿＿＿＿
2. 一般に普及させる, 大衆化する 〈populaire 庶民の, 大衆の〉 ＿＿＿＿＿＿
3. 学校教育を整備する；就学させる 〈scolaire 学校の〉 ＿＿＿＿＿＿
4. 連帯させる 〈solidaire〉 ＿＿＿＿＿＿
5. (正式に)任用[任命]する 〈titulaire 正式の資格を持った〉 ＿＿＿＿＿＿

(B) 《派生のパターン：-ier → -ariser》 (⇨[しくみ 52])

1. 独特のものにする 〈particulier〉 ＿＿＿＿＿＿
2. 正規のものにする 〈régulier〉 ＿＿＿＿＿＿
3. (奇抜さで)目立たせる 〈singulier 奇妙な〉 ＿＿＿＿＿＿

(C) 《派生のパターン：-ier → -iariser》 (⇨[しくみ 7])

　慣れさせる 〈familier 慣れ親しんだ〉 ＿＿＿＿＿＿

(D) 《派生のパターン：-ain → -aniser》 (⇨[しくみ 53])

1. 人間的なものにする 〈humain〉 ＿＿＿＿＿＿
2. 都市化する 〈urbain〉 ＿＿＿＿＿＿

(E) 《派生のパターン：-eur → -oriser》 (⇨[しくみ 37])

1. (感情などを)表に現す 〈extérieur 外の；外部〉 ＿＿＿＿＿＿
2. 優遇する 〈faveur〉 ＿＿＿＿＿＿
3. (感情などを)内に抑える 〈intérieur 中の；内部〉 ＿＿＿＿＿＿
4. 機械化する 〈moteur エンジン；モーター〉 ＿＿＿＿＿＿
5. 恐怖に陥れる 〈terreur〉 ＿＿＿＿＿＿
6. 価値[評価]を引き上げる 〈valeur〉 ＿＿＿＿＿＿
7. (スプレーなどで)吹きかける 〈vapeur 蒸気〉 ＿＿＿＿＿＿

(F) 《派生のパターン：-able → -abiliser》 (⇨[しくみ 54])

1. 罪悪感を抱かせる 〈coupable 有罪の〉 ＿＿＿＿＿＿
2. 防水処理を施す 〈imperméable 水を通さない〉 ＿＿＿＿＿＿
3. 収益が上がるようにする 〈rentable もうかる〉 ＿＿＿＿＿＿

4. 責任(感)を持たせる 〈responsable〉 _____

5. 安定させる 〈stable〉 _____

(G) 《派生のパターン：-ible → -ibiliser》 (⇨[しくみ 54])

1. 信憑性[信頼感]を与える 〈crédible〉 _____

2. 柔軟[弾力的]にする 〈flexible〉 _____

3. 関心を高める 〈sensible 感じやすい〉 _____

(H) 《派生のパターン：-uble → -ubiliser》 (⇨[しくみ 54])

溶けやすくする 〈soluble〉 _____

〔解答〕 (下記の*の語は -iser と -ité の派生語が同語幹. 例：popular-iser, popular-ité)

(A) 1. militariser 2. populariser* 3. scolariser* 4. solidariser* 5. titulariser

(B) 1. particulariser* 2. régulariser* 3. singulariser*

(C) familiariser* (D) 1. humaniser* 2. urbaniser*

(E) 1. extérioriser* 2. favoriser 3. intérioriser* 4. motoriser 5. terroriser
　 6. valoriser 7. vaporiser

(F) 1. culpabiliser* 2. imperméabiliser* 3. rentabiliser* 4. responsabiliser*
　 5. stabiliser*

(G) 1. crédibiliser* 2. flexibiliser* 3. sensibiliser* (H) solubiliser*

【練習 8】

変則的な派生をする語をまとめて見てみます．基語は名詞または形容詞です．

1. 洗礼を授ける 〈baptême /ba-tɛm/〉 (bapt...) _____

2. キリスト教に改宗させる 〈chrétien(ne)〉 (christian...) _____

3. ファッショ化する 〈fasciste ファシスト(の)〉 (fasc...) _____

4. 女性化する，女らしくする 〈féminin(e)〉 (fémin...) _____

5. 均質化する 〈homogène〉 (homogéné...) _____

6. 入院させる 〈hôpital〉 (hospital...) _____

7. 最大限に評価する 〈maximum〉 (maxim...) _____

8. メディアで報道する 〈média〉 (médiat...) _____

9. 記憶にとどめる；記憶させる 〈mémoire〉 (mémor...) _____

10. 中立化する 〈neutre〉 (neutral...) _____

11. 民営化する，私企業化する 〈privé(e)〉 (privat...) _____

12. 調書をとる 〈procès-verbal〉 (verbal...) _____

13. 人工衛星にする；衛星国にする 〈satellite〉 (satell...) _____

14. 安心感を与える；安全性を高める 〈sécurité〉 (sécur...) _____

15. 時間稼ぎをする；時機を待つ 〈temps〉 (tempor...) _____

〔解答〕(-iser の語幹はしばしば，名詞の -isme, -ité，形容詞の -(i)el, -ier, -ique などの語幹と同一)

1. baptiser /ba-ti-ze/ (*cf.* baptisme「(バプテスト派の)浸礼主義」 2. christianiser
(*cf.* christianisme (§13-4.[練習7])) 3. fasciser (*cf.* fascisme「ファシズム」)
4. féminiser (*cf.* féminité (§13-3.A.[練習14])) 5. homogénéiser (*cf.* homogénéité
(§13-3.C.[練習])) 6. hospitaliser (*cf.* hospitalier (§8-4.[練習4])) 7. maximiser
(*cf.* maximaliser(§14-3.[練習2])) 8. médiatiser (*cf.* médiatique (§8-2.[練習6]))
9. mémoriser (*cf.* mémoriel (§8-1.[練習9])) 10. neutraliser (*cf.* neutralité (§13-
3.A.[練習14])) 11. privatiser (-atiser の語形は étatiser (§14-3.[練習1])の影響)
12. verbaliser (複合語の後半が基語) 13. satelliser (基語の末尾の消去) 14. sécuriser
(*cf.* sécurité (§13-3.A.[練習15])) 15. temporiser (*cf.* temporel (§8-1.[練習9])

~~ 〖備考〗 ~~~~~~

(1) 国や地域の名前をもとに作られた -iser の語 (基語は形容詞または名詞) は，「…化する，
…風にする」や，時に「…語化する，…語風にする」を意味します．鼻母音の /ɛ̃/ が /an/ と
交替する (綴り字は ain または en が an と交替する) ものがかなりあり (⇨ [しくみ53])，
それらには * 印を付けてあります．

africaniser*	← africain(e) ; Afrique アフリカ(の)
américaniser*	← américain(e) ; Amérique アメリカ(の)
angliciser	← anglais(e) ; Angleterre イギリス(の)
arabiser	← arabe ; Arabie アラビア(の)
européaniser*	← européen(ne) ; Europe ヨーロッパ(の)
franciser	← français(e) ; France フランス(の)
germaniser*	← germain(e) ; Germanie ゲルマニア(の)
gréciser	← grec, grecque ; Grèce ギリシャ(の)
italianiser*	← italien(ne) ; Italie イタリア(の)
japoniser	← japonais(e) ; Japon 日本(の)
occidentaliser	← occidental(e) ; Occident 西洋(の)
romaniser*	← romain(e) ; Rome ローマ(の)

(2) 対応する基語が現存しないものがあります．

préconiser しきりに勧める，奨励する
pulvériser (液体を)霧状にして吹きかける〔poudre「粉」と同語源〕

(3) -er と -iser のどちらも用いられている場合があります．

budget 予算 → budgéter ～ budgétiser 予算化する
Google グーグル → googler ～ googliser グーグルで検索する
optimal(e) 最適の → optimaliser ～ optimiser 最適化する〔英語の *optimize* から〕

~~~~~~

4. -ifier {異形 -éfier, -fier}

-ifier も，-iser と同様に，「…(の状態)にする，…化する」を意味する他動詞を作ります．派生語は -iser ほど多くありませんが，変則的な派生をするものがかなりあります．

【練習1】

-ifier を用いて動詞を作りましょう．基語は名詞です．

1. 分類する	〈classe 部類〉	_____
2. 例示する	〈exemple〉	_____
3. 液化する，流体化する	〈fluide〉	_____
4. 大衆化する	〈masse (個人に対して)大衆〉	_____
5. 変更する，修正する	〈mode 方式，様式〉	_____
6. 神話化する	〈mythe〉	_____
7. 通知する，通告する	〈note (通達)文書〉	_____
8. 擬人化する	〈personne 人〉	_____
9. 計画化する	〈plan〉	_____
10. 意味する，示す	〈signe 印(しるし)〉	_____
11. 詩にする	〈vers〉	_____

〔解答〕

1. classifier　2. exemplifier　3. fluidifier　4. massifier　5. modifier〔mode の原義は「尺度」で，「尺度に合わせる」→「変更する，修正する」のように意味が推移〕
6. mythifier　7. notifier　8. personnifier　9. planifier, 10. signifier〔「…であるという印である」→「…であることを示している」〕　11. versifier

＊ -ifier からの派生名詞は -ification になる (⇨ §6-3.A.[練習6])

【練習2】

-ifier を用いて動詞を作りましょう．基語は形容詞(男性形)です．

1. 酸っぱくする，酸性にする	〈acide〉	_____
2. 拡大[増大]する	〈ample ゆったりした〉	_____
3. ばかげた言動をする；愚かにする	〈bête 愚かな〉	_____
4. よくする	〈bon(ne)〉	_____
5. 多様化する	〈divers(e)〉	_____
6. 強くする，丈夫にする	〈fort(e)〉	_____
7. 湿らす	〈humide〉	_____
8. 強化する	〈intense 強度の〉	_____
9. 正当化する	〈juste〉	_____
10. 浄化する	〈pur(e)〉	_____

11. 単純にする 〈simple〉 ＿＿＿＿＿＿

12. 凝固させる 〈solide 固体の〉 ＿＿＿＿＿＿

13. １つにする，統一する 〈un(e) １つの〉 ＿＿＿＿＿＿

〔解答〕（下記の動詞の半数ほどは§6-3.A.[練習6]で基語として既出）

1. acidifier 2. amplifier 3. bêtifier〔-ifier の動詞としては珍しく自動詞としても用いる〕 4. bonifier 5. diversifier 6. fortifier 7. humidifier 8. intensifier 9. justifier 10. purifier 11. simplifier 12. solidifier 13. unifier

【練習3】

基語が -ique で終わる語は接尾辞の交替が起こります．

《派生のパターン：-ique → -ifier》 (*下記の 3., 4.の基語は名詞としても用いられる)．

1. (真正であることを)認証する 〈authentique 真正の〉 ＿＿＿＿＿＿

2. 識別する；身元を確認する 〈identique 同一の〉 ＿＿＿＿＿＿

3. (人を)煙に巻く 〈mystique 神秘(主義)の〉 ＿＿＿＿＿＿

4. プラスティック加工する 〈plastique〉 ＿＿＿＿＿＿

〔解答〕

1. authentifier 2. identifier (§6-3.A.[練習6]で既出) 3. mystifier〔「神秘的にする，秘密めかして曖昧にする」からの意味拡大〕 4. plastifier

【練習4】

接尾辞の異形の -éfier, -fier を用いる場合があります．基語は名詞あるいは形容詞です．

(A) -éfier になる．

1. コークス化する 〈coke〉 ＿＿＿＿＿＿

2. 液化する 〈liquide〉 (liqu...) ＿＿＿＿＿＿

3. (気体を)希薄にする；減少させる 〈rare 稀な〉 ＿＿＿＿＿＿

4. 焙(ほう)じる，焙煎(ばいせん)する 〈torride 酷熱の〉 (torr...) ＿＿＿＿＿＿

(B) -fier になる．

1. 不貞を働く，コキュにする 〈cocu コキュ，寝取られ男〉 ＿＿＿＿＿＿

2. 像を建てる；銅像のように動かなくする 〈statue〉 (statu...) ＿＿＿＿＿＿

〔解答〕

(A) 1. cokéfier 2. liquéfier 3. raréfier 4. torréfier

  * -éfier からの派生名詞は -éfaction になる (⇨§6-3.A.[練習6])

(B) 1. cocufier 2. statufier

【練習 5】

-ifier で変則的な派生のものがかなりあります．基語は名詞あるいは形容詞です．

(A) 基語の末尾の変化や消去．

　1. 保証する，請け合う　　　　　〈certain(e) 確かな〉(cert...)　　_____

　2. 建造する　　　　　　　　　　〈édifice 建築物〉(éd...)　　_____

　3. 冷凍する　　　　　　　　　　〈frigorifique〉(frigor...)　　_____

　4. 気化[ガス化]する　　　　　　〈gaz〉(gazé...)　　_____

　5. ぞっとさせる　　　　　　　　〈horreur 恐怖〉(horr...)　　_____

　6. 不透明にする　　　　　　　　〈opaque〉(opac...)　　_____

　7. 形容する；資格を与える　　　〈qualité 質；資格〉(qual...)　　_____

　8. 数量にして表す，数量化する　〈quantité 数量〉(quant...)　　_____

　9. 犠牲にする　　　　　　　　　〈sacrifice〉(sacr...)　　_____

　10. ひどく怖がらせる　　　　　　〈terreur (激しい)恐怖〉(terr...)　　_____

　11. 活気づける　　　　　　　　　〈vif, -ve 活発な〉(viv...)　　_____

(B) 基語の冒頭や語中の変化．

　1. はっきりさせる　　　　　　　〈clair(e)〉(clar...)　　_____

　2. 十字架にかける　　　　　　　〈croix〉(cruc...)　　_____

　3. 神格化する　　　　　　　　　〈dieu〉(dé...)　　_____

　4. 偽造する　　　　　　　　　　〈faux, -sse〉(fals...)　　_____

　5. 実を結ぶ；利益[成果]を生む　〈fruit 果実〉(fruct...)　　_____

　6. 称揚する　　　　　　　　　　〈gloire 栄光〉(glor...)　　_____

　7. (恩恵として)与える　　　　　〈grâce 恩恵〉(grat...)　　_____

　8. (歯に)金を詰める　　　　　　〈or〉(aur...)　　_____

　9. 平定する，平和をもたらす　　〈paix〉(pac...)　　_____

　10. 石化させる；ぼう然とさせる　〈pierre〉(pétr...)　　_____

　11. 確かめる；点検する　　　　　〈vrai(e) 本当の；正しい〉(vér...)　　_____

〔解答〕

(A) 1. certifier　2. édifier　3. frigorifier　4. gazéifier　5. horrifier　6. opacifier

　　7. qualifier　8. quantifier　9. sacrifier　10. terrifier　11. vivifier

(B) 1. clarifier (ai → a の変化 ⇨ [しくみ 39])　2. crucifier　3. déifier

　　4. falsifier (au → al の変化 ⇨ [しくみ 55])

　　5. fructifier (ui → uc の変化 ⇨ [しくみ 49]) 〔-ifier の動詞はほとんどが他動詞だが，この動詞は例外的に自動詞〕

　　6. glorifier (oi → o の変化 ⇨ [しくみ 41])　7. gratifier　8. aurifier

　　9. pacifier (ai → ac の変化 ⇨ [しくみ 49])　10. pétrifier　11. vérifier

~~ 〚備考〛 ~~~~~~

(1) 基語が独立語として存在しないものがあります.

rectifier 訂正する 〔rect- は「まっすぐな」を意味する語形成要素. *cf.* rectangle「直角の」(← rect- + angle)〕

(2) 1つの語から同じ意味あるいは意味の異なった -iser と -ifier が派生している場合もあります.

stariser ≈ starifier スターにする ← star スター

électrifier 電化する / électriser 帯電させる ← électrique 電気の

~~~~~~

5. -oyer

-oyer の付いた派生動詞の多くは「…(の状態)にする」や「…をさせる」を意味します. 比喩的な事態や反復行為を表すこともあります.

【練習1】

-oyer を用いて動詞を作りましょう. 基語は名詞で, 派生は規則的です.

1. 玉虫色にきらめく 〈chat 猫〉 ＿＿＿＿＿＿
2. (...に)沿って進む 〈côte 海岸〉 ＿＿＿＿＿＿
3. (人と)すれ違う 〈coude 肘(ひじ)〉 ＿＿＿＿＿＿
4. 落雷する 〈foudre 雷〉 ＿＿＿＿＿＿
5. めそめそする 〈larme 涙〉 ＿＿＿＿＿＿
6. (波のように)揺れ動く, 波打つ 〈onde 波〉 ＿＿＿＿＿＿
7. ほこりを立てる 〈poudre 粉；ほこり〉 ＿＿＿＿＿＿

〚解答〛
1. chatoyer 〔おそらく猫の目との様態の類似から〕
2. côtoyer 〔「船が海岸に沿って進む」の意味が船や海岸以外のものにも広がった〕
3. coudoyer 〔肘(ひじ)が触れるほど近くを通る〕 4. foudroyer 5. larmoyer
6. ondoyer 〔onduler とほぼ同義だが, ondoyer は文語的〕 7. poudroyer

【練習2】

-oyer を用いて動詞を作りましょう. 基語(名詞または形容詞)が多少なりとも変化します.

1. 祝宴に連なる 〈fête 祝祭；祝宴〉 (fest...) ＿＿＿＿＿＿
2. きれいにする；掃除する 〈net(te)〉 (nett...) ＿＿＿＿＿＿
3. 赤々と輝く[燃える] 〈rouge〉 (rouge...) ＿＿＿＿＿＿
4. tu を用いて話す, 親しい口をきく 〈tu〉 (tut...) ＿＿＿＿＿＿
5. 青々と茂る 〈vert(e) 緑(の)〉 (verd...) ＿＿＿＿＿＿
6. vous を用いて話す, 丁寧な口をきく 〈vous〉 (vouv...) ＿＿＿＿＿＿

〔解答〕

1. festoyer 2. nettoyer 3. rougeoyer 4. tutoyer 5. verdoyer (*cf.* verdir (§14-2. [練習3])) 6. vouvoyer

~~ 〚備考〛 ~~~~~~

(1) 基語が形容詞や動詞のものもあります.

rudoyer 手荒く扱う ← rude 粗野な, 荒っぽい

tournoyer くるくる回る ← tourner 回る

(2) 基語が現用語に残っていないものもあります.

flamboyer (時々炎を上げながら)燃える / flamber 燃え上がる, 炎を上げて燃える

これらの動詞および名詞 flambeau「松明(たいまつ)」の基語であったflambe「炎」は一般語からは消え去り, 方言で「明るい炎」の意味で残っています.「炎」を意味する現用の一般語は flamme です

~~~~~~

6. -ailler, -asser, -eter, -iller, -iner, -onner, -ot(t)er, -ouiller

これらの接尾辞の大半は〈指小接尾辞+-er〉に由来しており, 動詞を基語にして「少し[軽く]…する」,「繰り返して…する」などを意味する動詞を作ります(指小接尾辞については§3-1.と§3-2.を参照).

名詞や形容詞が基語になることもあります. 名詞や形容詞に関連あるいは類似する行為を表しますが, 多くは動詞派生の場合と同様の「指小, 反復」のニュアンスを伴います.

派生語はほとんどがくだけた言い方で, -ailler と -asser の動詞はしばしば軽蔑的なニュアンスを含みます.

【練習】

示された接尾辞を用いて動詞を作りましょう. 基語の大半は動詞ですが, 名詞と形容詞も入っています. 不規則動詞や変則的な派生語幹はかっこに入れて示します. 基語の名詞・形容詞といくつかの動詞には訳語を添えてあります.

(A) -ailler を用いる.

1. 不器用に[不揃いに]切る　　　　　　〈couper〉　　　　＿＿＿＿＿＿＿

2. わめき散らす　　　　　　　　　　　〈crier〉　　　　　＿＿＿＿＿＿＿

3. つまらぬことを長々と議論する　　　〈discuter〉　　　＿＿＿＿＿＿＿

4. 書きちらす　　　　　　　　　　　　〈écrire〉 (écriv...)　＿＿＿＿＿＿＿

5. (いろいろな方向に)何度も引っ張る　〈tirer〉　　　　　＿＿＿＿＿＿＿

6. (目的もなく)動き回る, うろうろする〈tourner 回る〉　＿＿＿＿＿＿＿

7. 何度も軽い咳をする　　　　　　　　〈tousser〉　　　　＿＿＿＿＿＿＿

(B) **-asser** を用いる.

1. 霧がかかる；霧雨が降る 〈brouillard 霧〉 (brouill...) _____

2. 書きなぐる 〈écrire〉 (écriv...) _____

3. 小雨が降る 〈pleuvoir〉 (pleuv...) _____

4. 夢想[空想]にふける 〈rêver〉 _____

5. ぐずぐずする；ぶらぶらする 〈traîner〉 _____

(C) **-eter** を用いる. (*1.は2つの派生形がある)

1. ついばむ, くちばしでつつく 〈bec くちばし〉 (becqu...) _____

　　　　　　　　　　　　　　　　　　　 (béqu...) _____

2. 小さな乾いた音を立てる 〈craquer〉 _____

3. 斑点をつける 〈tacher〉 _____

4. (小鳥・蝶などが)飛び回る 〈voler〉 _____

(D) **-iller** を用いる.

1. 細かなひびを入れる 〈fendre〉 (fend...) _____

2. 群がる；むずむずする 〈fourmi アリ〉 (fourm...) _____

3. (繰り返し)軽くかむ 〈mordre〉 (mord...) _____

4. 鼻声を出す 〈nez 鼻〉 (nas...) _____

5. はちばちと跳ねる[はぜる] 〈pet おなら〉 (pét...) _____

6. (斑)点で描く, 点描する 〈point 点〉 _____

7. ぴょんぴょん跳ぶ, 跳ね回る 〈sauter〉 _____

8. 差し錠[かんぬき]をかける 〈verrou〉 _____

(E) **-iner** を用いる.

1. 足踏みする；踏みつける 〈pied 足〉 (piét...) _____

2. 霧雨が降る 〈pleuvoir〉 (pleuv...) _____

3. 小走りに走る；小刻みに歩く 〈trotter〉 _____

(F) **-onner** を用いる.

1. 鼻歌を歌う 〈chanter〉 _____

2. なぐり書きする 〈griffer (爪で)ひっかく〉 _____

3. 白髪になり始める 〈gris(e) 白髪まじりの〉 _____

4. もぐもぐかむ 〈mâcher〉 _____

5. 手探りする 〈tâter 触ってみる〉 _____

(G) **-oter, -otter** を用いる. (*2.の派生語は -otter になる)

1. 点滅する；しきりにまばたきする 〈cligner〉 _____

2. (髪などが[を])軽くカールする 〈friser〉 (...otter) _____

3. 軽く口笛を吹く 〈siffler〉 _____

4. 軽くたたく 〈taper〉 _____

5. 軽い咳をする 〈tousser〉 _____

6. かすかに震える[揺れる]　　　〈trembler〉　　　_____

7. 細々と暮らす　　　〈vivre〉 (viv...)　　　_____

(H) -ouiller を用いる.

1. くすぐる　　　〈chat 猫〉　　　_____

2. 軽くひっかく　　　〈gratter〉　　　_____

3. くちゃくちゃかむ　　　〈mâcher〉　　　_____

〔解答〕

(A) 1. coupailler　2. criailler　3. discutailler　4. écrivailler　5. tirailler

　　6. tournailler　7. toussailler

(B) 1. brouillasser　2. écrivasser　3. pleuvasser　4. rêvasser

　　5. traînasser (『新綴り』は trainer, trainasser)

(C) 1. becqueter / béqueter　2. craqueter　3. tacheter　4. voleter

(D) 1. fendiller　2. fourmiller (先行母音の消去⇨[しくみ 8])　3. mordiller

　　4. nasiller (e → a の変化 ⇨ [しくみ 7])　5. pétiller (e → é の変化 ⇨ [しくみ 21])

　　6. pointiller　7. sautiller　8. verrouiller

(E) 1. piétiner (e → é の変化 ⇨ [しくみ 21])　2. pleuviner (pluviner とも言う)

　　3. trottiner

(F) 1. chantonner　2. griffonner〔爪でひっかいたように乱雑に書く〕

　　3. grisonner　4. mâchonner　5. tâtonner

(G) 1. clignoter　2. frisotter (『新綴り』は他の派生語と同じく t が 1 つで frisoter)

　　3. siffloter　4. tapoter　5. toussoter　6. trembloter　7. vivoter

(H) 1. chatouiller〔よく猫に対してする行為〕　2. grattouiller (gratouiller とも綴る)

　　3. mâchouiller

第6章の総合練習

【練習1】

{ }内の派生動詞のうちで適切なほうにしるしを付けましょう(同じ語を2度選ぶこともあります).

1. chatoyer / chatouiller (← chat 猫)

   (a) Un tissu moiré { □ chatoie / □ chatouille } à la lumière.
       モアレの布は光で玉虫色にきらめく.

   (b) Hélène s'amuse à { □ chatoyer / □ chatouiller } son petit frère.
       エレーヌは弟をくすぐっておもしろがる.

2. clouer / clouter (← clou 釘, 鋲(びょう))

   (a) { □ clouer / □ clouter } une caisse en bois　木箱(の蓋)に釘を打つ

   (b) un pneu { □ cloué / □ clouté }　スパイクタイヤ

3. croiser / crucifier (← croix 十字架 ; 十字形)

   (a) Jésus fut { □ croisé / □ crucifié } sur le Calvaire.
       イエスはカルヴァリオの丘で十字架にかけられた.

   (b) { □ croiser / □ crucifier } les bras　腕組みする

   (c) { □ croiser / □ crucifier } un voisin dans la rue　通りで近所の人とすれ違う

4. égaler / égaliser (← égal(e) 等しい ; 平等の)

   (a) Deux plus trois { □ égalent / □ égalisent } cinq.　2たす3は5.

   (b) { □ égaler / □ égaliser } les charges fiscales　税負担を平等にする

5. fausser / falsifier (← faux, -sse 間違った ; 偽の)

   (a) { □ fausser / □ falsifier } la réalité　事実をゆがめる

   (b) { □ fausser / □ falsifier } la monnaie　貨幣を贋造する

6. fêter / festoyer (← fête 祝祭 ; 祝宴)

   (a) Nous { □ fêtons / □ festoyons } Noël en famille.
       私たちは家族でクリスマスを祝う.

   (b) Ils { □ fêtent / □ festoient } dans un restaurant luxueux.
       彼らは豪華なレストランで祝宴を催す.

7. forcir / fortifier (← fort(e) 強い)

   (a) L'exercice { □ forcit / □ fortifie } le corps.
       体操は体を強くする.

   (b) Ce jeune homme a beaucoup { □ forci / □ fortifié }.
       この若者はずいぶんたくましくなった.

8. personnaliser / personnifier (← personne 人)

   (a) { □ personnaliser / □ personnifier } des animaux dans une fable
       寓話で動物を擬人化する

(b) {□ personnaliser / □ personnifier} la page d'accueil

ホームページを自分の好みに合わせて作る

9. plier / plisser (← pli 折り目；襞(ひだ))

(a) {□ plier / □ plisser} une feuille de papier en deux　1枚の紙を2つに折る

(b) {□ plier / □ plisser} les genoux　膝(ひざ)を曲げる

(c) une jupe droite et une jupe {□ pliée / □ plissée}

タイトスカートとプリーツスカート

10. poudrer / poudroyer (← poudre 粉；ほこり)

(a) {□ poudrer / □ poudroyer} son visage　顔におしろいをつける

(b) La route {□ poudre / □ poudroie}. 道に土ぼこりが立つ.

11. rougir / rougeoyer (← rouge 赤い)

(a) Elle a {□ rougi / □ rougeoyé} de honte.

彼女は恥ずかしさで赤くなった.

(b) Le feu {□ rougissait / □ rougeoyait} dans la cheminée.

火が暖炉で赤々と燃えていた.

12. signer / signifier (← signe 印(しるし)；記号)

(a) {□ Signez / □ Signifiez} ici. ここにサインしてください.

(b) Que {□ signe / □ signifie} ce mot？ この単語はどういう意味ですか？

13. unir / unifier (← un(e) 1つの)

(a) {□ unir / □ unifier} des régions en un seul pays

いくつかの地方を1国に統合する

(b) Une solide amitié {□ unit / □ unifie} les deux hommes.

固い友情が二人の男を結びつけている.

14. verdir / verdoyer (← vert(e) 緑の)

(a) Elle a {□ verdi / □ verdoyé} de peur.

彼女は恐怖で真っ青になった.

(b) Les feuilles {□ verdissent / □ verdoient} aux branches des arbres.

葉が木の枝で青々と茂っている.

〔解答〕

1. (a) chatoie (b) chatouiller　2. (a) clouer (b) clouté

3. (a) crucifié (b) croiser (c) croiser　4. (a) égalent (b) égaliser

5. (a) fausser (b) falsifier　6. (a) fêtons (b) festoient

7. (a) fortifie (b) forci　8. (a) personnifier (b) personnaliser

9. (a) plier (b) plier (c) plissée　10. (a) poudrer (b) poudroie

11. (a) rougi (b) rougeoyait　12. (a) Signez (b) signifie

13. (a) unifier (b) unit　14. (a) verdi (b) verdoient

【練習２】

名詞・形容詞を -iser または -(i)fier の動詞にして，かっこ内に指示された形を空欄に書き入れましょう(形容詞は男性単数形を載せてあります).

1. clair　(*派生動詞を複合過去形にする)

Vos explications _____ cette question.

あなたの説明でこの問題がはっきりした.

2. économe　(*派生動詞を現在形にする)

Ils _____ pour pouvoir s'acheter un appartement.

彼らはアパルトマンを買うために倹約している.

3. familier　(*派生動詞を代名動詞の単純未来形にする)

Vous _____ progressivement avec les coutumes de ce pays.

あなたは徐々にこの国の習慣に慣れるでしょう.

4. faveur　(*派生動詞を複合過去形にする)

Le tourisme _____ l'expansion économique de cette région.

観光がこの地方の経済発展を促進した.

5. général　(*派生動詞を代名動詞の現在形にする)

L'interdiction de fumer dans des lieux publics _____.

公共の場所での禁煙が一般化している.

6. hôpital　(*派生動詞を現在形にする)

L'état du malade exigeait qu'on l'_____ sans tarder.

病人の容体だと即刻入院させる必要がある.

7. identique　(*派生動詞を不定詞にする)

La police est en train d'_____ les victimes de l'accident.

警察が事故の犠牲者の身元を確認中だ.

8. juste　(*派生動詞を現在形にする)

La fin _____ les moyens.

《諺》目的は手段を正当化する.

9. mode　(*派生動詞を不定詞にする)

Je pense qu'il faut _____ ce plan.

この計画を手直しする必要があると思う.

10. rare　(*派生動詞を代名動詞の現在形にする)

Plus on grimpe en montagne, plus l'oxygène _____.

より高所に上るにつれて，酸素がより希薄になる.

11. simple　(*派生動詞を不定詞にする)

Ne pourrait-on pas _____ davantage les formalités administratives ?

行政的な手続きをもっと簡単にできないものだろうか?

12. stable （*派生動詞を不定詞にする）

Il faut prendre des mesures appropriées pour _____ l'économie.

　経済を安定させるために適切な措置を講じなければならない.

13. utile （*派生動詞を現在形にする）

Ce célèbre écrivain _____ un stylo et non pas un ordinateur pour écrire ses romans.

　この有名作家は小説を書くのにパソコンではなくペンを使う.

14. vrai （*派生動詞を不定詞にする）

Ma voiture marche mal. Je vais la faire _____.

　車の調子が悪い. 点検してもらおう.

〖解答〗

1. ont clarifié　2. économisent　3. vous familiariserez　4. a favorisé

5. se généralise　6. hospitalise　7. identifier　8. justifie　9. modifier

10. se raréfie　11. simplifier　12. stabiliser　13. utilise　14. vérifier

【練習３】

　下線の動詞を,「少し[軽く]…する」,「繰り返して…する」などを意味する動詞に変えましょう. 用いる接尾辞は -ailler, -asser, -eter, -iller, -iner, -onner, -oter, -ouiller です（4. と 8. は２つ可能）.

1. Mon mari chante [_____] en prenant une douche.

　　夫はシャワーを浴びながら鼻歌を歌う.

2. Notre patron est toujours de mauvaise humeur, il crie [_____] sans cesse.

　　私たちの上司はいつも不機嫌で, たえずわめき散らしている.

3. Il s'est gratté [_____] la tête d'un air embarrassé.

　　彼は困惑した様子で頭を軽くかいた.

4. Le chiot mâche [_____ / _____] tout ce qu'il trouve.

　　子犬は目についたものを何でももぐもぐかむ.

5. La petite fille rêvait [_____] en regardant tomber la neige.

　　少女は雪が降るのを眺めながら夢想にふけっていた.

6. Les enfants sautent [_____] de joie.

　　子供たちは喜んでぴょんぴょん跳びはねている.

7. L'homme sifflait [_____] les mains dans ses poches.

　　男は両手をポケットに入れて軽く口笛を吹いていた.

8. Elle a toussé [_____ / _____] pour se faire remarquer.

彼女は注意を引くために軽く咳をした.

9. Avec la main tremblante [_____], ce vieillard avait du mal à porter la cuillère à sa bouche.

その老人は手がぶるぶる震えて，スプーンをうまく口に運べなかった.

10. L'enfant trotte [_____] près de sa mère.

子供は母親のそばをちょこちょこと歩いている.

11. Les papillons volent [_____] de fleurs en fleurs.

蝶が花から花へ飛び回っている.

〔解答〕

1. chantonne 2. criaille 3. grattouillé 4. mâchonne / mâchouille 5. rêvassait
6. sautillent 7. sifflotait 8. toussaillé / toussoté 9. tremblotante 10. trottine
11. volettent (『新綴り』は volètent)

第7章　副詞を作る

　副詞を形容詞から作ることができます．形容詞派生の副詞は概して「様態」を示し，〈前置詞＋名詞〉の副詞句とほぼ同じ意味を表すことができます．このことに関しては章の最後の[総合練習]で触れます．

§15　形容詞から副詞を作る接尾辞

　副詞を作る接尾辞は1種類しかありません．基語は形容詞(一般に形容詞の女性形)です．

> ☆☆☆ -ment

【練習1】

　次の意味の -ment で終わる副詞を書きましょう．形容詞の女性形に -ment を付けて作ります．

(A) 形容詞の女性形は〈男性形＋e〉.

1. 器用に	〈adroit(e)〉	＿＿＿＿＿＿
2. 友情をこめて，友好的に	〈amical(e)〉	＿＿＿＿＿＿
3. 確かに	〈certain(e)〉	＿＿＿＿＿＿
4. 繊細に	〈délicat(e)〉	＿＿＿＿＿＿
5. 最後に	〈final(e)〉	＿＿＿＿＿＿
6. 一般に	〈général(e)〉	＿＿＿＿＿＿
7. 世界的に	〈mondial(e)〉	＿＿＿＿＿＿
8. 完璧に	〈parfait(e)〉	＿＿＿＿＿＿
9 主として	〈principal(e)〉	＿＿＿＿＿＿
10. 近いうちに	〈prochain(e)〉	＿＿＿＿＿＿
11. 無駄に，むなしく	〈vain(e)〉	＿＿＿＿＿＿

(B) 形容詞の女性形は変則的.

1. 現在，目下	〈actuel(le)〉	＿＿＿＿＿＿
2. 昔は，以前は	〈ancien(ne)〉	＿＿＿＿＿＿
3. 完全に	〈complet, -ète〉	＿＿＿＿＿＿
4. 全面的に，すっかり	〈entier, -ère〉	＿＿＿＿＿＿
5. 過度に	〈excessif, -ve〉	＿＿＿＿＿＿
6. 優しく，そっと	〈doux, douce〉	＿＿＿＿＿＿
7. 熱狂的に，熱烈に	〈fou, folle〉	＿＿＿＿＿＿
8. 率直に	〈franc, franche〉	＿＿＿＿＿＿
9. いつもは	〈habituel(le)〉	＿＿＿＿＿＿
10. 幸運にも	〈heureux, -se〉	＿＿＿＿＿＿
11. 喜んで；陽気に	〈joyeux, -se〉	＿＿＿＿＿＿

12. 軽く	⟨léger, -*ère*⟩	_____
13. 長い間；長々と	⟨long(ue)⟩	_____
14. すばらしく	⟨merveilleux, -*se*⟩	_____
15. 中くらいに	⟨moyen(ne)⟩	_____
16. はっきりと	⟨net(te)⟩	_____
17. 客観的に	⟨objectif, -*ve*⟩	_____
18. 特に，とりわけ	⟨particulier, -*ère* 特別の⟩	_____
19. 現実に	⟨réel(le)⟩	_____
20. 規則正しく	⟨régulier, -*ère*⟩	_____
21. ひそかに	⟨secret, -*ète*⟩	_____
22. 静かに，黙って	⟨silencieux, -*se*⟩	_____

〖解答〗

(A) 1. adroitement 2. amicalement 3. certainement 4. délicatement
   5. finalement 6. généralement 7. mondialement 8. parfaitement
   9. principalement 10. prochainement 11. vainement
(B) 1. actuellement 2. anciennement 3. complètement 4. entièrement
   5. excessivement 6. doucement 7. follement 8. franchement
   9. habituellement 10. heureusement 11. joyeusement 12. légèrement
   13. longuement 14. merveilleusement 15. moyennement 16. nettement
   17. objectivement 18. particulièrement 19. réellement 20. régulièrement
   21. secrètement 22. silencieusement

【練習 2】

-d, -r, -s, -un で終わる形容詞のなかには変則的な作り方をするものがあります.

(A) 原則どおりの作り方.

1. 全然	⟨aucun(e) どんな…も⟩	_____
2. さまざまに	⟨divers(e)⟩	_____
3. 激しく；厳しく	⟨dur(e)⟩	_____
4. 重く	⟨lourd(e)⟩	_____
5. 円滑に	⟨rond(e)⟩	_____
6. 陰険に	⟨sournois(e)⟩	_____
7. きっと，確かに	⟨sûr(e)⟩	_____

(B) 女性形の末尾の e を é に変える.

《派生のパターン：-(e) → -ément》

| 1. 一般に | ⟨commun(e)⟩ | _____ |
| 2. 雑然と | ⟨confus(e)⟩ | _____ |

3. 不明瞭に	〈obscur(e)〉	_____
4. よい時に	〈opportun(e) 時宜を得た〉	_____
5. 正確に	〈précis(e)〉	_____
6. 深く	〈profond(e)〉	_____

〚解答〛

(A) 1. aucunement 2. diversement 3. durement 4. lourdement 5. rondement
   6. sournoisement 7. sûrement (『新綴り』はアクサンなしで surement と綴る)
(B) 1. communément 2. confusément 3. obscurément 4. opportunément
   5. précisément 6. profondément

【練習3】

-e で終わる形容詞(= 男女同形の形容詞)のなかには変則的な作り方をするものがあります.

(A) 原則どおりの作り方.

1. ほかの仕方で	〈autre〉	_____
2. 突然に	〈brusque〉	_____
3. …に反して	〈contraire 反対の〉	_____
4. 効果的に	〈efficace〉	_____
5. 極めて	〈extrême 極端な〉	_____
6. 正直に	〈honnête〉	_____
7. 苦労して	〈pénible 骨の折れる〉	_____
8. おそらく	〈probable ありそうな〉	_____
9. 速く；すばやく	〈rapide〉	_____
10. 厳しく	〈sévère〉	_____
11. 単純に；単に	〈simple〉	_____
12. 優しく	〈tendre〉	_____
13. 静かに	〈tranquille〉	_____
14. 全員一致して	〈unanime〉	_____

(B) 末尾の e を é に変える.

《派生のパターン：-e → -ément》

1. 盲目的に	〈aveugle〉	_____
2. ゆったりと	〈commode 便利な〉	_____
3. (…に)合致して, 従って	〈conforme〉	_____
4. 並はずれて	〈énorme〉	_____
5. 途方もなく	〈immense〉	_____
6. 強度に	〈intense〉	_____
7. 一様に	〈uniforme〉	_____

〔解答〕

(A) 1. autrement　2. brusquement　3. contrairement　4. efficacement
　　5. extrêmement　6. honnêtement　7. péniblement　8. probablement
　　9. rapidement　10. sévèrement　11. simplement　12. tendrement
　　13. tranquillement　14. unanimement

(B) 1. aveuglément　2. commodément　3. conformément　4. énormément
　　5. immensément　6. intensément　7. uniformément

【練習4】

　発音上の母音に対応する綴り字で終わる形容詞は，副詞の作り方が一律ではありません.

(A) -é, -i で終わる形容詞は男性形に -ment を付ける.

1. 容易に　　　　　　　　〈aisé(e)〉　　　　　　＿＿＿＿＿＿＿＿

2. きっぱりと　　　　　　〈carré(e)〉　　　　　　＿＿＿＿＿＿＿＿

3. 確かに，全く　　　　　〈décidé(e)〉　　　　　＿＿＿＿＿＿＿＿

4. 必死に　　　　　　　　〈désespéré(e)〉　　　　＿＿＿＿＿＿＿＿

5. 必然的に　　　　　　　〈forcé(e)〉　　　　　　＿＿＿＿＿＿＿＿

6. 大胆に　　　　　　　　〈hardi(e)〉　　　　　　＿＿＿＿＿＿＿＿

7. 無限に　　　　　　　　〈infini(e)〉　　　　　　＿＿＿＿＿＿＿＿

8. 個別に，孤立して　　　〈isolé(e)〉　　　　　　＿＿＿＿＿＿＿＿

9. きれいに　　　　　　　〈joli(e)〉　　　　　　　＿＿＿＿＿＿＿＿

10. 一時的に　　　　　　　〈momentané(e)〉　　　＿＿＿＿＿＿＿＿

11. 頑固に　　　　　　　　〈obstiné(e)〉　　　　　＿＿＿＿＿＿＿＿

12. 情熱的に　　　　　　　〈passionné(e)〉　　　　＿＿＿＿＿＿＿＿

13. 礼儀正しく　　　　　　〈poli(e)〉　　　　　　　＿＿＿＿＿＿＿＿

14. 時期尚早に　　　　　　〈prématuré(e)〉　　　　＿＿＿＿＿＿＿＿

15. 別々に　　　　　　　　〈séparé(e)〉　　　　　　＿＿＿＿＿＿＿＿

16. 同時に　　　　　　　　〈simultané(e)〉　　　　＿＿＿＿＿＿＿＿

(B) -ai で終わる次の2つの形容詞は扱いが異なります.

1. 陽気に　　　　〈gai(e)〉（*女性形に -ment を付ける）　　＿＿＿＿＿＿＿＿

2. 本当に　　　　〈vrai(e)〉（*男性形に -ment を付ける）　　＿＿＿＿＿＿＿＿

〔解答〕

(A) 1. aisément　2. carrément　3. décidément　4. désespérément　5. forcément
　　6. hardiment　7. infiniment　8. isolément　9. joliment　10. momentanément
　　11. obstinément　12. passionnément　13. poliment　14. prématurément
　　15. séparément　16. simultanément

(B) 1. gaiement（『新綴り』は(A)と同じ変化で gaiment）　2. vraiment（(A)と同じ変化）

【練習5】

-u で終わる形容詞は，男性形に -ment を付けるものと，末尾の u を û に変えて -ment を付けるものに分かれます.

(A) 男性形に -ment を付ける.

《派生のパターン：-u → -ument》

1. 絶対に 〈absolu(e)〉 ＿＿＿＿＿＿＿
2. 狂ったように 〈éperdu(e)〉 ＿＿＿＿＿＿＿
3. 自称では 〈prétendu(e)〉 ＿＿＿＿＿＿＿
4. 断固として 〈résolu(e)〉 ＿＿＿＿＿＿＿

(B) 男性形の末尾の u を û に変えて -ment を付ける.

《派生のパターン：-u → -ûment》

1. 足しげく 〈assidu(e) 熱心に通う〉 ＿＿＿＿＿＿＿
2. 連続して 〈continu(e)〉 ＿＿＿＿＿＿＿
3. 露骨に 〈cru(e)〉 ＿＿＿＿＿＿＿
4. ありのままに 〈nu(e)〉 ＿＿＿＿＿＿＿

〔解答〕

(A) 1. absolument 2. éperdument 3. prétendument 4. résolument

(B) 1. assidûment 2. continûment 3. crûment 4. nûment

　＊『新綴り』では u に付くアクサン・シルコンフレクスを省略するので，(B) の副詞も (A) と同様に -ument になる.

【練習6】

-ant, -ent で終わる形容詞は，下記 (C) の2語を除いて，-amment, -emment (発音はどちらも /a-mɑ̃/) になります.

(A) 《派生のパターン：-ant → -amment /a-mɑ̃/》

1. 多量に，たっぷり 〈abondant(e)〉 ＿＿＿＿＿＿＿
2. 輝かしく 〈brillant(e)〉 ＿＿＿＿＿＿＿
3. 大きな音を立てて，騒々しく 〈bruyant(e)〉 ＿＿＿＿＿＿＿
4. 常に，いつも 〈constant(e)〉 ＿＿＿＿＿＿＿
5. すらすらと 〈courant(e) 流れる(ような)〉 ＿＿＿＿＿＿＿
6. 優雅に 〈élégant(e)〉 ＿＿＿＿＿＿＿
7. 独立して 〈indépendant(e)〉 ＿＿＿＿＿＿＿
8. 意地悪く 〈méchant(e)〉 ＿＿＿＿＿＿＿
9. 無頓着に 〈nonchalant(e)〉 ＿＿＿＿＿＿＿
10. 強力に 〈puissant(e)〉 ＿＿＿＿＿＿＿
11. 十分に 〈suffisant(e)〉 ＿＿＿＿＿＿＿

(B) 《派生のパターン：-ent → -emment /a-mã/》

1. 見たところは；どうやら 〈apparent(e) 見かけ上の〉 ＿＿＿＿＿＿＿

2. 熱烈に 〈ardent(e)〉 ＿＿＿＿＿＿＿

3. 意識的に 〈conscient(e) 意識のある〉 ＿＿＿＿＿＿＿

4. 違ったふうに 〈différent(e)〉 ＿＿＿＿＿＿＿

5. もちろん 〈évident(e) 明らかな〉 ＿＿＿＿＿＿＿

6. 頻繁に 〈fréquent(e)〉 ＿＿＿＿＿＿＿

7. 利口に，聡明に 〈intelligent(e)〉 ＿＿＿＿＿＿＿

8. 無造作に，ぞんざいに 〈négligent(e)〉 ＿＿＿＿＿＿＿

9. 我慢強く 〈patient(e)〉 ＿＿＿＿＿＿＿

10. 慎重に 〈prudent(e)〉 ＿＿＿＿＿＿＿

11. 最近 〈récent(e)〉 ＿＿＿＿＿＿＿

12. 乱暴に 〈violent(e)〉 ＿＿＿＿＿＿＿

(C) 女性形に -ment を付ける.

1. ゆっくりと 〈lent(e)〉 ＿＿＿＿＿＿＿

2. 《古》現在，今 〈présent(e)〉 ＿＿＿＿＿＿＿

〔解答〕

(A) 1. abondamment 2. brillamment 3. bruyamment 4. constamment
   5. couramment 6. élégamment 7. indépendamment 8. méchamment
   9. nonchalamment 10. puissamment 11. suffisamment

(B) 1. apparemment 2. ardemment 3. consciemment 4. différemment
   5. évidemment 6. fréquemment 7. intelligemment 8. négligemment
   9. patiemment 10. prudemment 11. récemment 12. violemment

(C) 1. lentement 2. présentement 〔現用は actuellement, maintenant など〕

【練習7】

特殊な派生をするものがあります.

1. 手短に 〈bref, *brève*〉（briève...） ＿＿＿＿＿＿＿

2. 親切に 〈gentil(le)〉（genti...） ＿＿＿＿＿＿＿

3. 罰せられずに 〈impuni(e)〉（impuné...） ＿＿＿＿＿＿＿

4. 卑劣に 〈traître, *traîtresse*〉（traîtreuse...） ＿＿＿＿＿＿＿

〔解答〕

1. brièvement 〔bref の古形 *brief* に由来する〕 2. gentiment 3. impunément

4. traîtreusement 〔traître の形容詞の古形 *traîtreux* に由来する〕（『新綴り』は traitre,
   traitreusement）

~~ 〚備考〛 ~~~~~~

(1) 副詞接尾辞の-ment は,「心, 精神」を意味するラテン語の女性名詞 *mens*(の副詞的用
　　法である奪格形 *mente*)に由来します. -ment の基語となる形容詞(もとは女性名詞 *mens*
　　の修飾語)が一般に女性形なのはそのためです.

(2) 形容詞の古形に由来する -ment の副詞には次のようなものもあります.
　　grièvement (身体的損傷が)ひどく〔grave「重大な, 深刻な」の古形 *grief* から作られ
　　　た. grave から規則的に作られた gravement「重く, ひどく」もある〕
　　journellement 日々, 毎日〔かつては形容詞としても用いられた journal の古形 *journel*
　　　から作られた. ˟journalement はない〕

(3) 形容詞以外の語から作られたものもあります.
　　comment どのように 〔接続詞 comme「…のように」から〕
　　diablement ものすごく 〔間投詞的に用いられる名詞 diable「悪魔」から〕
　　notamment とりわけ, 特に〔noter「書き留める;注意する」の現在分詞 notant から〕
　　précipitamment 大急ぎで〔précipiter「突進する」の現在分詞 précipitant から〕
　　quasiment ほぼ, ほとんど〔ラテン語から借用した副詞 quasi「ほぼ, ほとんど」から
　　　作られた. quasi は現用の一般語としては用いられていない〕

(4) 形容詞のなかには副詞的に(=動詞を修飾する無変化語として)用いられるものがありま
　　す. それらと -ment の副詞は, 意味・ニュアンスが違い, 結びつく動詞も異なります.
　　parler bas 小声で話す / agir bassement 下劣な振る舞いをする
　　vendre cher 高い値段で売る / conquérir chèrement la libération 大きな犠牲を払
　　　って自由を勝ち得る
　　travailler ferme 一生懸命に働く / croire fermement 固く信じる
　　chanter juste 正しい音程で歌う / estimer justement 適正に評価する
　　s'arrêter net 突然止まる / expliquer nettement 明快に説明する

~~~~~~

第 7 章の総合練習

【練習 1】

次の -ment で終わる語が名詞か副詞かを区別し，それぞれの基語 (動詞あるいは形容詞) を書きましょう (6. は名詞も副詞もあります).

1. assortiment　　　{ □ 名詞 / □ 副詞 }　　基語 : ＿＿＿＿＿＿＿
2. aveuglement　　　{ □ 名詞 / □ 副詞 }　　基語 : ＿＿＿＿＿＿＿
3. aveuglément　　　{ □ 名詞 / □ 副詞 }　　基語 : ＿＿＿＿＿＿＿
4. contentement　　{ □ 名詞 / □ 副詞 }　　基語 : ＿＿＿＿＿＿＿
5 continûment　　　{ □ 名詞 / □ 副詞 }　　基語 : ＿＿＿＿＿＿＿
6. doublement　　　{ □ 名詞 / □ 副詞 }　　基語 : ＿＿＿＿＿＿＿
　　　　　　　　　　{ □ 名詞 / □ 副詞 }　　基語 : ＿＿＿＿＿＿＿
7. durement　　　　{ □ 名詞 / □ 副詞 }　　基語 : ＿＿＿＿＿＿＿
8. étonnement　　　{ □ 名詞 / □ 副詞 }　　基語 : ＿＿＿＿＿＿＿
9. étourdiment　　　{ □ 名詞 / □ 副詞 }　　基語 : ＿＿＿＿＿＿＿
10. fermement　　　{ □ 名詞 / □ 副詞 }　　基語 : ＿＿＿＿＿＿＿
11. habilement　　　{ □ 名詞 / □ 副詞 }　　基語 : ＿＿＿＿＿＿＿
12. habillement　　　{ □ 名詞 / □ 副詞 }　　基語 : ＿＿＿＿＿＿＿
13. inversement　　{ □ 名詞 / □ 副詞 }　　基語 : ＿＿＿＿＿＿＿
14. isolement　　　　{ □ 名詞 / □ 副詞 }　　基語 : ＿＿＿＿＿＿＿
15. isolément　　　　{ □ 名詞 / □ 副詞 }　　基語 : ＿＿＿＿＿＿＿
16. nouvellement　　{ □ 名詞 / □ 副詞 }　　基語 : ＿＿＿＿＿＿＿
17. renouvellement　{ □ 名詞 / □ 副詞 }　　基語 : ＿＿＿＿＿＿＿

〔解答〕

1. assortiment : [名詞] 組合せ；(料理などの)盛り合わせ.

　　基語 : 動詞の assortir.

　　＊形容詞 assorti(e) からの派生副詞はないので (×assortiment)，代わりに副詞的表現の de façon assortie, d'une manière assortie「似合って，釣り合って」などを用いる.

2. aveuglement : [名詞] 理性を失うこと；《古風》失明.

　　基語 : 動詞の aveugler.

3. aveuglément : [副詞] 盲目的に，無分別に.

　　基語 : 形容詞の aveugle.

4. contentement : [名詞] 満足.

　　基語 : 動詞の contenter.

　　＊形容詞 content(e) からの派生副詞はないので (×contentement)，代わりに副詞

的表現の avec satisfaction「満足して」，d'un air content「満足そうに」などを用いる．

5. continûment (『新綴り』はアクサンなしの continument)：[副詞] 連続して．
   基語：形容詞の continu(e)．
   *動詞 continuer「続ける」からの派生名詞は continuation「継続」．

6. doublement：[名詞] 2倍[二重]にすること；(自動車の)追越し．
   基語：動詞の doubler．
   doublement：[副詞] 2倍に；二重に．
   基語：形容詞の double．

7. durement：[副詞] 激しく；厳しく．
   基語：形容詞の dur(e)．
   *動詞durer「続く」からの派生名詞は durée「(持続)期間」．

8. étonnement：[名詞] 驚き．
   基語：動詞の étonner．
   *形容詞 étonné(e) からの派生副詞はないので(×étonnément)，代りに副詞的表現の avec étonnement「驚いて」，d'un air étonné「驚いた様子で」などを用いる．

9. étourdiment：[副詞] 軽率に．
   基語：形容詞の étourdi(e)．
   *動詞 étourdir「頭をぼうっとさせる」からの派生名詞は étourdissement「めまい；陶酔」．

10. fermement：[副詞] しっかりと；断固として．
    基語：形容詞の ferme．
    *動詞 fermer「閉める」からの派生名詞は fermeture「閉まる[閉める]こと」．

11. habilement：[副詞] 巧みに．
    基語：形容詞の habile．
    *名詞 habillement と混同しないように注意．

12. habillement [名詞]《集合的に》衣服, 衣料品．
    基語：動詞の habiller．
    *副詞 habilement と混同しないように注意．

13. inversement [副詞] 逆に, 反対に．
    基語：形容詞の inverse．
    *動詞 inverser「逆にする」からの派生名詞は inversion「(語順の)倒置」．なお，動詞 verser「(金を)払い込む」からの派生名詞は versement「払い込み」．

14. isolement：[名詞] 孤立, 孤独；(病人・囚人などの)隔離．
    基語：動詞の isoler．

15. isolément：[副詞] 個別に, 孤立して, 切り離して．
    基語：形容詞の isolé(e)．

16. nouvellement：[副詞] つい最近.

  基語：形容詞の nouveau, *nouvelle*.

   *動詞 ×nouveler はない.

17. renouvellement：[名詞] 新しくすること；更新.

  基語：動詞の renouveler.

   *形容詞 renouvelé(e)「新しくなった」はあるが，副詞 ×renouvelément はない.

【練習 2】

次の下線の副詞句と同じ意味の -ment で終わる副詞を書きましょう.

1. Dans les Alpes, il a neigé en abondance [＿＿＿＿＿＿＿] toute la semaine.

   アルプスでは，1週間ずっと大量の雪が降った.

2. J'ai découvert par accident [＿＿＿＿＿＿＿] cette boutique en flânant dans les rues.

   私は通りをぶらついていて偶然その店を見つけた.

3. Ce projet est en apparence [＿＿＿＿＿＿＿] facile à réaliser.

   この計画は一見たやすく実現できそうだ.

4. Elle désire avec ardeur [＿＿＿＿＿＿＿] faire ses études à Paris.

   彼女はパリで勉強することを熱望している.

5. C'est une chose que je ne peux en aucune façon [＿＿＿＿＿＿＿] comprendre.

   それは私にはまったく理解できない事だ.

6. Par bonheur [＿＿＿＿＿＿＿], nous avons pu acquérir des billets pour ce concert.

   幸運にも，私たちはそのコンサートのチケットを入手できた.

7. C'est sans aucun doute [＿＿＿＿＿＿＿] le meilleur film de cette année.

   これは疑いなく今年の最良の映画だ.

8. En effet [＿＿＿＿＿＿＿], c'est moi qui lui en ai parlé.

   確かに，彼(女)にそのことを話したのは私です.

9. Faites attention à ne pas manger à l'excès [＿＿＿＿＿＿＿].

   食べすぎないように注意しなさい.

10. Il se comporte avec familiarité [＿＿＿＿＿＿＿] envers nous.

   彼は私たちに対してなれなれしく振る舞う.

11. À la fin [＿＿＿＿＿＿＿], ils ont accepté ce compromis.

   最終的には，彼らはその妥協案を受け入れた.

12. Il aimait à la folie [＿＿＿＿＿＿＿] cette jeune femme.

   彼はその若い女性を熱烈に愛していた.

13. En général [＿＿＿＿＿＿＿＿], les supérettes sont ouvertes 24 heures sur 24.

   一般に，コンビニは24時間開いている．

14. Le passant nous a conduits avec gentillesse [＿＿＿＿＿＿＿] à notre destination.

   その通行人は親切も私たちを目的地まで案内してくれた．

15. D'habitude [＿＿＿＿＿＿＿＿], je me lève à 7 heures du matin.

   ふだん，私は朝7時に起きる．

16. Il se comporte avec humilité [＿＿＿＿＿＿＿] envers n'importe qui.

   彼は誰に対しても謙虚に振る舞う．

17. Les clients sont allés en masse [＿＿＿＿＿＿＿] au grand magasin rénové.

   改装されたデパートに客がどっと押しかけた．

18. Elle joue à merveille [＿＿＿＿＿＿＿] l'héroïne de ce film.

   彼女はその映画のヒロインを見事に演じている．

19. Cette chanteuse est connue dans le monde entier [＿＿＿＿＿＿＿].

   この女性歌手は世界的に知られている．

20. Mon rêve est de vivre en paix [＿＿＿＿＿＿＿] à la campagne après la retraite.

   私の夢は退職後に田舎で平穏に暮らすことだ．

21. Parmi les œuvres exposées, j'aime en particulier [＿＿＿＿＿＿＿] ce tableau.

   展示作品の中では，私は特にこの絵が好きだ．

22. Le pont s'est en partie [＿＿＿＿＿＿＿] écroulé lors du grand tremblement de terre.

   橋は大地震の際に一部崩れ落ちた．

23. Il a parlé avec passion [＿＿＿＿＿＿＿] de son nouveau métier.

   彼は自分の新しい仕事について情熱をこめて話した．

24. Dans la salle d'attente, ils attendaient avec patience [＿＿＿＿＿＿＿] leur tour.

   待合室で，彼らは自分の順番を辛抱強く待っていた．

25. Ce jeune homme, sans emploi fixe, gagne avec peine [＿＿＿＿＿＿＿] sa vie.

   その若者は，定職がなく，苦労して暮らしを立てている．

26. Il parle français à la perfection [＿＿＿＿＿＿＿], car il a vécu en France toute son enfance.

   彼はフランス語を完璧に話す，幼少年時をずっとフランスで過ごしたからだ．

27. On doit examiner avec prudence [＿＿＿＿＿＿＿] la situation.

   状況を慎重に検討すべきだ．

28. Les enfants sont sortis en secret [＿＿＿＿＿＿＿] la nuit.

   子供たちは夜中にこっそり出かけた．

29. Cet élève inattentif a été grondé avec sévérité [＿＿＿＿＿＿＿＿].

その不注意な生徒は厳しくしかられた.

30. Le cortège funèbre avançait en silence [＿＿＿＿＿＿＿＿].

葬列は静かに進んでいた.

31. Range ta chambre avec soin [＿＿＿＿＿＿＿＿].

部屋をきちんと整理しなさい.

32. Les deux amoureux se regardaient avec tendresse [＿＿＿＿＿＿＿＿].

2人の恋人たちは優しく見つめあっていた.

33. Le conseil municipal a adopté à l'unanimité [＿＿＿＿＿＿＿＿] le projet du budget.

市議会は全会一致で予算案を採択した.

34. Toute la famille a essayé en vain [＿＿＿＿＿＿＿＿] de le persuader.

家族のみんなが彼を説得しようとしたが無駄だった.

〔解答〕

1. abondamment　2. accidentellement　3. apparemment　4. ardemment

5. aucunement　6. Heureusement　7. indubitablement　8. Effectivement

9. excessivement　10. familièrement　11. Finalement　12. follement

13. Généralement　14. gentiment　15. habituellement　16. humblement

17. massivement　18. merveilleusement　19. mondialement　20. paisiblement

21. particulièrement　22. partiellement　23. passionnément　24. patiemment

25. péniblement　26. parfaitement　27. prudemment　28. secrètement

29. sévèrement　30. silencieusement　31. soigneusement　32. tendrement

33. unanimement　34. vainement

[補遺]

I 綴り字の読み方

フランス語の発音の概要は第1巻『文法』の[補遺]に載っています. ここでは綴り字の読み方についてより詳しく解説します.

1. 口母音を表す綴り字

類似した音色の母音を表す綴り字ごとにまとめて表示します. 母音と綴り字の対応の概要を理解して大きな読み違いをしないことが肝要であり, 類似した音色の母音, たとえば /a/ と /ɑ/, を厳密に区別する必要はありません. 下記の一覧では類似した音色の母音を併記しています(なお, 参考として, 「5. 類似した音色の母音」に区別の詳細を載せてあります).

フランス語の母音字の読み方はほぼ1種類ですが, e には数種類の読み方があります. これについては「Ⅱ 2. e の読み方」に解説があります.

フランス語ではほとんどの場合, 連続する母音字をひとまとめにして読みます. たとえば, ai は「ア・イ」ではなく「エ」です. このような, まとめて読む連続する母音字を「複母音字」と言います. なお, 連続する母音字の2つ目の母音字にトレマがついているときは, 2つの母音字を別々に読みます[1]. ([1]などの上付きの数字は後述する注の番号)

単母音字	複母音字	特殊綴り	音	例
a à â			/a/ /ɑ/	sac /sak/ バッグ là /la/ そこ gâteau /gɑ-to/ ケーキ
e é è ê	ai[2] aî ei	œ, æ[3]	/e/ /ɛ/	nez /ne/ 鼻, mer /mɛːr/ 海 bébé /be-be/ 赤ん坊 père /pɛːr/ 父 tête /tɛt/ 頭 maison /mɛ-zɔ̃/ 家 naître /nɛtr/ 生まれる Seine /sɛn/ セーヌ川 phœnix /fe-niks/ ナツメヤシ
e			/(ə)/	petit /pə-ti/ (または) /pti/ 小さい
i î y[4]			/i/	midi /mi-di/ 正午 île /il/ 島 stylo /sti-lo/ ペン
o ô	au eau		/o/ /ɔ/	moto /mɔ-to/ オートバイ tôt /to/ 早く chaud /ʃo/ 熱い, 暑い beau /bo/ 美しい

u û			/y/	musée /my-ze/ 美術館 sûr /sy:r/ 確かな
	ou où oû aoû[5]		/u/	rouge /ru:ʒ/ 赤い où /u/ どこ goût /gu/ 味, 好み août /u(t)/ 8月
	eu[6] œu		/ø/ /œ/	deux /dø/ 2, jeune /ʒœn/ 若い sœur /sœ:r/ 姉, 妹

1) トレマについては p.338 の [コラム 10 − トレマ (従来の綴りと新綴り)] で解説しました. たとえば, maïs /mɛ/「しかし」と maïs /ma-is/「トウモロコシ」, roi /rwa/「王」と héroïne /e-rɔ-in/「ヒロイン」における読み方の違いや, 『新綴り』では, canoë /ka-nɔ-e/「カヌー」を canoé, ambiguë /ɑ̃-bi-gy/「曖昧な」を ambigüe と綴るなど.

2) ai を /ə/ と読むことがある：faire の活用形の nous faisons /fə-zɔ̃/, je faisais /fə-zɛ/ などや, faiseur /fə-zœ:r/「作る人」, faisan /fə-zɑ̃/「雉 (きじ)」など.

3) ギリシャ語・ラテン語に由来する学術語では合字の œ や æ を /e/ と読む：phœnix のほかに œnologie /e-nɔ-lɔ-ʒi/「ワイン醸造学」, curriculum vitæ /ky-ri-ky-lɔm-vi-te/「履歴書」など.

4) y を /i/ と読むのは〈子音字＋y＋子音字〉の場合. それ以外については「3. 半母音を表す綴り字」で説明します.

5) août /u(t)/「8月」でのみ aoû の綴り字が用いられているが, 『新綴り』ではアクサン・シルコンフレクスなしで aout と綴る (後掲の「Ⅱ 5. アクサン・シルコンフレクス」を参照してください).

6) eu (および eû) を例外的に /y/ と読むことがある：avoir の過去分詞の eu /y/ と単純過去の il eut /y/, nous eûmes /ym/, 接続法半過去の j'eusse /ys/, il eût /y/ など.

[補足] 英語からの借用語

　　英語からの借用語に含まれる母音は, 一般に, 英語に似た発音になり, 語末の子音字を読みます. ただし, フランス語には二重母音がないので単母音で発音しますし, フランス語の場合と同じく語の最終音節にアクセントを置きます：cake /kɛk/「パウンドケーキ」, football /fut-bo:l/「サッカー」, pudding /pu-diŋ/「プディング」, steak /stɛk/「ステーキ」, surf /sœrf/「サーフィン」, T-shirt /ti-ʃœrt/「T シャツ」, week-end /wi-kɛnd/「週末」.

2. 鼻母音を表す綴り字

　　〈母音字＋n〉および〈母音字＋m〉は原則として鼻母音で発音します[1]. ただし n, m の次に母音字がくるとき, および n, m が連続するときは鼻母音になりません[2]：animal /a-ni-mal/「動物」, lune /lyn/「月」, lycéenne /li-se-ɛn/「女子高校生」, grammaire /gra-mɛ:r/「文法」, gymnastique /ʒim-nas-tik/「体操」.

　　鼻母音を表す綴りは一般に〈母音字＋n〉であり, 〈母音字＋m〉となるのは b, p, m の前です[3].

綴り字		特殊な綴り	音	例
an am en 4) em 5)			/ã/ 6)	chanter /ʃã-te/ 歌う lampe /lãːp/ 電灯 encore /ã-kɔːr/ まだ temps /tã/ 時；天候
		aon, aen 7)		paon /pã/ 孔雀(くじゃく)
in 8) im yn ym			/ɛ̃/	vin /vɛ̃/ ワイン simple /sɛ̃ːpl/ 単純な syndicat /sɛ̃-di-ka/ 組合 sympathique /sɛ̃-pa-tik/ 感じのいい
		ain aim ein eim		pain /pɛ̃/ パン faim /fɛ̃/ 空腹 peinture /pɛ̃-tyːr/ 絵画 Reims /rɛ̃ːs/ ランス〔フランス北部の都市〕
on 9) om			/ɔ̃/	non /nɔ̃/ いいえ nombre /nɔ̃ːbr/ 数
un um 10)			/œ̃/	lundi /lœ̃-di/ 月曜日 parfum /par-fœ̃/ 香水
		ien	/jɛ̃/	bien /bjɛ̃/ よく
		oyen	/wa-jɛ̃/	moyen /mwa-jɛ̃/ 中くらいの
		éen	/e-ɛ̃/	lycéen /li-se-ɛ̃/ 高校生
		oin	/wɛ̃/	coin /kwɛ̃/ 角(かど), 隅

1) 借用語や学術語などでは〈母音字+n, m〉が鼻母音にならないことがある：abdomen /ab-dɔ-mɛn/「腹, 腹部」, fan /fan/「ファン」, islam /is-lam/「イスラム教」.

2) n, m が連続しても鼻母音で発音するものがある：ennui /ã-nɥi/「悩み；退屈」とその関連語 ennuyer /ã-nɥi-je/, ennuyeux /ã-nɥi-jø/ など，および接頭辞の en-, em-：enneiger /ã-nɛ-ʒe/「雪で覆う」, emménager /ã-me-na-ʒe/「(新居に)入居する」など.

3) 例外的に語末や b, p, m 以外の子音字の前で〈母音字+m〉と綴る語がある：上記の faim, Reims, parfum 以外に, nom /nɔ̃/「名前」, thym /tɛ̃/「タイム〔香草〕」, comte /kɔ̃ːt/「伯爵」など.

4) 動詞の3人称複数語尾の -ent は無音：ils chantent /il-ʃãːt/「彼は歌う」.

4), 5) enn, emm の e を /a/ と読むことがある：solennel /sɔ-la-nɛl/「盛大な」, femme /fam/「女」および prudemment /pry-da-mã/「慎重に」など -emment で終わる副詞.

6) もとは学術語だった若干の語では en, em を /ɛ̃/ と読む：agenda /a-ʒɛ̃-da/「(日付け入りの)手帳」, examen /ɛg-za-mɛ̃/「試験」など.

7) aon, aen と綴って /ã/ と読むのは paon 以外に taon /tã/「虻(あぶ)」, Caen /kã/「カーン〔フランス北西部の都市〕」など数語.

8) 英語からの借用語の -ing は /iŋ/：jogging /dʒɔ-giŋ/「ジョギング」, parking /par-kiŋ/「駐車場」など.

9) 例外 (/ə/ と読む)：monsieur /mə-sjø/「…氏」.

10) ラテン語由来の語の末尾の um は /ɔm/：album /al-bɔm/「アルバム」, minimum /mi-ni-mɔm/「最小限」など.

3. 半母音を表す綴り字

半母音の発音を表す綴り字は大別すると4種類あります.

① i, y, ou, u ― ふつう, i と y は /i/, ou は /u/, u は /y/ と読むが, それらの直後に母音 (の発音) がくる場合は, その母音と連結して発音するため, 母音としての自立性を失って半母音の /j/, /w/, /ɥ/ になる.

② 〈母音字+y〉― 母音字と結びついた y は ii と等しい (ay = aii, ey = eii, oy = oii, uy = uii). ai と ei は /ɛ/, oi, ui はそれぞれ /wa/, /ɥi/ と読み, 2つ目の i は多くの場合, 後続する母音と連結して /j/ になる. たとえば crayon の読み方は craiion (crai /krɛ/+ion /jɔ̃/).

③ oi, oî, oe, oê ― これらの綴りは /wa/ と読む.

④ il(l) ― /j/ または /ij/ と読む. 綴り字は, 語末では il, それ以外では ill となる (詳しくは下記の一覧を参照).

綴り字		音	例
i		/j/	piano /pja-no/ ピアノ
y	+母音	/j/	yeux /jø/ 目
u		/ɥ/	nuit /nɥi/ 夜
ou		/w/	oui /wi/ はい
ay [1),2)]		/ɛ-j/	crayon /krɛ-jɔ̃/ 鉛筆
ey [3)]	+母音	/ɛ-j/	asseyez-vous /a-sɛ-je-vu/ 座りなさい
oy [4)]		/wa-j/	voyage /vwa-jaːʒ/ 旅行
uy		/ɥi-j/	essuyer /e-sɥi-je/ 拭く
oi			chinois /ʃi-nwa/ 中国の
oî		/wa/	boîte /bwat/ 箱
oe [5)]			moelleux /mwa-lø/ 柔らかな
oê			poêle /pwal/ フライパン
ail(l)	/aj/	travail /tra-vaj/ 仕事, travailler /tra-va-je/ 働く
eil(l)	/ɛj/	appareil /a-pa-rɛj/ 器具, bouteille /bu-tɛj/ 瓶
ouil(l)	/uj/	fenouil /fə-nuj/ ウイキョウ, brouillard /bru-jaːr/ 霧
euil(l)	/œj/	fauteuil /fo-tœj/ 肘(ひじ)掛け椅子, feuille /fœj/ 葉
ueil(l) [6)]	/œj/	accueil /a-kœj/ もてなし, orgueilleux /ɔr-gœ-jø/ 高慢な
œil(l) [7)]	/œj/	œil /œj/ 目, œillet /œ-jɛ/ カーネーション
uill [8)]	/ɥi-j/	juillet /ʒɥi-jɛ/ 7月
子音字+ill [9)]	/ij/	famille /fa-mij/ 家族, billet /bi-je/ 切符

1) ay に子音字や無音の e が続く場合は /e-i/ と /ɛj/ の 2 種類の発音がある. /e-i/ は pays /pe-i/「国」, paysan /pe-i-zɑ̃/「農民」, paysage /pe-i-zaːʒ/「風景」, abbaye /a-be-i/「大修道院」など. /ɛj/ は payer「金を払う」の活用形や関連語：il paye /pɛj/, paye /pɛ/「給料(の支払い)」, payement /pɛj-mɑ̃/「支払い」.

2) 借用語(主として英語から)や固有名詞では ay を /ɛ/ や /aj/ と読む. /ɛ/ は play-boy /plɛ-bɔj/「プレイボーイ」, tramway /tram-wɛ/「路面電車」, Orsay /ɔr-sɛ/「オルセー」など. /aj/ は cobaye /kɔ-baj/「モルモット」, papaye /pa-paj/「パパイヤの実」, mayonnaise /ma-jɔ-nɛːz/「マヨネーズ」, Bayonne /ba-jɔn/「バイヨンヌ〔フランス南西部の都市〕」など.

3) 借用語(主として英語から)では ey を /ɛ/ と読む：hockey /ɔ-kɛ/「ホッケー」, jockey /ʒɔ-kɛ/「競馬騎手」, volley-ball /vɔ-lɛ-boːl/「バレーボール」など.

4) 外国の産物や事物を指す語では oy を /ɔj/ と読む(次の 2 語はスペイン語経由の借用語)：coyote /kɔ-jɔt/「コヨーテ」, goyave /gɔ-jaːv/「グアバの実」など.

5) oe を sœur などに含まれる合字の œ と混同しないよう注意.

6) ueil(l) は c, g の後で用いられる綴り字(先行する c, g を /k/, /g/ と読ませるため).

7) œil(l) の綴りは œil, œillet など数語しかない.

8) 〈子音字+uil〉で終わる語はない.

9) 例外的に /il/ と読む語がある：ville /vil/「都市」, village /vi-laːʒ/「村」, mille /mil/「千」, million /mi-ljɔ̃/「百万」, tranquille /trɑ̃-kil/「静かな」, Lille /lil/「リール〔フランス北部の都市〕」など.

421

[補足] 半母音にならない場合

母音を半母音に変えるのは, 音節数を減らして「経済的」にするためです. たとえば, janvier を 3 音節の /ʒɑ̃-vi-e/ でなく 2 音節の /ʒɑ̃-vje/ で発音すれば労力が少なくてすみます. しかし, 子音や半母音が連続しすぎると発音しにくいので, その場合は母音のままで発音します. février「2 月」は, janvier にならえば /fe-vrje/ となるのでしょうが, /vrje/ を 1 音節で一気に発音するのは難しく, そのため, 母音の /i/ を保ち 3 音節で /fe-vri-e/ と発音します(実際には, /i/ から /e/ への音のつながりを滑らかにするために /j/ が入って /fe-vri-je/ のようになりますが, 3 音節であることに変わりはありません).

つまりは, 一般に, 2 つの子音が続いたあとでは半母音にはなりません(この場合の 2 番目の子音は /l/ か /r/ です). いくつかの例をあげましょう.

clouer /klu-e/「釘を打つ」 (*cf.* louer /lwe/「賃貸借する」)

cruel /kry-ɛl/「残酷な」 (*cf.* ruelle /rɥɛl/「路地」)

quatrième /ka-tri-jɛm/「4 番目の」 (*cf.* cinquième /sɛ̃-kjɛm/「5 番目の」)

ただし, ui は常に /ɥi/ と発音します.

pluie /plɥi/「雨」

fruit /frɥi/「果物」

construire /kɔ̃s-trɥiːr/「建てる」

補遺

4. 子音を表す綴り字

(1) 原則的な読み方

子音字は，「単子音字」と，同じ子音字が2つ重なった「重子音字」，異なった2つの子音字をまとめて1つの子音として読む「複子音字」に分けることができます．一般に，1つの子音字は1つの音に対応し，2つの読み方をする場合は，読み分けの規則(後続する綴りや音が何であるかで決まることが多い)に従います．

綴り字		音		例
b		/b/		bon /bɔ̃/ よい
		/p/	(s, c, t の前で)	absent /ap-sɑ̃/ 不在の
	bb	/b/		abbé /a-be/ 神父
c		/s/	(e, i, y の前で)	cinéma /si-ne-ma/ 映画
		/k/		école /e-kɔl/ 学校
ç		/s/	(o, u の前で)	leçon /lə-sɔ̃/ 授業；課
	cc	/ks/	(e, i, y の前で)	accident /ak-si-dɑ̃/ 事故
		/k/		accord /a-kɔːr/ 一致
	ch[1]	/ʃ/		chat /ʃa/ 猫
		/k/		orchestre /ɔr-kɛstr/ オーケストラ
	cqu[2]	/k/		acquérir /a-ke-riːr/ 手に入れる
d		/d/		date /dat/ 日付
	dd			addition /a-di-sjɔ̃/ 勘定(書)
f		/f/		froid /frwa/ 冷たい, 寒い
	ff			chiffre /ʃifr/ 数字
g		/ʒ/	(e, i, y の前で)	argent /ar-ʒɑ̃/ お金
		/g/		église /e-gliːz/ 教会
	ge	/ʒ/	(a, o, u の前で)	pigeon /pi-ʒɔ̃/ 鳩
	gu	/g/	(e, i, y の前で)	guide /gid/ ガイド
	gn[3]	/ɲ/		montagne /mɔ̃-taɲ/ 山
h		/無音/[4]		habiter /a-bi-te/ 住む
j		/ʒ/		jour /ʒuːr/ 日
k		/k/		kilo /ki-lo/ キロ
l		/l/		lait /lɛ/ ミルク
	ll			aller /a-le/ 行く
m		/m/		main /mɛ̃/ 手
	mm			sommeil /sɔ-mɛj/ 眠り

n		/n/	nouveau /nu-vo/ 新しい	
	nn		donner /dɔ-ne/ 与える	
p		/p/	parler /par-le/ 話す	
	pp		apporter /a-pɔr-te/ 持って来る	
	ph	/f/	photo /fɔ-to/ 写真	
q[5]		/k/	coq /kɔk/ 雄鶏	
	qu		musique /my-zik/ 音楽	
r		/r/	rue /ry/ 通り	
	rr		marron /ma-rɔ̃/ 栗	
s		/z/ （母音字の間で）	chaise /ʃɛːz/ 椅子	
		/s/	chanson /ʃɑ̃-sɔ̃/ 歌	
	sc	/s/ （e, i, y の前で）	piscine /pi-sin/ プール	
		/sk/	escalier /ɛs-ka-lje/ 階段	
	sh, sch[6]	/s/	short /ʃɔrt/ ショートパンツ	
	ss	/s/	poisson /pwa-sɔ̃/ 魚	
t		/t/	très /trɛ/ とても	
		/s/[7]	station /sta-sjɔ̃/ （地下鉄の）駅	
	tt	/t/	attendre /a-tɑ̃ːdr/ 待つ	
	th	/t/	thé /te/ 茶	
	tch	/tʃ/[8]	match /matʃ/ 試合	
v		/v/	vite /vit/ 速く	
w		/w/	week-end /wi-kɛnd/ 週末	
		/v/[9]	wagon /va-gɔ̃/ 車両	
x[10]		/gz/ （語頭の ex＋母音）	exercice /ɛg-zɛr-sis/ 練習	
		/ks/	taxi /tak-si/ タクシー	
z		/z/	zéro /ze-ro/ ゼロ	

1) ch を /k/ と読む語の多くはギリシャ語起源の語. orchestre のほかに, chaos /ka-o/「大混乱」, chœur /kœːr/「合唱団」, écho /e-ko/「こだま」, psychologie /psi-kɔ-lɔ-ʒi/「心理学」（ただし psychique「精神の」は /psi-ʃik/）など. 子音字の前にある ch は必ず /k/: chrétien /kre-tjɛ̃/「キリスト教（徒）の」, technique /tɛk-nik/「技術（の）」など. また, スペイン語からの借用語の macho /ma-tʃo/「マッチョな」では /tʃ/.

2) cqu の綴りは稀. acquérir とその関連語以外には, grecque /grɛk/「ギリシャの」（grec の女性形）, Jacques /ʒak/「ジャック〔男の名〕」など.

3) oignon /ɔ-ɲɔ̃/「玉葱(たまねぎ)」の ign は /ɲ/ と読むが, 『新綴り』では発音と一致させて ognon と綴る.

4) 間投詞などで無意識的に /h/ の音が出ることがある：ha! ha! /hɑ-hɑ/「はっはっ」.

5) q は coq や cinq /sɛ̃:k, sɛ̃(k)/「5」，Iraq /i-rak/「イラク」などの語末でのみ.

6) sh, sch の綴りは short, shampooing（『新綴り』は shampoing) /ʃɑ̃-pwɛ̃/「シャンプーすること」，schéma /ʃe-ma/「図」など少数の借用語にのみ現れる.

7) t を /s/ と読むのは -tion, -tiel, -tieux など（[コラム 11 – t を /s/ と読む場合]を参照).

8) tch の綴りが現れるのは主として英語からの借用語.

9) w は借用語で用いられ，ほとんどの場合/w/ と読む. /v/ と読むのは，wagon 以外は，「トイレ」を意味する略号の WC /ve-se/ (/du-blə-ve-se/を縮めた言い方) のみ.

10) x で始まる語は少数で，読み方は必ずしも一定していないが，Xavier /gza-vje/「グザヴィエ［男の名］」，xénophobe /gze-nɔ-fɔb/「外国人嫌いの(人)」などでは/gz/，xylophone /gz[ks]i-lɔ-fɔn/ では/gz/と /ks/のどちらも可能. また，/s/ の前では ×/kss/でなく /ks/ になる：exciter /ɛk-si-te/「興奮させる」，excès /ɛk-sɛ/「過度」など.

(2) 例外的な読み方

◇ 重子音字 ── 同じ子音字が連続する重子音字はふつう 1 つの子音で発音するが，稀に，借用語，接頭辞のついた語，動詞活用形などで，重子音字の ll, mm, nn, rr を同じ 2 つの子音で発音することがある：villa /vil-la/「別荘」(イタリア語から)；illégal /i(l)-le-gal/「違法の」，immoral /i(m)-mɔ-ral/「不道徳な」，innombrable /i(n)-nɔ̃-brabl/「数えきれない」，il courrait /il-kur-rɛ/ (courir「走る」の条件法現在. 直説法半過去の il courait /il-ku-rɛ/ と区別するため) など.

◇ 次のような綴り字と語（多くは借用語や学術語）

c /g/（原則は/k/)：second /s(ə-)gɔ̃/「第 2 の」，zinc /zɛ̃:g/「亜鉛」

gn /gn/（原則は/ɲ/)：cognitif /kɔg-ni-tif/「認識の，認知の」，diagnostic /djag-nɔs-tik/「診断」，magnum /mag-nɔm/「(飲料の)大瓶」，stagner /stag-ne/「よどむ，停滞する」

gua /gwa/（原則は/ga/)：jaguar /ʒa-gwa:r/「ジャガー」，Guadeloupe /gwad-lup/「グアドループ」

gui /gɥi/（原則は/gi/)：aiguille /ɛ[e]-gɥij/「針」，linguistique /lɛ̃-gɥis-tik/「言語学」

qua /kwa/（原則は/ka/)：aquarelle /a-kwa-rɛl/「水彩画」，aquarium /a-kwa-rjɔm/「水槽；水族館」，équateur /e-kwa-tœ:r/「赤道」，square /skwa:r/「小公園」

qui /kɥi/（原則は/ki/)：requiem /e-kɥi-jɛm/「レクイエム」

母音字の間の s /s/（原則は/z/)：parasol /pa-ra-sɔl/「パラソル」(イタリア語由来)，vraisemblable (← vrai+semblable) /vrɛ-sɑ̃-blabl/「本当らしい」(もとは語頭の s)

母音字の間以外の s /z/（原則は/s/)：Alsace /al-zas/「アルザス」，subsister /syb-zis-te/「存続する」(先行する有声子音の影響)

x /s/（原則は/ks/)：six /sis/「6」，dix /dis/「10」，soixante /swa-sɑ̃:t/「60」，Bruxelles /bry-sɛl/「ブリュッセル」(/bryk-sɛl/と発音されることもある)

x /z/（原則は/ks/)：sixième /si-zjɛm/「6 番目の」，dixième /di-zjɛm/「10 番目の」

(3) 語中の発音しない子音字

◇ 語中にある子音字はすべて読むのが原則だが，mn の m，pt の p を読まない語など，若干の例外がある：automne /ɔ-tɔn/「秋」，condamner /kɔ̃-da-ne/「有罪の判決を下す」；baptême /ba-tɛm/「洗礼」，compter /kɔ̃-te/「数える」，comptoir /kɔ̃-tw:r/「カウンター」，

sculpture /skyl-ty:r/「彫刻」, sept /sɛt/「7」(語末の t は読む); fils /fis/「息子」(語末の s は読む); asthme /asm/「喘息(ぜんそく)」など.

◇ もとは語末にあった s や固有名詞などで s を読まないことがある:mesdames /me-dam/〔madame の複数形〕(← mes+dames), lesquels /le-kɛl/〔疑問代名詞・関係代名詞〕(← les+quels), Montparnasse /mɔ̃-par-nas/「モンパルナス〔パリの地区〕」, Descartes /de-kart/「デカルト〔人名〕」, Vosges /vo:ʒ/「ヴォージュ〔フランス北東部の県〕」など.

(4) 語末の子音字

① c, f, l, r

語末の子音字(群)は原則として読まないが, c, f, l, r などはむしろ読むのを原則とみなして, 読まない語を重点的に覚えるほうが効率的である.

◇ 語末の c を読まない語:

banc /bɑ̃/「ベンチ」, blanc /blɑ̃/「白い」, croc /kro/「鉤(かぎ)」, estomac /ɛs-tɔ-ma/「胃」, franc /frɑ̃/「率直な」, porc /pɔːr/「豚(肉)」, tabac /ta-ba/「タバコ」, (il) vainc /vɛ̃/ (vaincre「打ち勝つ」の現在形)など.

*donc /dɔ̃(k)/ は語末子音を発音する場合としない場合がある.

◇ 語末の f を読まない語:

cerf /sɛːr/「鹿」, chef-d'œuvre /ʃɛ-dœːvr/「傑作」(chef /ʃɛf/「長」は語末の f を読む), clef /kle/「鍵」(『新綴り』は clé), nerf /nɛːr/「神経」など.

*œuf /œf/「卵」と bœuf /bœf/「牛」と os /ɔs/「骨」の複数形は語末子音を発音しない:œufs /ø/, bœufs /bø/, os /o/ (/œ/, /ɔ/ は後続子音がない場合は /ø/, /o/ になる).

◇ 語末の l を読まない語:

cul /ky/「尻」, fusil /fy-zi/「銃」, gentil /ʒɑ̃-ti/「親切な」(女性形は gentille /ʒɑ̃-tij/), outil /u-ti/「道具」, persil /pɛr-si/「パセリ」, soûl /su/「酔った」(『新綴り』は soul), sourcil /sur-si/「眉」(cil「まつ毛」は /sil/)など. pouls /pu/「脈」は語末の ls を読まない.

*nombril「臍(へそ)」の語末の l の発音は任意:/nɔ̃-bri/ または /nɔ̃-bril/.

◇ 語末の r を読まない語(-er 動詞の不定詞以外で):

-ier, -cher, -ger で終わる名詞・形容詞:escalier /ɛs-ka-lje/「階段」, premier /prə-mje/「最初の」; boucher /bu-ʃe/「肉屋」, pêcher /pɛ-ʃe/「桃の木」; boulanger /bu-lɑ̃-ʒe/「パン屋」, léger /le-ʒe/「軽い」など. ただし, cher /ʃɛːr/「親しい; 高価な」, fier /fjɛːr/「誇り高い」, hier /jɛːr/「きのう」などの単音節語では /r/ を発音する.

その他:monsieur /mə-sjø/「…氏」.

*英語からの借用語の語末の -er は, 多くの場合, /ɛːr/ とも /œːr/ とも発音される:manager /ma-na-dʒɛ[œ]ːr/「マネージャー」, reporter /rə-pɔr-tɛ[œ]ːr/「レポーター」. (『新綴り』では, manageur /ma-na-dʒœːr/, reporteur /rə-pɔr-tœːr/ の使用が推奨されている).

*語末の子音字(群)の前にある r はほとんどすべて発音する(語末の子音字(群)は, c 以外は一般に発音しない):accord /a-kɔːr/「意見の一致」, alors /a-lɔːr/「その時」, corps /kɔːr/「体」, court /kuːr/「短い」, mort /mɔːr/「死」, quart /kaːr/「4 分の 1」, tard /taːr/「遅く」, univers /y-ni-vɛːr/「宇宙」など. ただし, gars「若者」の発音は /gɑ/.

② s, t, ct

語末の s, t, ct を読む語もかなりある.

◇ 語末の s を読む語:

bus /bys/「バス」, campus /kã-pys/「キャンパス」, cosmos /kɔs-mɔːs/「宇宙(空間)」, hélas /e-lɑːs/「ああ残念」, jadis /ʒa-dis/「かつて, 昔」, lis /lis/「ユリ」, maïs /ma-is/「トウモロコシ」, oasis /ɔ-a-zis/「オアシス」, obus /ɔ-bys/「砲弾」, ours /urs/「熊」, palmarès /pal-ma-rɛs/「受賞者名簿」, sens /sãːs/「感覚;方向」, tennis /te-nis/「テニス」, virus /vi-rys/「ウイルス」, vis /vis/「ねじ釘」など.

　　*bis は「…の2;アンコール」の意味では /bis/, 「灰褐色の」の意味では /bi/.

　　*mœurs「風俗習慣」の語末の s の発音は任意:/mœːr/ または /mœrs/.

　　*os「骨」は単数で /ɔs/, 複数で /o/ と発音する.

　　*plus /ply(s)/「より多く」は語末子音を発音する場合と発音しない場合がある.

　　*tous「すべて(の)」は代名詞としては /tus/, 形容詞としては /tu/.

◇ 語末の t を読む語:

brut /bryt/「自然のままの」, chut /ʃyt/「しっ(静かに)」, déficit /de-fi-sit/「欠損」, dot /dɔt/「持参金」, granit /gra-nit/「花崗岩」, mazout /ma-zut/「重油」, net /nɛt/「はっきりした」, transit /trã-zit/「トランジット」, zut /zyt/「ちぇっ」など.

　　*août /u(t)/「8月」(『新綴り』は aout), but /by(t)/「目的」など, 語末の t の発音が任意なものもある.

◇ 語末の ct を読む語:

compact /kɔ̃-pakt/「ぎっしり詰まった」, contact /kɔ̃-takt/「接触」, correct /kɔ-rɛkt/「正しい」, direct /di-rɛkt/「直接の」, impact /ɛ̃-pakt/「衝撃」, infect /ɛ̃-fɛkt/「劣悪な」, intact /ɛ̃-takt/「もとのままの, 無傷の」, strict /strikt/「厳密な」, tact /takt/「機転」など.

　　*exact /ɛg-za(kt)/「正確な」, distinct /dis-tɛ̃(kt)/「はっきり識別できる」, suspect /sys-pɛ(kt)/「疑わしい」など, 語末の ct の発音が任意なものもある.

③ その他の語末の子音字を読む主な語(多くは借用語や固有名詞)

b /b/ : club /klœb/「クラブ」, pub /pœb/「パブ」, pub /pyb/「広告」

ck /k/ : rock /rɔk/「ロック」, stock /stɔk/「ストック, 在庫」

d /d/ : sud /syd/「南」, David /da-vid/「ダヴィッド〔男の名〕」, Madrid /ma-drid/「マドリッド」

g /g/ : gang /gãːg/「ギャング」, zigzag /zig-zag/「ジグザグ」

k /k/ : anorak /a-nɔ-rak/「アノラック」, Danemark /dan-mark/「デンマーク」, Irak /i-rak/「イラク」(=Iraq)

m /m/ : film /film/「映画」, rhum /rɔm/「ラム」, zoom /zum/「ズーム」

p /p/ : cap /kap/「岬」, slip /slip/「パンティー」, stop /stɔp/「ストップ」

sc /sk/ : fisc /fisk/「税務署」, musc /mysk/「麝香(じゃこう)」

st /st/ : est /ɛst/「東」, ouest /wɛst/「西」, test /tɛst/「テスト」, toast /toːst/「トースト」

tz /ts/ : quartz /kwarts/「クオーツ」, Biarritz /bja-rits/「ビアリッツ〔フランス南西部の町〕」

x /ks/ : duplex /dy-plɛks/「メゾネット型アパルトマン」, index /ɛ̃-dɛks/「人差し指;索引」, lynx /lɛ̃ːks/「大山猫」

z /z/ : gaz /gɑːz/「ガス」

5. 類似した音色の母音

　類似した音色の母音を正確に区別して発音する必要はありません．他の音色の母音と区別できるはっきりした発音であれば，口頭のコミュニケーションに支障はないからです．フランス人による発音も地域や世代などによって異なります．したがって，参考にとどめてもらってよいのですが，より進んだ学習を目指す人のために，「正式」とされて辞書に載っている発音表記についてひととおり説明しておきます(以下の説明に出てくる「開音節」，「閉音節」については後述の「II 音節区分とアクサン」を参照してください).

単母音字

a	一般に	/a/	place /plas/,　garage /ga-ra:ʒ/
	-as, -ase, -asse, 時に -aille で	/ɑ/	bas /bɑ/,　pas /pɑ/,　vase /vɑ:z/,　tasse /tɑ:s/, paille /pɑ:j/　(cf. médaille /me-daj/)
à	常に	/a/	là /la/
â	常に	/ɑ/	âme /ɑ:m/,　gâteau /gɑ-to/
e	(1) 綴り字上の閉音節かつ発音上の開音節で		
	一般に	/ɛ/	paquet /pa-kɛ/,　respect /rɛs-pɛ/, tu es /ty-ɛ/,　il est /i-lɛ/
	語末の { -er -ez -es〔限定詞〕 -ed(s) -ef 接続詞の et 重子音字(rr を除く)の前 sc の前	/e/	premier /prə-mje/,　chanter /ʃã-te/ chez /ʃe/,　nez /ne/,　chantez /ʃã-te/ des /de/,　les /le/,　ces /se/,　mes /me/ pied /pje/,　je m'assieds /ʒə-ma-sje/ clef /kle/ et /e/ essence /e-sã:s/,　intelligent /ɛ̃-te-li-ʒã/ 　(cf. erreur /ɛ-rœ:r/) descendre /de-sã:dr/
	(2) 綴り字上も発音上も閉音節で		
	常に	/ɛ/	bec /bɛk/,　chef /ʃɛf/,　mer /mɛ:r/,　sel /sɛl/, esprit /ɛs-pri/,　serviette /sɛr-vjɛt/
é	一般に	/e/	été /e-te/
	発音上の閉音節で	/ɛ/	émeraude /ɛm-ro:d/,　médecin /mɛd-sɛ̃/
è	常に	/ɛ/	mère /mɛ:r/,　près /prɛ/,　il espère /i-lɛs-pɛ:r/
ê	常に	/ɛ/	tête /tɛt/,　forêt /fɔ-rɛ/
o	一般に	/ɔ/	robe /rɔb/,　joli /ʒɔ-li/,　octobre /ɔk-tɔbr/
	語末の発音上の開音節で /z/ の前で一般に	/o/	dos /do/,　zéro /ze-ro/ rose /ro:z/,　oser /o-ze/
ô	常に	/o/	drôle /dro:l/,　côté /ko-te/

複母音字

ai	一般に	/ɛ/	mai /mɛ/, affaire /a-fɛːr/, saison /sɛ-zɔ̃/, je donnais /ʒə-dɔ-nɛ/, je donnerais /ʒə-dɔn-rɛ/
	gai とその関連語 quai avoir の直説法現在の ai 単純過去・単純未来の 　語尾の -ai	/e/	gai /ge/ (/gɛ/ とも発音する), gaieté /ge-te/, quai /ke/, j'ai /ʒe/, je donnai /ʒə-dɔ-ne/, je donnerai /ʒə-dɔn-re/
aî	常に	/ɛ/	naître /nɛtr/, fraîcheur /frɛ-ʃœːr/
ei	常に	/ɛ/	beige /bɛːʒ/, seigneur /sɛ-ɲœːr/
au	一般に	/o/	faux /fo/, gauche /goːʃ/, aussi /o-si/
	Paul /r/ の前	/ɔ/	Paul /pɔl/ restaurant /rɛs-tɔ-rɑ̃/
eau	常に	/o/	eau /o/, beaucoup /bo-ku/
eu **œu**	発音上の開音節では常に	/ø/	deux /dø/, jeudi /ʒø-di/, œufs (複数形) /ø/, bœufs (複数形) /bø/
	発音上の閉音節で一般に	/œ/	jeune /ʒœn/, seul /sœl/, chanteur /ʃɑ̃-tœːr/, sœur /sœr/, œuf /œf/, bœuf /bœf/
	ただし /z/, /tr/ などの前	/ø/	chanteuse /ʃɑ̃-tøːz/, neutre /nøːtr/
eû	常に	/ø/	jeûne /ʒøːn/

[補足]

(1) 現代のフランス人の多くは /a/ と /ɑ/ を区別せずにすべて /a/ で発音する.

(2) ô, au は狭い /o/ で発音するのが原則だが, アクセントのない音節では広い /ɔ/ でも発音する：hôtel /o-tɛl/ または /ɔ-tɛl/, automne /o-tɔn/ または /ɔ-tɔn/. 一般に, アクセントがないときは狭い母音と広い母音の区別がはっきりしなくなり, 中間的な広さで発音されることが多い.

(3) 開音節にある広い /ɛ/ は, 直後の音節にアクセントをもつ /i/, /e/, /y/ がくると, その影響を受けて狭い /e/ に近くなる (「母音調和」と呼ばれる現象)：bête /bɛt/ ~ bêtise /be-tiːz/ (ê は一般に広い /ɛ/ だが, bêtise では後続する /i/ の影響で /e/ に近づく)；aigu /ɛ-gy/ → /e-gy/ (ai は一般に広い /ɛ/ だが, aigu では後続する /y/ の影響で /e/ に近づく).

(4) 変化形や派生形の母音は, 基本形や基語と同じ音色で発音される傾向がある (「類推」による現象)：gros /gros/ ~ grosse /groːs/ (閉音節にある o は一般に広い /ɔ/ だが, grosse の o は gros との類推で狭い /o/ に近づく)；jeune /ʒœn/ ~ jeunesse /ʒœ-nɛs/ (開音節にある eu は一般に狭い /ø/ だが, jeunesse の eu は jeune との類推で広い /œ/ に近づく).

II 音節区分とアクサン

1. 音節の区切り方

　フランス語(の単語)を正しく読むためには, 個々の母音字や子音字の読み方を知るだけでは十分ではありません. 語を綴り字上の音節に区切って, そこに読み方の規則を適用していくという作業が必要になります. また, 音節の区切り方を知ることは, e の綴り字にアクサン(=アクサン記号)を正しく付けるためにも有用です. ここでは, e の読み方やアクサンの有無や種類を知るために必要な範囲内で, **綴り字上の音節区分**について説明します.

　語の綴り字を音節に区切る場合, 母音字の間にある子音字は 1 つだけ後の音節に組み入れます. すなわち, 子音字が 1 つであればその子音字の前で音節を区切り, 子音字が 2 つであればその間で, 3 つであれば 2 番目の子音字と 3 番目の子音字の間で区切ります. 次のようにまとめることができます.

$$\boxed{\text{V (C}_3\text{) (C}_2\text{) - (C}_1\text{) V}}$$

V = 母音字, C = 子音字
かっこ内の C_1, C_2, C_3 はありうる子音字の順番

音節区分に関する注意点

(1) 1 つの母音の発音に対応する**単母音字**および**複母音字**(=1 つの母音で発音する ai, eau, ou など)を中心にして 1 つの音節が構成されます. したがって, 複母音字は単母音と同等の扱いをし, 切り離しません.

(2) 一般には発音されない e(=**脱落性の e**)も, 他の母音字に隣接していない限り, 綴り字上の音節を構成します.

(3) 1 つの子音の発音に対応する**複子音字**(=1 つの子音として発音する ch, gn, ph など)と, 必ずまとまって発音される**結合子音群**(=〈子音字(l, r, n を除く)+l, r〉)は, 単子音字と同様に扱い, 切り離しません.

(4) 同じ子音字が連続する**重子音字**は, 発音上は 1 つの子音であっても, 2 つの子音字として扱い, その間で音節を区切ります.

(5) x に子音字が続くときは x と子音字の間で区切り, x に母音字が続くときは, x を /s/ や /z/ と発音する場合は x の前で, x を /ks/ や /gz/ と発音する場合は x の後で区切ります.

(6) 母音字で終わる音節を(綴り字上の)**開音節**, 子音字で終わる音節を(綴り字上の)**閉音節**と言います.

音節区分の例 (複母音字, 複子音字, 結合子音群には下線を引いてあります)

vi-d**é-o**	—	CV-CV-V	c**ou-teau**	—	CV-CV
m**i-di**	—	CV-CV	a-**cha**t	—	V-CVC
m**er-ci**	—	CVC-CV	al-**pha**-bet	—	VC-CV-CVC
ap-pé-tit	—	VC-CV-CV	é-**gli**-se	—	V-CV-CV
obs-cur	—	VCC-CVC	b**is-tro**	—	CVC-CV

2. e の読み方

e の読み方は次の原則に従います. なお, 「開音節」とは母音(字)で終わる音節, 「閉音節」とは子音(字)で終わる音節のことです.

(1) 綴り字上の開音節では /ə/ または無音.

　　vendredi (ven-dre-di) /vã-drə-di/ 「金曜日」

　　samedi (sa-me-di) /sam-di/ 「土曜日」

　　lettre (let-tre) /lɛtr/ 「手紙」

　　　　◆ /ə/ か無音かの区別はそれほど重要ではありません. 一般的には, 語中で 2 つ以上の子音の後で /ə/ を発音し, それ以外では無音です. ただし, 話す速度によって違ってきますし, 個人差や地域差もあります. 学習の初級段階では, 常に「軽いウ」のように発音してかまいません.

(2) 綴り字上の閉音節では /e/ または /ɛ/ (en, em が鼻母音になる場合を除く).

　　merci (mer-ci) /mɛr-si/ 「ありがとう」

　　chanter (chan-ter) /ʃã-te/ 「歌う」

　　buffet (buf-fet) /by-fɛ/ 「食器棚」

　　examen (ex-a-men) /ɛg-za-mɛ̃/ 「試験」

　　　　◆ /e/ か /ɛ/ かの区別をあまり気にする必要はありません. いずれも「はっきりしたエ」で発音すればじゅうぶん通じます.

〔注意〕

① 名詞・形容詞の複数語尾の s と, 動詞活用語尾に含まれる s, nt は e の読み方に影響しません. つまり, それらの前にある e は語末にあるのと同様の扱いをし, ふつうは無音になります.

　　lettres /lɛtr/, tu chantes /ty-ʃã:t/, ils chantent /il-ʃã:t/

② dessus (des-sus) /də-sy/「上に」, dessous (des-sous) /də-su/「下に」, ressembler (res-sem-bler) /rə-sã-ble/「似ている」などでは, e は綴り字上の閉音節にありますが読み方は /ə/ です. これらの語の初頭の des-, res- は, もとは前置詞や接頭辞の de-, re- なのですが (de+sus, de+sous, re+sembler), ×desus, ×desous, ×resembler と綴ると, s が母音字挟まれて /z/ と読むことになるので ss と綴るのです.

3. e とアクサン

e にアクサンを付けるかどうかは次の原則に従います.

(1) 綴り字上の開音節にある e は「(ウ)」(=/ə/ または無音)を表すので, 「エ」(=/e/ または /ɛ/) と読ませるためには e にアクサンを付ける必要があります.

　　「カフェ /ka-fe/」と読ませるためには ×cafe ではなく café と綴る.

　　「クレーム /krɛm/」と読まるためには ×creme ではなく crème と綴る.

(2) 閉音節にある e は /e/ または /ɛ/ を表すので, アクサンを付ける必要はありません.

　　pied で「ピエ /pje/」と読めるから ×piéd, ×pièd などと書くのは誤り.

　　esprit で「エスプリ /ɛs-pri/」と読めるから ×ésprit, ×èsprit などと書くのは誤り.

4. é か è か

e にどのアクサンを付けるかは次の原則に従います.

(1) 開音節にある e は,「狭い/e/」の発音と一致させるために,アクサン・テギュを付けて é と綴ります.

café (ca-**fé**)「コーヒー;カフェ」, réfléchir (**ré**-flé-chir)「よく考える」

(2) 語末の〈子音字(複子音字と結合子音群を含む)+e〉の前にある e は,「広い/ɛ/」の発音と一致させるために,アクサン・グラーヴを付けて è と綴ります.

crème (cr**è**-me)「クリーム」, règle (r**è**-gle)「規則」

したがって,同じ語の変化形や派生形でアクサンの有無や種類が変わることがあります.

esp**é**rer ~ j'esp**è**re ~ nous esp**é**rons 〔「期待する」の不定詞と活用形〕

inqui**e**t ~ inqui**è**te ~ inqui**é**tude 〔「不安な」の男性形と女性形と派生名詞〕

♦ /e/ と /ɛ/ の区別ができなくても,次の原則を知っていれば,綴り字を見るだけでアクサン・テギュが付く é とアクサン・グラーヴが付く è を書き分けることができます:「一般に é と綴るが,語末の〈子音字+e〉の前では è と綴る」(ただし,下記の注意と 6.(1) を参照のこと).

〔参考〕

『新綴り』では,(2) の場合だけに限らず,脱落性の e (/ə/) を含む音節の前にある e を è と綴るのが原則になります.

(a) したがって,従来 é と綴っていた次のような場合も è になります.

① -ement, -erie で終わる名詞.

allégement → all**è**gement「軽減」, événement → év**è**nement「出来事」,

crémerie → cr**è**merie「乳製品販売店」

♦ r**è**glement は従来から è でしたが,『新綴り』ではその派生語も同様に è になります.

réglementer → r**è**glementer「規制する」, réglementation → r**è**glementation「規制」,

réglementaire → r**è**glementaire「正規の」

♦ -erie で終わる名詞は,espiègle → espi**è**glerie「いたずら」, mièvre → mi**è**vrerie「甘ったるさ」に対して,crème からの派生形の cr**é**merie だけが例外でした.

② 不定詞が -é...er で終わる変則 -er 動詞 (espérer, répéter など) の単純未来と条件法.

j'esp**é**rerai(s) → j'esp**è**rerai(s)

③ その他,céleri → c**è**leri「セロリ」など.

(b) ただし,次の場合は従来どおり é と書きます.

① 語頭の é.

échelon「(はしごの) 横木」, **é**lever「上げる」, **é**meraude「エメラルド」

② 接頭辞の dé-, pré-.

d**é**cevoir「失望させる」, d**é**geler「氷が溶ける」, pr**é**venir「予告する」

③ é が定着している語.

m**é**decin「医者」, m**é**decine「医学」

5. アクサン・シルコンフレクス

アクサン・シルコンフレクスは，多くの場合，古い時代に綴られていた s が脱落した名残りです．e 以外の母音字にも付きます．

fête「祝祭」< [古形] *feste* (*cf.* festin「饗宴」, festival「祭典」; [英語] *feast*)

château「城」< [古形] *chastel* (*cf.* castel「小城」; [英語] *castle*)

hôpital「病院」< [古形] *hospital* (*cf.* hospitaliser「入院させる」; [英語] *hospital*)

こうした語源的知識が役立つこともありますが，実際上は ê を含む語をそのまま覚えるしかないことが多く，ê を é, è と同列には扱えません．しかし，ê も é, è と同様に，綴り字上の開音節に現れるのが原則です．

crêpe (crê-pe)「クレープ」, être (ê-tre)「…である」, fenêtre (fe-nê-tre)「窓」, honnête (hon-nê-te)「正直な」, pêcher (pê-cher)「桃の木；釣る」, tempête (tem-pê-te)「嵐」

〔参考〕

『新綴り』では i, u に付くアクサン・シルコンフレクスは原則として省略されます．下の右側が『新綴り』です (日本語訳は割愛します).

boîte	→	boite	août →	aout
chaîne	→	chaine	brûler →	bruler
connaître	→	connaitre	bûche →	buche
dîner	→	diner	coût →	cout
frais, fraîche	→	frais, fraiche	goût →	gout
huître	→	huitre		
île	→	ile		
naître	→	naitre		
paraître	→	paraitre		

ただし，同音異義語の区別に役立つ場合はアクサン・シルコンフレクスを保ちます．

dû [devoir の過去分詞] / du [部分冠詞]，　jeûne [名詞] / jeune [形容詞]，
mûr [形容詞] / mur [名詞]，　sûr [形容詞] / sur [前置詞]

また，固有名詞とその派生語のアクサン・シルコンフレクスは省略しません．

Nîmes「ニーム〔南仏の都市〕」, nîmois「ニームの」

6. アクサンの特殊ケース

(1) 語末の -es は閉音節なのでアクサンが付かないはずですが，次のような語では例外的に -ès と綴られます (日本語訳は割愛します).

① 若干の前置詞や副詞：après, dès, exprès, près, très, *etc.*

② 若干の名詞：accès, congrès, cyprès, décès, excès, procès, progrès, succès, *etc.*

(2) 語末の -et は閉音節なのでアクサンが付かないはずですが，例外的に -êt と綴られる語があります (日本語訳は割愛します).

arrêt, forêt, intérêt, prêt, *etc.*

接尾辞索引

略号

(m) 　派生語は男性名詞

(f) 　派生語は女性名詞

(m=f) 　派生語は男性・女性同形の名詞

(m/f) 　派生語は男性名詞または女性名詞

(adj) 　派生語は形容詞

(adv) 　派生語は副詞

(v) 　派生語は動詞

A

-able *(adj)* 　§11-3.

-ade *(f)* 　§3-3.　§6-6.

-age *(m)* 　§3-3.　§6-1.

-aie *(f)* 　§2-4.

-ail *(m)* 　§3-3.　§5-5.

-aille *(f)* 　§3-3.　§5-5.　§6-11.

-ailler *(v)* 　§14-6.

-ain *(m)* 　§1-6.

-ain(e) *(adj)* 　§10-4.

-aine *(f)* 　§1-6.

-aire *(m=f)* 　§1-4.

-aire *(m)* 　§3-4.

-aire *(adj)* 　§8-3.

-ais(e) *(adj)* 　§10-1.

-aison *(f)* 　§6-7.

-al(e) *(adj)* 　§8-1.

-ament *(m)* 　§6-2.

-an(e) *(adj)* 　§10-5.

-ance *(f)* 　§6-4.　§13-5.

-ange *(f)* 　§6-11.

-ant *(m)* 　§4-3.　§5-2.

-ant(e) *(adj)* 　§11-1.

-ante *(f)* 　§4-3.　§5-2.

-ard *(m)* 　§1-5.　§3-4.　§5-5.

-ard(e) *(adj)* 　§12-4.

-arde *(f)* 　§1-5.

-asse *(f)* 　§3-2.

-asse *(adj)* 　§12-5.

-asser *(v)* 　§14-6.

-aste *(m=f)* 　§1-6.

-at *(m)* 　§3-3.　§6-11.

-ateur *(m)* 　§4-2.　§5-1.

-ateur [-atrice] *(adj)* 　§11-2.

-atif [-ative] *(adj)* 　§8-5.

-ation *(f)* 　§6-3.

-atique *(adj)* 　§8-2.

-atiser *(v)* 　§14-3.

-atoire *(m)* 　§5-3.

-atoire *(adj)* 　§8-6.

-âtre *(adj)* 　§12-2.

-atrice *(f)* 　§4-2.　§5-1.

-ature *(f)* 　§3-3.　§6-9.

-aud(e) *(adj)* 　§12-4.

C

-cule *(m/f)* 　§3-2.

E

-é *(m)* 　§6-5.

-é(e) *(adj)* 　§9-2.

-eau *(m)* 　§3-2.　§5-5.

-ée *(f)* 　§3-3.　§6-5.

-éen *(m)* 　§1-3.

-éen(ne) *(adj)* 　§10-3.

-éenne *(f)* 　§1-3.

-éfier *(v)* 　§14-4.

-éité *(f)* 　§13-3.

-el(le) *(adj)* 　§8-1.

-elet *(m)* 　§3-2.　§5-5.

-elet(te) *(adj)* 　§12-3.

-elette *(f)* 　§3-2.

-elle *(f)* 　§3-2.

-ement *(m)* §6-2.

-en(ne) *(adj)* §10-3.

-ence *(f)* §6-4. §13-5.

-ent *(m)* §4-3. §5-2.

-ent(e) *(adj)* §11-1.

-ente *(f)* §4-3.

-er *(m)* §1-2. §2-1. §2-2.

-er *(v)* §14-1.

-er [-ère] *(adj)* §8-4.

-eraie *(f)* §2-4.

-ère *(f)* §1-2. §2-2.

-erelle *(f)* §5-5.

-eresse *(f)* §4-1. §13-2.

-eret *(m)* §5-5.

-erette *(f)* §5-5.

-erie *(f)* §2-3. §3-3. §6-8. §13-6.

-eron *(m)* §1-6. §3-2.

-eronne *(f)* §1-6.

-esque *(adj)* §9-4.

-esse *(f)* §3-5. §13-2.

-este *(adj)* §9-4. 備考

-estre *(adj)* §9-4. 備考

-et *(m)* §3-1. §5-4.

-et(te) *(adj)* §12-3.

-eter *(v)* §14-6.

-étique *(adj)* §8-2.

-être *(adj)* §9-4. 備考

-ette *(f)* §3-1. §5-4. §6-11.

-eture *(f)* §6-9.

-eur *(m)* §4-1. §5-1.

-eur *(f)* §13-1.

-eur [-eure] *(adj)* §9-4. 備考

-eur [-euse] *(adj)* §11-2.

-eure *(f)* §4-1.

-euse *(f)* §4-1. §5-1.

-eux [-euse] *(adj)* §9-1.

F

-fier *(v)* §14-4.

I

-iaire *(m＝f)* §1-4.

-iaire *(m)* §3-4.

-iaire *(adj)* §8-3.

-ial(e) *(adj)* §8-1.

-iaque *(adj)* §8-2.

-iat *(m)* §3-3.

-ible *(adj)* §11-3.

-ice *(m)* §6-11.

-ice *(f)* §13-9.

-iche *(f)* §3-2.

-ichon *(m)* §3-2.

-ichon(ne) *(adj)* §12-3.

-icule *(m/f)* §3-2.

-ide *(adj)* §9-4. 備考

-ie *(f)* §2-3. §13-7.

-iel(le) *(adj)* §8-1.

-ième *(adj)* §12-1.

-ien *(m)* §1-3.

-ien(ne) *(adj)* §10-3.

-ienne *(f)* §1-3.

-ier *(m)* §1-2. §2-1. §2-2. §5-5.

-ier [-ière] *(adj)* §8-4.

-ière *(f)* §1-2. §2-2. §5-5. §6-11.

-iété *(f)* §13-3.

-ieux [-ieuse] *(adj)* §9-1.

-if [-ive] *(adj)* §8-5.

-ifier *(v)* §14-4.

-ifique *(adj)* §8-2.

-ile *(adj)* §9-4. 備考

-ille *(f)* §3-2.

-iller *(v)* §14-6.

-illon *(m)* §3-2.

-iment *(m)* §6-2.

-in *(m)* §3-2.

-in(e) *(adj)* §9-3. §10-6.

-ine *(f)* §3-2.

-ine, -ine *(f)* §3-5. 備考

-iner *(v)* §14-6.

-iole *(f)*　§ 3-2.

-ion *(m)*　§ 3-2.

-ion *(f)*　§ 6-3.　§ 6-7.　§ 13-9.

-iot(te) *(adj)*　§ 12-3.

-ique *(adj)*　§ 8-2.

-ir *(v)*　§ 14-2.

-is *(m)*　§ 6-11.

-isan *(m)*　§ 1-6.

-isane *(f)*　§ 1-6.

-ise *(f)*　§ 6-11.　§ 13-9.

-iser *(v)*　§ 14-3.

-isme *(m)*　§ 13-4.

-ison *(f)*　§ 6-7.

-issime *(adj)*　§ 12-6.

-iste *(m＝f)*　§ 1-1.

-istique *(adj)*　§ 8-2.

-itaire *(adj)*　§ 8-3.

-ité *(f)*　§ 13-3.

-iteur *(m)*　§ 4-2.

-ition *(f)*　§ 6-3.

-itrice *(f)*　§ 4-2.

-itude *(f)*　§ 13-8.

M

-ment *(m)*　§ 6-2.

-ment *(adv)*　§ 15.

O

-oche *(f)*　§ 3-2.

-oir *(m)*　§ 5-3.

-oire *(f)*　§ 5-3.

-oire *(adj)*　§ 8-6.

-ois(e) *(adj)*　§ 10-2.

-on *(m)*　§ 1-6.　§ 3-2.

-on *(m/f)*　§ 6-10.

-onne *(f)*　§ 1-6.

-onner *(v)*　§ 14-6.

-ot *(m)*　§ 3-2.　§ 5-5.

-ot((t)e) *(adj)*　§ 12-3.

-ot(t)er *(v)*　§ 14-6.

-otion *(f)*　§ 6-3.

-otte *(f)*　§ 3-2.　§ 5-5.

-ouiller *(v)*　§ 14-6.

-oyer *(v)*　§ 14-5.

S

-sion *(f)*　§ 6-3.

-sseur *(m)*　§ 4-2.

-ssion *(f)*　§ 6-3.

-sson *(f)*　§ 6-7.

T

-taire *(adj)*　§ 8-3.

-té *(f)*　§ 13-3.

-teur *(m)*　§ 4-2.　§ 5-1.

-teur [-trice] *(adj)*　§ 11-2.

-tif [-tive] *(adj)*　§ 8-5.

-tion *(f)*　§ 6-3.

-tique *(adj)*　§ 8-2.

-toire *(adj)*　§ 8-6.

-trice *(f)*　§ 4-2.　§ 5-1.

U

-u(e) *(adj)*　§ 9-2.

-uaire *(adj)*　§ 8-3.

-uble *(adj)*　§ 11-3.

-ude *(f)*　§ 13-8.

-uel(le) *(adj)*　§ 8-1.

-ueux [-ueuse] *(adj)*　§ 9-1.

-ule *(m/f)*　§ 3-2.　§ 5-5.

-ure *(f)*　§ 3-3.　§ 6-9.　§ 13-9.

-ûre *(f)*　§ 6-9.

-urne *(adj)*　§ 9-4. 備考

-ution *(f)*　§ 6-3.

X

-xion *(f)*　§ 6-3.

Y

-yen *(m)*　§ 1-3.

-yenne *(f)*　§ 1-3

主要参考書目

解説書

Grevisse, M. & Goosse, A., *Le Bon Usage*, 15ᵉ édition, Duculot, 2011.

Larger, N. & Mimran, R., *Vocabulaire expliqué du français*, CLE international, 2005.

朝倉季雄 (木下光一校閲)『新フランス文法事典』白水社，2002.

大賀正喜 『フランス語名詞化辞典』 大修館書店，2004.

目黒士門 『現代フランス広文典』 白水社，2000.

練習問題集

Exercices de langue français, Éditions Magnard, 1985.

Méthode de stylistique française à l'usage des élèves, 9ᵉ éd., Gigord, 1951.

Richesse du vocabulaire, 2 vol., Duculot, 1992.

辞書

Grand dictionnaire encyclopédique Larousse, 10 vol, Larousse, 1984-1985.

Le Petit Robert de la langue française, Le Robert, 2019.

Le Robert Brio, Le Robert, 2004.

Trésor de la Langue Française informatisé (TLFi), http://atilf.atilf.fr/tlf.htm

Wiktionnaire, https://fr.wiktionary.org/wiki/Wiktionnaire

『小学館ロベール仏和大辞典』 小学館，1988.

『プチ・ロワイヤル仏和辞典』(第 5 版) 旺文社，2020.

発音

Fouché, P., *Traité de prononciation française*, Klincksieck, 1959.

Léon, P. R., *Prononciation du français standard*, Didier, 1969.

新綴り字関連

RENOUVO (Réseau pour la nouvelle orthographe du français), https://www.renouvo.org

ミシェル・サガス，常盤僚子 『フランス語新つづり字ハンドブック』 白水社，2018.

著者紹介

<ruby>倉方<rt>くらかた</rt></ruby> <ruby>秀憲<rt>ひでのり</rt></ruby>

フランス語学者・仏和辞典編纂者

早稲田大学名誉教授 (元早稲田大学文学学術院教授)

『プチ・ロワイヤル仏和辞典 [第 5 版]』(旺文社) 編集主幹

倉方フランス語講座　II 語形成

2024 年 10 月 1 日　初版発行

著　　　者　　© 倉方 秀憲

発行・発売　　トレフル出版 https://www.trefle.press trefle.press@gmail.com

　　　　　　　〒240-0022　神奈川県横浜市保土ヶ谷区西久保町 111

　　　　　　　TEL 045-332-7922 FAX 045-332-7922

装　　　丁　　細野 綾子

編　　　集　　山田 仁

編 集 協 力　　菅家 千珠　河合 美和

印 刷 製 本　　モリモト印刷

本書の無断複写（コピー）は、著作権法上の例外を除き、禁じられています。乱丁、落丁本はお取り替えいたします。

Printed in Japan 2024

TréFLE Publishing（トレフル出版）の TréFLE は、Trésoirs du FLE（フランス語外国語教材の宝物の意）からきています。

倉方フランス語講座　全3巻

倉方 秀憲［著］

長年にわたりプチ・ロワイヤル仏和辞典（旺文社刊）に携わってきた著者による、渾身のフランス語学習書シリーズ。

I 文法　　（初級〜中級対象）

フランス語文法を基礎から段階的かつ着実に習得する。丁寧な解説と豊富な練習に加え、新たな見方や考え方が随所に示されている。内容：文の基本的な要素と構文 / 修飾語句 / 否定文、疑問文 / 直説法現在の活用 / 疑問詞 / 現在時制 / 過去時制 / 未来時制 / 人称代名詞、中性代名詞 / 代名動詞、関係代名詞 / さまざまな構文 / さまざまな代名詞 / 条件法と接続法 / 書き言葉

ISBN: 978-4-909912-19-0　　定価：3,850 円（税込）

II 語形成　　（初級修了〜中級対象）

接尾辞の種類と特徴、派生語の作り方、派生の過程における諸現象を詳しく学び、フランス語の語形成でもっとも重要な接尾辞派生のしくみを理解する。内容：語形成と接尾辞派生に関する基本事項 /「人・物」を表す名詞を作る接尾辞 /「行為」を表す名詞を作る接尾辞 / 形容詞を作る接尾辞 /「性質・状態」を表す名詞を作る接尾辞 / 動詞を作る接尾辞 / 副詞を作る接尾辞

ISBN: 978-4-909912-20-6　　定価：3,630 円（税込）

III 語彙と表現　　（中級以上対象）

フランス語の歴史と主な言語事象を概観した後、現代フランス語の語彙と表現をさまざまな面から考察して、幅広い知識を身につける。内容：フランス語の由来と変遷 / 語形と語義（多義語、同形異義語、類音語、類義語、対義語、オノマトペ）/ 接頭辞派生 / 複合（複合名詞、複合動詞など）/ 名付け（名付けの発想と表現形態）/ 時間・論理関係の表現 / 慣用句とことわざ

ISBN: 978-4-909912-21-3　　定価：3,630 円（税込）